Martin Allespach
Bernd Käpplinger
Jana Wienberg (Hrsg.)

Handbuch Betriebliche Weiterbildung

Kritisch-emanzipatorische Ansätze in Theorie und Praxis

Martin Allespach
Bernd Käpplinger
Jana Wienberg (Hrsg.)

Handbuch Betriebliche Weiterbildung

Kritisch-emanzipatorische Ansätze in Theorie und Praxis

BUND
VERLAG

Bibliografische Information der Deutschen Nationalbibliothek
Die Deutsche Nationalbibliothek verzeichnet diese Publikation in der Deutschen Nationalbibliografie; detaillierte bibliografische Daten sind im Internet über *http://dnb.d-nb.de* abrufbar.

Umschlag: Werbeagentur Zimmermann, Frankfurt am Main
Satz: Dörlemann Satz, Lemförde
Druck: Beltz Grafische Betriebe GmbH, Am Fliegerhorst 8, 99947 Bad Langensalza

ISBN 978-3-7663-7415-8

www.bund-verlag.de

Inhaltsverzeichnis

Abbildungsverzeichnis

Tabellenverzeichnis

Rahmungen und Leitideen des Handbuchs

In einer sich dynamisch wandelnden Gesellschaft und Arbeitswelt gewinnt die Betriebliche Weiterbildung an neuer, gewachsener Bedeutung. Betriebliche Weiterbildung verstehen wir als eine Weiterbildung, die überwiegend durch Unternehmen finanziert wird durch monetäre und nicht-monetäre Ressourcen der Unternehmen. Sie kann in den Unternehmen direkt am Arbeitsplatz, in unternehmenseigenen Seminarräumen, bei Weiterbildungsanbietern oder an anderen Orten stattfinden. Besonders weiterbildungsaffine Unternehmen leisten hier viel, wobei keinesfalls vergessen werden sollte, dass sie auch bei der sogenannten Betrieblichen Weiterbildung dabei vom Staat (z. B. Ko-Finanzierungen durch Förder-/Innovationsprogramme, steuerliche Absetzbarkeit von Weiterbildungskosten) oder den Beschäftigten (z. B. durch Freizeit, eigene Gelder oder psychische Anstrengungen beim Lernen) unterstützt werden. Mischfinanzierung und geteilte Verantwortung zwischen Unternehmen, Staat und Beschäftigten sind in der Praxis als vielfältige Konfigurationen in der Betrieblichen Weiterbildung häufig zu finden. An Betrieblicher Weiterbildung sind viele Institutionen, Organisationen und Personen mitbeteiligt.

Digitalisierung, Künstliche Intelligenz, der demografische Wandel und der Klimawandel mit all den sich ergebenden Transformationsprozessen machen die Betriebliche Weiterbildung unabdingbar. Die Neuentwicklung, Aktualisierung und Weiterentwicklung der Kompetenzen der Beschäftigten ist ein wichtiger Faktor, um Produktivität und den wirtschaftlichen Erfolg für die Unternehmen und die Wirtschaft insgesamt zu gewährleisten. In einem auf Qualität und Innovation basierenden Produktionsmodell sichert und steigert die umfassende berufliche Handlungsfähigkeit der Beschäftigten zu einem ganz erheblichen Teil die Wettbewerbsfähigkeit der Unternehmen und der Wirtschaft. Die Notwendigkeit von Weiterbildung wird durch soziale Phänomene wie den demografischen Wandel und dem damit zusammenhängenden Fachkräftemangel noch verstärkt. Während die Betriebliche Weiterbildung früher oft als optionale Maßnahme angesehen wurde, ist sie heute zu einer zentralen Aufgabe für Unternehmen als attraktive Arbeitgeber in einem globalen Wettbewerb geworden.

Auch wenn Unternehmen zunehmend in die Kompetenzentwicklung ihrer Beschäftigten investieren, sind die Probleme und Herausforderungen vielfältig. Es besteht die Tendenz, Weiterbildung als rein instrumentelles Lernen zu fassen, das lediglich der kurzfristigen Anpassung an veränderte Anforderungen dient. Weiterbildungsmaßnahmen legitimieren sich einseitig an der Frage, inwiefern sie Performance, Effizienz und Effektivität verbessern. Die Weiterbildung wird kostenoptimiert, flexibel, vermeintlich passgenau, anforderungsbezogen, verrichtungs- und verwertungsorientiert organisiert. In den politischen, wissenschaftlichen und praktischen Diskussionen zur Betrieblichen Weiterbildung kommt es häufig zu Verengungen, bei denen Anpassung an Transformationen, der Anforderungsbezug und damit die qualifikatorischen Aspekte dominieren. Das ist natürlich ein zentraler Bezugspunkt für die Weiterbildung. Bliebe es aber darauf beschränkt, würde das bedeuten, dass die Beschäftigten in ihren Entwicklungsperspektiven vor allem von bestimmten ökonomischen Kategorien bestimmt würden, während individueller und gesellschaftlicher Nutzen unterbelichtet bliebe. Interessenpolitische Vereinseitigungen finden sich öfters in einigen Handbüchern zur Betrieblichen Weiterbildung, der Berufsbildung und Personalentwicklung. Einzelne Artikel in diesen Handbüchern nehmen durchaus eine emanzipatorische Perspektive ein. Sie stellen aber eher eine Ausnahme dar. Die Sicht der Beschäftigten aus einer explizit emanzipatorischen Perspektive lässt sich in den »klassischen« Handbüchern zu den o. g. Bereichen nicht zusammenhängend finden.

Das vorliegende Handbuch folgt einer modernen, emanzipatorischen Konzeption Betrieblicher Weiterbildung. Sie reduziert sich nicht auf Anpassung an Technik und Organisation und das Erdulden von Wandel. Sie betont vielmehr – und das ist im Teilwort »Bildung« beim Weiterbildungsbegriff so auch angelegt – die Befähigung zur kritischen Reflexion, zur Selbst- und Mitbestimmung sowie zur aktiven Mitgestaltung der eigenen Arbeits- und Lebensbedingungen. In einem solchen Konzept werden die individuellen Bedürfnisse und Interessen der Lernenden stärker berücksichtigt, um eine motivierte und nachhaltige Weiterbildung zu ermöglichen.

Ein emanzipatorischer Ansatz kann wichtige Impulse für die Betriebliche Weiterbildung insgesamt liefern. Ein solcher Ansatz hat das Potenzial, individuelle, betriebliche und gesellschaftliche Entwicklungen positiv zu beeinflussen. Betont wird die Bedeutung von Selbstreflexion, sozialer Verantwortung und den Erwerb von beruflichen Handlungskompetenzen über den reinen Anwendungsbezug hinaus. Die Expertise der Beschäftigten als Expert:innen ihres Arbeitsplatzes wird genutzt, Gestaltungs- und Innovationsorientierung gefördert und ganzheitlich sowohl die Verbesserung ökonomischer Kennzahlen als auch die Kompetenzentwicklung der Beschäftigten in den Blick genommen. Dies führt zur Erhöhung der Mitarbeitermotivation und -bindung. Durch die aktive Be-

teiligung der Beschäftigten erhalten diese ein größeres Mitspracherecht und fühlen sich stärker mit den Weiterbildungsmaßnahmen identifiziert. So lässt sich eine Win-Win-Situation schaffen. Das vorliegende Handbuch folgt diesem emanzipatorischen, partizipativen Ansatz. Es fokussiert nicht nur auf berufliche Tüchtigkeit, sondern zugleich auf berufliche Mündigkeit sowie Mitbestimmung. Das Handbuch, das die Betriebliche Weiterbildung aus einer emanzipatorischen, subjektwissenschaftlichen und kritischen Perspektive betrachtet, schließt eine wirkliche Lücke. Es bietet einen umfassenden Überblick über das Thema und richtet sich an Wissenschaftler:innen, Praktiker:innen und Studierende, die sich mit Betrieblicher Weiterbildung beschäftigen. Es stellt eine wertvolle Ressource dar, um theoretische Grundlagen zu verstehen und praktische Handlungsempfehlungen umzusetzen.
Das Handbuch besteht aus einer Vielzahl von Beiträgen, die von einschlägigen Expert:innen auf ihren jeweiligen Gebieten verfasst wurden. Jedes Kapitel bietet fundierte Analysen, aktuelle Erkenntnisse und praxisnahe Perspektiven, um die Komplexität der Betrieblichen Weiterbildung besser zu verstehen und erfolgreiche Strategien zu entwickeln.
Die zentralen Themen und Fragestellungen in diesem Handbuch sind:

I. Betriebliche Weiterbildung – eine einführende interdisziplinäre Perspektive

In diesem ersten Teil des Handbuchs werden die Grundlagen der Betrieblichen Weiterbildung beleuchtet. Es werden verschiedene Perspektiven auf Bildung und Kompetenzentwicklung aufgezeigt und differenzierte Ansätze für die Weiterbildungsforschung erläutert. Ein besonderer Fokus liegt auch auf der kritischen Erwachsenenbildung und deren Rolle in der Betrieblichen Weiterbildung. Der Beitrag »**Bildung**« von *Christine Zeuner* fokussiert sich auf die Darstellung von Bildungsbegriffen in Bezug auf Bildungsprozesse im Erwachsenenalter. Es kommen sowohl subjektiv begründete Selbstbildungsprozesse als auch Bildungsprozesse im Rahmen der organisierten Erwachsenenbildung in den Blick. Nicht berücksichtigt werden Fragen der frühkindlichen Bildung und Erziehung bzw. der schulischen (Aus-)Bildung von Jugendlichen und jungen Erwachsenen. »**Kompetenz und ihre Grundlagen – differenzierte Perspektiven für die Weiterbildungsforschung**« von *Ines Langemeyer* betrachtet aus einer subjektwissenschaftlichen Perspektive wie es dazu kommt, dass man Menschen und ihr Handeln als »kompetent« bewertet und warum »kompetentes Handeln« durch bestimmte Lernprozesse und Erfahrungen zwar ausgebildet, aber dennoch nicht in jedem Kontext stabil beobachtet werden kann. Aus einer kritischen Erwachsenenbildungsperspektive werden von *Daniela Holzer* in dem Beitrag »**Kritische Erwachsenenbildung**« Problematiken der gesellschafts- und herrschaftskonformen Herausbildung menschlichen Denkens, Wahrnehmens und

Fühlens in den Blick genommen und Anknüpfungspunkte an die Betriebliche Weiterbildung diskutiert. »**Beschäftigung und Nachhaltigkeit: Die Rolle der Personalentwicklung in der sozial-ökologischen Transformation**« von *Heiko Hoßfeld* untersucht, welche Rolle die Personalentwicklung im Kontext nachhaltigen Wirtschaftens spielt. Hierbei kann Personalentwicklung gleichermaßen Treiber und Gegenstand einer nachhaltigen Entwicklung sein: Einerseits ist sie zentrales betriebliches Instrument der Qualifizierung und somit der Aneignung benötigter Nachhaltigkeitskompetenzen. Andererseits übernimmt sie eine wichtige Rolle als Gestalterin nachhaltiger Arbeitsbedingungen. Vor dem Hintergrund struktureller Veränderungen durch die doppelte (digitale und ökologische) Transformation und darauf abstellender prognostizierter Bedarfe an beruflich Qualifizierte sowie aktueller Diskurse zur Flexibilisierung der Berufsbildung werden in dem Beitrag »**Beruflichkeit und Berufsbildung der Zukunft. Herausforderungen der doppelten Transformation und neue Regulierungsbedarfe**« von *Mario Patuzzi* Thesen zur Berufsbildung der (näheren) Zukunft entwickelt und diskutiert. Der Artikel »**Theoretische Zugänge zu Betrieblicher Weiterbildung zwischen Staat, Betrieben und Individuen**« von *Bernd Käpplinger* veranschaulicht die verschiedenen theoretischen Zugänge zu Betrieblicher Weiterbildung im Kontext von Staat, Betrieben und Individuen. In diesem Zusammenhang werden sowohl Unschärfen bei den Förderanteilen von Staat, Betrieben und Individuen als auch Unschärfen bei den Lernorten herausgearbeitet. »**Statistische Erfassungen zu Betrieblicher Weiterbildung**« von *Bernd Käpplinger* und *Frauke Bilger* gibt einen Überblick über (regelmäßige) Erhebungen zur Betrieblichen Weiterbildung in Deutschland und Europa und diskutiert zentrale Kriterien, die auf eine Weiterbildungsteilnahme im Betrieb oder außerhalb des Betriebs Einfluss nehmen. Aus einer historischen und aktuellen Perspektive wird von *Karin Büchter* im Beitrag »**Betriebliche Weiterbildung – die kurze Phase eines Politikfeldes – über Politikwidrigkeit und depolitisierende Effekte** « der Frage nachgegangen, warum und wie sich Betriebliche Weiterbildung regulierenden Eingriffen und politischer Steuerung in weiten Teilen entziehen konnte. Weiterführend wird die Frage nach Betrieblicher Weiterbildung im Kontext neuer Formen von Arbeit und angesichts von Subjektivierungen diskutiert. Der Beitrag »**Die Politisierung beruflicher Bildung nach John Dewey**« von *Tom Kehrbaum* und *Kilian Krumm* demonstriert wie die Ansätze von John Dewey dazu beitragen können, eine kooperative und nachhaltige Gestaltung des gesellschaftlichen Wandels zu ermöglichen. Impulse für eine Neubetrachtung beruflicher Bildung werden gegeben. Als einer der bedeutendsten Vertreter des philosophischen Pragmatismus hat Dewey theoretische Konzepte und pädagogische Strategien entwickelt, welche die Beziehung zwischen Ausbildung, Bildung und Demokratie aufgreifen.

II. Betriebliche Weiterbildung – Einordnungen in ein Konzept industrieller Beziehungen

Im zweiten Teil des Handbuchs wird die Betriebliche Weiterbildung in das Konzept industrieller Beziehungen eingeordnet. Es werden theoretische Grundlagen für eine emanzipatorische Weiterbildungspraxis erläutert und die Bedeutung von Mitbestimmung und resonanten Arbeitsbeziehungen in Zeiten der Transformation betont.

Für die Betriebliche Weiterbildung spielen die Konzepte Arbeit und Bildung eine zentrale Rolle. In dem Beitrag »**Arbeit und Bildung – Theoretische Grundlagen für eine emanzipatorische Weiterbildungspraxis**« von *Martin Allespach* und *Ramona Buske* werden beide Konzepte im Hinblick auf ihre wechselseitigen Bezüge und Brüche betrachtet und Schlussfolgerungen für die Zielsetzungen, Inhalte und Formen des beruflichen Lernens formuliert. Dabei ist es von Bedeutung, welches Verständnis von Bildung zugrunde gelegt wird, wie Arbeit begrifflich bestimmt wird und welche entwicklungsfördernden Merkmale ihr arbeitspolitisch und -pädagogisch beigemessen werden sollen. Der Beitrag »**Resonanz statt Resignation – Mitbestimmung und resonante Arbeitsbeziehungen in Zeiten der Transformation**« von *Jana Wienberg* widmet sich der Frage, inwiefern sich resonante Arbeitsbeziehungen in Zeiten der Transformation herausbilden können und welche Rolle dabei die Mitbestimmung einnimmt. Der Fokus der Betrachtung liegt im Resonanzerleben in einem sich wandelnden Arbeitsumfeld. Der Beitrag schließt mit einer kritischen Würdigung der Resonanztheorie sowie einem Fazit und einem kurzen Ausblick. »**Alles, was mich im Beruf weiterbringt. Interessen im Bereich der beruflichen Weiterbildung**« von *Anke Grotlüschen* und *Claudia Kulmus* stützt sich auf die seit 2011 von Grotlüschen entwickelte Theorie der Interessegenese, die mit subjektwissenschaftlichem Ausgangspunkt auf Basis qualitativer Empirie generiert und in jüngerer Zeit durch Kulmus wieder aktiviert wurde. Nach einer kurzen Skizze der Theorie der Interessegenese wird der Fokus auf berufliche und Betriebliche Weiterbildung gerichtet. Forschungsbefunde werden entfaltet und mit neueren Erhebungsergebnissen kontrastiert. Der Beitrag »**Weiterbildungs- und Entwicklungsmöglichkeiten als Kriterien ›Guter Arbeit‹ – Befunde des DGB-Index Gute Arbeit**« von *Rolf Schmucker* und *Robert Sinopoli* hat den DGB-Index Gute Arbeit zum Thema. Dieser wurde im Auftrag von DGB und Gewerkschaften als ein Befragungsinstrument entwickelt, mit dem die Qualität der Arbeitsbedingungen aus Sicht der Beschäftigten erfasst wird. Die bundesweit repräsentative, telefonische Befragung wird seit dem Jahr 2007 jährlich durchgeführt. Der Beitrag stellt ausgewählte Befunde vor und schließt mit einem anregenden Ausblick ab. Die Autoren *Martin Allespach* und *Tom Kehrbaum* nehmen im Text »**Gewerkschaftliche Bildungsarbeit als Teilgebiet der betrieblichen und beruflichen Weiterbildung**« eine Verordnung der gewerkschaftlichen Bildungsarbeit als ein Teilgebiet im Feld der Erwachsenenbildung vor. Der Beitrag bietet eine übergeordnete Perspektive auf betriebliche und berufliche Weiterbildung und thematisiert die Integration von beruflicher, akademischer und politischer Bildung. »**Wie erfolgreiche Weiterbildung im Betrieb zur Integration von migrantischen Beschäftigten und zur Integration von Weiterbildungsmentor:innen führen kann – Ein Praxisbeispiel**« von *Lutz Eduard Faßbender* stellt anhand eines Praxisbeispiels eines Sprachkurses dar, inwiefern Weiterbildungsmentor:innen die Funktion einer Schnittstelle übernehmen und durch ihre Nähe zu den Arbeitnehmer:innen zwischen unternehmerischem Bedarf und individuellen Bedürfnissen ihrer Kolleg:innen produktiv vermitteln können. Die Autoren *Christopher Franke* und *Manuel Rühle* skizzieren in »**Gute Weiterbildung im Betrieb – Ein Handlungsfeld für betriebliche Interessenvertretungen**« ein kritisch-emanzipatorisches Grundverständnis von Betrieblicher Weiterbildung, welches sie weiterführend mit dem Konzept der *Guten Weiterbildung* konkretisieren und als Handlungsfeld für betriebliche Interessenvertretungen bestimmen. Eine Perspektive aus der Praxis eröffnen die Lernerfahrungen aus dem Projekt »Die IG Metall vom Betrieb aus denken«. »**Gemeinsam lernen – gemeinsam handeln. Lernerfahrungen aus dem Projekt: ›Die IG Metall vom Betrieb aus denken‹ – Perspektiven aus der Praxis**« von *Richard Rohnert* verdeutlicht wie sich die Kompetenzanforderungen an die betriebliche Interessensvertretung durch digitale Transformationsprozesse verändern und welche Herausforderungen sich im Handlungsfeld der Mitbestimmung stellen. Der Beitrag »**Herausforderungen und Gestaltungsansätze in betrieblichen Bildungs- und Lernortkooperationen unter den Bedingungen digitaler Transformation**« von *Rita Meyer* und *Maren Baumhauer* greift aktuelle Diskurse zur Gestaltung des digitalen Wandels im Zuge einer betriebsübergreifenden Bildungszusammenarbeit auf und zeigt exemplarisch am Beispiel der Chemieindustrie, wie die Kooperation zwischen Bildungsanbietern und Unternehmen gestaltet wird, um den Herausforderungen der digitalen Transformation zu begegnen.

III. Themen der Betrieblichen Weiterbildung

Der relativ größte Teil des Handbuchs behandelt verschiedene Themen der Betrieblichen Weiterbildung. Dazu gehören unter anderem die Digitalisierung der Betrieblichen Weiterbildung, die Stärkung durch digitale Lernorte und Lernarchitekturen, die Bedeutung von erfahrungsbasiertem Kontextwissen und diversitätsorientierter Personalentwicklung. Der Beitrag »**Digitalisierung der Betrieblichen Weiterbildung**« von *Matthias Rohs* und *Florian Wolff* eröffnet den dritten Teil. Die Digitalisierung Betrieblicher Weiterbildung erfordert eine Abstraktion von Anwendungen, deren Relevanz für Branchen und Unternehmen unterschiedlich sein können. Es erscheint nötig, die Motive der Einführung und Nutzung digitaler Technologien zur Unterstützung des Lehrens und Lernens in den Blick zu nehmen. Digitale Anwendungen können sinnvoll Lern- und Arbeitsprozesse unterstützen, aber auch zu einem Rückfall in einfache didaktische Vorstellungen führen. In einem weiteren Beitrag »**Digitalisierung der Arbeit als Herausforderung Betrieblicher Weiterbildung**« von *Matthias Rohs* und *Florian Wolff* wird diskutiert, wie die Informatisierung und Digitalisierung von Arbeit zu einem gestiegenen Weiterbildungsbedarf führt, welcher sich auf nahezu alle Branchen und Tätigkeitsbereiche erweitert hat. Die mit der Digitalisierung verbundene Veränderung von Arbeitsprozessen sowie die Automatisierung von Tätigkeiten bedingt eine Notwendigkeit von Lernaktivitäten. Davon sind nicht nur einfache Helfertätigkeiten, sondern auch hochqualifizierte Fachkräfte betroffen. Chancen der Digitalisierung für die Unterstützung des Lernens sowie die Entlastung der Beschäftigten für Weiterbildung werden ausgelotet. Der Beitrag »**Stärkung der Betrieblichen Weiterbildung durch digital basierte Lernorte, Lernräume und Lernarchitekturen**« von *Peter Dehnbostel* beleuchtet betriebliche Weiterbildungsaktivitäten sowie die Veränderung von betrieblichen Lernorten und die damit einhergehenden erweiterten Lernpotenziale und Lerngelegenheiten. Das arbeitsintegrierte Lernen, welches Bildungsprozesse fördern und die Betriebliche Weiterbildung erheblich stärken können, steht hierbei im Fokus. Vor dem Hintergrund fortschreitender Digitalisierung zeigen die Autorinnen *Annegret Bolte* und *Judith Neumer* in ihrem interessanten Beitrag »**Erfahrungsbasiertes Kontextwissen bei digital vernetzter Arbeit**«, inwiefern bei digital vernetzten Arbeitstätigkeiten weiterhin Erfahrungswissen erforderlich ist. Hierzu wird das zugrundeliegende Konzept des Erfahrungswissens beschrieben. Der Beitrag »**Erfahrungsbasiertes Kontextwissen im Prozess der Arbeit erlernen – Anforderungen an lernförderliche Arbeitsgestaltung**« von *Annegret Bolte* und *Judith Neumer* beschreibt exemplarisch wie sich notwendig erfahrungsbasiertes Kontextwissen bei Beschäftigten entwickelt und welche Lernhemmnisse auftreten können. Es werden spezifische Ansätze lernförderlicher Arbeitsgestaltung, insbesondere Formen des begleiteten Lernens, dargestellt. Der Text »**Qualitätsentwicklung in Weiterbildungsorganisationen – Historische Entwicklungen, Managementsysteme und aktuelle Perspektiven**« von *Martin Reuter* führt in einem ersten Schritt zunächst grundlegend und historisch in die Entwicklungen und Diskurse zu den Themen Qualität und Qualitätsmanagement in der Weiterbildung ein. Anschließend werden in einem zweiten Schritt zentrale Qualitätsmanagementsysteme anschaulich vorgestellt sowie aktuelle Perspektiven und Herausforderungen versehen mit Anregungen abschließend diskutiert. In dem Beitrag »**Arbeitsorientierte Grundbildung – ein relativ junger Teil beruflich-betrieblicher Weiterbildung**« von *Rosemarie Klein* und *Gerhard Reutter* wird Arbeitsorientierte Grundbildung sowohl grundlegend als auch praxisnah als eine relativ junge und komplexe Bildungsdienstleistung erläutert. Steigende Qualifikationsanforderungen und der Mangel an Fachkräften hätte dazu führen müssen, dass Arbeitsorientierte Grundbildung eine Hochkonjunktur erlebt, was jedoch nach rund 12 Jahren Projektförderung nicht der Fall sei. Die Gründe dafür und wie sich dies verändern könnte, diskutiert der Artikel stimulierend. Der konzeptionelle Beitrag »**Diversitätsorientierte Personalentwicklung: Zwischen Potenzialorientierung und Bildungsgerechtigkeit**« von *Halit Öztürk* und *Eva Humt* diskutiert Ansätze einer diversitätsorientierten Personalentwicklung vor dem Hintergrund des ambivalenten Verhältnisses von Potenzialorientierung und Bildungsgerechtigkeit. Dieses Verhältnis wird anhand einer Zusammenschau des wissenschaftlichen Diskurses um Migration und Betriebliche Weiterbildung nachgezeichnet. Anschließend werden Desiderata und Fallstricke einer diversitätsorientierten Personalentwicklung verdeutlicht, die auf die Vermittlung zwischen organisationalen Nutzenkalkülen und individuellen Bildungsinteressen zielt. Der Beitrag »**Weiterbildungsmentoren – ein neuer Schub für die Betriebliche Weiterbildung**« von *Roman Jaich* befasst sich mit dem Wandel der Arbeitswelt in Betrieben und öffentlichen Verwaltungen. Diese müssen sich ihrer Rolle als Gestalter der Transformationsprozesse bewusst werden und dies aufgreifen. Weiterbildungsmentor:innen stellen ein Konzept dar, diesen Wandel arbeitnehmerseitig im Betrieb zu begleiten und bei den Beschäftigten die Bereitschaft anzuregen, den Wandel mit zu begleiten. Die Einrichtung von Weiterbildungsmentor:innen ist kein Selbstläufer wie der Beitrag resümiert. Im Kontext der Betrieblichen Weiterbildung werden im Text »**Bildungsurlaub. Bildungsfreistellung. Bildungszeit. – eine Betrachtung im Kontext der Betrieblichen Weiterbildung**« von *Lena Heidemann* überblicksartig und systematisch Grundlagen zur Bildungsfreistellung in den Bundesländern als Rechtsanspruch dargelegt. Die Gesetze und ausgewählte Regelungsaspekte werden skizziert, grundlegende Überlegungen zur Verortung im Kontext der Betrieblichen Weiterbildung formuliert sowie die Freistellung zu Bildungszwecken als Baustein der Betrieblichen Weiterbildung resümiert.

IV. Rechtliche und tarifliche Aspekte der Betrieblichen Weiterbildung

Im vierten und relativ kurzen, aber gleichermaßen wichtigen Teil des Handbuchs werden die rechtlichen und tariflichen Aspekte der Betrieblichen Weiterbildung beleuchtet, die sehr bedeutsam sind. Es werden die rechtlichen Grundlagen und die Rolle der Weiterbildung in der Tarifpolitik in den beiden Beiträgen erläutert. »**Rechtliche Grundlagen der Betrieblichen Weiterbildung**« von *Philipp B. Donath* und *Andreas Engelmann* stellt wesentliche rechtliche Grundlagen Betrieblicher Weiterbildung dar und zeigt auf, welche Möglichkeiten und Chancen das kollektive Arbeitsrecht in Bezug auf die mitbestimmte Gestaltung einer beschäftigungssichernden und persönlichkeitsfördernden Betrieblichen Weiterbildung liefert. »**Weiterbildung als Gegenstand der Tarifpolitik: Formen, Effekte und aktuelle Entwicklungen**« von *Reinhard Bahnmüller* zeichnet die Etappen der tarifpolitischen Entwicklung nach und beschreibt sehr anschaulich die Formen und Ansatzpunkte, wie tarifvertraglich Einfluss auf die Betriebliche Weiterbildung genommen wurde. Weiterführend werden die Wirkungen der bisherigen Tarifregelungen dargestellt und auf aktuelle Entwicklungen eingegangen.

V. Didaktik des beruflichen Lernens in der Betrieblichen Weiterbildung

Der letzte Teil des Handbuchs widmet sich der Didaktik des beruflichen Lernens in der Betrieblichen Weiterbildung auf verschiedenen makro-, meso- und mikrodidaktischen Ebenen von der Planung über die Beratung bis zum Unterricht im Seminarraum oder dem Lernen am Arbeitsplatz. Es werden mit einem weiten Verständnis des Didaktikbegriffs – wie es für die Weiterbildung adäquat ist – verschiedene Ansätze vorgestellt.

Der Beitrag »**Weiterbildungsplanung als Aushandlungsprozess**« von *Martin Allespach* diskutiert den engen Zusammenhang zwischen einer systematischen Weiterbildung und der Weiterbildungs- und Personalentwicklungsplanung. Vor diesem Hintergrund werden verschiedene Modelle der Planung der Betrieblichen Weiterbildung, die auf unterschiedlichen Aspekten und theoretischen Konzepten basieren, erläutert. Die dezidiert »**Bildungswissenschaftliche Positionierung und Stärkung des Individuums in der Betrieblichen Weiterbildung**« von *Wiltrud Gieseke* präsentiert umfangreichere Studien rund um das betriebliche Programmplanungshandeln, in denen Tätigkeits- und Handlungstheorien eine Rolle spielen. Vorhandenes Wissen um die Verbindung von Kognitionen und Emotionen für Aneignungsprozesse haben einen grundlegenden Einfluss. Vor diesem Hintergrund werden am Ende vier Maximen formuliert, um lebenslanges Lernen betriebsspezifisch und mit den Erwachsenenbildungsinstitutionen in einer Region kooperativ zu lösen. Der Artikel »**Themenzentrierte Interaktion als lebendiges Lernen in der Weiterbildung. Ein gruppendynamischer Ansatz mit ethischer Grundlage**« von *Franz Kaiser* widmet sich der Themenzentrierten Interaktion. Es werden die Entstehung, ihre Verbreitung und die wesentlichen Grundlagen und Beispiele ihrer Anwendung angesprochen. Da die Themenzentrierte Interaktion nicht nur praktische Hinweise für gelungene Lernprozesse in Gruppen gibt, sondern auch auf einer ethischen Grundlage basiert, werden diese Besonderheiten und ihr Bezug zur kritischen Bildungstheorie betont. Am Ende stehen Hinweise auf Grenzen und Gefahren. Vor dem Hintergrund der unbefriedigenden wissenschaftlichen Fundierung der Konzepte Kollegialer Beratung wird in dem Beitrag »**Mit Kollegialer Beratung komplexe Situationen gemeinsam meistern – ein selbstorganisiertes betriebsbezogenes Lernformat**« von *Christiane Schiersmann* und *Marcus B. Hausner* handlungsrelevant ein theoretisches Konzept vorgestellt, das auf den jüngeren System- und Komplexitätswissenschaften basiert und für Praktiker:innen einen Ansatz bietet, sich angemessen mit Veränderungen in der Arbeitswelt und den gewachsenen Anforderungen im

Arbeitsalltag auseinanderzusetzen. Der Text »**Beratung im Betrieb**« von *Clinton Enoch* stellt gründlich und sehr differenziert die Spannbreite an Angeboten, Dienstleistungen und Beratungsformaten im Kontext von Weiterbildung dar. In diesem Zusammenhang wird aufschlussreich auf unterschiedliche betriebliche Beratungsformate Bezug genommen. *Uwe Elsholz, Martina Thomas* und *Hoai Nam Huynh* beschreiben in ihrem Beitrag »**Die Rolle betrieblicher Weiterbildungsmentor:innen zur Erhöhung der Bildungsbeteiligung aus subjektwissenschaftlicher Perspektive**« den Ansatz betrieblicher Weiterbildungsmentor:innen und führen aus, welche subjektwissenschaftlichen Potenziale diesen innewohnen. Dazu werden zunächst Schlaglichter auf die Weiterbildungsteilnahme geworfen, Befunde zu Weiterbildungsbarrieren beschrieben und dem Aspekt der Weiterbildungsabstinenz weiter nachgespürt.

Abschließend möchten wir uns bei allen Autorinnen und Autoren bedanken, die mit ihrem Fachwissen und ihrer Expertise zu diesem Handbuch ganz maßgeblich beigetragen haben. Ihr Engagement und ihre interessanten und stimulierenden Beiträge haben dazu beigetragen, ein umfassendes Werk über die Betriebliche Weiterbildung zu schaffen. Wir hoffen, dass dieses Handbuch dabei hilft, einen Überblick, aber auch tiefe Einblicke in das Thema zu erhalten, bestehende Praxen und unhinterfragte Routinen kritisch zu reflektieren und erfolgreiche Strategien in der Praxis umzusetzen, die zu Veränderungen und Verbesserungen in einer humanen Arbeitswelt führen. Wir wünschen viel Freude und Erfolg bei der Lektüre dieses Handbuchs.

Wir bedanken uns bei der Friedrich-Ebert-Stiftung für die finanzielle Unterstützung zur Realisierung des *Handbuchs Betriebliche Weiterbildung*.

I. Betriebliche Weiterbildung – eine einführende interdisziplinäre Perspektive

Christine Zeuner

Bildung

Inhalt

1. Bildung: begriffliche Einordnung

Bildung wird mit den unterschiedlichsten Zielsetzungen und Erwartungen verbunden und sofern der Begriff nicht theoretisch verortet wird, entzieht er sich einer genauen Definition. Ohne eine theoretische Rückbindung wird er beliebig, austauschbar mit Begriffen wie Qualifikationen, Kompetenzen, Fähigkeiten oder Wissen, welches als Weltwissen, Fachwissen, Prozesswissen, Handlungswissen usw. verstanden wird.

Die Zielsetzungen von Bildung sind vielfältig und spiegeln jeweils bestimmte Erwartungen an die Denk- und Handlungsfähigkeit der sich bildenden Menschen (Subjekte): Sie reichen von der individuellen Aneignung jeweils zeitgemäßen Wissens im Sinne von Allgemeinbildung und kultureller Bildung zur Erlangung von Mündigkeit (bildungstheoretische Begründung) über die Vermittlung und Aneignung berufs- und funktionsbezogenen Wissens, dessen vorrangiges Ziel die Entwicklung individueller Beschäftigungsfähigkeit und die Anpassung der/des Einzelnen an die herrschenden ökonomischen Anforderungen und Verhältnisse ist (ökonomische Begründungen/Bildung als Humankapital), bis hin zur Entfaltung der Person durch die Entwicklung individueller Denk-, Kritik- und

Urteilsfähigkeit mit den Zielen Mündigkeit, Emanzipation sowie politischer und gesellschaftlicher Partizipation (kritische Bildungstheorie). Deutlich wird jeweils ein gesellschaftlicher Bezug, der zum einen auf die Entwicklung umfassender sozialer und politischer Handlungs- und Gestaltungskompetenzen zielen kann. Zum anderen kann die berufsbezogene Aneignung von Wissen und Fähigkeiten im Vordergrund stehen, die einen engen, funktionsbezogenen Anwendungsbezug implizieren.
Bildung gilt als ein Begriff der westlichen Moderne, verortet im Kontext der europäischen Aufklärungsidee und geprägt von deren philosophischen, pädagogischen und politischen Diskursen. Die Rückbindung an und der Bezug auf die Aufklärung sind charakteristisch für einige Ausprägungen aktueller Varianten des Bildungsbegriffs und seine theoretische Herleitung und Begründung. Die Varianten des Bildungsbegriffs fußen jeweils auf unterschiedlichen geistes- und sozialwissenschaftlichen Theorien, die ihre differenzierten Zielsetzungen begründen, einhergehend mit einer gewissen Normativität im Hinblick auf verschiedene Dimensionen, die einen Bildungsbegriff definieren. Die genannten Bezüge (politische und gesellschaftliche Partizipation, Berufstätigkeit) verweisen darauf, dass die Adressatinnen und Adressaten Erwachsene sind.

2. Bildung: theoretische Zuordnungen

Der Beitrag konzentriert sich auf die Darstellung von Bildungsbegriffen in Bezug auf Bildungsprozesse im Erwachsenenalter. Es kommen sowohl subjektiv begründete Selbstbildungsprozesse als auch Bildungsprozesse im Rahmen der organisierten Erwachsenenbildung in den Blick. Nicht berücksichtigt werden Fragen der frühkindlichen Bildung und Erziehung bzw. der schulischen (Aus-) Bildung von Jugendlichen und jungen Erwachsenen. Sie unterliegen, in Verbindung mit den Aspekten Erziehung und Sozialisation, aufgrund der staatlichen Steuerung anderen formalen Bedingungen und rechtlichen Vorgaben als die Erwachsenenbildung. Im Rahmen der gesetzlichen Vorgaben kann das jeweils zugrundeliegende Bildungsverständnis aber dennoch ähnliche Varianten aufweisen wie in Bezug auf die Erwachsenenbildung.
Die folgende Tabelle schlüsselt die Zielsetzungen wesentlicher Bildungsansätze auf, die im Rahmen der Erwachsenenbildung diskutiert werden. Das Analyseraster erlaubt es, Bildung entlang gesellschaftlich relevanter Dimensionen in ihrer Reichweite zu charakterisieren und vergleichend zu analysieren.

Tabelle 1: Analyserahmen für Bildungskonzepte

	Bildungsökonomisches Konzept	Bildungstheoretisches Konzept	Bildungstheoretisch-kritisches Konzept
Theoretischer Hintergrund	Humankapitaltheorie/ Bildungsökonomische Begründungen	Humanistische Bildungstheorie	Kritische Theorie
Lerntheoretischer/ methodischer Hintergrund	Kognition Modularisierung von Wissen Selbstorganisiertes Lernen Informelles Lernen Konstruktivismus	Wissen/Verstehen/ Spekulation: Zusammenführen wissenschaftlicher Erkenntnisse Diskursive Vermittlung	Erfahrung/Reflexion Exemplarisches Lernen/ Subjektwissenschaftliche Lerntheorie Diskursive Aneignung/ Vermittlung
Ziele	Funktionalität/Information Innovation Qualifikation Kompetenzentwicklung	Aufklärung Mündigkeit Selbstbestimmung Urteilsfähigkeit Entwicklung von Identität/ Handlungsfähigkeit	Dialektik der Aufklärung Erkenntnis Emanzipation/Mündigkeit Kritik- und Urteilsfähigkeit
Gesellschaftliche Zusammenhänge/ Voraussetzungen	Demokratie Postindustrielle Informations- und Wissensgesellschaft Globalisierung Individualisierung Konkurrenz	Liberaler Staat, der die Autonomie und Freiheit von Wissenschaft und damit Bildungsprozessen garantiert (Selbst-)Verantwortung Solidarität	Demokratie in ihren historisch-gesellschaftlichen Entwicklungszusammen-hängen Kollektivität Solidarität
Rolle des Staates	subsidiär	Bildungspolitische Gestaltung/subsidiär	Bildungspolitische Gestaltung/Übernahme von Verantwortung
Funktion/ Interessen des Konzepts (»objektive Interessen«)	Subjektive Anpassung an objektiv bestehende ökonomische und gesellschaftliche Verhältnisse und an äußere Erwartungen	Unterstützung gesellschaftlichen Wandels Veränderungswillen Individuelle Anpassung an neue Verhältnisse	Hinterfragen bestehender Verhältnisse Veränderung und Gestaltung der ökonomischen und gesellschaftlichen Verhältnisse
Interessen der Lernenden (»subjektive Interessen«)	Individuelles Fortkommen/ Instrumentell gedachte Qualifizierung Betonung individueller Verantwortung für die Aneignung von Wissen und Kompetenzen Erhalt/Verbesserung der individuellen Beschäftigungsfähigkeit zur Absicherung der ökonomischen Existenz	Schaffung von Identität durch individuelle Entwicklung/ individuelles Fortkommen durch (Selbst-)Bildung Entwicklung politischer und gesellschaftlicher Handlungsfähigkeit Erhalt/Verbesserung der Arbeitsfähigkeit/ ökonomische und soziale Sicherheit	Personale Entwicklung/ Schaffung von individueller und kollektiver Identität durch Bildung/Aufklärung Entwicklung politischer und gesellschaftlicher Handlungsfähigkeit in Solidarität mit anderen Erhalt/Verbesserung der Arbeitsfähigkeit/ ökonomische und soziale Sicherheit
Träger/ Organisationen	Betriebe Öffentliche und private Anbieter berufsbezogener Weiterbildung	Alle Bildungseinrichtungen und gesellschaftlichen Organisationen, in denen gelernt wird	Einrichtungen der politischen Bildung, der Gewerkschaften, der Kirchen Volkshochschulen Heimvolkshochschulen
Adressat:innen	Arbeitnehmer:innen	alle	alle
Bestimmung der Inhalte	Objektiv, v.a. aus ökonomischer Perspektive als notwendig definiert Eher reaktive Lernprozesse	Objektive Notwendigkeiten/ subjektive Interessen Erkennen subjektiver Bedeutung von Inhalten	Subjektive Begründungen und Zuschreibung von Bedeutung, damit (eher) antizipativ
Probleme/Gefahren	Selektion »Sozialdarwinismus«	Selektion	Ungewollte Selektion bil-dungsabstinenter, bildungs-ungewohnter Personen

Quelle: eigene Darstellung in Anlehnung an Schreiber-Barsch & Zeuner 2018, S. 9–10

Der heuristische Rahmen macht deutlich, dass die Subjekte jeweils unterschiedliche Rollen einnehmen. Wird Bildung bildungstheoretisch oder kritisch-theoretisch begründet, wird anerkannt, dass die Subjekte in der Lage und auch Willens sind, selbstbestimmt über ihre Lern- und Bildungsprozesse zu entscheiden. Eine ökonomische Perspektive auf Bildungs- und Lernprozesse formuliert explizit inhaltliche Erwartungen und Zielsetzungen, an die sich die lernenden Subjekte anpassen (müssen). Berufsbezogene bzw. Betriebliche Weiterbildung wird in der Regel instrumentell und funktionsbezogen definiert und lässt den Lernenden kaum Spielraum zur Entwicklung eigener Bildungsinteressen. Trotz der differenzierten Zielsetzungen und den unterschiedlichen Rollenzuweisungen an die Subjekte erkennen alle Ansätze grundsätzlich an, dass Bildung für die Menschen existenziell ist.

Bildung als Bestandteil menschlicher Existenz gilt als ein lebensbegleitender und lebensentfaltender Prozess (Faulstich 2003), der mehr umfasst als berufsbezogene Lernprozesse. In einem übergreifenden, von zeitlichen Verortungen absehenden Verständnis werden Lern- und Bildungsprozesse Erwachsener auch als »Orientierungs- und Entscheidungshilfe zur Bewältigung von Lebensproblemen« bezeichnet (Lenz 1982, S. 40). Grundlage von Bildung sind individuelle Aneignungsprozesse. Im Mittelpunkt stehen die lernenden Subjekte und ihre Auseinandersetzung mit neuen Inhalten und deren Reflexion im Verhältnis zur eigenen Person und zur Gesellschaft. Zentral ist die gesellschaftliche Verankerung der Subjekte, die einerseits Anpassungsleistungen an bestehende gesellschaftliche Verhältnisse erfordert. Andererseits zielt Bildung auf die persönliche Entfaltung der Subjekte und die Entwicklung von Fähigkeiten zur politischen Gestaltung der Gesellschaft. Was die kritische Auseinandersetzung mit bestehenden politischen, sozialen und ökonomischen Verhältnissen ebenso einschließt sowie das Bemühen, diese im politischen Handeln gemeinsam mit anderen zu verbessern. Die Voraussetzung dafür ist die Existenz einer demokratischen, auf politische Partizipation ausgerichteten Gesellschaft.

In diesem Sinne spiegeln Bildungsprozesse Erwachsener subjektiv begründet vielfältige Interessen, wobei sich individuelle Bildungsbedürfnisse im Lebenslauf aufgrund biografischer Entwicklungsprozesse verändern können. Erwachsene lernen

- zur Selbstverwirklichung, Selbstbestätigung, Sinnfindung, zur Weiterentwicklung ihrer Persönlichkeit, zur Erhöhung ihrer Lebensqualität;
- zur Kompensation oder Ergänzung nicht erhaltener oder versäumter (Aus-) Bildungschancen;
- zur Verbesserung beruflicher Kenntnisse, Fähigkeiten und Kompetenzen mit dem Ziel des beruflichen und sozialen Aufstiegs oder zur Vermeidung beruflichen Abstiegs;

- zur Aneignung von Wissen und Handlungskompetenzen mit dem Ziel der aktiven politischen und sozialen Gestaltung der Gesellschaft, verbunden mit einem Anspruch an Selbstbestimmung und Emanzipation.

Die Lern- und Bildungsinteressen Erwachsener, die sich auf personale Entwicklung, Kompensation von Bildungsdefiziten, berufliches Fortkommen oder auf gesellschaftlich-politische Gestaltung beziehen, beruhen jeweils auf unterschiedlichen theoretischen Annahmen und Begründungen. Den Stichwörtern Persönlichkeitsentwicklung, gesellschaftlich-politische Gestaltung und berufliche Entwicklung lassen sich die drei in der Tabelle 1 dargestellten Bildungsdefinitionen zuordnen, die im Folgenden dargestellt werden.

2.1 Bildungstheoretische Begründungen und Ziele von Bildung

Die Ursprünge des bildungstheoretisch begründeten Bildungsbegriffs gehen auf Ideen der Aufklärung im 17. und 18. Jahrhundert zurück. In aufklärerischen Diskursen wurde die Idee des Menschen als gesellschaftlichem Wesen neu formuliert. Mittels einer »allgemeinen Menschenbildung« (Röhrig 1988, S. 348) sollte die bis dahin übliche Standeserziehung überwunden werden. Prinzipiell wurde jedem Einzelnen das Recht auf Entfaltung der Person und damit auf Bildung zugestanden – bezogen auf das entstehende Bürgertum. Das Volk, also die ländliche Bevölkerung und Angehörige der unteren Schichten, blieben weitgehend ausgeschlossen. Ungeachtet des Anspruchs, den der tschechische Pädagoge und Theologe Johann Amos Comenius (1592 – 1670) bereits Mitte des 17. Jahrhunderts in seiner »Didactica Magna« formulierte. Basierend auf anthropologischen und theozentrischen Überlegungen zur Bildungsfähigkeit der Menschen forderte er »allen alles ganz zu lehren« (»omnes omnia omnino«) (Comenius 1657/2000, S. 3).

Diese Gedanken wurden im Zeitalter der Aufklärung wieder aufgegriffen. In der französischen Fassung der Erklärung der Menschen- und Bürgerrechte von 1789 wird implizit ein Zusammenhang zwischen Bildung und der gleichberechtigten politischen, ökonomischen und gesellschaftlichen Teilhabe und Partizipation der männlichen Bevölkerung hergestellt. Theoretische Grundlage und bis heute Orientierungspunkt eines bildungstheoretisch begründeten Bildungsbegriffs sind Überlegungen zur Aufklärung, die Immanuel Kant (1724 – 1804) 1784 in seiner Abhandlung »Beantwortung der Frage: Was ist Aufklärung?« formulierte:

»Aufklärung ist der Ausgang des Menschen aus seiner selbstverschuldeten Unmündigkeit. Unmündigkeit ist das Unvermögen, sich seines Verstandes ohne Leitung eines anderen zu bedienen. Selbstverschuldet ist diese Unmündigkeit, wenn die Ursache derselben nicht am Mangel des Verstandes, sondern der Entschließung und des Muthes liegt, sich seiner ohne Leitung eines andern zu bedienen. ***Sapere aude!***

Habe Muth, dich deines eigenen Verstandes zu bedienen! ist also der Wahlspruch der Aufklärung« (Kant 1784, S. 481).

Dass aufgeklärtes Denken die Menschen dazu zwingt, Widersprüche aufzudecken, und deren Auflösung u. U. zu Widerständen führen kann, sah bereits Kant. Im 20. Jahrhundert wird dieses Problem unter dem Aspekt »Dialektik der Aufklärung« diskutiert (Horkheimer & Adorno (1947/2022). Er berücksichtigt, dass die Entwicklung von individueller Reflexivität, geistiger Durchdringung von Welt, Orientierung und Bewusstseinsbildung jeweils in historischen Kontexten verankert ist und eine kritische Diskussion über die Widersprüchlichkeit von Aufklärung zulassen muss (Schnädelbach 2004).
Nach Kant geht Mündigkeit einher mit der Übernahme von Verantwortung – für sich selbst und für andere. Da dieser Prozess beschwerlich ist, erklärt Kant das Phänomen, sich den Gedanken der Aufklärung zu verschließen mit dem Satz: »Es ist so bequem, unmündig zu sein« (Kant 1784, S. 482). Gleichzeitig ist er überzeugt, dass Aufklärung unausweichlich ist, wenn sich den Menschen entsprechende Möglichkeiten eröffnen: »Daß aber ein Publikum sich selbst aufkläre, ist eher möglich; ja es ist, wenn man ihm nur Freiheit läßt, beinahe unausbleiblich« (Kant 1784, S. 483).
Prinzipien der Aufklärung wie Vernunft und Rationalität, Freiheit und Emanzipation, das Eintreten für Menschen- und Bürgerrechte spiegeln sich in dieser Vorstellung von Bildung. Sie soll allen Menschen Wege weisen, sich ihres eigenen Verstandes zu bedienen und ihnen Möglichkeiten zur Entwicklung von Individualität, Subjektivität und Personalität eröffnen, einschließlich der Fähigkeit zu eigenständigem Denken, zur Kritikfähigkeit, zur Eigenverantwortung, zur Überwindung von Unmündigkeit und damit zur Befreiung aus Bevormundung. Die Entwicklung des Bildungsgedankens in der Zeit der Aufklärung in Abgrenzung zur Erziehung steht in Europa in engem Zusammenhang mit den politischen Umwälzungen in Folge der Französischen Revolution und einer Politisierung der Pädagogik, der neue Aufgaben zugedacht wurden.

*»Denn zum einen muß der Bürger **gebildet** werden und den Bedingungen und für die neue Verfassung und Gesellschaftsordnung; zum zweiten muß er **unterrichtet** werden über seine Menschen- und Bürgerrechte, drittens muß er **erzogen** werden zu einer mentalitären Identifizierung mit der neuen Gesellschafts- und Staatsordnung und ihrer künftigen Vervollkommnung.«* (Herrmann 1993, S. 186; Hervorhebungen im Original, C. Z.)

Bildung soll also einerseits zur Entfaltung der Person in Wechselwirkung mit der Welt führen. Andererseits erhält sie eine politische Aufgabe, indem sie den

Menschen befähigt, sich in einer politisch neu geordneten Gesellschaft zurechtzufinden, sich mit ihr zu identifizieren und sie mitzugestalten.

2.2 Kritisch-theoretische Begründungen von Bildung

Im 20. Jahrhundert wurden die Ideen des humanistisch begründeten Bildungsgedankens von der kritischen Erziehungswissenschaft, die auf der Kritischen Theorie beruht, weiterentwickelt. Die Kritische Theorie begreift moderne Gesellschaften als dynamischen Strukturzusammenhang, deren Verhältnisse geprägt sind von Widersprüchen (Winter 2007, S. 35). Dieser Gedanke wird in der kritischen Bildungstheorie aufgegriffen, indem gefragt wird, welche Konsequenzen die Aufklärung für die Subjekte hat, denn sie sind aufgrund ihrer gesellschaftlichen Verortung in ihren Entwicklungsmöglichkeiten nicht völlig frei.
Im Sinne von Karl Marx (1818–1883) soll Kritische Theorie aktuelle soziale Konflikte und Problemlagen reflektieren. Ihre Leitbegriffe sind in Anlehnung an die Aufklärung, Vernunft, Kritik, Praxis und Emanzipation, die unter Berücksichtigung der Marx'schen Ideologiekritik und der Psychoanalyse weiterentwickelt wurden (Weiß 2010, S. 79). Kritik bedeutet in diesem Zusammenhang, »subjektive Orientierungen, Einstellungen und Verhaltensweisen zu problematisieren und in einem weiteren Schritt von Selbsttäuschungen, unnötigen Zwängen und Repressionen zu befreien und so Selbsterkenntnis zu vermitteln« (Winter 2007, S. 33). Menschen lernen auf diese Weise »ihre Lebensverhältnisse besser zu verstehen, insbesondere auch ihre eigene Rolle in deren Reproduktion und Gestaltung« (ebd.), wodurch im Austausch mit anderen »ein gemeinsamer Rahmen« (ebd.) geschaffen wird, »der das Nachdenken über eine alternative Zukunft erlaubt« (ebd.). Die bis in die 1960er Jahre vor allem von Theodor W. Adorno und Max Horkheimer geprägte Kritische Theorie stellt kein in sich geschlossenes Konzept dar. Ihre Ideen wurden und werden kontrovers diskutiert und es hat Kritik, Ablehnung sowie Weiterentwicklungen gegeben (Pongratz 2003, S. 10).
Ziel der kritischen Bildungstheorie, die seit den 1970er Jahren von Teilen der Erziehungswissenschaft und der Erwachsenenbildung intensiv diskutiert wird, ist im Sinne einer weitergedachten Aufklärung die Erziehung der Menschen zu Mündigkeit und Emanzipation (Koller 2004). Wie in den bildungstheoretischen Überlegungen, spielt die kritische Reflektion von Wechselwirkungen zwischen gesellschaftlichen Entwicklungen und zielgerichtetem (politischem) Handeln eine wesentliche Rolle, um die Menschen für gesellschaftliche Widersprüche zu sensibilisieren und damit ihre Kritik- und Urteilsfähigkeit zu stärken. Der Prozess der (Selbst-)Aufklärung setzt voraus, dass die Subjekte die Ziele der Kritischen Theorie akzeptieren, einschließlich der sich daraus ergebenden Konsequenzen (Winter 2007, S. 33). Die Auseinandersetzung mit gesellschaftlichen

Anforderungen und Vorgaben kann bei den Subjekten aufgrund eines erweiterten Bewusstseins zu inneren Spannungen und Verunsicherungen führen. Die damit verbundene Orientierungssuche beinhaltet Bildungsprozesse:

»*Bewusstseinsbildung versetzt Heranwachsende wie Erwachsene in die Lage, sich diese Welt geistig zu erschließen, sie sich bewusstseinsmäßig verfügbar zu machen. In der Bildung vollziehen sich die geistige Erschließung der Welt und gleichzeitig die bewusste Weiterentwicklung der Persönlichkeit. […] Erst durch das erworbene Bewusstsein sind wir in der Lage, unsere Rolle, unsere Position, unsere Perspektiven innerhalb der gesellschaftlichen Verhältnisse selbst zu bestimmen.*« (Bernhard 2018, S. 137)

Bildungsprozesse entfalten »das geistige Subjektvermögen des Menschen« (ebd.). Wesentlicher Unterschied zu Erziehung und Sozialisation (die notwendig sind zur humanen Subjektwerdung) ist, dass Menschen die Wirklichkeit reflektiert wahrnehmen und fähig werden, »in ein aktives geistiges Verhältnis zu den uns umgebenden gesellschaftlichen Lebensbedingungen zu treten« (ebd.) und in die Lage versetzt werden, »sich selbst zu erschließen und damit ihre Identität zu vertiefen und auszudifferenzieren« (ebd., S. 138). Bildungsprozesse beruhen auf der Vermittlung und Aneignung von Wissen, die grundlegend sind für die Entfaltung von Bewusstsein. Die Fähigkeit zur Reflektion setzt Wissen voraus und kann so zu emanzipatorischen Prozessen führen. Durch Bildung entwickeln die Subjekte Identität und sind dabei u. U. widersprüchlichen und teilweise schwer zu bewältigenden Ansprüchen ausgesetzt.
Bildungsprozesse im Sinne der kritischen Bildungstheorie stellen aufgrund des normativen Gehalts der Theorie hohe Ansprüche an die lernenden Subjekte. Sie sind gefordert, nicht nur die gesellschaftlichen Verhältnisse, die ihre Existenz bedingen, kritisch zu analysieren und zu hinterfragen, sondern zugleich ihre eigene Rolle innerhalb dieser gesellschaftlichen Zusammenhänge zu reflektieren. Das schon von Kant erkannte Problem, dass nicht jeder Mensch bereit ist, die daraus abzuleitende Verantwortung für sich und die Gesellschaft zu übernehmen, spiegelt sich in historischen Erfahrungen. Nicht alle Menschen sind willens, sich selbst aufzuklären, zu emanzipieren und als mündige Bürger:innen zu handeln – vor allem wenn Handeln bedeutet, sich gegen gesellschaftliche Mehrheitsmeinungen zu stellen.

2.3 Ökonomische Begründungen und Ziele von Bildung

Neben der bildungstheoretischen bzw. kritisch-theoretischen Begründung für Bildung existierten seit der Zeit der Aufklärung Konzepte von Bildung, die sich stärker an Ideen von Nützlichkeit und praktischer Anwendbarkeit orientieren, in den Blick kommen berufliche Tätigkeiten und Beschäftigung. Die Bevölkerung verband den Nutzen beruflicher Bildung mit Erwartungen an einen beruflichen und sozialen Aufstieg und die Sicherung der eigenen Existenz. Seit den 1970er Jahren wird ein solches Bildungsverständnis theoretisch mit Ansätzen der Humankapital-Theorie erklärt, die Bildung als eine ökonomische Investition begreift, die einem betriebs- bzw. volkswirtschaftlichen Ertrag zeitigt. »Zur ideologischen Flankierung wird eine utilitaristische Interessenharmonie zwischen Individuen, Unternehmen und Gesamtgesellschaft konstruiert, die im Humankapital den Schlüssel zum Wohlstand der Nationen verortet.« (Kunert & Rühle 2022, S. 30)

Insbesondere durch die Globalisierung der Märkte und die neoliberale Wirtschaftspolitik seit Ende der 1980er Jahre wurden berufliche Aus- und Weiterbildung bildungspolitisch relevanter, obwohl ihre Bedeutung schon nach dem Ende des Zweiten Weltkriegs im Zuge der Demokratisierung und Modernisierung westlicher Gesellschaften betont wurde, auch vor dem Hintergrund ökonomischer Transformationsprozesse. Es zeichnete sich ab, dass erlernte Ausbildungsberufe dauerhaft weder die Beschäftigungsfähigkeit der Arbeitskräfte sichern würden, noch die Wettbewerbsfähigkeit der Wirtschaftssysteme.

Politisch forcierte Ideen zum lebenslangen Lernen, die in den 1960er Jahren durch die UNESCO und die OECD mit unterschiedlichen Zielsetzungen publik gemacht wurden und die international die Diskussionen um Bildung sowie Aus- und Weiterbildung prägten, wurden von der UNESCO eher bildungstheoretisch begründet, von der OECD eher bildungsökonomisch (Schreiber-Barsch & Zeuner 2018, S. 11). Auch in Deutschland wurden die Ideen aufgegriffen und bildungspolitisch forciert. Nach der Jahrtausendwende insbesondere beeinflusst von der Bildungspolitik der Europäischen Union, deren im Jahr 2000 veröffentlichtes *Memorandum über lebenslanges Lernen* eine Kombination aus einem bildungsökonomischen sowie einem kritisch-pragmatistischen Ansatz zum lebenslangen Lernen vertrat (ebd., S. 20; Kommission der Europäischen Gemeinschaft 2000).

Die unterschiedlichen Sichtweisen auf lebenslanges Lernen bzw. Erwachsenenbildung spiegeln sich auch in bildungspolitischen Standpunkten. So hob der Deutsche Ausschuss für das Erziehungs- und Bildungswesen 1960 in seinem Gutachten zur Erwachsenenbildung hervor, dass Bildung neben der Vermittlung von kulturellen und politischen Inhalten auch Lebenshilfe leisten sollte. Sie sichert die Existenz der Menschen über die Entwicklung beruflichen Wissens und beruflicher Qualifikationen (Deutscher Ausschuss 1964, S. 36).

Während das Gutachten von 1960 die komplementären Funktionen von Bildung, Ausbildung und berufsbezogener Weiterbildung betonte, wird in späteren bildungspolitischen Stellungnahmen als wesentliches Ziel von Bildungsprozessen Erwachsener die berufliche Weiterbildung definiert. Dieses instrumentelle Verständnis setzt sich bis in die heutige Zeit fort. Aufgaben und Ziele der Weiterbildung orientieren sich an technologischen und ökonomischen Modernisierungs- und Transformationsprozessen, an die sich die Menschen flexibel anpassen sollen. Bildungsprozesse Erwachsener werden funktional betrachtet, was zu neuen Abgrenzungs-, Begründungs- und Legitimationsdiskursen führt, denn das emanzipative, politische Selbstverständnis der (Erwachsenen-)Bildung sieht sich in Frage gestellt. Eine primär ökonomische Zielsetzung vertritt die Nationale Weiterbildungsstrategie (2019):

»Für die Einzelne oder den Einzelnen wird Weiterbildung dazu beitragen, in einer hochdynamisierten Arbeitswelt die individuelle Beschäftigungsfähigkeit, die fachliche und überfachliche Kompetenzen beinhaltet, zu erhalten und zu verbessern. Weiterbildung bietet im Wandel also zugleich Chance und Schutz für Erwerbstätige.« (BMAS & BMBF 2019, S. 3)

Ziel der Strategie ist die Schaffung einer neuen Weiterbildungskultur: »Eine neue Weiterbildungskultur kann somit im internationalen Wettbewerb zum elementaren Standortvorteil werden und gesamtwirtschaftlich mehr Wachstum und Wohlstand schaffen« (ebd.).
Bildungsökonomische Begründungen der Erwachsenenbildung betonen historisch wie aktuell die Funktionalität von Qualifizierung und Bildung, verstanden als Instrumente der Anpassung an bestehende gesellschaftliche und ökonomische Verhältnisse. Bereits um die Jahrtausendwende wurde dafür die Entwicklung einer neuen Lernkultur gefordert, die den Subjekten größere Eigenverantwortung, Risikobereitschaft und Flexibilität abverlangt. »Ziel ist [...] das Hineinwachsen in die neue Kultur des arbeitsmarktorientierten, für die Anpassung an die Wechselfälle wirtschaftsstruktureller Verwerfungen selbst verantwortlichen Lernens« (Bolder & Hendrich 2003, S. 20–21). Im aktuellen Diskurs werden die Zielsetzungen von Bildung und Ausbildung vorwiegend bildungsökonomisch und neoliberal begründet. Eine Kritik im Hinblick auf die Ökonomisierung von Bildung bleibt nicht aus, denn diese Idee von Bildung unterstützt

»die systematische Hervorbringung eines neuartigen Subjekttypus, welcher sich vollständig mit den gesellschaftlichen Leitideen identifiziert und die wechselnden Anforderungen und Erwartungen stets eigenverantwortlich, kreativ, effektiv und flexibel erfüllt, ohne die gesellschaftlichen Rahmenbedingungen zu problematisieren oder gar in Frage zu stellen.« (Kunert & Rühle 2022, S. 29)

So soll einerseits die wirtschaftliche Prosperität eines Landes gesichert werden, andererseits suggeriert die Eigenverantwortung für Bildung den Subjekten, dass sie ihre Chancen auf individuellen beruflichen Aufstieg verbessern. Ungeachtet schwieriger Arbeitsmarktverhältnisse, für deren Ausgestaltung sie nicht verantwortlich sind und dessen Problemlagen vom Wirtschaftssystem selbst erzeugt werden. Die Annahme des Aufstiegs durch Bildung erweist sich bis heute für breite Teile der Bevölkerung als Illusion. Selbst wenn durch die Bildungsexpansion seit den 1970er Jahren das durchschnittliche Bildungsniveau der Bevölkerung gestiegen ist, bestimmen weiterhin soziale Herkunft und Milieuzugehörigkeit über Bildungs- und damit auch über berufliche Verortung und Aufstiegschancen sowie politische Partizipationschancen (Hillmert 2020; Dobischat & Düsseldorf 2018, S. 736).

2.4 Bildung und arbeitsorientierte-politikbezogene Erwachsenenbildung

Es gibt nur wenige Stimmen in der wissenschaftlichen Auseinandersetzung und auch in der Praxis (hier ist auf die Bildungsarbeit der Gewerkschaften zu verweisen: Allespach 2012; Derichs-Kunstmann 2018, S. 816; Kunert & Rühle 2022, S. 34ff.) zum Berufsbezug von Bildung, die versuchen, berufliche Weiterbildung vom Subjekt her zu denken und die in der kritischen Bildungstheorie formulierten Ansprüche an die personale Entwicklung und Entfaltung der Subjekte aufzugreifen, theoretisch zu begründen und konzeptionell umzusetzen. Dabei geht es im Sinne der Kritischen Theorie um die Entwicklung von Kritik- und Urteilsfähigkeit in Bezug auf die berufliche Tätigkeit und die betrieblichen Arbeitszusammenhänge, die von hierarchischen Strukturen geprägt, nur durch kollektives Handeln veränderbar sind.

Ein Konzept emanzipativer Bildungsarbeit stellt die arbeitsorientierte-politikbezogene Erwachsenenbildung von Peter Faulstich (1946–2016) dar. Er formulierte es bereits zu Beginn der 1980er Jahre und verfolgte es im Laufe der Zeit weiter. 1999 charakterisierte Faulstich seinen Ansatz folgendermaßen:

»Ausgangspunkt von Bildung sind demnach Interessenstrukturen im Rahmen gesellschaftlicher Verhältnisse. … die berufliche Arbeit [ist] für die meisten Erwachsenen weiter Kern der Lebensbedingungen und Orientierungen. Es geht um die Klärung von Interessenpositionen und die Entwicklung von Handlungsmöglichkeiten zur Gestaltung betrieblicher und gesellschaftlicher Verhältnisse.« (Faulstich 1999, S. 241)

Bildung wird nicht nur als Qualifizierung verstanden. Vielmehr kann kritische berufliche Bildung zur Urteilsfähigkeit und zu einem vertieften Verständnis über gesellschaftliche und ökonomische Zusammenhänge beitragen, deren Auswirkungen in der Arbeitswelt kumulieren. Die Kenntnis dieser Zusammenhänge kann Ausgangspunkt von politischem Handeln sein und zu Veränderungen führen.

3. Bildung und Subjektwerdung

Betrachtet man die verschiedenen vorgestellten theoretischen Begründungen für Bildung stellt sich die Frage, inwiefern die adressierten Subjekte den jeweils formulierten Ansprüchen überhaupt genügen können oder wollen. Regelmäßige repräsentative Erhebungen zur Teilnahme Erwachsener an Lern- und Bildungsprozessen (formal, non-formal, informell, selbstorganisiert, autodidaktisch), die im Abstand einiger Jahre seit 1979 durchgeführt werden, weisen zwar einen Teilnahmeanstieg nach (1979: 23 % der 18- bis 64-Jährigen; 2020: 60 %; BMBF 2022, S. 11), aber dennoch ist zu konstatieren, dass trotz Bildungsexpansion, bildungspolitischer Unterstützung und ökonomischem Bedarf 40 % der erwachsenen Bevölkerung im letzten Jahr vor der Befragung (darauf bezieht sich die Erhebung; BMBF 2022, S. 4), nicht an Weiterbildung teilgenommen haben.

Die Gründe hierfür sind seit langem bekannt, quantitative wie qualitative Erhebungen über Einstellungen und Haltungen Erwachsener zur Teilnahme bzw. Nichtteilnahme an Weiterbildung existieren seit Ende der 1950er Jahre (einen Überblick dazu gibt Kuper 2019). Es zeigt sich, dass sowohl organisatorisch-strukturelle Bedingungen als auch subjektive Gründe die Teilnahme begünstigen oder behindern können.

Bei den organisatorisch-strukturellen Bedingungen geht es in Bezug auf die allgemeine, politische und berufsbezogene Weiterbildung v. a. um die regionale Angebotsstruktur, um fehlende Beratungsangebote oder um finanzielle Probleme. In Bezug auf die Teilnahme an Betrieblicher Weiterbildung wurden wiederholt Selektionsmechanismen nachgewiesen, die v. a. gering oder niedrig qualifizierte, eher bildungsungewohnte Personen benachteiligen (Dobischat & Düsseldorf 2018, S. 736; BMBF 2022, S. 32–33) und die tendenziell zur Selbstexklusion führen. Darüber hinaus werden die inhaltlich geringe Passung der Angebote oder die fehlende Anerkennung und Zertifizierung des Gelernten als Gründe für eine Nichtteilnahme angeführt (Dobischat & Düsseldorf 2018, S. 738).

Subjektive Gründe für oder gegen die Teilnahme an Weiterbildung beziehen sich neben den gennannten organisatorisch-strukturellen Bedingungen auf persönliche und biografische Erfahrungen. Biografisch spielen negative Lernerfahrungen und damit Versagensängste in Bezug auf die Weiterbildung eine Rolle. Weitere Gründe sind fehlende (berufliche) Nutzenerwartungen, besondere Lebenslagen (z. B. Familiengründungsphase, Care-Arbeit, gesundheitliche Probleme) oder mangelndes inhaltliches Interesse.

Auf welche Weise können solche Mechanismen überwunden werden? Wie können Personen, deren negative Lernerfahrungen nachhaltige biografische Spuren hinterlassen haben, aufgrund derer sie es sich weder zutrauen, (Weiter-)Bildung in Anspruch zu nehmen, noch einen persönlichen Nutzen darin sehen, dennoch einen Zugang zur Bildung finden? Die die theoretisch begründeten und empirisch nachweisbaren subjektiven Vorteile besserer Bildung aufgrund fehlender positiver Erfahrungen für sich selbst nicht gelten lassen?

Entscheidend ist in diesem Zusammenhang die Entwicklung einer positiven Weiterbildungskultur, die im Rahmen der Betrieblichen Weiterbildung eine Rolle spielt, aber auch relevant ist im Rahmen eines gesamtgesellschaftlichen Blicks auf Bildung. Die bildungspolitischen Erwartungen an die Bereitschaft der erwachsenen Bevölkerung, lebenslang zu lernen, müssten von rechtlich verbindlichen Strukturen flankiert werden, die den Zugang und die Finanzierung von Weiterbildung inklusiv regeln. Die bekannten Selektionsmechanismen (s. o.) müssten überwunden werden, um auch bisher weiterbildungsabstinente Personen zur Teilnahme anzuregen. Erkenntnisse subjetwissenschaftlicher Lehr-Lernforschung verweisen auf sinnvolle Herangehensweisen und Strategien, Weiterbildungswiderstand zu überwinden, indem die methodisch-didaktische Gestaltung von Lehr-Lernprozessen stärker teilnehmer- und subjektorientiert erfolgt. Die jeweiligen Lebensumstände können zwar Verhaltensweisen der Lernenden beeinflussen, wenn subjektive Lernbegründungen und Bedeutungszuschreibungen sowie antizipierte Lernresultate berücksichtigt werden, können sie zu biografisch nachhaltigen Lernprozessen führen (Bracker & Faulstich 2014, S. 343). Eine qualitative Studie zur Mehrfachteilnahme an Bildungsurlaubs- und Bildungsfreistellungsveranstaltungen konnte zeigen, dass sich bildungsferne bzw. bildungsungewohnte Personen langfristig auf expansive Lernprozesse einlassen, wenn sie die Teilnahme mit subjektivem Nutzen (sowohl persönlich als auch beruflich und gesellschaftlich) verbinden (Zeuner & Pabst 2022).

Eine subjektorientierte Perspektive auf Bildung berücksichtigt, hinausgehend über mögliche strukturelle, ökonomische und soziale Ursachen für Bildungsferne oder Bildungsabstinenz, die Eigenwilligkeit der lernenden Subjekte und erkennt ihre Lernbegründungen an. Dennoch stellt sich die Frage, auf welche Weise Menschen jenseits von ökonomischen Nutzengedanken Bildungsprozesse eingehen können, damit sie in gesellschaftlichen Umbruchsituationen dazu befähigt sind, situationsunabhängig, »die zukünftig zu erwartenden Probleme dieser Gesellschaft zu begreifen und Lösungswege ins Auge zu fassen« (Negt 1998, S. 25). Eine solche Bildung erlaubt den Menschen die »Entwicklung von Eigensinn, von Wissens- und Urteilsvorräten, die nicht immer gleich anwendungsfähig sind und aufgebraucht werden. Nur das macht den Menschen widerstandfähig gegen Manipulation und Verführungen« (ebd., S. 33).

4. Literatur

Allespach, M. (2012). Gewerkschaften als Träger von Bildungsarbeit. In Zeuner, C. (Hrsg.), Enzyklopädie Erziehungswissenschaft Online. Fachgebiet: Erwachsenenbildung. DOI 10.3262/EEO16120223. Weinheim und München: Juventa Verlag.

Bernhard, A. (2018). Bildung. In Bernhard, A., Rothermel L. & Rühle, M. (Hrsg.), Handbuch kritische Pädagogik. Eine Einführung in die Erziehungswissenschaft (S. 132–148). Weinheim: Beltz Juventa.

BMAS und BMBF (Bundesministerium für Arbeit und Soziales; Bundesministerium für Bildung und Forschung) (Hrsg.) (2019). Wissen Teilen. Zukunft Gestalten. Zusammen Wachsen. Nationale Weiterbildungsstrategie. Berlin. *https://www.bmbf.de/bmbf/shareddocs/downloads/files/nws_strategiepapier_barrierefrei_de.pdf?__blob=publicationFile&v=1* (abgerufen am 16. 1. 2024).

BMBF (Bundesministerium für Bildung und Forschung) (2022). Weiterbildungsverhalten in Deutschland 2020. Ergebnisse des Adult Education Survey – AES Trendbericht. 2. überarbeitete Auflage. Berlin. *https://www.bmbf.de/SharedDocs/Publikationen/de/bmbf/1/31690_AES-Trendbericht_2020.pdf?__blob=publicationFile&v=4* (abgerufen am 16. 1. 2024).

Bolder, A. & Hendrich, W. (2002). Widerstand gegen Maßnahmen beruflicher Weiterbildung: Subjektives Wissensmanagement. WSI Mitteilungen Heft 1/2002, S. 19–24.

Bracker, R. & Faulstich, P. (2014). Weiterbildungsbeteiligung. Bedingungen und Begründungen doppelter Selektivität. In Bauer, U., Bolder, A., Bremer, H., Dobischat, R. & Kutscha, G. (Hrsg.), Expansive Bildungspolitik – Expansive Bildung? (S. 335–356). Wiesbaden: Springer VS.

Comenius, J. A. Große Didaktik. 9. Auflage. Stuttgart: Klett-Cotta (1657/2000).

Derichs-Kunstmann, K. (2018). Gewerkschaftliche Bildungsarbeit. Erwachsenenbildung in gewerkschaftlicher Trägerschaft. In Tippelt, R. & von Hippel, A. (Hrsg.), Handbuch Erwachsenenbildung/Weiterbildung (6. Auflage, S. 811–820). Wiesbaden: VS-Verlag.

Deutscher Ausschuß für das Erziehungs- und Bildungswesen, Zur Situation und Aufgabe der deutschen Erwachsenenbildung (12. Januar 1960). Stuttgart: Klett 1964.

Dobischat, R. & Düsseldorf, K. (2018). Weiterbildung und Arbeitnehmer. In Tippelt R. & von Hippel, A. (Hrsg.), Handbuch Erwachsenenbildung/Weiterbildung (6. Auflage, S. 735–761). Wiesbaden: VS-Verlag.

Faulstich, P. (1999). Ist berufliche Bildung politisch oder allgemein? Perspektiven arbeitsorientierter-politikbezogener Erwachsenenbildung 30 Jahre nach der

Synthesediskussion. In Jelich, F.-J. & Schneider, G. (Hrsg.), Orientieren und Gestalten in einer Welt der Umbrüche (S. 235–242). Essen: Klartext Verlag.

Faulstich, P. (2003). Weiterbildung. Begründungen Lebensentfaltender Bildung. München: Oldenbourg Verlag.

Herrmann, U. (1993). Aufklärung und Erziehung. Studien zur Funktion der Erziehung im Konstitutionsprozeß der bürgerlichen Gesellschaft im 18. und frühen 19. Jahrhundert in Deutschland. Wiesbaden: Deutschen Studien Verlag.

Hillmert, S. (2020). Bildung und Lebensläufe in einer differenzierten und dynamischen Gesellschaft. In Schmidt-Hertha, B., Haberzeth E. & Ders. (Hrsg.), Lebenslang lernen können. Gesellschaftliche Transformationen als Herausforderung für Bildung und Weiterbildung (S. 17–32). Bielefeld: wbv Media.

Horkheimer, Max & Adorno, Theodor W. (1947/2022). Dialektik der Aufklärung: philosophische Fragmente. 26. Auflage. Frankfurt a. M.: Fischer Taschenbuch Verlag.

Kant, I. (1784). Beantwortung der Frage: Was ist Aufklärung? Berlinische Monatsschrift, Dezember 1784, S. 481–494. *https://de.wikisource.org/wiki/Beantwortung_der_Frage:_Was_ist_Aufklärung%3F* (abgerufen am 16. 1. 2024).

Koller, H.-C. (2004). Grundbegriffe, Theorien und Methoden der Erziehungswissenschaft. Eine Einführung. Stuttgart: W. Kohlhammer.

Kommission der Europäischen Gemeinschaften, Memorandum über Lebenslanges Lernen. SEK (2000) 1832. Brüssel 30. 10. 2000. *https://www.die-bonn.de/esprid/dokumente/doc-2000/eu00_01.pdf* (abgerufen am 16. 1. 2024).

Kunert, S. & Rühle, M. (2022). Bildung als Standortfaktor und Ware. Staats- und kapitalismustheoretische Perspektiven auf die postfordistische Bildungstheorie. In Bremer, H., Dobischaft, R. & Molzberger G. (Hrsg.), Bildungspolitiken. Spielräume für Gesellschaftsformation in der globalisierten Ökonomie? Bildung und Arbeit Band 7 (S. 20–42), Wiesbaden: Springer Fachmedien.

Kuper, H. (2019). Bildungsbeteiligung Erwachsener unter besonderer Berücksichtigung individueller und sozialer Bedingungen. In Köller, O., Hasselhorn, M., Hesse, F., Maaz, K., Schrader, J., Heike Solga, H., Spieß, K., Zimmer, K. (Hrsg.), Das Bildungswesen in Deutschland (S. 731–756). Bad Heilbrunn: Verlag Julius Klinkhardt.

Lenz, W. (1982). Grundbegriffe der Weiterbildung. Stuttgart: Kohlhammer.

Negt, O. (1998). Lernen in einer Welt gesellschaftlicher Umbrüche. In Dieckmann, H. & Schachtsiek, B. (Hrsg.), Lernkonzepte im Wandel. Die Zukunft der Bildung (S. 21–44). Stuttgart: Klett-Cotta.

Pongratz, L. A. (2003). Erwachsenenbildung zwischen Aufklärung und Instrumentalisierung. In ders., Zeitgeistsurfer. Beiträge zur Kritik der Erwachsenenbildung (S. 9–24). Weinheim: Beltz.

Röhrig, P. (1988). Geschichte des Bildungsgedankens in der Erwachsenenbildung und sein Verlust. Zeitschrift für Pädagogik, Heft 34/1988, S. 347–368.

Schnädelbach, H. (2004). Die Zukunft der Aufklärung. Christian-Wolff Vorlesung Marburg 2003. In ders. (Hrsg.), Analytische und postanalytische Philosophie. Vorträge und Abhandlungen (S. 60–89). Frankfurt a. M.: Suhrkamp Taschenbuch Verlag.

Schreiber-Barsch, S. & Zeuner, C. (2018). Lebenslanges Lernen. In Zeuner, C. (Hrsg.), Enzyklopädie Erziehungswissenschaft Online. Fachgebiet: Erwachsenenbildung. DOI 10.3262/EEO16180393. Weinheim und München: Juventa Verlag.

Weiß, E. (2010). Grundlagen Kritischer Theorie. In Lösch, B. & Thimmel, A. (Hrsg.), Kritische politische Bildung. Ein Handbuch (S. 77–88). Schwalbach/Ts.: Wochenschau Verlag.

Winter, R. (2007). Kritische Theorie jenseits der Frankfurter Schule? Zur aktuellen Diskussion und Bedeutung einer einflussreichen Denktradition. In: Ders. & Zima P. V. (Hrsg.). Kritische Theorie heute (S. 23–46). Bielefeld: Transcript Verlag.

Zeuner, C. & Pabst, A. (2022). Wie Bildungsurlaub wirkt. Eine subjektwissenschaftliche Studie zu langfristigen Wirkungen von Bildungsurlaub und Bildungsfreistellung. Frankfurt a. M.: Wochenschau Verlag.

Ines Langemeyer

Kompetenz und ihre Grundlagen – differenzierte Perspektiven für die Weiterbildungsforschung

Inhalt

1. Einleitung

Wer Kompetenz hat, so beschreibt es der Soziologe Max Weber (MWG I/22-4, S. 754), erfüllt im bürokratischen Staatsgefüge oder allgemeiner in einer versachlichten Organisation eine bestimmte Funktion, ein Amt, in dem er oder sie die eigenen Fähigkeiten und das eigene Wissen an einer Stelle zur Lösung und Bearbeitung von Aufgaben richtig einsetzt. Im Bild der »konfuzianischen Grundmaxime, dass ein vornehmer Mensch kein Werkzeug sei«, sah Weber im chinesischen Beamtenstaat »das ethische Ideal […] der universellen persönlichen Selbstvervollkommnung« unterschieden von »der Fachschulung und den Fachkompetenzen«; beide Vorstellungen seien sogar »entgegengesetzt« (MWG I/22, S. 332). Letztere leitet sich ab aus einem Gefüge aus Funktionselementen und Bauteilen – und der darin arbeitende Mensch sei prinzipiell nichts anderes. Demgegenüber sei das Persönliche und das Vollkommene einer Person das genaue Gegenteil.

Weber unterstreicht die Unvereinbarkeit zwischen dem instrumentellen Verständnis einer Funktionalität eines gesellschaftlichen Gefüges und der individuellen Persönlichkeitsentwicklung. Sich an Weber bildungsphilosophisch oder erwachsenenpädagogisch anzulehnen, bedeutet deshalb, Gegensätze von Individuum und Gesellschaft entweder anzuerkennen oder sie zu überwinden.
Arbeitspsychologisch und berufspädagogisch wird der Gegenstand »Kompetenz« anders eingeordnet: Er wird ausgelegt als sprachliche und kognitive Handlungs- und Problemlösefähigkeit in einem bestimmten Bereich, oftmals so, als ob diese einer Person als Eigenschaft oder Disposition dauerhaft zukäme (vgl. Röhr-Sendlmeier & Käser 2017). Verfahren der Kompetenzmessung wurden in den 1970er Jahren für die Personalauswahl entwickelt und später für die internationalen Vergleichsstudien der Schulsysteme wie PISA erweitert (ebd., S. 236ff.).
Aus dieser Perspektive muss man sich jedoch fragen, wie es überhaupt dazu kommt, dass man bestimmte Menschen und ihr Handeln als »kompetent« bewertet (Langemeyer 2013), was sich interessanter Weise nicht ohne eine Kontextualisierung des Handelns, d.h. nicht rein auf Inneres bezogen beantworten lässt. Was getan wird, lässt sich durch »Kompetenz« weder im Sinne einer unpersönlichen Funktion noch im Sinne eines Persönlichkeitsmerkmals beschreiben, da kompetentes Handeln relational zu denken ist. Eine kontextfreie Erkenntnis kann es hierbei nicht geben. Man kann nur im Hinblick auf das jeweilige Ziel, den jeweiligen Zweck, in einem bestimmten (z.B. disziplinären) Rahmen, vermittels eines Kriteriums sagen, dass ein Handeln »kompetent« war. Ändert sich ein Bezugsrahmen, ändert sich auch das Urteil darüber, was »kompetent« heißt.
Weiter muss man psychologisch klären, warum »kompetentes Handeln« durch bestimmte Lernprozesse und Erfahrungen zwar ausgebildet, aber dennoch nicht in jedem Fall und in jedem Kontext stabil beobachtet wird. Menschen »können« etwas in vielen Situationen, sind aber in einem Fall handlungsunfähig oder versagen plötzlich. Zudem machen sie mitunter Fehler. Sie sind trotz erlernter Fähigkeiten beim Arbeiten nicht fehlerfrei, weil sie abgelenkt, müde oder emotional so überlastet oder eingeschränkt sind, dass sie sich nicht mehr auf die Sache konzentrieren können. Psychologisch ist deshalb nicht nur die Perspektive der Beobachtung (»Wie funktioniert die Organisation?«), sondern auch die der handelnden Personen wichtig (»Wie bringen wir zusammen ein Agieren hervor, das vernünftig, sicher, effektiv, zuverlässig etc. ist?«). Für die Subjektperspektive, die immer in einem sozialen Kontext eingebettet zu studieren ist und nicht nur eine abgeschottete Welt der reinen Innerlichkeit beschreibt, steht der subjektwissenschaftliche Ansatz (vgl. Holzkamp 1984).
Wesentlich für eine subjektwissenschaftlich entwickelte Kompetenzvorstellung (Langemeyer 2013 und 2015) ist deshalb, dass sie sich nicht einfach aus einem idealisierten Organigramm, den entsprechenden Regelkreismodellen und der

funktionalen Arbeitsplatzbeschreibung ableitet, was eine ideale Person – ebenfalls idealer Weise – kann und tut. Die Kompetenztheorie muss verschiedene Ebenen einordnen und auch auf die unplanbaren und mit Risiko behafteten Aspekte menschlichen Verhaltens Antworten geben können. Wenn man in einem betrieblichen Kontext z. B. nur funktionelle Anforderungen betrachtet, wofür »menschliche Kompetenz« eingesetzt werden soll, um dann ganz schlicht nach passenden, »fertig produzierten Kompetenzen« Ausschau zu halten, dann vergisst man, dass menschliche Fähigkeiten niemals wie ein gegenständliches Produkt »fertig« vorliegen und dass sie in jeder Situation mit verschiedensten Kontextbedingungen und körperlichen Konditionen *hervorzubringen* sind.

Es ist zwar richtig, dass typische Situationen in der Praxis wiederkehren. In jeder Arbeit finden sich Routinen, sodass man daraus Anforderungen ableiten kann. Aber jeder Arbeitsprozess unterliegt auch Veränderungen, dabei geschieht mitunter Untypisches und Unvorhersehbares, weshalb Handlungen immer auf eine komplexe und kontingente Weise kontextualisiert sind. Routinemäßiges Handeln unterliegt immer der Gefahr, dass ihm Achtsamkeit und Sorgfalt abhandenkommen. »Kompetentes« menschliches Handeln steht hingegen für Zuverlässigkeit, Qualität und Sicherheit oder auch für bestimmte allgemeine Werte wie z. B. Nachhaltigkeit.

Ein Fallbeispiel wäre dazu ein Projekt der Digitalisierung von Verwaltungsabläufen, bei dem ein Team feststellt, dass analoge Prozesse nicht einfach eins-zu-eins in ein Software-Programm übersetzt werden sollten, sondern auch anders gestaltet und dabei z. B. personenbezogene Daten minimiert werden können. Dadurch reduziert sich die Notwendigkeit, Daten zu sichern und zu schützen. Das Team würde bei einer solchen Lösung also nicht nur an die Zuverlässigkeit für die gewünschten Funktionalitäten im digitalen Arbeiten denken, sondern auch an die Nachhaltigkeit der Arbeitsprozesse insgesamt.

Eine »kompetente« Person darf sich nicht allzu rigide oder allzu schematisch verhalten, um kontextsensibel zu sein, sodass Fehler vermieden werden. Das Handeln benötigt Flexibilität und das »richtige Maß«. Droht etwa ein Material bei der Verarbeitung zu zerbrechen, gibt die verantwortliche Person mit der Kraft etwas nach; erkennt man, dass etwas zerrinnt oder zerfällt, stützt man die Form etc. Im sozialen Umgang arbeitet man, je nach Stimmung und Reflexion daran, dass z. B. eine Vertrauensbasis und ein gegenseitiges Wohlwollen unter Menschen besteht, dass Transparenz, Verlässlichkeit und Fairness gewahrt wird, und dafür arbeitet man Tendenzen entgegen, bei denen diese Basis des Miteinanders verletzt wird. Man kann es theoretisch daher nicht anders auf den Punkt bringen, als dass das »kompetentes« Handeln immer angesichts bestimmter Kontextbedingungen und prozessualer Verläufe als angemessen empfunden wird. Eine kontextfreie Erkenntnis über Kompetenzurteile wäre ein Widerspruch in sich.

2. Kompetenzurteile

Ohnehin kann man sagen, dass sich Kompetenzurteile über ein Handeln bilden, indem man sich im Gesamtkontext den Verlauf der Handlung, die gewählten Ziele und Mittel und ihr Ergebnis genauer anschaut. Hiermit wird der Rahmen der notwendigen Reflexion erweitert, d. h. die Kompetenzurteile unterscheiden sich von Urteilen, die nur das Ergebnis bzw. das Produkt isoliert betrachten. Ein Produkt kann normiert, ein Prozess standardisiert werden. Aber eine Kompetenz zu normieren, läuft auf einen inneren Widerspruch hinaus. Je mehr und je genauer das Verhalten standardisiert wird durch abstrakte Kennwerte (Soll-, Vergleichswerte) und Regeln, die bloß anzuwenden sind, umso weniger handelt es sich um »Kompetenz«, weil das so Festgelegte nicht mehr das situativ Sinnvolle integriert. Die Person interagiert nicht mehr mit der Situation. Kompetenzurteile werden eher im interaktiven Geschehen benötigt, im Prozess der Handlung, weniger am Ende dieses Prozesses.

Was Flexibilität in einem interaktiven, wechselseitigen Geschehen ausmacht, steht immer in Relation zum Notwendigen, nicht zum Beliebigen. Es braucht im Fall des Beliebigen kein Urteil, was richtig ist, weil es hier auch kein »richtiger« gibt. Das macht Beliebigkeit aus. Ist hingegen etwas Notwendiges zu berücksichtigen (z. B. dürfen Patient:innen bei medizinischen Eingriffen nicht sterben), so braucht es die Beurteilung bzw. die Diagnostik, was im Hinblick auf das Notwendige richtig ist, und die Flexibilität (z. B. behutsames, vorsichtiges, präzises Eindringen in den Körper; vorsichtiges Dosieren von Medikamenten). Nach Aristoteles zeigt sich hierin *phronesis,* d. h. die Klugheit des Handelns, im Unterschied zur Kunstfertigkeit, zur *techné,* und zur Wissensbasis, zur *epistemé* (vgl. Eikeland 2006).

Kennwerte und Regeln bilden zwar einen Wissensbestand, der aber keineswegs eins-zu-eins im Handeln Anwendung findet, sondern eher einen Hintergrund oder einen Rahmen fürs Handeln bildet, womit jemand merkt, in welchem Moment etwa ein *vorsichtiges* Dosieren von Medikamenten angebracht ist. Man erkennt, in welchem Bereich die Dosis wirksam ist, nimmt aber nicht die Höchstmenge. Man verabreicht z. B. ein blutdrucksenkendes Mittel, empfiehlt aber zugleich, die Blutdruckwerte durch mehr Bewegung zu verbessern. Wissen zu haben, bedeutet nicht, sich irgendwelchen Werten zu unterwerfen oder Bestandteile dieses Wissens als eine Vorschrift fehlzuinterpretieren. Man muss Hinsichten und Handlungsmöglichkeiten in einem Reflexionsprozess verschieden beurteilen und perspektivieren können. So können z. B. Teams bei einem medizinischen Eingriff in den Körper nur gemeinsam sinnvoll beurteilen, wie sie ihre verschiedenen Expertisen zueinander koordinieren und ob sie die nötige Vorsicht walten lassen.

Flexibilität bedeutet ferner, dass man Regeln, regelhafte Abläufe und Pläne des (Arbeits-)Handelns kennt. Aber so wie beim Schachspielen ist die bloße Kenntnis der Spielregeln nicht die »Kompetenz« der Schachprofis. Ihre Kompetenz beginnt in ihrem Vorstellungsvermögen, das bewertet, was angesichts eines Problems oder einer Herausforderung relevant ist. Psychologisch ist somit zu klären, wie es zu diesem Vorstellungs- und Urteilsvermögen kommt. Wie bilden sich Vorstellungen, warum und inwiefern sind sie in den kognitiven und motivationalen Prozessen entscheidend?

3. Vorstellungsvermögen, Erkenntnis und Irrtum

Vor der Erklärung steht zunächst die Korrektur eines Irrtums; etwas spontan Erwartetes, etwas Angenommenes, Geglaubtes muss zurückgewiesen werden (Bachelard 1938/1984, S. 44). Lange Zeit wurde in der Psychologie (z. B. durch den Einfluss des Radikalen Konstruktivismus) angenommen, dass das Gehirn in seiner Fähigkeit zu denken, rein selbstbezüglich funktioniert und deshalb von der Welt informiert und durch diese direkt zur Wahrheit geführt werden muss. Das Gehirn, was es kann und wofür es sich entwickelt hat, wird seit der Forschung von Lev S. Vygotskij (2002), Alexandre Luria (1978) und anderen und aktuell von Psychologen wie Michael Tomasello (2020) stärker von der sozialen Koordination und Kommunikation her bestimmt und nicht mehr rein von der Fähigkeit der kontemplativen Wahrnehmung und der »Informationsverarbeitung«. Vom kommunikativen Verhalten her ist das psychische Vermögen anders bestimmt als durch die bloße Tatsache, dass die Sinnesorgane etwas wahrnehmen und das Gehirn »Informationen« verarbeitet. Das Dasein von Wahrnehmung ist für sich allein nicht bestimmend und Kommunikation funktioniert nicht einfach so wie ein kryptografischer Vorgang – so die theoretische Annahme: Nur die Information, die in bekannten Verschlüsselungscodes gesendet wurde, könnten angeblich vom Gehirn entschlüsselt werden. Dies sind technizistische Fehlannahmen.
Zum einen gibt es insbesondere für die Erfahrung, mit anderen in Beziehung zu sein, eine spontane, d. h. unmittelbare Wahrnehmung, die zwar eingeschränkt oder beeinträchtigt werden kann, etwa durch Ablenkungen oder durch Müdigkeit etc. Doch so wie auch Tiere durch ihre speziell angepassten Sinnesorgane mit ihrer Umwelt verbunden sind, so verfügen auch Menschen über einen Zugang zu der menschlich-sozialen und kulturellen Lebenswelt. Dieser Zugang wird zugleich über Affekte spontan verstanden und verarbeitet: Wenn eine andere Person plötzlich wütend wird, spürt man die Aggression und man reagiert emotional z. B. mit Angst, auch ohne zu wissen, warum die Wut aufkam.

Zum anderen gibt es aber auch das Denken, mit dem man sich verschiedene psychische Prozesse bewusst machen und reflektieren kann. Es hebt sich nicht selten ab von der spontanen Wahrnehmung. Es lässt sich auf Dinge lenken, die abwesend sind, die in der Vergangenheit oder in der Zukunft liegen. Sie können dazu mit Hilfe von Sprache und Zeichen symbolisiert und kommuniziert werden. In diesem Feld des Denkens, in dem Feld von sprachlich gebildeten Vorstellungen, können eigene Regeln aufgestellt, eigene Logiken gebildet werden (Langemeyer 2023). Denn das Denken muss sich nicht länger der unmittelbaren Wahrnehmung unterordnen, sondern kann sich in einem eigenen Denksystem bewegen (vgl. Vygotskij 2002, Kapitel 5; Lewin 1926). Es kann sich davon befreien und sich in eine Welt bestimmter Vorstellungen und gemeinsamer Möglichkeiten begeben. Dafür benötigt es Bewusstheit und eine bewusste Lenkung von Gedanken auf Wesentliches, was eigens zu erlernen ist. Dies ist ein häufig vernachlässigter Aspekt von Verwissenschaftlichungsprozessen, einer »Bildung durch Wissenschaft« (Humboldt; vgl. Schlaeger & Tenorth 2020).
Die anthropologische Forschung – wie die bereits erwähnte von Tomasello – macht zum Sozialverhalten deutlich:

»Aus Helfen und Teilen werden wechselseitige Erwartungen oder gar Kooperationsnormen; aus dem Verstehen von Zielen und Absichten werden gemeinsame Ziele […]; aus dem Verstehen der Aufmerksamkeit wird eine gemeinsame Aufmerksamkeit und ein gemeinsamer Hintergrund; praktisches Überlegen wird zu kooperativem Überlegen, und imitierte Signale werden zu […] geteilten Konventionen.«
(Tomasello 2009, S. 119)

Psychologisch gesehen ist hiermit eine wichtige Voraussetzung genannt, die das menschliche Handlungsvermögen bestimmt: ein Denkvermögen, das dialogisch, perspektivisch und über Distanzierungen flexibel arbeiten kann. Denn wer sich von der Gegenwart loslösen kann, vermag auch die Perspektiven anderer Menschen, die auch abwesend sein mögen, einnehmen – und umgekehrt. Menschen müssen so nicht einfach auf Situationen unüberlegt reagieren, sondern können sich zum einen planvoll auf sie einlassen, zum anderen können sie flexibel darauf antworten, je nachdem, wie sie in Beziehung zu anderen treten, mit ihnen einen Dialog suchen, Perspektiven auf den Plan oder auf verschiedene Pläne entwickeln und reflektieren.

4. Handlungsvermögen

Das Denken beeinflusst das Handlungsvermögen – aber nicht allein dadurch, dass man mehr weiß, sondern vor allem dadurch, dass man sich mehr vorstellen, mit mehr Personen und Situationen sinnvoll in Beziehung treten und so sich flexibler mit verschiedenen Perspektiven auseinandersetzen kann. Entsprechend kann kompetentes Handeln damit erklärt werden, dass eine Person nicht starr auf eine Reaktionsweise festgelegt ist. Kompetenz ist nicht nur damit gleichzusetzen, dass ein schematisch festgelegtes Verhalten gut beherrscht und präzise reproduziert werden kann. Dieser Ansatz greift zu kurz. Denn bleibt man starr in einem Verhaltensmuster oder in einer isolierten, nur auf sich selbst bezogenen Position, bedeutet das, dass man nicht in jedem Kontext und nicht in jeder Situation angemessen zusammen mit anderen handeln kann. Stattdessen muss eine Person mit ihrem Vorstellungsvermögen auch vorausschauen können, was sich verändert und in welchem sozialen Kontext die Veränderung steht. Durch die Übung und durch die Bereitschaft, sich auf unvorhergesehene Veränderungen und auf andere Perspektiven einstellen zu können, sorgt dies auch für die nötige Gelassenheit, die man bei schwierigen Situationen braucht.

4.1 Wechselwirkungen zwischen Angst und Befreiung im Kompetenzerleben und im Verhalten

Jede Angst verstärkt die Starrheit. Das Handeln wird unfrei. Für die Person sind Erfahrungen, nicht autonom und frei handeln zu können, damit auch Einschränkungen im Kompetenzerleben und im eigenen Verhalten. Denn jede gemachte Erfahrung wirkt zurück auf die Persönlichkeit als Ganzes. Die Affekte im Handeln sind entscheidend (vgl. Kuhl & Kaschel 2004): Ist das eigene Handeln vor allem mit Angst, Frustration und Versagen durchdrungen, wird in der Wechselwirkung mit der gesamten Persönlichkeit das eigene Handlungsvermögen gehemmt. Vermeidungsverhalten, Passivität und Lageorientierung sind die Folge. Hingegen stärken Affekte der Freude, der Bestätigung, des Könnens das Handlungsvermögen und den Handlungsimpuls, indem Motivation, Sinnhaftigkeit, Selbstwirksamkeit und Selbstsicherheit erlebt werden.

Die Erfahrungen werden also in einem Geschehen von Wechselwirkungen, wie ein Affekt entsteht und wie er im Gesamtzusammenhang der eigenen Person bzw. des eigenen Lebens gedeutet wird, ihrer subjektiven Sicht und ihren Lebensinteressen verarbeitet, sodass eine verallgemeinerte Sichtweise entsteht: Eine Person sieht sich auf einem Gebiet generell als kompetent an und ebenso entsteht ein generalisierendes Urteil, ob eine andere Person kompetent ist oder nicht, was allerdings konfundiert werden mag mit Urteilen, ob eine andere Person auch kooperativ, verlässlich und verantwortungsbewusst ist.

Im generalisierten Urteil über kompetentes Handeln spiegelt sich nicht einfach die faktische Kompetenz wider, sondern das Können, die Freiheit und die Gelassenheit im Handeln, was sich auf das eigene Verhalten, aber auch das anderer und damit auch auf das gemeinsame Tun beziehen kann.

4.2 Selbstregulationsfähigkeiten

Wenn andere Menschen jemanden als kompetent, verlässlich und verantwortungsbewusst beurteilen, so sehen sie ihn auch als authentisch an, als »mit sich selbst übereinstimmend«. Dasselbe gilt für die Selbstsicht. Psychologisch bedeutet das, dass Selbstwachstum stattfindet und nicht eine (Selbst-)Entfremdung (Kuhl & Kaschel 2004, S. 64). Selbstwachstum lässt sich darauf zurückführen, dass ein schmerzhaftes oder schambesetztes Ereignis in seinem Affekt herabreguliert, die Krise im Handeln überwunden und eine positive neue (Selbst-) Erfahrung gemacht werden kann. Auch Willensstärke lässt sich mit den psychologischen Begriffen Kuhls (Kuhl & Kaschel 2004) erklären. Hierbei wird der Affekt der Frustration bzw. die Hemmung des Handlungsimpulses angesichts von Schwierigkeiten herabreguliert. Ein neuer Affekt der Ermutigung entsteht durch die eigenen sinnvollen Handlungspläne. Werden die Handlungsziele und -vorsätze affektiv als erstrebenswert und als erreichbar bewertet, erfährt eine willentliche Handlung den nötigen positiven Impuls, um umgesetzt zu werden. Affekte der Handlungshemmung sind nicht länger übermächtig und können überwunden werden. Solche psychodynamischen Aspekte sind auch im Team bedeutsam, das seine Handlungsfähigkeit positiv oder negativ beeinflussen kann (Langemeyer 2015).

5. Narratives Vermögen als neue Dimension im subjektwissenschaftlichen Kompetenzmodell

Deutet man den Gegenstand Kompetenz im Sinne der interaktiven und situativ angemessenen Handlungsweise und der dazu gehörigen Selbstregulation neu, so bekommt die Begriffsdefinition eine dialogische Bedeutung. Kompetent in einem Team zu arbeiten, bedeutet nicht nur Teilaspekte eines kooperativen Arbeitsprozesses zu kennen und ausführen zu können. Hier wäre man lediglich das berühmte Rädchen im Getriebe. Partizipiert man in einem kooperativ arbeitenden Team auf eine kompetente Weise, so geht es um ein »konzertiertes Handeln«, d.h. um ein partielles Verschmelzen des eigenen Tuns in der gemeinsamen Handlung (z.B. beim Rudern oder bei einer medizinischen Operation),

um das dialogisch-interaktive Koordinieren der kooperativen Tätigkeit (etwa beim Diskutieren über Problemlösungen). Kooperative Kompetenz schließt deshalb auch die Regulation der Affekte in einer Gruppe mit ein.
Im kompetenten Team spielt das Erzählen und das Empfinden von Geschichten und Sinneinheiten eine große Rolle, was nach Fritz Breithaupt für Empathie und Fähigkeiten der empathischen Verhaltensregulation steht. Denn Gruppen und soziale Kontexte konstituieren sich (nicht nur, aber auch) durch »kollektive Narrative« (Breithaupt 2022, S. 188). Diese leisten eine »kollektive Sinnstiftung« (ebd., S. 187): »Die Vielfalt der möglichen Funktionen (also etwa Orientierung, Identitätsbildung, Sinnstiftung, Legitimation) deutet erneut an, dass der Begriff des Narrativs nicht klar umrissen ist« (ebd., S. 187), aber anzunehmen ist, dass »das Narrativ […] selbst etwas [leistet] und […] nicht nur eine Beschreibung dar[stellt]«, dass »Emotionsbögen […] zentraler [sind] als Kausalbögen«, dass es »das Angebot einer (vielleicht neuen) Identität für die Betroffenen« macht und »die Möglichkeit [evoziert], dass alles hätte anders kommen können« (ebd., S. 188).
Breithaupt beschreibt das narrative Denken als Basis eines »mobilen Bewusstseins«, das in und von sozialen Szenen handelt: Menschen verwirklichen dieses flexible Vermögen über Narrationen und ihre *Multiversionalität*, d. h. über eine Fähigkeit, soziale Szenen mit mehreren Akteuren und verschiedenen Ausgängen zu erkennen. Breithaupt (2022, S. 212) führt dazu den Begriff der »Spielbarkeit von Figuren« ein. Damit werden sozial-kognitive Fähigkeiten des Vorstellungsvermögens beschrieben, andere in ihrem Handeln und mit ihren Beweggründen mitzudenken. »Wer einer Geschichte schlicht folgt wie auf Schienen, der denkt nicht narrativ. Narrativ wird das Denken im Antizipieren und Aufspannen von vielfältigen Möglichkeiten.« (ebd., S. 248). »Narratives Denken erlaubt sich, die verschiedenen Möglichkeiten auszuspinnen und auch konkurrierende Versionen mental zu erproben und zu einem Ende zu führen. Dies erlaubt uns das Simulieren und Planen von künftigen Handlungen, bereitet uns auf die immer ungewisse Zukunft vor und bereitet dabei auch noch Freude.« (ebd., S. 252).

6. Ausblick

Breithaupts Überlegungen bieten sich an, um sie für ein neues Modell des Kompetenzbegriffs aufzugreifen, der sich abgrenzt vom bürokratischen Gefüge eines (Beamten-)Staates, aber auch von einem individualistisch verkürzten Dispositionsverständnis. Die Verbindungen zwischen psychologischen, pädagogischen und gesellschaftlichen Aspekten lassen sich mit dialogischen, interaktiven und sinnkonstruierenden Handlungsformen ziehen. Es lassen sich mit »kompetent«

die flexiblen, klugen, angemessenen und achtsamen Handlungsformen beschreiben, die sich letztlich auf kooperatives Handeln beziehen, aber je nach Situation und Perspektive unterschiedlich beurteilt werden können. Das dialogische Modell der Kompetenz ist sowohl in der individuellen als auch in der kollektiven (gesellschaftlichen) Perspektive für Erkenntnisse aus der neueren Hirnforschung (Jordan 2013; Breithaupt 2022) anschlussfähig und kann so lern- und arbeitspsychologische Fragestellungen der Bildungs- und Weiterbildungsforschung bearbeiten.

Daran lassen sich konkreter der jeweilige Umgang und die Art der Bewältigung von Krisen in einer Organisation studieren, die für die Frage der Handlungsfähigkeit entscheidend ist. Im Anschluss an die Forschung von Kathleen Sutcliffe und Karl Weick zu Achtsamkeit von *high reliability organizations* zeigen zum Beispiel Ranjay Gulati, Charles Casto and Charlotte Krontiris (2014) wie bei der drohenden Havarie des Atomkraftwerks in Fukushima die Sicherheitsteams unterschiedlich vorgingen. Anders als im havarierten Meiler machte ein Team in einem ebenfalls beschädigten, aber letztendlich nicht havarierten Atommeiler sich daran, die Problemdiagnose kooperativ anzugehen und bei jedem Schritt neuer Erkenntnis miteinander zu sprechen, über Deutungen und weitere Schritte zu diskutieren, sodass die Strategie zu einer gemeinsam geteilten Form der Sinnstiftung wurde.

Welche Kompetenz hier zum Vorschein kommt, ist keine Fähigkeit, die vollständig in den einzelnen Teammitgliedern vorher vorhanden wäre. Sie wird im dialogisch-interaktiven Geschehen hervorgebracht. Das bedeutet nicht, dass sich hier nichts Individuelles zeigt. Die Qualität ist dennoch eine des kollektiven, konzertierten Handelns, das nicht einfach unabhängig vom Kontext und der Situation auf Individuelles zurückgeführt werden kann.

7. Literatur

Bachelard, G. (1938/1984). Die Bildung des wissenschaftlichen Geistes. Beitrag zu einer Psychoanalyse der objektiven Erkenntnis (1938). Frankfurt am Main: Suhrkamp 1984.

Breithaupt, F. (2022). Das narrative Gehirn: Was unsere Neuronen erzählen. Suhrkamp Verlag.

Eikeland, O. (2006). Phronesis, Aristotle, and action research. International Journal of Action Research, 2(1), 5–53.

Gulati, R., Casto, C. & Krontiris, C. (2014). How the Other Fukushima Plant Survived. Harvard Business Review, July-August, accessed online (5. 1. 2018): *https://hbr.org/2014/07/how-the-other-fukushima-plant-survived.*

Holzkamp, K. (1984). Kritische Psychologie und phänomenologische Psychologie. Der Weg der Kritischen Psychologie zur Subjektwissenschaft. Forum Kritische Psychologie 14, S. 5–55.

Jordan, J. S. (2013). The wild ways of conscious will: what we do, how we do it, and why it has meaning. Frontiers in Psychology. doi: 10.3389/fpsyg.2013.00574.

Kuhl, J. & Kaschel, R. (2004). Entfremdung als Krankheitsursache: Selbstregulation von Affekten und integrative Kompetenz. Psychologische Rundschau, 55(2), 61–71.

Langemeyer, I. (2013). Grundzüge einer subjektwissenschaftlichen Kompetenzforschung. REPORT-Zeitschrift für Weiterbildungsforschung, 36(1), 15–24.

Langemeyer, I. (2015). Das Wissen der Achtsamkeit: Kooperative Kompetenz in komplexen Arbeitsprozessen. Waxmann Verlag.

Langemeyer, I. (2023). Die methodologischen Verbindungen zwischen Kurt Lewin und Lev Semënovic Vygotskij. In: Bogner, D., Sriram-Uzundal, N., Soff, M. (Hrsg.). Kurt Lewin Reloaded, Bd. 2. Springer Verlag (im Erscheinen).

Lewin, K. (1926). Vorsatz, Wille und Bedürfnis. Psychologische Forschung, 7, 330–385.

Lurija, A. R. (1978). Zur Stellung der Psychologie unter den Sozial- und Biowissenschaften. Gesellschaftswissenschaftliche Beiträge, 31, 640–647.

Röhr-Sendlmeier, U. & Käser, U. (2017). Kompetenz. In: Kühnhardt, L., Mayer, T. (Hrsg.) *Bonner Enzyklopädie der Globalität*, S. 235–248. Springer.

Schlaeger, J. & Tenorth, H. E. (2020). Bildung durch Wissenschaft. Vom Nutzen forschenden Lernens. Berliner Wissenschaftsverlag.

Vygotskij, L. S. (2002). Denken und Sprechen. Weinheim and Basel: Beltz [Originial russ. 1931–1934].

Weber, M. (1925/2009). Wirtschaft und Gesellschaft. Studienausgabe der Max-Weber-Gesamtausgabe (MWG), Band I/22-4, hg. v. Hanke, E. Tübingen: JCB Mohr (P. Siebeck).

Weick, K. & Sutcliffe, K. (2001). Managing the unexpected. San Francisco, CA: Jossey-Bass.

Weick, K. & Sutcliffe, K. (2006). Mindfulness and the Quality of Organizational Attention. Organization Science 17(4), pp. 514–524. *http://dx.doi.org/10.1287/orsc.1060.0196.*

Daniela Holzer

Kritische Erwachsenenbildung

Inhalt

Kritische Erwachsenenbildung und Betriebliche Weiterbildung[1] sind selten gut aufeinander zu sprechen, zu unterschiedlich sind die Sichtweisen auf die Fragen beruflichen Lernens. Kritik an der von Unternehmen und Bildungspolitik stetig vorangetriebenen Reduzierung von Bildung und Weiterbildung auf berufliche Belange steht die Forderung nach flexiblen, brauchbaren und nützlichen Beschäftigten gegenüber. Anliegen, die gesellschaftlichen Verhältnisse grundlegend anders und jenseits kapitalistisch-ökonomischer Produktionsbedingungen zu gestalten, treffen auf jene Interessen, die aus diesen Bedingungen Profit generieren können und wollen. Und irgendwo dazwischen befinden sich wohlmeinende Absichten, berufliche Aus- und Weiterbildung als individuell sinnvoll und notwendig für den Einstieg in den Arbeitsmarkt und den darin möglichen Aufstieg erscheinen zu lassen, aber auch Versuche, Arbeitsbedingungen humaner zu gestalten, ohne die Grundsystematik der ökonomischen Verwertung von Arbeitskraft und die zerstörerischen Tendenzen der kapitalistischen Ökonomie generell in Abrede zu stellen.

1 Die beiden Begriffe Erwachsenenbildung und Weiterbildung werden im Fachdiskurs uneinheitlich und teilweise unterschiedlich konnotiert verwendet. Kritische Positionen verwenden als Selbstbezeichnung eher den Terminus der kritischen *Erwachsenen*bildung, während in beruflichen Kontexten eher von *Weiter*bildung gesprochen wird. Diese Unterschiede nehme ich begrifflich auf. Eine Doppelnennung als Erwachsenen- und Weiterbildung verwende ich dann, wenn in den Überlegungen alle Bereiche des Lernens und der Bildung von Erwachsenen gemeint sind.

Lässt sich kritische Erwachsenenbildung und Betriebliche Weiterbildung also überhaupt zusammendenken, positioniert sich kritische Erwachsenenbildung doch als radikale Kritik an den ökonomischen Verhältnissen, innerhalb derer Betriebliche Weiterbildung agiert? Gibt es vielleicht dennoch Brüche, in denen kritische Anliegen zumindest kurz aufblitzen können, ohne dabei aber ein zuweilen naiv eingesetztes neuhumanistisches Bildungsverständnis zu bemühen, sondern auf kritischer Bildung zu insistieren?
In diesem Beitrag wird kritische Erwachsenenbildung, ihr gesellschaftskritisches Anliegen, der zugrundeliegende spezifische Kritikbegriff und Problematiken der gesellschafts- und herrschaftskonformen Herausbildung menschlichen Denkens, Wahrnehmens und Fühlens in den Blick genommen. Zuletzt werden einige Anknüpfungspunkte an Betriebliche Weiterbildung angerissen.

1. Historische Schlaglichter

Kritische Erwachsenenbildung ist eine verhältnismäßig »junge« kritische Disziplin. Sie etablierte sich erst in den 1960er und 1970er Jahren im Zuge gesellschaftlicher Umwälzungen und nahm in diesem Zeitraum zumindest kurzfristig eine zentrale Stellung in wissenschaftlichen und praktischen Diskursen ein (vgl. z. B. Pongratz 2010; Ribolits 2009). Drei Entwicklungsstränge sind aus meiner Sicht wesentlich, um diese Genese einordnen zu können. Ein erster Strang sind kritische Theorien, die prominent mit den Arbeiten von Karl Marx im 19. Jahrhundert beginnen und seither in verschiedensten Wissenschafts- und Handlungsfeldern weiterentwickelt und ausdifferenziert werden. Ein zweiter Strang entspringt der Geschichte der Erwachsenenbildung selbst: Fragen der Bildung Erwachsener reichen historisch weit zurück, werden aber erst in aufklärerischen Philosophien im Zuge der Durchsetzung der bürgerlichen Gesellschaft im 18. Jahrhundert konkretisiert und erst ab der Mitte des 19. Jahrhunderts etablieren sich dann erwachsenenbezogene Initiativen der Volks-, Arbeiter:innen- und Frauenbildung (vgl. Seitter 2007; Wittpoth 2013). Eine Absteckung als eigenes Wissenschafts- und Praxisfeld gelingt allerdings – nach ersten Anklängen zu Beginn des 20. Jahrhunderts – erst ab den 1960er Jahren, wobei gleichzeitig eine Hinwendung zu einer stärker beruflichen Orientierung einsetzt, die wiederum kritische Gegenreden initiiert. Der dritte Strang zeichnet sich in der Allgemeinen Pädagogik respektive Erziehungswissenschaft[2] ab, in der erste kritische Arbeiten

2 Während sich für die Fachdisziplin zunächst vor allem der Begriff »Pädagogik« etablierte, in dem sowohl praktische als auch wissenschaftliche Belange zusammenfallen, konnten sich ab den 1960er Jahren für das Wissenschaftsfeld zunehmend die Begriffe »Erziehungswissenschaft« oder »Erziehungs- und Bildungswissenschaft« durchsetzen. Obwohl Pä-

bereits ab den 1920er Jahren entstehen (vgl. z. B. Bernhard, Rothermel und Rühle 2018, S. 12), eine Ausdifferenzierung und Etablierung aber ebenfalls erst ab den 1960er Jahren einsetzt, allerdings kaum Übergänge zur Erwachsenenbildung feststellbar sind.

Diese drei Stränge verweben sich zuweilen und machen doch zugleich Unterschiede sichtbar. Marxistisch-materialistische Theorien und ihre kritisch-theoretischen Weiterentwicklungen werden in zahlreichen Disziplinen aufgegriffen, so auch in der allgemeinen Erziehungswissenschaft und in der Erwachsenenbildung. Zentrale und verbindende Positionen sind die radikale Kritik an gesellschaftlichen Verhältnissen und ihren ausbeuterischen Produktionsbedingungen, an Ungerechtigkeit und an der von Herrschaftsinteressen gewollter und vorangetriebener sozialer Ungleichheit und Ausbeutung (vgl. z. B. Euler 2004; Pongratz 2010; Bernhard, Rothermel & Rühle 2018; Sonderegger 2019). Im deutschsprachigen Raum hatten zunächst insbesondere die reflexiven Weiterentwicklungen marxistischer, materialistischer Theorie in der Kritischen Theorie der Frankfurter Schule, u. a. durch Max Horkheimer und Theodor W. Adorno, wesentlichen Einfluss (Adorno 1966/2003; Horkheimer & Adorno 1969/1988).

In der Allgemeinen Erziehungswissenschaft richtet sich in den 1960er Jahren die Kritik in erster Linie gegen die geisteswissenschaftliche Pädagogik und ihre bürgerlichen und neuhumanistischen Ideale, in denen gesellschaftliche Bedingungen des Seins und der Menschwerdung unterbelichtet bleiben. In der Erwachsenenbildung hingegen entzündet sich die Kritik stärker an der einsetzenden Wendung zu beruflicher und verwertbarkeitsorientierter Weiterbildung. Diese unterschiedlichen Blickrichtungen lassen meines Erachtens teilweise verstehen, weshalb sich kritische Einwände in der Erwachsenenbildung zuweilen stark eines neuhumanistischen Bildungsbegriffs bedienen, der mit Anklängen von Emanzipation und Persönlichkeitsentwicklung aufgeladen, allerdings für eine fundamentale Gesellschaftskritik ungeeignet ist.

Ab den 1980er und 1990er Jahren, im Zuge der Durchsetzung neoliberaler Interessen, erleben Konzepte beruflicher Qualifikation und des lebenslangen Lernens einen Aufschwung. In der Wissenschaft und der Praxis der Erwachsenen- und Weiterbildung werden kritische Perspektiven zwar zurückgedrängt, aber weiterhin gepflegt (vgl. z. B. Pongratz 2010). Ausgelöst durch gesellschaftliche Grundfragen, die sich im Zuge der Finanzkrise ab 2008 aufdrängen, ist in zahlreichen Wissenschafts- und Bildungsfeldern eine neuerlich stärkere – wenn auch

---

dagogik aktuell noch teilweise als allgemeiner Überbegriff verwendet wird, ist er innerhalb der Wissenschaft eher mit geisteswissenschaftlichen Ansätzen konnotiert, während Erziehungswissenschaft stärker als sozialwissenschaftlich orientiert verstanden wird. Ich verwende die Begriffe hier teilweise synonym, teilweise drücke ich mit jeweiligen Begriffen einen stärkeren Fokus auf mehr wissenschaftliche oder mehr wissenschaftliche und praktische Fragen aus.

weiterhin nicht dominant werdende – Hinwendung zu kritischen Perspektiven zu verzeichnen, in denen zum einen wieder vermehrt ältere kritische Theorien in Diskussion gebracht werden, u. a. Karl Marx, Theodor W. Adorno und Antonio Gramsci (1929–35/2012; siehe auch Becker et al. 2013) oder kritische erziehungswissenschaftliche Ansätze aus den 1960er und 1970er Jahren, wie z. B. Heinz-Joachim Heydorn (1970/2004). Zum anderen wurden neuere Weiterentwicklungen kritischer Theorien stärker rezipiert und mitunter in produktiven Austausch gebracht, beispielsweise Arbeiten von Pierre Bourdieu (z. B. 1979/1983), Michel Foucault (z. B. 1982/2013), Judith Butler (z. B. 2007) und zahlreiche weitere Ansätze mit beispielsweise poststrukturalistischer, dekonstruktivistischer oder postkolonialer Ausrichtung.

2. Kritik an Arbeitsverhältnissen und beruflicher Aus- und Weiterbildung

Radikale Gesellschaftskritik – und dementsprechend kritische Erwachsenenbildung – richtet ihr Augenmerk auf grundlegende Strukturen, d. h. auf gesellschaftlich produzierte Unterdrückungs- und Ausbeutungsmechanismen, die Armut, Ungleichheit etc. hervorbringen. Ein zentraler Ansatzpunkt sind dabei – seit Marx und bis heute – die kapitalistischen Produktionsverhältnisse, die von Vertreter:innen bürgerlicher und kapitalistischer Interessen im 19. Jahrhundert im globalen Norden vollständig durchgesetzt wurden und seither fast alle Bereiche des gesellschaftlichen Zusammenlebens prägen. Kritisch analysiert werden Lohnarbeit und alle damit verbundenen Fragen, beispielsweise die Verankerung von Arbeitstugenden, die sozialen Klassenverhältnisse, die gesellschaftliche Ausgrenzung und das Versprechen gesellschaftlicher Teilhabe mittels Arbeitsleistung, aber ebenso die Ausblendung von nicht entlohnter Arbeit, wie z. B. Pflege, Erziehung oder Haushaltstätigkeiten. Erwachsenen- und Weiterbildung und berufliche Aus- und Weiterbildung werden daraufhin durchleuchtet, wie sie an der Herstellung und Festigung dieser gesellschaftlichen Bedingungen mitwirken. Nicht zuletzt wird in die Kritik genommen, dass weite Teile der Erwachsenen- und Weiterbildung auf ökonomische Zwecke und berufliche Belange gerichtet sind, allgemeine, politische oder kritische Erwachsenenbildung hingegen marginalisiert und sogar verhindert werden (vgl. z. B. Koneffke 1969; Euler 2004; Ribolits 2009). Einige Themenfelder kritischer Erwachsenenbildung sind Lern- und Weiterbildungszwänge zur Anpassung der Qualifikationen und Kompetenzen an sich rasch ändernde Arbeitserfordernisse (z. B. Pongratz 2010), Ökonomisierungsprozesse, im Zuge dessen immer mehr Aspekte des Menschen – beispielsweise persönliche Merkmale – beruflich verwertbar gemacht werden (z. B. Faulstich 2004) oder Maßnahmen der Arbeitsmarktpolitik, die beispielsweise auf die Erzeugung von Leistungsbereitschaft und »Arbeitswillen« gerichtet sind und häufig als sinnlos und gängelnd wahrgenommen werden (z. B. Ribolits 2009). Darüber hinaus richtet kritische Erwachsenenbildung ihren Blick aber ebenso auf weitere gesellschaftliche Dysfunktionalitäten wie beispielsweise gesellschaftliche Ausgrenzungen, Geschlechterverhältnisse oder Rassismus. Herausgearbeitet wird unter anderem, wie diese aus kritischer Position unhaltbaren Problemlagen der aktuellen bürgerlich-kapitalistischen Herrschaft dienlich sind und Funktionen erfüllen, um beispielsweise Normen der Leistungsorientierung oder Eigenverantwortung durchzusetzen und zu erhalten.

3. Kritik als radikale Gesellschaftskritik

Kritische Positionen analysieren, dass Pädagogik, Erziehungs- und Bildungswissenschaft, Erwachsenen- und Weiterbildung nicht außerhalb gesellschaftlicher Verhältnisse stehen können und kritische Pädagogik und kritische Erwachsenenbildung – wie Peter Euler das formuliert – »ihrem Auftrag nach gesellschaftskritisch« (Euler 2004, S. 19) sein müssen. Ähnlich formuliert Ludwig A. Pongratz: »Bildungskritik ist ohne Gesellschaftskritik nicht zu haben« (Pongratz 2010, S. 31).

Diese gesellschaftskritische Dimension muss noch etwas genauer betrachtet werden, insbesondere um das dahinterliegende Kritikverständnis zu verdeutlichen und diese Positionen von Ansätzen abzugrenzen, die zuweilen ebenfalls Kritik im Munde führen, aber andere Agenden verfolgen. Kritische Wissenschaften und Praxis, die sich im Strang kritischer Theorien verorten, sind wie bereits gesagt radikal kritisch. Radikal insofern, als sie die Wurzeln – lat.: radix – gesellschaftlicher Verhältnisse in den Blick nehmen. Sie zeigen auf, dass diese Verhältnisse nicht notwendigerweise so sein müssen, wie sie sind, sondern menschengemacht und daher veränderbar sind. Kritische Positionen nehmen also in den Blick, wodurch diese Verhältnisse hergestellt werden, welche Normen wirksam sind und engagieren sich für eine grundlegende Veränderung (vgl. z. B. Bernhard, Rothermel & Rühle 2018; Sonderegger 2019).

Derart kritische Positionen sind daher von solchen Ansätzen zu unterscheiden, die zwar ebenfalls unter Berufung auf ethische Ansprüche antreten, gesellschaftliche Problemlagen zu identifizieren und zu verbessern, dabei aber die grundlegenden gesellschaftlichen Strukturbedingungen nicht angreifen. Rahel Jaeggi (2009) unterscheidet dabei zwischen *interner* und *immanenter* Kritik. Interne Kritik analysiert, inwiefern vorhandene Möglichkeiten gesellschaftlicher Ver-

besserungen nicht verwirklicht sind, inwiefern also Versprechen (noch) nicht eingelöst sind. Solche Kritik fordert entsprechende Veränderungen, stellt aber die zugrundeliegenden Normen nicht weiter in Frage. Immanente Kritik berührt hingegen deutlich stärker grundlegende Strukturen und reicht weit in die Normen hinein, die ebenso wie die Verhältnisse verändert werden müssen und können. Immanente Kritik »verlangt nach einer *Transformation von beidem: der Realität und der Normen*« (ebd., S. 288; H. i. O.). An Heinz Steinert (2007, S. 202) angelehnt lassen sich diese beiden Positionen als *affirmative* und *kritische* Kritik unterscheiden. Kritik kann also sowohl – affirmativ – die gesellschaftlichen Verhältnisse bestätigen und bestärken als auch diese – kritisch – unnachgiebig infrage stellen (vgl. Holzer 2017, S. 75ff.).
In der Erwachsenen- und Weiterbildung finden sich häufig Selbstverständnisse, die darauf pochen, doch auch kritisch zu sein (vgl. z. B. Sonderegger 2019, S. 9), hierbei aber gerade die notwendige Differenzierung zwischen kritisch-kritischer und affirmativ-kritischer Position unterlassen. Diese unklare Abgrenzung beruht meines Erachtens unter anderem auf dem schon benannten Umstand, dass sich Erwachsenen- und Weiterbildung im Unterschied zur Allgemeinen Pädagogik in ihrer kritischen Auseinandersetzung weniger an bürgerlichen Ansätzen und damit neuhumanistischen Verständnissen von Bildung, Emanzipation und Mündigkeit abarbeitet. Konzepte wie Mündigkeit oder Emanzipation werden daher zuweilen als kritischer Gegenpart zu beruflicher Verzweckung gesetzt. Astrid Messerschmidt macht hingegen deutlich, dass emanzipatorische Erwachsenenbildung einem bürgerlichen Bildungsbegriff entspringt, der zwar *individuelle* Emanzipation in den Vordergrund gerückt hat, aber *gesellschaft*skritische Momente vermissen lässt, weswegen für kritische und radikal kritische Aspekte bewusst die Ergänzung *kritisch*-emanzipatorisch gewählt wird (vgl. Messerschmidt 2009, S. 123).
Zuletzt sei noch eine wichtige Klarstellung ergänzt, die häufig zu Missverständnissen führt: Kritische Positionen vertreten explizit einen normativen Standpunkt. Sie wollen also Verhältnisse nicht nur analysieren, sondern beurteilen und bewerten diese anhand der spezifischen Vorstellung, dass eine bessere Welt für alle möglich wäre. Kritiker:innen sind aber ebenso von den vorherrschenden Normen beeinflusst und auf ein Denken innerhalb der derzeitigen Verhältnisse zurückgeworfen. Die Kritik kann daher nicht von einem Außenstandpunkt erfolgen und entspringt keiner »höheren« Moral. Vielmehr geht es darum, aus den jetzigen Denk- und Handlungsmöglichkeiten heraus zu kritisieren und anzufangen, Möglichkeiten eines besseren Anderen zu ergründen, die sich aber erst im weiteren geschichtlichen Verlauf in gesellschaftlichen Aushandlungsprozessen entwickeln lassen (vgl. z. B. Adorno 1966/2003; Holzer 2017, S. 88ff.).

4. Subjektivierungspraxen als neue Herausforderung

Schienen in manchen frühen kritischen Schriften, wie beispielsweise jenen von Karl Marx im 19. Jahrhundert, noch halbwegs klare Linien zwischen Herrschenden und Unterworfenen zu verlaufen und politische Kämpfe und Arbeitskämpfe ein scheinbar offensichtliches Gegenüber zu haben, so wurde diese klare Trennung bei näherer Beleuchtung immer brüchiger. Bereits in den 1920er und 1930er Jahren analysierte der italienische marxistische Philosoph Antonio Gramsci (1929–35/2012) in seiner Hegemonietheorie, dass Herrschaft, damit sie sich stabil etablieren kann, auf die – teilweise über Zugeständnisse »erkaufte« – Zustimmung der Beherrschten angewiesen ist. Kritische Theorien, u. a. Horkheimer und Adorno (Adorno 1966/2003; Horkheimer & Adorno 1969/1988), zeigten kurz danach auf, dass die Verwicklungen erheblich komplexer sind.

Für die kritische Erwachsenenbildung besonders relevant sind neue Erkenntnisse darüber, wie Menschen gesellschaftlich geformt werden, da sich durch diese Einsichten das Verständnis und die Analyse erweitern lassen, inwiefern gesellschaftliche Normen tief in die Selbstwahrnehmung eingebettet sind und welchen – zuweilen lähmenden – Einfluss dies auf mögliche Kritik und Gegenwehr hat. Zahlreiche Ansätze mit jeweils unterschiedlichen Ausprägungen und Schwerpunkten sprechen von Subjektivierung, also davon, wie und warum das Denken und Handeln von Menschen, ebenso aber ihr Fühlen, körperliches Empfinden und ihre Wahrnehmung weitgehend unbemerkt hervorgebracht werden. Eine Bewusstmachung ist zumindest teilweise möglich, aber der reflexive Zugriff und damit eine Gegenwehr sind nicht einfach. Schon Adorno sprach von der kritischen Notwendigkeit, »gegen sich selbst [zu] denken« (Adorno 1966/2003, S. 358).

Pierre Bourdieu (1979/1983) beeindruckt bis heute mit seiner Analyse des Habitus, mit dem er beschreibt, dass und wie die jeweilige gesellschaftliche Position zur Ausformung milieuspezifischer Wünsche, Vorlieben, Geschmäcker, Denkhaltung führt, die nur schwer überwindbar sind und unter anderem sozialen Ausschluss oder Aufstieg beeinflussen. Michel Foucault (1982/2013) hingen legte erste Überlegungen zur sogenannten Gouvernementalität vor, wo er deutlich macht, wie Macht- und Herrschaftsstrategien eingesetzt werden, um erwünschtes Verhalten zu erzeugen. Die Steuerung erfolgt allerdings nicht offensichtlich von außen, sondern wird in das Denken und sogar in die Körper der Menschen verlagert, weshalb sie sich selbst im Interesse der »Regierenden« – wie Foucault die Herrschenden nennt – kontrollieren und steuern. Solche Subjektivierungspraxen führen also in hohem Maß zu einer fast unbemerkten Formung durch die Gesellschaft und zu einer Selbststeuerung, in der Herrschaftsinteressen kaum noch sichtbar sind, vielmehr sogar dem eigenen Wollen, Denken und Empfinden zutiefst zu misstrauen ist.

Eine die neoliberalen Interessen verwirklichende, perfide Umsetzung dieser Subjektivierungspraxen ist beispielsweise unter den Begriffen »Arbeitskraftunternehmer:in« (Voß & Pongratz 1998) oder »unternehmerisches Selbst« (Bröckling 2007) bekannt geworden. Es ist gelungen, die kapitalistisch opportunen Leistungsanforderungen, sich selbst ständig und selbständig für Lohnarbeit und weitere Markterfordernisse zu optimieren, als Normalität in den Menschen zu verankern. »Die Menschen sollen wollen, was sie müssen« (Pongratz 2010, S. 163).

Für kritische Positionen und die kritische Erwachsenenbildung bedeuten diese Entwicklungen, dass sie den kritischen Blick für diese Vorgänge entsprechend schärfen müssen. Es gilt höchste Aufmerksamkeit darauf zu richten, wie Selbstoptimierung und Selbststeuerung auch in der Erwachsenen- und Weiterbildung eingesetzt werden (z. B. Faulstich 2004; Pongratz 2010; Hessische Blätter für Volksbildung 2021), um ständige Weiterbildungsbereitschaft und Anpassungen an berufliche Anforderungen hervorzubringen, beispielsweise wenn die an ökonomischen Interessen orientierte Aufforderung zu lebenslangem Lernen soweit verinnerlicht wird, dass ständige selbstaktive Optimierungsbereitschaft zu einem Wollen wird (vgl. Pongratz 2010, S. 153 ff.). Es gilt aber auch, kritisch danach zu fragen, mit welchen Strategien es generell gelingt, Menschen in der Form zu lenken, dass sie ihre Bedürfnisse, Wahrnehmungen oder Denkweisen als zutiefst eigenständig und selbstbestimmt wahrnehmen anstatt als in hohem Ausmaß gesellschaftlich mitbestimmt, z. B. in Bezug auf Konsuminteressen. Und wie selbstverständlich wird akzeptiert, für gesellschaftlichen oder beruflichen Erfolg oder das Scheitern selbst verantwortlich zu sein. Kritische Positionen analysieren diese Zugriffe auf die Subjekte, um deren gesellschaftliche Erzeugtheit sichtbar zu machen und mit kritischen Anliegen dem entgegenzutreten. Es gilt, die Vorgänge umso reflexiver zu beleuchten und Risse und Brüche im Gefüge zu suchen und auszuweiten.

5. Brüche finden und ausweiten

Bereits in den theoretischen Grundlagen kritischer Pädagogik und Erwachsenenbildung sind Möglichkeiten angelegt, den geschilderten gesellschaftlichen Verhältnissen und den eingesetzten Herrschaftsstrategien entgegenzutreten, denn diese sind rissig. Die Brüche ausfindig zu machen und auszuweiten kann zumindest ansatzweise gelingen.

Beeindruckende Einblicke in mögliche Brüche finden sich beispielsweise bei Gernot Koneffke (1969, 2009), einem Vertreter der kritischen Bildungstheorie ab den 1960er Jahren, der immer wieder herausschält, dass wir Konzepten der

Mündigkeit oder Emanzipation nicht trauen dürfen, diese aber hohes kritisches Potenzial bergen. Koneffke arbeitet die Dialektik der bürgerlichen Gesellschaft heraus, indem er anspruchsvoll, aber umso präziser aufzeigt, dass Mündigkeit und Emanzipation elementare Grundkonzepte der bürgerlichen Gesellschaft sind. Diese ist auf mündige Bürger:innen angewiesen, die selbstaktiv staatsbürgerliche Aufgaben erfüllen und ihre Arbeitskraft in einem – nur scheinbar gleichwertigen – Vertragsverhältnis verkaufen. Mündigkeit ist also nicht per se ein Befreiungskonzept, wie dies zuweilen anknüpfend an Kant bis heute vermutet und proklamiert wird, sondern hat eine affirmative gesellschaftliche Funktion (vgl. z. B. Koneffke 1969; Pongratz 2010; Ribolits 2011). Ähnlich verhält es sich mit der Emanzipation, die gerade in Zusammenhängen der Erwachsenen- und Weiterbildung bis heute mit einem freiheitsgeschwängerten Enthusiasmus bemüht wird, aber auf ausschließlich individuelle Bestrebungen gestutzt wurde, nachdem sie ihre herrschaftssprengende Kraft zur Überwindung der feudalen Herrschaft im Zuge der Durchsetzung der bürgerlichen Gesellschaft erfüllt hatte (vgl. z. B. Ribolits 2011). Koneffke zeigt aber zugleich: Die bürgerlich-kapitalistische Gesellschaft ist weiterhin auf mündige und emanzipierte Menschen angewiesen, denn sie funktioniert nur, indem diese Konzepte aufrechterhalten werden (vgl. Koneffke 1969, 2009). Und genau darin liegt die kritische Sprengkraft, denn Mündigkeit und Emanzipation bergen, da sie nicht aus der Gesellschaft entfernt werden können, weiterhin das Potenzial, wieder in eine kritische und gesellschaftsverändernde Kraft gewendet zu werden. Heinz-Joachim Heydorn insistiert darauf, »dass das Individuum nur mit allen oder überhaupt nicht mündig werden kann« (Heydorn 1972/2003, S. 65). Erich Ribolits führt diesen Gedanken weiter: »Jeder Ansatz der Förderung von Mündigkeit muss deshalb unweigerlich in der politischen Aktion gegen unterdrückerische Gesellschaftsverhältnisse münden« (Ribolits 2009, S. 225). Kritische Erwachsenenbildung ist also immer auch politische Bildung.

Was Koneffke und zahlreiche weitere kritische Pädagog:innen und Erwachsenenbildner:innen also eröffnen, sind Brüche, Risse, Schneisen, die es aktiv zu suchen und kritisch auszuweiten gilt. Dies ist kein einfaches und kein erfolgsgarantiertes Unterfangen, sind die Bekämpfungs- und Befriedungsmechanismen der vorherrschenden gesellschaftlichen und ökonomischen Interessen doch überaus effektiv. Luc Boltanski und Ève Chiapello (2003) zeigen beispielsweise eindrucksvoll, wie Forderungen nach humaneren Arbeitsbedingungen und Kämpfe für neue Unternehmenskulturen umgehend kapitalistisch vereinnahmt wurden, indem manche Forderungen erfüllt wurden, um stärkeren Widerstand zu befrieden, vor allem aber, weil sie umgehend als Profitsteigerung genutzt werden konnten. Kritik, die nicht aufmerksam für solche Wendungen ist, sich daher möglicherweise halbwegs zufrieden zurücklehnt, verfehlt ihr kritisches Anliegen.

In diese Schneisen hat meines Erachtens auch die Betriebliche Weiterbildung zu schlagen: Will sie kritische Anliegen zur Geltung bringen, ist sie gefordert, Herrschaftsmechanismen, die tief in das Wollen und die Bedürfnisse des Individuums hineinreichen, zu erkennen. Es reicht nicht weit genug, sich auf freiheitsschillernde Anliegen wie Bildung, Emanzipation oder Mündigkeit zu berufen, solange diese in bürgerlich-neuhumanistischer Ausprägung lediglich individuell ausgelegt werden und nicht als *kritische* Bildung, *kritische* Emanzipation und *kritische* Mündigkeit auftreten. Nur in dieser Form fordern sie als gesellschaftskritische und damit gesellschaftspolitische Kraft dazu auf, deutlich tiefer in aktuelle Strukturen einzugreifen, um grundlegende Dysfunktionalitäten zu bekämpfen.

Kritische Erwachsenenbildung, die ihr Augenmerk auf eine radikale Kritik an den gesellschaftlichen und ökonomischen Produktions- und Verwertungsbedingungen legt, ist aber nur bedingt direkt an Betriebliche Weiterbildung anbindbar. Dennoch gibt es Brüche, die ausgeweitet werden können. Ich setze noch einige Wegweiser, in welche Richtung weitergedacht werden könnte: Ein Ansatzpunkt wäre, Inhalte und Interessen Betrieblicher Weiterbildung genauestens kritisch zu prüfen. Es macht aus meiner Sicht einen erheblichen Unterschied, ob beispielsweise Fachkenntnisse erweitert werden oder – im Sinne von Subjektivierungspraxen – Einschwörungen auf Leistungsbereitschaft, Selbstaktivierung und Selbstausbeutung erfolgen. An diesem Punkt ließe sich die von mir an anderer Stelle ausführlich thematisierte Frage nach notwendigem und möglichem Widerstand gegen Weiterbildung (Holzer 2017; auch Bolder & Hendrich 2000) erkunden, der u. a. mit Praktiken innerbetrieblicher Arbeitskämpfe verbunden werden kann, beispielsweise mit den von Stephen Ackroyd und Paul Thompson (1999) aufgespürten subversiven Betriebsstörungen. Des Weiteren sind nach wie vor kritische Zugänge in der gewerkschaftlichen Bildungsarbeit nicht zu unterschätzen, beispielsweise der lange genutzte Ansatz von Oskar Negt (1975, siehe auch Bildungszentrum HVHS Hustedt 2014), der auf das Erkennen und Verstehen gesellschaftlicher Verhältnisse und der Lage der Beschäftigten und eine Veränderung dieser Bedingungen gerichtet ist. Ob und wie Forderungen nach Bildung jenseits beruflicher Verwertbarkeit mit Betrieblicher Weiterbildung zusammengedacht werden können, die dabei *kritisch* bleibt und nicht auf Persönlichkeitserweiterung, individuelle Entwicklung und scheinbare »Zweckfreiheit« reduziert wird, entzieht sich derzeit meiner Phantasie, wären aber einer Suche nach Überlegungen und Vorschlägen wert.

6. Literatur

Ackroyd, Stephen & Thompson, Paul (1999). Organizational *Mis*behaviour. London, Thousand Oaks, New Delhi: SAGE Publications.

Adorno, Theodor W. (1966/2003). Negative Dialektik. Gesammelte Schriften, Band 6. Frankfurt am Main: Suhrkamp.

Becker, Lia; Candeias, Mario; Niggemann, Janek & Steckner, Anne (2013) (Hrsg.). Gramsci lesen. Einstiege in die Gefängnishefte. Hamburg: Argument Verlag.

Bernhard, Armin; Rothermel, Lutz & Rühle, Manuel (2018). Einleitung. In: dies. (Hrsg.). Handbuch kritische Pädagogik. Eine Einführung in die Erziehungs- und Bildungswissenschaft. Neuausgabe. Weinheim, Basel: Beltz Juventa, S. 11–23.

Bildungszentrum HVHS Hustedt (2014). 50 Jahre »Sozilogische Phantasie und Exemplarisches Lernen«. Dokumentation der Fachtagung vom 24. bis 26. Januar 2013. Norderstedt: BoD – Books on Demand.

Bolder, Axel & Hendrich, Wolfgang (2000). Fremde Bildungswelten. Alternative Strategien lebenslangen Lernens. Opladen: Leske + Budrich.

Boltanski, Luc & Chiapello, Ève (2003). Der neue Geist des Kapitalismus. Konstanz: UVK.

Bourdieu, Pierre (1979/1983). Die feinen Unterschiede. Kritik der gesellschaftlichen Urteilskraft. Frankfurt am Main: Suhrkamp.

Bröckling, Ulrich (2007). Das unternehmerische Selbst. Soziologie einer Subjektivierungsform. Frankfurt am Main: Suhrkamp.

Butler, Judith (2007). Kritik der ethischen Gewalt. Frankfurt am Main: Suhrkamp.

Euler, Peter (2004). Kritik in der Pädagogik: Zum Wandel eines konstitutiven Verhältnisses der Pädagogik. In: Pongratz, Ludwig A.; Nieke, Wolfgang & Masschelein, Jan (Hrsg.). Kritik der Pädagogik – Pädagogik als Kritik. Opladen: Leske + Budrich, S. 9–28.

Faulstich, Peter (2004). Exklusion durch prekäre Inklusion und der »neue Geist« der Weiterbildung. In: Report – Literatur- und Forschungsreport Weiterbildung, 27. Jg., Heft 3, S. 23–30.

Foucault, Michel (1982/2013). Analytik der Macht. Frankfurt am Main: Suhrkamp.

Gramsci, Antonio (1929–35/2012). Gefängnishefte. Kritische Gesamtausgabe. Hg. von Wolfgang Fritz Haug und Klaus Bochmann. 10 Bände. Hamburg: Argument.

Hessische Blätter für Volksbildung (2021). Themenheft »Optimierung durch Erwachsenenbildung. Optimierung der Erwachsenenbildung«. Heft 1.

Heydorn, Heinz-Joachim (1970/2004). Über den Widerspruch von Bildung und Herrschaft. Wetzlar: Büchse der Pandora.

Heydorn, Heinz-Joachim (1972/2003). Zu einer Neufassung des Bildungsbegriffs. In: ders. Bildungstheoretische und pädagogische Schriften. 1971–1974. Werke Band 4, Studienausgabe. Wetzlar: Büchse der Pandora, S. 56–145.

Holzer, Daniela (2017). Weiterbildungswiderstand. Eine kritische Theorie der Verweigerung. Bielefeld: transcript.

Horkheimer, Max & Adorno, Theodor W. (1969/1988). Dialektik der Aufklärung. Philosophische Fragmente. Frankfurt am Main: Fischer Taschenbuch. Engl. Erstausgabe 1944.

Jaeggi, Rahel (2009). Was ist Ideologiekritik? In: Jaeggi, Rahel & Wesche, Tilo (Hrsg.). Was ist Kritik? Frankfurt am Main: Suhrkamp, S. 266–295.

Koneffke, Gernot (1969). Integration und Subversion. Zur Funktion des Bildungswesens in der spätkapitalistischen Gesellschaft. In: Das Argument. Heft 54, S. 389–430.

Koneffke, Gernot (2009). Die verzwickte Domestikation der Autonomie. Heydorn weitergedacht. In: Bünger, Carsten; Euler, Peter; Gruschka, Andreas & Pongratz, Ludwig A. (Hrsg.). Heydorn lesen! Herausforderungen kritischer Bildungstheorie. Wien: Schöningh, S. 215–227.

Messerschmidt, Astrid (2009). Verdrängte Dialektik. Zum Umgang mit einer widersprüchlichen Bildungskonzeption in globalisierten Verhältnissen. In: Bünger, Carsten; Euler, Peter; Gruschka, Andreas & Pongratz, Ludwig A. (Hrsg.). Heydorn lesen! Herausforderungen kritischer Bildungstheorie. Wien: Schöningh, S. 121–135.

Negt, Oskar (1975). Soziologische Phantasie und exemplarisches Lernen: zur Theorie und Praxis der Arbeiterbildung. Überarb. Neuauflage. Frankfurt am Main, Köln: Europäische Verlagsanstalt.

Pongratz, Ludwig A. (2010). Kritische Erwachsenenbildung. Analysen und Anstöße. Wiesbaden: Springer VS.

Ribolits, Erich (2009). Bildung ohne Wert. Wider die Humankapitalisierung des Menschen. Wien: Löcker.

Ribolits, Erich (2011). Bildung – Kampfbegriff oder Pathosformel. Über die revolutionären Wurzeln und die bürgerliche Geschichte des Bildungsbegriffs. Wien: Löcker.

Seitter, Wolfgang. (2007). Geschichte der Erwachsenenbildung. Eine Einführung. 3., aktualisierte und erweiterte Auflage. Bielefeld: W. Bertelsmann.

Sonderegger, Ruth (2019). Vom Leben der Kritik. Kritische Praktiken – und die Notwendigkeit ihrer geopolitischen Situierung. Wien: Zaglossus.

Steinert, Heinz (2007). Das Verhängnis der Gesellschaft und das Glück der Erkenntnis: Dialektik der Aufklärung als Forschungsprogramm. Münster: Westfälisches Dampfboot.

Voß, Günter G. & Pongratz, Hans J. (1998). Der Arbeitskraftunternehmer. Eine neue Grundform der Ware Arbeitskraft? In: Kölner Zeitschrift für Soziologie und Sozialpsychologie, 50. Jg., Heft 1, S. 131–158.

Wittpoth, Jürgen (2013). Einführung in die Erwachsenenbildung. 4. Auflage. Opladen, Toronto: Budrich.

Heiko Hoßfeld

Beschäftigung und Nachhaltigkeit: Die Rolle der Personalentwicklung in der sozial-ökologischen Transformation

Inhalt

1. Einleitung

Die bereits heute spürbaren Folgen des menschengemachten Klimawandels haben den Blick verstärkt darauf gelenkt, dass die natürlichen Ressourcen des Planeten endlich sind und daher ein Wirtschaften, das zulasten von Umwelt und Gesellschaft geht, nicht endlos funktionieren kann. Diese Erkenntnis ist nicht neu. Bereits 1987 riefen die Vereinten Nationen Nachhaltigkeit als Leitbild aus und definierten dabei nachhaltige Entwicklung als eine Entwicklung, die die Bedürfnisse der Gegenwart befriedigt, ohne die Fähigkeit künftiger Generationen zur Bedürfnisbefriedigung zu gefährden (UN-General Assembly 1987). Aufgrund der zunehmenden Dringlichkeit des Themas nimmt in den letzten Jahren jedoch der Druck auf Wirtschaft und Unternehmen zu. Zunehmend wird von Unternehmen erwartet, dass sie nicht nur negative soziale und ökologische Effekte wirtschaftlicher Tätigkeiten vermeiden, sondern darüber hinaus auch einen aktiven Beitrag zur Bewältigung gesellschaftlicher Herausforderungen leisten (vgl. George & Schillebeeckx 2022). Dies äußert sich auch in einem steigenden regulativen Druck, aktuell etwa in Form der EU-Taxonomie-Verordnung (Verordnung [EU] 2020/852), die Kriterien für ökologisch nachhaltige Wirtschaftstätigkeiten bestimmt, sowie der Corporate Sustainability Reporting Directive

(Richtlinie [EU] 2022/2464), die die Regeln zur Nachhaltigkeitsberichterstattung verschärft.

Der Weg zu einer nachhaltigen Entwicklung und zu nachhaltigem Wirtschaften erfordert eine grundlegende sozial-ökologische Transformation von Wirtschaft und Gesellschaft (vgl. u.a. Brand 2014). Hierbei spielen die Beschäftigten eine zentrale Rolle – und zwar in doppelter Hinsicht: Einerseits sind sie wichtige Gestalter:innen des Wandels, da der Erfolg der Transformation maßgeblich von ihren Fähigkeiten und ihrem Willen abhängt, Veränderungsprozesse aktiv mitzugestalten. Andererseits sind die Beschäftigten aber auch Adressatinnen und Adressaten der Nachhaltigkeit, denn der vorausschauende, schonende und faire Umgang mit ihnen ist Grundvoraussetzung nachhaltigen Wirtschaftens. Dieser Umgang, etwa in Form der Qualifizierung, der Motivation und der Koordination der Arbeitskräfte, ist Kernaufgabe des Personalmanagements. Ein wichtiges Handlungsfeld hierbei ist die Personalentwicklung. Denn als betrieblicher Bildungsträger ist es nicht nur ihre Aufgabe, benötigte Nachhaltigkeitsqualifikationen sowie Motivation zu erzeugen, sondern darüber hinaus hat sie das Potenzial, entscheidend zur Realisierung von mindestens zwei der siebzehn UN-Ziele für nachhaltige Entwicklung (vgl. Vereinte Nationen 2022) beizutragen: Hochwertige Bildung sowie menschenwürdige Arbeit und Wirtschaftswachstum.

Daher ist es das Ziel dieses Beitrags, die Rolle der Personalentwicklung im Kontext der Nachhaltigkeit näher zu beleuchten. Hierzu wird in Abschnitt 2 zunächst das Konzept der Nachhaltigkeit erläutert, um anschließend in Abschnitt 3 den Zusammenhang zur Personalentwicklung zu analysieren. Der Beitrag schließt mit einem kurzen Fazit.

2. Das Konzept der Nachhaltigkeit

Nachhaltigkeit trifft als normatives Leitbild des Wirtschaftens inzwischen auf einen breiten gesellschaftlichen Konsens – und dies, obwohl bislang wenig Einigkeit darüber besteht, was genau nachhaltiges Wirtschaften ausmacht (vgl. u.a. Dusseldorp 2017; Osranek 2017). Dennoch haben sich im praktischen und wissenschaftlichen Diskurs drei grundlegende Merkmale herauskristallisiert: Im Zentrum der Nachhaltigkeit steht die Wahrung intra- und intergenerationaler Gerechtigkeit, die sich in der Forderung ausdrückt, dass nicht auf Kosten anderer Menschen sowie zukünftiger Generationen gewirtschaftet werden soll. Damit einher geht die Forderung nach einer Langfristorientierung im Handeln, die sich insbesondere von einer Logik der kurzfristigen Gewinnmaximierung abgrenzt. Erreicht werden sollen diese Forderungen schließlich durch eine Harmonisierung von ökonomischen, ökologischen und sozialen Zielen. Letzteres

verweist auf die wohl einflussreichste Konzeptionierung von Nachhaltigkeit, die sogenannte Triple Bottom Line (TBL, vgl. Elkington 1997).
Die TBL verweist auf die Wechselbeziehungen und Abhängigkeiten zwischen Wirtschaft, Gesellschaft und Umwelt. Dabei bezieht sich die *ökonomische* Dimension auf den langfristigen Erhalt und Ausbau des materiellen Wohlstands. Die *ökologische* Dimension bezieht sich auf die dauerhafte Stabilität des ökologischen Systems und den langfristigen Erhalt und Zugang zu natürlichen Ressourcen. *Soziale* Nachhaltigkeit schließlich betrifft die Stabilität sozialer Systeme (auf gesellschaftlicher, aber auch organisationaler Ebene) und bezieht sich damit auf ein Handeln, das soziales Miteinander ermöglicht und auf Dauer stellt (vgl. hierzu auch Osranek 2017). Die TBL verdeutlicht, dass zwar das Potenzial von Zielkonflikten zwischen und auch innerhalb der Dimensionen sehr groß ist, dennoch soziale, ökonomische und ökologische Ziele gleichberechtigt nebeneinanderstehen müssen, da sie einander bedingen. So bedroht etwa der menschengemachte Klimawandel langfristig ebenso den finanziellen Wohlstand wie den gesellschaftlichen Zusammenhalt, gleichzeitig ist ein Gegensteuern weder ohne die hierfür erforderlichen finanziellen Mittel möglich noch ohne einen gesellschaftlichen Konsens. Auf betrieblicher Ebene zeigen sich analoge Zielkonflikte: So macht der Umstieg auf ökologisch nachhaltige Produktionsprozesse regelmäßig Investitionen erforderlich, die gleichermaßen kostenintensiv wie risikobehaftet sind. Daher sind diese oft auf erhebliche staatliche Beihilfen angewiesen, wenn die ökonomische Nachhaltigkeit des Unternehmens nicht gefährdet werden soll (siehe etwa das Beispiel der grünen Stahlproduktion bei Thyssenkrupp). Gleichzeitig gehen ökologische Transformationsprozesse häufig einher mit erheblich veränderten Qualifikationsbedarfen, die sich nachhaltig auf Humankapital und Beschäftigte auswirken. Dies ist momentan besonders deutlich in der Automobilindustrie zu beobachten, deren Wandel zur Elektromobilität mit erheblichen Beschäftigungseffekten einhergeht (vgl. u. a. Mönnig 2018).
Allerdings ist die TBL für sich noch sehr unbestimmt, da sie nicht näher klärt, wie genau ökonomische, ökologische und soziale Nachhaltigkeit zu realisieren sind. Aus diesem Grund existieren inzwischen verschiedene Versuche der Konkretisierung. *Inhaltlich* erfolgt dies durch die Definition von Subzielen und messbaren Kennzahlen. Prominentes Beispiel hierfür sind auf politisch-gesellschaftlicher Ebene die siebzehn Ziele für eine nachhaltige Entwicklung (Sustainable Development Goals – SDGs), die die Vereinten Nationen (2022) in der Agenda 2030 formuliert haben. Hierzu gehören neben ökologischen Zielen, z. B. »Maßnahmen zum Klimaschutz« (SDG 14), etwa auch »Menschenwürdige Arbeit und Wirtschaftswachstum« (SDG 8) sowie »Hochwertige Bildung« (SDG 4). Auf wirtschaftlicher Ebene sind neben der EU-Taxonomie vor allem die neuen europäischen Standards zur Nachhaltigkeitsberichterstattung zu nennen, die un-

ter anderem dazu verpflichten, über Aspekte der Arbeitsbedingungen und der Gleichbehandlung zu berichten.

Eine *theoretisch-konzeptionelle* Konkretisierung, die insbesondere im Kontext des nachhaltigen Wirtschaftens fruchtbar ist, findet sich im Kapitalienmodell der Nachhaltigkeit (vgl. Moldaschl 2007). Dahinter steht die einfache haushälterische Regel erfolgreichen Wirtschaftens, dass die Kapitalbasis erhalten werden muss, indem Erträge verbraucht werden, nicht aber die Substanz (vgl. Osranek 2017). Übertragen auf Nachhaltigkeit gilt: nicht nur ökonomisches Kapital, sondern auch ökologisches und soziales Kapital muss aufgebaut und erhalten werden (vgl. Dyllick & Hockerts 2002). Analog zur TBL umfasst dabei das ökonomische Kapital nicht nur das finanzielle Kapital, sondern auch das wirtschaftliche Produktionskapital, wozu auch etwa das Humankapital gehört. Das ökologische Kapital umfasst die langfristige Verfügbarkeit von regenerativen und nicht-regenerativen Ressourcen, und das Sozialkapital bezieht sich auf die Qualität der Beziehungen zwischen Menschen bzw. in sozialen Strukturen (vgl. Olbert-Bock et al. 2016).[1] Obwohl das Interesse an der langfristigen Erhaltung dieser Kapitalien sowohl auf einzelwirtschaftlicher Ebene von Individuum und Unternehmen als auch auf gesamtgesellschaftlicher Ebene besteht, existieren auch zahlreiche Konfliktpotenziale. Diese reduzieren sich nicht allein auf Verteilungskonflikte, sondern lassen sich in weiten Teilen als ein Phänomen nachzeichnen, das als »Tragik der Allmende« (Ostrom 1999) bekannt ist. Die Kapitalien der Nachhaltigkeit stellen weitgehend öffentliche Güter (bzw. Allmendegüter) dar, die sich bei Nutzung zwar verbrauchen bzw. abnutzen, von deren Nutzung jedoch einzelne Akteure nicht ausgeschlossen werden können, z. B. natürliche Ressourcen wie das Klima oder soziale Ressourcen wie ein Bildungssystem. Hieraus resultiert die Tendenz zur Übernutzung dieser Güter: Zwar wäre ein nachhaltiger Umgang mit der Ressource im kollektiven Interesse aller, dennoch überwiegt beim einzelnen Akteur das individuelle Interesse einer maximierenden (Aus-)Nutzung. So kann etwa ein Einsatz von Humankapital, der auf die kurzfristige Leistungsfähigkeit fokussiert (z. B. in Form von Überstunden), soziale Kosten verursachen – etwa in Folge chronischer Krankheiten und längerfristiger Arbeitsunfähigkeit –, die von dem Unternehmen selbst nicht oder nicht in vollem Umfang getragen werden (vgl. Olbert-Bock et al. 2016). Dieser Effekt erklärt maßgeblich, warum sich Nachhaltigkeit noch nicht flächendeckend durchgesetzt hat und warum es eines gesellschaftlichen und politischen Drucks bedarf, um Themen der sozialen und ökologischen Nachhaltigkeit verstärkt auf die Agenda der Unternehmen zu setzen. Ein zusätzlicher Faktor, der nachhaltiges Wirtschaften noch in den An-

1 Sozialkapital ist ein in der Wissenschaft vieldiskutiertes und mehrdimensionales Konstrukt. Laut Putnam (1994) fungiert es als sozialer Kitt, der Gesellschaften (und auch Organisationen) zusammenhält und bezieht sich auf Netzwerke, Normen und Vertrauen, die die Koordination und Kooperation zum gegenseitigen Nutzen erleichtern.

fängen stecken lässt, ist die damit einhergehende Komplexität, die zu erheblicher Unsicherheit darüber führt, wie Nachhaltigkeit auf betrieblicher Ebene effektiv umgesetzt werden kann.

3. Personalentwicklung und Nachhaltigkeit

Notwendige Voraussetzung für nachhaltiges Wirtschaften ist die Ausrichtung von Unternehmen auf Nachhaltigkeitsziele und deren Realisierung durch geeignete strategische und operative Programme. Dabei ist insbesondere die ökologische Ausrichtung wirtschaftlicher Aktivitäten in weiten Teilen eine technische und strukturelle Frage. Dennoch spielen die Beschäftigten – das Personal – eine ebenfalls zentrale Rolle bei der Verwirklichung einer nachhaltigen Entwicklung (vgl. etwa Lamm et al. 2015; Hahn 2022). Und dies in doppelter Hinsicht: Einerseits ist Personal *Objekt* der Nachhaltigkeit. Nachhaltiges Wirtschaften ist auf Entscheidungen und Handlungen einzelner Menschen zurückzuführen, daher können Nachhaltigkeitsstrategien nicht ohne die aktive Unterstützung der Mitarbeiter:innen umgesetzt werden (vgl. Jenkin et al. 2011). Außerdem können Nachhaltigkeitsinitiativen von den Beschäftigten selbst entwickelt werden (vgl. Ramus & Steger 2000), sei es von Führungskräften auf strategischer Ebene oder von Beschäftigten auf operativer Ebene, z. B. in Form von Prozessverbesserungen (Reduktion von Ausschuss, Energieeinsparmaßnahmen etc.). Andererseits ist Personal aber auch *Subjekt* der Nachhaltigkeit, schließlich sind nachhaltige Arbeitsbedingungen – insbesondere menschenwürdige Arbeit sowie qualitativ hochwertige Arbeitsplätze – expliziter Teil der Agenda 2030 (vgl. Vereinte Nationen 2022).

Das Personalmanagement (oder HRM – Human Resource Management) ist dabei das Bindeglied zwischen der Unternehmung und den Beschäftigten. Seine Aufgaben sind die Ausrichtung des Personals auf die Unternehmensstrategie sowie die Lösung des Verfügbarkeits- und des Wirksamkeitsproblems der Personalwirtschaft (vgl. Kossbiel 1991): Das Personalmanagement muss zum einen sicherstellen, dass zum richtigen Zeitpunkt und am richtigen Ort Personal in ausreichender Menge und Qualifikation vorhanden ist (Verfügbarkeit). Zum anderen muss das »Humankapital« aber auch wirksam gemacht werden, also in Arbeitsleistung transformiert werden. Dies ist insbesondere eine Frage der Motivation, daneben müssen Beschäftigte aber auch dazu in der Lage sein (z. B. gesundheitlich), ihre Arbeitskraft für die Organisation einzusetzen.

Ein wichtiger Teilbereich des Personalmanagements ist die Personalentwicklung. Sie umfasst nicht nur die Verbesserung oder Veränderung der Qualifikationen der Beschäftigten (Kenntnisse und Fähigkeiten) sondern auch die Beeinflussung

der Einstellungen der Beschäftigten im Sinne der Organisation (Motivation, Mitarbeiterbindung etc.; vgl. Scherm & Süß 2016). Da sich im Zuge der sozial-ökologischen Transformation zum Teil ganz neue Qualifikationsbedarfe ergeben, die außerdem oftmals betriebsspezifisch sind, produziert und reproduziert die betriebliche Personalentwicklung ganz maßgeblich jenes Humankapital, das nachhaltiges Wirtschaften erst möglich macht. Damit ist sie ein wichtiger *Treiber* der nachhaltigen Entwicklung. Darüber hinaus ist Personalentwicklung aber auch selbst *Gegenstand* einer nachhaltigen Entwicklung, da sie eine wichtige Rolle bei der nachhaltigen Gestaltung von Arbeit spielt.
Dies soll im Folgenden näher ausgeführt werden.

3.1 Personalentwicklung als Treiber einer nachhaltigen Entwicklung

Die Rolle von Personal und Personalmanagement als Treiber einer nachhaltigen Entwicklung wird insbesondere im Kontext der ökologischen Transformation diskutiert: Als wichtige Determinante für die ökologische Ausrichtung einer Organisation wird »grünes Personalmanagement« (Green HRM) seit einigen Jahren zunehmend beforscht (vgl. u. a. Paulet et al. 2021). Green HRM meint die Ausrichtung klassischer personalwirtschaftlicher Instrumente (z. B. Auswahl, Entwicklung, Anreizgestaltung) auf ökologische Themen, wobei in der Praxis insbesondere grüne Schulungsmaßnahmen häufig zum Einsatz kommen (vgl. Ari et al. 2020; Stefanelli et al. 2019). Für soziale Themen werden Personalmanagement und -entwicklung hingegen primär im größeren Kontext der sozialen Verantwortung von Unternehmen (Corporate Social Responsibility – CSR) diskutiert, z. B. in Form von Compliance-Schulungen (etwa zu Korruptionsprävention und Datenschutz) oder Corporate Volunteering (vom Arbeitgeber aktiv unterstütztes soziales Engagement von Beschäftigten). Dabei kann CSR – je nach Definition – zum einen als ein Teilbereich der organisationalen Nachhaltigkeit gesehen werden (vgl. Macke & Genari 2019), nämlich als die soziale Säule im Triple Bottom Modell. Social HRM wäre dann das Komplementärmodell zu Green HRM, also ein Personalmanagement, das erreichen will, dass sich die Mitarbeitenden sozial nachhaltig bzw. verantwortlich verhalten. Zum anderen kann Nachhaltigkeit auch als ein Teilbereich der CSR gesehen werden, nämlich als eine Konkretisierung dessen, wofür Unternehmen eigentlich verantwortlich sind (vgl. hierzu u. a. Hoßfeld & Schmiel 2015).
Dabei können Investitionen in die Nachhaltigkeitsqualifikationen der eigenen Mitarbeiter:innen natürlich aus der Motivation heraus entstehen, eine nachhaltige Entwicklung in Unternehmen und Gesellschaft zu fördern. Eine größere Rolle dürfte jedoch der Umstand spielen, dass Nachhaltigkeit im aktuellen gesellschaftlichen und politischen Klima sowohl Chance als auch Risiko sein kann: Anpassungen an die Erfordernisse aus der Umwelt – z. B. das Befolgen neuer

Umweltstandards und Regeln der Nachhaltigkeitsberichterstattung – dienen maßgeblich der Reduktion sogenannter ESG-Risiken,[2] die sich ökonomisch negativ auf Unternehmen auswirken können, z. B. in Folge von Unternehmensskandalen. Gleichzeitig ist Nachhaltigkeit zu einem relevanten Wettbewerbsfaktor geworden, womit auch das entsprechende intellektuelle Kapital sowie das hiermit verbundene Humankapital als strategische Ressourcen an Bedeutung gewinnen (vgl. u. a. Birou et al. 2019).

Zur Lösung des *Verfügbarkeitsproblems* im Kontext des nachhaltigen Wirtschaftens benötigen Beschäftigte sowohl Fachwissen als auch Fähigkeiten zu zum Teil sehr komplexen Sachverhalten – etwa bei der Umstellung der Produktion auf »grüne« Technologien oder bei der Partizipation an Unternehmensnetzwerken, die eine Kreislaufwirtschaft begünstigen sollen. Dabei sind Nachhaltigkeitsschulungen grundsätzlich für alle Organisationsmitglieder relevant, unabhängig von Bereich und Hierarchieebene. Zwar unterschieden sich die konkreten Nachhaltigkeitsthemen je nach Funktionsbereich und Branche – z. B. Verzicht auf Papier bei Bürotätigkeiten, Reduktion von Ausschuss in der Produktion, ein fairer Umgang mit Kund:innen im Vertrieb etc. –, weshalb sich auch fachliche Qualifizierungen unterscheiden. Aber Nachhaltigkeit durchzieht die gesamte Wertschöpfungskette des Unternehmens und umfasst zahlreiche Querschnittsthemen, die die Unternehmung insgesamt betreffen, z. B. der schonende Umgang mit Ressourcen sowie die Einhaltung von Gleichheitsgrundsätzen. Da jedoch eine erfolgreiche Implementierung von Nachhaltigkeit voraussetzt, dass sie in die strategische Orientierung der Gesamtunternehmung eingeht, kommt der Personalentwicklung bei Führungskräften eine besondere Bedeutung zu. Dabei benötigen Führungskräfte nicht nur grundsätzliche Fachkompetenzen in Bezug auf ökologische und soziale Fragen sowie die Fähigkeit, damit verbundene Risiken zu bewältigen. Daneben müssen sie auch den Umgang mit Zielkonflikten lernen, die unweigerlich zwischen ökonomischen, ökologischen und sozialen Zielen entstehen. Darüber hinaus benötigen sie die Kompetenzen, die für eine Nachhaltigkeitsorientierung in der Mitarbeiterführung erforderlich sind (vgl. hierzu ausführlich u. a. Hollmann 2013).

Damit Nachhaltigkeitsqualifikationen aber auch *wirksam* werden, müssen Maßnahmen der Personalentwicklung auch auf motivationaler Ebene der Einstellungen ansetzen. Dies erfolgt insbesondere durch die Etablierung sozialer Normen der Nachhaltigkeit. Ihre Einhaltung durch die Organisationsmitglieder kann entweder extrinsisch oder intrinsisch motiviert sein. Extrinsische Anreize, z. B. in Form von Aufstiegschancen oder materieller Vergütung, lassen sich ver-

---

2 ESG steht für »Environment, Social and Governance« (Umwelt, Soziales und Unternehmensführung) und bezieht sich auf Nachhaltigkeitskriterien, die insbesondere von Investoren berücksichtigt werden.

gleichsweise einfach implementieren, ihre Wirksamkeit ist jedoch nicht garantiert. Zum einen kann ein alleiniger Fokus insbesondere auf finanzielle Anreize langfristig die (intrinsische) Motivation sogar verringern (sog. Crowding-Out Effekt, vgl. u. a. Kunz & Quitmann 2011) – und wirkt damit wenig nachhaltig. Zum anderen sind extrinsische Anreize nur dann erfolgreich, wenn Beschäftigte auch tatsächlich erwarten, dass nachhaltiges Verhalten belohnt bzw. nicht-nachhaltiges Verhalten sanktioniert wird. Dies ist etwa dann regelmäßig nicht der Fall, wenn z. B. Compliance-Maßnahmen als bloße Lippenbekenntnisse – d. h. als Greenwashing – wahrgenommen werden. Nicht grundlos steht organisationale Nachhaltigkeit insbesondere dann in einem positiven Zusammenhang zu Motivation und Commitment, wenn die Beschäftigten das Gefühl haben, dass die Organisation nachhaltiges Verhalten der Beschäftigten aktiv unterstützt (vgl. u. a. Lamm et al. 2015). Dabei kann bereits die bloße Existenz von entsprechenden Schulungen von den Beschäftigten als Signal gewertet werden, dass es das Unternehmen mit seinem Engagement für Nachhaltigkeit ernst meint (vgl. Ari et al. 2020).

Dagegen ist die Internalisierung von Normen der Nachhaltigkeit zwar sehr wirksam, aber nur sehr bedingt kurzfristig und direkt durch Einflussnahme der Organisation möglich. Personalentwicklung kann jedoch das Fundament hierfür legen, indem sie Akzeptanz durch Information erzeugt, also ein umfassendes Verständnis für die Bedeutung von Nachhaltigkeit schafft und die Sensibilität für soziale und Umweltthemen erhöht (vgl. Ari et al. 2020). Auf diese Weise können Personalentwicklungsmaßnahmen ein generelles Bewusstsein für Nachhaltigkeit schaffen und so zur Entwicklung entsprechender Normen beitragen (vgl. Hahn 2022) – die anschließend auch über die Grenzen der eigenen Organisation hinaus wirksam werden können, indem sie etwa in einem ehrenamtlichen Engagement für Umweltthemen münden (vgl. u. a. Stefanelli et al. 2019).

3.2 Personalentwicklung als Gegenstand einer nachhaltigen Entwicklung

Personalentwicklung ist aber nicht nur Treiber einer nachhaltigen Entwicklung, sie ist darüber hinaus auch Gegenstand der Nachhaltigkeit – und zwar als (Mit-) Gestalterin von Arbeit und Arbeitsbedingungen. Schließlich sind Beschäftigte, wie oben ausgeführt, nicht nur Objekt, sondern auch Subjekt einer nachhaltigen Entwicklung. Dies wird in SDG 8 als »menschenwürdige Arbeit« (Vereinte Nationen 2022, S. 42) formuliert und findet ihre Konkretisierung etwa in rechtlichen Mindestnormen oder in den Kernarbeitsnormen der International Labour Organization (ILO). Allerdings lässt sich Nachhaltigkeit nicht auf die bloße Einhaltung von Mindestnormen reduzieren. Neben der Verantwortung gegenüber den einzelnen Beschäftigten betrifft das Konzept der Nachhaltigkeit insbesondere den Umgang mit der aggregierten Ressource Mensch, und dies sowohl aus einer organisationalen als auch einer gesellschaftlichen Perspektive. Im Kontext von Arbeit und Beschäftigung bedeutet dies den langfristigen Aufbau und Erhalt von Human- und Sozialkapital. Also: Wie kann sichergestellt werden, dass Unternehmen und Gesellschaft gegenwärtig und zukünftig ausreichend qualifizierte und beschäftigungsfähige Menschen zur Verfügung stehen (siehe Verfügbarkeits- und Wirksamkeitsproblem) und wie können die Beziehungen der Menschen untereinander sowie soziale Systeme im Kontext der Arbeit stabilisiert werden?

Auch dies ist primär Aufgabengebiet des Personalmanagements. Ein nachhaltiges Personalmanagement ist daher insbesondere verantwortlich für die Schaffung von Anreizen für einen langfristigen Verbleib von Mitarbeiter:innen im Unternehmen (Mitarbeiterbindung), wozu etwa auch eine langfristige Karriereplanung (Fokus auf interne Karrierewege) sowie die Gesunderhaltung der Beschäftigten gehört, etwa durch eine nachhaltige Gestaltung von Arbeitsplätzen sowie Maßnahmen der Work-Life-Balance. Das Personalmanagement verantwortet außerdem die Berücksichtigung der Bedürfnisse der Beschäftigten und implementiert Maßnahmen, die das Sozialkapital absichern, z. B. durch die Gestaltung von fairen Entlohnungssystemen sowie einen Interessenausgleich durch Partizipation der Beschäftigten, auch über Interessenvertretungen (vgl. ausführlich u. a. Ehnert 2009; Macke & Genari 2019).

Ein weiteres Element ist eine nachhaltige Personalentwicklung, die ebenfalls wichtige Beiträge zum nachhaltigen Umgang mit der Ressource Mensch leisten kann. So können etwa Personalentwicklungsmaßnahmen auf Ebene des Teams den sozialen Zusammenhalt und damit das innerbetriebliche Sozialkapital stärken. Bedeutsamer noch ist aber der Beitrag der Personalentwicklung zu Aufbau und Erhalt des Humankapitals. Insbesondere angesichts der erheblichen Transformationsprozesse unserer Zeit – ausgelöst etwa durch Digitalisierung und Nachhaltigkeit – verändern sich die Anforderungsprofile an Arbeitskräfte fortwährend und in einer enormen Geschwindigkeit. Dies macht lebenslanges Lernen und damit auch entsprechende betriebliche Qualifizierungsangebote notwendig. Darüber hinaus werden Gesundheit und Gesunderhaltung der Beschäftigten angesichts der demografischen Entwicklung der Gesellschaft immer wichtiger. Dies kann durch entsprechende Weiterbildungsangebote, z. B. Schulungen zur persönlichen Resilienz und zur Work-Life-Balance, gezielt unterstützt werden (vgl. weiterführend u. a. Ehnert 2009).

Ein solcher nachhaltiger Umgang mit der Ressource Mensch ist vor allem dann auch im (ökonomischen) Interesse des Unternehmens, wenn das Humankapital eine große strategische Bedeutung für das Unternehmen hat und dieses nicht ohne Weiteres extern beschafft bzw. ausgetauscht werden kann. Dies ist insbesondere bei Tätigkeiten der Fall, für die ein Fachkräftemangel besteht, sowie bei

Arbeitsplätzen, die ein hohes betriebsspezifisches Humankapital erfordern – bei denen also das Unternehmen zunächst in betriebsspezifische Qualifizierungsmaßnahmen investieren muss, bevor das Personal (voll) einsatzfähig ist (vgl. Williamson 1981). In solchen Fällen haben Unternehmen ein großes Eigeninteresse an der langfristigen Bindung von Mitarbeiter:innen.
Dies ist jedoch nicht immer der Fall, weshalb es nicht erstaunt, dass Grunwald und Kopfmüller (2012) zu dem Schluss kommen, dass mit der Ressource Mensch häufig ebenso wenig nachhaltig umgegangen wird wie mit anderen Ressourcen. Dabei besteht zum schonenden Umgang mit Humankapital dieselbe gesellschaftliche Verpflichtung wie zum nachhaltigen Umgang mit natürlichen Ressourcen – und ist ebenso häufig Gegenstand der zuvor skizzierten Tragik der Allmende. So profitieren Unternehmen von dem in einer Gesellschaft bereitgestellten Pool ausgebildeter Arbeitskräfte und haben häufig keine individuellen Anreize, selbst in den Aufbau und Erhalt dieses Kapitals zu investieren. Dies äußert sich in der Praxis dann z. B. in belastenden Arbeitsbedingungen oder darin, dass viele Unternehmen nicht (mehr) selbst ausbilden (vgl. hierzu auch Dettmann et al. 2020), sondern bei Bedarf auf den externen Arbeitsmarkt zurückgreifen – mit den entsprechenden gesellschaftlichen Konsequenzen. Im Kontext der Personalentwicklung lässt sich argumentieren, dass gerade in den derzeitigen Transformationsprozessen Unternehmen die Verantwortung haben, in die Beschäftigungsfähigkeit (»Employability«) der eigenen Beschäftigten zu investieren, auch (oder gerade), wenn diese Prozesse mit der Trennung von Beschäftigten einhergehen. Dies kann auch im Verbund mit anderen Organisationen erfolgen. Ein Beispiel hierfür ist das Konzept der »Arbeitsmarktdrehscheibe«, bei dem unter anderem mit Hilfe der Agentur für Arbeit Unternehmen, die sich von Beschäftigten trennen, mit solchen vernetzt werden, die Personal suchen (vgl. Dauser et al. 2022).

4. Fazit

Nachhaltigkeit wird nach wie vor primär im Kontext von Umweltfragen diskutiert, vor allem in Bezug auf den Ausgleich von ökonomischen und ökologischen Zielen. Die soziale Dimension wird dabei häufig vernachlässigt, dabei ist nachhaltiges Wirtschaften sowohl auf gesellschaftlicher als auch auf organisationaler Ebene nur in einem förderlichen sozialen Umfeld möglich. Daher bedarf es einer sozial-ökologischen Transformation der Wirtschaft, die gleichermaßen Mensch und Umwelt in den Mittelpunkt stellt. Da der Mensch sowohl Objekt als auch Subjekt einer nachhaltigen Entwicklung ist, kommt hierbei dem Management der Ressource Mensch im Betrieb eine wichtige Rolle zu. Ein zentrales Handlungsfeld hierbei ist die Personalentwicklung, denn sie ist gleichermaßen Treiber und Gegenstand einer nachhaltigen Entwicklung, darüber hinaus hat sie das Potenzial, Nachhaltigkeitsziele sowohl auf organisationaler als auch auf gesellschaftlicher Ebene zu verwirklichen. Dabei erstreckt sich die gesellschaftliche und unternehmerische Bedeutung einer nachhaltigen Personalentwicklung nicht allein auf Transformationsprozesse im Zusammenhang mit ökologischen Themen, sondern gilt gleichermaßen für andere Transformationstreiber unserer Zeit, wie die Digitalisierung und den demografischen Wandel.

Da Personalentwicklung (und Personalmanagement allgemein) bislang kaum im Kontext von Nachhaltigkeit und nachhaltiger Entwicklung diskutiert werden, besteht hier noch erheblicher Forschungsbedarf. Zwar existieren bereits Ansätze einer »nachhaltigen Personalentwicklung« (vgl. u.a. Kauffeld 2016), diese sind jedoch zumeist eher im Sinne einer langfristorientierten Personalentwicklung zu verstehen und beziehen sich nicht explizit auf übergeordnete soziale und ökologische Nachhaltigkeitsziele. Notwendige Bedingung für einen solchen integrativen Ansatz ist jedoch, dass Personalentwicklung nicht isoliert in den Kontext der Nachhaltigkeit gestellt wird, sondern Teil einer nachhaltigen Personalstrategie ist, die sich wiederum aus einer nachhaltigen Ausrichtung des gesamten Unternehmens ableitet.

5. Literatur

Ari, E., Karatepe, O. M., Rezapouraghdam, H. & Avci, T. (2020). A conceptual model for green human resource management: Indicators, differential pathways, and multiple pro-environmental outcomes. Sustainability, 12(17), S. 70–89.

Birou, L. M., Green, K. W. & Inman, R. A. (2019). Sustainability knowledge and training: Outcomes and firm performance. Journal of Manufacturing Technology Management, 30(2), S. 294–311.

Brand, U. (2014). Sozial-ökologische Transformation als gesellschaftspolitisches Projekt. Kurswechsel, 2/2014, S. 7–18.

Dauser, D., Wittig, W., Lorenz, S. & Schley, T. (2022). Bildungswerk der Baden-Württembergischen Wirtschaft e.V.: Evaluation des Pilotprojektes Qualifizierungsverbünde (QV) zur Sicherung der Beschäftigungsfähigkeit. Abschlussbericht. Forschungsinstitut Betriebliche Bildung, Nürnberg.

Dettmann, E., Fackler, D., Müller, S., Neuschäffer, G., Slavtchev, V., Leber, U. & Schwengler, B. (2020). Innovationen in Deutschland: Wie lassen sich Unterschiede in den Betrieben erklären? Ergebnisse aus dem IAB-Betriebspanel 2019, IAB-Forschungsbericht, No. 12/2020, Institut für Arbeitsmarkt- und Berufsforschung (IAB), Nürnberg.

Dusseldorp, M. (2017). Zielkonflikte der Nachhaltigkeit. Zur Methodologie wissenschaftlicher Nachhaltigkeitsbewertungen. Metzler Wiesbaden.

Dyllick, T. & Hockerts, K. (2002). Beyond the business case for corporate sustainability. Business strategy and the environment, 11(2), S. 130–141.

Ehnert, I. (2009). Sustainable Human Resource Management. A Conceptual and Exploratory Analysis from a Paradox Perspective. Heidelberg: Physica-Verlag.

Elkington, J. (1997). Cannibals with forks: the triple bottom line of 21st century. Capstone Publishing, United Kingdom.

George, G. & Schillebeeckx, S. J. (2022). Digital transformation, sustainability, and purpose in the multinational enterprise. Journal of World Business, 57(3), S. 1–8.

Grunwald, A. & Kopfmüller, J. (2006). Nachhaltigkeit. Frankfurt am Main und New York: Campus.

Hahn, R. (2022). Sustainability Management: Global Perspectives on Concepts, Instruments, and Stakeholders. Rüdiger Hahn c/o Block Services, Deutschland.

Hollmann, S. (2013). Sustainable Leadership: Modellentwicklung, empirische Überprüfung und Gestaltungshinweise. Wiesbaden: Springer Gabler.

Hoßfeld, H. & Schmiel, U. (2015). Corporate Social Responsibility in der Marktwirtschaft – ein erfahrungswissenschaftlich begründetes Konzept. Zeitschrift für Wirtschafts- und Unternehmensethik, 16(3), S. 313–338.

Jenkin, T. A., McShane, L. & Webster, J. (2011). Green information technologies and systems: Employees perceptions' of organizational practices. Business and Society, 50, S. 266–314.

Kauffeld, S. (2016). Nachhaltige Personalentwicklung und Weiterbildung. Heidelberg: Springer.

Kossbiel, H. (1991). Personalwirtschaft. In: Bea, F.X; Dichtl, E.; Schweitzer, M. (Hg.): Allgemeine Betriebswirtschaftslehre. Band 3: Leistungsprozess. Stuttgart: Fischer Verlag, S. 339–415.

Kunz, J. & Quitmann, A. Der Einfluss von Anreizsystemen auf die intrinsische Motivation. Zeitschrift für Personalforschung, 25(1), S. 55–76.

Lamm, E., Tosti-Kharas, J. & King, C. E. (2015). Empowering employee sustainability: Perceived organizational support toward the environment. Journal of Business Ethics, 128, S. 207–220.

Macke, J. & Genari, D. (2019). Systematic literature review on sustainable human resource management. Journal of cleaner production, 208, S. 806–815.

Moldaschl, M. (2007). Polychrome Nachhaltigkeit. Ökologisches Wirtschaften, 22(1), S. 30–34.

Mönnig, A., Schneemann, C., Weber, E., Zika, G. & Helmrich, R. (2018). Elektromobilität 2035: Effekte auf Wirtschaft und Erwerbstätigkeit durch die Elektrifizierung des Antriebsstrangs von Personenkraftwagen, IAB-Forschungsbericht, No. 8/2018, Institut für Arbeitsmarkt- und Berufsforschung (IAB), Nürnberg

Olbert-Bock, S., Redzepi, A. & Winistörfer, H. (2016). Herausforderungen einer nachhaltigen Personalführung. KMU Magazin, 3/2016, S. 80–83.

Osranek, R. (2017). Nachhaltigkeit in Unternehmen. Wiesbaden: Springer.

Paulet, R., Holland, P. & Morgan, D. (2021). A meta-review of 10 years of green human resource management: is Green HRM headed towards a roadblock or a revitalisation? Asia Pacific Journal of Human Resources, 59(2), S. 159–183.

Putnam, R. D. (1994). Social capital and public affairs. Bulletin of the American Academy of Arts and Sciences, 8/1994, S. 5–19.

Ramus, C. A. & Steger, U. (2000). The roles of supervisory support behaviors and environmental policy in employee »ecoinitiatives« at leading-edge European companies. Academy of Management Journal, 4/2000, S. 605–626.

Scherm, E. & Süß, S. (2016). Personalmanagement. München: Franz Vahlen.

Stefanelli, N. O.; Teixeira, A. A.; De Oliveira, J. H.; Ferreira, M. & Sehnem, S. (2019). Environmental training: a systematic review of the state of the art of the theme. Benchmarking: An International Journal, 27(7), S. 2048–2076.

UN General Assembly (1987). Report of the world commission on environment and development: Our common future. Oxford University Press, Oxford.

Vereinte Nationen (2022). Ziele für nachhaltige Entwicklung. Bericht 2022. New York. *https://www.un.org/Depts/german/pdf/SDG%20Bericht%20aktuell.pdf* (abgerufen am 3.8.2023).

Williamson, O. E. (1981). The economics of organization: The transaction cost approach. American journal of sociology, 87(3), S. 548–577.

Mario Patuzzi

Beruflichkeit und Berufsbildung der Zukunft. Herausforderungen der doppelten Transformation und neue Regulierungsbedarfe

Inhalt

Die Berufsbildung hat in Deutschland gute Zukunftsaussichten, wenn sie den Menschen glaubwürdige und attraktive berufliche Entwicklungs- und Karrierewege anbieten kann. Vor dem Hintergrund struktureller Veränderungen durch die doppelte, nämlich digitale und ökologische Transformation und darauf abstellender prognostizierter Bedarfe an beruflich Qualifizierten sowie aktueller Diskurse zur Flexibilisierung der Berufsbildung sollen skizzenhaft Thesen zur Berufsbildung der (näheren) Zukunft entwickelt werden. Eine Berufsbildung der (näheren) Zukunft ist auch weiterhin auf »Beruflichkeit« als Prinzip für die Organisation und die soziostrukturelle Einbettung berufsförmiger Arbeit in Wirtschaft und Gesellschaft angewiesen. Allerdings muss die soziale Integrationskraft der dualen Berufsausbildung wieder gestärkt und im Sinne einer erweiterten modernen Beruflichkeit dem Trend der Höherqualifizierung und Individualisierung stärker Rechnung getragen werden. Zugleich muss diese »erweiterte moderne Beruflichkeit« aber im Bereich der Weiterbildung stärker Fuß fassen. Dafür sind Anpassungen von Instrumenten und im institutionellen Bereich wie auch neue Regulierungsformen im politischen und betrieblichen Kontext erforderlich.

1. Beruflichkeit revisited

Martin Baethge und Volker Baethge-Kinsky haben 1998 mit ihrem weithin rezipierten und bis heute wirkmächtigen Beitrag »Jenseits von Beruf und Beruflichkeit?« die Auflösung der »spezifischen Verbindung von (Berufs-) Fachlichkeit, sozialer Integration im Betrieb und gesellschaftlichem Status, die das traditionelle deutsche Berufskonzept ausgezeichnet hat« (Baethge & Baetghe-Kinsky 1998, S. 469), prognostiziert und vor allem einen Verlust an sozialer Orientierung, Sicherheit und Integrationskraft aufgrund des strukturellen Wandels der Arbeitswelt konstatiert. Dieser Beitrag hat zur damaligen Zeit eine Debatte – in den Wissenschaften, im politischen Bereich als auch im Alltag der Menschen – über die Zukunftsfähigkeit von Beruf und Beruflichkeit zugespitzt, die bis heute nachhallt – und vermutlich immer wiederkehrt (Rosendahl & Wahle 2016).

1.1 Was meint eigentlich Beruflichkeit?

Kern von Beruflichkeit ist die hohe Funktionalität des Berufsprinzips, wie es in der dualen Berufsbildung nach dem Berufsbildungsgesetz (BBiG) und der Handwerksordnung (HwO) normiert und angewendet wird:

1. Das Berufsprinzip ermöglicht erst die Vermittlung einer umfassenden beruflichen Handlungsfähigkeit auf der Basis von anerkannten Standards. Das ist der (berufs-) bildungspolitische Kern von Beruflichkeit und zielt auf den beruflich-betrieblichen Bildungstyp der dualen Berufsausbildung ab.
2. Das Berufsprinzip fördert die Verfügbarkeit und Verwertbarkeit dieser beruflichen Kompetenzen in den Betrieben und auf dem Arbeitsmarkt. Anders ausgedrückt: Das Berufsprinzip ist deshalb funktional, weil es eine hohe Passung von Berufsausbildung und dem Erwerbsberuf widerspiegelt, zur Sicherung von betrieblichen Fachkräftebedarfen beiträgt, berufliche Orientierung und berufliche Entwicklung von Erwerbstätigen ermöglicht und damit eine Brückenfunktion vom Bildungssystem in den Arbeitsmarkt aufweist.
3. Das Berufsprinzip erleichtert den Tausch von Arbeitskraft gegen Entlohnung. Damit ist die Erwartung verknüpft, dass die Ausübung einer qualifizierten Berufstätigkeit den Lebensunterhalt angemessen absichert.

Eine so verstandene Beruflichkeit kann damit als Qualitätsstandard für angemessene Arbeit und die dafür erforderliche berufliche Qualifizierung verstanden werden. Die dualen Ausbildungsberufe in Deutschland sind daher »(…) als Muster von übergreifenden Arbeitstätigkeiten zu verstehen, denen gebündelte Kompetenzen als reales Arbeitsvermögen zugrunde liegen, die als Qualifikationen zertifiziert werden und den Bedarfen des Arbeitsmarkts entsprechen« (Dehnbostel 2020, S. 12). Unter Beruflichkeit sind damit nicht einzelne Tätigkeiten zu verstehen, sondern fest umrissene, tätigkeitsübergreifende Funktionen und

Rollen der Beschäftigten im Betrieb, für die spezifische Handlungskompetenzen erforderlich sind und die nicht zuletzt auf der Basis von Sozialisationsprozessen zur Entwicklung individueller oder gruppenbezogener Identitätsbildung beitragen. Das Konzept der Beruflichkeit ist darüber hinaus auch deshalb relevant, weil mit den von Gewerkschaften und Arbeitgeberorganisationen entwickelten und vom Staat gesetzlich verordneten dualen Ausbildungsberufen eine für Arbeitgeber und Arbeitnehmer:innen gegenseitig realistische und erwartbare Einschätzung von Qualifikationen einerseits und einer angemessenen Entlohnung andererseits ermöglicht wird (Meyer & Haunschild 2017, S. 5). Damit verknüpft sind auch Möglichkeiten der kollektiven Absicherung von Einkommen, Arbeitszeiten und Arbeitsbedingungen durch die Tarifvertragsparteien, wodurch Beruflichkeit somit als Teil des gesellschaftlichen Ordnungs- und Steuerungssystems gelten kann.

1.2 Moderne Beruflichkeit

Beruflichkeit wird (nicht nur) von Gewerkschaften darüber hinaus auch als »Teil einer emanzipatorischen Bildungskonzeption« verstanden, »(...) die Auszubildende und Beschäftigte befähigt, ihre Arbeitsbedingungen zu reflektieren, die sozialen und ökologischen Folgen von Erwerbsarbeit zu erkennen, Arbeitnehmerrechte wahrzunehmen und Arbeit mit zu gestalten. Beruflichkeit ist Teil der Persönlichkeitsentwicklung« (IG Metall 2014, S. 3), befähigt zu selbstständigem beruflichen wie auch gesellschaftlichen Handeln. Das ist die Grundlage dafür, dass beruflich Qualifizierte Handlungsspielräume in Arbeitsprozessen eigenständig und kollaborativ wahrnehmen, Zumutungen und Arbeitsbelastungen (Meyer & Haunschild 2017), den Wandel betrieblicher Organisation sowie Diskontinuitäten im Erwerbsverlauf (Pfeiffer, Ritter, Schütt, & Hillebrand-Brem 2017) bewältigen können. Der Betrieb ist dabei die zentrale Instanz zur Ausbildung dieser Fähigkeiten, wobei nicht nur formalisierte, sondern auch informelle Anteile beruflichen Lernens wie Erfahrungswissen (Baumhauer, Beutnagel, Meyer & Rempel 2021) eine wichtige Rolle spielen und ein besonders förderliches Setting für die grundlegende Ausbildung eines organisationalen Arbeitsvermögens (Pfeiffer, Ritter, Schütt & Hillebrand-Brem 2017) bilden. Kurzum: Beruflich Qualifizierte können mehr, als ihre formal zertifizierten Fachkompetenzen sichtbar werden lassen. Sie können mit Veränderungen umgehen und diese eigenständig wie kollaborativ gestalten. »Der beruflich-betriebliche Bildungstyp weist als Leitbild weit über die ›Erzeugung angepasster Erfüllungsgehilfen‹ hinaus« (Spöttl 2017, S. 16).

1.3 Erweiterte moderne Beruflichkeit

Beruflichkeit wurde auf den Referenzrahmen des beruflich-betrieblichen Bildungstyps, d. h. auf das duale Ausbildungssystem hin entwickelt. Beruflichkeit als Prinzip für die Organisation und die soziostrukturelle Einbettung berufsförmiger Arbeit in Wirtschaft und Gesellschaft ist aber nicht auf eine halbwegs formalisierte Ausbildung im Betrieb festgelegt. Während Bildungsformate wie die duale Berufsausbildung, aber auch das duale Studium dazu beitragen, dass Lernende im Betrieb in berufliche Aufgaben hineinwachsen, müssen ausschließlich hochschulisch Ausgebildete in der Regel erst in das Arbeitsleben wechseln und dort nicht unerhebliche Anpassungsleistungen erbringen (Spöttl 2017). Dasselbe gilt für beruflich Ausgebildete in den vollzeitschulischen Ausbildungsberufen. Davon abgesehen zielen auch berufsfachschulische und hochschulische Ausbildungsformate auf die Entwicklung einer fachspezifischen beruflichen oder wissenschaftlichen Handlungskompetenz, die für die Ausübung qualifizierter beruflicher oder wissenschaftlicher Tätigkeiten erforderlich ist. Allerdings stehen letztlich alle Erwerbstätigen vor der Herausforderung, dass sie ihre Beruflichkeit – in der Regel eigenverantwortlich – immer wieder über weitere individuelle Kompetenzentwicklung, z. B. durch berufliche Weiterbildung herstellen und aufgrund der hohen Dynamik der digitalen Transformation auch erweitern müssen. Kurzum: Beruflichkeit endet nicht bei der (dualen Berufs-) Ausbildung. Glaubwürdige und attraktive Erwerbsbiografien sind auf eine erweiterte moderne Beruflichkeit angewiesen.

2. Herausforderungen der doppelten Transformation

Der öffentliche Diskurs über die Transformation von Wirtschaft, Arbeit und Gesellschaft ist stark von den Veränderungen durch die Digitalisierung der Arbeitswelt und seit 2021 zusätzlich von der politisch induzierten Klima- und Energiewende geprägt. Die BIBB-IAB-Qualifikations- und Berufsprojektionen kommen – bei aller Vorsicht gegenüber den Schwächen von prognostischen Vorhersagen – dabei zum Ergebnis, dass in den kommenden Jahren ein hoher Bedarf an beruflich wie hochschulisch (hoch) qualifizierten Fachkräften besteht, da Fachkräfte zum knappen Gut am Arbeitsmarkt werden. Vor allem die stabile Anzahl an Geringqualifizierten bleibt jedoch die größte Herausforderung am Arbeitsmarkt und für das Bildungssystem (Maier, et al. 2022). Während die Maßnahmen für die Klima- und Energiewende derzeit vor allem erhebliche Rekrutierungsschwierigkeiten und Fachkräfteengpässe auslösen, verändert sich mit der digitalen Transformation Grundlegendes. Digitale Transformation eröffnet

Unternehmen die Möglichkeit, interne und übergreifende Zusammenhänge und Abläufe ihres Geschäfts- und Produktionsmodells zu restrukturieren, Wertschöpfungsprozesse zu verschlanken, zu verdichten und zu beschleunigen sowie Arbeitsprozesse und betriebliche Strukturen anzupassen oder neu aufzustellen (Neumer, Nies, Ritter & Pfeiffer 2023). Beobachtbar ist eine zunehmende Integration von Arbeit und Lernen durch erhöhte Kollaborationsanforderungen sowie eine virtuelle Erweiterung des physischen Arbeitsplatzes. Einerseits empfinden Beschäftigte Digitalisierung als Entlastung von bislang mühsamen Arbeitstätigkeiten, die aber auch aufgrund der zunehmenden Komplexität im Arbeitsprozess zu einer Verdichtung, damit zu mehr Stress und teilweise auch zu einem Autonomieverlust in der Arbeit führen kann (DGB-Index Gute Arbeit 2022). Arbeitsintegriertes Lernen führt andererseits zur Ausweitung von (häufig digital gestütztem) informellen Lernen am Arbeitsplatz und einer höheren Bedeutung des Erfahrungslernens. Jedenfalls verändert sich mit der digitalen Transformation die »Art des Arbeitens, des Kommunizierens, des Lernens und letztlich auch der sozialen Zusammenhänge der Arbeit« (Dehnbostel 2020, S. 6).
Dies hat naturgemäß Auswirkungen auf die Art und Weise, wie Arbeit organisiert und strukturiert wird und welche Qualifikationsanforderungen dafür benötigt werden. Alle dem Autor bekannten Umfragen und Studien (z. B. Baumhauer, Beutnagel, Meyer & Rempel 2021) gehen davon aus, dass Betriebe weiterhin in der dualen Berufsausbildung das wichtigste Instrument zur Fachkräftesicherung sehen. Darüber hinaus werden hybride Qualifikationen häufig angeführt, ohne dass jenseits von dualen Studiengängen konkretere Qualifizierungsformate genannt werden. Dasselbe gilt für die für alles und jeden nützliche »Weiterbildung«. Welche Relevanz Beruflichkeit zukünftig haben wird, wird aber auch stark davon abhängen, wie die Herausforderung der doppelten Transformation und der damit einhergehende Wandel der Arbeitswelt durch die Sektoren des Bildungssystems, insbesondere im System der dualen Berufsbildung bearbeitet werden.

3. Nachlassende Integrationsfähigkeit

Berufsausbildung ist für junge Menschen nach wie vor grundsätzlich attraktiv und eine, wenn nicht die einzige Option auf einen Einstieg in eine qualifizierte Berufstätigkeit. Dies zeigt sich am Interesse und der Nachfrage von Schulabsolvent:innen an einer dualen oder schulischen Berufsausbildung. Ein Blick in die Integrierte Ausbildungsberichterstattung zeigt, dass Berufsausbildung mit 682 380 Ausbildungsanfänger:innen kein Auslaufmodell ist. Dem gegenüber lag die Zahl der Studienanfänger:innen im Jahr 2022 bei 478 929 (Destatis 2023).

Auch die Zahl der dualen Auszubildenden mit Hochschulzugangsberechtigung, die 2021 bei 29,7 % lagen (Bundesinstitut für Berufsbildung 2023, S. 121), mag die Attraktivität der dualen Berufsausbildung belegen.

Und dennoch verliert insbesondere die duale Berufsausbildung durchaus an sozialer Integrationsfähigkeit. Wenn nur etwa zwei Drittel aller institutionell erfassten Ausbildungsinteressierten in eine duale Berufsausbildung gelangt, dann erodiert die Brückenfunktion der dualen Berufsausbildung zwischen Schule und Arbeitsmarkt. Ursache ist vor allem der schleichende Substanzverlust der dualen Berufsausbildung, der sich in einem nachhaltigen Rückgang an abgeschlossenen Ausbildungsverträgen sowie einer rückläufigen Ausbildungsbetriebsquote festmacht. Insbesondere haben in den letzten 15 Jahren kleinere Betriebe ihr Ausbildungsangebot reduziert oder sind ganz aus der Ausbildung ausgestiegen. Damit verengen sich insbesondere für Jugendliche mit maximal Erstem Schulabschluss und mit nichtdeutscher Staatsangehörigkeit die Chancen auf einen Einstieg in eine Berufsausbildung. Hinzu kommen berufsfachliche und regionale Disparitäten (Autor:innengruppe Bildungsberichterstattung 2022). Die ansteigende Zahl junger Erwachsener im Alter von 20 bis 34 Jahren ohne Berufsabschluss, zuletzt 2,61 Millionen (Bundesinstitut für Berufsbildung 2023, S. 276), ist das sichtbarste Resultat der erodierenden Integrationskraft dualer Berufsbildung. Ihnen droht eine Zukunftsperspektive zwischen Ausbildungs- und Arbeitslosigkeit, prekären Jobs, unsicheren Lebenslagen und geringerer gesellschaftlicher Teilhabe.

Zudem wird der dualen Berufsausbildung ein Reputationsverlust durch eine abnehmende Tarifbindung und damit verbundener geringerer Einkommen ausgebildeter Fachkräfte in bestimmten Branchen und in Ostdeutschland attestiert (Bosch, Der Wert beruflicher Arbeit und Ausbildung. Thesen zum schleichenden Reputationsverlust und Perspektiven für eine nachhaltige Aufwertung 2023). Diese Entwicklung korreliert auch mit einer hohen Zahl unbesetzter Ausbildungsplätze, einer hohen Quote an vorzeitiger Auflösung von Ausbildungsverträgen und bei Misserfolgen in der Abschlussprüfung, der Höhe der Ausbildungsvergütung sowie einer schlechten Bewertung der Ausbildungsqualität durch die Auszubildenden, insbesondere in einschlägigen Branchen wie z. B. dem Hotel-, Gaststätten- oder Reinigungsgewerbe (Anbuhl & Giessler 2013). Eklatante Defizite in der betrieblichen Ausbildung befördern keine oder eine scheiternde berufliche Integration in den Arbeitsmarkt.

Auf der politischen Ebene wurde in den vergangenen Jahrzehnten vor allem auf eine Effektivierung der Berufsorientierung, von Matchingprozessen und von Unterstützungsmaßnahmen gesetzt. Strukturelle Ursachen wurden wenig beachtet: Im Kern müssen wieder mehr Betriebe glaubwürdige und attraktive berufliche Entwicklungswege über die duale Ausbildung anbieten. Ein Zukunftsfonds zur Finanzierung der Ausbildungskosten durch alle ausbildungsfähigen Betriebe könnte dafür die notwendigen Ressourcen bereitstellen, um Betriebe dabei zu unterstützen, eine gute Ausbildung anzubieten und durchzuführen (Deutscher Gewerkschaftsbund 2022). Die Stärkung allgemeinverbindlicher Tarifverträge sind zudem das wichtigste Instrument zur Aufwertung beruflicher Arbeit in der Fläche und müssen wieder zur Norm werden (Bosch 2023, S. 16).

4. Flexibilisierung von Beruflichkeit, Entberuflichung und Dequalifizierung?

Im aktuellen wissenschaftsorientierten Diskurs um die Weiterentwicklung der beruflichen Bildung wird dagegen weiterführende Flexibilisierung der Angebote im Berufsbildungssystem durch Modularisierung bei Beibehaltung des Berufsprinzips vorgeschlagen. Prominentester Vertreter der Flexibilisierungsthese ist die Autorengruppe 9 + 1 um BIBB-Präsident Esser. Sie schlagen als Lösung vor, berufliche Bildungsangebote unter Berücksichtigung des Berufsprinzips modular zu strukturieren, um die Komplexität an unterschiedlichen Schwerpunkten, Fachrichtungen, Wahl- und Zusatzqualifikationen zu reduzieren, Berufslaufbahnen von der Berufsvorbereitung bis hin zur Weiterbildung individueller und transparenter zu gestalten sowie Anrechnungen von Berufsbildungsleistungen zwischen Übergangssektor, Berufsbildungs- und Hochschulsystem zu erleichtern (Autorengruppe 9 + 1 2022).
Auch die Gewerkschaften kritisieren, dass bisherige Möglichkeiten der Flexibilisierung wie Wahl- und Zusatzqualifikationen, aber auch die vielfältigen Anrechnungsoptionen kaum von Betrieben genutzt werden. Über eine Flexibilisierung der Ordnungsarbeit, z. B. über eine modulare Strukturierung von »Bauteilen« für die Neuordnung von Berufen würde es sich in den Gremien des BIBB trefflich diskutieren lassen. Allerdings hält sich die Autorengruppe 9 + 1 über konkrete Flexibilisierungswege bedeckt. Zwei Optionen wären denkbar: Einerseits kann eine Modularisierung unter Beibehaltung des Berufsprinzips bedeuten, dass sich der Ausbildungsvertrag über das gesamte Berufsbild erstreckt, aber die betriebliche Durchführung modularisiert wird. Dann müssten aber Betriebe die zeitliche und sachliche Reihenfolge der Module festlegen oder entscheiden, welche Module sie – analog zu Wahl- oder Zusatzqualifikationen – anbieten wollen. Für die Betriebe erhöht sich bei dieser Option jedenfalls der Aufwand für die Durchführung der Ausbildung, ohne dass ein Nutzen klar erkennbar wäre. In der zweiten Option würde auch der Ausbildungsvertrag modularisiert, womit das Erreichen des vollen Berufsabschlusses sehr schnell zweitranging, werden würde. Damit droht auch ein völliger Attraktivitätsverlust der dualen Berufsausbildung

und junge Menschen würden auf andere vollqualifizierende, vermutlich schulische Bildungsabschlüsse ausweichen. Kurzum: Modularisierung ist riskant. Zudem fehlt bislang die empirische Evidenz, dass bei einer modularen Strukturierung von beruflichen Bildungsgängen die Anrechenbarkeit und damit die Durchlässigkeit besser gewährleistet wird. Anrechnungen im Sinne der Verkürzung der Ausbildungsdauer erfolgen überwiegend nur bei Vorliegen einer Hochschulzugangsberechtigung oder beim Übergang vom ersten Jahr in einer außerbetrieblichen in das zweite Jahr einer betrieblichen Ausbildung. Für eine Reduzierung der Zahl der Jugendlichen im Übergangssektor wäre aus Sicht des DGB und der Gewerkschaften eine Straffung und Systematisierung von Bildungsgängen, Unterstützungsinstrumenten und Beratungs- und Begleitstrukturen in diesem Sektor sinnvoller – sowie eine Steigerung des Ausbildungsplatzangebots (Deutscher Gewerkschaftsbund 2022).

Ohnehin fokussiert sich der Flexibilisierungsdiskurs in den letzten Jahren sehr stark auf den Bereich der Nachqualifizierung und insbesondere auf das Instrument der Teilqualifikationen. Es gibt zahlreiche Akteure, die Teilqualifikationen als das Mittel der Wahl zur schnellen Deckung regionaler Fachkräftebedarfe sowie für das Nachholen von Berufsabschlüssen ansehen. Insbesondere bemüht sich die Bertelsmann Stiftung, den politischen Stellenwert von Teilqualifikationen zu erhöhen (Noack & Müller 2023). Als belegt darf aber gelten, dass nur in geförderten Modellprojekten oder im Rahmen betrieblicher Nachqualifizierung von größeren Unternehmen Teilnehmende zu einem Berufsabschluss gelangen. In der Regel stellen Teilqualifikationen eine arbeitsmarktpolitische Integrationsmaßnahme dar, bei denen der Erwerb von Berechtigungszertifikaten, wie z. B. Führerscheine im Vordergrund stehen. Eine DGB-Auswertung legt nahe, dass Teilqualifikationen als ein spezifisches Qualifizierungsformat für niedrig entlohnte und prekäre Arbeit eingesetzt werden, aber als bildungspolitisches Instrument völlig unzureichend sind (Patuzzi 2020). Der Arbeits- und Fachkräftemangel in Klima- und Energieberufen macht aber Kurzzeitqualifizierungen besonders attraktiv, wobei es nur vordergründig um schnelle Rekrutierung und Qualifizierung geht. Ein Teil der Branchenakteure präferiert ganz offen tayloristische Arbeitskonzepte und möchte mittels eng geschnittener Arbeitstätigkeiten un- und angelernte Arbeitskräfte on-the-job hierfür qualifizieren (Melzer, et al. 2022). Die Anforderungen sollen dabei so weit reduziert werden, dass einfache Fähigkeiten ausreichen, um anfallende Aufgaben ausreichend ausführen zu können. Dieses Beispiel illustriert sehr deutlich, dass unter dem Label »Fachkräftemangel« auch Strategien der Entberuflichung und von dequalifizierter Arbeit einhergehen können.

Um dem Risiko der Entberuflichung und Dequalifizierung wirksam entgegenzutreten, ist eine bundeseinheitliche Systematik für Menschen ohne (verwertbaren) formalen Berufsabschluss nötig, die aufbauend auf einer individuellen

Beratung und der Möglichkeit eines Validierungsverfahrens transparente Wege zu nachholenden Bildungsangeboten und zum nachträglichen Berufsabschluss ebnet. Bisher fehlt ein geregeltes Validierungsverfahren in Deutschland. Dessen Einführung würde die Chance bieten, non-formal und informell erworbene berufliche Kompetenzen von arbeitserfahrenen, aber formal nicht qualifizierten Beschäftigten sichtbar zu machen, und diesen neue Zugänge zu betrieblicher und beruflicher Weiterbildung bis hin zum Nachholen eines Berufsabschlusses zu ermöglichen. Teilqualifizierungsmaßnahmen könnten in diesem Setting nützlicher und wirksamer eingesetzt werden.

5. Höherqualifizierung und Individualisierung von Bildungsbiografien

Auf der anderen Seite des Bildungssegments herrscht eine teilweise hitzig geführte Debatte über Konkurrenzen zwischen Bildungsangeboten der Hochschulen und der Berufsbildung, ob es zu einer Verschmelzung in hybriden Bildungsformaten kommen könnte und ob es überhaupt einen entsprechenden Bedarf an akademisch Qualifizierten gibt. Diese eher prognostisch orientierten Debatten[1] haben einen realen Kern in der steigenden Relevanz des dualen Studiums für die betriebliche Fachkräfterekrutierung. Für 2022 wurden über 120 000 dual Studierende verzeichnet (Bundesinstitut für Berufsbildung 2023, S. 176). Festgehalten werden kann aber vorerst, dass über alle Branchen und Unternehmensgrößen hinweg Betriebe Rekrutierungsstrategien über die duale Berufsausbildung und/oder über duale Studiengänge gegenüber der externen Rekrutierung von Hochschulabsolvent:innen präferieren (Neu, Elsholz & Jaich 2017).
Entscheidender als steigende betriebliche Qualifikationsanforderungen wirken sich Bildungsaspirationen und Statuserwartungen (nicht nur) junger Menschen aus. Der Wunsch nach sozialem Aufstieg, nach Arbeit mit einem höheren Autonomiegrad und einem Mehr an beruflichen Optionen entfaltet eine Eigendynamik, höhere Bildungsabschlüsse anzustreben oder nachzuholen und sich generell weiterzubilden (Kuhnhenne 2020). Dies führt zu einem in Deutschland über Jahrzehnte beobachtbaren ausgeprägten »Credentialismus« (Maier 2021). Angesichts der Dominanz berufsfachlicher und interner Arbeitsmärkte (Bosch 2014) sind berufliche wie hochschulische Formalqualifikationen nicht nur in der Regel Voraussetzung für den Eintritt in eine qualifizierte Berufstätigkeit, son-

1 Einen aktuellen Überblick über den Debattenstand gibt der Sammelband »Akademisierung, Hybridqualifikationen und Fachkräftebedarf. Ist die Konkurrenz zwischen akademisch und beruflich Qualifizierten Mythos oder Realität?« (Annen & Maier 2022).

dern generell die Leitwährung auf dem Arbeitsmarkt. Dieser »Credentialismus« geht aber auch mit einer zunehmenden Individualisierung und Fragmentierung von Bildungsbiografien (Meyer & Haunschild 2017) einher, die von einer durch Bildungsanbieter forcierten Ausdifferenzierung von formalen wie non-formalen Qualifikationsangeboten begleitet wird und auch zunehmend die ausschließlich über die Berufsbildung qualifizierten Beschäftigten erreicht.

Bei einer fortschreitenden Pluralisierung von formal wie non-formal (weiter-) qualifizierenden Bildungsgängen besteht durchaus die Gefahr, dass für Bildungsinteressierte wie auch für Betriebe nicht mehr klar erkennbar ist, wofür eine Qualifikation steht. Es empfehlen sich Profilbildungsprozesse für formale Qualifikationen, wie sie mit der Einführung von drei Fortbildungsstufen und neuer Titelbezeichnungen der höherqualifizierenden beruflichen Fortbildung nach BBiG/HwO derzeit stattfinden. Hier gibt es ein zu hebendes Potenzial für eine höhere Transparenz und Attraktivität dieser Qualifikationen, die auch dem Trend der Höherqualifizierung und Individualisierung Rechnung trägt und gleichzeitig Beruflichkeit erhält und weiterentwickelt. Wünschenswert wäre auch eine ähnliche Entwicklung in den anderen Teilsegmenten der beruflichen Fortbildung. Zudem müssten für das duale Studium Mindestanforderungen definieren werden, um den »Markenkern« dieses Formats sichtbar machen zu können. Schließlich wäre hier eine Verrechtlichung des Deutschen Qualifikationsrahmens hilfreich, um die Transparenz und Vergleichbarkeit der Bildungsabschlüsse in Deutschland zu verbessern und non-formale, aber hochwertige Bildungsangebote in ihrer qualitativen Bedeutung und Relevanz für den Arbeitsmarkt anzuerkennen.

6. Weiterbildung braucht eine neue Architektur

Seit Jahren wird die Notwendigkeit lebensbegleitenden Lernens betont. Die Weiterbildung als vierte Säule des Bildungssystems führt dennoch seit Jahrzehnten ein Schattendasein und ist besonders unzureichend ausgestaltet. In der Weiterbildung setzt sich die ungleiche Verteilung der Bildungschancen weiter fort. Nach wie vor haben bestimmte Personengruppen deutlich niedrigere Beteiligungsquoten: Neben Erwerbslosen gilt dies besonders für Beschäftigte ohne Berufsabschluss, in atypischen Beschäftigungsverhältnissen (v. a. Frauen und Menschen mit Zuwanderungshintergrund) und mit hohen Anteilen an Routinetätigkeiten (Autor:innengruppe Bildungsberichterstattung 2022).

Der OECD-Länderbericht spiegelt wider, dass Deutschland institutionell wie politisch auf den Wandel von der Ausbildungs- zur Weiterbildungsgesellschaft nicht vorbereitet ist (OECD 2021). Über fragmentierte staatliche Zuständigkeiten, einen unübersichtlichen Weiterbildungsmarkt sowie eine disparate Beratungslandschaft wird vor allem die Eigeninitiative Weiterbildungsinteressierter und bei festgestelltem Bedarf auch die Weiterbildung von Arbeitslosigkeit und von Arbeitslosigkeit Bedrohten gefördert. In der doppelten Transformation geht es nicht mehr nur um individuellen Aufstieg und Höherqualifizierung. Berufliche Mobilität wird zukünftig zu einer wichtigen Ressource für Arbeitnehmer:innen, die nicht nur als Absicherung gegen Erwerbslosigkeit, sondern auch als Möglichkeit zur dauerhaften individuellen Kompetenzentwicklung und zur Verbesserung beruflicher Perspektiven verstanden werden muss. Damit ergeben sich aber auch Regulierungsfragen, wie Institutionen und Instrumente der Bildungs- und Arbeits(markt)politik weiterentwickelt und neue soziale Rechte eingeführt werden, ohne dass es zu unerwünschten Nebeneffekten kommt (Bothfeld, Kaps & Rosenthal 2019). Aus gewerkschaftlicher Sicht betrifft dies vor allem zwei Handlungsebenen:

1. Es geht uns um bessere betriebliche Mitbestimmungsmöglichkeiten. Viele Betriebs- und Personalräte beschäftigen sich aktuell mit Fragen der Einführung neuer digitaler Technologien und bearbeiten damit automatisch neben Arbeitsplatzgestaltungs- und Arbeits-, Gesundheits- und Datenschutzfragen auch Qualifizierungsthemen und wie Arbeit lernförderlich gestaltet werden kann. Damit Beschäftigte stärker an diesen Entscheidungsprozessen beteiligt werden und diese mitgestalten können, müssen zusätzliche Initiativ- und Mitbestimmungsrechte ins Betriebsverfassungsgesetz aufgenommen werden.
2. Für den Bereich der (nicht nur) beruflichen Weiterbildung geht es uns um eine Architektur lebensbegleitenden Lernens (Deutscher Gewerkschaftsbund) damit Arbeitnehmer:innen Weiterbildung selbstbestimmt in Angriff und die dafür bereitgestellten Ausgestaltungsmöglichkeiten in Anspruch nehmen können. Zentrale Aspekte sind insbesondere verlässliche Zeitansprüche durch einen zusätzlichen Freistellungsanspruch für Weiterbildung sowie bessere finanzielle Förderung für gute Weiterbildungsangebote durch eine transparente Architektur der Finanzierung lebensbegleitenden Lernens. Diese sollte aus einer bedarfs- und arbeitsmarktpolitischen Säule über das SGB III und einer Säule zur Förderung individuell selbstbestimmter beruflicher Weiterbildung bestehen. Um Weiterbildung für Arbeitnehmende in der Breite gangbarer und zugänglicher zu machen, sind funktionsfähigere Infrastrukturen von Nöten, die sich zu Weiterbildungs-Ökosystemen weiterentwickeln und eine neue Weiterbildungskultur auf Dauer stellen können.

7. Schlussbemerkung

Nach wie vor hochaktuell bleibt das Apodiktum von Michael Ehrke: »Bildung ist das Kapital der Arbeitnehmer und wenn man schon bildungsökonomisch denkt, dann wird man verstehen, dass es für die Arbeitnehmer gar nicht genug dieses ›kulturellen Kapitals‹ geben kann« (Ehrke 2003). Die Verwirklichung gleicher Zugangschancen, die Erhöhung der Durchlässigkeit im Bildungssystem und die Gleichwertigkeit von allgemeiner, beruflicher und hochschulischer Bildung sollen die Teilhabe an guter Bildung und guter Arbeit erhöhen. Die Leitidee der Beruflichkeit wird auch angesichts zunehmend individualisierter Bildungs- und Erwerbsbiografien als Orientierungs- und Qualitätsanker gebraucht. Beruflichkeit ist aber kein Perpetuum Mobile, sondern auf öffentliche Anerkennung, erwerbsbiografische Anschlussfähigkeit und politische und sozioökonomische Regulierung angewiesen. Wenn die Integrationsfähigkeit der dualen Ausbildung weiter nachlässt, Strategien der Entberuflichung und der Dequalifizierung von Arbeit sich weiter ausbreiten und es nicht gelingt, Weiterbildung in einen neuen regulativen Rahmen zu packen, werden die Zukunftsaussichten der Berufsbildung in Deutschland zunehmend schwinden. So weit muss es aber nicht kommen. DGB und Gewerkschaften werden weiterhin dafür arbeiten, streiten und kämpfen, dass die strukturellen Rahmenbedingungen von Bildungssystem und Arbeitsmarkt verbessert werden und eine erweiterte moderne Beruflichkeit dabei ein maßgeblicher Wegweiser sein wird.

8. Literatur

Anbuhl, M., & Giessler, T. (2013). Hohe Abbrecherquoten, geringe Vergütung, schlechte Prüfungsergebnisse – Viele Betriebe sind nicht ausbildungsreif. DGB-Expertise zu den Schwierigkeiten der Betriebe bei der Besetzung von Ausbildungsplätzen. Berlin. *https://www.dgb.de/-/3xv* (abgerufen am 20.8.2023).

Annen, S., & Maier, T. (2022). Akademisierung, Hybridqualifikationen und Fachkräftebedarf. Ist die Konkurrenz zwischen akademisch und beruflich Qualifizierten Mythos oder Realität? Bonn.

Autor:innengruppe Bildungsberichterstattung. (2022). Bildung in Deutschland 2022. Ein indikatorengestützter Bericht mit einer Analyse zum Bildungspersonal. Bielefeld: wbv Media.

Autorengruppe 9 + 1. (2022). Zukunftsfähig bleiben! 9 + 1 Thesen für eine bessere Berufsbildung. Bonn.

Baethge, M., & Baetghe-Kinsky, V. (1998). Jenseits von Beruf und Beruflichkeit?

Baumhauer, M., Beutnagel, B., Meyer, R., & Rempel, K. (2021). Lernort Betrieb 4.0. Organisation, Subjekt und Bildungskooperation in der digitalen Transformation der Chemieindustrie. Düsseldorf: Hans-Böckler-Stiftung.

Bosch, G. (2014). Facharbeit, Berufe und berufliche Arbeitsmärkte. WSI-Mitteilungen(67), S. 5–13.

Bosch, G. (Februar 2023). Der Wert beruflicher Arbeit und Ausbildung. Thesen zum schleichenden Reputationsverlust und Perspektiven für eine nachhaltige Aufwertung. (B. f. Berufsbildung, Hrsg.) Berufsbildung in Wissenschaft und Praxis (Heft 1 / 2023), S. 12–16.

Bothfeld, S., Kaps, P., & Rosenthal, P. (2019). Mehr Weiterbildung durch neue soziale Rechte? WSI-Mitteilungen (6/2019), S. 421–430. doi:10.5771 /0342-300X-2019-6-421.

Bundesinstitut für Berufsbildung. (2023). Datenreport zum Berufsbildungsbericht 2023. Informationen und Analysen zur Entwicklung der beruflichen Bildung. Bonn.

Dehnbostel, P. (2020). Beruf und informelles Lernen. (M. Harring, & M. Witte, Hrsg.) Enzyklopädie Erziehungswissenschaft Online, 12. doi:10.3263/EEO23200442.

Destatis. (2023). Integrierte Ausbildungsberichterstattung – Vorläufige Ergebnisse. Berichtsjahr 2022. Wiesbaden: Statistisches Bundesamt.

Deutscher Gewerkschaftsbund. (7.9.2022). Schluss mit Warteschleife. DGB-Vorschläge für eine umlagefinanzierte Ausbildungsgarantie. *https://www.dgb.de/-/l9c* (abgerufen am 31.8.2023).

Deutscher Gewerkschaftsbund. (2023). 11 Wegmarken für eine Architektur lebensbegleitenden Lernens. DGB-Thesen zur Weiterbildung. Berlin: Deutscher Gewerkschaftsbund. *https://www.dgb.de/-/TCN* (abgerufen am 31.8.2023).

DGB-Index Gute Arbeit. (2022). Digitale Transformation. Veränderungen der Arbeit aus Sicht der Beschäftigten. Report 2022, Berlin. *https://index-gute-arbeit.dgb.de/-/lZD* (abgerufen am 31.8.2023).

Ehrke, M. (2003). Modularisierung contra Beruflichkeit. Frankfurt/Main: IG Metall Vorstand. *https://ams-forschungsnetzwerk.at/downloadpub/Modularisierung_contra_Beruflichkeit_Ehrke.pdf* (abgerufen am 29.4.2023).

IG Metall. (2014). Erweiterte moderne Beruflichkeit. Ein gemeinsames Leitbild für die betrieblich-duale und die hochschulische Berufsbildung. Diskussionspapier. Frankfurt/Main.

Kuhnhenne, M. (2020). Lebenslanges oder lebensbegleitendes Lernen. Herausforderungen der Weiterbildung. Forschungsförderungsreport Nr. 8. Düsseldorf: Hans-Böckler-Stiftung.

Maier, T. (2021). Die Anwendbarkeit des Erlenten in den Bildungs- und Arbeitslandschaften der 1970er- bis 2000er Jahre. Bonn: Bundesinstitut für Berufsbildung.

Maier, T., Kalinowski, M., Zika, G., Christian, S., Mönnig, A., & Wolter, M. (2022). Es wird knapp. Ergebnisse der siebten Welle der BIBB-IAB-Qualifikations- und Berufsprojektionen bis zum Jahr 2040. BIBB Report 3.

Melzer, A., Meyer-Delpho, F., Obernitz, F., Hollweg, K.-U., Fichtner, K., Schneider, M., Nowak, T. (2022). Fachkräftebooster: 40000 zusätzliche Fachkräfte für die Energiewende bis 2030. Vorschlag an das BMWK zum Aufsetzen eines neuen Ausbildungskonzeptes.

Meyer, R., & Haunschild, A. (2017). Individuelle Kompetenzentwicklung und betriebliche Organisationsentwicklung im Kontext moderner Beruflichkeit – berufspädagogische und arbeitswissenschaftliche Befunde und Herausforderungen. bwp@ Berufs- und Wirtschaftspädagogik – online: *http://bwpat.de/ausgabe32/meyer_haunschild_bwpat32.pdf* (abgerufen am 29.4.2023).

Neu, A., Elsholz, U., & Jaich, R. (2017). Zum Stellenwert beruflich-betrieblicher Bildung aus Sicht von Unternehmen. bwp@ Berufs- und Wirtschaftspädagogik – online: *http://www.bwpat.de/ausgabe32/neu_etal_bwpat32.pdf* (abgerufen am 29.4.2023).

Neumer, J., Nies, S., Ritter, T., & Pfeiffer, S. (2023). Beruflichkeit und Kollaboration in der digitalisierten Arbeitswelt. Forschungsförderung Working Paper. Düsseldorf: Hans-Böckler-Stiftung.

Noack, M., & Müller, J. (2023). Mehr Fachkräfte in jeder Region. Deckung des regionalen Fachkräftebedarfs durch Teilqualifikationen. Gütersloh: Bertelsmann Stiftung.

OECD (2021). Continuing Education and Training in Germany. Getting Skills Right. Paris: OECD Publishing. doi:*https://doi.org/10.1787/1f552468-en.*

Patuzzi, M. (2020). Teilqualifikationen. Geringe Wirksamkeit und begrenzte Relevanz. Diskussionsbeitrag zur Bedeutung von Teilqualifikationen als Instrument der Nachqualifizierung. Berlin. *https://wir-gestalten-berufsbildung.dgb.de/berufsbildungsausschuesse/material/nachqualifizierung-weiterbildung/++co++1e7e6008-dd06-11ed-90c1-001a4a160123* (abgerufen am 31.8.2023).

Pfeiffer, S., Ritter, T., Schütt, P., & Hillebrand-Brem, C. (2017). Betrieb lernen. Die Bedeutung dualer Berufsausbildung und organisationalen Arbeitsvermögens. Düsseldorf: Hans-Böckler-Stiftung.

Rosendahl, A., & Wahle, M. (2016). Debatten zur Krise von Beruf und Beruflichkeit: A Never Ending Story? bwp@ Berufs- und Wirtschaftspädagogik – online: *http://www.bwpat.de/ausgabe29/rosendahl_wahle_bwpat29.pdf* (abgerufen am 29.4.2023).

Spöttl, G. (2017). »Beruflich-betrieblicher Bildungstyp« – ein Leitmodell für Industrie 4.0? bwp@ Berufs- und Wirtschaftspädagogik – online: *http://www.bwpat.de/ausgabe32/spoettl_bwpat32.pdf* (abgerufen am 29.4.2023).

Bernd Käpplinger

Theoretische Zugänge zu Betrieblicher Weiterbildung zwischen Staat, Betrieben und Individuen

Inhalt

1. Definition von Betrieblicher Weiterbildung und empirische Unschärfen

»Zur betrieblichen Weiterbildung zählen vorausgeplante, organisierte Weiterbildungsmaßnahmen, die [...] vollständig oder teilweise vom Arbeitgeber finanziert wurden (Schönfeld & Behringer 2017, S. 56). Weiterbildungsmaßnahmen können dabei kursförmige Lernformen, aber auch sogenannte »andere Formen« sein, die am Arbeitsplatz oder in Arbeitsplatznähe in nicht klassischen pädagogischen Settings durchgeführt werden. Diese Definition ist mittlerweile sehr verbreitet und sie ist zumeist die definitorische Grundlage für die empirische Erfassung von Betrieblicher Weiterbildung in großen, regelmäßigen und einschlägigen Erhebungen wie der Adult Education Survey (AES) oder den Continuing Vocational Trainings Survey (CVTS), die sowohl in Deutschland wie Europa durchgeführt werden seit den 2000er bzw. 1990er Jahren (siehe auch den Beitrag von Bilger & Käpplinger in diesem Handbuch). Im Mittelpunkt stehen damit die arbeitgeberseitigen Förderungen, wobei auch Mischfinanzierungen eingeschlossen sind.

1.1 Unschärfen bei den Förderanteilen von Staat, Betrieben und Individuen

Im AES kommt es dabei tendenziell eher zu einer Übererfassung arbeitgeberseitiger Beteiligung und einer Untererfassung individueller und staatlicher Beteiligung. Im AES wird jegliche Weiterbildungsaktivität der Betrieblichen Weiterbildung zugeordnet, die entweder zeitlich überwiegend oder ganz in der Arbeitszeit stattfindet und/oder die durch den Betrieb ko-finanziert wird. Mischfinanzierungen seitens der Teilnehmenden (z. B. durch Einbringen von Freizeit bei Kursen abends oder am Wochenende oder durch Beteiligung/Rückzahlung von Kurskosten) oder der öffentlichen Hand (z. B. Zuschüsse durch die Arbeitsagentur) bleiben dabei unsichtbar. Der AES (vgl. BMBF 2022, S. 22) kommt so auf folgende Verteilungen zwischen betrieblicher und individuell-berufsbezogenen Weiterbildung:

Abbildung 1: Verteilung der Weiterbildungsaktivitäten nach Segmenten

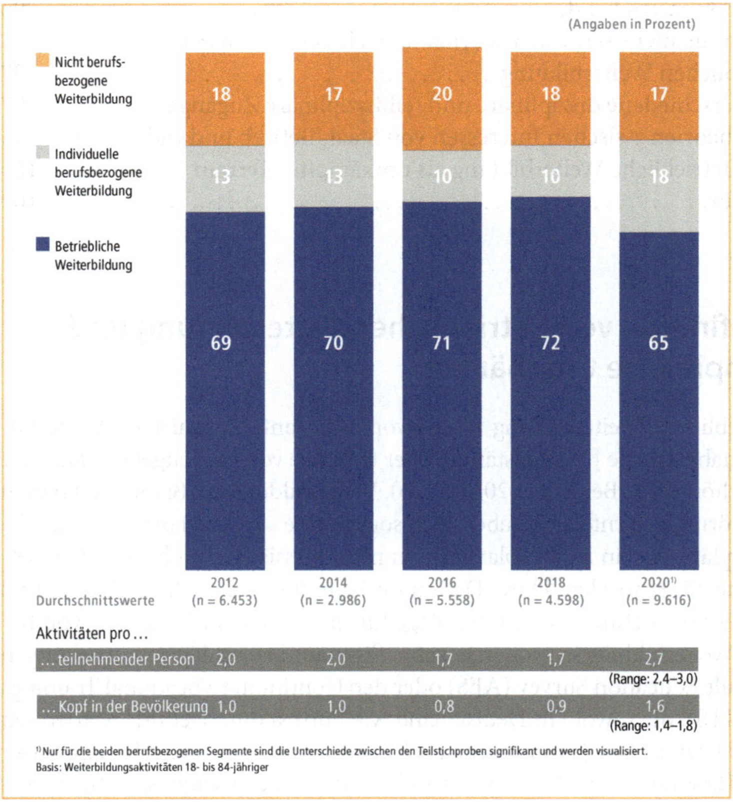

Quelle: 2012–2020; Kantar Public 2021

Man könnte diese Grafik so (falsch) interpretieren, dass die Förderung von Weiterbildung sich circa in einem Verhältnis von 4:1 bis 7:1 zwischen Arbeitgebern und Arbeitnehmer:innen verhält. Die komplexe Realität der Weiterbildungsfinanzierung kann durch diese Systematik allerdings nicht hinreichend in ihrer Komplexität abgebildet werden. So wird eine mögliche Teilfinanzierung durch die öffentliche Hand (Bund, Länder oder Bundesagentur für Arbeit) sowohl bei den Betrieben wie Individuen hier gar nicht berücksichtigt, obwohl die öffentliche Hand die Grundausstattung von Weiterbildungseinrichtungen oder Weiterbildungen im Kontext von Kurzarbeit finanzieren kann. Arbeitsmarkt- und wirtschaftspolitische Programme verschiedener Ressorts auf Bundes- und Länderebene haben stellenweise eine große Bedeutung, wenngleich dies sich nicht selten als diskontinuierlich darstellt und mit dem Schlagwort der »Projektitis« zum Teil kritisiert wird.
International vergleichende Studien zeigen die große Bedeutung der wohlfahrtsstaatlichen Regime und Governancestrukturen für die Betriebliche Weiterbildung auf, sodass vor allem nordeuropäische Staaten mit ausgebauten Sozialsystemen mit hohen Beteiligungsraten seit Jahrzehnten im Ländervergleich positiv auffallen, während sich Deutschland zumeist lediglich im oberen Mittelfeld der verschiedenen Staaten bewegt (vgl. Rubenson & Desjardins 2009; Markowitsch et al. 2013).

In einer Sonderauswertung haben Kaufmann & Widany (2013, S. 40) ermittelt, dass hinter einer Teilnahmequote an berufsbezogener Weiterbildung von 42,2 % sich folgende Teilquoten verbergen:

- 31,8 % rein betrieblich finanzierte Weiterbildung,
- 3,9 % rein individuell finanzierte Weiterbildung,
- 10,2 % mischfinanzierte Weiterbildung, wo sich Arbeitgeber und Arbeitnehmer:innen die Kosten teilen.

Insofern kann man hier evidenzbasiert sagen, dass rund 75 % aller betrieblicher Weiterbildungsaktivitäten von Unternehmen finanziert werden, aber bei rund 25 % aller betrieblicher Weiterbildungsaktivitäten sich die Beschäftigten mehr oder minder mitbeteiligen an den zeitlichen und/oder finanziellen Kosten. Eine etwaige staatliche Ko-Finanzierung müsste hier zudem noch berücksichtigt werden. Außerdem müssen selbst bei einer rein betrieblich finanzierten Weiterbildung durch die Beschäftigten physische und psychische Kosten aufgebracht werden, dass Weiterbildung nicht eingekauft werden kann als rein konsumierbare Ware, sondern eine Dienstleistung ist, wo der Lernende als Prosument engagiert mitwirken muss, damit Wissen, Kompetenz und Bildung im Ergebnis entstehen. Letztlich kann es keine erfolgreiche Betriebliche Weiterbildung geben, an der die Beschäftigten nicht materiell oder immateriell mitgewirkt hätten.

1.2 Unschärfen bei den Lernorten

Unerheblich ist mittlerweile definitorisch, ob die Weiterbildung intern im Betrieb oder extern (z. B. in kommerziellen oder öffentlichen Weiterbildungseinrichtungen) stattfindet. Zwar gab es früher Ansätze, betriebliche Bildung auf den Lernort Betrieb zu begrenzen (Wittwer 2010, S. 39), aber diese haben sich vor allem in der Bildungsberichterstattung, aber auch theoretisch nicht durchgesetzt.

Weiterbildungsaktivitäten werden oft in zwei Teilbereiche differenziert. Zum einen wird in kurs- und seminarförmige Formen unterschieden wie man sie auch aus Schule, Berufsschule oder Hochschule kennt. Zum anderen sieht man unterschiedliche Formen wie Job-Rotation, Qualitätszirkel, Besuche von Messen oder selbstgesteuertes Lernen. Lernen am Arbeitsplatz wird dann einbezogen, wenn es vom Betrieb vorausgeplant und organisiert ist.

Durch die zunehmende Digitalisierung – besonders in der Pandemie – kommt es zu einer Entwicklung, dass digital unterstützte oder komplette digitale Weiterbildungsaktivitäten zunehmen und sowohl bei den kursförmigen als auch bei den anderen Formen sich als Querschnittsdimension durchziehen. Kursräume können im digitalen Raum stattfinden im Rahmen von Videokonferenzen mit klassischem Frontalunterricht. Webinare und Lernvideos können online individuell zeitlich und örtlich flexibel abgerufen werden. Allerdings kann soziales Lernen nur begrenzt gut im digitalen Raum stattfinden, wenngleich in der heutigen Arbeitswelt Social Skills von sehr großer Bedeutung sind.

Lernen via *Augmented Reality*, d. h. digital unterstützte Erweiterung der Realitätswahrnehmung zum Beispiel via Datenbrillen, ist noch eine Seltenheit, aber wird sicherlich zunehmen. Am Arbeitsplatz kann auf Informationen im Internet flexibel zugegriffen werden. Noch sehr viel mehr wäre an digital unterstützten Lernformen zu nennen und dieser Teilbereich ist zudem von einer hohen Innovations- und Veränderungsdichte geprägt, wenngleich nicht jede Veränderung und Innovation mit einer Verbesserung gleichgesetzt werden darf. Stellenweise werden digital unterstützte Lernformen primär zur Kostenersparnis eingesetzt, was aber nicht zu einer Verbesserung der Lernergebnisse führen muss, sondern sogar Verschlechterungen sind, zu beobachten durch neo-tayloristische Lernformen mit digitalen Medien.

Ansätze von Blended oder Hybrid Learning setzen auf eine systematische und organisierte Kombination von Präsenz- und Digitalformaten und sind in Unternehmen verbreitet (Käpplinger 2023). Im Idealfall kann dies dazu führen, dass jeweils die Vorteile und Stärken von Präsenz- und Digitalformen kombiniert werden.

Zufälliges oder informelles Lernen zählt nicht zur Betrieblichen Weiterbildung. Ansonsten besteht die Gefahr, dass jegliches Arbeiten allzu leicht mit Lernen gleichgesetzt wird, weil sich natürlich im Prozess der Arbeit fortlaufend auch etwas angeeignet wird, was aber auch das Verlernen und Lernwiderstand (z. B. Holzer 2017) meinen kann, da gerade durch eintönige und routinierte Arbeit vorhandenes Wissen vergessen werden kann sowie Offenheit für Neues nicht gefördert wird. Lernen am Arbeitsplatz kann so doppelt benachteiligend sein, da Menschen auf lernunfreundlichen Arbeitsplätzen wenig Lernanreize und -unterstützung bekommen (vgl. Baethge & Baethge-Kinsky 2002). Ansätze der Humanisierung von Arbeit haben bis heute ihre hohe Relevanz, da lernförderliche Arbeitsbedingungen bis heute oft nicht die Normalität sind. Circa ein Viertel aller deutschen Unternehmen ist über Jahre hinweg in empirischen Erhebungen immer wieder weiterbildungsabstinent (Käpplinger 2023).

International ist der Begriff der Betrieblichen Weiterbildung und seine Übersetzungen oft wenig bekannt. Populär sind dort oft Begriffe wie »Workplace Learning« (Billett 2001; Behringer & Käpplinger 2011) oder Learning-on-the-job, Learning-off-the-job, Learning-into-the-job, was insbesondere in angelsächsischen Kontexten sowie in der daran oft orientierten Literatur zur Personalentwicklung aufgrund von Traditionen des Learning-by-doing und des partiellen Fehlens eines Berufsprinzips große Relevanz haben. Dem Lernen in externen Weiterbildungseinrichtungen in betrieblichem Auftrag wird so u. a. kaum Aufmerksamkeit geschenkt, wenngleich gerade kleinere Betriebe selbst oft Probleme haben Betriebliche Weiterbildung aus einer Reihe von Gründen (Fehlen einer Personal-/Weiterbildungsabteilung, geringe Mitarbeitendenzahl, etc.) anzubieten.

2. Erkenntnisinteressen von Theorien und Theoremen in der Betrieblichen Weiterbildung

2.1 Verschiedene disziplinäre und teildisziplinäre Zugänge

Betriebliche Weiterbildung ist ein Praxis- und Forschungsfeld, welches das Interesse vieler Disziplinen und Teildisziplinen findet (vgl. Käpplinger 2016a). Dies hat auch in den letzten Jahrzehnten deutlich zugenommen, da Weiterbildung insgesamt durch den wirtschaftlichen Wandel eine deutlich größere Bedeutung als noch vor einigen Jahrzehnten zugesprochen wird. Neben der Erziehungswissenschaft sei hier zudem an die Disziplinen Psychologie, Soziologie, Wirtschaftswissenschaft, Politikwissenschaft und Rechtswissenschaft gedacht. Innerhalb der Disziplinen beschäftigen sich wiederum verschiedene Teildisziplinen mit Betrieblicher Weiterbildung. Beispielsweise sind das in der Erziehungswissenschaft vor allem die Erwachsenen-, Berufs- oder auch Wirtschaftspädagogik.

Hatte die Erwachsenenpädagogik traditionell eine teilweise dezidiert kritische Haltung gegenüber Betrieblicher Weiterbildung (vgl. Meueler 1995), hat sich dies seit einigen Jahrzehnten deutlich reduziert. In der Berufspädagogik interessiert oftmals die Verknüpfung von Aus- und Weiterbildung im Kontext des Berufsprinzips, wo über den einzelbetrieblichen Kontext oft hinausgedacht wird und die staatliche und gesellschaftliche Bedeutung der Betrieblichen Weiterbildung im theoretischen Blick ist. Die Wirtschaftspädagogik sieht Betriebliche Weiterbildung dagegen oft primär unter einer ökonomischen Theorieperspektive mit ihrem Beitrag für die einzelbetriebliche oder gesamtwirtschaftliche Entwicklung. Ähnliches ist auch in den anderen Disziplinen zu beobachten. Hier sei nur an die Unterschiede zwischen einer betriebs- und volkswirtschaftlichen Theorieperspektive gedacht. Was für den einzelnen Betrieb mit egoistischem Nutzenkalkül vorteilhaft sein kann, muss nicht gesamtwirtschaftlich sein, wenn alle Betriebe so handeln würden. Einzelne Betriebe können beispielsweise versucht sein, nicht in die Qualifizierung ihrer Beschäftigten zu investieren, sondern qualifiziertes Personal von anderen Betrieben abzuwerben oder Qualifizierungskosten allein vom Staat oder von den Individuen zu erwarten. In Zeiten des Fachkräftemangels wird eine solche Herangehensweise zunehmend problematisch und weniger aussichtsreich.
Die theoretischen Perspektiven können relativ elaboriert sein und intensiv genutzt werden (z. B. Humankapitaltheorie) oder aber auch eher Theoreme darstellen, wo eher nur einzelne Lehrsätze oder paradigmatische Forderungen bestehen (vgl. Käpplinger 2016b). Diese Theoreme sind relativ beliebt in Wissenschaft und Praxis, da Betriebliche Weiterbildung oftmals Gegenstand von öffentlichen Förderprogrammen und Initiativen der Sozialpartner ist, die wenig Interesse an elaborierten und abstrakten Theorien haben, sondern bevorzugen mit Slogans (»von der Weiterbildung zur Kompetenzentwicklung«) entsprechend der aktuellen politischen Agenden und Programmatiken zu operieren. Aus wissenschaftlicher Perspektive kann dies unbefriedigend sein, da die Theorieentwicklung als defizitär eingeschätzt und sogar stellenweise von einer »Theorievergessenheit« gesprochen wird (vgl. Faulstich 1998; Käpplinger 2016a).

2.2 Theorien zwischen Interessen von Staat, Betrieb und Individuen

Betriebliche Weiterbildung ist nicht allein Themenfeld zwischen verschiedenen wissenschaftlichen Disziplinen und Teildisziplinen, sondern auch zwischen verschiedenen Akteursgruppen und ihren Interessen. Stark vereinfacht kann dies wie folgt dargestellt werden in einem Überblick:

Abbildung 2: Betriebliche Weiterbildung zwischen Staat, Betrieb und Individuum

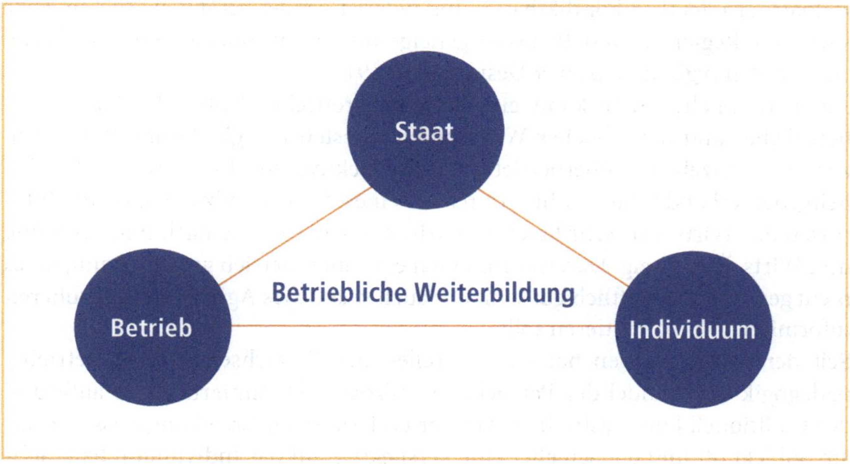

Quelle: eigene Darstellung

Selbst die oft primär ökonomische eng rezipierte Humankapitaltheorie (Becker 1961) hat darauf hingewiesen, dass Betriebe und Beschäftigte unterschiedliche Interessen an Betrieblicher Weiterbildung haben. Den Betrieben ist nicht selten an spezifischen Kenntnissen gelegen, die primär bzw. allein im Betrieb verwertbar sind und seiner Entwicklung dienen. Beschäftigte haben dagegen oft ein Interesse, die in der Betrieblichen Weiterbildung erworbenen Wissensbestände, Kompetenzen oder Fähigkeiten auf dem allgemeinen Arbeitsmarkt zu verwerten, d.h. sie könnten ggf. zu einem anderen Betrieb nach ihrer Qualifizierung wechseln, um dort ein besseres Gehalt zu erhalten. Juristisch versuchen sich Betriebe stellenweise mit Rückzahlungsklauseln gegen dieses sogenannte »Poaching-Problem« zu schützen, sodass Beschäftigte manchmal Weiterbildungskosten an den Betrieb zurückzahlen müssen, wenn sie den Betrieb kurz nach der Qualifizierung wechseln sollten.

Dies sind Beispiele dafür, dass verschiedene, oft berechtigte Interessen rund um die Betriebliche Weiterbildung bestehen. Dem Staat ist oft eher an einer positiven gesamtwirtschaftlichen Entwicklung und politischen Zielen gelegen. Je nach Nähe und Distanz zu verschiedenen Positionen der Sozialpartner (Arbeitgeber und Gewerkschaften) kann der Staat eher im Interesse der Wirtschaft bzw. Arbeitgeberverbände oder eher im Interesse der Beschäftigten bzw. Gewerkschaften agieren. In Deutschland besteht über die Interessenunterschiede hinweg oft eine relativ große Konsensorientierung (z.B. besteht seit einigen Jahren eine Nationale Weiterbildungsstrategie [BMAS/BMBF 2021], an der verschiedene Ministerien und Sozialpartner mitwirken), während in anderen Ländern (z.B.

Frankreich oder Großbritannien) die Auseinandersetzungen zwischen den Sozialpartnern deutlich konflikthafter und polarisierender verlaufen können. Hier sind dann Regierungen stellenweise geneigt, für die eine oder andere Seite Partei zu ergreifen (vgl. Rubenson & Desjardins 2019).
Auf betrieblicher Seite kann ein systemtheoretischer Unterschied zwischen beruflicher und Betrieblicher Weiterbildung bestehen (vgl. Harney 1998), d.h. zwischen einzel- und überbetrieblicher Perspektive und Interessen. Selbst Arbeitgeberverbände müssen hier durchaus einen Spagat vollziehen, da die Interessen der Wirtschaft sehr heterogen sein können – u.a. je nach Betriebsgröße und Wirtschaftszweig. Das, was für einen einzelnen Betrieb gut sein kann, muss nicht gesamtwirtschaftlich gut sein, was auch staatliches Agieren und Regulieren informieren und orientieren sollte.
Seit den 1990er Jahren hat sich in Teilen der Erwachsenen- und Betriebspädagogik ein Wandel der Perspektive vollzogen. Dominierte zuvor aufgrund der traditionell humanistischen Werteorientierung der Erziehungswissenschaft am Subjekt oft und danach eher eine Perspektive auf das Individuum bzw. Subjekt (vgl. Allespach 2005; Faulstich 1998), wurde nun stellenweise versucht, die organisationspädagogische Perspektive zu forcieren (vgl. Arnold 1991) und in der Konsequenz der Begriff des »lernenden Unternehmens« populär. Die individuelle Perspektive wird hier tendenziell in der Konsequenz eher vernachlässigt bzw. in den Hintergrund gerückt. Andere Ansätze (vgl. Allespach 2005) betonen dagegen aus guten Gründen die beteiligungsorientierte Sichtweise im Interesse der Beschäftigten, Gewerkschaften und Gesellschaft.

3. Fazit: Betriebliche Weiterbildung als umkämpftes Terrain

Inhalte der Betrieblichen Weiterbildung können reaktiv und eng im betrieblichen Kontext mit hohem Arbeitsplatzbezug, Anpassungsqualifizierungen aufgrund von technologischem Wandel (wie bei der Digitalisierung) oder demografischem Wandel (wie bei der Migration) verbunden sein. Zertifikate und Abschlüsse spielen dann hier manchmal kaum eine Rolle, da die überbetriebliche Mobilität der Arbeitnehmenden nicht unbedingt im Interesse von Betrieben ist. Manche Arbeitgeber befürchten, dass höherqualifizierte Beschäftigte zu Konkurrenzbetrieben abwandern, was oft eine überschätzte Befürchtung sein mag in Betrieben mit einem guten Arbeitsklima. Allerdings ist dies auch nicht gänzlich unrealistisch, da nicht alle Betriebe ein gutes Arbeitsklima und gute Beschäftigungsbedingungen haben. Viele Beschäftigte erwarten Entwicklungsmöglichkeiten

im Unternehmen in Form von Weiterqualifizierungen. In Arbeitsmärkten, die demografisch eher von Personal- bzw. Fachkräftemangel gekennzeichnet sind, könnte es zunehmend zur Bringschuld von Unternehmen werden, den Beschäftigten attraktive Entwicklungsmöglichkeiten anzubieten, wozu auch Betriebliche Weiterbildung zu zählen ist. Nicht zu vergessen ist dabei, dass ausländische Fachkräfte, die nach Deutschland migriert sind, auch Weiterbildungsbedarfe haben, die sich nicht nur auf Kenntnisse der deutschen Sprachen beziehen dürften.
Hersteller verlangen für die Nutzung ihrer Produkte Schulungsnachweise, damit man Maschinen bedienen oder bestimmte Software nutzen darf. In manchen Berufen und bei sicherheitsrelevanten Tätigkeiten gibt es gesetzliche Weiterbildungspflichten, die mit Belegen dokumentiert werden müssen. Darüber hinaus werden über Führungskräfteprogramme innerbetriebliche Hierarchien begründet.
Die Nutzung und der Nutzen Betrieblicher Weiterbildung können vielfältig sein. Interessen der verschiedenen Beteiligten können sich komplementär ergänzen. Sie können aber auch hochgradig different bis konflikthaft sein. Beschäftigtengruppen werden unterschiedlich beteiligt und manche Gruppen deutlich in der Betrieblichen Weiterbildung benachteiligt. Es wird vom »Matthäusprinzip« gesprochen, da Höherqualifizierte oft betrieblich deutlich mehr gefördert werden als andere Gruppen. Aus diesem Grund hat die Teilnahme von zum Beispiel Geringqualifizierten, Frauen und Beschäftigten mit Migrationshintergrund die Aufmerksamkeit öffentlicher Förderprogramme sowie der Gewerkschaften. Stellenweise reduzieren sich aber auch Ungleichheiten. So kann man beobachten, dass Ältere heute wesentlich mehr an Betrieblicher Weiterbildung beteiligt werden bzw. sich beteiligen als noch vor ein bis zwei Dekaden. Auch die Ungleichheiten bei der Weiterbildungsbeteiligung von Männern und Frauen haben sich deutlich reduziert. Dies zeigt auf, dass Bemühungen um mehr Gerechtigkeit bei der Weiterbildungsbeteiligung auch erfolgreich sein können.
In politischen Diskursen und zwischen den Sozialpartnern gibt es Dispute darüber, wie stark von außen auf Betriebliche Weiterbildung Einfluss genommen werden kann bzw. sollte. Gesetze zum Bildungsurlaub, Freistellungen für die Teilnahme während der Arbeitszeit (vgl. Heidemann 2021) oder die Rückzahlung von Kosten nach Betriebswechsel stellen Konfliktfelder bzw. Felder dar, wo gezielt gegen ein verengtes Verständnis von Betrieblicher Weiterbildung vorgegangen wird. Es kommt öfters zu juristischen und öffentlichen Auseinandersetzungen, was auch durchaus zu begrüßen ist, da es sich hier tatsächlich oft um legitime Konflikte handelt, die in einer Demokratie auszuhalten und auszuhandeln sind.
In der Erwachsenenbildungsforschung war es früher normativ umstritten (vgl. Meueler 1993), ob sich mit Betrieblicher Weiterbildung wegen ihrer hohen Zweckorientierung pädagogisch befasst werden sollte. Diese kritisch-skeptische

Perspektive kann auch heute noch dabei helfen, Betriebliche Weiterbildung nicht zu idealisieren und die Perspektive der Subjekte auch gegen vermeintliche Automatismen und allein eine Logik des Kampfes um globale Wettbewerbsfähigkeit zu verteidigen. Bei Betrieblicher Weiterbildung sollte es trotz einer hohen Anwendungs- und Anpassungsorientierung letztlich auch um Bildung gehen. Heute gibt es weniger prinzipielle Vorbehalte, wenngleich auf die verschiedenen Handlungslogiken und Interessen der diversen Beteiligten theoretisch wie empirisch hingewiesen wird.
Es bleibt zu hoffen, dass der erreichte Erkenntnisstand in Theorie, Empirie und Praxis nicht in Vergessenheit gerät und im Zuge neuer Aushandlungsprozesse und Re-Konfigurationen im Kontext der Digitalisierung, Klimakrise und demografischen Wandel bedacht und neu umgesetzt wird.

4. Literatur

Allespach, M. (2005). Betriebliche Weiterbildung als Beteiligungsprozess. Marburg: Schüren.

Arnold, R. (1991). Betriebliche Weiterbildung. Bad Heilbrunn: Klinkhardt.

Baethge, M., & Baethge-Kinsky, V. (2002). Arbeit – die zweite Chance. Zum Verhältnis von Arbeitserfahrungen und lebenslangem Lernen. In: Kompetenzentwicklung 2002. Auf dem Weg zu einer neuen Lernkultur, S. 69–140. Münster: Waxmann.

Becker, G. (1964). Human capital. A theoretical and empirical analysis with special reference to education. Chicago/London: University of Chicago Press.

Behringer, F. & Käpplinger, B. (2011). Arbeitsplatznahe Lernformen und Lernortvielfalt in der betrieblichen Weiterbildung – Wachsende Bedeutung in ganz Europa oder deutsches Spezifikum? Berufsbildung in Wissenschaft und Praxis 40(1), 15 – 19.

Billett, S. (2001). Learning in the workplace. Crows Nest: Allen & Unwin.

BMAS/BMBF – Bundesministerium für Arbeit und Soziales/Bundesministerium für Bildung und Forschung (2021). Nationale Weiterbildungsstrategie – Umsetzungsbericht. Berlin: BMAS/BMBF.

Faulstich, P. (1998). Strategien der betrieblichen Weiterbildung. München: Franz Vahlen.

Harney, K. (1998). Handlungslogik betrieblicher Weiterbildung. Stuttgart: Luchterhand.

Heidemann, L. (2021). Weiterbildungspartizipation und Bildungsurlaub – Theorie, Forschungsstand und empirische Analyse. Bielefeld: wbv.

Holzer, D. (2017). Weiterbildungswiderstand – Eine kritische Theorie der Verweigerung. Bielefeld: transcript.

Käpplinger, B. (2016a). Betriebliche Weiterbildung aus der Perspektive von Konfigurationstheorien. Bielefeld: wbv Publikation.

Käpplinger. B. (2016b). Theorien und Theoreme der Betrieblichen Weiterbildung. In: R. Tippelt, A. von Hippel (Hrsg.), Handbuch Erwachsenenbildung/Weiterbildung, Wiesbaden: Springer Reference Sozialwissenschaften, DOI 10.1007/978-3-531-20001-9_31-2.

Käpplinger, B. (2023). Komplementarität statt Substitution. weiter bilden (1), 27–29.

Kaufmann, K. & Widany, S. (2013). Berufliche Weiterbildung – Gelegenheits- und Teilnahmestrukturen. Zeitschrift für Erziehungswissenschaft (1), 29–54.

Markowitsch, J., Käpplinger, B., & Hefler, G. (2013). Firm-provided training in Europe and the limits of national skills strategies. European Journal of Education, 48(2), 281–291.

Meueler, E. (1993). Die Türen des Käfigs – Wege zum Subjekt in der Erwachsenenbildung. Stuttgart: Klett-Cotta.

Rubenson, K. & Desjardins, R. (2009). The impact of welfare state regimes on barriers to participation in adult education: A bounded agency model. Adult Education Quarterly, 59, 187–207.

Schönfeld, G. & Behringer, G. (2017). Betriebliche Weiterbildung. In: F. Bilger, F. Behringer, H. Kuper & J. Schrader (Hrsg.), Weiterbildungsverhalten in Deutschland 2016. Ergebnisse des Adult Education Survey (AES), S. 56–73. Bielefeld: wbv Publikation.

Wittwer, W. (2010). Betriebliche Bildung. In: R. Arnold, S. Nolda & E. Nuissl (Hrsg.), Wörterbuch Erwachsenenbildung. Stuttgart: UTB. *http://www.wb-erwachsenenbildung.de/online-woerterbuch/* (abgerufen am 4. 1. 2023).

Bernd Käpplinger & Frauke Bilger

Statistische Erfassungen zu Betrieblicher Weiterbildung

Inhalt

1. Einführung

Zur Operationalisierung Betrieblicher Weiterbildung hat sich in der Forschung durchgesetzt Finanz- und Zeitkriterien heranzuziehen (vgl. Käpplinger 2016, S. 76ff.). Verkürzt formuliert ist Betriebliche Weiterbildung eine Bildungsaktivität erwachsener, abhängig Beschäftigter,[1] die der Betrieb zumindest teilweise mithilfe monetärer (z. B. Kurskosten) oder zeitlicher Mittel (z. B. Weiterbildung in der Arbeitszeit) überwiegend oder komplett unterstützt. Ob eine Weiterbildung im Betrieb oder außerhalb des Betriebs stattfindet, wird bei der Bestimmung von Unterformen Betrieblicher Weiterbildung (z. B. Lernen am Arbeitsplatz vs. kursförmiges Lernen) relevant. Aber der Weiterbildungsort ist kein zentrales Definitionskriterium.

In Deutschland und Europa wird Betriebliche Weiterbildung über eine Reihe von Erhebungen erfasst. Zu den unregelmäßigen Erhebungen gehören u. a. Studien

1 Selbstständige können ebenfalls hinzugezählt werden, sofern zeitliche oder monetäre Kosten einer Weiterbildungsmaßnahme zumindest teilweise aus den Mitteln des eigenen Betriebs bestritten werden.

von Unternehmensberatungen, Verbänden oder anderen Akteuren, welche oft mit den Studien auf das eigene Beratungs- oder Trainingsgeschäft aufmerksam machen sollen. Regelmäßige Studien sind in alphabetischer Reihenfolge im Wesentlichen folgende:

- Adult Education Survey (AES)
- Continuing Vocational Training Survey (CVTS)
- Labour Force Survey (LFS)
- IAB-Betriebspanel
- IW-Erhebung des Instituts der deutschen Wirtschaft
- Nationales Bildungspanel (NEPS)
- Sozio-Oekonomisches Panel (SOEP)

Für ein umfassendes Bild ist die Betriebliche Weiterbildung aus mehreren Perspektiven zu beleuchten (Kuper, Widany & Kaufmann 2016): Individuen, Unternehmen/Betriebe, Anbieter und Personal.[2] Die folgenden Ausführungen fokussieren auf den AES und den CVTS. Beide Erhebungen sind neben dem LFS zentral für die Beobachtung der Bildungsbeteiligung im EU-Raum. Unter den beiden Individualbefragungen LFS und AES erweist sich der AES trotz seines geringeren Stichprobenumfangs und seiner gestreckteren Periodizität aufgrund seiner breiteren Instrumentenanlage als die genauere Statistik – auch in Bezug auf die Betriebliche Weiterbildung. Perspektivisch ergänzt wird das Bild um die Unternehmensperspektive des CVTS. Für ein Gesamtbild müssten die Perspektiven der Lehrenden und der Anbieter regelmäßig und europaweit erhoben werden, was allerdings derzeit (noch)[3] nicht möglich ist.

AES und CVTS ermöglichen einen Vergleich der Entwicklungen in Deutschland mit denen in anderen europäischen Ländern.[4] Bei allen anderen oben gelisteten Studien handelt es sich um nationale Erhebungen. Die IW-Erhebung bietet interessante Einblicke, ist aber als Erhebung eines Wirtschaftsinstituts eingebunden in arbeitgebernahen Interessenkonstellationen. Dies wirkt sich zum Beispiel bei der Schätzung der Ausgaben/Kosten Betrieblicher Weiterbildung für die Arbeitgeber aus, die relativ hoch angesetzt scheinen.

---

2 Für die Anbieter- und Personalperspektive gibt es *derzeit* keine EU-weiten Statistiken, weshalb diese Perspektiven in der davorstehenden Studienaufzählung nicht berücksichtigt wurden.

3 In Deutschland wird derzeit die Längsschnitterhebung »**T**eachers in **A**dult **E**ducation – a **P**anel **S**tudy« (TAEPS) vom Deutschen Institut für Erwachsenenbildung durchgeführt (*www.taeps.de*), welche zur Ausleuchtung der Perspektive des Personals vielsprechend wirkt.

4 Sowohl AES (Europäische Union 2019) als auch CVTS (s. destatis 2022a, S. 7) sind aufgrund von Rechtsvorschriften der EU für alle EU-Länder verpflichtend zu erheben. In der Regel beteiligen sich zudem einzelne weitere europäische Länder, wie z. B. Norwegen und die Schweiz, die derzeit keine EU-Mitglieder sind.

Die beiden groß angelegten und ausgefeilten Studien NEPS und SOEP fokussieren auf individuelle Bildungsverläufe über den ganzen Lebenslauf. Sie umfassen alle Bildungsformen. Aufgrund des umfassenden Anspruchs beider Studien und den damit einhergehenden breit angelegten Erhebungsinstrumenten ist gleichwohl der Detaillierungsgrad des Instrumentariums zur Erfassung von Betrieblicher Weiterbildung verhalten und wird zum Teil auch nicht regelmäßig eingeschaltet. AES und CVTS liefern gut zugängliche Zeitreihendaten im Querschnitt, mithilfe derer Entwicklungen gut beschreibbar sind.

Die Mehrzahl der gelisteten Erhebungen fokussiert nicht auf den Bereich der Lernaktivitäten im Erwachsenenalter, sondern erfasst diesen Bereich mit wenigen Fragen parallel zu anderen Schwerpunktthemen (z. B. Literacy, Erwerbstätigkeit). D.h. zugleich, dass Instrumente zur Beschreibung (betrieblicher) Weiterbildung in weniger umfassender Form vorliegen (z. B. NEPS oder SOEP). Gleichzeitig eröffnen es die breiten Themenkataloge dieser Studien anderen Fragenstellungen zu Weiterbildung in Bezug auf verschiedene Kontexte nachzugehen (z. B. Zusammenhang von Aus- und Weiterbildung in Lebensläufen).

Wenngleich der Wert der verschiedenen Erhebungen mit Blick auf verschiedenartige Fragestellung mitnichten zu unterschätzen ist, wird das zentrale Augenmerk auf die beiden EU-Studien CVTS und AES, die sich zentral mit Bildung Erwachsener beschäftigen, gelegt.

2. Adult Education Survey (AES)

2.1 Hintergrund und Methodik der Individualbefragung

Die BMBF-Erhebung zum Weiterbildungsverhalten in Deutschland begann mit der Erhebung im Jahr 1979 und wurde als Trendreihe nach dem Konzept des Berichtssystems Weiterbildung (BSW) alle drei Jahre fortgesetzt.[5] Eine Ablösung des Konzepts erfolgte mit dem Gentlemans Agreement der Statistischen Ämter innerhalb der EU, den AES zu erproben. In Deutschland erfolgte im Jahr 2007 eine Doppelerhebung »BSW-AES«, um die eine Statistik in die andere zu über-

5 Weiterbildung wurde mit dem BSW nach dem Verständnis des Deutschen Bildungsrates erfasst (zuletzt Rosenbladt & Bilger 2008, S. 25): Weiterbildung ist demnach »die Fortsetzung oder Wiederaufnahme organisierten Lernens nach Abschluss einer unterschiedlich ausgedehnten ersten Bildungsphase (…). Das Ende der ersten Bildungsphase und damit der Beginn möglicher Weiterbildung ist in der Regel durch den Eintritt in die volle Erwerbstätigkeit gekennzeichnet (…). Das kurzfristige Anlernen oder Einarbeiten am Arbeitsplatz gehört nicht in den Rahmen der Weiterbildung« (Deutscher Bildungsrat 1970, S. 197).

führen und die Vergleichbarkeit der Ergebnisse zu bewerten.[6] Seither werden auf EU-Ebene alle fünf Jahre und in Deutschland alle zwei bis drei Jahre AES-Erhebungen durchgeführt, wobei etwa jede zweite Erhebung rein nationaler Art ist. Hier wird dem Wunsch nach deutschem Bildungsmonitoring mit kürzeren Intervallen nachgekommen, was in der sogenannten Trendberichterstattung dokumentiert wird (zuletzt BMBF 2022).
Formale Grundlage der AES-Erhebungen sind EU-Regulierungen, auf Basis derer nicht nur der Verpflichtungscharakter der Durchführung des AES in allen EU-Ländern, sondern zudem Genauigkeitsanforderungen einerseits und inhaltliche Instrumentenvorgaben andererseits bestimmt werden. Dabei steigen die Qualitätsanforderungen zunehmend und das Erkenntnisinteresse variiert teils aufgrund der bildungspolitischen Lage. Vor diesem Hintergrund wird der zentrale Charakter des AES deutlich: Es handelt sich im Wesentlichen um ein Instrument zum Monitoring des (Weiter-)Bildungsverhaltens Erwachsener. Gleichwohl erfüllt es hohe Genauigkeitsanforderungen einerseits und hat trotz variierendem Erkenntnisinteresse seinen Charakter als Trenderhebung andererseits aufrechterhalten. Ob die geforderten Anforderungen erfüllt sind, wird in den Quality Reports der EU-Länder dokumentiert. Die inhaltlichen Analysen der EU-Daten erfolgen über die zur Verfügungstellung tabellarischer Auswertungen. Häufig werden die Ergebnisse in länderübergreifenden Berichten, wie z. B. dem OECD-Bericht Education at a Glance/Bildung auf einen Blick genauer berichtet und interpretiert (z. B. OECD 2021). Lebenslanges Lernen, beschränkt auf die Gruppe 18- bis 69-Jähriger, ist in der Individualerhebung des AES Ausgangspunkt zur Erfassung von Lernformen. Auf der konzeptionellen Grundlage der Classification of Learning Activities (CLA, Eurostat 2016) werden im AES drei Lernformen erfasst, die sich nach dem Grad ihrer Organisiertheit unterscheiden (s. Bilger, Behringer & Kuper 2013, S. 18f.): a) Formal education (FED), b) Non-formal education (NFE)/Weiterbildung[7] und c) Informal Learning (INF)/ informelles Lernen. Die Betrachtung der Betrieblichen Weiterbildung erfolgt auf einer nachgelagerten Zuordnung der bis zu zwölf je Person erfassten Weiterbildungsaktivitäten (b). Dazu werden solche Lernaktivitäten gezählt, die nicht als formale oder reguläre Bildungsaktivität klassifiziert werden, also zu keinem formal anerkannten Abschluss führen, aber in ein organisiertes Lehr-/Lern-arrangement im Sinne einer Lehrer-Schüler-Beziehung eingebettet sind. Die persönliche Anwesenheit von Lehrer:innen und Schüler:innen ist nicht erforderlich.

6 Pauschal zusammengefasst kann die Trendreihe zur Quote der Teilnahme an Weiterbildung insgesamt fortgesetzt werden (Rosenbladt & Bilger 2008), alle anderen Ergebnisse sind kaum vergleichbar und werden daher ab dem Jahr 2007 (oder später) berichtet.

7 Weiterbildung wird über (nicht überschneidungsfreie) vier Formen von Weiterbildung, hinterlegt mit einer Beispielliste zur besseren Erinnerung der Befragungspersonen erfasst.

Wenngleich die Definition von Weiterbildung im Sinne des Deutschen Bildungsrates (s. Fußnote 2) weiter gefasst ist, werden im AES ausschließlich Aktivitäten der *non-formal education* als Weiterbildung bezeichnet. Der Teil der *formal education*, der nach Abschluss einer ersten Bildungsphase wahrgenommen wird, ist nicht einbezogen (z. B. Meisterlehrgänge). Als Referenzzeitraum zur Erfassung der Aktivitäten sind im AES die letzten zwölf Monate vorgesehen, gerechnet ab dem Monat, in dem das Interview stattfand.
Die Tatsache, ob eine Person sich an Betrieblicher Weiterbildung beteiligte oder nicht, wird zunächst auf Ebene der Weiterbildungsaktivitäten bestimmt und anschließend auf Personenebene betrachtet. Eine Weiterbildungsaktivität, unabhängig von ihrem zeitlichen Umfang, wird dann als betriebliche eingestuft, wenn a) die Teilnahme ganz oder überwiegend während der bezahlten Arbeitszeit[8] oder einer bezahlten Freistellung für Bildungszwecke erfolgte oder/und b) direkte Weiterbildungskosten durch den Arbeitgeber übernommen werden. Letzteres gilt im Falle Selbstständiger auch, wenn die Kosten über die eigene Firma verbucht wurden. Eine Person geht in die Quote der Teilnahme ein, wenn wenigstens eines der angesprochenen Merkmale auf Ebene der Aktivitäten gegeben ist.

2.2 Ausgewählte Ergebnisse der Individualbefragung AES

Die letzten international vergleichenden Ergebnisse liegen mit der EU-weiten Erhebung des AES 2016 vor und die nächsten sind für den AES 2022 nicht vor Mitte des Jahres 2024 zu erwarten. Aus den aktuellen EU-Tabellen lassen sich Ergebnisse der Teilnahme an Betrieblicher Weiterbildung entnehmen. Die Quote unter den 25- bis 64-Jährigen, die beruflich motiviert sind und deren direkte Kosten vom Arbeitgeber übernommen wurden, liegt in allen am AES 2016 teilnehmenden Ländern bei 32 %, was gegenüber den Vorjahren einen deutlichen Anstieg bedeutet (AES 2007: 22 %, 2012: 28 %). Im EU-Vergleich des Jahres 2016 rangiert Deutschland auf achter Stelle.
Gleichwohl ist an dieser Stelle anzumerken, dass für eine profunde Einschätzung des tatsächlichen Rangplatzes bzw. die Genauigkeit der gegebenen Kennzahlen, die teils recht unterschiedlichen Lösungen der einzelnen Länder hinsichtlich Art der Stichprobe, Erhebungsmodus und Fallzahl in Betracht zu ziehen sind, weil so Effekte entstehen könnten, die Kennzahlen beeinträchtigen können. Hinzukommt, dass eine Interpretation der Ergebnisse zudem der Tatsache der verschiedenartigen Bildungssysteme Rechnung tragen muss.

8 Eine weitere Differenzierung der zeitlichen Dimension wird in die Operationalisierung nicht einbezogen.

Aufgrund der bereitgestellten Auswertungen auf Ebene der EU (überwiegend tabellarisch) und auf nationaler Ebene (wenigstens als BMBF-Trendbericht) wird im Folgenden auf die deutschen AES-Informationen rekurriert. Ein zentrales Ergebnis des AES 2020, einer rein nationalen Erhebung, ist der Aufwärtstrend der Teilnahme an Betrieblicher Weiterbildung (2016: 36 %, 2018: 40 % und 2020: 48 %), gemessen in der Feldzeit zwischen dem ersten und dem zweiten Lockdown in Deutschland mit dem Beobachtungszeitraum der letzten zwölf Monate. Der zuletzt gemessene, stärkere Anstieg der Teilnahme an Betrieblicher Weiterbildung im Jahr 2020 könnte teilweise auf die damalige, coronabedingte Krisensituation zurückzuführen sein, die u. a. zu vielen zeitlich kürzeren Weiterbildungsaktivitäten zur Anpassung digitaler und arbeitsschutzrechtlicher Inhalte mit Bezug auf pandemiegerahmte Hygienevorschriften führte.
Betriebliche Weiterbildungsaktivitäten werden im Jahr 2020 nahezu vollständig von Erwerbstätigen (95 %) und zu einem recht kleinen Teil von Personen in einer Ausbildung wahrgenommen (4 %). Dass die beiden anderen Gruppen der Arbeitslosen und Nichterwerbstätigen keine Anteilswerte über null aufweisen, ist insofern plausibel, als Arbeitslose und Nichterwerbstätige kaum Zugang zu Betrieblicher Weiterbildung haben.[9] Auf Ebene der Personen, beteiligten sich im Jahr 2020 60 % der Erwerbstätigen an Betrieblicher Weiterbildung. Unter den Erwerbstätigen waren es überdurchschnittlich häufig Beamte (80 %) und Angestellte (66 %). Unter in der Wirtschaft arbeitenden abhängig Beschäftigten getrennt nach beruflicher Position beteiligten sich Personen auf Führungsebene (76 %) am häufigsten an Betrieblicher Weiterbildung. Bemerkenswert ist, dass in den beiden anderen Gruppen nach beruflicher Position sowohl unter den Un- und Angelernten (36 % vs. 46 %) als auch den Fachkräften (55 % vs. 65 %) ein deutlicher Anstieg zwischen den Jahren 2018 und 2020 zu erkennen ist. Gestützt wird dieses Ergebnis mit Betrachtung der Quoten der Teilnahmen an Betrieblicher Weiterbildung getrennt nach Bildungsniveau (hier ISCED-Level). Durchgängig steigt mit dem Bildungsniveau die Teilnahme an Betrieblicher Weiterbildung. Korrespondierend zeigt sich in allen drei Bildungsgruppen ein Anstieg der Teilnahme an Betrieblicher Weiterbildung zwischen acht und zehn Prozentpunkten.
Unter den Erwerbstätigen liegt die geringste Beteiligung an Betrieblicher Weiterbildung in der ältesten AES-Zielpersonengruppe der 55- bis 64-Jährigen (54 %) und die höchste in der jüngsten Zielpersonengruppe der 18- bis 24-Jährigen (66 %). In vier der fünf betrachteten Altersgruppen sind seit dem Jahr 2018 die Quoten der Teilnahme an Betrieblicher Weiterbildung um wenigstens acht Prozentpunkte gestiegen. Die Ausnahme bildet die Gruppe der 35- bis 44-Jährigen,

9 Ausnahmen sind z. B. für Jobrotation denkbar. Dass die Anteilswerte von 95 % und 4 % nicht die Summe 100 ergeben, ist darüber hinaus auf die auf Unstimmigkeiten in den Angaben der Befragungspersonen zurückzuführen, die sich auch im Rahmen der Plausibilitätsprüfung nicht klären ließen.

die im Krisenjahr 2020 aufgrund von Versorgungssituationen zeitlich am stärksten belastet gewesen sein dürfte (2018: 57 %, 2020: 60 %).
Bezogen auf einzelne Weiterbildungsaktivitäten wird im Segment der Betrieblichen Weiterbildung durchschnittlich die geringste Zeit aufgewendet. 89 % der betrieblichen Weiterbildungsaktivitäten dauerten im Jahr 2020 zwischen einigen Stunden und mehreren Tagen an und für sie wurden durchschnittlich 25 Stunden Zeit aufgewendet (Median: 8 Stunden), wobei der entsprechende Durchschnittswert aller Weiterbildungsaktivitäten mit 34 Stunden deutlich höher lag. Sowohl insgesamt als auch bei ausschließlicher Betrachtung der betrieblichen Weiterbildungsaktivitäten lässt sich ein Rückgang der aufgewendeten Zeit je Weiterbildungsaktivität erkennen. Dies dürfte darauf zurückzuführen sein, dass ein Großteil der Aktivitäten in den Zeitraum der Pandemie gefallen ist. Für jede fünfte Weiterbildungsaktivität wurde entweder eine zeitliche Verkürzung oder eine Umstellung von Präsenz- auf Online-Unterricht angegeben. Letzteres zeigt sich darin, dass im Jahr 2020 39 % der 18- bis 64-Jährigen eine NFE-Aktivität, die zugleich der Kategorie »Bildung mit digitalen Medien« angehört, wahrnahmen. Der Vergleichswert des Jahres 2018 lag mit 24 % niedriger. Ergänzend sei an dieser Stelle als weitere Indizes auf eine Zunahme von Personen, die informelle Lernaktivitäten zwischen den Jahren 2018 und 2020 wahrnahmen von 45 % auf 69 % hingewiesen.

3. Continuing Vocational Training Survey (CVTS)

3.1 Hintergrund und Methodik der Unternehmensbefragung

Der CVTS ist ein Baustein im Europäischen Statistischen System (ESS) und ergänzt auf Ebene der EU im Bereich des Erwachsenenlernens die beiden anderen etablierten Studien, den AES und den LFS (s. o.). Der CVTS wurde in den 1990er Jahren entwickelt und hatte damals im Wesentlichen seinen Ursprung im Bundesinstitut für Berufsbildung (BIBB, vgl. Grünewald et al. 2003; Behringer et al. 2009). Ziel des CVTS ist die Erfassung EU-vergleichbarer statistischer Informationen zur Betrieblichen Weiterbildung in Unternehmen. Seit dem Jahr 2005 sind die CVT-Erhebungen für die EU-Mitgliedstaaten verpflichtend. Seine Erhebungen werden zumeist von den jeweiligen Statistischen Ämtern der EU-Mitgliedstaaten durchgeführt oder von Instituten, die von den Statistischen Ämtern beauftragt wurden.
Im Rahmen der letzten EU-Unternehmensbefragung, dem CVTS6 für das Referenzjahr 2020, wurden im Oktober 2022 Daten von über 100 000 Unternehmen

mit 10 und mehr Beschäftigten[10] in 27 Ländern bei Eurostat auf Basis von Tabellen online zugänglich gemacht. Im Rahmen des CVTS wird unter Unternehmen aus 17 Wirtschaftsbereichen (der öffentliche Sektor, Gesundheit und Bildung sind nicht erfasst) erfragt, inwiefern sie die Weiterbildung ihrer Beschäftigten durch die Teilnahme an internen oder externen Kursen und/oder sogenannten »Andere Formen« des Lernens fördern (s. CEDEFOP 2015, S. 123ff.; Käpplinger 2016, S. 79ff.). Dabei werden unter »Andere Formen« nicht-kursförmige Lernformen, wie organisiertes Lernen am Arbeitsplatz, Job-Rotation, Lern-/Qualitätszirkel, Teilnahme an Messen/Kongressen/Fachvorträgen oder selbstgesteuertes Lernen via Computer/Internet verstanden. Darüber hinaus liefert der CVTS aggregierte Informationen zur Beschreibung Betrieblicher Weiterbildung:

- Formen, Inhalte und zeitlicher Umfang,
- Direkte und indirekte Kosten,
- betriebliche Bildungspolitiken und Weiterbildungsstrategien der Unternehmen,
- hemmende und fördernde Faktoren.

Die CVT-Surveys wurden vor dem Referenzjahr 2020 bislang für die Bezugsjahre 1993 (12 Länder), 1999 (25 Länder), 2005 (28 Länder), 2010 (28 Länder) und 2015 (30 Länder) durchgeführt.
Die Ergebnisse der CVTS-Wellen sind über die Eurostat-Datenbank abrufbar, deutsche Ergebnisse werden regelmäßig vom Statistischen Bundesamt in Pressemitteilungen und einem Tabellenband veröffentlicht sowie von Wissenschaftlerinnen und Wissenschaftlern in Fachaufsätzen und Vorträgen.

3.2 Ausgewählte Ergebnisse der Unternehmensbefragung CVTS

Im Jahr 2020 hatten 77,2 % der deutschen Unternehmen ihren Beschäftigten mindestens eine Weiterbildungsmaßnahme angeboten (vgl. Destatis 2022). Der Anteilswert der weiterbildenden Unternehmen ist damit trotz Pandemie gegenüber der letzten Erhebungswelle im Jahr 2015 unverändert hoch. Im Jahr 2020 boten 63,2 % der Unternehmen klassische Lehrveranstaltungen in Form von Kursen oder Seminaren an. 72,7 % der Unternehmen boten zudem andere Formen (s. o.), zu denen auch E-Learning zählt, der Betrieblichen Weiterbildung an. Im EU-Vergleich rangiert Deutschland im vorderen Mittelfeld. Bemerkenswert ist, dass in Nordeuropa in den letzten Jahren deutliche Rückgänge zu be-

10 Da im CVTS leider keine Kleinunternehmen erfasst werden, ist vor allem das IAB-Betriebspanel für Deutschland sehr wichtig, da sich auch Informationen zu Betrieblicher Weiterbildung von Kleinbetrieben finden lassen. Bedeutsam an dieser Stelle ist die Unterscheidung von Unternehmen und Betrieben nicht außer Acht zu lassen.

obachten sind, obwohl dort traditionell der größte Anteil weiterbildungsaktiver Unternehmen gegeben ist.
Von Beginn an zeigte sich, dass das Weiterbildungsangebot mit der Unternehmensgröße ansteigt. Während lediglich rund drei Fünftel (59,4 %) der kleineren Unternehmen mit zehn bis 19 Beschäftigten Lehrveranstaltungen angeboten haben, waren es unter den Unternehmen mit 1000 und mehr Beschäftigten immerhin 91,7 %. In den Unternehmen mit Weiterbildungsangebot entfielen im Jahr 2020 durchschnittlich 28 Stunden der (Arbeits-)Zeit von Teilnehmenden auf Lehrgänge, Kurse oder Seminare im Betrieb oder bei externen Anbietern (IT-Hersteller, Kammern, kommerzielle Anbieter, öffentliche Anbieter wie Volkshochschulen, etc.). Dies waren durchschnittlich sechs Stunden mehr als im Jahr 2015. Rund drei Viertel der Teilnahmestunden entfielen auf interne und rund ein Viertel auf externe Lehrveranstaltungen bei sehr verschiedenen Anbietern. Noch im Jahr 2015 betrug der Anteil externer Lehrveranstaltungen 37 %. Unter Maßgabe von Social Distancing während der Pandemie boten die Unternehmen Weiterbildung häufiger intern bzw. im Onlineformat via digitaler Medien und Plattformen an. Im Durchschnitt verwendeten die Teilnehmenden im Jahr 2020 37 % der durchschnittlich 28 Weiterbildungsstunden für Themen der Gesundheit und Arbeitsschutz. Dieser Wert liegt höher als im Jahr 2025 mit 20 % bei durchschnittlich 22 Stunden und entspricht etwa einer Verdoppelung der aufgewendeten Stunden in diesen Themenbereichen. Hier sind pandemiebedingte Effekte zu vermuten.
Auch im Bereich des selbstgesteuerten Lernens zeigt der CVTS einen Anstieg von 26 % im Jahr 2015 auf immerhin 42 % im Jahr 2020 (Differenz: 16 Prozentpunkte). Dieser Anstieg dürfte auf mehr Lernen am Arbeitsplatz oder im Homeoffice bei gleichzeitig weniger Weiterbildung in Präsenzveranstaltungen während der Pandemie zurückzuführen sein. Aufgrund des Digitalisierungsschubs, vor allem in Deutschland, ist eine Bedeutungsabnahme digitaler Lernformen, wobei hier auch Mischformen wie Blended Learning denkbar sind (Käpplinger 2023), kaum anzunehmen. Ob und inwieweit die Corona-Pandemie zu dauerhaften Veränderungen in der Arbeitswelt und der Weiterbildung jenseits von Momentaufnahmen führen werden, lässt sich letztlich nur auf Basis tiefergehender Analysen der Daten und weiterer Zeitreihenanalysen eruieren.
Je teilnehmender Person entstanden den Unternehmen, die Lehrveranstaltungen anboten, Kosten in Höhe von 1846 Euro im Beobachtungszeitraum des Jahres 2020.[11] Bezogen auf alle Beschäftigten in den Unternehmen sind das durchschnittlich 966 Euro pro Mitarbeiter:in. Die an Weiterbildung teilnehmenden Mitarbeitenden wendeten ergänzend teils eigene direkte Kosten und teils indi-

11 Aus dem AES 2020 ist bekannt, dass je betrieblicher Weiterbildungsaktivität durchschnittlich 25,4 Stunden Zeit investiert werden (s. o.).

rekte Ausgaben wie Lernanstrengungen oder eigene Freizeit für das Lernen auf. Die indirekten Kosten der Beschäftigten werden im CVTS nicht erfragt, weil die in den Unternehmen Auskunft gebenden Personen keine konkreten Informationen, sondern allenfalls Schätzungen dazu bereitstellen könnten. Solche Informationen sind im Rahmen von Individualbefragungen, wie z. B. dem AES besser erfragbar.

Der größte Anteil der Weiterbildungskosten entfällt mit rund drei Fünfteln auf Personalausfallkosten, das heißt die Lohnkosten der Teilnehmerinnen und Teilnehmer. Knapp ein weiteres Viertel der Kosten entfiel auf Teilnahmegebühren/-kosten an externe Weiterbildungsanbieter sowie auf Kosten für externes Weiterbildungspersonal in internen Veranstaltungen. 13 % der Kosten entstanden den Unternehmen für internes Weiterbildungspersonal. Kosten für Räume und Ausstattung, Unterrichtsmaterial und Reisekosten sanken gegenüber 2015 von 11 % auf 3 %, was durch die Lockdowns in der Pandemie und sonstige Kontaktbeschränkungen begründet sein dürfte und analog für eine Zunahme von Lernen mit digitalen Medien spricht.

Im EU-Vergleich stellt sich im CVTS die rudimentär abgefragte Professionalisierung der Personalarbeit in Deutschland als durchschnittlich dar. Viele deutsche Unternehmen setzen weder Bildungsbedarfsanalysen noch Evaluationen ein, sodass ein deutliches Optimierungspotenzial identifiziert werden kann, da professionelle Weiterbildungsarbeit oft mit einer hohen betrieblichen Weiterbildungsbeteiligung korreliert ist (Käpplinger & Lichte 2012).

4. Fazit und Ausblick

Früher wurde stellenweise die Metapher des Puzzles gewählt, weil verschiedene Studien mit verschiedenen Perspektiven herangezogen wurden, um ein umfassenderes Bild des Weiterbildungsgeschehens zu erhalten. Wenngleich die Metapher weniger häufig verwendet wird, sind noch immer die verschiedenen Perspektiven hilfreich für ein vollständiges Bild. AES und CVTS sind zwei prominente Beispiele wie die Sicht von Arbeitgeber:innen und Arbeitnehmer:innen erfasst werden kann. Hier müsste ggf. noch mehr und regelmäßig in vergleichende Analysen (vgl. CEDEFOP 2015) investiert werden, um die Ergebnisse von AES und CVTS auszuwerten. Letztlich weiß weder der/die Beschäftigte in allen Details darüber Bescheid, was sein Arbeitgeber in Weiterbildung investiert, noch wissen befragte Personaler:innen oder Geschäftsführungen, was die Individuen beisteuern. Schließlich steuert auch der Staat oft (in-)direkt auch Beiträge zur Betrieblichen Weiterbildung bei, weil zum Beispiel die öffentliche Bildungs- und Weiterbildungsinfrastruktur oft über Steuermittel grundfinanziert wird.

Nicht zu vernachlässigen sind die staatlichen Regularien, die häufig auch für die Teilnahme an Betrieblicher Weiterbildung rahmengebend sein dürften. Nach der OECD-Weiterbildungsstudie für Deutschland verfügen viele OECD-Länder über Weiterbildungsgesetze, welche die Rechte und Verantwortlichkeiten verschiedener Akteure in der Weiterbildungslandschaft definieren. In Deutschland fehle es an einer solchen klaren Systematisierung und einem gemeinsamen Rechtsrahmen (OECD 2021). In den Ländern Bayern und Sachsen fehlen Gesetze zur Bildungsfreistellung, anders als in den anderen Bundesländern. Die OECD empfiehlt die Entwicklung eines deutschen Weiterbildungsgesetzes, das einen Rechtsrahmen im gesamten Bundesgebiet sicherstellt.
Vorteilhaft wäre, wenn insbesondere die europäischen Mikro-Datensätze von AES und CVTS, stärker von der Wissenschaft für elaborierte Analysen jenseits von deskriptiven Darstellungen genutzt werden würden. Die fortschreitende Digitalisierung der Weiterbildung führt zu methodischen Herausforderungen, was bereits im AES (BMBF 2020) zu einer Modifikation von Befragungsinstrumenten geführt hat und gegebenenfalls im CVTS nachgeholt werden muss, um digitale/hybride Lehr-/Lernformen zeitgemäß zu erfassen. Grundlegend kann auf Basis der Ergebnisse für die Betriebliche Weiterbildung von einem Digitalisierungsschub ausgegangen werden, der zu einer höheren Einbindung digitaler Formate führt, die auch nach der Pandemie zu einem großen Teil bestehen bleiben dürften. Letzteres wird sich erst mithilfe der nächsten Erhebungen und Ergebnisse verifizieren lassen.

5. Literatur

Behringer, F. & Käpplinger, B. (2011). Arbeitsplatznahe Lernformen und Lernortvielfalt in der betrieblichen Weiterbildung – Wachsende Bedeutung in ganz Europa oder deutsches Spezifikum? Berufsbildung in Wissenschaft und Praxis 40(1), 15 – 19.

Behringer, F. & Käpplinger, B. (2008). Betriebliche Weiterbildungsabstinenz – Ergebnisse der Unternehmensbefragung CVTS3. REPORT – Zeitschrift für Weiterbildungsforschung 31(3), 57 – 67.

Behringer, F., Käpplinger, B. & Pätzold, G. (Hrsg.) (2009). Betriebliche Weiterbildung – der Continuing Vocational Training Survey (CVTS) im Spiegel nationaler und europäischer Perspektiven. Beiheft der Zeitschrift für Berufs- und Wirtschaftspädagogik, Band 22, Stuttgart: Franz Steiner Verlag.

Bilger, F., Behringer, F. & Kuper, H. (2013). Einführung. In: F. Bilger, D. Gnahs, J. Hartmann & H. Kuper (Hrsg.): Weiterbildungsverhalten in Deutschland. Resultate des Adult Education Survey 2012. Bielefeld: wbv, S. 13–23. *https://*

www.die-bonn.de/doks/2013-weiterbildungsverhalten-01.pdf (abgerufen am 19.7.2023).

BMBF – Bundesministerium für Bildung und Forschung (Hrsg.) (2022). Weiterbildungsverhalten in Deutschland 2020. Ergebnisse des Adult Education Survey. AES-Trendbericht. Berlin, Bonn: BMBF. *https://www.bmbf.de/SharedDocs/Publikationen/de/bmbf/1/31690_AES-Trendbericht_2020.pdf?__blob=publicationFile&v=10* (abgerufen am 15.6.2023)

BMBF – Bundesministerium für Bildung und Forschung (2020). Digitalisierung in der Weiterbildung. Ergebnisse einer Zusatzstudie zum Adult Education Survey 2018. Bonn: BMBF. *https://www.bmbf.de/SharedDocs/Publikationen/de/bmbf/1/31564_Digitalisierung_in_der_Weiterbildung.pdf?__blob=publicationFile&v=3* (abgerufen am 19.7.2023).

BMBF (Hrsg.) (2021). Bildung auf einen Blick 2021. OECD-INDIKATOREN. Veröffentlicht in deutscher Fassung in Absprache mit der OECD, Paris. BMBF: Berlin, Bonn. *https://www.bmbf.de/SharedDocs/Downloads/de/2021/210916-oecd-bericht-bildung-auf-einen-blick.pdf?__blob=publicationFile&v=6* (abgerufen am 26.4.2023).

CEDEFOP (2015). Job-related adult learning and continuing vocational training in Europe. *CEDEFOP research paper No. 48.* Luxemburg: CEDEFOP.

Destatis – Statistisches Bundesamt (2022a). Berufliche Weiterbildung in Unternehmen. Sechste Europäische Erhebung über die berufliche Weiterbildung in Unternehmen (CVTS6). 2020. *https://www.destatis.de/DE/Themen/Gesellschaft-Umwelt/Bildung-Forschung-Kultur/Weiterbildung/Publikationen/Downloads-Weiterbildung/weiterbildung-unternehmen-5215201209004.pdf?__blob=publicationFile* (abgerufen am 8.8.2023).

Destatis – Statistisches Bundesamt (2022). Weiterbildung. Wiesbaden. URL: *https://www.destatis.de/DE/Themen/Gesellschaft-Umwelt/Bildung-Forschung-Kultur/Weiterbildung/_inhalt.html* (abgerufen am 22.1.2024)

Deutscher Bildungsrat (Hrsg.) (1970). Strukturplan für das Bildungswesen. Stuttgart: Klett.

Eurostat (2016). Classification of Learning Activities (CLA) – Manual. Luxembourg: Publications Office of the European Union. *https://ec.europa.eu/eurostat/documents/3859598/7659750/KS-GQ-15-011-EN-N.pdf/978de2eb-5fc9-4447-84d6-d0b5f7bee723?t=1474530646000* (abgerufen am 19.7.2023).

Economic Co-operation and Development (2021a): Zentrale Ergebnisse und Handlungsempfehlungen. In: OECD: Continuing Education and Training in Germany, Paris: OECD Publishing. *https://doi.org/10.1787/a203b814-de* (abgerufen am 19.7.2023).

Europäische Union (2019). Verordnung (EU) Nr. 2019/17001700 des europäischen Parlaments und des Rates vom 10. Oktober 2019. Amtsblatt der Europäischen Union, 2019, L 261, S. I/1–32. *[IESS-Verordnung]* *https://eur-lex.*

europa.eu/legal-content/DE/TXT/PDF/?uri=CELEX:32019R1700 (abgerufen am 19.7.2023).

Grünewald, U., Moraal, D. & Schönefeld, G. (Hrsg.) (*2003*). Betriebliche Weiterbildung in Deutschland und Europa. Bielefeld: W. Bertelsmann.

Käpplinger, B. & Lichte, N. (2012). Erhöhung der Weiterbildungsbeteiligung durch professionelles Weiterbildungspersonal. In: WSI-Mitteilungen 5, 374–381.

Käpplinger, B. (2016). Betriebliche Weiterbildung aus der Perspektive von Konfigurationstheorien. Bielefeld: W. Bertelsmann.

Käpplinger, B. (2023). Komplementarität statt Substitution. Weiter bilden 30(1), 27–29. *http://www.die-bonn.de/id/41765* (abgerufen am 22.1.2024).

Kuper, H., Widany, S. & Kaufmann, K. (2016). Empfehlungen für eine Statistik zur Bildung Erwachsener in Deutschland: Strategien, Indikatoren und Datengewinnung. In: H. Kuper, F. Behringer & J. Schrader (Hrsg.): Entwicklung von Indikatoren und einer Datengewinnungsstrategie für die Weiterbildungsstatistik in Deutschland. Eine Expertise. Bonn: Bundesinstitut für Berufsbildung, S. 74–106.

OECD – Organisation for Economic Co-operation and Development (2021). Bildung auf einen Blick 2021. OECD-Indikatoren. Bielefeld: wbv Media. *https://www.bmbf.de/SharedDocs/Downloads/de/2021/210916-oecd-bericht-bildung-auf-einen-blick.pdf?__blob=publicationFile&v=5* (abgerufen am 27.7.2023).

Rosenbladt, B.v. & Bilger, F. (2008). Weiterbildungsverhalten in Deutschland. Berichtssystem Weiterbildung und Adult Education Survey 2007 (Bd. 1). Bielefeld: W. Bertelsmann. *die-bonn.de/doks/2008-weiterbildungsforschung-01.pdf* (abgerufen am 10.5.2021).

Karin Büchter

Betriebliche Weiterbildung – die kurze Phase eines Politikfeldes – über Politikwidrigkeit und depolitisierende Effekte

Inhalt

1. Einleitung

Nach wie vor ist Betriebliche Weiterbildung als Teil beruflicher Weiterbildung der im gesamten Bildungswesen am wenigsten regulierte, am schwierigsten begrifflich eingrenzbare, theoretisch analysierbare und methodisch operationalisierbare Bereich. Politisch war sie nur eine relativ kurze Zeit umstritten. Für Politisierungs-, Systematisierungs- und Standardisierungsversuche war und ist sie zu heterogen, komplex, fluide und zu stark verwoben mit betriebsspezifischer Historie, Kultur, Logik und betriebsinternen Strukturen und Prozessen. Betriebliche Weiterbildung entzieht sich weitgehend externer staatlicher, interessenpolitischer und auch wissenschaftlicher Eingriffe. Eher kommt es zu einer Mimesis externer Anforderungen in der Betrieblichen Weiterbildung.

Im Folgenden wird aus einer historischen und aktuellen Perspektive der Frage nachgegangen, warum und wie sich Betriebliche Weiterbildung regulierenden Eingriffen und politischer Steuerung weitgehend entziehen konnte. Daran schließt sich die Frage nach Betrieblicher Weiterbildung im Kontext neuer Formen von Arbeit und angesichts von Subjektivierungen an.

Auch wenn die Geschichte Betrieblicher Weiterbildung bislang kaum systematisch erforscht ist, gibt es einige Hinweise und Erklärungen, die darauf schließen lassen, dass ihre Ausdifferenzierung auf Mitte/Ende des 19. Jahrhunderts datiert werden kann (vgl. Büchter 2002; 2010a, b). Auch können anhand von Einzelaspekten überdauernde Merkmale Betrieblicher Weiterbildung beschrieben und theoretisch eingeordnet werden. Mindestens drei historische und wechselseitig aufeinander bezogene Konstanten Betrieblicher Weiterbildung lassen sich nennen:

1. Die rechtliche und formale Unterdeterminiertheit Betrieblicher Weiterbildung: Betriebliche Weiterbildung gilt seit jeher als einziger weitgehend regelungsfreier Raum im Bildungswesen.
2. Die Politikwidrigkeit bei gleichzeitig depolitisierenden Effekten: Betriebliche Weiterbildung entzieht sich politischer Konflikte, inkorporiert und depolitisiert externe Erwartungen und Probleme auf dem Arbeits- und Ausbildungsmarkt.
3. Die ungleiche Verteilung von Weiterbildungschancen: Die Selektivität Betrieblicher Weiterbildung entspricht dem betrieblichen Interesse an personalpolitischer Selbstversorgung und den betriebsinternen Schließungsprozessen.

2. Interner Arbeitsmarkt und institutionelle Inkorporation als historische und aktuelle Erklärung Betrieblicher Weiterbildung

Für eine theoretische Auseinandersetzung mit diesen Strukturmerkmalen bieten die Theorie interner Arbeitsmärkte sowie damit kompatible (neo-)institutionalistische Perspektiven auf die institutionelle Aneignung und Inkorporierung normativer Umwelt zur Legitimierung und Sicherung betrieblicher Existenz geeignete Bezugspunkte.

Seit den 1970er Jahren ist in der betrieblichen Weiterbildungsforschung auf die Theorie des internen Arbeitsmarktes hin und wieder rekurriert worden (vgl. z. B. Sass u. a. 1974; Käpplinger 2016), beispielsweise um die sozial ungleiche Investition in Humankapital und damit die ungleiche Verteilung von betrieblichen Weiterbildungschancen als Reproduktion von qualifikations- und sozialdifferenzierenden Arbeitsmarktsegmenten zu analysieren. Neben dieser kritisch-humankapitaltheoretischen und verteilungspolitischen Perspektive eröffnet die Theorie interner Arbeitsmärkte auch eine institutionspolitische Sicht, die das Verhältnis zwischen Betrieb und seiner wirtschafts-, arbeits-, ausbildungsmarkt-, bildungs- und sozialpolitischen Umwelt sowie betriebsinterne Strategien und Formen des Umgangs mit betriebsexternem Problemdruck, betriebsexternen Krisen und

Reformbedarf in den Mittelpunkt rückt. Hier schließt die neo-institutionalistische Perspektive an, die die betriebliche »Inkorporierung« (Hasse/Krücken 1999, S. 44) oder »Aneignung« regulativer, normativer und kultureller Umwelt zur Legitimierung und Sicherung betrieblicher Existenz (vgl. Koch 2018, S. 11ff.) beschreibt. Die Theorie interner Arbeitsmärkte wurde Anfang der 1970er Jahre vor dem Hintergrund von Armut, Arbeitslosigkeit und den Misserfolgen der Integration ethnischer Minderheiten in industriellen Ballungsgebieten der Vereinigten Staaten entwickelt (vgl. Doeringer & Priore 1971, S. 1). Der Kerngedanke ist, dass angesichts von betriebsexternem Druck, besonders seitens der Arbeitsmarkt-, Bildungs-, Sozial- und Interessenpolitik, Betriebe bemüht sind, sich von externen Bedingungen, Problemlagen und Forderungen durch die Internalisierung und Inkorporierung von externen Strukturen und Prozessen unabhängig zu machen. Die Theorie interner Arbeitsmärkte fokussiert insbesondere auf betriebsinterne und institutionelle Übersetzungen und Lösungen von Arbeitsmarktproblemen zur konfliktfreien und effizienten Nutzung von Arbeitskraft. »Durch Internalisierung von Ressourcen in den unmittelbaren eigenen Hoheitsbereich beherrscht das Unternehmen ein Stück Umwelt, es gliedert einen Marktausschnitt in den eigenen Herrschaftsbereich ein. Interne Märkte erlauben vergrößerte quantitative und qualitative Elastizität der Ressourcennutzung innerhalb des Betriebs« (Sengenberger 1987, S. 87). Interne Arbeitsmärkte lassen sich als Einheiten beschreiben, in denen Prozesse von Einstellung, Platzierung, Qualifizierung, Sozialintegration, Kulturation und Karrierepfade nach eigenen betrieblichen Interessen, Regeln und Strategien organisiert werden. Bis in die 1990er Jahre hinein konnten unterschiedliche historiografische und empirische Untersuchungen die Existenz interner Arbeitsmärkte bestätigen (vgl. Schudlich 1994; Kramer 1994; Kock 1994).

Mit der Globalisierung und Neoliberalisierung von Wirtschaft und Arbeitsmärkten, besonders offensichtlich seit den 1990er Jahren, ist die Theorie interner Arbeitsmärkte in den Hintergrund gerückt. Im Zuge der »Vermarktlichung des Unternehmens« (Marx 2015) als Folge der internationalen Ausweitung von Warenhandel und der Deregulierung von Finanzmärkten unterwerfen Betriebe interne Prozesse zunehmend den Anforderungen der Märkte. Grenzen zwischen beschäftigungsstabiler qualifizierter Stammbelegschaft und gering qualifizierter prekär beschäftigter Randbelegschaft lösen sich auf, die Bindung von Beschäftigten und betriebsinterne Karrierepfade verlieren an Bedeutung, Betriebliche Weiterbildung wird externalisiert, ad-hoc initiiert, individualisiert und informalisiert. Aber obwohl interne Arbeitsmärkte »ihre praktische und diskursive Vorherrschaft verloren [haben]« (Krause & Köhler 2011, S. 523), besteht »eine spannungsgeladene und instabile Koexistenz von internen und externen Arbeitsmärkten« (ebd.) weiter fort. Die weitgehend personalpolitische Autonomie von Betrieben, die Pflege und Nutzung von betriebsspezifisch generiertem Know-how, die hohe Bedeutung von Erfahrungen von Beschäftigten im Arbeitsprozess und im Umgang mit Reorganisationen können als Bedingung und Ausdruck eines beschäftigungspolitischen »Betriebsegoismus« (Kock 1994, S. 286) und als Beleg für eine nach wie vor bestehende »große Bedeutung des internen Arbeitsmarkts« (Mühge 2018, S. 34) mit einer betriebsspezifischen Weiterbildungspraxis genommen werden.

3. Ausdifferenzierung Betrieblicher Weiterbildung und Depolitisierung

Historisch und aus der Theorie interner Arbeitsmärkte betrachtet können die ersten sichtbaren Anfänge Betrieblicher Weiterbildung im 19. Jahrhundert (vgl. Büchter 2010a) als Reaktion auf Veränderungen auf dem Arbeitsmarkt, in der Berufspolitik, in der beruflichen Bildung sowie auf sozialpolitische Reformen, staatliche Regulierungen und interessenpolitische Auseinandersetzungen im Kontext von Arbeit, Beruf, Ausbildung und Qualifizierung zurückgeführt werden. Mit dem industriellen Kapitalismus im 19. Jahrhundert, der ökonomischen und technologischen Rationalisierung wurde der Arbeitsmarkt zum Käufermarkt, Arbeit zur Ware und zur Ressource betrieblicher Verwertung. Zum Schutz der Arbeitnehmenden und zur rechtlichen Absicherung vor Ausbeutung griff bereits in der ersten Hälfte des 19. Jahrhunderts der Staat mit seinen Arbeitsschutzbestimmungen regulierend in das Arbeitsmarktgeschehen und die industrielle Arbeitspolitik ein. Um sich den externen Eingriffen des Staates und der Arbeiterbewegung zu entziehen, ging die Industrie dazu über, betriebsinterne Arbeitsmärkte mit betriebsspezifischen Allokationsstrategien, Qualifizierungsmöglichkeiten und Karrierepfaden für Beschäftigte zu etablieren (vgl. Schudlich 1994). Besonders deutlich zeigte sich die Tendenz, öffentliche Eingriffe in den betrieblichen Autonomiebereich abzuwehren, in den 1920er Jahren, als neben Arbeitsschutz auch Lohn- und Arbeitszeitforderungen, reichsgesetzliche Regelungen der beruflichen Ausbildung und gewerkschaftliche Mitwirkungsansprüche in Ausbildungsfragen die betriebliche Autonomie einzuschränken drohten (vgl. ebd.; Büchter 2010b).

Für die Ausdifferenzierung Betrieblicher Weiterbildung waren insbesondere zwei Entwicklungen maßgeblich: Die Verberuflichung von Arbeit und die betriebliche Sozialpolitik infolge von Sozialreformen und der Transformations- und Kontrollproblematik von Arbeitskraft. Die industrielle Rationalisierung und die Tatsache, dass die »Struktur der Produktionsmittel [...] jener der Arbeitskraft, also der Berufsstruktur, andauernd um einige Schritte voraus[läuft]«

(Janossy 1968, S. 239) führte zu einer Inkongruenz der Entwicklung industrieller Produktionsmittel und der »Spezifizierung, Spezialisierung und Kombination von Leistungen einer Person« (Weber 1964, S. 104) zu Berufen. Diese »Berufs-Betriebs-Differenz« (Harney 1990, S. 99) erforderte betriebsinterne und -spezifische Formen der Qualifizierung. »Der Mangel des regulativen Zugriffs auf das Berufskonzept von den Betrieben aus wird [...] zu einem betriebsinternen Problem, an das die Betriebliche Weiterbildung anschließt. Betriebliche Weiterbildung verfährt gegenüber dem Berufskonzept adhocratisch. Sie ist – relativ zum Betrieb – problemnäher einzusetzen. Sie ermöglicht gegenüber der Orientierung am Berufskonzept eine Veränderung der zeitlichen Koordination von Phasen des Kompetenzerwerbs und der Anwendung von Kompetenzen. Betriebliche Weiterbildung etabliert sich damit als Praxis, die dem Defizit extern strukturierter und betrieblich nutzbarer Muster auf Personen zurechenbarer Kompetenz entgegenarbeitet« (Kuper 1997, S. 129).
Das Interesse der Industrie, einen »unternehmenskontrollierten Binnenraum gegen externe Einflüsse abzuschotten« (Welskopp 1994, S. 340), zeigte sich nicht nur im Zusammenhang mit der Verberuflichung von Arbeit, sondern auch vor dem Hintergrund des Problems, »die zur Verfügung gestellte Arbeitskraft in manifeste Arbeitsleistung zu transformieren« (Kleemann u. a. 2019, S. 69). Der »Verein für Socialpolitik« forderte Ende des 19. Jahrhunderts betriebliche sozialpolitische Maßnahmen »zur positiven Hebung der arbeitenden Klassen« (Stüve 1871, S. 255). Die »betriebliche Sozialpolitik« kombinierte in branchen- und betriebsspezifischer Weise betriebliche Autonomiesicherungspolitik und selektive Versorgungs-, Bindungs-, Qualifizierungspolitik für die Arbeitenden (vgl. Welskopp 1994, S. 333). Im Wesentlichen ging es um »die Erzeugung von Verhaltensänderungen und -dispositionen« (ebd.). Zur Bewältigung des Transformationsproblems und zur betrieblichen Sozialpolitik gehörten auch Bemühungen, die damalige Arbeiterbildung und Volksbildung zu kanalisieren und betrieblich zu vereinnahmen. Denn »die Arbeiter werden sonst bei jeder Steigerung der Bildung nur immer ›klüger‹ und immer zuchtloser« (Wagener 1872, S. 251).
Auch wenn sich der Umfang Betrieblicher Weiterbildung um die vorletzte Jahrhundertwende nicht quantifizieren lässt, kann für Großbetriebe von einer breiten Palette an Angeboten Betrieblicher Weiterbildung ausgegangen werden, die von der kurzfristigen Anpassungsqualifizierung, über aufstiegsrelevante Kurse und Lehrgänge für Fach- und Führungskräfte, bis hin zu volkshochschulähnlichen Freizeitkursen sowie zu Möglichkeiten betrieblich gelenkter Selbstbildung in Form von Werksbibliotheken, Werkzeitungen, Werkfilmen und autodidaktischen Lernmaterialien reichten (vgl. Büchter 2007). Die Internalisierung und Inkorporierung Betrieblicher Weiterbildung stützen die Befunde der internen Arbeitsmarktforschung, der zufolge »schon in der ersten Hälfte des 20. Jahrhunderts wichtige Charakteristika betriebsinterner Arbeitsmärkte entstanden sind

und daß diese sich schon vor dem 2. Weltkrieg ausgebreitet und konsolidiert haben« (Schudlich 1994, S. 2).
Anders als die betriebliche Arbeitskräfte- und die berufliche Ausbildungspolitik war Betriebliche Weiterbildung zu dieser Zeit weder betriebsexterner bildungs-, arbeits- und sozialpolitischer Kritikpunkt noch Politikfeld. Vielmehr bestand Konsens darin, dass Weiterbildung den Betrieben überlassen bleiben sollte (vgl. Büchter 2002, S. 339ff.). In der NS-Diktatur expandierte Betriebliche Weiterbildung als komplementäre Begleiterscheinung der ideologisch radikalisierten »Perfektionierung« industrieller Berufsausbildung (vgl. Abel 1963, S. 56f.) und als Instrument nationalsozialistisch geprägter »Betriebsgemeinschaft« (vgl. Müglich 1996; Büchter & Kipp 2003).

4. Betriebliche Weiterbildung als Politikfeld

Nachdem in der Nachkriegszeit Betriebliche Weiterbildung in Großbetrieben zunächst als politisch und wissenschaftlich kaum thematisiertes Instrument personalpolitischer Selbstversorgung, als betriebliches Regulativ beruflicher Ausbildung und als Unterstützung bei der Einführung amerikanischer Führungsstile fungierte, rückte sie in den 1960er/70er Jahren zunehmend in den öffentlichen und wissenschaftlichen Blick. Bis dahin war sie »für die meisten Unternehmen ein seit Jahrzehnten praktizierter Tatbestand, über den deshalb auch gar nicht besonders gesprochen werden muß« (Wrede u.a. 1981, S. 5). Mit Hinweisen auf Engpässe auf dem externen Arbeitsmarkt, erhöhten Flexibilisierungsdruck in der Produktion sowie auf veränderte Anforderungen in der Arbeitskräfte- und Sozialpolitik rechtfertigten Arbeitgebervertretungen die Notwendigkeit einzelbetrieblicher Allokations- und Qualifizierungslösung und damit betriebsinterner Weiterbildung (vgl. Sass u.a. 1974, S. 24ff.). In kritischer industriesoziologischer und erwachsenenpädagogischer Perspektive bestand das betriebliche Interesse an eigener Weiterbildung nicht nur in der Kompensation staatlich regulierter Arbeitsmarkt- und Qualifizierungspolitik zugunsten autonom, flexibel gestalteter und selektiv ausgerichteter Angebote, sondern auch in der Sicherung betrieblicher Herrschaft (vgl. Axmacher 1974), insofern Betriebliche Weiterbildung mit ihrer Symbolik von potenziellen Chancen des Lernens und des Aufstiegs von Beschäftigten »Leistung und Loyalität« (Schmitz 1979) gewährleisten würde.
Der bis in die 1970er Jahre nach außen unsichtbare Weiterbildungsbereich geriet nun bildungspolitisch, gewerkschaftlich und wissenschaftlich unter Legitimationsdruck. Vor allem stand das Interesse von Betrieben an der Selbstverwaltung ihrer Weiterbildung im Widerspruch zum »Prinzip der öffentlichen Verantwortung« (Deutscher Bildungsrat 1970, S. 197), zu Forderungen nach Verrecht-

lichung, Institutionalisierung und Systematisierung und zum Anspruch gleicher Verteilung von Zugangs- und Teilnahmechancen in der Weiterbildung. Betriebe reagierten, indem sie erstmals auf die kontinuierlich steigenden Investitionen in betriebliche Kurse und Lehrgänge, auf die ökonomische und soziale Bedeutung Betrieblicher Weiterbildung aufmerksam machten, den betrieblichen Bedarf an interner Verfügbarkeit von Wissens-, Erfahrungsressourcen und -reserven der Belegschaft erläuterten sowie auf die Unumgänglichkeit weitgehender Selbstverwaltung ihrer Weiterbildung insistierten (vgl. Sass u. a. 1974). Dennoch erreichten die Demokratisierungs- und Mitbestimmungsforderungen der 1970er Jahre auch die Betriebliche Weiterbildung. Das 1972 in Kraft getretene novellierte Betriebsverfassungsgesetz (BetrVG) hat für Betriebsräte Mitwirkungsrechte auch in der Betrieblichen Weiterbildung eröffnet. Betriebliche Weiterbildung sollte zu einem »Aktionsfeld für den Betriebsrat« (Maase u. a. 1978) werden. Allerdings zeigte sich, »daß die Durchsetzung von Interessenpositionen der Arbeitnehmer bei der betrieblichen Weiterbildung bislang gering bleibt« (S. 155). Mit den Anfang der 1970er Jahre von der Bundesregierung geförderten Modellversuchen zur »Humanisierung des Arbeitslebens«, mit denen eine Rückgewinnung menschenwürdiger und anspruchsvoller Arbeit erreicht werden sollte, bekamen betriebliche Qualifikationen als »innovatorische Qualifikation« bzw. als »Fähigkeit der Arbeitenden, ihre Arbeitsbedingungen nach ihren Interessen selbst zu gestalten« (Fricke 2009, S. 179), eine neue Dimension. Es ging dabei um »Möglichkeiten individueller Selbstverwirklichung und autonomen Handelns im Arbeitsprozeß« und um die »›Bildungsrelevanz‹ von Arbeit« (Georg & Kissler 1981, S. 20). Weiterbildung im Betrieb sollte nicht nur als Folge, sondern auch als Bedingung für die Realisierung von Humanisierung des Arbeitslebens verstanden und durchgesetzt werden.

Nachdem die Kampagne »Humanisierung des Arbeitslebens« in den 1980er Jahren ausgelaufen war, inkorporierten Betriebe zunehmend mitarbeiterorientierte Weiterbildungsideale (vgl. Arnold 1991). Gleichzeitig befanden sich Gewerkschaften auf einem »qualifikationsorientierten Modernisierungspfad« (Mahnkopf 1990, S. 75) und forderten tarifvertragliche Regelungen in der betrieblichen Weiterbildung. Das Betriebsverfassungsgesetz, Branchentarifverträge und Betriebsvereinbarungen bildeten das Fundament der Mitgestaltung in der betrieblichen Weiterbildung. Dennoch war offensichtlich, dass »das Feld der betrieblichen Weiterbildung [...] heute wie gestern noch keinen Konflikt zwischen Kapital und Arbeit erlebt [hat]« (ebd. S. 95). Trotz der Tarifierung blieb sie auch in den Folgejahren ein nachrangiges gewerkschaftliches Politikfeld (vgl. Hardes & Schmitz 1991; Breisig 1999; Allespach 2005). Dem gewerkschaftlichen Problembewusstsein gegenüber der Betrieblichen Weiterbildung, gegenüber der Intransparenz, den Planungsdefiziten und der selektiven Ausrichtung Betrieblicher Weiterbildung widerspricht die nach wie vor geringe Inanspruchnahme von Mitwirkungsrechten. Neben »externen Gründen« hierfür, wie mangelnde Zeit, andere Prioritäten im betrieblichen Alltag, mangelnde Informationen über den betrieblichen Weiterbildungsalltag besteht ein Grund im Verhandlungsgegenstand der Betrieblichen Weiterbildung und ihrer Politikwidrigkeit selbst (vgl. Berger 2012). Verhandlungen zwischen Management und Betriebsrat über Betriebliche Weiterbildung beruhen grundsätzlich auf dem Konsens, dass Betriebliche Weiterbildung eine wichtige Ressource ist, auch wenn Interessenkontexte und Ziele verschieden sind. Zudem wird Betriebliche Weiterbildung vor allem als individuelle Angelegenheit der Beschäftigten konstituiert, die in erster Linie mit Vorgesetzten auszuhandeln ist. »Die zunehmende Betonung der individuellen Eigenverantwortung für die berufliche Weiterbildung führte dazu, dass Weiterbildung tendenziell zur ›Privatsache‹ erklärt und hierdurch dem Einflussbereich der betrieblichen Mitbestimmung entzogen wurde« (ebd. S. 358). Damit wird im betrieblichen Weiterbildungsalltag, jenseits von größeren beschäftigungspolitisch relevanten Reorganisationsprozessen, eine kollektive Interessenvertretung in der Betrieblichen Weiterbildung weitgehend überflüssig gemacht. Begünstigt wird dies auch durch die von der Weiterbildungsforschung angetriebenen Hinweise auf eine zunehmende Bedeutung einer Arbeitsintegration und Informalisierung Betrieblicher Weiterbildung. Diese weichen Formen der Weiterbildung, die seit Anfang der 2000er Jahre interessenübergreifend als immer bedeutsamer und expandierender konstruiert werden, erschweren eine Repolitisierung Betrieblicher Weiterbildung. Informalisierung und Individualisierung von Weiterbildung sowie die »Subjektivierung des Lernens« (Pautz 2023, S. 3) in der digitalisierten Arbeit erhöhen die Komplexität und Schwierigkeit gewerkschaftlicher Mitbestimmung und Gestaltung in der Betrieblichen Weiterbildung (vgl. Erol & Ahlers 2023). Abgesehen davon tragen auch schwache Tarifbindungen von Betrieben zu einer Entpolitisierung Betrieblicher Weiterbildung bei (vgl. Kleemann u. a. 2019, S. 99). Immerhin erfüllen Betriebsräte eine Symbolpolitik in der Betrieblichen Weiterbildung. Denn »in privatwirtschaftlichen Unternehmen macht es bei den Schulungsangeboten einen deutlichen Unterschied, ob ein Betriebsrat existiert oder nicht. Wenn eine Interessenvertretung gewählt wurde, berichten Beschäftigte deutlich häufiger von betrieblichen Schulungsangeboten […] als Beschäftigte aus Betrieben ohne Betriebsrat« (DGB Index Gute Arbeit 2022, S. 17).

5. Entpolitisierung und Subjektivierung Betrieblicher Weiterbildung

Betriebliche Weiterbildung hat sich seit dem 19. Jahrhundert im Zusammenhang mit betriebsinternen strukturellen Ausdifferenzierungen von Produktion und Arbeitsorganisation entfaltet. So gesehen hat sie betriebliche Wurzeln, ihre Anfänge beginnen nicht in der außerbetrieblichen Berufsbildung oder Erwachsenenbildung oder auf dem betriebsexternen beruflichen Weiterbildungsmarkt. Das betriebliche Interesse an der Verfügung über eigene Arbeitskraftressourcen, die Internalisierung von Prozessen des Arbeitsmarktes durch die Etablierung eigener Qualifizierungsmöglichkeiten und Karrierewege, die betriebliche Justierung des Berufskonzepts durch betriebs- und arbeitsspezifische Qualifizierung oder individualisierte informelle Weiterbildung, die betriebsinterne Bewältigung des Transformations- und Kontrollproblems bei der Nutzung arbeitsvertraglich geregelter Leistung durch Sozialisierung begründen die Existenz Betrieblicher Weiterbildung. Internalisierungsprozesse und die Inkorporation von externen Erwartungen an Betriebliche Weiterbildung sowie die Tatsache, dass Betriebliche Weiterbildung im zwischenbetrieblichen Vergleich heterogen ist und »verschiedene Konfigurationen« (Käpplinger 2016, S. 229) aufweist, verschaffen der Politikwidrigkeit und der weitgehenden Regelungsfreiheit Betrieblicher Weiterbildung ihre Grundlage.
Hierzu trägt vom allem auch die Arbeitsintegration und die Informalisierung Betrieblicher Weiterbildung bei. Obwohl seit jeher »neben der Lehrlingsausbildung [...] in der betrieblichen Qualifizierungspolitik [...] die unmittelbar am Arbeitsplatz in der Fertigung stattfindende Anlernung und Weiterqualifizierung beträchtlichen Raum ein[nahm]« (Sass u.a. 1974, S. 35), sind im betrieblichen Weiterbildungsdiskurs diese Formen erst im Kontext neoliberaler Flexibilisierung, Vermarktlichung und Deregulierung von Betrieben auffällig geworden. Das Lernen im Kontext von Arbeit, das vor allem selbstorganisiert und informell geschieht, entzieht sich weitgehend der Kritik, auch weil die selektive Zuweisung und soziale Schließung in der formalisierten Betrieblichen Weiterbildung nun kompensiert wird durch individuelle Verantwortlichkeit und individuelle Praktiken des Lernens im Kontext eigener Arbeit. Und auch, weil die Praktiken und der Nutzen dieses Lernens schwer nachvollziehbar sind.
Als entpolitisierte Form Betrieblicher Weiterbildung bietet das Lernen im Kontext von Arbeit unterschiedliche Möglichkeiten betrieblichen Zugriffs auf Arbeitskräfte. Mit der Entgrenzung von Arbeit ist auch Lernen im Kontext von Arbeit entgrenzt, räumlich und zeitlich ungebunden und kann somit in die Privatsphäre der Beschäftigten verlagert werden. Die Subjektivierung von Arbeit mit ihrer Ambivalenz zwischen Unterwerfung der Subjekte unter fremdbestimmte

Arbeitsbedingungen sowie die permanente Anpassung an betriebliche Anforderungen einerseits und der subjektiven Erwartung und Einforderung sinnvoller Arbeit, dem eigensinnigen und widerständigen Handeln in der Arbeit andererseits (vgl. Kleemann u. a. 2019) betrifft auch die Betriebliche Weiterbildung bzw. das Lernen in der Arbeit. Auch in neuen Formen digitalisierter Arbeit, die aufgrund extremer Kontrollpotenziale in der Kritik stehen, können ambivalente Subjektivierungsprozesse beim Arbeiten und Lernen identifiziert werden. Zu diesen Arbeitsformen gehört allen voran »Crowdwork«. »Als Crowdwork werden neue Formen der digitalen Arbeit bezeichnet, die von internetbasierten Plattformen organisiert und reguliert werden« (Gerber & Krzywdzinski 2017, S. 6). Crowdwork kann vollständig ortsunabhängig und interbasiert erfolgen oder auch ortsabhängig, wenn die Arbeit online vermittelt und koordiniert, aber physisch durchgeführt wird (z. B. Lieferdienste). Die Arbeitsaufträge werden in einem Wettbewerbsverfahren vergeben, die Kontrolle erfolgt über ein Reputationssystem, in dem Leistungen permanent digital bewertet werden. Crowdwork bedeutet weitgehend entkollektiviertes und individualisiertes Arbeiten.

In einem aktuell laufenden Forschungsprojekt zu Crowdwork[1] geht es u. a. um den Aspekt der Weiterbildung von Crowdworkern und um Lernen im Kontext von Crowdwork. Crowdwork-Plattformen bieten in der Regel keine Weiterbildung für Crowdworker an. Crowdworker haben keinen Zugang zu Lernmöglichkeiten, sie sind allein für die Organisation ihrer Weiterbildung verantwortlich. Die Befunde von Margaryan u. a. (2021) können wir in unserem Projekt weitgehend bestätigen: »Our findings contribute important evidence that despite the structural constraints inherent in online platform work and the lack of organizational support for learning and development, crowdworkers engage extensively in self-regulated learning and skill development through their daily work on the platforms« (S. 511). Komplementär zur Subjektivierung von Arbeit findet in Crowdwork eine Subjektivierung von Lernen statt, die in einer subjektiven Effektivierung von Lernen zur Bewältigung von Arbeit im Spannungsfeld von Entfremdung und Autonomiebestrebungen zum Ausdruck kommt. Zu diesem Befund gelangt auch Pautz (2023), die die »Wirkzusammenhänge zwischen digitaler Transformation, Subjektivierung von Arbeit und Subjektivierung des Lernens« (S. 3) analysiert. Ähnlich wie Margaryan u. a. (2021) und Pautz (2023) können auch wir bestätigen, dass in Crowdwork vielfältige Praktiken des Lernens

1 »Crowdwork und Crowdworker vor, während und nach der beruflichen Ausbildung – Kompetenz-/Subjektivierungseffekte, individuelle Beruflichkeit und lernförderliche Plattformgestaltung«, Verbundprojekt in Kooperation zwischen der Helmut-Schmidt Universität/Universität der Bundeswehr (Karin Büchter, Marcus Eckelt, Tobias Schlömer), dem Wissenschaftszentrum für Sozialforschung (WZB) (Martin Krzywinski) und der Universität Duisburg-Essen (Frank Kleemann). Online: *https://www.hsu-hh.de/bbp/forschung/crowdwork/*.

in der digitalisierten Arbeit identifiziert werden können, die beispielsweise vom Einholen von Informationen zur Bearbeitung von Aufgaben, vom Erwerb von Kenntnissen, Fähigkeiten, Erfahrungen, über das Einüben von Routinen, die erforderlich sind, um Aufträge schnell und korrekt zu bearbeiten, bis hin zur Aneignung von Strategien, mit extremen Belastungen wie Zeit- und Kontrolldruck umzugehen oder »Vermeidungsstrategien, um die Auswirkungen negativ empfundener Arbeitsbedingungen zu mildern« (Frieling & Schäfer 2015, S. 12) reichen. Deutlich wird auch, dass Crowdworker ein unterschiedliches subjektives Lernbewusstsein entwickeln, also unterschiedliche subjektive Wahrnehmungen vom und unterschiedliche Einstellungen zum eigenen Lernen und zu seiner Bedeutung für die Bewältigung von Crowdwork. Subjektives Lernbewusstsein und die subjektive Konstruktion von Lernhaltigkeit von Arbeit und das Insistieren auf Lerngelegenheiten begünstigen sich wechselseitig. Auch variieren subjektive Lernkalküle, also das subjektive Austarieren, was und wieviel zu welchem Zweck gelernt werden soll, sowie die subjektive Lernsteuerung, also die subjektive Regulierung von Lernzeiten, Lernorten und Lernaufwand im Zuge der Entgrenzung von Arbeit und Privatsphäre.

6. Fazit

Insgesamt stellt sich die Frage, inwieweit sich die Tendenz der Depolitisierung Betrieblicher Weiterbildung im Zuge der Informalisierung und Individualisierung von Lernen in der Arbeit mit der Subjektivierung von Lernen in der digitalisierten Arbeit weiter fortsetzt. Umgekehrt muss es um Fragen gehen, wie Beteiligungsorientierung in der Betrieblichen Weiterbildung (vgl. Allespach 2005) im Zusammenhang mit der digitalisierten Arbeit konzipiert werden kann, wie die *institutionelle Verantwortung* von digitalisierten Betrieben für individuelles Lernens, wie *sichtbare strukturelle Unterstützung von unterschiedlichen subjektiven Lernpraktiken*, wie *Kollektivierung von Lernen* und die *Reduzierung des Verwertungszwang beim Lernen* durchgesetzt werden können. Dabei ist auch zu berücksichtigen, dass »während Betriebe immer häufiger […] eine höhere Passgenauigkeit der Bildungsangebote für Betriebe mit Blick auf die Digitalisierung [fordern], scheinen Beschäftigte ein Interesse an einer hohen Allgemeingültigkeit zu haben« (Wenzelmann & Müller 2018, S. 44). Gerechte Verteilung von Lernzugängen und -bedingungen und der Bildungswert von Lernen in der digitalisierten Arbeit sind nach wie vor bedeutende Bezugspunkte einer Repolitisierung Betrieblicher Weiterbildung.

7. Literatur

Abel, H. (1963). Das Berufsproblem im gewerblichen Ausbildungs- und Schulwesen Deutschlands (BRD). Westermann Braunschweig.

Allespach, M. (2005). Betriebliche Weiterbildung als Beteiligungsprozess. Subjektive Bedeutsamkeit als Grundlage für eine partizipative Bildungsplanung. Schüren Marburg.

Arnold, R. (1991). Betriebliche Weiterbildung. Klinkhardt Bad Heilbrunn.

Axmacher, D. (1974). Erwachsenenbildung im Kapitalismus. Ein Beitrag zur politischen Ökonomie des Ausbildungssektors in der BRD. Fischer Frankfurt am Main.

Bahnmüller, R./Hoppe, M. (2012). Von den Mühen der Ebene: Wirkungen tariflicher Weiterbildungsregelungen im öffentlichen Dienst und in der Metall- und Elektroindustrie Baden-Württembergs im Vergleich/Industrielle Beziehungen/Heft 1/2012, S. 7–30.

Berger, K. (2012). Betriebsräte und betriebliche Weiterbildung/WSI-Mitteilungen/Heft 5, 2012, S. 358–364.

Büchter K. (2002). Betriebliche Weiterbildung – historische Kontinuität und Durchsetzung in Theorie und Praxis/Zeitschrift für Pädagogik/Heft 3/2002/S. 336–355.

Büchter, K. (2010a). Berufliche Weiterbildung: 1870–1970/Zeuner, C. (Hrsg.), Enzyklopädie Erziehungswissenschaft online. Erwachsenenbildung. *http://www.erzwissonline.de* (abgerufen am 13. 12. 2023).

Büchter, K. (2007). Medien in der betrieblichen Bildung und Erziehung: Werkbibliotheken, Werkzeitungen und Industriefilme zu Beginn des 20. Jahrhundert/Büchter, K./Kipp, M. (Hrsg.), Berufspädagogisch-historische Medienanalyse. Bilder, Fotos, Zeitschriften und Werkbibliotheken. Bis Verlag Oldenburg, S. 135–174.

Büchter, K., Weiterbildung für den Arbeitsmarkt und im Betrieb. 1919–1933, Habilitationsschrift, 2010b, Universitätsbibliothek der Helmut-Schmidt-Universität Hamburg, *https://openhsu.ub.hsu-hh.de/handle/10.24405/431* (abgerufen am 10. 3. 2023).

Büchter, K./Kipp, M. (2003). Betriebliche Weiterbildung in der Weimarer Republik und im Nationalsozialismus/Bredow, A./Dobischat, R./Rottmann, J. (Hrsg.), Berufs- und Wirtschaftspädagogik von A bis Z. Grundlagen, Kernfragen, Perspektiven. Schneider Hohengehren, S. 101–117.

Deutscher Bildungsrat (Hrsg.), (1970). Strukturplan für das Bildungswesen. Klett Stuttgart.

DGB [Deutscher Gewerkschaftsbund], DGB Index Gute Arbeit. Report 2022. Digitale Transformation. Veränderungen der Arbeit aus Sicht der Beschäftigten. Berlin DGB, *https://index-gute-arbeit.dgb.de/++co++e9c777a4-507f-11ed-9da8-001a4a160123* (abgerufen am 11.2.2024).

Doeringer, P. B./Piore, M. J. (1971). Internal Labour Markets and Manpower Analysis. Heath Lexington Books Massachusetts.

Erol, S./Ahlers, E. (2023). Betriebliche Weiterbildung als Handlungsfeld der Betriebsräte. Eine Analyse der Betriebsräte- und Personalrätebefragung. Policy Brief WSI 4/2023, *https://www.boeckler.de/de/faust-detail.htm?sync_id=HBS-007972* (abgerufen am 19.8.2023).

Fricke, W. (2009). Innovatorische Qualifikationen. Ihre Entfaltung und Anwendung im Prozess des Lernens und Handelns in Arbeitssituationen/Bolder, A./Dobischat, R. (Hrsg.), Eigen-Sinn und Widerstand. Kritische Beiträge zum Kompetenzentwicklungsdiskurs. Springer Wiesbaden, S. 179–206.

Frieling, E./Schäfer, E., Arbeitsgestaltung für informelles Lernen/Rohs, M. (Hrsg.), Handbuch informelles Lernen, 2015, Springer Wiesbaden, *https://link.springer.com/content/pdf/10.1007%2F978-3-658-06174-6_34-1* (abgerufen am 23.4.2023).

Georg, W./Kissler, L. (1981). Qualifikationsforschung heute. Einleitende Bemerkungen/Dies. (Hrsg.), Arbeit und Lernen. Werkstattberichte aus der Qualifikationsforschung. Campus Frankfurt a.M., S. 9–43.

Gerber, C./Krzywdzinski, M. (2017). Schöne neue Arbeitswelt? Durch Crowdworking werden Aufgaben global verteilt/WZB Mitteilungen/Heft 3/2017/S. 6–9.

Hardes, H.-D./Schmitz, F. (1991). Tarifverträge zur betrieblichen Weiterbildung – Darstellung und Analyse aus arbeitsökonomischer Sicht/MittAB/Heft 4/1991, S. 658–672.

Harney, K. (1990). Berufliche Weiterbildung als Medium sozialer Differenzierung und sozialen Wandels. Peter Lang Frankfurt a. Main.

Hasse, R./Krücken, G. (1999). Neo-Institutionalismus. transkript Bielefeld.

Käpplinger, B. (2016). Betriebliche Weiterbildung aus der Perspektive von Konfigurationstheorien. Bertelsmann Bielefeld.

Kleemann, F./Westerheide, J./Matuschek, I. (2019). Arbeit und Subjekt. Aktuelle Debatten der Arbeitssoziologie. Springer Wiesbaden.

Koch, S. (2018). Die Legitimität der Organisation. Organisation und Pädagogik. Springer Wiesbaden.

Kock, K. (1994). Zur Soziologie des betriebsinternen Arbeitsmarkts. Hampp München/Mering.

Kramer, H. (1994). Interne Arbeitsmärkte in der I. G. Farbenindustrie AG während der Zwanziger Jahre und der Weltwirtschaftskrise, Arbeitskreis Sozialwissenschaftliche Arbeitsmarktforschung (SAMF). Gelsenkirchen.

Krause, A./Köhler, C. (2011). Von der Vorherrschaft interner Arbeitsmärkte zur dynamischen Koexistenz von Arbeitsmarktsegmenten/WSI-Mitteilungen/ Heft 11/2011/S. 588–596.

Kuper, H. (1997). Betriebliche Weiterbildung als Oszillation von Medium und Form/Lenzen, D./Luhmann, N. (Hrsg.), Bildung und Weiterbildung im Erziehungssystem. Lebenslauf und Humanontogenese als Medium und Form. suhrkamp Frankfurt a. M., S. 115–146.

Maase, M./Sengenberger, W./Weltz, F. (1978). Weiterbildung, Aktionsfeld für den Betriebsrat? Eine Studie über Arbeitnehmerinteressen und betriebliche Personalpolitik. Campus Frankfurt a. M.

Mahnkopf, B. (1990). Betriebliche Weiterbildung – Zwischen Effizienzorientierung und Gleichheitspostulat/Soziale Welt/Heft 1/1990/S. 70–96.

Margaryan, A./Albert, J./Charlton-Czaplicki, T., Workplace learning in Crowdwork Questionnaire (WLCQ). Measuring self-regulated learning and skill development in online platform work/International Journal of Training and Development/Issue 3/2022, S. 381–580. *https://onlinelibrary.wiley.com/doi/10.1111/ijtd.12268* (abgerufen am 10. 2. 2024).

Marx, C. Die Vermarktlichung des Unternehmens. Berater, Manager und Beschäftigte in der westeuropäischen Chemiefaserindustrie seit den 1970er Jahren/Zeithistorische Forschungen//Bd. 12/2015/S. 403–426.

Müglich, H. (1996). Entstehung betrieblicher Weiterbildungsstrukturen im Dritten Reich. Peter Lang Frankfurt a. M.

Mühge, G. (2018). Mikropolitik in der Personalvermittlung im internen Arbeitsmarkt. Hampp München/Mering.

Pautz, S. (2023). Der Lernunternehmer. Entstehung eines Typs von Arbeitskraft in der digitalen Transformation. Springer Wiesbaden.

Pohl, H. (Hrsg.), (1978). Betriebliche Sozialpolitik deutscher Unternehmen seit dem 19. Jahrhundert. Beiheft der Zeitschrift für Unternehmensgeschichte. Steiner Wiesbaden.

Sass, J./Sengenberger, W./Weltz, F. (1974). Weiterbildung und betriebliche Arbeitskräftepolitik. Eine industriesoziologische Analyse. EVA Frankfurt a. M.

Schudlich, E. (1994). Von der externen zur internen Arbeitsmarktpolitik. Zur arbeitsmarktpolitischen Rationalisierung des Produktionsprozesses um die Jahrhundertwende, Arbeitskreis Sozialwissenschaftliche Arbeitsmarktforschung (SAMF). Gelsenkirchen.

Schmitz, E. (1979). Leistung und Loyalität. Weiterbildung und Personalpolitik in Industrieunternehmen. Klett Stuttgart.

Sengenberger, W. (1987). Struktur und Funktionsweise von Arbeitsmärkten: die Bundesrepublik Deutschland im internationalen Vergleich. Campus Frankfurt a. M.

Stüve, G., Denkschrift vom 25. November 1871. Dokument Nr. 85. / Born, K. E./ Henning, H./Tennstedt, F. (Hrsg.), Quellensammlung zur Geschichte der deutschen Sozialpolitik. 1867 bis 1914, 1994, Fischer Stuttgart, S. 253–256.

Wagener [o.V.] (1994). Aussage im Protokoll der preußisch-österreichischen Konferenz über die soziale Frage vom 7. November 1872/ Born, K. E./Henning, H./Tennstedt, F. (Hrsg.), Quellensammlung zur Geschichte der deutschen Sozialpolitik. 1867 bis 1914. Fischer Stuttgart, S. 250–337.

Weber, M. (1964). Wirtschaft und Gesellschaft. Grundriß der verstehenden Soziologie. Studienausgabe. Hrsg. v. Johannes Winckelmann. Band 2. Köln/ Berlin.

Welskopp, T. Betriebliche Sozialpolitik im 19. und frühen 20. Jahrhundert/Archiv für Sozialgeschichte/Jg. 34/, S. 333–374.

Wenzelmann, F./Müller, N. (2018). Berufliche Weiterbildung aus Sicht der Individuen. Eine Bilanz von Aufwand und Nutzen/Berufsbildung in Wissenschaft und Praxis [BWP]/Heft 4/2018/S. 40–44.

Wrede, E./Moser, W./Frankenberg, H.-H. v., Vorwort/Falk, R./Bönisch, W. (Hrsg.), (1981). Betriebliche Weiterbildung in Bayern. Eine Dokumentation. Institut der deutschen Wirtschaft Köln.

Tom Kehrbaum & Kilian Krumm

Die Politisierung beruflicher Bildung nach John Dewey

»Die Aufgabe der Demokratie ist für immer die Schaffung einer freieren und humaneren Erfahrung, an der alle teilhaben und zu der alle beitragen.« (John Dewey)[1]

Inhalt

1 John Dewey, 1936, in: »Creative democracy: The task before us«, John Dewey: The later works, 1925–1953, vol. 14, ed. by J. Boydston et. al. Carbondale: Southern Illinois University Press, p. 230. Übersetzung von Tom Kehrbaum.

1. Einleitung

Die gegenwärtigen Krisen und Transformationen der Gesellschaft stellen die berufliche Bildung vor neue Herausforderungen. Insbesondere der Klimawandel, die Globalisierung und Digitalisierung erfordern ein neues Verständnis von Kompetenzen und eine verstärkte Zusammenarbeit zwischen verschiedenen Akteuren. Dabei müssen neue Kompetenzen vermittelt werden, die es den Lernenden ermöglichen, flexibel und innovativ auf Veränderungen zu reagieren. Gleichzeitig muss die berufliche Bildung auch dazu beitragen, die Teilhabe an der Gesellschaft und die demokratischen Werte zu fördern. Die militärisch durchgesetzte imperiale Geopolitik des russischen Angriffs auf die Ukraine und seine ökonomischen Folgen rückt den Zusammenhang von Ökonomie, Freiheit und Demokratie ins Bewusstsein: Die freie Entfaltung menschlichen Zusammenlebens gedeiht nur in einem demokratischen, sozialen und sicheren Umfeld. Aus pädagogischer Perspektive wird damit die Verbindung von allgemeiner, beruflicher und politischer Bildung relevant. Die Integration dieser drei Bildungsbereiche ist ein zentrales Thema dieses Beitrags. Einerseits geht es um die Sicherung einer demokratischen Lebensform, indem arbeits- und alltagsbezogene Lern- und Handlungsprozesse als Ausgangs- und Bezugspunkt einer demokratischen Praxis verstanden werden. Andererseits wird thematisiert, wie die ökonomisch, ökologisch und sozial nachhaltige Gestaltung des gesellschaftlichen Wandels mit Hilfe gemeinsam praktizierter problembezogener Kooperation ermöglicht werden kann.

Dabei spielt insbesondere die Philosophie und Pädagogik von John Dewey eine zentrale Rolle.[2] Wir werden zeigen, dass seine Ansätze dazu beitragen können, eine kooperative und nachhaltige Gestaltung des gesellschaftlichen Wandels zu ermöglichen und wie sie wichtige Impulse für eine Neubetrachtung beruflicher Bildung geben können. Als ein Vertreter des klassischen philosophischen Pragmatismus hat Dewey theoretische Konzepte und pädagogische Strategien entwickelt, welche die innere Beziehung und Wechselwirkung zwischen Ausbildung, Bildung und Demokratie in der Arbeits- und Lebenswelt systematisch aufgreifen (vgl. Pape/Kehrbaum 2019). Ziel ist dabei, das Spannungsfeld zwischen Beteiligungsorientierung, ideologisierten Zwecken und Sachzwängen als gestaltbaren Konflikt zu begreifen, dessen Bearbeitung als kooperativer und demokratischer Lernprozess angelegt ist. Durch die Hervorhebung einiger zentraler Aspekte der pragmatistischen Bildungstheorie Deweys soll gezeigt werden, welchen Beitrag diese Bildungskonzeption zur Weiterentwicklung der beruflichen Bildung im

2 Peter Faulstich (2005 u. 2023) war ein wichtiger Vertreter derjenigen, die die Thesen, Ansätze und Theorie von John Dewey in Deutschland für die Weiterbildung fruchtbar ausgearbeitet haben.

Konkreten und zur Bewältigung aktueller Krisensituationen im Allgemeinen leisten kann.

2. John Dewey und die berufliche Bildung

John Dewey (1859–1952) war einer der bedeutendsten Vertreter des US-amerikanischen klassischen philosophischen Pragmatismus, durch den die wesentlichen Aspekte und Prinzipien seines Denkens geprägt wurden. Er hat mit seinen philosophischen und pädagogischen Ansätzen eine wichtige Grundlage für die demokratische Bildung in der beruflichen Bildung geschaffen. In seinem Werk »Democracy and Education« betont er die Bedeutung der Erfahrung als Grundlage von Wissen und Bildung. Dabei stand für ihn nicht nur das individuelle Lernen im Vordergrund, sondern auch die gesellschaftliche Dimension von Bildung. Dewey betont, dass Bildung nicht nur als Vorbereitung auf das spätere Leben zu verstehen ist, sondern auch als Teilhabe an der Gesellschaft und als Möglichkeit, die eigene Umwelt mitzugestalten. Dewey verstand sich stets als ein kritischer politischer Intellektueller, dessen wissenschaftliche Arbeit zur Verbesserung der menschlichen Situation beitragen soll. In diesem Zusammenhang übte er deutliche Kritik an konservativen beruflichen Bildungskonzepten: Zum Beispiel schrieb er zur Berufsbildung 1916 in *Democracy and Education*:

»Jedes Konzept einer beruflichen Bildung, das von dem jetzigen industriellen Regime ausgeht und sich davon ableitet, wird wahrscheinlich seine Spaltungen und Unzulänglichkeiten annehmen und fortführen, und so ein Instrument zur Verwirklichung des feudalen Dogmas der sozialen Vorherbestimmung werden.« (Dewey 1916, S. 318, Übersetzung von Tom Kehrbaum)

In diesem Zusammenhang hat Dewey eine Konzeption von »praktischem Lernen« entwickelt, die sich auf das aktive Erleben und gestalterische Handeln in Wirtschaft und Gesellschaft bezieht und politische Handlungsfähigkeit als grundlegende Kompetenz begreift. Dabei geht es nicht nur um eine Vermittlung von Wissen, sondern um die Verbindung von praktischen Problemen und eine diese Praxis reflektierende Theorie. Dewey betont, dass nur durch die praktische Umsetzung von Wissen in sozialen Kontexten ein tiefes Verständnis von Zusammenhängen und Prozessen erreicht werden kann. Dabei spielt die Zusammenarbeit und Kooperation zwischen den Auszubildenden, bzw. den sich beruflich Weiterbildenden eine wichtige Rolle. Durch gemeinsame Projekte und Lernprozesse können sie nicht nur voneinander lernen, sondern auch ihre Fähigkeiten in der Zusammenarbeit und im Austausch stärken. Dabei wird die

Wirksamkeit des individuellen Handelns in Gemeinschaften und der Gesellschaft explizit thematisiert, wodurch politische Zusammenhänge beruflichen Handelns sichtbar und bearbeitbar werden. Deshalb ist ein wichtiger Aspekt von Deweys Bildungskonzeption die Betonung von Demokratie und Partizipation in der beruflichen Bildung. Dabei geht es ihm nicht primär um die Vermittlung von demokratischen Strukturen, sondern um die praktische Umsetzung und Weiterentwicklung demokratischer Prinzipien. Dewey betont, dass die beruflich Lernenden selbst aktiv an der Gestaltung der Lernprozesse und an der Organisation der Ausbildung beteiligt sein sollten.

3. Aspekte der pragmatistischen Bildungstheorie Deweys

3.1 Der innere Zusammenhang von Demokratie und Bildung

John Deweys kritischer Ansatz der beruflichen Bildung wird durch seine eigene politische Praxis verständlicher. Dewey war Lehrer und Professor, aber auch Gewerkschafter und Politiker und hat dabei stets – ganz im Sinne des Pragmatismus – die Verbindung zwischen Theorie und Praxis als ein Grundverständnis seiner Bildungskonzeptionen explizit gemacht (Kehrbaum 2021, S. 68–70). Für ihn erschöpft sich Bildung nicht bloß darin, spezifische Fach-, Methoden- und Sozialkompetenzen zu erlangen, die sich auf bestimmte berufspraktische Felder richten und vorwiegend im Interesse von Unternehmen liegen. Bildung wird von ihm mit besonderem Blick auf demokratische Strukturen und Formen des Zusammenlebens betrachtet. Dabei stehen insbesondere soziale Problematiken im Zentrum und die Art und Weise wie diese erkannt und kommuniziert werden und wie der Prozess einer gemeinsamen Problemlösung konzipiert und umgesetzt wird (Kehrbaum 2021, S. 71).
Der Begriff des Pragmatismus darf nicht falsch verstanden werden. Es geht Dewey gerade nicht darum einen gangbaren Weg zu finden, ohne die Interessen und Ansprüche kapitalistischer Akteure zu hinterfragen. Der Pragmatismus bezieht die Politisierung politischer Rahmenbedingungen in bspw. technologischer Problemlösung mit ein und ermöglicht so einen produktiven Zusammenhang zwischen fachlichem Wissen, demokratischer Kritik und Reflektion und einem guten menschlichen Leben. Naheliegend ist es daher, dass Dewey explizit gewerkschaftliche Betätigung fordert und fördert (vgl. Pape/Kehrbaum 2019), weil gerade sie den Reflexionshorizont fachlicher Diskurse auf politische, moralische und gesellschaftliche Fragestellungen erweitert. Damit wird der Bildungsbegriff erweitert und zusammen mit Demokratie konstituiert und umgekehrt der De-

mokratiebegriff mit Bildung. Demokratie bezieht sich nicht mehr nur allein auf eine Regierungsform, sondern wird als ein zwischenmenschlicher Handlungsprozess verstanden, der von Individuen gemeinschaftlich und im Rahmen zielgerichteten Experimentierens realisiert wird. Dabei wird »das Soziale« in einem weiteren Verständnis begründet und ausgeformt und reduziert sich nicht bloß auf das, was bloß die Sozialversicherung betrifft (Kehrbaum 2021, S. 73). Das Soziale ist bei Dewey die umfassende philosophische Kategorie. Damit rückt er insbesondere das offene menschliche Entwicklungspotenzial in den Fokus, das im Sozialen und dessen interaktiven Prozessen gründet (vgl. Dewey 2003, S. 79ff.).

3.2 Reflexion von Verantwortung und Konsequenzen im Prozess des Handelns

Der Pragmatismus geht von einem menschlichen Selbstverständnis aus, das die Verantwortung für das eigene Denken und Handeln und den daraus folgenden Konsequenzen ins Zentrum rückt. Dieser Ansatz steht zeitlich und inhaltlich mit der Entwicklung und Veröffentlichung der Evolutionstheorie durch Darwin im Jahre 1859 in Verbindung. So schreibt Dewey:

»Solange die Menschheit an dieser Ohnmacht [Selbst-Unterwerfung der Menschen unter eine göttliche Macht T. K.] litt, verlagerte sie unvermeidlich die Last der Verantwortung, die sie nicht tragen konnte, auf die kompetenteren Schultern einer transzendenten Ursache. Aber wenn eine Einsicht in spezifische Bedingungen von Werten und in spezifische Konsequenzen von Ideen möglich ist, muss die Philosophie mit der Zeit zu einer Methode werden, um die ernsthaften Konflikte, die im Leben entstehen, zu lokalisieren und zu interpretieren, und zu einer Methode, um Möglichkeiten zu entwerfen, mit ihnen umzugehen: zu einer Methode moralischer und politischer Diagnose und Prognose.« (Dewey 2004, S. 41f.)

Das menschliche Zusammenleben und Handeln wird zum Ausgangs- und Bezugspunkt von Rationalisierungsprozessen und die menschliche Praxis wird durch gemeinsames und kooperatives Handeln sinnstiftend. Nichts und niemand bestimmt mehr von außen den Sinn menschlichen Lebens. Alle müssen selbst lernen, sinnvoll mit anderen zu leben (vgl. Kehrbaum 2021, S. 74). Im Pragmatismus steht am Beginn der Aufklärung nicht der Widerspruch zwischen Idealismus und Materialismus, sondern eine für das gute menschliche Zusammenleben wirksame Interpretationsmethode der Gründe und Konsequenzen des gemeinschaftlichen Handelns.

Wenn Menschen Fremdbestimmung aufbrechen, wird ihr Denken und Handeln nicht mehr durch Ideale geleitet, die von anderen gesetzt wurden. Sie müssen ihre Handlungsgründe und moralischen Regeln selbst ermitteln. Wer also Verantwortung für das eigene – immer sozial und gesellschaftlich eingebettete – Handeln übernimmt, muss ein Verfahren anwenden, um die ihr zugrundeliegenden Werte und Prinzipien zu entwickeln, mit denen das Handeln als richtig oder falsch bewertet werden kann. Von dieser Überlegung[3] aus führte Dewey einen zentralen Aspekt ein, der auch den bisherigen, am Wissen und Können orientierten Bildungsbegriff entscheidend erweitert: Das Handeln muss auf seine Konsequenzen hin bedacht werden. *Konsequent sein* heißt nach Dewey gerade nicht, sich an Prinzipien festzuklammern, komme was mag, so wie es landläufig meist verstanden wird, sondern *konsequent sein* heißt, das Handeln immer auf die Zukunft zu richten und das zukünftige Handeln in gleichen oder ähnlichen Situationen zu antizipieren. Statt also das Handeln aus festen Prinzipien herzuleiten und an diese zu binden (wie es im Idealismus praktiziert wurde), entwickelt sich Handlungssicherheit bei Dewey über den steten Prozess des Thematisierens von Gründen und Konsequenzen des gemeinsamen Tuns.

Das Herstellen von Artefakten im Rahmen der industriellen Produktion ist ein so zu verantwortendes Handeln. Die kapitalistische Organisationsform des Herstellungsprozesses nimmt den Menschen jedoch das Befragen nach den Konsequenzen ab, wenn das Wertgesetz den Profit als alleinig relevantes Bewertungskriterium des ökonomischen Handelns bestimmt. Das verhindert die Entwicklung von Reflexionsvermögen im beruflichen Lernen und Handeln. Genau dieser systematische Reflexionsprozess wird nach Dewey im Rahmen von erweiterten beruflichen Bildungsprozessen zu einem wichtigen Bestandteil der Persönlichkeitsentwicklung. Dies kann am Beispiel von Jugend- und Auszubildendenvertreter:innen (JAV) verdeutlicht werden:

Die meisten Jugend- und Auszubildendenvertreter:innen[4] üben dieses Ehrenamt während ihrer eigenen Ausbildung aus. Sie bilden sich – über das Ziel des erfolgreichen Berufsabschlusses hinaus – in gewerkschaftlichen Seminaren in rechtlichen, wirtschafts- und gesellschaftspolitischen Fragen weiter. So verstehen

---

3 Diese gehen auf Charles Sander Peirce' pragmatistische Maxime zurück, die annimmt, dass die beste Methode für die Klärung von Begriffen, Vorstellungen und Gedanken ihre gemeinsame Interpretation durch praktische Konsequenzen ist. Die so geklärten Begriffe führen zu Handlungen, die immer in gemeinschaftliche und traditionelle Zusammenhänge, also direkte oder indirekte soziale Handlungen, eingebettet *sind.* Sie lautet: »Überlege, welche Wirkungen, die denkbarerweise praktische Bedeutung haben könnten, wir dem Gegenstand unseres Begriffs in unserer Vorstellung zuschreiben. Dann ist unser Begriff dieser Wirkungen das Ganze unseres Begriffs des Gegenstands, und darüber hinaus gibt es absolut nichts in ihm« (Übersetzt nach: Collected Papers of C. S. Peirce, Vol. 5., § 402, zit. nach Pape 2019, S. 49).

4 Nach dem Betriebsverfassungsgesetz werden in Deutschland in Betrieben mit fünf und mehr Jugendlichen und Auszubildenden Jugend- und Auszubildendenvertretungen gewählt.

sie ihre Aufgaben und Pflichten als JAV im Ausbildungsbetrieb und können diese oft auch gegen den Widerstand der Arbeitgeber begründen. Ebenso lernen sie ihr betriebspolitisches Handeln zu planen und zu begründen. Mit und für ihre Azubi-Kollegen:innen kontrollieren und verbessern sie die Qualität der Ausbildung, indem sie diese explizit auch in politischen Kontexten thematisieren. Sie weiten ihre Urteilskraft und Handlungsfähigkeiten auf den betriebs-, wirtschafts- und gesellschaftspolitischen Kontext aus. Sie gehen von beruflichen Bildungsprozessen aus und beziehen sich mit erweiterten Beurteilungsmöglichkeiten wieder auf sie.

Der Betrieb wird dabei als umfassender Sozialraum wahrnehmbar und dementsprechende Gestaltungsziele entwickelt. Sie handeln mit dem Vertrauen ihrer Mitlernenden, indem sie Verantwortung für die Gestaltung lokaler demokratischer Prozesse, für Problem- und Konfliktlösung sowie für z. B. tarifpolitische Zielsetzungen übernehmen. Die Jugend- und Auszubildendenvertreter:innen entwickeln dabei ihre Persönlichkeit weiter. So bilden sie Eigenschaften und Kompetenzen, die eine transformative Wirtschaft und Gesellschaft heute benötigen: Kommunikationsfähigkeit, Kooperationsfähigkeit, Kompromissfähigkeit, Kritikfähigkeit gesellschaftliche Verantwortung und prozessuale Interaktionskompetenzen. Das eben Beschriebene gilt auch für Betriebsräte, die sich zugleich beruflich und persönlich weiterbilden (vgl. Gröbel/Kehrbaum 2019).

Warum also wehren sich manche Arbeitgeber gegen solche Kompetenzen in ihren Unternehmen – insbesondere, wenn ihre Träger gewerkschaftlich Aktive sind? Diese persönlichen Kompetenzen sind heute nicht nur Grundlagen einer erfolgreichen Wirtschaft, sondern der Stoff, aus dem eine humane und demokratische Lebensform und darauf gerichtete Innovationen entwickelt werden. Warum sollten nicht alle Auszubildenden und Beschäftigten die Chance erhalten, berufliche Bildungsprozesse selbst- und mitbestimmt reflexiv zu erweitern und auf dieser Grundlage mitzugestalten? Diese Frage ist angesichts der aktuellen multiplen Krisensituation dringend zu thematisieren. Sicher scheint angesichts der antidemokratischen und antiinstitutionellen Bewegungen zu sein, dass die Transformationen nur im Rahmen einer demokratischen Innovationsgesellschaft gelingen können, in der kooperierende Konflikt- und Problemlösung eine Bedingung für Akzeptanz und Verbindlichkeit ist.

3.3 Kritikfähigkeit und Urteilskraft entwickeln sich im Problemlösungsprozess

Kritik-, Urteils- und Entscheidungsfähigkeit entstehen im Rahmen kooperativer Entwicklung von Handlungsstrategien der Problemlösung. Diese ist bei Dewey immer als kooperativer Lernprozess angelegt. Problemlösende Kommunikation und Interaktion stehen dabei im Zentrum: Denn, Begriffe und ihre Bedeutung –

die für die Kommunikation und Beurteilung von problematischen Situationen nötig sind – lassen sich klären, wie oben beschrieben, indem Menschen gemeinsam die Folgen bestimmter Handlungen betrachten. Indem sie gemeinsame Zwecke in den Mittelpunkt stellen und bisheriges und zukünftig verändertes Handeln auf ihre Konsequenzen hin prüfen, werden sowohl gemeinsames Interesse als auch Verantwortung sichtbar. Erkenntnisse, Bewertungen und Absichten werden dabei gemeinsam ermittelt und abgestimmt. Dadurch entstehen Sicherheit und Vertrauen, um den Handlungsraum für experimentelles Probehandeln zu öffnen. Pragmatistische Bildungskonzeptionen streben deshalb danach, Hemmnisse abzubauen, die eine freie menschliche Kommunikation und Interaktion und somit geteilte Erfahrungsmöglichkeit in Handlungsprozessen verhindern. Solche Hemmnisse bestehen z. B. in unhinterfragten Routinen und Gewohnheiten im Denken und Handeln oder in hierarchischen Ordnungsstrukturen, die den Informationsfluss hemmen, aber bspw. auch in der Nutzung von Künstlicher Intelligenz, wenn sie die stets offene und kontingente menschliche Interaktion ersetzt.

Ein politisches Hauptthema, für das sich Dewey engagiert einsetzte, war die Problematisierung von Allem, was den Prozess der Lernbefähigung im Miteinander der Menschen behindert. Reflexionsprozesse sollen nicht durch Ideologien oder Fachgrenzen beschränkt werden, sondern sich an realen Problemen der Arbeit und des Lebens der Menschen in ihrer jeweiligen Gemeinschaft ausrichten. Bildung und Handlung werden so zu einem lebensdienlichen Erfahrungsprozess und Demokratie zu einer Lern- und Lebensform. Denn: wird die menschliche Lebensform als eine im Grunde politische Praxis erkannt und werden die Menschen nicht als soziale und politische Mangelwesen betrachtet, so bildet die demokratische Organisation von lokalen Praxisgemeinschaften den zwischenmenschlichen Entwicklungsraum für eine Demokratie als Lebensform. Bildung und Politik gehen bei Dewey ineinander über, weil eine kritische Problematisierung der menschlichen Arbeits- und Lebensform den Ausgangspunkt für mögliche Verbesserungen und eines humaneren Zusammenlebens bildet.

3.4 Kritik ist die Anwendung von Werten bei der Beurteilung der Praxis

Kritik ist bei Dewey die Anwendung von Werten, die im Zuge von Handlungsstrategien relevant werden. Bei einer Problemlösung werden Ziele und Mittel nicht getrennt voneinander betrachtet und bestimmt. Erst die Bestimmung der Mittel, die eingesetzt werden, um Ziele zu erreichen, gibt darüber Aufschluss, ob das Ziel erstrebenswert ist und bestehen bleiben soll. Werte – die auch Ziele sein können – sind dabei nicht getrennt von Fakten zu betrachten. Eine »echte« Problemsituation enthält deshalb notwendig sowohl Werte als auch Fakten. Werden keine Werte zur Beurteilung der Situation benötigt, dann handelt es sich nicht um ein Problem, bei dem es auch um allgemeine Normen geht. Braucht man keine Fakten, so besitzt das Problem keine Handlungsrelevanz (vgl. Festl 2018, S. 141 f.) Prinzipien und moralische Werte ermöglichen die kritische Beurteilung der Situation; sie bilden im Zusammenhang mit Fakten erst die Urteilskraft aus. Deshalb sind Werte und Prinzipien bei jeder Problemlösung relevant und müssen offengelegt werden. Jede Situation bleibt deshalb grundsätzlich offen für Kritik, weil immer eine noch bessere Praxis möglich sein kann. Kritik ist somit gleichzusetzen mit der ständigen Suche nach besseren Lösungen für soziale Probleme. Versuche, diese Prinzipien in der Bildungspraxis umzusetzen würden der jeweiligen Praxisgemeinschaft eine Zieloffenheit zubilligen, die den Bildungsbegriff fundamental demokratisieren würde.

3.5 Zielautonomie von Bildung

Pape und Kehrbaum (2019) beschreiben ein zentrales Unterscheidungskriterium für eine pragmatistische Bildungskonzeption nach Dewey als »Zielautonomie von Bildung«. Diese Zielautonomie wohnt der Verbindung von Demokratie mit Bildung im gemeinsamen Problemlösungsprozess inne. Das Ziel von Demokratie ist nach Dewey, dass sich Menschen gleichberechtigt und frei durch Bildungsprozesse stetig miteinander verbinden und sich weiterentwickeln können (vgl. Kehrbaum 2021, S. 86 f.). Das schließt die Veränderung der zukünftigen gesellschaftlichen und zwischenmenschlichen Beziehungen der Menschen miteinander und damit die bewusste Gestaltung der Gesellschaft mit ein (ebd.). Jede Form von Praxisgemeinschaft ist deshalb auch eine Lerngemeinschaft, von der aus – sofern sie die sozialen Beziehungen ihrer unmittelbaren sowie mittelbaren Praxis zum Thema machen – die sozialen Verhältnisse in einer Gesellschaft verbessert werden können.

Es ist gerade das Wechselverhältnis zwischen Demokratie und Bildung, das die »Grundlage für die Entwicklung einer sozialen und friedlichen Gesellschaft [ist]« (Kehrbaum 2021, S. 296). Profit – als einziger Zweck wirtschaftlichen Handelns – entpuppt sich damit als fantastisch unterkomplexes Verständnis von Wirtschaft. Profitorientierung als einzige Grundlage von Bildungsprozessen anzusehen, kommt eines bewussten Abbruchs von innovationsförderlichen Reflexionsprozessen gleich und verhindert dadurch gerade auch ökonomischen Fortschritt.

Pädagoginnen und Pädagogen sprechen salopp auch von einem »Learning by Deweying« in Abwandlung des »Learning by Doing«, da ein zentrales Merkmal des Dewey'schen Pragmatismus das demokratische Experimentieren ist (vgl. Festl 2015). Dieses Experimentieren führt nach Dewey von einer problematischen zu einer unproblematischen Situation. Ungewissheit ist dabei ein zentrales, auslösendes Moment. Ungewissheit »stellt die nötige Irritation von Routinen her« (Bogusz 2013, S. 315), auf deren Basis experimentelles Handeln erst ausgelöst wird und neue Erkenntnisse produziert werden können, die darauf abzielen, das Problem zu lösen (vgl. ebd.). Im Rahmen der deutschen Mitbestimmung sind weitgehende Instrumente vorhanden, die es Arbeitnehmer:innen ermöglichen, eigene Vorstellungen Betrieblicher Weiterbildung einzubringen und ggf. durchzusetzen.

3.6 Körperliche und sinnliche Erfahrung in der beruflichen Bildung?

Schon die zuvor genannten Aspekte und ihre daraus entwickelten Bildungskonzeptionen kämen einer Revolution gleich, würde man sie systematisch in berufliche Bildungsprozessen integrieren. Sie zeigen aber sehr gut, wie berufliche und politische Bildungsprozesse zusammengedacht werden können. Theorien sind leicht weiterzuentwickeln, wenn sie auf konkrete Probleme in der menschlichen Praxis bezogen werden. Bildungstheorien sind in Deutschland aber oft durch Kritik und Auseinandersetzung mit anderen Theorieansätzen weiterentwickelt worden, statt konkrete Praxisprozesse zum Ausgangspunkt von Theorieentwicklung zu machen. Das dürfte mit den Nachwirkungen einer idealistischen Philosophie zusammenhängen. Im philosophischen Pragmatismus ist die Praxis der Ausgangspunkt der Theorieentwicklung.
Ein fehlender Praxisbezug in der Wissenschaft korreliert in gewisser Weise mit einer Körpervergessenheit in Bildungskonzeptionen, die theoretisches Wissen ins Zentrum rücken. Dewey berücksichtigt die leicht zu übersehende Tatsache, dass Menschen in situativen Problemsituationen zunächst körperlich interagieren. Der Zusammenhang mit den darauf aufbauenden umfassenden sinnlichen Wahrnehmungen und Gefühlen spielt deshalb eine wichtige Rolle im Bildungsprozess. Erziehungswissenschaft, Arbeitspsychologie und die Betriebswirtschaft haben mittlerweile anerkannt, dass die Gestaltung von Sinnerleben am Arbeitsplatz positive Effekte hat, beispielsweise auf die Kreativität der Beschäftigten (Cohen-Meitar et al. 2009, S. 370). Auch auf die Art und Weise, wie gesetzte Ziele verfolgt werden, üben Sinnfragen einen Einfluss aus (vgl. Bass und Bass 2008, S. 855). Eine am Pragmatismus orientierte Bildungskonzeption bezieht deshalb Körper und Gefühle ein und thematisiert persönliche Wahrnehmungen und *Sinnhaftigkeit* von Handlungsprozessen. Der Pragmatismus ermöglicht so die Zuwendung auf Bereiche der konkreten menschlichen Lebenserfahrung und thematisiert diese im Rahmen gemeinsamer Verständigungs- und Problemlösungsprozesse (vgl. Kehrbaum 2021, S. 75). In solchen Lernarrangements wird *Sinnsuche* zu einem kollektiven Erlebnis und lebt von der Kommunikation und Interaktion miteinander in einer bestimmten Situation in einem bestimmten Raum. Nicht zuletzt deshalb hat gerade die Kunstpädagogik das Potenzial eines pragmatistischen Bildungsverständnisses erkannt und verweist damit indirekt auf die Herkunft des Handwerks und der Industrie aus der künstlerischen Be-

tätigung der menschlichen Gattung (Sowa 2012). Nur im Gemeinsamen können Menschen, so Dewey, zu Erkenntnis und Wissen gelangen, nur durch wechselseitige Aushandlungsprozesse kann ermöglicht werden, die menschliche Sinnsuche mit einem klaren Ziel zu versehen. Den Pragmatismus nach Dewey unterscheidet dabei von anderen Spielarten des Pragmatismus, dass Dewey Individuen als konstitutiv in soziale Gebilde (Kultur, Institutionen, Denkweisen von Gemeinschaften) einbezogen begreift (vgl. Kehrbaum 2021, S. 76ff.).

4. Fazit: Impulse für eine Demokratisierung und Politisierung beruflicher Bildung

Dewey weist angesichts aktueller multipler gesellschaftlicher Problemkonstellationen, die sich durch gesellschaftliche Fragmentierungen und Polarisierungen noch verschärfen, eine demokratieförderliche Didaktik auf, mit dem Pluralismus und Diversität im Setting einer solidarischen Gemeinschaft bearbeitet werden können. Lerngruppen handeln dabei im Rahmen konkreter Problemstellungen demokratisch aus, auf welche Fakten sie sich dabei beziehen und welche Werte dabei relevant sind. Auf dieser demokratischen Erfahrung aufbauend, werden weitere Lernprozesse angeregt. Dadurch entsteht die aktive (und damit demokratische) Mitgestaltung von Lernprozessen. So spielt die Gleichzeitigkeit von demokratischen Erfahrungen und Problemlösungen eine wichtige Rolle in der didaktischen Konzeption von – sowohl beruflichen als auch sozialen und politischen – Lernprozessen. Diese drei Bereiche, die in der traditionellen Gliederung der deutschen Bildungsinstitutionen strikt getrennt sind, überschneiden und integrieren sich mit einer an Dewey orientierten Didaktik bzw. Bildungsplanung (vgl. dazu auch Rosenthal 2012, S. 210). So wird der Bezugsrahmen dafür erweitert, warum ein Weiterbildungsbedürfnis eingefordert, bzw. wie die Ablehnung eines Weiterbildungsangebotes begründet werden kann. Für die Betriebliche Weiterbildung bedeutet das eine weitreichende Ermöglichung demokratischer Aushandlungsprozesse innerhalb von Weiterbildungsprozessen von der Bildungsbedarfsermittlung über die Entwicklung von Wissen, Fähigkeiten und Fertigkeiten bis zur Zertifizierung.

Gerade angesichts der Unsicherheiten und Kontingenz aktueller Transformationsprozesse in Wirtschaft und Gesellschaft werden kommunikative Aushandlungsprozesse über Weiterbildungsstrukturen, Weiterbildungsangebote und Weiterbildungsmöglichkeiten nötig. In diesem Zusammenhang ist es wichtig, dass Lernende in die Lage versetzt werden, eigene Interessen zu analysieren und zu artikulieren (Wehling 2016, S. 24). Eine derartige Teilnehmerorientierung (vgl. Tietgens 1980, S. 187ff.) bricht die kapitalistische Organisationsform des Produktionsprozesses auf, die den Menschen das Befragen und Problematisieren ihres Handelns hinsichtlich möglicher Konsequenzen abnimmt. Der alleinige Blick auf Profit als relevante Konsequenz ökonomischen Handelns richtete die Betriebliche Weiterbildung auf dieses Ziel aus und sinnentleerte die demokratische Form des Lernens. Lernen ist dann nur noch Lernen um des Produzierens Willen, Produzieren nur noch Mittel zum Profit. Was damit gestaltet werden kann, ist die Steigerung der Rendite. Was dabei untergeht, ist die Entwicklung umfassenden Reflexionsvermögens im beruflichen Handeln, das heute für unsere gemeinsame Zukunft zu einer entscheidenden Kompetenz wird und gerade deshalb mit der politischen Bildung verbunden werden sollte. In Zeiten von Kriegen, Krisen und Konflikten scheint Deweys Werk den Nerv der Zeit zu treffen. Eine auf Demokratie gerichtete Bildung kann als Aufgabe nicht nur den allgemeinbildenden Schulen zugewiesen werden. Überall dort, wo Menschen auf das vorbereitet werden, was ihr gemeinschaftliches Leben erst ermöglicht: »die Arbeit«, können wir damit anfangen, den Menschen mehr zu vertrauen und zuzutrauen, auch wenn eine (Re-) Politisierung der beruflichen Bildung für viele zunächst eine Zumutung sein wird. Aber Mut ist ja bekanntlich ansteckend!

5. Literatur

Bass, Bernard M.; Bass, Ruth (2008). The Bass handbook of leadership. Theory, research, and managerial applications. 4. Aufl. New York: Free Press.

Bogusz, Tanja (2013). Was heißt Pragmatismus? Boltanski meets Dewey. In: Berliner Journal für Soziologie 23 (3–4), S. 311–328. DOI: 10.1007/s11609-013-0226-3.

Dewey, John (1916). Democracy and education, The Free Press, New York.

Dewey, John (1993). Demokratie und Erziehung, Beltz, Weinheim.

Dewey, John (2003). Die umfassende philosophische Idee (1928). In: Philosophie und Zivilisation, Suhrkamp, Frankfurt am Main.

Dewey, John (2004/1934). Erfahrung, Erkenntnis und Wert, Suhrkamp, Frankfurt am Main.

Cohen-Meitar, Ravit; Carmeli, Abraham; Waldman, David A. (2009). Linking Meaningfulness in the Workplace to Employee Creativity. The Intervening Role of Organizational Identification and Positive Psychological Experiences. In: Creativity Research Journal 21 (4), S. 361–375. DOI: 10.1080/10400410902969910.

Erfurter Kommentar zum Arbeitsrecht (2023). 23. Aufl., München: C. H. Beck.

Faulstich, Peter (2005). Lernen Erwachsener in kritisch-pragmatischer Perspektive, in: Zeitschrift für Pädagogik 51/4, S. 528–542, Beltz-Verlag, Weinheim.

Faulstich, Peter (2013). Menschliches Lernen, Eine kritisch-pragmatistische Lerntheorie, transcript, Bielefeld.

Festl, Michael G. (2015). Gerechtigkeit als historischer Experimentalismus, Gerechtigkeitstheorie nach der pragmatistischen Wende der Erkenntnistheorie, Konstanz University Press, Konstanz.

Festl, Michael G. (2018) (Hrsg.). Ethik, in: Handbuch Pragmatismus, J. B. Metzler, Stuttgart, S. 141 f.

Gombert, Tobias; Sander, Mario (2020). Demokratie bilden. Leiten und Moderieren von Gruppen. Norderstedt: BoD – Books on Demand.

Gröbel, Rainer; Kehrbaum, Tom (2019). Anrechnung von Lernleistungen in Gewerkschaften an Hochschulen, Hrsg.: IG Metall Vorstand, Frankfurt am Main.

Kehrbaum, Tom (2021). Zwischenmenschliche Bildung und politische Handlungsfähigkeit. Eine Theorie der Praxis gewerkschaftlicher Bildung. Frankfurt am Main: Wochenschau.

Kerres, Michael; Witt, Claudia de (2004). Pragmatismus als theoretische Grundlage für die Konzeption von eLearning. In: Horst O. Mayer und Dietmar Treichel (Hg.): Handlungs-orientiertes Lernen und eLearning. Grundlagen und Praxisbeispiele. München, Wien: Oldenbourg, S. 77–100.

Meyer, Thomas (2009). Was ist Demokratie? Eine diskursive Einführung. Wiesbaden: VS Verlag für Sozialwissenschaften.

Pape, Helmut (2019). John Deweys Konzeption von Bildung, Dewey über Demokratie, Die Auseinandersetzung um gewerkschaftliche Bildung: Der Fall des Brookwood Labor College, in: Pape, Helmut/Kehrbaum, Tom (2019): John Dewey: Über Bildung, Gewerkschaften und die demokratische Lebensform, Hans-Böckler-Stiftung (Hrsg.), Düsseldorf.

Rosenthal, Sandra B. (2012). Habermas, Dewey, and the democratic self. In: Mitchell Aboulafia, Myra Bookman und Catherine Kemp (Hg.): Habermas and Pragmatism. London, New York: Taylor & Francis, S. 210–222.

Sowa, Hubert (Hrsg.) (2012). Bildung der Imagination, Band 1: Kunstpädagogische Theorie, Praxis und Forschung im Bereich einbildender Wahrnehmung und Darstellung, Band 2: Bildlichkeit und Vorstellungsbildung in Lernprozessen, ATHENA Verlag, Oberhausen.

Tietgens, Hans (1980). Teilnehmerorientierung als Antizipation. In: Breloer, G./Dauber, H./Tietgens, H. (Hrsg.): Teilnehmerorientierung und Selbststeuerung in der Erwachsenenbildung, Braunschweig, S. 177–235.

Wehling, Hans-Georg (2016). Konsens à la Beutelsbach? Nachlese zu einem Expertengespräch. Textdokumentation aus dem Jahr 1977. In: Benedikt Widmaier und Peter Zorn (Hrsg.): Brauchen wir den Beutelsbacher Konsens? Eine

Debatte der politischen Bildung. Bonn: BPB, Bundeszentrale für Politische Bildung (Schriftenreihe/Bundeszentrale für Politische Bildung, Band 1793), S. 19–27.

II. Betriebliche Weiterbildung – Einordnungen in ein Konzept industrieller Beziehungen

Martin Allespach & Ramona Buske

Arbeit und Bildung – Theoretische Grundlagen für eine emanzipatorische Weiterbildungspraxis

Inhalt

Für die Betriebliche Weiterbildung spielen die Konzepte Arbeit und Bildung eine zentrale Rolle. In diesem Artikel werden daher beide Konzepte im Hinblick auf ihre wechselseitigen Bezüge und Brüche betrachtet und Schlussfolgerungen für die Zielsetzungen, Inhalte und Formen des beruflichen Lernens formuliert. Dabei ist es von Bedeutung, welches Verständnis von Bildung zugrunde gelegt wird (vgl. den Artikel von Zeuner in diesem Band; s. Kap. 1), wie Arbeit begrifflich bestimmt wird (s. Kap. 2) und welche entwicklungsfördernden Merkmale ihr arbeitspolitisch und -pädagogisch beigemessen werden sollen (s. Kap. 3 und 4).

1. Qualifizierung vs. Betriebliche Weiterbildung

Die berufliche Bildung ist vielschichtig, sie trägt zur Förderung der Beschäftigungsfähigkeit des Einzelnen bei, stärkt die individuelle sowie organisatorische Zukunftsfähigkeit und das Selbstbewusstsein und fördert die Persönlichkeitsentwicklung. Obwohl berufliche Weiterbildung immer auch Qualifizierung im Sinne einer funktionalen Entsprechung von Arbeitsplatzanforderungen und Weiterbildungszielen darstellt, ist eine ausschließliche Orientierung an diesen Aspekten sowie an einer rein ökonomischen Verwertungslogik problematisch. Denn eine solche Ausrichtung würde berufliche Bildung ausschließlich über ihren Anpassungs- und Loyalitätsaspekt legitimieren und kritische Rückfragen zur

Arbeitsgestaltung und ihren Rahmenbedingungen ausblenden. Der Bildungsbegriff wäre damit »total instrumentalisiert und seiner emanzipatorischen Elemente beraubt, die darauf bezogen sind, den einzelnen zur Mitgestaltung seiner Lebensverhältnisse zu befähigen« (Arnold 1996, S. 38). Von einem rein ökonomischen Standpunkt aus betrachtet, wird Bildung in Form von eigenständiger Kritik- und Urteilsfähigkeit jedoch schnell als unnütze pädagogische Maßnahme angesehen.
Der eigentliche Zweck von Bildung besteht in der Entwicklung des Subjekts. Erst wenn Fähigkeiten, Fertigkeiten, Kenntnisse, Einsichten und Einstellungen erworben werden, die über die bloße Funktionalität hinausweisen, kann von *umfassender Bildung* gesprochen werden. Ein solches Verständnis von Bildung als Subjektentwicklung legt nahe, Berufsqualifizierung und Persönlichkeitsentwicklung in ihren wechselseitigen Verschränkungen zu betrachten.
Bezugspunkte im beruflichen Kontext betreffen die Fähigkeit und Kompetenz im Beruf sowie die Fähigkeit zur Selbstbestimmung. Dieser Ansatz verhindert eine einseitige Ausrichtung auf berufsqualifizierende Inhalte auf Kosten der persönlichen Entwicklung. Es geht vielmehr um die Förderung der beruflichen Autonomie und die Befähigung zur reflektierten und aktiven Teilhabe am Arbeitsleben. So fasst auch Arnold (1996) zusammen:

»Soll der Erwachsene im Betrieb nicht mehr nur Objekt arbeitsorganisatorischer Änderungen sein, sondern als Subjekt aktiv auf die sich entwickelnden Arbeitsanforderungen reagieren, dann können seine Qualifikationen nicht mehr ausschließlich aus ökonomischen und technologischen Anforderungen abgeleitet werden, sondern müssen vielmehr ergänzt werden um eine pädagogische Dimension, die auch das Ziel umfasst, den einzelnen zur autonomen Gestaltung seiner Arbeitsbedingungen zu befähigen.« (Arnold 1996, S. 240 f.)

Von jeder Form einer verrichtungs- und anpassungsorientierten Berufsbildung grenzt sich auch Rauner deutlich ab und verfolgt stattdessen die Leitidee der Gestaltungsorientierung (vgl. z.B. Rauner 1994, S. 360 ff.; 1995, S. 50 ff.). Die betriebliche Praxis wird als kritik- und gestaltungsbedürftig betrachtet. Faulstich (1997) beschreibt das als arbeitsorientierte-politikbezogene Bildung, die sich auf den Arbeitsbezug und die Interessen der arbeitenden Menschen bezieht (s. auch Faulstich 2013, S. 3; Faulstich 2009).
Arbeitsorientierte-politikbezogene Bildung zielt darauf ab, Interessenpositionen und Handlungsmöglichkeiten im Zusammenhang mit dem Gegenstand Arbeit und dessen Gestaltung zu klären. Ein zentraler Begriff hierbei ist »Arbeitspolitik« (s. Faulstich 2013, S. 4). Eine arbeitsorientierte-politikbezogene Bildung erfasst Widersprüche und definiert Anforderungen, die es den Arbeitnehmenden ermöglichen, ihre Fähigkeiten zu entfalten und in Zusammenarbeit mit

anderen, die ähnliche oder verwandte Interessen und Zielvorstellungen haben oder entwickeln können, praktisch umzusetzen. Sie befähigt die Beschäftigten, arbeitspolitische Interessen zu formulieren, sich mit Kolleg:innen über alternative Entwicklungspfade von Arbeitsorganisation, Technik und Produktion auszutauschen und sich innerhalb von Interessenvertretungen dafür einzusetzen. Für die Betriebliche Weiterbildung ist zusammenfassend ein kritischer Bildungsbegriff von ganzheitlicher Bedeutung, da er das Subjekt[1] als arbeitend, lernend und selbstbestimmt betrachtet. Dies erfordert gleichzeitig einen Arbeitsbegriff, der sich nicht nur auf die Bearbeitung von Arbeitsgegenständen beschränkt, sondern sich auch auf die verantwortungsbewusste Mitgestaltung, Sicherung oder Weiterentwicklung der arbeitsorganisatorischen Bedingungen des Arbeitsplatzes und seiner gesellschaftlichen Einbettung ausrichtet. Folglich beschreibt Bildung einen Prozess, der darauf abzielt, die Arbeit und ihre organisatorischen Rahmenbedingungen zu humanisieren und informelle oder formelle Kooperations-, Interaktions- und Mitbestimmungs- bzw. Selbstbestimmungs-möglichkeiten zu fördern.

2. Arbeit

Wenn Betriebliche Weiterbildung im Kontext der alltäglichen betrieblichen Praxis und nicht innerhalb formeller Lernangebote stattfindet, bildet betriebliche Arbeit den Bezugspunkt der Betrachtung. Ziel des Lernens ist berufliche Handlungskompetenz, d. h. (auch) die Befähigung, die Arbeit selbstständig zu organisieren und zu gestalten, was auf Aspekte von beruflicher Mündigkeit verweist. Damit muss das zugrundeliegende Verständnis von Arbeit über das einer reinen Verrichtung hinausgehen. Um dieses herauszuarbeiten, werden zunächst Dimensionen von Arbeit (2.1) betrachtet und dann exemplarisch auf drei Arbeitsbegriffe (2.2) Bezug genommen, die verschiedene Perspektiven aufzeigen.

1 Der Begriff wird hier verwendet, weil er die einzelne Person als »aktive Instanz der Erkenntnis und Praxis [ansieht], die zielgerichtet auf die natürliche und soziale Umwelt einwirkt« (Keupp 2001, S. 39). Damit wird die gestaltende Beziehung der einzelnen Person zu ihrer Umwelt betont: Die einzelne Person wird eben »nicht nur [als] passives Produkt seiner natürlichen und gesellschaftlichen Lebensbedingungen« (Keupp 2001, S. 39) angesehen.

2.1 Dimensionen von Arbeit

Historisch gesehen wandelte sich die Bedeutung von Arbeit für den Menschen mehrfach im Laufe der Zeit.[2] Für Adam Smith (1776) galt Arbeit als zentraler Begriff und als Grundlage aller Wertschöpfung. Ihre Fähigkeit, Wert zu schaffen, wurde später von Karl Marx aufgegriffen und ihre Bedeutung weiterentwickelt und um Gedanken zu Arbeit und Ausbeutung ergänzt. Für ihn stellt die Arbeit den Prozess der menschlichen Aneignung der Natur dar (vgl. MEW Bd. 23).
Mit der ersten Industrialisierung und dem Wandel zu Industriegesellschaften bildete sich eine typische Konstellation von Arbeit heraus: Das Lohnarbeitsverhältnis. Systematisch lässt es sich anhand folgender Dimensionen beschreiben:

- *Ökonomisch* als Produktionsfaktor, vor allem in Form von Erwerbsarbeit.[3]
- *Sozial* als Medium von Anerkennung und Prestige und als Chance für Lebensgestaltung: Arbeitshandeln ist gesichert über stabilisierte Formen gesellschaftlicher Kommunikation und Kooperation (Arbeitsvertrag, Lohnzahlung etc.). Arbeit ist in der Gesellschaft als Beruf institutionalisiert.
- *Kulturell* als Essenz von Wertorientierung und existenzieller Sinngebung: Dies drückt sich in alltagssprachlichen Maximen, wie z. B. »erst die Arbeit, dann das Vergnügen«, oder »wer nicht arbeitet soll auch nicht essen« zu Weilen recht drastisch aus.
- *Politisch* als Ressource von Einfluss und Machtansprüchen sowie als Fokus von Interessenskonstellationen: Die Entwicklung der Gewerkschaften und die gesellschaftliche Organisation des Konflikts zwischen Kapital und Arbeit kennzeichnen die politische Verfassung von Arbeit und Gesellschaft.

Die Auseinandersetzung mit dem Konzept der Arbeit stößt unweigerlich auf zentrale ethische Fragen, z. B.: Wie sollte die Gestaltung der Arbeit in einer Gesellschaft aussehen, die den Menschen als zentralen Fokus hat? Insbesondere in einer demokratischen Gesellschaft, die auf Teilhabe und nicht auf Ausbeutung basiert, verweist dies auf eine weitere Humanisierung der Arbeit.

2.2 Perspektiven auf Arbeit und ein erweiterter Arbeitsbegriff

Um sich dem diesem Beitrag zugrundeliegenden Verständnis von Arbeit zu nähern, kommt man nicht umhin, sich mit verbreiteten Arbeitsbegriffen, dem technischen und dem ökonomischen, auseinanderzusetzen.

---

2 Aufgrund seines begrenzten Umfangs geht der Beitrag auf die Bedeutung von Arbeit im historischen Prozess nicht ein.

3 Von Erwerbsarbeit abzugrenzen sind bspw. ehrenamtliche Tätigkeit, Hausarbeit bzw. Care-Arbeit.

Technischer Arbeitsbegriff

In arbeitswissenschaftlichen Beschreibungen sind technokratische Definitionen von Arbeit üblich, die sich an der physikalischen Definition aus Arbeit als das Produkt aus Kraft und Weg orientieren (*technischer Arbeitsbegriff*). Arbeit ist eine Form der Energie, da bei der Ausübung von Arbeit Energie von einem Körper auf einen anderen übertragen wird. Laut REFA[4]-Handbuch wird Arbeit definiert als »die Erfüllung der Aufgabe eines Arbeitssystems durch das Zusammenwirken von Mensch und Betriebsmittel mit dem Arbeitsgegenstand« (REFA 1978, S. 14) und »die Summe von Energie und Information [...], die während der Tätigkeit umgesetzt bzw. verarbeitet werden muß« (REFA 1978, S. 15). REFA definiert Arbeit als ein System aus Zeit, Methode und Ort, das darauf abzielt, menschliche Tätigkeiten in Arbeitsprozessen schneller, kostengünstiger und effektiver zu gestalten. Die angewandten Methoden werden optimiert und verbessert, während die Arbeitsorte so gestaltet werden, dass die Arbeitsprozesse reibungslos und ohne Störungen ablaufen. Durch die kontinuierliche Verbesserung der Arbeitsprozesse soll eine höhere Produktivität und Wirtschaftlichkeit erreicht werden (vgl. ebd.).

Die Definition der Arbeit, die auf physikalischen Prinzipien und arbeitswissenschaftlichen Ableitungen beruht, ist reduktionistisch insofern, als dass sie lediglich einen Aspekt der Arbeit beschreibt. Wirtschaftliche Verwertungsaspekte werden damit einseitig betont, während Kriterien für eine förderliche Arbeitsumgebung nur begrenzt diskutiert werden.

Ökonomischer Arbeitsbegriff

In der Ökonomie wird Arbeit als einer der drei volkswirtschaftlichen Produktionsfaktoren betrachtet, neben Boden und Kapital.[5] Arbeit wird als Humanressource oder Humankapital aufgefasst, welches zur Herstellung von Waren und Dienstleistungen eingesetzt wird. Auch eine solche Perspektive auf Arbeit greift zu kurz, weil sie wichtige Zusammenhänge vernachlässigt bzw. vereinfacht darstellt.

Mit dieser Betrachtungsweise verbinden sich folgende Probleme: Zum einen ist Arbeit nicht gleichberechtigt als ein Produktionsfaktor unter anderen zu sehen, denn Mehrwert wird – im Gegensatz zu Boden und Kapital – allein durch Arbeit generiert. Zum anderen wird der Arbeitsprozess allein einer ökonomischen Verwertungslogik untergeordnet, wenn Arbeit instrumentell als Humanressource definiert wird. Darüber hinaus ist herauszustellen, dass Arbeit mehr als eine öko-

---

4 Verband für Arbeitsstudien und Betriebsorganisation e. V. (REFA), ursprünglich als Reichsausschuss für Arbeitszeitermittlung 1924 gegründet (REFA 1978, S. 23).

5 Die herkömmliche Dreiteilung der Produktionsfaktoren geht auf Überlegungen von Ökonomen der »klassischen Schule« und deren Weiterentwicklung zurück, unter anderem auf Smith (1776) und Ricardo (1817).

nomische Größe darstellt: Sie ist Teil von Kultur, ermöglicht gesellschaftliche Teilhabe, entwickelt Kompetenzen und schafft Möglichkeiten des individuellen und kollektiven Lernens.

Arbeit als soziales und politisches Verhältnis
Da Arbeit in der Regel innerhalb eines gesellschaftlichen Zusammenhangs ausgeführt wird und ein wichtiger Bestandteil der sozialen Beziehungen und Hierarchien ist, kann sie als ein soziales und politisches Verhältnis betrachtet werden.
Arbeit erzeugt über den Erwerb und Existenzsicherung hinaus räumlich-zeitliche und soziale Strukturen und soziale Beziehungen. Sie erfolgt in Gemeinschaft durch Kooperation über Kommunikation und Interaktion. Integriert in ein solches Beziehungsgeflecht gelten Arbeitende als wertvolle, ihre Aufgaben, Rollen und Funktionen erfüllende Subjekte, die durch die notwendige Kooperation und Kommunikation auch gesellschaftliche Anerkennung erfahren. Insofern trägt Arbeit in Arbeitsgesellschaften zur sozialen Integration bei (Promberger 2008, S. 3ff.; s. auch Jahoda 1983). Neben der sozialen Anerkennung gibt es weitere Aspekte, die die Bedeutung von Arbeit als soziales und politisches Verhältnis betonen, wie beispielsweise die Arbeitsbedingungen, die Entlohnung und die Teilhabe an Entscheidungen. Arbeit kann damit als ein bedeutender Faktor für die soziale Integration und politische Teilhabe angesehen werden.
Karl Marx betrachtet Arbeit als eine grundlegende Voraussetzung für die menschliche Entwicklung und als einen zentralen Begriff zur Beschreibung der gesellschaftlichen Praxis. Indem der Mensch auf die Natur einwirkt und sie verändert, transformiert er gleichzeitig seine eigene Natur. Er entfaltet die Potenziale, die in ihm schlummern, und unterwirft die Kräfte der Natur seiner eigenen Kontrolle (vgl. MEW Bd. 23, S. 192). Die Tätigkeit des Menschen im Arbeitsprozess ist Zweck setzend, bewusst zielgerichtet, allein Werte schaffend.
Arbeit, wie hier betrachtet, ist schlussfolgernd gesellschaftliche Arbeit, denn sie wird nur innerhalb einer Gesellschaft geleistet. Sie ist von den Ergebnissen (Produkten und Werkzeugen), die andere Menschen zuvor erarbeitet haben, abhängig. Die Menschen treten im Arbeitsprozess in ganz bestimmte gesellschaftliche Beziehung zu einander (Produktionsverhältnisse). Eine Analyse konkreter Arbeitsplätze erfordert also immer auch eine Analyse der gesellschaftlichen Bedingungen. Arbeit hat nach dem hier vorliegenden Verständnis also eine wirtschaftliche und eine ontologische Seite, beides gilt es gleichermaßen zu berücksichtigen.

3. Gute Arbeit gestalten – Gute Weiterbildung ermöglichen

Durch die Ausübung von Arbeit werden Produkte hergestellt und Dienstleistungen vollbracht. Über diese *wirtschaftliche* Betrachtung hinaus, ist Arbeit wie beschrieben jedoch auch Schlüsselkategorie für die soziale Integration von Arbeitnehmenden in der Arbeitsgesellschaft und erfüllt damit eine wichtige gesellschaftliche und soziale Funktion. Damit kann Arbeit auch als ein wesentliches Mittel zur Persönlichkeitsentwicklung (*ontologischer* Aspekt) dienen. Lernen in der Arbeitstätigkeit ist jedoch an bestimmte Bedingungen von Arbeit geknüpft, die im Folgenden herausgestellt werden sollen.

Damit richtet sich der Blick auf die Wechselwirkung zwischen Person und Situation – beruhend auf dem Verständnis, dass (auch) Merkmale der Arbeitssituation das Handeln der Person beeinflussen (Gebert & Rosenstiel 2002, S. 72ff.). Um die Situation des Tätigkeitsvollzugs zu beleuchten, sind Bewertungssysteme aus Arbeitswissenschaft und Arbeitspsychologie hilfreich. Denn sie beruhen auf einer Analyse von Arbeitstätigkeiten und ihrer Bedingungen sowie Wirkungen auf das Individuum, und bewerten diese, um den Verbesserungs- und Gestaltungsbedarf an Arbeitsplätzen zu ermitteln.[6]

Im Bereich der Betrieblichen Weiterbildung haben sich handlungstheoretische Konzepte als besonders relevant und sinnvoll erwiesen, weil sie Lernen als »eine reflektierte Form sinnhaften sozialen Handelns« (Ludwig 2018, S. 262) verstehen und Lernen »als auf die Umwelt gerichtete[n] und mit sozialen Interaktionen verbundene[n] Prozess« (Ludwig 2018, S. 262) ansehen. Diese Konzepte analysieren und gestalten Arbeit explizit unter dem Gesichtspunkt ihrer Fähigkeit, die individuelle Entwicklung zu fördern. Auf diese Weise beziehen sie sich auf Arbeitsbedingungen und formulieren und begründen Forderungen nach solchen Bedingungen, die den Menschenwürdigkeitsstandards entsprechen. Menschen werden dieser Betrachtung nach nicht nur als passive Empfänger von Anweisungen und Regeln betrachtet, sondern als aktive Gestalter ihrer Handlungssituationen. Beschäftigte sollten in der Lage sein, ihre Tätigkeiten selbst zu gestalten und zu organisieren, um Einfluss auf ihre Arbeitssituation zu nehmen.

Die handlungstheoretische Perspektive legt besonderen Wert auf die Bedeutung von sinnvoller und kreativer Arbeit, die zur Entfaltung der Persönlichkeit beitragen kann. Insgesamt verdeutlicht sie, dass eine förderliche Gestaltung von Ar-

6 Einer Verbesserung von Arbeitsbedingungen im Sinne von Merkmalen guter Arbeit widmet sich der DGB-Index »Gute Arbeit« (vgl. DGB-Index Gute Arbeit 2007; Holler, Krüger & Mußmann 2016). Als ein Teilindex ermittelt er bspw. die Entwicklungs- und Gestaltungsmöglichkeiten abhängig Beschäftigter in jährlichen Befragungen. Der Index stellt jedoch auf äußerliche Arbeitsbedingungen ab und folgt damit nicht der subjektspezifischen Betrachtung.

beit nicht nur im Interesse der Arbeitnehmenden selbst liegt, sondern auch von gesellschaftlicher Relevanz sein kann.

Zur Frage, wie die Arbeitssituation geschaffen sein muss, damit Arbeit lernförderlich bzw. entwicklungsförderlich ist, lassen sich Erkenntnisse verschiedener Autor:innen heranziehen. Es geht dabei darum, welche Charakteristika alltägliche Arbeitssituationen aufweisen müssen, um Personen zu ermöglichen, *eine spezifische Handlungskompetenz* zu erwerben.

Mit Blick auf die Regulation von Handlungen lässt sich Hacker (1986) als Vertreter der Handlungsregulation heranziehen. Die Theorie der Handlungsregulation ermöglicht es, Arbeitstätigkeiten aus handlungstheoretischer Sicht zu ordnen (Schelten 2002, S. 627). Sie zielt darauf ab, das Zusammenspiel von Denken und Handeln zu beschreiben. Im Gegensatz zum behavioristischen Reiz-Reaktions-Konzept,[7] das sich auf beobachtbares Verhalten konzentriert, betont die Handlungstheorie die Intentionalität der Subjekte (vgl. auch Holling & Kanning 2004, S. 78f.). Dies impliziert, dass das Subjekt über Ziele verfügt, die es mental antizipiert und Pläne zur Erreichung dieser Ziele formuliert, die ebenfalls mental antizipiert werden. Diese Pläne werden in Handlungen, Teilhandlungen und Bewegungen unterteilt (vgl. Hacker 1986).

Zudem wird zwischen automatisierten, kaum bewussten und bewussten Handlungen unterschieden, die durch kognitive Prozesse gesteuert werden. Hacker (1986) beschreibt, dass menschliches Handeln durch drei hierarchisch aufgebaute Regulationsebenen gekennzeichnet ist.

- Auf der *sensomotorischen Ebene* werden gleichförmige Anforderungen durch automatisierte Handlungsabläufe erfüllt, die sich auf bewegungsorientierte Abbilder stützen, die nicht bewusstseinspflichtig sind. Die Regulation von Bewegungen oder automatisierten Bewegungsabläufen erfolgt hauptsächlich durch kinästhetische Signale, und dies tritt bei gleichbleibenden manuellen Anforderungen und Ausführungsbedingungen auf.
- Auf der *begrifflich-perzeptiven Regulationsebene* werden Variationen von Situationen durch Variationen von Handlungen beantwortet, wobei wahrnehmungsgebundene Urteils- und Klassifikationsvorgänge dominieren, die in der Regel bewusstseinsfähig sind und begrifflich überformt werden.
- Schließlich werden auf der *intellektuellen Regulationsebene* Pläne und Strategien durch komplexe Handlungsfolgen verwirklicht und die Resultate der Handlung werden antizipiert und während der Handlungsausführung ständig überprüft. Dieser Prozess erfordert bewusstseinspflichtige psychische Vorgänge (vgl. Hacker 1986, S. 155ff.).

7 Als Vertreter des Behaviorismus lassen sich vor allem John B. Watson, B. F. Skinner und I. P. Pawlow nennen (s. hierzu einführend bspw. Bodenmann, Perrez & Schär 2016).

Gemäß Hacker (1994, S. 51) sind hierarchische Tätigkeiten vollständig, wenn sie Anforderungen auf verschiedenen Ebenen der Tätigkeitsregulation erfüllen, die sich abwechseln. Zusätzlich zu den hierarchischen Regulierungsebenen unterscheidet Hacker sequenzielle Arbeitsabläufe. Diese beziehen sich auf die Regelkreisstruktur, die aus den Schritten Vorbereitung, Ausführung, Kontrolle und Organisation besteht. Gemäß der Handlungsregulationstheorie ist die Gestaltung der Arbeit umso entwicklungsförderlicher, je umfassender die hierarchisch-zyklischen Regulationsanforderungen der Tätigkeiten sind. Die hierarchisch-zyklische Vollständigkeit kann durch die Gewährung von Freiheitsgraden erreicht werden, um eine umfassende Kontrolle über die eigenen Handlungen aufzubauen. Die Handlungsspielräume beziehen sich auf die Ebenen der Entscheidungsspielräume, Tätigkeitsspielräume und Interaktionsspielräume.
Unvollständige Handlungen dagegen sind auf den reinen Vollzug beschränkt und erfordern keine intellektuellen oder kooperativen Anforderungen (vgl. Hacker 1986, S. 162f.). Die Aufgaben werden lediglich gemäß den Anweisungen ausgeführt, wie es der Taylorismus (vgl. Taylor 1919) mit seiner Partialisierung und Vereinfachung von Handlungen als »one best way« vorsieht. Diese Handlungen sind repetitiv, vereinfacht, fragmentiert und verhindern die Entwicklung eines höheren Regulationssystems, das der intellektuellen Regulationsebene zuzuordnen ist.
Auf dieser Grundlage beschreibt Hacker (1986) die Hauptbedingungen der Persönlichkeitsentwicklung im Arbeitsprozess: (1) Schaffung ausreichender aktiver Tätigkeit, um die individuellen Fähigkeiten und Fertigkeiten zu fördern; (2) Möglichkeiten zur Anwendung und Erhaltung erworbener Leistungsvoraussetzungen, um eine kontinuierliche Verbesserung der Leistung zu gewährleisten; (3) Möglichkeiten zur lernbedingten Erweiterung der Leistungsvoraussetzungen, um die individuellen Fähigkeiten und Fertigkeiten zu erweitern; (4) Ermöglichung selbstständiger Zielstellungen und Entscheidungen sowie aus Denkleistungen abgeleiteter Verfahrenswahlen mit potenziell (5) schöpferischen Veränderungsmöglichkeiten der Verfahren, um die Kreativität und Innovationsfähigkeit zu fördern; (6) Möglichkeiten zur befriedigenden sozialen Kooperation mit notwendigem Bestandteil des Reichtums an Beziehungen zur Umwelt, um die sozialen Kompetenzen zu stärken; (7) Anerkennung gesellschaftlich wertvoller Leistungen in solcher Form, dass dabei eine Bestätigung der Persönlichkeit als wertvolles Mitglied der Gesellschaft erfolgt, um das Selbstwertgefühl zu stärken (vgl. Hacker 1986, S. 512).
Während Hacker (1986) umfassende hierarchisch-zyklische Regulationsanforderungen als Voraussetzung sieht, betont Ulich in seinem Werk, dass bei der Konzeption von Arbeitsplätzen, die die Entwicklung der Arbeitnehmenden fördern sollen, nicht ausschließlich die hierarchisch-zyklische Vollständigkeit berücksichtigt werden sollte. Andernfalls besteht die Gefahr, dass nur kogniti-

ve Kompetenzen berücksichtigt werden (vgl. Ulich 1999, S. 124). Im Hinblick auf die Persönlichkeitsentwicklung von Arbeitnehmenden spielen jedoch auch soziale und emotionale Fähigkeiten eine wichtige Rolle. Hierzu zählen beispielsweise die Fähigkeit und Bereitschaft, die Perspektive anderer zu übernehmen, das Gerechtigkeitsempfinden sowie die Übernahme von Verantwortung. Tatsächlich fördert die Restrukturierung von Arbeitsplätzen in vielen Fällen nicht nur kognitive Komplexität oder Antizipationsfähigkeit, sondern auch Solidarität, beruflichen Stolz, allgemeines Selbstwertgefühl oder das Selbstwertkonzept (vgl. Ulich 1999, S. 124).

In Bezug auf Systeme zur Diagnostik der Arbeitstätigkeit schlägt Ulich vor, ein vereinfachtes System subjektiver Tätigkeitsbewertungen als Instrument zur Förderung eines solchen Prozesses zu nutzen (vgl. Ulich 1999, S. 132). Hacker et al. bieten mit TBS-S dagegen ein differenzierteres arbeitspsychologisches Verfahren (vgl. Hacker et al. 1995). In beiden Verfahren geht es darum, (1) die eigenen Tätigkeiten strukturiert zu betrachten und gegebenenfalls als problematisch zu erkennen, (2) den Wunsch nach Veränderung zu entwickeln, (3) entsprechende Gestaltungsvorschläge zu entwickeln und die notwendigen Kompetenzen zu erwerben, um die Soll-Ist-Differenz zu verringern.

Dehnbostel (2007) befasst sich damit, wie Lernen im Prozess der alltäglichen Arbeit am Arbeitsplatz ermöglicht werden kann, um eine umfassende und reflexive Handlungskompetenz zu erwerben bzw. auszubauen. Er betont eine lern- und kompetenzförderliche Gestaltung von Arbeitsumgebungen und identifiziert hierfür folgende Merkmale (vgl. Dehnbostel 2007, S. 67ff., 77): Es muss sich (1) um ganzheitliche Arbeitsaufgaben handeln, die planende, ausführende und bewertende Anteile enthalten und bei deren Ausführung Beschäftigte (2) über Handlungsspielraum verfügen, der ihnen im Rahmen der Ablauf- und Aufbauorganisation gewährt wird und auf Partizipations- und Mitgestaltungsmöglichkeiten basiert sowie (3) hinreichend Problem- und Komplexitätserfahrung zulässt. Darüber hinaus sind wichtig: (4) Soziale Unterstützung aus dem Kolleg:innen- und Vorgesetztenkreis, (5) ein für das Individuum passendes Anspruchsniveau der jeweiligen Aufgaben, eine (6) durch Rückkopplung und Erfahrungen verbesserte Handlungsfähigkeit sowie (7) Möglichkeiten einer distanzierten rückschauenden Betrachtung des unmittelbaren Arbeitsgeschehens, um die Situation zu hinterfragen und in Bezug zu eigenen Erfahrungen und Handlungswissen zu setzen.

Lernen und Arbeiten sollen nicht als getrennte Bereiche betrachtet werden, sondern als integrierte Komponenten einer produktiven Arbeitsumgebung (Dehnbostel 2007, S. 71f.). Es handelt sich zwar um »informelles, nicht organisiertes Lernen« (Dehnbostel 2007, S. 72); es ist organisatorisch aber insofern eingebettet, als dass es »in seinen Wirkungen erfasst und indirekt über die Einlösung von Absprachen, Regelungen und Zielvereinbarungen eingeplant« (Dehnbostel 2007,

S. 72) wird. Und damit ist es in den realen produktiven Arbeitskontext eingebunden. Über die Existenz vollständiger Arbeitsaufgaben bzw. Handlungen (wie auch Hacker und Ulich) hinaus betont Dehnbostel die Bedeutung von Feedback und der Möglichkeit zur Reflexion sowie von Lernmöglichkeiten in der Gruppe. Insgesamt sieht er das Lernen am Arbeitsplatz als eine wichtige Möglichkeit zur stetigen Verbesserung und Erweiterung der individuellen Kompetenzen und Fähigkeiten (Dehnbostel 2007, S. 68).

4. Fazit

Der Arbeitsplatz kann zu einem Lernort werden, wenn bestimmte Voraussetzungen erfüllt sind. Dazu gehören zum Beispiel eine offene und transparente Arbeitskultur, in der Lernprozesse unterstützt und gefördert werden, ein gutes Arbeitsklima, in dem sich die Mitarbeitenden wohlfühlen und motiviert sind zu lernen, sowie eine klare Weiterbildungsstrategie und -planung seitens des Unternehmens. Auch die Möglichkeit zur Teilhabe an Entscheidungen sowie zur Mitgestaltung von Arbeitsprozessen kann dazu beitragen, dass der Arbeitsplatz zu einem Lernort wird. Außerdem ist es wichtig, dass die Arbeitsaufgaben abwechslungsreich und herausfordernd sind, sodass die Mitarbeitenden immer wieder neue Herausforderungen annehmen und sich weiterbilden können. Insgesamt kann eine Lernkultur am Arbeitsplatz dazu beitragen, dass die Mitarbeitenden besser qualifiziert sind und somit effektiver und erfolgreicher arbeiten. Wenn Arbeit bzw. die Arbeitssituation die genannten entwicklungsförderlichen Merkmale aufweist, ermöglicht dies Lernen und Persönlichkeitsentwicklung der Beschäftigten im Prozess der Arbeit, in der Arbeitstätigkeit.

Es konnte gezeigt werden, dass zwischen Bildung und Arbeit enge Zusammenhänge bestehen. In der Auseinandersetzung mit den Konzepten Bildung und Arbeit jeweils für sich, aber auch unter wechselseitiger Bezugnahme wurde herausgestellt, dass für beide Aspekte eine emanzipatorische Dimension bedeutsam ist. Diese Betrachtungsweise grenzt sich von einer verwertungsorientierten Perspektive ab. In diesem Sinne kann Betriebliche Weiterbildung nicht nur in Form von Bildungsmaßnahmen wie Kursen und Seminaren, sondern auch durch die Arbeitstätigkeit bzw. den Tätigkeitsvollzug selbst stattfinden. Um entwicklungsförderliche Potenziale der Arbeitstätigkeit zur Geltung zu bringen ist aus berufspädagogischer Sicht daher die Gestaltung von Arbeitsprozessen und -bedingungen von zentraler Bedeutung. Im Kontext Betrieblicher Weiterbildung sollte das Augenmerk daher auch dort liegen.

5. Literatur

Arnold, R. (1996). Erwachsenenbildung. Hohengehren.

Bodenmann, G., Perrez, M. & Schär, M. (2016). Klassische Lerntheorien: Grundlagen und Anwendungen in Erziehung und Psychotherapie. Bern: Hogrefe.

Dehnbostel, P. (2007). Lernen im Prozess der Arbeit. Studienreihe Bildungs- und Wissenschaftsmanagement, Bd. 7. Münster: Waxmann.

DGB-Index Gute Arbeit (2007). DGB-Index Gute Arbeit 2007 – Der Report. Hannover: Druckhaus Benatzky. Verfügbar unter: *https://index-gute-arbeit.dgb.de/veroeffentlichungen/jahresreports/++co++b8b251aa-168d-11e4-85b7-52540023ef1a* (abgerufen am 14.9.2023).

Faulstich, P. (2013). Zukunftsfähigkeit des Konzepts Arbeitsorientierung in der Berufsbildungspolitik. In: bwp@ 2013. Verfügbar unter: *https://www.bwpat.de/ht2013/ws23/faulstich_ws23-ht2013.pdf* (abgerufen am 4.7.2023).

Faulstich, P. Arbeitsorientierte – politikbezogene Erwachsenenbildung. In: Gewerkschaftliche Bildungspolitik (1997) H.1/2, S. 19–22.

Faulstich, P. »Integration«? – »Synthese«? – »Konvergenz«? In: Außerschulische Bildung (2009) H.1, S. 6–13.

Gebert. D. & Rosenstiel, L. (2002). Organisationspsychologie. Stuttgart: Kohlhammer.

Hacker, W., Fritsche, B., Richter, P. & Iwanowa, A. (1995). Tätigkeits-Bewertungssystem (TBS). Verfahren zur Analyse, Bewertung und Gestaltung von Arbeitstätigkeiten. Zürich: vdf, Hochschulverlag an der ETH Zürich.

Hacker, W. (1994). Arbeitsanalyse zur prospektiven Gestaltung von Gruppenarbeit. In C. H. Antoni (Hrsg.), Gruppenarbeit in Unternehmen. Weinheim: beltz, Psychologie-Verl.-Union. S. 49–80.

Hacker, W. (1986). Arbeitspsychologie. Psychische Regulation von Arbeitstätigkeiten. Schriften zur Arbeitspsychologie; Nr. 41. Verlag Hans Huber: Bern, Stuttgart, Toronto.

Holler, M., Krüger, T. & Mußmann, F. (2016). Die Weiterentwicklung des DGB-Index Gute Arbeit. In: Zeitschrift für Arbeitswissenschaft 68, 2014, S. 163–174. *https://doi.org/10.1007/BF03374442* (abgerufen am 4.7.2023).

Holling, H. & Kanning, U. P. (2004). Theorien der Organisationspsychologie. In: H. Schuler (Hrsg.), Lehrbuch Organisationspsychologie. Bern: Huber, S. 59–87.

Holzkamp, K. (1993). Lernen. Subjektwissenschaftliche Grundlegung. Frankfurt: Campus.

Institut für Marxismus-Leninismus beim ZK der SED. Karl Marx. Friedrich Engels. Werke. Band 23. Dietz Verlag Berlin, 1962. Verfügbar unter: *https://marxwirklichstudieren.files.wordpress.com/2012/11/mew_band23.pdf* (abgerufen am 4.7.2023).

Jahoda, M. (1983). Wieviel Arbeit braucht der Mensch? Arbeit und Arbeitslosigkeit im 20. Jahrhundert. Weinheim: Beltz.

Keupp, H. (2001). Das Subjekt als Konstrukteur seiner selbst und seiner Welt. In: H. Keupp & K. Weber (Eds.), Psychologie, ein Grundkurs. Reinbek b. Hamburg: Rowohlt, S. 35–54.

Ludwig, J. (2018). Lehr-Lerntheoretische Ansätze in der Erwachsenenbildung. In R. Tippelt, A. von Hippel (Hrsg.), Handbuch Erwachsenenbildung / Weiterbildung. Wiesbaden: Springer VS, S. 257–174.

Promberger, M. (2008). Arbeit, Arbeitslosigkeit und soziale Integration. In: Aus Politik und Zeitgeschichte H. 40/41, S. 7–15. Verfügbar unter: *https://www.bpb.de/shop/zeitschriften/apuz/30941/arbeit-arbeitslosigkeit-und-soziale-integration/* (abgerufen am 4.7.2023).

Rauner, F. (1994). Gestaltungsfähigkeit und Prospektivität. In: Die berufsbildende Schule: Zeitschrift des Bundesverbandes der Lehrerinnen und Lehrer an beruflichen Schulen, Heft 11, Wolfenbüttel: Heckner.

Rauner, F. (1995). Gestaltung von Arbeit und Technik. In: R. Arnold, A. Lipsmeier (Hrsg.), Handbuch der Berufsbildung, Opladen, S. 50–64.

REFA (1978). Methodenlehre des Arbeitsstudiums. Teil 1 Grundlagen. München: Hanser Verlag.

Ricardo, D. (1817). The Principles of Political Economy and Taxation. London: John Murray. Verfügbar unter: *https://socialsciences.mcmaster.ca/econ/ugcm/3ll3/ricardo/prin/* (abgerufen am 14.9.2023).

Schelten, A. (2002). Über den Nutzen der Handlungsregulationstheorie für die Berufs- und Arbeitspädagogik. In: Pädagogische Rundschau, 56 (2002) 6.

Smith, A. (1978). Der Wohlstand der Nationen. München: dtv.

Taylor, F. W. (1919). The Principles of Scientific Management. Harper & Brothers Publishers: New York & London.

Ulich, E. (1999). Lern- und Entwicklungspotentiale in der Arbeit – Beiträge der Arbeits- und Organisationspsychologie. In: K. Sonntag (Hrsg.), Personalentwicklung in Organisationen (2. Auflage, S. 123–153). Göttingen: Hogrefe.

Jana Wienberg

Resonanz statt Resignation – Mitbestimmung und resonante Arbeitsbeziehungen in Zeiten der Transformation

Inhalt

1. Arbeitswelt im Wandel: Herausforderungen und Chancen der Transformation

Der seit einigen Jahrzehnten stattfindende rasante Wandel in der Arbeitswelt wird häufig unter den Begriffen der »Transformation«, »Digitalisierung« oder auch der »vierten Industriellen Revolution« (BMBF 2018) gefasst, welcher durch unterschiedliche Informations- und Kommunikationssysteme sowie die Nutzung großer Datenmengen geprägt ist. Dies hat Auswirkungen sowohl auf die Anforderungen an Strukturen, Prozesse als auch auf die Arbeitnehmenden selbst. Es zeichnen sich vermehrt Entwicklungen ab, welche u. a. auf einen Bedeutungszuwachs prozessunterstützender Tätigkeiten, veränderter Verantwortung von Fachkräften, Wegfall von Routinetätigkeiten und einer steigenden Komplexität von Arbeitsaufgaben, polarisierende Arbeitsorganisation sowie die Ablösung von linearen Prozessabläufen von Prozessnetzen hinweisen (Zinke 2019). Damit kann unter Umständen eine zunehmende Gefahr einer Überlastung, Überwachung, Einschränkung von Bildung und demokratischen Strukturen und das Drohszenario von Arbeitsplatzverlusten einhergehen (BMAS 2022; Schwahn, Mai & Braig 2018, S. 25 f.). Die betriebliche Bildungsarbeit nimmt in den skizzierten Veränderungen in der Arbeitswelt eine Schlüsselrolle ein, um den transformativen Wandel überhaupt zu ermöglichen. Neue Entwicklungen bieten erweiterte Chancen, erfordern aber auch eine kontinuierliche Kompetenzentwicklung (Deutscher Gewerkschaftsbund & Deutsche Kommission Justitia et Pax 2021; Zika et al. 2019). Im Zuge dessen bedarf es innovativer Aus- und Weiterbildungsformate, um flexible Qualifikationsanpassungen zuzulassen – auch um die damit verbundene Verschiebung von Lernräumen in der betrieblichen Bildung arbeitsnehmerorientiert zu gestalten. Selbstorganisation und Selbstbestimmung in der digitalen Arbeit benötigen eine subjekt- und bildungsbezogene Verankerung und Orientierung, die es im Rahmen einer lern- und kompetenzförderlichen Arbeitsgestaltung und durch die Einbeziehung der Ideen und Engagement der Beschäftigten partizipativ auszubauen gilt (Otto 2021; Dehnbostel 2019; Zinke 2019). Dies erfordert auf Führungsebene die Etablierung einer entsprechenden Organisations- und Lernkultur.

Angesichts der tiefgreifenden gesellschaftlichen Veränderungen im Zuge der Digitalisierung und Transformation der Arbeitswelt gewinnt der »Lernort Betrieb« erheblich an Bedeutung. Transformations- bzw. Digitalisierungskonsequenzen stellen in diesem Zusammenhang nicht bloß Zwänge und Grenzen dar, sondern bieten neue Chancen, Gegenstände zu erschließen und den Bewegungsradius zu erweitern (Wienberg 2022; Lerch 2021). Allerdings bleibt das Lernen am Arbeitsplatz im Zuge dieser Entwicklungen nicht selbstverständlich. Die Verdichtung von Arbeitsanforderungen bei höheren Effizienzerwartungen, wie zum Beispiel bei der digital überwachten Just-in-time-Produktion, führt oft zu fehlender Lernzeit (Assinger & Webersink 2022). So erfordert beispielsweise die Einführung digitaler Technologien im Prozess der Arbeit eine kontinuierliche Kompetenzentwicklung und innovative Aus- und Weiterbildungsformate, die flexible Qualifikationsanpassungen zulassen (BMBF 2022). Dabei bedarf es insbesondere in eher »lernfeindlichen Arbeitsumgebungen« (Ahrens & Gessler 2018) innovativer Maßnahmen, die sich vor dem Hintergrund einer Entgrenzung und Erweiterung der Lernräume und Selbstlernarchitekturen in der betrieblichen Bildung eignen (Baumhauer & Meyer 2021; Umbach et al. 2020).

Der Beitrag widmet sich der Frage, inwiefern sich resonante Arbeitsbeziehungen in Zeiten der Transformation herausbilden können und welche Rolle dabei die Mitbestimmung einnimmt. Der Fokus der Betrachtung liegt im Resonanzerleben in einem sich wandelnden Arbeitsumfeld. Unter Resonanz wird in Anlehnung an Hartmut Rosa (2016) ein Beziehungsmodus verstanden, der von Selbstwirksamkeitserwartungen sowie emotional-responsiven Verbindungen geprägt ist. Welche betrieblichen Resonanzräume lassen sich identifizieren und mit welchen potenziell entfremdeten Arbeitsbedingungen sind wir im Zuge der Entwicklungen der Digitalisierung und Transformation konfrontiert? Der Beitrag thematisiert die genannten Fragen und schließt mit einer kritischen Würdigung der Resonanztheorie sowie einem abschließenden Fazit und einem kurzen Ausblick.

2. Resonanz in der Arbeitswelt

Der Soziologe Hartmut Rosa hat in seinem Buch »Resonanz: Eine Soziologie der Weltbeziehung« (2016) Qualitäten von Antwortbeziehungen analytisch betrachtet. Er versteht Resonanz als einen Prozess, in dem sich Individuen und ihre Umwelt aufeinander beziehen und sich gegenseitig bedingen und mitunter transformieren. Als resonanztheoretische Voraussetzungen in Subjekt-Weltbeziehungen können zum einen das Involviertsein beider Seiten sowie das Sprechen mit »eigener Stimme« verstanden werden. Dies ist der Fall, wenn z. B. starke Wertungen tangiert werden. Zum anderen kennzeichnet Resonanz ein Moment »konstitutiver Unverfügbarkeit« (Rosa 2020) und eine »Nicht-Erzwingbarkeit«. Hierbei kann Resonanz als ein dialektischer und dynamisch-prozesshafter Beziehungsmodus begriffen werden, der mit sozialen, materiellen und existenziellen Dimensionen verbunden ist (Rosa 2016, S. 44f.).
Folgt man Rosa, so lässt sich »Arbeit« als eine invasive Auseinandersetzung mit der Umwelt ableiten. Im Zuge der Interaktion des Subjekts beispielsweise mit der Materialität entsteht eine Interdependenz, die sowohl das Objekt (Material) als auch das Subjekt transformieren kann (ebd., S. 395). Erst bei der Auseinandersetzung mit der Hand- und Kopfarbeit bzw. mit dem Habitus und der Welt entwickeln sich die im Subjekt angelegten Fähigkeiten und Fertigkeiten und zugleich wandelt sich dabei das bearbeitete Material bzw. in der Auseinandersetzung mit der Umwelt. Aufgrund dieser Interdependenz lassen sich Ursache und Wirkung nicht trennscharf differenzieren. Wechselseitige Antwortbeziehungen bieten auch immer Möglichkeiten des Widerstands: Momente der Unvorhersehbarkeit bei der Auseinandersetzung mit der Materialität oder auch das bloße Sich-Abarbeiten am Stoff in Form von Routinehandlungen kann zu nicht widerspruchsfreien, entfremdeten bzw. nicht resonanten Subjekt-Objekt-Weltbeziehungen führen (ebd., S. 396). Eine resonanztheoretische Perspektive ermöglicht in diesem Zusammenhang zwischen einer systemischen Sicht (Struktur, Produktionsverhältnisse, kapitalistische Ökonomie und Macht; Paech 2012) und dem Erleben, i. S. von Resonanz, Indifferenz (Jaeggi 2016) und Repulsion, zu wechseln.
Resonanzerfahrungen in der Arbeitstätigkeit entstehen u. a. dort, wo sich die Arbeitsanforderungen und Fähigkeiten, Bedürfnisse und Werte des Individuums in der Arbeit widerspiegeln, wo die Fähigkeiten und Talente entfaltet werden können, und wo ein Raum für Feedback und Anerkennung der Arbeit existiert. Resonante (Arbeits-)Beziehungen bilden sich jedoch nicht zwangsläufig dort heraus, wo eine Tätigkeit entlohnt wird. Vielmehr kann es sogar zu einem gegenteiligen Effekt führen – beispielsweise im Falle einer unfreiwilligen Tätigkeit bzw. eines rein instrumentellen Verhältnisses zur Arbeit – wodurch sich die Arbeit (i. S. d. Lohnarbeit) von einer resonanten in eine entfremdete Beziehung trans-

formiert. Dieses Phänomen beschreibt Rosa als eine typische Form der »Pathologie des Kapitalismus«. Dies kennzeichnet instrumentelle Arbeit, i. S. einer objektivistischen Fixierung auf der Gegenstandsseite der Arbeit und einer Entfremdung auf der Subjektseite, welche als ursächlich für fehlende Resonanz betrachtet werden kann (Rosa 2016, S. 396f.). Zentrale Voraussetzung für Resonanz ist für die Soziologin und Philosophin Rahel Jaeggi (2016) nicht nur die Arbeitstätigkeit als ein bloßes Mittel zur Erzielung von Einkommen zu betrachten, sondern dass diese auch ein Ort sein kann, an dem Selbstverwirklichung und Identitätsbildung gefördert wird. Resonanz in der Arbeit kann entstehen, wenn die Arbeit selbst einen inneren Wert hat und wenn die Arbeitenden die Möglichkeit haben, ihre eigenen Fähigkeiten und Talente in ihrer Arbeit zu entfalten. Resonanz in der Arbeit ist in einer Gesellschaft möglich, in der die Arbeitenden das Recht und die Freiheit haben, ihre eigenen Entscheidungen zu treffen und ihre eigenen Bedürfnisse und Wünsche zu verfolgen (Jaeggi 2016).

Der Betrieb als *Resonanzraum* zeichnet sich dadurch aus, dass er eine Arbeitskultur fördert, in der die Arbeitenden das Gefühl haben, dass ihre Arbeit sinnstiftend ist und dass sie einen (gesellschaftlichen) Beitrag leisten können. Eine solche Kultur fördert ein hohes Maß an Autonomie und Selbstbestimmung für die Arbeitenden, welche die Möglichkeit haben, ihre Fähigkeiten und Talente in ihrer Arbeit zu entfalten und ihr Potenzial auszuschöpfen. Ein betrieblicher Resonanzraum ist durch eine hohe Wertschätzung und Anerkennung für die Arbeitenden und ihre Leistungen gekennzeichnet. Die Arbeitenden erhalten Feedback und Unterstützung, um sich in ihrer Arbeit weiterzuentwickeln und ihre Fähigkeiten zu verbessern. Eine solche Kultur fördert ein Gefühl der Verbundenheit und organisationalen Zugehörigkeit. Darüber hinaus zeichnen sich resonante Arbeitsbeziehungen dadurch aus, dass sie eine offene Kommunikation und eine Kultur der Kollaboration und des Austauschs fördern.

Hierzu können Resonanzverhältnisse kollektiver (Gewerkschafts-)Beziehungen innerhalb des Kollegiums und insbesondere zwischen dem Arbeitgeber und den Arbeitnehmenden im Prozess des Aushandelns von Interessen beitragen. Mitbestimmung kann als zentrales Element von Resonanz angesehen werden, denn »gute« Arbeitsbedingungen führen nicht zwangsläufig zu Resonanz (Rosa 2016, S. 398). Der von den Gewerkschaften initiierte und stetig geführte Kampf um »gute Arbeit« (Institut DGB-Index *Gute Arbeit* 2022; Initiative Neue Qualität der Arbeit 2023) bezieht sich nicht nur auf eine bessere Vergütung der geleisteten Arbeit oder sichere(re) Arbeitsbedingungen, sondern vielmehr verdeutlicht er das Verlangen, Resonanzbeziehungen gegen die unterminierenden Imperative der Ökonomisierung zu verteidigen (Wienberg 2022, S. 125).

3. Entfremdete Arbeit(sbedingungen)

Rosa entwirft Resonanz als ein Gegenkonzept zur Entfremdung (Rosa 2016). Ein Subjekt-Welt-Verhältnis kann als nicht entfremdet gelten, wenn es die Ausbildung von Resonanz ermöglicht. Entfremdung kann als eine Art Oberbegriff für gestörte Weltbeziehungen der Subjekte verstanden werden. Kennzeichnend für Entfremdungserfahrungen sind durch das Fehlen konstitutiver, responsiver Beziehungen, fehlende Selbstwirksamkeits- und Kontrollüberzeugungen und die Abwesenheit handlungsorientierender, positiver Bindungen zur Welt (Beljan 2017, S. 157). In Rosas Theorie entfremdet sich das Subjekt von der Fähigkeit, sich die Welt in ihren räumlichen, zeitlichen, sozialen, handlungspraktischen und dinglichen Dimensionen anzuverwandeln (Rosa 2011, S. 248). In Bezugnahme auf Rahel Jaeggi (2016) kann Entfremdung in einer Reihe von miteinander komplex verknüpften Motiven gesehen werden: *Indifferenz* und *Entzweiung*, *Machtlosigkeit* und *Beziehungslosigkeit* sich selbst und einer als gleichgültig und fremd erfahrenen Welt gegenüber. Demzufolge stellt die Entfremdung ein *Unvermögen dar*, sich zu anderen Menschen, zu Dingen, zu gesellschaftlichen Institutionen und damit auch zu sich selbst in Beziehung zu setzen. Jaeggi beschreibt die Entfremdung als eine »*Beziehung der Beziehungslosigkeit*« (Jaeggi 2016, S. 21). Hierbei lässt sich Entfremdung als Verselbstständigung von Verhältnissen gegenüber denen (übermächtige Institutionen, systematische Zwänge) die diese schaffen definieren.

Rosa sieht den Kapitalismus als zentrales Mittel um die Eckpfeiler moderner Vorstellungen eines gelingenden Lebens, nämlich Autonomie und Authentizität verwirklichen zu können. Er sieht die Beschleunigung und das Wachstum als kulturprägende und strukturbildende Kräfte, die eine kapitalistische Gesellschaftsordnung definieren. Obwohl spätmoderne Subjekte frei (autonom) erscheinen, sind sie jedoch einem extremen Ausmaß an existenziellen Zwängen unterworfen: Rosa definiert den Entfremdungsbegriff demnach zunächst als einen pragmatischen Zustand, in welchem Ziele oder Praktiken von Subjekten ausgeübt werden – auch mitunter unter dem Gefühl der Fremdbestimmung (vgl. weiterführend: Wienberg 2022, S. 44ff.).

Entfremdungserfahrungen in der Arbeitswelt können auf verschiedene Arten zum Ausdruck kommen: Eine Form der Entfremdung kann auftreten, wenn Arbeitnehmende das Gefühl haben, dass ihre Arbeit, i. S. der Selbstwirksamkeit (Bandura 1977) keinen Einfluss auf die Gestaltung des Produkts oder der Dienstleistung haben oder, wenn die Arbeitnehmenden lediglich in einem bestimmten Teilprozess tätig sind und ihre Arbeit nicht als Teil eines größeren Ganzen erfahren, i. S. der Aufgabengeschlossenheit (Milgram 1982) sowie durch fehlende Rückmeldung durch die Arbeitstätigkeit an sich oder durch die Kolleg:innen (Hackman & Oldham 1974) kann dies zu einem Gefühl der Entfremdung führen. Im Arbeitsprozess bieten sich Möglichkeiten des Auftretens von Widerstand, Unvorhergesehenem (Rosa 2016, S. 396). Falls dies nicht der Fall ist, dann hört die Beziehung auf, eine Resonanzbeziehung zu sein und wandelt sich zur Routine. Exemplarisch hierfür stehen neo-taylorisierte Arbeitsbedingungen, bei denen monotone, auf Dauer routinierte Tätigkeiten dominieren und auch eine mangelnde Einbindung in Entscheidungsprozesse sowie ein fehlender Gestaltungsspielraum können u. a. eine Entfremdung von der eigenen Tätigkeit zur Folge haben.

Vor dem Hintergrund einer technischen Beschleunigung und damit einhergehenden allgemeinen Beschleunigung des Lebenstempos, einer gestiegenen Fragmentierung von Zeitstrukturen, einer erhöhten Arbeitsteilung und Spezialisierung sowie einer zunehmenden Technologisierung (Altmeyer 2016) können Entfremdungsmomente entstehen (Rosa 2014). Es bleibt zu hinterfragen, inwieweit die veränderten Arbeitsbedingungen und -anforderungen infolge der »Industrie 4.0« eine erhöhte Gefahr der Entfremdung bergen und zu einer Deformation der Arbeit beitragen (Langemeyer 2015, S. 23; Bauer et al. 2014). Darüber hinaus kann Entfremdung in der Arbeit (weiter) vorangetrieben werden, wenn erstens sowohl der Wettbewerbs- und Optimierungszwang (permanent) steigen, zweitens die Kooperation mit Kolleg:innen abnimmt, sich drittens der Kontakt zur Arbeit verringert und viertens der eigene Anspruch an die Arbeitsqualität unter wirtschaftlichen Vorgaben schwindet (wie es beispielsweise bei Pflegekräften häufig der Fall ist) und/oder fünftens keine Anerkennung durch Vorgesetzte und Kolleg:innen erfahren wird. Infolgedessen fungiert Arbeit nicht (mehr) als Mittel zur Selbstgestaltung, sondern wird vielmehr als »belastende« Fremdbestimmung empfunden (Rosa 2016, S. 396f.).

Wenn Arbeitnehmende keine Möglichkeit haben, ihre Arbeitsbedingungen mitzugestalten oder über ihre Arbeitszeit zu entscheiden, kann dies dazu führen, dass sie sich fremdbestimmt und entfremdet fühlen. Mitbestimmung im Betrieb stellt eine Grundvoraussetzung dar, um Entfremdung in der Arbeitswelt zu vermeiden oder zu reduzieren. Dies kann durch die Einbindung der Arbeitnehmenden in Entscheidungsprozesse und die Mitgestaltung ihrer Arbeitsbedingungen erfolgen. So nehmen Gewerkschaften eine zentrale Rolle ein, um die Mitbestimmung der Arbeitnehmenden im Betrieb zu stärken. Gewerkschaften vertreten die Interessen der Arbeitnehmenden und setzen sich für ihre Rechte und ihre Mitbestimmung ein. Durch Tarifpolitik, Unterstützung von Arbeitnehmervertretungen und gezielte Kampagnen können Gewerkschaften dazu beitragen, dass die Interessen der Arbeitnehmenden stärker berücksichtigt werden und eine stärkere Verbindung zwischen Arbeitnehmenden und ihrer Arbeit hergestellt wird und sich resonante Arbeitsbeziehungen herausbilden können.

Die geschilderten Entfremdungspotenziale in der Arbeit und eine damit einhergehende mögliche Gefahr der Instrumentalisierung von Weiterbildung sollte weder den Druck hinsichtlich einer ständigen Anpassung an die jeweiligen Arbeitsbedingungen und -anforderungen verstärken noch dem emanzipatorischen Anspruch von Bildung (weiter) weichen (Kirchgeorg et al. 2018, S. 12). Wie skizziert stellen beruflich nützliche und für neoliberale Zwecke instrumentalisierte Bildungsanstrengungen keine (langfristige) Resonanz sicher (Holzer 2014, S. 41). Denn Resonanzbeziehungen bilden sich nicht nur dort heraus, wo Arbeit monetär vergütet wird (Gegenbeispiel: ehrenamtliche Tätigkeiten, z. B. aus altruistischen Motiven), mehr noch: Durch instrumentalisierte Arbeit und Weiterbildung kann sich eine Resonanzbeziehung schnell in eine entfremdete Beziehung transformieren (Rosa 2016, S. 396f.). Dies verdeutlicht, dass Weiterbildung nicht in der Logik kapitalistischer Verwertungs- und Ausbeutungsmöglichkeiten gesehen werden sollte (Holzer 2014, S. 41).

4. Kritische Würdigung der Resonanztheorie

In der Gesamtschau hat Hartmut Rosas Resonanztheorie äußerst wertvolle Erkenntnisse in die Antwortbeziehungen zwischen Individuen und (gesellschaftlicher) Umwelt geliefert, aber auch Kritik wegen u. a. mangelnder empirischer Verifikation, Überbetonung des Konzepts der Resonanz erfahren. Auf drei zentrale Desiderate soll im Folgenden kurz Bezug genommen werden:
Eine der Hauptkritikpunkte an Rosas Resonanztheorie ist, dass sie in der Rückschau durch unzureichende empirische Untersuchungen gestützt wurde. Die Theorie basiert größtenteils auf philosophischen und soziologischen Erkenntnissen und weist nicht genügend *empirische Evidenz* vor, um ihre Aussagen zu bekräftigen. Darüber hinaus lässt sich der Resonanzbegriff nicht immer trennscharf abgrenzen und wirkt mitunter romantisch-mythisch verklärt (Hogrebe 2006). Eine *Entnormativierung* des Resonanzbegriffs (Wetzel 2017) erscheint notwendig, hierzu können (weitere) empirisch orientierte Resonanzanalysen beitragen, um eine Validierung der Resonanztheorie zu unterstützen.
Ein weiterer Kritikpunkt stellt die Überbetonung des Resonanzkonzepts dar: Rosas Resonanzbegriff erscheint an manchen Stellen theoretisch zu »überladen« und wichtige Faktoren, die soziale Beziehungen prägen, werden vernachlässigt – wie beispielsweise *Macht* und *Ungleichheit*. So erscheint es sinnvoll die Resonanztheorie, welche u. a. die Beziehung zwischen Macht und Resonanz nicht weiterführend thematisiert (Rosa 2016, S. 757) und keine schlüssigen Antworten liefert, inwiefern Macht Resonanz erzeugen, erzwingen oder verhindern kann (Wetzel 2017), um weitere theoretische und empirische Studien zu erweitern, um u. a. betriebliche Realitäten in der Arbeitswelt abbilden zu können.

Dem Aspekt der Unverfügbarkeit von Resonanz (Rosa 2020) kann nicht vollständig zugestimmt werden (Wienberg 2022, S. 238): Auch, wenn grundsätzlich von einem Moment des *Unverfügbaren* und deshalb *Unverdinglichten* im Resonanzerleben ausgegangen werden kann, können die Voraussetzungen für das Erleben von Resonanz durch den (bewussten) Einsatz von förderlichen Strategien zur Erhöhung der Ermöglichung von Resonanz erlangt werden (Wienberg 2022, S. 239) – Resonanzerleben kann durchaus von sozialen, kulturellen und politischen Faktoren beeinflusst werden, welche resonante Beziehungen begünstigen oder behindern können.

5. Fazit und Ausblick

Ausgehend von den Annahmen der Herausbildung entfremdeter Arbeit (Rosa 2016, S. 399), stellt sich die Frage, inwiefern Entwicklungen im Zuge der Digitalisierung und Transformation sowie immer kürzer werdenden Innnovationszyklen zunehmend Entfremdungspotenziale bieten. Eine erhöhte Gefahr der Entfremdung kann dadurch begründet werden, dass das Subjekt nicht direkt mit der Materialität in Verbindung steht, das heißt sich physisch entfernt von der erfahrbaren Stofflichkeit befindet, wodurch eine Vielzahl sinnlicher Erfahrungen verloren gehen können (Rosa 2016, S. 164). Diese Entwicklungen können zur Folge haben, dass (das) Verantwortung(sgefühl) bei mangelnder Nachvollziehbarkeit schwindet (Milgram 1982). Auch wenn sich in der historischen Perspektive eine stärkere Abkehr von tayloristisch-fordistischen Prinzipien abgezeichnet hat, kommen zugleich diametrale Prozesse einer (Re-)Taylorisierung auf (Butterwegge, Lösch & Ptak 2008), welche sich divergent tätigkeits- und branchenabhängig verhält und unterschiedlich gerichteten Einflussnahmen sowie Interdependenzen unterliegt (Ahrens & Gessler 2018; Hirsch-Kreinsen 2016; Heßler 2016). Der Annahme folgend, dass sich post-tayloristische Prinzipien der Arbeitsorganisation nicht über alle Bereiche hinweg zurückbilden und insofern eine fortschreitende Entgrenzung, Subjektivierung und Vermarktlichung von Arbeit stattfinden, könnten diese Entfremdungstendenzen in erheblichem Maße zunehmen. Hierbei können Diskrepanzerfahrungen zwischen dem eigenen Anspruch an die Arbeit und tatsächlichen Umsetzungsmöglichkeiten in der Praxis auftreten. Jene potenziell auftretenden entfremdeten Arbeitsbeziehungen können als genuiner Bestandteil unseres Lebens angesehen werden und bilden die jeweiligen Widerstände ab. Im Hinblick auf die unterschiedlichen Beziehungsfelder sowohl im beruflichen als auch im privaten Kontext, welche (essenzielle) resonante Beziehungen implizieren, können Diskrepanzen oder auch (kompensatorische) Verschiebungen bzw. Verlagerungen entstehen. Im Zuge einer *multi-*

plen Resonanzaufladung durch die Arbeit (Hochschild 2006; Rosa 2016, S. 398) kann es dazu führen, dass zentrale Resonanzhoffnungen und -erwartungen aus dem privaten Kontext kompensatorisch in die Arbeit verlagert werden. So kann der Verlust des Arbeitsplatzes für eine Vielzahl der Menschen nicht nur einen Ressourcenverlust darstellen, sondern vielmehr einen »Weltverlust« (Rosa 2016, S. 401). Der Wert der Arbeit sowie die Subjektivierung von Arbeit können in erheblichem Maße identitätsstiftend sein.

Für die Aus- und Weiterbildung bieten sich aus einer resonanztheoretischen Perspektive bereichernde Ansatzpunkte zur Ausdeutung und Ausgestaltung kollektiver und institutioneller Handlungsprozesse ab. Im Rahmen der Resonanztheorie bleiben gewerkschaftliche Interessenaushandlungen und das Resonanzverhältnis unter gewerkschaftlich orientierten »Gesinnungsgenossinnen und -genossen« i. S. kollektiver Gewerkschaftsbeziehungen innerhalb des Kollegenkreises, aber auch zwischen Arbeitgebern und Arbeitnehmenden beim Aushandlungsprozess von Interessen, weitestgehend vage. Dieses kollektive Antwortverhältnis zur Interessensaushandlung als eine mögliche Form der Strukturentwicklung als befreiende Artikulationsform lässt sich durchaus auf betriebliche Bildungsarbeit übertragen. Im arbeitsweltlichen Kontext erscheint die Einbeziehung von Machtstrukturen, (informeller) Hierarchien und Rollen unabdingbar. Darüber hinaus betrachtet Rosa Aspekte der Subjektivierung von Arbeit sowie der Entgrenzung(sgefahr) im Lichte möglicher kompensatorischer Resonanzerfahrungen bei der Arbeit. Hieran lassen sich nahtlos Debatten zur/zum Selbstoptimierung(szwang) anschließen (Forster 2020; Hartong 2020; Bellmann, Caruso & Kleinau 2020) sowie aktuelle Diskurse der kritischen Erwachsenenbildung/Weiterbildung zur (vermeintlich) zunehmenden *Ökonomisierung von Bildung* und eines gestiegenen Zwangs zum »*Lebenslänglichen Lernen*« (Faulstich 2006, S. 11) fortsetzen.

Die Resonanztheorie (Rosa 2016) bietet somit einen Rahmen, der es erlaubt, veränderte Anforderungen an das Subjekt, welche u. a. aus dem digitalen Wandel, i. S. einer flexibleren örtlichen und zeitlichen Nutzung von Bildungsangeboten oder auch veränderten Settings zur Ausübung von Lernaktivitäten resultieren, weiterführend zu untersuchen und dabei die Perspektive der handelnden Subjekte in ihrer Situiertheit (Holzkamp 1995) herauszuarbeiten.

6. Literatur

Ahrens, D./Gessler, M. (2018). Von der Humanisierung zur Digitalisierung: Entwicklungsetappen betrieblicher Kompetenzentwicklung. In: Ahrens, D./Molzberger, G. (Hrsg.): Kompetenzentwicklung in analogen und digitalisierten Arbeitswelten. Springer Berlin.

Altmeyer, M. (2016). Auf der Suche nach Resonanz. Wie sich das Seelenleben in der digitalen Moderne verändert. 2., unveränderte Auflage 2016. Vandenhoeck & Ruprecht Göttingen.

Bandura, A. (1977). Self-Efficacy: Toward a Unifying Theory of Behavioral Change. Psychological Review/84(2), pp. 191–215.

Bauer, W./Schlundt, S./Marrenbach, D./Ganschar, O. (2014). Industrie 4.0 – Volkswirtschaftliches Potenzial für Deutschland: Studie. Berlin: Bundesverband Informationswirtschaft, Telekommunikation und neue Medien e. V. (BITKOM).

Baumhauer, M./Meyer, R. (2021). Berufliche Handlungsfähigkeit und Erfahrungswissen: Stellenwert für die Facharbeit in der digitalen Transformation, Eine empirische Analyse am Beispiel der Chemieindustrie. In: Zeitschrift für Arbeitsforschung, Arbeitsgestaltung und Arbeitspolitik. Band 30, Heft 4, S. 263–282.

Beljan, J. (2017). Schule als Resonanzraum und Entfremdungszone: Eine neue Perspektive auf Bildung. Beltz Weinheim.

Bellmann, J./Caruso, M./Kleinau, E. (2020). Optimierung in Bildung und Erziehung. Einleitende Thesen in den Thementeil. Zeitschrift für Pädagogik, Heft 1/2020. Beltz Juventa Weinheim, Basel, S. 1–7.

BMAS (Hrsg.) (2017). Weissbuch Arbeiten 4.0. Berlin.

BMAS (2022). Denkfabrik Digitale Arbeitsgesellschaft: Arbeit neu denken. URL: *https://www.denkfabrik-bmas.de/ueber-uns/denkfabrik-digitale-arbeitsgesellschaft-arbeit-neu-denken* (abgerufen am 24. 4. 2023).

BMBF (2018). Digitale Wirtschaft und Gesellschaft. Industrie 4.0. URL: *https://www.bmbf.de/de/zukunftsprojekt-industrie-4-0-848.html* (abgerufen am 24. 4. 2023).

BMBF (2022). Initiative Digitale Bildung des Bundesministeriums für Bildung und Forschung. URL: *https://www.bmbf.de/bmbf/de/bildung/alle-informationen-zum-digitalen-lehren-und-lernen/alle-informationen-zum-digitalen-lehren-und-lernen-bmbf.html* (abgerufen am 24. 4. 2023).

Butterwegge, C./Lösch, B./Ptak, R. (2008). Kritik des Neoliberalismus. 2., verbesserte Auflage 2008. VS Verlag Wiesbaden.

Dehnbostel, P. (2019). Betriebliche Lernorte, Lernräume und Selbstlernarchitekturen in der digitalisierten Arbeitswelt. In: Magazin erwachsenenbildung.at. Das Fachmedium für Forschung, Praxis und Diskurs. Ausgabe 35/36, 2019.

Wien. URL: *http://www.erwachsenenbildung.at/magazin/19-35u36/meb19-35u36.pdf* (abgerufen am 24.4.2023).

Deutscher Gewerkschaftsbund & Deutsche Kommission Justitia et Pax (Hrsg.) (2021). Arbeit in einer nachhaltigen Wirtschaft. Die sozial-ökologische Transformation aus arbeitspolitischer Perspektive. Berlin.

Faulstich, P. (2006). Lernen und Widerstände. In P. Faulstich, & M. Bayer (Hrsg.), Lernwiderstände: Anlässe für Vermittlung und Beratung. Eine Initiative von ver.di, IG Metall und GEW. VSA Hamburg, S. 7–25.

Forster, E. (2020). Die brüchige Welt der Optimierung. Zeitschrift für Pädagogik, Heft 1/2020 (S. 15–21). Beltz Juventa Weinheim, Basel.

Hackman, J./Oldham, G. (1974). The Job Diagnostic Survey: An Instrument for the Diagnosis of Jobs and the Evaluation of Job Redesign Projects. Yale Univ., New Haven, Conn. Dept. of Administrative Sciences.

Hartong, S. (2020). Zum Optimierungsdrang des Bildungsmonitoring. Zeitschrift für Pädagogik, Heft 1/2020. Beltz Juventa Weinheim, Basel, S. 64–71.

Heßler, M. (2016). Zur Persistenz der Argumente im Automatisierungsdiskurs. APuZ 66 (18–19), S. 19–24.

Hirsch-Kreinsen, H. (2016). Zum Verhältnis von Arbeit und Technik bei der Industrie 4.0. APuZ, 66 (18–19), S. 10–16.

Hochschild, A. R. (2006). Keine Zeit: Wenn die Firma zum Zuhause wird und zu Hause nur Arbeit wartet. Leske+Budrich Opladen.

Hogrebe, W. (2006). Echo des Nichtwissens. Akademie Verlag Berlin.

Holzkamp, K. (1995). Lernen: Subjektwissenschaftliche Grundlegung. Frankfurt a. M.: Campus Verlag.

Holzer, D. (2014). Weiterbildung ist die falsche Antwort auf falsche Fragen. In I. Erler, D. Holzer, C. Kloyber, W. Schuster, & S. Vater (Hrsg.), Wenn Weiterbildung die Antwort ist, was war die Frage? Schulheft 156/39. Jahrgang. Studienverlag Innsbruck, S. 37–48.

Initiative Neue Qualität der Arbeit (Hrsg.) (2023). URL: *https://www.inqa.de/DE/startseite/startseite.html* (abgerufen am 25.4.2023).

Institut DGB-Index Gute Arbeit (Hrsg.) (2022). Report 2022. Digitale Transformation der Arbeit aus Sicht der Beschäftigten. Ergebnisse des DGB-Index Gute Arbeit 2022. URL: *https://index-gute-arbeit.dgb.de/++co++7ed5ba7e-6b36-11ed-981a-001a4a160123* (abgerufen am 25.4.2023).

Jaeggi, R. (2016). Entfremdung: Zur Aktualität eines sozialphilosophischen Problems. 2. Auflage 2016. Campus Frankfurt am Main.

Kirchgeorg, M./Pfeil, S./Georgi, T./Horndasch, S./Wisbauer, S. (2018). Trendmonitor Weiterbildung. Ausgabe 2018. Stifterverband Verwaltungsgesellschaft für Wissenschaftspflege. Essen. URL: *https://www.stifterverband.org/trendmonitor-weiterbildung-2018* (abgerufen am 25.4.2023).

Langemeyer, I. (2015). Das Wissen der Achtsamkeit: Kooperative Kompetenz in komplexen Arbeitsprozessen. Waxmann Münster.

Lerch, S. (2021). (Un-)mögliches Bildungserfahren. Erwachsenenbildung in pandemischer Zeit. In: Erwachsenenbildung – Vierteljahreszeitschrift für Theorie und Praxis. 67. Jahrgang/Heft 4, S. 156–158.

Milgram, S. (1982). Das Milgram-Experiment: Zur Gehorsamsbereitschaft gegenüber Autorität. 19. Auflage 1982. Rowohlt Taschenbuch Reinbek.

Otto, K.-S. (2021). Erfolgreiche Transformation durch Mitbestimmung. Hans-Böckler-Stiftung. URL: *https://www.mitbestimmung.de/html/erfolgreiche-transformation-durch-19855.html* (abgerufen am 25.4.2023).

Paech, N. (2012). Befreiung vom Überfluss: Auf dem Weg in die Postwachstumsökonomie. Oekom München.

Rosa, H. (2011). Entfremdung in der Spätmoderne: Umrisse einer Kritischen Theorie der sozialen Beschleunigung. In C. Koppetsch (Hrsg.), Nachrichten aus den Innenwelten des Kapitalismus. Springer Wiesbaden, S. 221–252.

Rosa, H. (2016). Resonanz: Eine Soziologie der Weltbeziehung. 3. Auflage 2016. Berlin: Suhrkamp.

Rosa, H. (2020). Unverfügbarkeit. 7. Auflage 2020. Residenz Verlag Wien, Salzburg.

Schwahn, F./Mai, C.-M./Braig, M. (2018). Arbeitsmarkt im Wandel – Wirtschaftsstrukturen, Erwerbsformen und Digitalisierung. In WISTA – Wirtschaft und Statistik, 3, S. 24–39. URL: *https://www.destatis.de/DE/Methoden/WISTA-Wirtschaft-und-Statistik/2018/03/arbeitsmarkt-wandel-032018.pdf;jsessionid=019A446F81034B9F7031D5740D737780.internet742?__blob=publicationFile* (abgerufen am 24.4.2023).

Umbach, S./Haberzeth, E./Böving, H./Glaß, E. (2020). Kompetenzverschiebungen im Digitalisierungsprozess. Veränderungen für Arbeit und Weiterbildung aus Sicht der Beschäftigten. wbv Bielefeld.

Wetzel, D. J. (2017). Resonanz in der Soziologie: Positionen, Kritik und Forschungsdesiderata. In T. Breyer, M. B. Buchholz, A. Hamburger, S. Pfänder, & E. Schumann (Hrsg.), Resonanz – Rhythmus – Synchronisierung. transcript Verlag Bielefeld, S. 47–64.

Wienberg, J. (2022). Relationale Resonanzstrategien (RRS) in der betrieblichen Weiterbildung und der konfessionellen Erwachsenenbildung. Eine qualitative Untersuchung. Beltz Juventa Verlag Weinheim.

Zika, G. et al. (2019). BMAS-Prognose »Digitalisierte Arbeitswelt«. Kurzbericht. Forschungsbericht 526/1K. Bundesministerium für Arbeit und Soziales. URL: *https://doku.iab.de/forschungsbericht/2019/fb0519.pdf* (abgerufen am 24.4.2023).

Zinke, G. (2019). Berufsbildung 4.0 – Fachkräftequalifikationen und Kompetenzen für die digitalisierte Arbeit von morgen: Branchen- und Berufescreening. Bonn.

Anke Grotlüschen & Claudia Kulmus

Alles, was mich im Beruf weiterbringt. Interessen im Bereich der beruflichen Weiterbildung

Inhalt

Subjektwissenschaftliche Forschung hat sich in der beruflichen und Betrieblichen Weiterbildung durchaus erfolgreich platziert. Wichtige Arbeiten widmen sich der Sicht der Lernenden und Beschäftigten, sie sind umfassend reflektiert und empirisch fundiert (Ludwig 2000; Allespach 2005; Weis 2005; Drecoll 2022). Die Rolle der Subjektwissenschaft spiegelt sich auch in der VSA-Serie zum Lernen, exemplarisch sei auf LernLust (Faulstich & Bayer 2012) hingewiesen. Ertragreich ist der Ansatz auch hinsichtlich der Sicht der Lehrenden (Schepers 2013) sowie in der Nacherwerbsphase (Kulmus 2018). Diese und andere Autor:innen haben über Jahrzehnte hinweg sowohl *Lernwiderstände* als auch *subjektiv gute Gründe* für das Lernen rekonstruiert. Komplementär zur Frage der Lernwiderstände ist es nach wie vor notwendig, die Frage der Lerninteressen und Lerngründe weiter zu entfalten. Eine solche Perspektive soll hier eingenommen werden. Sie sperrt sich allerdings gegen den verbreiteten Wunsch, andere (endlich) zu etwas zu motivieren oder für etwas zu interessieren. Eine der zentralen Erkenntnisse der vorangegangenen Arbeiten lautet, dass Interesse selbstbestimmt entsteht – wenn auch nicht von selbst.

Der nachfolgende Beitrag stützt sich auf die seit 2011 entwickelte Theorie der Interessegenese, die mit subjektwissenschaftlichem Ausgangspunkt auf Basis qualitativer Empirie generiert und in jüngerer Zeit wieder aktiviert wurde (z.B. Kulmus 2021). Nach einer kurzen Skizze der Theorie der Interessegenese wird dann der Fokus auf berufliche und Betriebliche Weiterbildung zugespitzt. Entsprechende Forschungsbefunde werden anschließend entfaltet. Diese werden kontrastiert mit neueren Erhebungsergebnissen der Bedarfsermittlung laut Continuing Vocational Education Survey 2020 sowie mit den Weiterbildungswünschen der Befragten aus der Level-One Studie 2018. Diese zwei Großerhebungen scheitern sichtbar an der Aufgabe, die Vielfalt von Bedarfen (CVTS) und Wünschen (LEO) zu ordnen. Erschreckend ist jedoch, dass von rund 7000 Befragten der LEO-Studie nur rund die Hälfte überhaupt einen Weiterbildungswunsch geäußert haben, viele notierten auch, ihnen falle aktuell nichts ein. Wie in der Interessetheorie herausgestellt, bedarf es der Berührung mit einem Thema für die Genese von Interesse. Das gilt auch für die Weiterbildung, die ihre Themen als Angebot aktiv entwickeln muss. Das erfordert einen guten Kontakt zur Zielgruppe, die Kenntnis der Alltagsfragen und beruflichen Entwicklungen und natürlich auch die erwachsenenbildnerische meso- und mikrodidaktische Professionalität, aus der Feldkenntnis ein Bildungsangebot zu entwickeln (v. Hippel et al. 2022; Kulmus 2022).

1. Weiterbildung, Interesse und Beruf

Interesse ist eingespannt zwischen Gesellschaftsstruktur, Kollektiv und Individuum. Die ersten beiden müssen dem Individuum nicht bewusst sein. Das Individuum generiert Interesse aufgrund vorangegangener Erfahrung und im Hinblick auf antizipierte, subjektiv wünschenswerte Handlungsspielräume. Dabei zeigen einschlägige Befunde eine hohe Bedeutung der Arbeitstätigkeit für Lerninteressen allgemein, und konkreter, dass fachliche Interessen am Beruf hinter die Aufstiegs- oder Verdienstmöglichkeiten zurücktreten. Werden diese enttäuscht, bleibt das Interesse trotzdem bestehen und wird inhaltlich umgedeutet (Grotlüschen & Kubsch 2010).
Zur Frage der Interessen im Bereich Bildung und Beruf wurde noch vor wenigen Jahrzehnten ein eher auf horizontale Zusammenschlüsse gerichteter Diskurs geführt. Hier ging es primär um Interessenkonflikte struktureller Art. Am Beispiel der Berufsbildung hat Peter Faulstich die Reformphase des Berufsbildungsgesetzes in den Jahren 1969 bis 1976 analysiert (Faulstich 1977). Die Perspektive richtet sich auf die kollektiven Interessen der ausbildenden Unternehmen, die im Widerspruch zu kollektiven Interessen der jugendlichen Auszubildenden stehen.

Dokumentiert wird vor allem, wie diese Interessengruppen auf die parlamentarische Gesetzgebung Einfluss nehmen. Faulstich moniert, dass die Unternehmen ihre Interessen weithin durchsetzen, während das reformierte BBiG den von Arbeitslosigkeit und Ausbildungsplatzmangel bedrohten Jugendlichen weitaus weniger Schutz bietet, als die Gewerkschaften gefordert hätten.
Die aktuell geführte Diskussion über Bildungsteilnahme folgt dieser Perspektive auf strukturelle Interessenwidersprüche nur selten. Hier geht es – zugespitzt – eher um höhere *Motivation* und *Eigenaktivität* der Individuen. Die Begrifflichkeit von Motiven (Rosenbladt et al. 2008), Bedürfnissen (Zeuner 2022), Weiterbildungsinteressen (Barz & Tippelt 2004) oder Bildungsinteressen (Schmidt 2006) korrespondiert nicht mehr mit den frühen Studien zum *Bildungsinteresse des großstädtischen Proletariats* (Große 1932) oder der *Geistigen Gestalt des marxistischen Arbeiters* (Hermes 1926). Insgesamt changieren die Begrifflichkeiten der Teilnehmenden- und Adressatenforschung erheblich (tabellarische Übersicht bei Grotlüschen & Krämer 2009b). Daher konzentrieren wir uns nun ausschließlich auf den Begriff des Interesses.

2. Interesseträgheit und Interessenkonflikt

Nach einer vor rund hundert Jahren dominanten kapitalismuskritischen und der in jüngerer Zeit eher auf das Individuum orientierten Interessebegrifflichkeit scheint uns eine theoretische Rückbindung des Begriffs notwendig. Dabei gehen wir vom Interessebegriff in der pädagogischen Diskussion zurück bis zu einem zentralen Ausgangspunkt bei John Dewey, der 1913 mit dem Band »Interest and Effort in Education« (Dewey 1913) seine Theorie des Interesses notierte. Andererseits nutzen wir die theoretische Inspirationsquelle der jüngeren Adressatenforschung, nämlich die Habitustheorie und den darin bemerkenswert ausdifferenzierten Begriff des Interesses als gesellschaftliche Beteiligung.

3. Prozessdimension und Interesseträgheit

Der amerikanische Pragmatist und Reformpädagoge John Dewey befasste sich früh mit der Problematik des Interesses und formuliert am Anfang des letzten Jahrhunderts:

»Interest is personal; it signifies a direct concern, a recognition of something at stake, something whose outcome is important for the individual« (Dewey 1913, S. 16).

Damit bringt Dewey zum Ausdruck, dass im Verhältnis von Individuum und Gegenstand etwas auf dem Spiel steht (to be at stake), dass etwas von der Person selbst mit Bedeutung versehen wird. Diese Bedeutung liegt jedoch nicht allein in der Person oder der Sache, sondern im Prozess der aufeinander folgenden Handlungen (pragma): Die vergangene Erfahrung hat Bedeutung für das Gegenwärtige, und die in der Zukunft antizipierte, angestrebte Handlung verleiht der gegenwärtigen Auswahl ihre Bedeutung. Diese Prozesslogik der Handlungsverkettung auf einer Zeitachse ist kennzeichnend für Deweys Spielart des amerikanischen Pragmatismus; sie betrachtet die Interessegenese als unabschließbar. Im Rückblick erscheinen Interessen oft stabil, weil ihre Genese und Veränderung eher träge vonstattengehen. Interesseträgheit stellt jedoch keine Unveränderlichkeit oder Festlegung auf kindliche oder jugendliche Interessethemen dar. Die Veränderlichkeit gilt erst recht, wenn es um die Aufrechterhaltung von Interesse *während* einer Weiterbildung geht, in der sich Interesse verändern, klären oder gar auflösen kann (Kulmus 2021).

4. Gesellschaftliche Ungleichverteilung und Interessenkonflikte

Bemerkenswert ist bei Dewey das Anerkennen (recognition) dessen, »was auf dem Spiel steht«. Dies findet sich später auch bei Bourdieu (1987) wieder. Aus dessen Perspektive steht Interesse innerhalb einer Gesellschaft und ihren »Spielen«. Dabei sind Ressourcen ungleich akkumuliert. Die handelnde Person kann daher nicht allen Interessegegenständen begegnen, sondern nur denen, die die jeweilige sozioökonomische Lage bereithält und die mit dem sozioökonomisch strukturierten Habitus als interessant klassifiziert werden können. Dabei werden die Korridore der Begegnung von der handelnden Person als Zufall erfahren, weil aus ihrer Perspektive die Struktur der Begegnung nicht erkannt wird. Somit sind Interessen sozial strukturiert und ungleich verteilt.

Bourdieu formuliert »Interesse« nicht als individuelle Vorliebe für ein Thema, sondern als eine Angelegenheit, die *im Interesse* der handelnden Person beeinflussbar ist. Hier geht es um die Beteiligung an einem Feld, und zwar gewollt oder ungewollt. Bourdieu spricht also nicht von Interesse als Betroffenheit (concern) durch ein Thema, sondern formuliert Existenz- und Gruppeninteressen innerhalb konfligierender Parteien im jeweiligen Feld. Dabei sind Interessen nicht immer selbst gewählt, manche Konflikte werden auch von Dritten angetragen und nötigen die Betroffenen, ihre bedrohten Interessen zur Geltung zu bringen und gegen Einschränkungen zu verteidigen.

»Ein Interesse haben heißt, einem bestimmten sozialen Spiel zugestehen, dass das, was in ihm geschieht, einen Sinn hat, und dass das, was bei ihm auf dem Spiel steht, wichtig und erstrebenswert ist.« (Bourdieu & Wacquant 1996, S. 148).

Auch hier wird von einem Spiel gesprochen, bei dem der Gewinn des Spiels eine Bedeutung für den Handelnden hat. Bourdieu zieht über die direkte Betroffenheit hinaus aber die Ebene des *sozialen* Spiels ein. Solche Spiele können aus strukturalistischer Sicht immer hinsichtlich *offensichtlicher* und *weniger offensichtlicher* Ziele interpretiert werden. Die Anerkennung dessen, was auf dem Spiel steht, bedient zudem das Gruppeninteresse und damit Distinktionsinteressen oder Durchsetzungsinteressen sozialer Schichten, die dem einzelnen Gruppenmitglied nicht bewusst sind.
Der von Bourdieu bevorzugte Begriff Illusio, das imaginative Element seines Interessebegriffs, verweist auf die Vorstellungskraft, die nötig ist, um ein Spiel mit seinen Folgen zu erkennen und ihm in Konkurrenz zu anderen Interessegebieten den Vorrang zu geben. Problematisch ist u. E. daran allerdings die scheinbar spielerische, imaginäre Konnotation, die den existenziellen Ernst der umkämpften Lebensbereiche nicht sehr gut zum Ausdruck bringt. Bezogen auf die Interessegenese im Bereich beruflicher Bildung erlaubt der Bourdieu'sche Begriff jedoch vor allem die Revitalisierung des konflikthaften Anteils von Interesse – ausgedrückt als struktureller Interessenkonflikt.

5. Theorie der Interessegenese

Aus den hier nur sehr holzschnittartig wieder gegebenen theoretischen Rahmungen entstand in einer Reihe von empirischen Analysen eine Ausdifferenzierung der oben kurz angerissenen Theoreme. Zunächst wird der Blick vom Interesse als Zustand weiterentwickelt zum Blick auf Interesse als Prozess. Daraus folgt ein Modell der Interessegenese, innerhalb dessen spezifische Phasen ausdifferenziert sind. Zweitens entsteht ein Modell der Interessegenese, das die Auseinandersetzung zwischen Interessenlagen in den jeweiligen sozialen Spielen als Konflikt gegenüber den Interessen des handelnden Subjekts unterscheidet. Diese zwei Differenzierungsachsen sind Ergebnis einer Studie mit 85 Kurzerzählungen junger Erwachsener (Grotlüschen 2010). Da es sich überwiegend um Studierende handelte, wurde die Studie ergänzt um Erwachsene der wissenschaftlichen Weiterbildung. Beides spielte sich im akademischen Milieu ab, daher folgte eine Kontrastierung im Bereich der arbeitsmarktpolitischen Weiterbildung, u. a. mit Migrantinnen, die Ergebnisse sind an anderer Stelle publiziert (Grotlüschen & Krämer 2009a, 2009b; Grotlüschen & Kubsch 2010).

6. Phasen der Interessegenese

Die Genese von Interesse lässt sich in Phasen beschreiben, die mit einer ersten Berührung (B) mit dem Gegenstand beginnen. Dabei ist es nicht nur Zufall, welche Gegenstände dem handelnden Subjekt begegnen, weil genau hierin die gesellschaftliche Schichtung mit ihrem Ausdruck als schichtspezifischer Habitus zum Tragen kommt. Nach solchen Berührungen geht das Interesse in eine Latenzphase über, in der vor allem Pausen eintreten oder potenzielle Interessen auch wieder fallen gelassen werden. Diesem folgt im positiven Falle eine Expansionsphase, in der typischerweise Spezialisierungen und Vertiefungen eintreten. Nicht zu unterschätzen ist zudem die Verallgemeinerung, die dazu führt, unmittelbar Relevantes in größerem Zusammenhang zu sehen.

Abbildung 3: Phasen der Interessegenese auf der pragmatischen Achse des Interessebegriffs

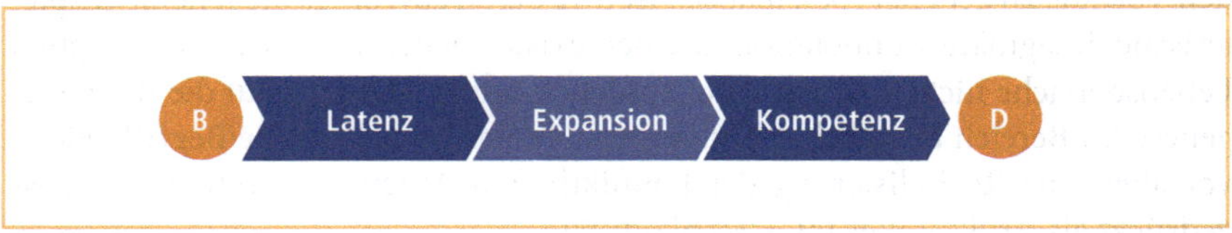

Quelle: Grotlüschen/Kubsch 2010, S. 6

Es folgt möglicherweise die Kompetenzphase, die sich durch Positionierung und Parteinahme, durch Vernetzung mit Gleichgesinnten sowie durch detailreiches Wissen und besonders durch thematische Fragestellungen auszeichnet. Die Distanzphase (D) tritt selten freiwillig ein, sondern wird oft mit Bedauern geschildert, in der Regel bleibt bei ehemals aktiven Interessen auch eine Art passiven Interesses erhalten, beispielsweise beim Sport. Dies Phasenmodell steht insgesamt in einer Zeitachse von biografischen Erfahrungen und subjektiv antizipierten Handlungsmöglichkeiten und entsprechenden Aspirationen.

7. Konflikte der Interessegenese

Interessengebiete stehen zwischen den Wünschen der umgebenden Gesellschaft und den Relevanzzuschreibungen der Individuen. Auftretende Gebiete werden daher entweder akzeptiert oder auch ignoriert bzw. zurückgewiesen.

Abbildung 4: Spannungen der Interessegenese auf der habituellen Achse des Interessebegriffs

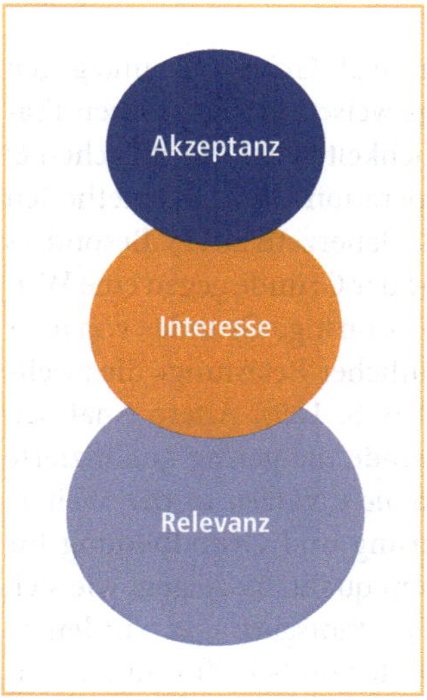

Quelle: Grotlüschen/Kubsch 2010, S. 7

Nichtsdestotrotz steht die Akzeptanz eines Interessengebiets als persönlich relevantes Gebiet auch auf den Füßen einer biografisch aufgeschichteten Relevanzstruktur. Diese ist im handelnden Menschen verdichtet, verkrümmt und verfestigt, sie enthält sowohl rationale Argumente als auch affinitive Zuwendungen zu einem potenziellen Interessengebiet oder Aversionen gegenüber anderen Interessengebieten. Festzuhalten ist also:

- Interessen haben mit Anregungen zu tun, die wir um uns finden.
- Interessen entstehen selbstbestimmt, aber nicht von selbst.
- Interessen durchlaufen Phasen der Interessegenese und unterliegen einer gewissen Trägheit in der Entstehung und auch im Vergehen.

Für die berufliche und Betriebliche Weiterbildung bedarf es daher einer guten Kombination aus Anregungen und Freiräumen: Es muss Gelegenheit zur wiederholten Berührung mit Interessegegenständen geben, und es muss dem Bedarf nach Selbstbestimmung Rechnung getragen werden.

8. Was Betriebe denken (CVTS), was Befragte denken (LEO)

Interessen werden in der quantitativen Forschung gern als Gründe für und gegen die Weiterbildungsteilnahme abgebildet. Allerdings weisen die derzeitigen Fragebogen-Kategorien durchaus Verbesserungsmöglichkeiten auf (Grotlüschen & Buddeberg 2023; zur kritischen Einordnung von Operationalisierungsmethoden siehe auch Heinemann 2015; Käpplinger, Kulmus & Haberzeth 2013). Besonders bei gering literalisierten Erwachsenen läuft die Frage der Gründe gegen eine Weiterbildungsteilnahme oft ins Leere, da die Kategorie »sonstige Gründe« von über 20 % der Befragten angewählt wird und nach »beruflicher Belastung« die zweitstärkste Kategorie darstellt (Grotlüschen et al. 2016, S. 129). Ältere Analysen konnten bestürzende Befunde ausweisen, denn gerade die gering qualifizierte Gruppe der Befragten sieht leider mehrheitlich *keinen Nutzen* in der Weiterbildung (Schiersmann 2006). In der Alphabetisierung und Grundbildung für Erwachsene konnte eine aktuelle Dissertation zudem qualitativ zeigen, wie sich ein solches Erleben ausdrückt: Beschäftigte einer Friedhofsgärtnerei wurden zu Kursen motiviert, in denen sie Arbeitsabläufe mithilfe von Schrift und Berechnungen effektiver gestalten konnten. Das betraf beispielsweise die Aufgabe, vor Arbeitsbeginn zu berechnen, wie viele Pflanzen an welchem Ort des weitläufigen Friedhofs verwendet werden, sodass keine unnötigen Fahrt- und Fußwege entstehen. Die Interviewten hatten allerdings praktikable Schätzungen etabliert, und ihnen war die Effizienz der Fahrtwege und Zeiten weniger wichtig. Umgekehrt wurde es in den Kursen relevant, in geeigneter Form Gespräche mit Vorgesetzten führen zu können. Das diente unter anderem dazu, eigene Sichtweisen zur Sprache zu bringen. Die Bedarfsanalyse, welche Schriftsprachaufgaben im Beruf anfallen, war zunächst also eher an den eigentlich nützlichen und interessanten Themen vorbei gegangen (Drecoll 2022).

9. Bedarfsermittlung gemäß Unternehmensbefragung (CVTS)

Dieser qualitative Befund lässt sich als Fragestellung durchaus an die groß angelegte Bedarfserhebung des Continuing Vocational Training Service 2020 (DESTATIS 2022) richten. Dieser erhebt in Unternehmensbefragungen im Fünfjahresabstand die berufliche Weiterbildung auf europäischer Ebene (n=2641, ebd. S. 13).

Abbildung 5: Continuing Vocational Training Service 2020 (DESTATIS 2022)

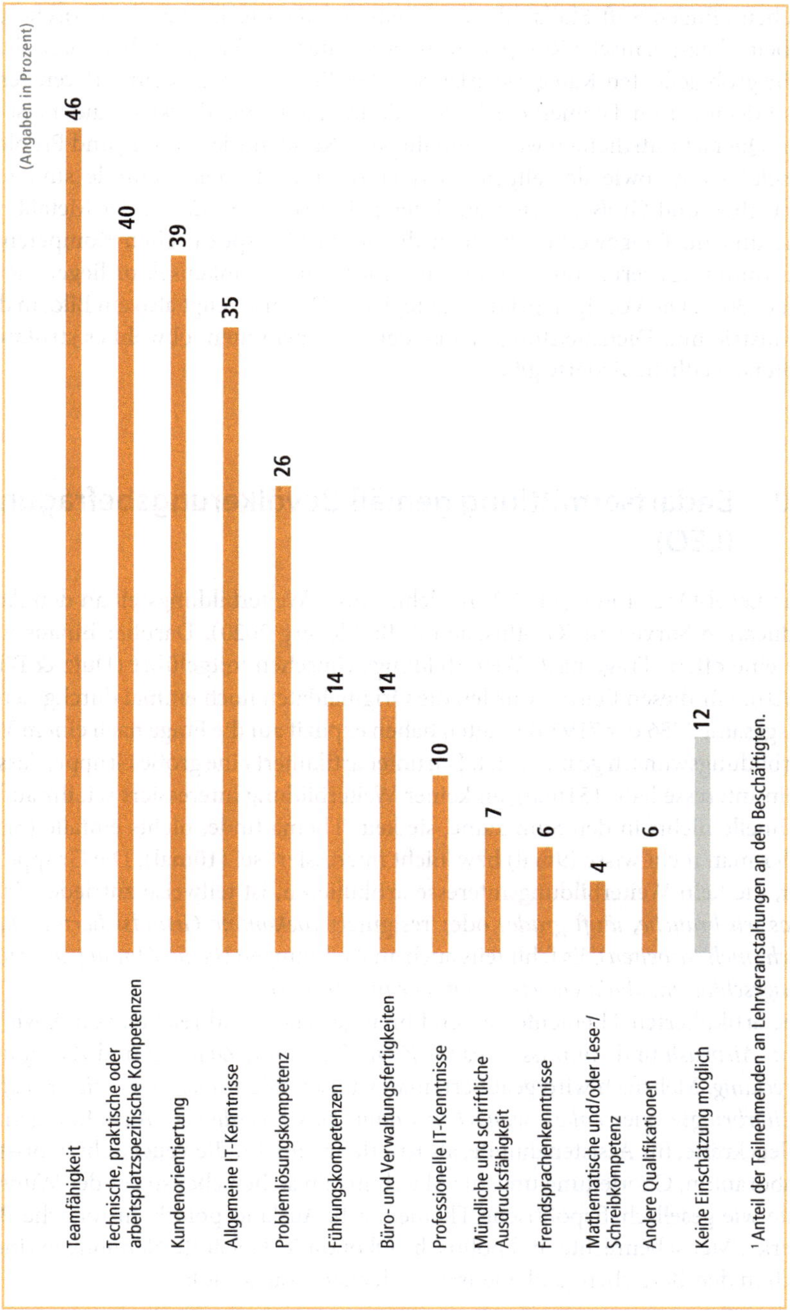

Neben einigen Soft Skills fällt vor allem auf, dass technische, praktische und arbeitsplatzspezifische Kompetenzen die zweitgrößte Kategorie bilden. In dieser sehr grob gefassten Kategorie erlangen allerdings die ungemein differenzierten und detaillierten Themen der Weiterbildung kaum Sichtbarkeit. Anders ist das mit Querschnittsthemen wie Teamfähigkeit, Kundenorientierung und Problemlösefähigkeit sowie der allgemeinen IT-Kompetenz. Die Befunde sind nach Branchen und Größen weiter ausdifferenziert (ebd., S. 62), in der Metallbranche und im Baugewerbe erreichen die arbeitsplatzspezifischen Kompetenzen Zustimmungswerte von 66–68 %, im Finanz- und Bankensektor liegen sie bei unter 30 %. Die Vogelperspektive aggregierter Daten erzeugt also ein Bild, in dem Industrie und Dienstleistung ineinander verschwimmen, obwohl es strukturell unterschiedliche Bedarfe gibt.

10. Bedarfsermittlung gemäß Bevölkerungsbefragung (LEO)

Die Level-One Studie (LEO 2018) lehnt ihren Weiterbildungsteil an den Adult Education Survey an (Grotlüschen & Buddeberg 2020). Darüber hinaus wurde eine offene Frage nach Weiterbildungswünschen mitgeführt (Dutz & Bilger 2020). Für diesen Beitrag wurden die Originaldaten noch einmal durchgesehen. Insgesamt 3786 der 7192 Befragten haben explizit auf die Frage nach einem Weiterbildungswunsch geantwortet. Darunter artikuliert eine große Gruppe, dass sie kein Interesse habe (51mal), an keiner Weiterbildung interessiert sei, ihr auf die Schnelle nichts in den Sinn käme, sie kein Thema finde, nichts einfalle (5mal) oder man nicht wisse (9mal) bzw. nicht interessiert sei (10mal). Die Gruppe derer, die kein Weiterbildungsinteresse artikulieren, ist teilweise zufrieden *(alles, was ich brauche, läuft grade)* oder resigniert *(bekomme Grundsicherung, kann nicht mehr arbeiten)*. Es fehlt teils auch an Anregungen (*keine Ahnung, aber nicht ausgeschlossen, abhängig von spontaner Inspiration*).

Die artikulierten Themenfelder sind breit gefächert und reichen von A wie *Alpen, Airbrush* und *Antirassismus* bis *Z wie Zuschnitt, Zollrecht* und *Zwangsvollstreckung*. Mehrfach wird geäußert, man wünsche sich »*alles, was mich beruflich weiterbringt*« oder »*alles, wonach ich dann besser verdiene*«. Ausbildungen für Pflegekräfte, für Assistenzhunde, als Kraftfahrer:in, für die Feuerwehr, Florist:in, Laborant:in, Chorleitung und zur Maschinist:in stehen ebenso auf der Wunschliste wie gesellschaftspolitische Themen, z. B. Auslandspolitik, historische Bauwerke, Menschenrechte und politische Ökonomie. Gehäufte Nennungen finden sich in den Bereichen (alphabetisch nach erster Kategorie):

- Alter, Demenz, Pflege
- Arbeit, Beruf
- Computer, Datenschutz, Digitale Medien, Digitalisierung, EDV, Informatik, IT, KI, PC, SAP, Programmieren, Robotik
- Deutsch, Englisch, Fremdsprachen, Sprachen
- Elektronik, Elektrotechnik
- Arbeitsrecht, Arbeitssicherheit
- Entspannung, Gesundheit, Ernährung, Erste Hilfe, Medizin, Palliativversorgung, Rücken, Stress, Traumatisierung
- Erziehung, Kindererziehung, Pädagogik
- Fahrerlaubnis, Führerschein
- Finanzbuchhaltung, Bilanzen, Buchführung
- Geschichte, Politik
- Interkulturelles, Antidiskriminierung, Antirassismus
- Kommunikation, Konflikt, Coaching, Führung, Projektmanagement, Zeitmanagement
- Psychologie, Soziales
- Musik & Kunst, Philosophie, Foto
- Natur & Garten, Umwelt, Tiere
- Sport, Tanzen, Trainingslizenzen

Auch diese Darstellung verliert die Bandbreite dessen, was tatsächlich gesagt wurde, weil die Darstellung von über 3000 Nennungen zu viele Facetten beinhaltet, um sie gebündelt abzudrucken. Der:die Signalmechaniker:in bleibt darin ebenso unsichtbar wie die Skilehrkraft, neuere Operationsmethoden, die Nailart-Weiterbildung, das Nachtragsmanagement im Bauwesen, Meister:in im Straßenbau, Marktforschung, Luftsicherheit, Laserscanning im Vermessungsbereich, die Küchenfachberatung, kinesiologische Familienaufstellung, Kapitalmarktrecht, journalistisches Schreiben, Immobilienbewertung, Reinigung in der Lebensmittelindustrie, Herrenhaarschnitte und Hochsteckfrisuren, Deeskalationstrainings, die Gender-Problematik im Schulalltag, Energieberatung, Flüchtlingsrecht, Elternarbeit, Differenzierung im Unterricht, Cyber-Mobbing, Big Data und Audiotechnik. Diese Auswahl beruflicher Themen, die nicht in die obengenannten Kategorien fallen, gibt einen Eindruck der Vielfalt an Weiterbildungswünschen in der deutschen Wohnbevölkerung (18–64 Jahre).

Einen Spezialfall stellt die Arbeitssuche dar. Hier äußern Befragte sowohl ein unbedingtes Commitment zur Weiterbildung *(ich würde alles machen, was mich wieder in Arbeit bringt)* als auch substanzielle Frustration *(was soll ich mich noch bilden, ich kriege doch sowieso keine Arbeit)*.

11. Fazit: Weiterbildung im Angebot

Aus der subjektwissenschaftlich, pragmatistisch und habitustheoretisch inspirierten Perspektive der Interessetheorie lässt sich festhalten, dass berufliche und Betriebliche Weiterbildung keinen reinen Nachfragemarkt darstellen kann. Es bedarf einer Berührung mit dem Gegenstand. Dieser ist habitusspezifisch und hinsichtlich beruflicher Weiterbildung ganz offensichtlich auch branchenspezifisch. Darüber hinaus kommen groß angelegte Bedarfsanalysen nur zu sehr groben Kategorien, die oft wenig hilfreich sind für die Angebotsentwicklung. Es bedarf hier also des genauen Hinsehens, einer anregungsreichen Umgebung, eines gut gestalteten Weiterbildungsangebots und einer mindestens in Grenzen aufrecht erhaltenen Selbstbestimmung in der Themenwahl. Weiterbildung ist somit als Angebot auszulegen und bei aller Teilnahmeorientierung nicht als Nachfragestruktur misszuverstehen.

12. Literatur

Allespach, M. (2005). Betriebliche Weiterbildung als Beteiligungsprozess: Subjektive Bedeutsamkeiten als Grundlage für eine partizipative Bildungsplanung. Schüren Verlag.

Barz, H. & Tippelt, R. (Hrsg.) (2004). Weiterbildung und soziale Milieus in Deutschland. Praxishandbuch Milieumarketing. wbv.

Bourdieu, P. (1987). Die feinen Unterschiede. Kritik der gesellschaftlichen Urteilskraft. Suhrkamp

Bourdieu, P. & Wacquant, Loïc J. D. (Hrsg.). (1996). Reflexive Anthropologie. Suhrkamp.

DESTATIS (2022). Berufliche Weiterbildung in Unternehmen: Sechste Europäische Erhebung über die berufliche Weiterbildung in Unternehmen (CVTS6). *https://www.destatis.de/DE/Themen/Gesellschaft-Umwelt/Bildung-Forschung-Kultur/Weiterbildung/Publikationen/Downloads-Weiterbildung/weiterbildung-unternehmen-5215201209004.pdf?__blob=publicationFilef.*

Dewey, J. (1913). Interest and Effort in Education. The University Press Cambridge.

Drecoll, F. (Hrsg.) (2022). Research. Lernende in der betrieblichen Grundbildung. Springer. *https://doi.org/10.1007/978-3-658-39747-0*

Dutz, G. & Bilger, F. (2020). Bildungshintergrund und Weiterbildungsteilnahme gering literalisierter Erwachsener. In A. Grotlüschen & K. Buddeberg (Hrsg.), LEO 2018 – Leben mit geringer Literalität (323–351). wbv.

Faulstich, P. (1977). Interessenkonflikte um die Berufsbildung: Das Verhältnis von gesellschaftlichen Interessenstrukturen und staatlicher Bildungspolitik. Beltz.

Faulstich, P. & Bayer, M. (Hrsg.) (2012). LernLust. Hunger nach Wissen, lustvolle Weiterbildung. VSA-Verlag.

Große, F. (1932). Die Bildungsinteressen des großstädtischen Proletariats. Schriften der Statistischen Zentralstelle für die deutschen Volkshochschulen II. Schlesierdruck.

Grotlüschen, A. (2010). Erneuerung der Interessetheorie: Die Genese von Interesse an Erwachsenen- und Weiterbildung. Theorie und Empirie Lebenslangen Lernens. VS Verlag.

Grotlüschen, A. & Buddeberg, K. (Hrsg.) (2020). LEO 2018 – Leben mit geringer Literalität. wbv. *https://doi.org/10.3278/6004740w*

Grotlüschen, A. & Buddeberg, K. (2023). Haben wir die falschen Instrumente? In M. Schemmann (Hrsg.), Internationales Jahrbuch der Erwachsenenbildung: Band 46. Researching participation in adult education (S. 33–55). wbv.

Grotlüschen, A. & Krämer, J. E. (2009a). Genese von Weiterbildungsinteressen. REPORT Literatur- und Forschungsreport Weiterbildung, 32(1), 47–58.

Grotlüschen, A. & Krämer, J. E. (2009b). Vom Vergessen der Einflüsse: Vermeintliche Selbstbestimmung bei der Interessegenese. Bildungsforschung, 6(1), 17–39.

Grotlüschen, A. & Kubsch, E. (2010). Interesseträgheit in der kaufmännischen Aufstiegsfortbildung. bwp@ Berufs- und Wirtschaftspädagogik – online(19), 1–23. *www.bwpat.de/ausgabe19/grotlueschen_kubsch_bwpat19.pdf.*

Grotlüschen, A., Reder, S., Mallows, D. & Sabatini, J. P. (2016). Adults with Low Proficiency in Literacy or Numeracy (OECD Education Working Papers Nr. 131). OECD. *https://doi.org/10.1787/5jm0v44bnmnx-en.*

Heinemann, A. (2015). Gründe für die (Nicht-)Teilnahme an institutionalisierten Formen der Weiterbildung. Überlegungen aus der Perspektive von deutschen Frauen mit einem sogenannten Migrationshintergrund. A. Grotlüschen & D. Zimper (Hrsg.). Literalitäts- und Grundlagenforschung (S. 275–284). Waxmann.

Hermes, G. (1926). Die geistige Gestalt des marxistischen Arbeiters und die Arbeiterbildungsfrage. J. C.B. Mohr.

Hippel, A. v., Kulmus, C. & Stimm, M. (2022). Didaktik der Erwachsenen- und Weiterbildung. 2. Aufl. Brill/Schöningh.

Käpplinger, B., Kulmus., C. & Haberzeth, E. (2013). Weiterbildungsbeteiligung. Anforderungen an eine Arbeitsversicherung. *https://library.fes.de/pdf-files/wiso/09852.pdf.*

Kulmus, C. (2018). Altern und Lernen. wbv

Kulmus, C. (2021). Weiterbildungsbeteiligung als Suchbewegung – Die vergessene Bedeutung von Inhalten für Weiterbildungsentscheidungen. Education Permanente(1), 8–9. *https://www.ep-web.ch/de/artikel/weiterbildungsbeteiligung-als-suchbewegung-die-vergessene-bedeutung-von-inhalten-fuer-weiterbildungsentscheidungen.*

Kulmus, C. (2022). Seniorenbildung in der Pandemie: Programmplanung zwischen Digitalisierung und Begegnung, zwischen Lähmung und Innovation. ZfW(45), 369–389. *https://doi.org/10.1007/s40955-022-00215-9.*

Ludwig, J. (2000). Lernende verstehen: Lern- und Bildungschancen in betrieblichen Modernisierungsprojekten. Theorie und Praxis der Erwachsenenbildung. wbv.

Rosenbladt, B. von, Bilger, F. & Gnahs, D. (Hrsg.) (2008). Theorie und Praxis der Erwachsenenbildung. Weiterbildungsverhalten in Deutschland. wbv

Schepers, C. (2013). Wenn Kursleitende lernen: Orientierungssuche im Rahmen einer individuellen Professionalitätsentwicklung. Waxmann.

Schiersmann, C. (2006). Profile lebenslangen Lernens: Weiterbildungserfahrungen und Lernbereitschaft der Erwerbsbevölkerung. wbv.

Schmidt, B. (2006). Weiterbildungsverhalten und -interessen älterer Arbeitnehmer. *www.bildungsforschung.org(2). http://bildungsforschung.org.Archiv/2006-02/weiterbildungsverhalten.*

Weis, M. (2005). Lernen im Modus der Selbstverständigung: Methodologische Reflexionen und empirische Erkenntnisse zum subjektiven Lernhandeln. Waxmann.

Zeuner, C. (2022). Gesellschaftlicher Bildungsbedarf und subjektive Bildungsbedürfnisse: Perspektivverschränkungen. Education Permanente, *https://www.ep-web.ch/de/artikel/gesellschaftlicher-bildungsbedarf-und-subjektive-bildungsbeduerfnisse-perspektivverschraenkungen.*

Rolf Schmucker & Robert Sinopoli

Weiterbildungs- und Entwicklungsmöglichkeiten als Kriterien »Guter Arbeit« – Befunde des DGB-Index Gute Arbeit

Inhalt

1. Einleitung

Berufliche Weiterbildung nimmt in den Überlegungen zur Bewältigung der gegenwärtigen wirtschaftlichen und gesellschaftlichen Transformationsprozesse eine zentrale Rolle ein. Klimakrise, Digitalisierung und demografischer Wandel verändern die Rahmenbedingungen wirtschaftlichen Handelns ebenso rasch wie die Anforderungen an die Qualifikationen und Kompetenzen vieler Arbeitnehmer:innen. In der »Nationalen Weiterbildungsstrategie«, in der verschiedene Bundes- und Landesministerien, die Bundesagentur für Arbeit sowie Arbeitgeberverbände und Gewerkschaften vertreten sind, wird die Stärkung der beruflichen Weiterbildung als Antwort auf den Strukturwandel hervorgehoben: »Weiterbildung ist der Schlüssel zur Fachkräftesicherung, zur Sicherung der Beschäftigungsfähigkeit aller Arbeitnehmerinnen und Arbeitnehmer und damit für die Innovationsfähigkeit und Wettbewerbsfähigkeit unseres Landes.« (BMAS, BMBF 2019, S. 2).
Die Dringlichkeit, die der Weiterbildung der Beschäftigten in der sozial-ökologischen Transformation zukommt, ist unbestritten. Lern- und Entwicklungsmöglichkeiten in der Arbeit besitzen jedoch eine grundlegende Bedeutung für

die Gestaltung guter Arbeit, die über Erwägungen zur Beschäftigungsfähigkeit, Fachkräftesicherung und Wettbewerbsfähigkeit hinausgeht. Sie sind eine Voraussetzung dafür, dass arbeitende Menschen ihre Fähigkeiten erhalten und weiterentwickeln können – und damit ein wichtiges Kriterium für humane, persönlichkeitsförderliche Arbeitsbedingungen. In diesem umfassenden Sinne sind Weiterbildungs- und Entwicklungsmöglichkeiten ein zentraler Bestandteil des gewerkschaftlichen Leitbilds von »Guter Arbeit«.

2. Lern- und Entwicklungsmöglichkeiten als Kriterium humaner Arbeit

Die arbeitswissenschaftliche Perspektive

Die grundsätzliche, über den Aspekt der Beschäftigungsfähigkeit hinausgehende Bedeutung von Weiterbildung und Entwicklung in der Arbeit resultiert aus der Zielsetzung, Arbeit menschengerecht zu gestalten. In den Arbeitswissenschaften wird die »Menschengerechtheit« danach beurteilt, ob Arbeit »... den physischen, psychischen und sozialen Anforderungen und Bedürfnissen des Menschen entspricht« (Schlick et al. 2010, S. 63). Damit ist nicht nur der Anspruch verbunden, dass Arbeit »schädigungslos, ausführbar, erträglich und beeinträchtigungsfrei« sein sollte. Das Leitbild der »Menschengerechtheit« geht weit darüber hinaus und bezieht menschliche Bedürfnisse wie Selbstbestimmung und Autonomie in die Beurteilung der Arbeitsbedingungen mit ein. Zu den Zielsetzungen humaner Arbeitsgestaltung gehört danach, »... dass die arbeitenden Menschen in produktiven und effizienten Arbeitsprozessen (...) Handlungsspielräume entfalten, Fähigkeiten erwerben und in Kooperation mit anderen ihre Persönlichkeit erhalten und entwickeln können« (ebd., S. 7). Nicht zuletzt aufgrund solcher normativen Überlegungen wurde das Ziel der freien Entfaltung der Persönlichkeit in der Arbeit auch im Betriebsverfassungsgesetz (§ 75) verankert.

Persönlichkeitsförderliche Arbeitsgestaltung umfasst die Möglichkeit, die eigenen Fähigkeiten zu erhalten und weiterzuentwickeln. Die Arbeitsaufgabe soll wechselnde Herausforderungen und Lernmöglichkeiten bieten sowie selbstständiges und eigenverantwortliches Handeln fördern. In den Arbeitswissenschaften wird diese Aufgabe als »Job Enrichment« beschrieben, d.h. als Veränderungen von Organisation und Abläufen der Arbeit, die neue Anforderungen mit sich bringen. »Erst die Realisierung von Konzepten vertikaler Aufgabenerweiterung kann aber zur Überwindung des tayloristischen Prinzips der Trennung von regulatorischen und ausführenden Tätigkeiten und damit zur persönlichkeitsförderlichen Arbeitsgestaltung beitragen.« (Ulich 2011, S. 214).

Lern- und Entwicklungsmöglichkeiten können eröffnet werden durch »...problemhaltige Aufgaben, zu deren Bewältigung vorhandene Qualifikationen eingesetzt und erweitert bzw. neue Qualifikationen angeeignet werden müssen« (ebd., S. 206). Damit kann in der Arbeitsgestaltung dem menschlichen Bedürfnis nach Autonomie und Selbstverwirklichung Rechnung getragen werden. Kritisch zu bewerten sind Arbeitsbedingungen, die den Menschen keine Weiterentwicklungsmöglichkeiten bieten oder gar zum »Verlernen« bereits erworbener Qualifikationen führen.

3. Weiterbildung und Entwicklung im DGB-Index Gute Arbeit

Mit dem DGB-Index Gute Arbeit wurde im Auftrag von DGB und Gewerkschaften ein Befragungsinstrument entwickelt, das die Qualität der Arbeitsbedingungen aus Sicht der Beschäftigten erfasst. Die bundesweit repräsentative, telefonische Befragung wird seit dem Jahr 2007 jährlich durchgeführt. Nach einer Weiterentwicklung des Fragebogens wird seit dem Jahr 2012 mit einem identischen Instrument befragt (vgl. Holler et al. 2014).
In die Entwicklung des Fragebogens sind Befunde aus Arbeits- und Gesundheitswissenschaften eingeflossen (vgl. Fuchs 2009). Der Anspruch an die Definition von »Guter Arbeit« ging jedoch über die Bündelung wissenschaftlicher Erkenntnisse hinaus. Eine Grundüberlegung bestand darin, dass die Bewertung der Beschäftigten ein zentraler Maßstab für die Qualität der Arbeitsbedingungen sein muss: Als »gut« kann eine Arbeit nur dann bezeichnet werden, wenn sie den Ansprüchen der arbeitenden Menschen entspricht. Ein Abgleich der wissenschaftlichen Erkenntnisse über humane Arbeitsgestaltung mit den Ansprüchen und Bedürfnissen der Beschäftigten an ihre Arbeit wurde in einem Projekt der Initiative Neue Qualität der Arbeit (INQA) vorgenommen (vgl. Fuchs 2006). Grundlage war eine Befragung von Arbeitnehmer:innen zu der Frage, welche Arbeitsmerkmale für sie wichtig sind.
Die Entwicklung des Fragebogens des DGB-Index Gute Arbeit wurde an den Ergebnissen der INQA-Befragung ausgerichtet. Insgesamt elf Kriterien fließen in die Bewertung der Arbeitsbedingungen ein (vgl. den Überblick in Tabelle 2).[1] Diese sind den drei Teilbereichen »Ressourcen«, »Belastungen« sowie »Einkommen und Beschäftigungssicherheit« zugeordnet. Die abgefragten Weiterbildungs- und Entwicklungsmöglichkeiten (Kriterium 2), werden als arbeitsbe-

1 Weitere Informationen zum Konzept und Aufbau des Fragebogens finden sich auf der Homepage des DGB-Index Gute Arbeit unter *https://index-gute-arbeit.dgb.de/-/IYO*.

dingte Ressourcen verstanden, die es den Beschäftigten nicht nur ermöglichen, die Arbeitsziele zu erreichen, sondern auch dazu beitragen, psychische und physische Arbeitsanforderungen besser bewältigen zu können und die persönliche Entwicklung zu fördern (vgl. Demerouti & Nachreiner 2019, S. 121).

Tabelle 2: Überblick über die Kriterien der Arbeitsqualität im DGB-Index Gute Arbeit

Ressourcen	Belastungen	Einkommen und Beschäftigungssicherheit
1. Gestaltungsmöglichkeiten Einfluss auf Arbeitszeit, Arbeitsmenge, Arbeitsplanung	**5. Arbeitszeitlage** Atypische Arbeitszeitlagen, Erreichbarkeit außerhalb der Arbeitszeit, unbezahlte Arbeit	**9. Einkommen** Leistungsgerechte Bezahlung, ausreichendes Einkommensniveau, erwartete Rente
2. Entwicklungsmöglichkeiten Berufliche Weiterbildung, kreatives Arbeiten, Weiterentwicklung von Wissen und Können, Aufstiegschancen	**6. Emotionale Anforderungen** Respektlose Behandlung, Verbergen von Gefühlen, Konflikte mit Kund:innen, Patient:innen, Klient:innen	**10. Betriebliche Sozialleistungen** Betriebliche Altersvorsorge, Gesundheitsförderung, sonstige Sozialleistungen
3. Betriebskultur Wertschätzung durch Vorgesetzte, Kollegialität, Meinungsklima, Information und Planung	**7. Körperliche Anforderungen** Körperlich schwere Arbeit, ungünstige Körperhaltungen, Lärm, widrige Umgebungsbedingungen	**11. Beschäftigungssicherheit** Sorge um Arbeitsplatz aufgrund technischer oder organisatorischer Veränderungen, Sorge um berufliche Zukunft
4. Sinn der Arbeit Gesellschaftlicher und betrieblicher Beitrag, Identifikation mit der Arbeit	**8. Arbeitsintensität** Zeitdruck, Unterbrechungen, widersprüchliche Anforderungen, Informationsfluss, Qualitätsabstriche	

Im Kriterium »Weiterbildungs- und Entwicklungsmöglichkeiten« des DGB-Index Gute Arbeit werden vier Fragen gestellt:

- *»Inwieweit ermöglicht Ihr Betrieb Ihnen, dass Sie sich entsprechend Ihren beruflichen Anforderungen weiterqualifizieren können, z. B. durch das Angebot von Schulungen, Weiterbildungen, Fortbildungen oder Seminare?«*
- *»Ermöglicht es Ihnen Ihre Arbeit, Ihr Wissen und Können weiterzuentwickeln?«*
- *»Inwieweit können Sie eigene Ideen in Ihre Arbeit einbringen?«*
- *»Haben Sie in Ihrem Betrieb Aufstiegschancen?«*

Für die nachfolgenden Auswertungen werden die ersten beiden Fragen herangezogen, in denen es um betriebliche Angebote zur Weiterqualifizierung sowie um die Entwicklungsmöglichkeiten bei der Arbeit geht.

4. Empirische Befunde des DGB-Index Gute Arbeit

Betriebliche Weiterbildungsmöglichkeiten

Die Frage, die im DGB-Index Gute Arbeit zu den Weiterbildungsangeboten im Betrieb gestellt wird, ist auf die Möglichkeit von Weiterbildung, nicht die reale Inanspruchnahme gerichtet. Es ist davon auszugehen, dass längst nicht alle Befragten, die von einer solchen Möglichkeit berichten, sie auch wahrgenommen haben. Darin unterscheiden sich die hier präsentierten Daten des DGB-Index Gute Arbeit von Studien, die nach der Teilnahme an Betrieblicher Weiterbildung fragen. Die Befunde des DGB-Index Gute Arbeit beschreiben das Ausmaß, in dem die Befragten für sich die Möglichkeit der Weiterqualifizierung in ihrem Betrieb sehen.

In den Jahren 2020 bis 2022[2] verfügte ein knappes Fünftel (18 %) der Befragten über keinerlei betriebliche Weiterbildungsmöglichkeiten (Abb. 6). Jede:r Vierte besaß solche Möglichkeiten nur in geringem Maß. 38 % der Arbeitnehmer:innen sahen sich in hohem Maß, weitere 20 % in sehr hohem Maß mit betrieblichen Angeboten versorgt.

Abbildung 6: Betriebliche Weiterbildungsmöglichkeiten

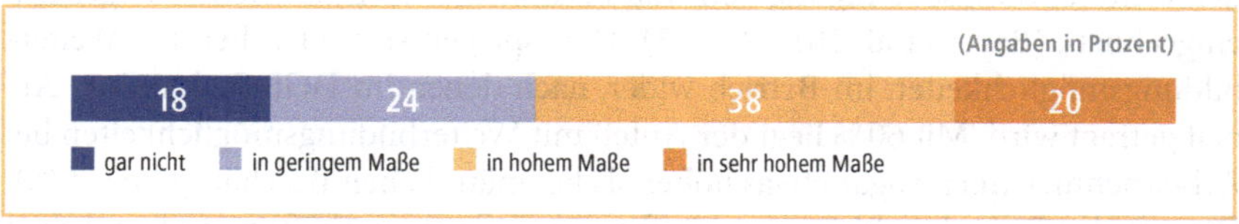

Quelle: DGB-Index Gute Arbeit 2020–2022

Eine Begrenzung der Daten liegt darin, dass sie keine Aussagen über Qualität oder Quantität der angebotenen Weiterbildungsmaßnahmen erlauben. Zu den Angeboten können qualifizierte und validierte berufliche Weiterbildungskurse, die ein längeres zeitliches Engagement erfordern, ebenso gehören wie kurzfristige Maßnahmen, wie z. B. Online-Tutorials, die nur wenige Minuten in Anspruch nehmen. Über die Bewertung der betrieblichen Weiterbildungssituation mit der vierstufigen Maß-Skala lässt sich jedoch ablesen, wie das Angebot durch die Beschäftigten eingeschätzt wird. Fehlende Angebote beschreiben eine unzureichende Situation. Auch die Einschätzung, dass der Betrieb lediglich »in geringem

2 Für die Auswertung wurden die Daten der Erhebungsjahre 2020 bis 2022 zusammengefasst. Durch die dadurch gewonnene größere Fallzahl sind detailliertere Auswertungen auf Ebenen einzelner Subgruppen möglich. In den drei Jahren wurden insgesamt 19 365 Arbeitnehmerinnen und Arbeitnehmer mit dem DGB-Index Gute Arbeit zu ihren Arbeitsbedingungen befragt.

Maß« Weiterbildung ermöglicht, deutet auf ein wenig zufriedenstellendes Angebot hin. Von einer überwiegend positiven Bewertung der Weiterbildungssituation ist auszugehen, wenn die Befragten über Angebote »in hohem Maß« oder »in sehr hohem Maß« verfügen. Zusammengefasst werden diese beiden Einschätzungen von 58 % der Beschäftigten getroffen. Anhand der zusammengefassten Werte (»in hohem Maß« und »in sehr hohem Maß«) wird im Folgenden die (ungleiche) Verbreitung von betrieblichen Weiterbildungsmöglichkeiten zwischen Beschäftigtengruppen abgebildet.

Das deutsche Bildungssystem ist hinsichtlich der Bildungschancen und dem Zugang zu Bildungs- und Weiterbildungsangeboten durch eine starke soziale Ungleichheit geprägt. Das beginnt bei der Kindertagesbetreuung und setzt sich bei den allgemeinbildenden Schulen, der beruflichen Ausbildung und den Hochschulen fort (vgl. Autor:innengruppe Bildungsberichterstattung 2022). Die soziale Herkunft ist nach wie vor ausschlaggebend für Bildungsverläufe und Berufsbiografien.

Auch hinsichtlich der Betrieblichen Weiterbildung zeigen sich Disparitäten zwischen verschiedenen Personen- und Tätigkeitsmerkmalen (vgl. den Überblick in Tabelle 3). Zurückgegangen ist in der Vergangenheit allerdings der Unterschied zwischen den Geschlechtern. Die einstmals bestehende Kluft zwischen der Weiterbildungsbeteiligung von Männern und Frauen hat sich »weitgehend eingeebnet« (Bayer et al. 2015, S. 125). Dies spiegelt sich auch bei den Weiterbildungsmöglichkeiten im Betrieb wider, nach denen im DGB-Index Gute Arbeit gefragt wird. Mit 60 % liegt der Anteil mit Weiterbildungsmöglichkeiten bei Arbeitnehmerinnen sogar etwas höher als bei männlichen Beschäftigten (56 %). Dies ist der Fall, obwohl Frauen häufiger in Teilzeit beschäftigt sind und dort seltener Angebote vorhanden sind als bei Vollzeitbeschäftigung.

Bei anderen Merkmalen (Alter, Migrationshintergrund,[3] Leitungsfunktion, Betriebsgröße) werden bei der Verteilung von Weiterbildungsmöglichkeiten zum Teil deutliche Unterschiede sichtbar. Ein sozialer Gradient zeigt sich hinsichtlich des Anforderungsniveaus der ausgeübten Tätigkeit: je höher die Qualifikationsanforderungen der ausgeübten Tätigkeit, desto häufiger berichten die Befragten von Weiterbildungsmöglichkeiten. Der Wert steigt von 37 % in der Gruppe mit Hilfs- und Anlerntätigkeiten auf 75 % bei den Beschäftigten mit hochkomplexen Tätigkeiten, für die in der Regel ein Hochschulabschluss notwendig ist. Ähnlich ausgeprägt ist die soziale Ungleichheit bei der Betrieblichen Weiterbildung, wenn das Einkommen betrachtet wird: geben in der untersten Einkommensgruppe

3 Da die Befragung mit dem DGB-Index Gute Arbeit in deutscher Sprache durchgeführt wird, werden Beschäftigte ohne ausreichende Sprachkenntnisse nicht erfasst. Geht man davon aus, dass diese Gruppe schon aus sprachlichen Gründen einen schlechteren Zugang zu Weiterbildungsmöglichkeiten hat, fällt der Unterschied zwischen Beschäftigten mit und solchen ohne Migrationshintergrund real vermutlich noch größer aus.

Tabelle 3: Betriebliche Weiterbildungsmöglichkeiten nach Beschäftigtengruppen ***(Antworten »in hohem Maß« und »in sehr hohem Maß« zusammengefasst)***

Beschäftigtengruppe		Weiterbildungsmöglichkeiten
Geschlecht	Männer	56 %
	Frauen	60 %
Altersgruppen	15 bis unter 25 Jahre	61 %
	25 bis unter 35 Jahre	65 %
	35 bis unter 45 Jahre	58 %
	45 bis unter 55 Jahre	55 %
	55 Jahre und mehr	55 %
Anforderungsniveau	Hilfs-/Anlerntätigkeit	37 %
	Fachlich ausgerichtete Tätigkeit	59 %
	Komplexe Spezialistentätigkeit	69 %
	Hochkomplexe Tätigkeit	75 %
Migrationshintergrund nur 2022 erhoben	Ja	48 %
	Nein	59 %
Arbeitszeit	Vollzeit	60 %
	Teilzeit	53 %
Leitungsfunktion	Ja	66 %
	Nein	55 %
Einkommen (monatliches Bruttoeinkommen Vollzeitbeschäftigte)	bis 2.000 Euro	48 %
	Mehr als 2.000 bis 3.000 Euro	54 %
	Mehr als 3.000 bis 4.000 Euro	61 %
	Mehr als 4.000 bis 5.000 Euro	68 %
	Mehr als 5.000 Euro	76 %
Arbeitgeber	Öffentlicher Dienst	73 %
	Privatwirtschaft	53 %
Betriebsgröße	Unter 20 Beschäftigte	50 %
	20–49	54 %
	50–199	58 %
	200–1.999	65 %
	2.000 und mehr	76 %

Quelle: DGB-Index Gute Arbeit 2020–2022

(bis 2000 Euro) 48 % an, über entsprechende Angebote zu verfügen, steigt der Anteil mit dem Einkommen kontinuierlich an und beträgt in der höchsten Einkommensgruppe (mehr als 5000 Euro) 76 %.

5. Entwicklungsmöglichkeiten bei der Arbeit

Neben den Möglichkeiten Betrieblicher Weiterbildung wird im DGB-Index Gute Arbeit auch gefragt, ob die Beschäftigten die Möglichkeit haben, ihr Wissen und Können bei der Ausübung ihrer Tätigkeit weiterzuentwickeln. Die Aneignung neuer Kompetenzen findet nicht als organisiertes Lehr- bzw. Lernangebot statt, sondern in einem informellen Kontext, wie z. B. beim Anlernen durch Kolleg:innen, durch das »Abschauen« von Fertigkeiten oder das Sammeln und Erweitern tätigkeitsbezogener Erfahrungen. Die Antwort auf die Fragen nach den Entwicklungsmöglichkeiten bei der Arbeit gibt Auskunft darüber, ob im Rahmen der ausgeübten Tätigkeit neues, »dynamisches Erfahrungswissen« (Pfeiffer & Suphan 2015, S. 13 f.) erlangt werden kann, das neben den formalisierten Qualifikationen einen wichtigen Bestandteil menschlichen Arbeitsvermögens ausmacht.
Die Möglichkeit, das eigene Wissen und Können bei der Arbeit weiterzuentwickeln, ist für die Mehrheit der Befragten in hohem (49 %) oder sogar in sehr hohem Maß (19 %) gegeben (Abbildung 7). Lediglich 9 % haben diese Möglichkeit gar nicht, für 23 % ist sie nur in geringem Maß vorhanden.

Abbildung 7: Entwicklungsmöglichkeiten bei der Arbeit

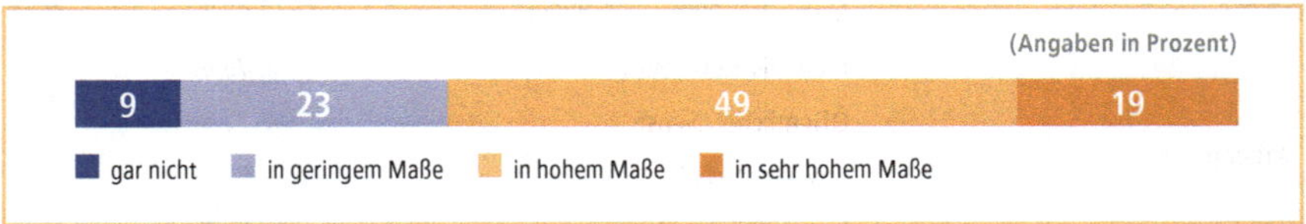

Quelle: DGB-Index Gute Arbeit 2020–2022

Die informelle Wissensaneignung ist für einen größeren Anteil der Beschäftigten möglich als betrieblich organisierte Formen der Weiterqualifizierung. Insgesamt geben 68 % der Befragten an, Wissen und Können bei der Arbeit in hohem oder sehr hohem Maß weiterentwickeln zu können.
Zwischen Männern und Frauen zeigt sich bei der Beurteilung der Entwicklungsmöglichkeiten kein Unterschied. In beiden Gruppen geben 68 % an, ihr Wissen und Können bei der Arbeit in hohem oder sehr hohem Maß weiterentwickeln zu können (Tabelle 4).

Tabelle 4: Entwicklungsmöglichkeiten nach Beschäftigtengruppen
(Antworten »in hohem Maß« und »in sehr hohem Maß« zusammengefasst)

Beschäftigtengruppe		Entwicklungsmöglichkeiten
Geschlecht	Männer	68 %
	Frauen	68 %
Altersgruppen	15 bis unter 25 Jahre	68 %
	25 bis unter 35 Jahre	74 %
	35 bis unter 45 Jahre	70 %
	45 bis unter 55 Jahre	67 %
	55 Jahre und mehr	62 %
Anforderungsniveau	Hilfs-/Anlerntätigkeit	44 %
	Fachlich ausgerichtete Tätigkeit	69 %
	Komplexe Spezialistentätigkeit	80 %
	Hochkomplexe Tätigkeit	85 %
Migrationshintergrund nur 2022 erhoben	Ja	58 %
	Nein	69 %
Arbeitszeit	Vollzeit	71 %
	Teilzeit	62 %
Leitungsfunktion	Ja	79 %
	Nein	65 %
Einkommen (monatliches Bruttoeinkommen Vollzeitbeschäftigte)	bis 2.000 Euro	60 %
	Mehr als 2.000 bis 3.000 Euro	66 %
	Mehr als 3.000 bis 4.000 Euro	72 %
	Mehr als 4.000 bis 5.000 Euro	77 %
	Mehr als 5.000 Euro	87 %
Arbeitgeber	Öffentlicher Dienst	75 %
	Privatwirtschaft	66 %
Betriebsgröße	Unter 20 Beschäftigte	68 %
	20–49	65 %
	50–199	67 %
	200–1.999	71 %
	2.000 und mehr	76 %

Quelle: DGB-Index Gute Arbeit 2020–2022

Unterschiede in der Verteilung von betrieblichen Entwicklungsmöglichkeiten bestehen nach Alter, Migrationshintergrund, Arbeitszeit und Leitungsfunktion. Der Zusammenhang mit der Größe des Betriebes, der bei den Weiterbildungsmöglichkeiten sehr stark ist, ist hinsichtlich der Entwicklungsmöglichkeiten nicht prägnant.

Besonders deutlich werden soziale Disparitäten bei den Entwicklungsmöglichkeiten mit Blick auf das Anforderungsniveau. Beschäftigte, die Hilfs- oder Anlerntätigkeiten ausüben und damit schon geringe Qualifikationsanforderungen aufweisen, haben am seltensten die Möglichkeit ihr Wissen und Können bei der Arbeit weiterzuentwickeln (44 %). Während Beschäftigte mit fachlich ausgerichteten Tätigkeiten, für die in der Regel eine mindestens zweijährige Berufsausbildung nötig ist, mit 69 % etwa im Gesamtdurchschnitt liegen, weisen Beschäftigte mit komplexen oder hochkomplexen Tätigkeiten (z. B. Meister- oder Hochschulabschlüsse) die besten Entwicklungsmöglichkeiten auf (80 bzw. 85 %).

Zieht man das monatliche Bruttoeinkommen von Vollzeitbeschäftigten heran, so bestätigt sich der Eindruck des sozialen Gefälles bei den Entwicklungsmöglichkeiten. Mit dem Einkommen steigt auch der Anteil der Beschäftigten, deren Tätigkeit eine Weiterentwicklung von Wissen und Können erlaubt. In der Gruppe mit einem Einkommen bis zu 2000 Euro sind es 60 %, liegt das Einkommen über 5000 Euro geben 87 % an, über entsprechende Möglichkeiten zu verfügen.

6. Zusammenhänge: Beschäftigungssicherheit, Wechselwunsch, Sinnhaftigkeit

Die Möglichkeiten Betrieblicher Weiterbildung und Entwicklung sind mit der Wahrnehmung und Bewertung der eigenen Beschäftigungssituation verbunden. Dies wird exemplarisch an drei Themenfeldern gezeigt: der Sorge um die berufliche Zukunft, der Identifikation mit der Arbeit sowie dem Wunsch, den Arbeitgeber zu wechseln.[4]

Der Wunsch, eine sichere Beschäftigungsperspektive zu haben, hat für die meisten Arbeitnehmer:innen eine hohe Priorität. Sorgen um den Arbeitsplatz und die

4 Für eine bessere Verständlichkeit werden in der Darstellung der folgenden Zusammenhänge deskriptive Prozentwerte berichtet. Die Belastbarkeit der drei dargestellten bivariaten Zusammenhänge wurde jedoch zusätzlich auch mithilfe multivariater, logistischer Regressionsmodelle überprüft. Kontrolliert wurden jeweils: Alter, Geschlecht, Ausbildungsabschluss, Arbeitszeit, Leitungsfunktion, Betriebsgröße, Anforderungsniveau, Dauer der Betriebszugehörigkeit sowie Berufsgruppen. Die drei dargestellten Zusammenhänge weisen nach Kontrolle dieser Merkmale das gleiche Vorzeichen auf und sind statistisch signifikant.

berufliche Perspektive stellen häufig eine starke Belastung dar. Im DGB-Index Gute Arbeit ist die Beschäftigungssicherheit daher ein wichtiges Kriterium für die Charakterisierung guter Arbeit.
Die Möglichkeit, sich im Betrieb weiterqualifizieren zu können, weist einen deutlichen Zusammenhang mit dem Blick auf die eigene berufliche Zukunft auf (Abbildung 8). Je geringer die Weiterbildungsmöglichkeiten sind, desto größer wird der Anteil der Befragten, die von Zukunftsängsten betroffen sind. In der Gruppe derjenigen, denen keine betrieblichen Weiterbildungsangebote offenstehen, macht sich jeder Vierte sehr häufig oder oft Sorgen. Wenn Weiterbildungsmöglichkeiten in sehr hohem Maß vorhanden sind, sind es weniger als 10 %.

Abbildung 8: Betriebliche Weiterbildungsmöglichkeiten (WB) und Sorge um berufliche Zukunft
(Sorge um berufliche Zukunft: Antworten »oft« und »sehr häufig« zusammengefasst)

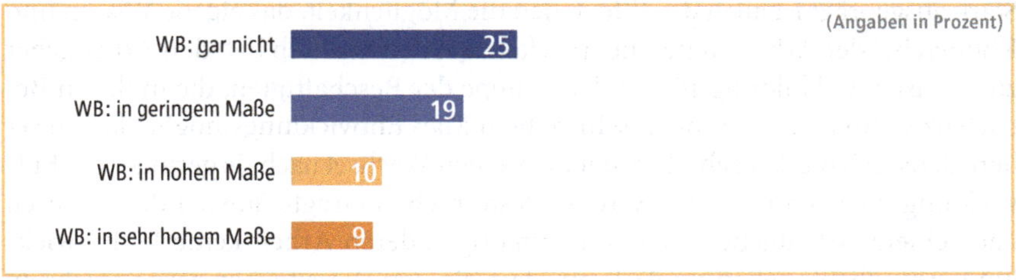

Quelle: DGB-Index Gute Arbeit 2020–2022

In der Befragung mit dem DGB-Index Gute Arbeit zeigt sich oft eine hohe Identifikation der Beschäftigten mit ihrer Arbeit. Im Erhebungsjahr 2022 gaben 84 % aller Befragten an, sich in hohem oder in sehr hohem Maß mit der Arbeit zu identifizieren. Für die Identifikation spielen die Entwicklungsmöglichkeiten im Betrieb eine wichtige Rolle wie in Abbildung 9 deutlich wird. Die Identifikation mit der eigenen Arbeit ist dann am stärksten, wenn Beschäftigte die Möglichkeit haben, ihr Wissen und Können bei der Arbeit weiterzuentwickeln. Dann identifizieren sich mehr als 90 % der Befragten. Je weniger solche Entwicklungsmöglichkeiten vorhanden sind, desto geringer ausgeprägt ist die Identifikation. In der Gruppe derjenigen, die sich gar nicht weiterentwickeln können, identifizieren sich 59 % mit ihrer Arbeit.

Abbildung 9: Entwicklungsmöglichkeiten (EM) und Identifikation mit der Arbeit ***(Identifikation: Antworten »in hohem Maß« und »in sehr hohem Maß« zusammengefasst)***

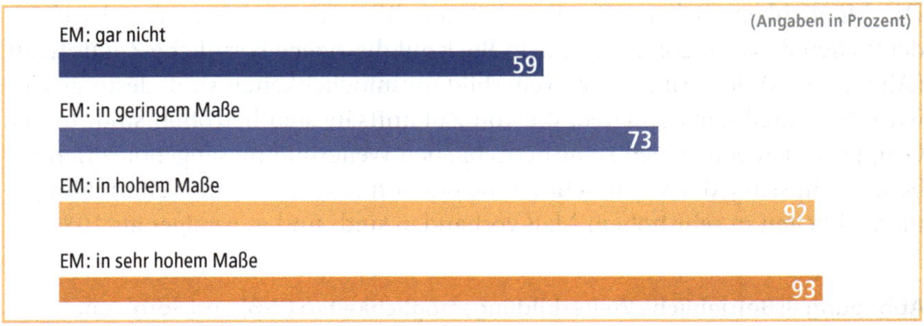

Quelle: DGB-Index Gute Arbeit 2020–2022

Stark ausgeprägt ist auch der Effekt, den die Möglichkeit, das eigene Wissen und Können bei der Arbeit weiterzuentwickeln auf den Wunsch hat, den Arbeitgeber zu wechseln (Abbildung 10). In der Gruppe der Beschäftigten, die in ihrem Betrieb bzw. ihrer Verwaltung in sehr hohem Maß Entwicklungsmöglichkeiten sehen, denken lediglich zehn Prozent über einen Wechsel nach. Je geringer die Entwicklungschancen bewertet werden, desto mehr Befragte äußern den Wunsch nach einem Arbeitgeberwechsel. Beschäftigte, deren Arbeit keinerlei Entwicklung ermöglicht, geben zu 43 % an, dass sie den Arbeitgeber gerne wechseln würden.

Abbildung 10: Entwicklungsmöglichkeiten (EM) und Arbeitgeberwechselwunsch ***(Antwort: Ja, Wechselwunsch)***

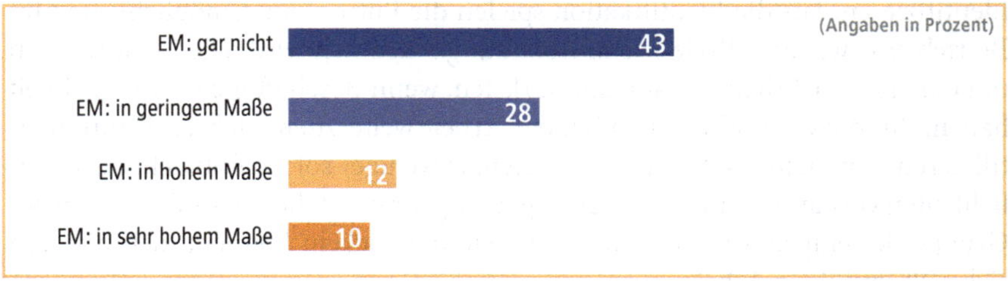

Quelle: DGB-Index Gute Arbeit 2020–2022

7. Ausblick

Die Daten des DGB-Index Gute Arbeit verdeutlichen das Ausmaß sozialer Ungleichheit, das bei betrieblichen Weiterbildungs- und Entwicklungsmöglichkeiten in Deutschland existiert. Große Unterschiede zeigen sich mit Blick auf den sozialen Status (Leitungsfunktion, Einkommen, Qualifizierungsniveau). Auffällig ist, dass die bestehende Kluft bei Bildungs- und Ausbildungsabschlüssen durch den ungleichen Zugang zu betrieblichen Weiterbildungs- und Entwicklungsmöglichkeiten weiter vertieft wird. Die ungleiche Verteilung von Bildungschancen setzt sich auf der betrieblichen Ebene fort.

Fehlende Weiterbildungsmöglichkeiten sind bei den Betroffenen mit einem pessimistischeren Blick auf ihre Zukunftsperspektiven verbunden. Die Sorge um die berufliche Zukunft ist jedoch nicht der einzige Effekt der Benachteiligung bei Weiterbildungs- und Entwicklungschancen. Auch die Identifikation mit dem Betrieb fällt geringer aus und der Wunsch, den Arbeitgeber zu wechseln wird stärker. Dass damit nicht nur schlechtere Arbeitsbedingungen für die Betroffenen beschrieben werden, liegt auf der Hand. Angesichts des in verschiedenen Branchen bestehenden Arbeits- und Fachkräftemangels sind diese Zusammenhänge auch für Arbeitgeber relevant. Weiterbildungs- und Entwicklungsmöglichkeiten sind wichtige Faktoren der Fachkräftesicherung. Schon aus diesen Gründen sollten Unternehmen ein viel stärkeres Eigeninteresse an der Gestaltung guter Arbeitsbedingungen entwickeln. Dafür sind kompetenz- und persönlichkeitsförderliche Tätigkeitsmerkmale unverzichtbar.

Fehlende Weiterbildungs- und Entwicklungsmöglichkeiten stehen im Widerspruch zum Ziel einer guten, menschengerechten Arbeitsgestaltung. Dringend notwendig sind Maßnahmen, die Beschäftigtengruppen mit geringen Qualifikationen einen adäquaten Zugang und eine stärkere Förderung bei der Weiterbildung ermöglichen. Die Vorschläge des DGB für ein »Recht auf Weiterbildung für alle« greifen dieses Ziel auf, u. a. durch eine Begünstigung von Weiterbildungsfreistellungen für Geringqualifizierte sowie eine finanzielle Ausgestaltung, die allen Beschäftigten unabhängig vom sozialen Status und Einkommen die Teilnahme an Weiterbildung ermöglicht (DGB 2023). Die Sicherstellung selbstbestimmter, rechtlich abgesicherter und mit ausreichenden zeitlichen und finanziellen Ressourcen ausgestatteter Weiterbildungsmöglichkeiten ist ein wichtiger Baustein für die Gestaltung guter Arbeitsbedingungen. Eine »Architektur lebensbegleitenden Lernens« (vgl. den Beitrag von Patuzzi in diesem Band) würden den instrumentalistisch verengten Blick aufbrechen, mit dem Weiterbildung ausschließlich als arbeitsmarktpolitisches Werkzeug gesehen wird. Die Gestaltung lern- und entwicklungsförderlicher Arbeitsumgebungen ist – auch jenseits von Krisen- und Transformationszeiten – ein eigenständiges Ziel menschengerechter Arbeitsgestaltung.

8. Literatur

Autor:innengruppe Bildungsberichterstattung, Bildung in Deutschland 2022. Ein indikatorengestützter Bericht mit einer Analyse zum Bildungspersonal, 2022. *https://www.bildungsbericht.de/de/bildungsberichte-seit-2006/bildungsbericht-2022/bildung-in-deutschland-2022* (abgerufen am 15. 2. 2023).

Bayer, M., Gnahs, D., Moraal, D. (2015). Betriebliche Weiterbildung – Schwerpunktthema im DGB-Index Gute Arbeit. In: Schröder, L., Urban, H.-J. (Hrsg.). Gute Arbeit. Qualitative Tarifpolitik – Arbeitsgestaltung – Qualifizierung, Bund-Verlag Frankfurt a. M., S. 120–137.

BMAS, BMBF (Bundesministerium für Arbeit und Soziales, Bundesministerium für Bildung und Forschung) (2019). Strategiepapier Nationale Weiterbildungsstrategie. *https://www.bmas.de/DE/Arbeit/Aus-und-Weiterbildung/Weiterbildungsrepublik/Nationale-Weiterbildungsstrategie/nationale-weiterbildungsstrategie.html* (abgerufen am 15. 2. 2023).

DGB (Deutscher Gewerkschaftsbund) (2023): 11 Wegmarken für eine Architektur lebensbegleitenden Lernens. DGB-Thesen zur Weiterbildung. *https://www.dgb.de/-/TCN* (abgerufen am 2. 4. 2023).

Demerouti, E., Nachreiner, F., Zum Arbeitsanforderungen-Arbeitsressourcen-Modell von Burnout und Arbeitsengagement – Stand der Forschung / Zeitschrift für Arbeitswissenschaften, Heft 73/2019, S. 119–130.

Fuchs, T. (2006). Was ist Gute Arbeit? Anforderungen aus Sicht von Erwerbstätigen. INQA-Bericht Nr. 19, INQA. Dortmund.

Fuchs, T. (2009). Der DGB-Index Gute Arbeit. In: Kistler, E., Mußmann, F. (Hrsg.), Arbeitsgestaltung als Zukunftsaufgabe. Die Qualität der Arbeit, VSA-Verlag Hamburg, S. 186–222.

Holler, M., Krüger, T., Mußmann, F., Die Weiterentwicklung des DGB-Index Gute Arbeit/Zeitschrift für Arbeitswissenschaft, Heft 3/2014, S. 163–174.

Pfeiffer, S., Suphan, A. (2015). Der AV-Index. Lebendiges Arbeitsvermögen und Erfahrung als Ressourcen auf dem Weg zu Industrie 4.0. Working Paper 2015 #1 Finalfassung, Universität Hohenheim, Fg. Soziologie. *http://www.sabine-pfeiffer.de/files/downloads/2015-Pfeiffer-Suphan-final.pdf* (abgerufen am 15. 3. 2023).

Schlick, C., Bruder, R., Luczak, H. (2010). Arbeitswissenschaft, 3. Auflage, Springer Verlag Heidelberg.

Ulich, E (2011). Arbeitspsychologie, 7. Auflage, Schäffer-Poeschel Stuttgart.

Martin Allespach & Tom Kehrbaum

Gewerkschaftliche Bildungsarbeit als Teilgebiet der betrieblichen und beruflichen Weiterbildung

Inhalt

1. Einleitung

Die gewerkschaftliche Bildungsarbeit ist ein Teilgebiet der Erwachsenenbildung und – in Bezug auf die zahlreichen Jugendseminare und -aktionen – auch der Jugendbildung. Sie ordnet sich zugleich in Konzepte der politischen Bildung ein. Unter Zugrundelegung eines umfassenden Arbeitsbegriffs, der sich nicht auf die vermeintlich zweckrationale Verrichtung von Arbeitsprozessen reduziert, sondern Arbeit in ihrer politischen und sozialen Verfasstheit betrachtet (zum Arbeitsbegriff vgl. Allespach & Buske in diesem Band), hat sie zugleich Relevanz für die betriebliche und berufliche Weiterbildung. Der Artikel erweitert somit das Spektrum der Inhalte in diesem Handbuch und bietet damit eine umfassendere Perspektive auf betriebliche und berufliche Weiterbildung. Und selbstverständlich ist gewerkschaftliche Bildungsarbeit auch Weiterbildung für die betriebliche und gewerkschaftliche Interessenvertretung. Deshalb thematisiert dieser Artikel im Ausblick die Integration von beruflicher, akademischer und politischer Bildung, welche unserer Auffassung nach im Rahmen der wirtschaftlichen und gesellschaftlichen Transformationsprozesse eine entscheidende Rolle spielt. Die gewerkschaftliche Bildung kann dahingehend wichtige Impulse geben.

2. Strukturen der gewerkschaftlichen Bildungsarbeit

Die gewerkschaftliche Bildungsarbeit gehört zu den größten Anbietern politischer Jugend- und Erwachsenenbildung in Deutschland. Sie wird von den verschiedenen Mitgliedsgewerkschaften des Deutschen Gewerkschaftsbundes (DGB) und dem DGB-Bildungswerk geplant und durchgeführt. Die Strukturen können je nach Gewerkschaft und Bildungsorganisation variieren, es lassen sich aber folgende Aspekte verallgemeinern:

1. *Gewerkschaftliche Bildungsabteilungen*
   Jede Gewerkschaft verfügt über eine eigene Bildungsabteilung, die für die Planung, Organisation und Durchführung von Bildungsmaßnahmen zuständig ist. Sie entwickeln Bildungskonzepte, gestalten Seminarprogramme, koordinieren die Zusammenarbeit mit Bildungseinrichtungen und führen Evaluationen durch, um die Wirksamkeit der Bildungsarbeit sicherzustellen.

2. *Gewerkschaftliche Bildungsstätten*
   Viele Gewerkschaften betreiben eigene Bildungsstätten, die speziell für Seminare im Rahmen der gewerkschaftlichen Bildungsarbeit genutzt werden. Sie bieten Unterrichtsräume, Unterkunft und Verpflegung für die Teilnehmenden und sind mit modernen Lehr- und Lernmaterialien ausgestattet.

3. *Pädagogische Professionalität im Haupt- und Ehrenamt*
   Die gewerkschaftliche Bildungsarbeit gliedert sich in die örtliche Ebene sowie Landes- und Bundesebene. Auf all diesen Ebenen gibt es für Bildungsarbeit Verantwortliche. Die Gewerkschaften verfügen außerdem über hauptamtliche pädagogische Mitarbeiter:innen und eine große Anzahl von ehrenamtlichen Referent:innen, die vor allem vor Ort in den Regionen tätig sind, sowie betrieblichen Bildungsberater:innen. Es gibt spezielle pädagogische, didaktische und methodische Ausbildungsgänge für Referent:innen auf hohem fachlichen Niveau. Typische Seminare sind z. B. »Wie organisiert man politische Bildungsprozesse?«, »Seminare leiten und gestalten« (vgl. IG Metall 2023).

4. *Adressat:innen der Bildungsarbeit*
   Die gewerkschaftliche Bildungsarbeit richtet sich zum überwiegenden Teil an die *Akteure der Mitbestimmung* (Betriebsräte und Aufsichtsräte auf der Arbeitnehmerbank). Die Bildungsarbeit soll sie dabei unterstützen, die vielfältigen Konflikte im Sinne der Interessenvertretung für die Beschäftigten zu bearbeiten, um ihre Schutz- und Gestaltungsfunktion zu erfüllen.
   Eine weitere Zielgruppe sind die *gewerkschaftlichen Vertrauensleute*. Gewerkschaftsmitglieder in den Betrieben wählen Vertrauensleute als Ansprechpartner. Die Bedeutung variiert je nach Gewerkschaft und ist in größeren

Betrieben ausgeprägter. Sie spielen eine wichtige Rolle bei der Verankerung und Mobilisierung der Gewerkschaften im Betrieb. Typische Seminare für Vertrauensleute sind z. B. »Arbeitnehmer:innen in Betrieb und Gesellschaft«, »Ökonomische Grundkenntnisse: Zusammenhänge verstehen – betrieblich aktiv werden!«, »Transformation aktiv gestalten – Beteiligung organisieren« (vgl. IG Metall 2023).

Gewerkschaftliche Bildungsarbeit hat auch die *Mitglieder* der Gewerkschaft im Blick. Solche Seminare sind im Gesamtangebot eher selten und werden häufig in regionalen Kontexten angeboten. In der Regel werden allgemeine gesellschafts- und gewerkschaftspolitische Themen behandelt.

Im Kontext der adressatengerechten Ausrichtung ist ein weiterer Aspekt interessant: Die Teilnehmenden von Gewerkschaftsseminaren bringen verschiedene Voraussetzungen mit. Die gewerkschaftliche Bildungsarbeit schafft es auf bemerkenswerte Weise, Menschen mit ganz unterschiedlichen Bildungsvoraussetzungen und -erfahrungen in einen gemeinsamen Lernprozess einzubeziehen.

5. *Vielfältiges, kompetenzorientiertes Seminarangebot*

Die gewerkschaftliche Bildungsarbeit umfasst eine Vielzahl von Angeboten. Diese reichen von Grundlagenkursen zu Themen wie Arbeitsrecht, Tarifverträgen und Mitbestimmung bis hin zu spezialisierten Seminaren zur betrieblichen Entgeltgestaltung, Gesundheit und Sicherheit am Arbeitsplatz, Digitalisierung und Nachhaltigkeit.

Bildungsangebote der Gewerkschaften orientiert sich hauptsächlich an einem Kompetenzrahmen, der von Heinrich Roth (1971) vorgeschlagen wurde. Dieser umfasst vier Kompetenzen: Sachkompetenz, Methodenkompetenz, Sozialkompetenz und Selbstkompetenz. Um eine beteiligungsorientierte Betriebs- und Tarifpolitik zu erreichen – was von den Gewerkschaften angestrebt wird – werden methodische und soziale Kompetenzen zunehmend wichtiger. Hierzu zählen beispielsweise das Verständnis von Gruppenprozessen, der rationale Umgang mit Konflikten, systematisches Lernen und die Entwicklung kreativer Arbeitsweisen, Kommunikationsfähigkeit sowie die Schaffung von Transparenz in politischen Prozessen und Entscheidungen. Zum anderen stützt sich das Angebot der gewerkschaftlichen Bildungsarbeit auf ein Kompetenzstufenmodell (vgl. Allespach, Meyer & Wentzel 2009), das von Anfänger:innen bis hin zu Expert:innen reicht. Es beinhaltet Einstiegs- und Grundlagenseminare, Aufbauseminare, Spezialseminare und Train the Trainer-Kurse für ehrenamtliche Aktive, die ihr Wissen und ihre Erfahrungen als Referent:innen weitergeben wollen.

Das Selbstverständnis gewerkschaftlicher Bildungsarbeit bezieht sich nicht allein auf die Entwicklung inhaltlicher, methodischer sowie sozialer Kompetenzen. Es geht zugleich um die Reflektion und den Aufbau von Haltungen und somit um die Hinterfragung von Denk- und Handlungsgewohnheiten. Allespach, Meyer & Wentzel (2006, S. 24) weisen in dem Zusammenhang darauf hin, dass eine wesentliche Voraussetzung für selbstbewusstes politisches Handeln die Überwindung der gesellschaftlich zugewiesenen Rolle passiver Anpassung und Unterwerfung unter die bestehenden Verhältnisse sei, die eng mit dem Status abhängig Beschäftigter verbunden ist. »Es geht um das ›Gefühl, berechtigt zu sein, sich überhaupt mit Politik zu beschäftigen, ermächtigt zu sein, politisch zu argumentieren‹ (Bourdieu 1983, S. 639) und dies selbstbewusst und auf gleicher Augenhöhe zu tun. Diese Einstellung hat der Philosoph Ernst Bloch (1885 – 1977) mit seinem eindringlichen Bild des ›aufrechten Gangs‹ (Bloch 1977, S. 85) ebenso gut beschrieben wie der Gewerkschafter Willi Bleicher (1907 – 1981) mit dem Grundsatz ›Du sollst dich nie vor einem lebenden Menschen bücken‹ (docfilm 1983). Es ist deshalb eine grundlegende Aufgabe gewerkschaftlicher Bildungsarbeit, zu ermutigen und das Vertrauen in die eigenen Fähigkeiten zu stärken, um – als ein wesentliches Merkmal der gewerkschaftlichen Handlung – *zusammen* mit anderen in politische Prozesse eingreifen zu können.« (Allespach, Meyer & Wentzel 2009, S. 24f.).

6. *Kooperation mit anderen Bildungseinrichtungen*
   Gewerkschaften arbeiten immer häufiger mit Bildungseinrichtungen wie gewerkschaftlichen / gewerkschaftsnahen Akademien, Stiftungen oder Hochschulen zusammen, um ihre Bildungsangebote zu erweitern und sich weiter zu professionalisieren. Diese Kooperationen ermöglichen den Zugang zu zusätzlichen Ressourcen, Expertise und Zertifizierungen, die den Wert der Bildungsmaßnahmen erhöhen. An dieser Stelle sei auf zwei Einrichtungen besonders verwiesen:
   Bereits 1921 wurde die Akademie der Arbeit in der Universität Frankfurt am Main gegründet (heute *Europäische Akademie der Arbeit in der Universität Frankfurt*). Das Ziel war und ist es, Beschäftigten auch ohne Abitur durch ein wissenschaftliches Studium Teilhabe in Wirtschaft, Politik, Gesellschaft und Wissenschaft zu ermöglichen. Die Fächer sind Arbeitsrecht, Ökonomie, Betriebswirtschaftslehre, Arbeitsbeziehungen und Sozialpolitik. Die Absolvent:innen wurden Betriebs- und Personalratsvorsitzende, Politiker:innen, Minister:innen, Oberbürgermeister:innen, Gewerkschaftsvorsitzende und Gewerkschaftssekretär:innen und engagierte Menschen der betrieblichen und gewerkschaftlichen Interessenvertretung; sie haben in eindrucksvoller Weise Arbeit und Gesellschaft mitgestaltet (vgl. Allespach & Gröbel 2021).
   2021 haben die IG Metall und der Deutsche Gewerkschaftsbund (DGB) die *University of Labour* (UoL) gegründet. Dies trägt vor allem der Tatsache Rechnung, dass die Beschäftigten und ihre Interessenvertretungen vor immer kom-

plexeren und multiplen Herausforderungen stehen. Als Hochschule für eine mitbestimmte Arbeitswelt ist es das erklärte Ziel der UoL, Menschen fachlich zu stärken und zu ermutigen, die Lebens- und Arbeitswelt im Sinne einer gerechten, humanen und demokratischen Gesellschaft mit zu gestalten. Teilhabe, gute Arbeit sowie soziale, ökologische und ökonomische Nachhaltigkeit werden als zentrale Bezugspunkte genannt. Auf der Basis eines pluralen Wissenschaftsverständnisses sollen Forschung und Lehre mit einer explizit arbeitnehmer:innen-orientierten Perspektive zur Bereicherung der gesellschaftlichen und wissenschaftlichen Diskurse beitragen. Die umfangreichen Erfahrungen der Studierenden in der betrieblichen und gewerkschaftlichen Mitbestimmung sind die Grundlage für ein kontext- und fallbezogenes Lernen sowie für theoretische Reflexionen und Verallgemeinerungen (vgl. *https://www.university-of-labour.de*).

7. *Öffentliche Bildungsangebote*
   Gewerkschaftliche Bildungsarbeit geht oft über die Mitgliederbetreuung hinaus und bietet auch Bildungsangebote für die breitere Öffentlichkeit an. Dies können Informationsveranstaltungen, Vorträge oder Workshops zu arbeitspolitischen Themen sein und zielen darauf ab, das Bewusstsein für gewerkschaftliche Anliegen und die Bedeutung von Arbeitnehmerrechten in der Gesellschaft zu erhöhen.

3. Pädagogische Konzepte gewerkschaftlicher Bildung

Angesichts eines vergleichsweise ressourcenstarken, professionellen Auftritts der gewerkschaftlichen Bildungsarbeit ist es wenig verwunderlich, dass aus diesem Bereich immer wieder Impulse zu ihrer Weiterentwicklung kamen, die z. T. bis weit in die Erwachsenenbildung hinein reichten.
Von großem Einfluss war ohne Zweifel das 1971 erschiene Buch »Soziologische Phantasie und exemplarisches Lernen« von Oskar Negt. Ausgangspunkt seiner Konzeption sind die jeweils konkreten Arbeitserfahrungen. Diese sind nicht singulär, sondern zugleich Ausdruck gesellschaftlicher Widersprüche. »Soziologische Phantasie« bezieht sich dabei auf die Fähigkeit der Lernenden, über ihre individuellen Erfahrungen hinauszudenken und soziale Zusammenhänge und Strukturen zu verstehen. Durch die Entwicklung der soziologischen Phantasie werden die Teilnehmenden befähigt, gesellschaftliche Prozesse und Probleme zu analysieren und kritisch zu reflektieren. Dies fördere ein kritisches Bewusst-

sein und die Fähigkeit, gesellschaftliche Ungerechtigkeiten zu erkennen und anzugehen.
Das »exemplarische Lernen« (Negt 1971) bezieht sich auf das Lernen durch Erfahrungen. Dabei werden Lebensgeschichten und Biografien als Lernmaterialien verwendet. Indem sich die Lernenden mit konkreten Lebensgeschichten auseinandersetzen, gewinnen sie Einblicke in verschiedene soziale Situationen, Erfahrungen und Probleme. Dieses Lernen basiert auf der Annahme, dass individuelle Erfahrungen als exemplarisch betrachtet werden können und sich somit allgemeinere soziale Phänomene und Zusammenhänge vermitteln lassen. Indem Negt den betrieblichen Erfahrungen einen hohen Stellenwert gab, bot er den persönlichen Lerninteressen eine bessere Chance, sich zu entfalten.
Negts Veröffentlichung »Soziologische Phantasie und exemplarisches Lernen« (1971) löste einige Kontroversen aus, die sich insbesondere an zwei Punkten festmachten: Zum einen wurde ihm vorgeworfen, die Bedeutung der Bildungsarbeit im Vergleich zu den alltäglichen betrieblichen Konflikterfahrungen zu überschätzen. Zum anderen stieß der Weg von den konkreten Erfahrungen zur politischen Erkenntnis und zurück in die Praxis, auf Skepsis. Um Praxis adäquat erfassen zu können, bräuchte es theoretische Kategorien, die es in der Bildungsarbeit zu vermitteln gelte (also vom Abstrakten zum Konkreten). Für die Kritiker des Negt'schen Ansatzes (vgl. z. B. Werner 1981, S. 15 ff.) dienten Erfahrungen eher als Illustrationen theoretischer Ableitungen. Neben dieser grundsätzlichen Kritik war die methodische Umsetzung dieses Ansatzes des exemplarischen Lernens herausfordernd. Es wurde versucht, entsprechende Bildungsmaterialien zu entwickeln; zu erwähnen sind hier etwa die Arbeitshefte des »Themenkreises Betrieb« (vgl. Müller 2008, S. 60), z. B. »Industriearbeit und Herrschaft«, »Der Konflikt um Lohn und Leistung«, »Die Interessenvertretung der Arbeitnehmer im Betrieb«. Von Adolf Brock und anderen wurden die »Erfahrungswerkstätten« entwickelt (vgl. Faulstich 2009, S. 9).
Das Konzept des exemplarischen Lernens lieferte wichtige Impulse, die noch heute Relevanz in der gewerkschaftlichen Bildungsarbeit haben und sich in folgende Kategorien zusammenfassen lässt:

1. Empowerment als Konzentration darauf, den Lernenden die notwendigen Fähigkeiten, Kenntnisse und das Selbstvertrauen zu vermitteln, um ihre eigenen Interessen zu vertreten und aktiv an gewerkschaftlichen Aktivitäten teilzunehmen. Es zielt darauf ab, die Teilnehmenden zu ermächtigen und ihre Selbstbestimmung zu stärken.
2. Teilnehmer-/Erfahrungsorientierung als die Berücksichtigung der Erfahrungen und Kenntnisse der Teilnehmenden. Der Bildungsprozess wird so gestaltet, dass er auf den Bedürfnissen und Interessen der Lernenden aufbaut. Die Mitbestimmung der Teilnehmenden bei der Festlegung von Lernzielen und -inhalten ist ein wichtiger Aspekt.

3. Diskursorientierung fördert den offenen Austausch von Meinungen, Erfahrungen und Perspektiven. Durch den Dialog und die Diskussion können verschiedene Standpunkte und Sichtweisen beleuchtet werden. Dieser Ansatz zielt darauf ab, das kritische Denken und die Reflexionsfähigkeit der Teilnehmenden zu fördern.
4. Handlungsorientierung betont das Lernen durch aktives Handeln und praktische Erfahrungen. Der methodische Weg geht vom Konkreten zum Abstrakten, dann aber wieder mit dem Wissen zurück, um Praxis i. S. eines demokratischen, sozialen und humanitären Fortschritts zu gestalten. Die Teilnehmenden werden ermutigt, ihr Wissen und ihre Fähigkeiten in konkreten Situationen anzuwenden und praktische Lösungen zu entwickeln. Dieser Ansatz fördert die Verbindung zwischen Theorie und Praxis.
5. Partizipation betont die aktive Beteiligung der Teilnehmenden am Bildungsprozess. Es werden partizipative Methoden und Formen der Zusammenarbeit verwendet, um die Teilhabe und das Engagement der Lernenden zu fördern. Dies schließt auch die Beteiligung an Entscheidungsprozessen und die demokratische Gestaltung von Bildungsveranstaltungen ein.

Jüngere pädagogische Debatten fokussieren, anknüpfend an den Erfahrungslernansatz, eine subjektwissenschaftliche Perspektive. Diese Diskussion wurde durch die Forschungen von Peter Faulstich im Bereich der politischen Weiterbildung angestoßen. Ebenfalls beeinflusst wurden sie durch die konzeptionellen und methodischen Überlegungen von Joachim Ludwig zur beratenden Fallarbeit sowie durch die Veröffentlichung von Allespach, Meyer & Wentzel (2009) zur Übertragung des Konzepts des expansiven Lernens auf die Methodik und Didaktik der gewerkschaftlichen bzw. politischen Erwachsenenbildung.

Die vorherrschende instruktionsbasierte Didaktik in der politischen Bildung wird von Peter Faulstich kritisiert (vgl. Faulstich & Ludwig 2004, Faulstich, Forneck & Knoll 2005; Faulstich & Bayer 2006). Eine Herstellungs- und Vermittlungslogik erwecke den Eindruck, dass intendierte Kompetenzen durch ausgefeilte Methoden instrumentell in einer Ziel-Mittel-Wirkungskette erzeugt werden könnten. In dieser Sichtweise folgt politische Bildung einer Herstellungsdidaktik, die vor allem postulatorisch und technisch operiert. Wissen kann in den Köpfen anderer Menschen nicht »erzeugt« und Lernen nicht erzwungen werden. Das gilt insbesondere für die politische Bildung.

Joachim Ludwig bezieht in seiner Forschung ebenfalls das subjektwissenschaftliche Lernkonzept auf die gewerkschaftliche Bildungsarbeit. Er fasst sein Konzept in dem Prinzip »beraten statt verkünden« zusammen (vgl. Ludwig & Kielmann 2000 und Ludwig 2003a). Bildung und Beratung sind eng miteinander verknüpft. Für die methodische Umsetzung schlägt er dazu die Fallarbeit vor (vgl. Ludwig 2003b). Es wird ein Erfahrungsbericht eines Seminarteilnehmers oder einer Seminarteilnehmerin zu einem spezifischen thematischen Schwerpunkt ausgewählt. Dieser Bericht dient als Fallbeispiel, in dem sich auch die anderen Teilnehmenden des Seminars wiedererkennen. Im nächsten Schritt erfolgt eine gemeinsame Analyse des Berichts, bei der die darin enthaltene Handlungsproblematik Schritt für Schritt herausgearbeitet wird. Dabei werden zusätzliche Informationen wie Gesetzestexte herangezogen und verschiedene Handlungsmöglichkeiten erarbeitet. Dieser Prozess ermöglicht es den Teilnehmenden, ein vertieftes Verständnis für die Thematik zu entwickeln und ihre eigenen Handlungskompetenzen zu erweitern.

4. Neuere theoretische Ansätze in der gewerkschaftlichen Bildungsarbeit

Als Weiterentwicklung des subjektwissenschaftlichen Ansatzes betont Kehrbaum (2021) die besondere Bedeutung der zwischenmenschlichen Interaktion in der gewerkschaftlichen Bildung. Die Bedeutung des konkurrenzfreien Lernens anhand gemeinsamer Zielsetzungen wird dabei in den Fokus gerückt. Kehrbaum macht das Potenzial für die Entwicklung demokratischer Lebensformen sichtbar, das in den Lernanlässen und Lernformen der gewerkschaftlichen Bildung angelegt ist. Dabei spielt die Sozialphilosophie von John Deweys (1859–1952) eine zentrale Rolle. Sie betrachtet menschliche Interaktion im Zusammenhang von Demokratie und Bildung und beschreibt z. B. wie Werte durch konsequenten Handlungsbezug für problemlösendes Handeln anwendbar gemacht werden können.

Unter Bezugnahme auf weitere Philosophen (Martin Buber, Rainer Marten, Helmut Pape und Axel Honneth) werden bisherige Ansätze in der gewerkschaftlichen Bildung neu konstruiert. Bildungstheoretische Begriffe wie *Erfahrung* und *Bewusstsein*, *Reflexion* und *Kritik*, sowie *Subjekt* und *Emanzipation* – die in dem Diskurs um politische Bildung in Deutschland nach 1945 wichtig waren – werden aus interaktiver Perspektive neu formuliert und ihre Bedeutung für gemeinschaftliche Lernprozesse betont (Kehrbaum 2021, S. 13). Im Rekurs auf die sozialen Pandemieerfahrungen werden mit dieser Perspektive Auswirkungen einer radikalen Reduzierung sozialer Interaktionsmöglichkeiten für die Entwicklung demokratischer Handlungsweisen thematisierbar. Eine Besonderheit dieses Ansatzes ist, dass auch neuere Erkenntnisse der evolutionären Anthropologie (z. B. in Bezug auf Michael Tomasello) zur ethischen Begründung des pädagogischen Handelns in den Gewerkschaften hinzugezogen werden.

Angesichts krisenhafter gesellschaftlicher Herausforderungen legt dieser Ansatz einen Schwerpunkt auf gemeinschaftsstärkende Bildungsprozesse. Im Mittelpunkt steht die Gestaltung demokratischer Lebensformen in lokal handelnden Praxisgemeinschaften durch Konflikt- und Problemlösung und den darauf gerichteten Bildungsprozessen. Der Ansatz setzt voraus, dass im Arbeitsalltag Fähigkeiten zum Miteinander-, Voneinander- und Füreinanderlernen entwickelt werden. Diese werden in dieser Bildungskonzeption systematisch aufgegriffen und zu solidarischen Handlungsformen weiterentwickelt. Die gemeinschaftliche Praxis der betrieblichen und gewerkschaftlichen Mitbestimmung dient dabei als anschauliches Beispiel – zum Teil harter – demokratischer Auseinandersetzung und darauf bezogener Lernprozesse. Eine didaktische Herausforderung besteht nach Kehrbaum darin, Lernprozesse zu konzipieren, in denen im gemeinsamen Verständigungs- und Planungsprozess Lösungswege für betriebliche, wirtschaftliche und gesellschaftliche Probleme und Konflikte entwickelt werden können. Solidarische und kooperative Lernformen dienen in der gewerkschaftlichen Bildung nach Kehrbaum der Vorbereitung auf arbeits- und gesellschaftspolitische Auseinandersetzungen zwischen Interessensgruppen und grenzen sich explizit gegen individualistische Lernansätzen ab (vgl. Kehrbaum 2021, S. 9). Diese sozial-kooperative Didaktik wird mithilfe eines pragmatistischen Ansatzes ausgearbeitet, der kollektive Verständigungs- und Handlungsprozesse in und zwischen Gemeinschaften und Gruppen zum zentralen Ausgangs- und Bezugspunkt des pädagogischen Handelns macht.

Soziale Interaktion ermöglicht nach Kehrbaum nicht nur die Anwendung gemeinsamer Intelligenz auf soziale Problemlösung, sie ist auch die Bedingung für die Entstehung menschlich verbindender Solidarität. Denn menschliche Kooperation ist eine Voraussetzung für die Entstehung von Gemeinschaft und der Ausgangs- und Bezugspunkt für ethische Fragen, wie z.B. die nach sozialer Gerechtigkeit oder einem friedlichen und humanen Gemeinwesen. Gesellschaften, in denen wechselseitig unterstützende zwischenmenschlichen Beziehungen gezielt zur Problemlösung eingesetzt werden – die auch in sogenannten *Konfliktpartnerschaften* entwickelt werden – könnten sich so zu großen kooperierenden Gemeinschaften weiterentwickeln. Die Kontingenz menschlichen Lebens und die ungewissen Verläufe gesellschaftlicher Prozesse und damit verbundene Probleme und Konflikte werden explizit als Lernanlässe betrachtet, die unterschiedliche Menschen zusammenführen und ihnen die Chance eröffnen, sich sowohl persönlich als auch als Gemeinschaft weiterzuentwickeln. Dieser Ansatz impliziert neue Verständnisse von »Gemeinsinn« und »Gemeinwohl«. Diese entwickeln sich im Prozess der vielfältigen Vergemeinschaftung zum Zwecke der gemeinsamen Problemlösung. So entstehen prozessuale und auf die Praxis bezogene Begriffe von »Gemeinsinn« und »Gemeinwohl«, die sich von einer liberalen Ideologie abgegrenzen, die allein das Individuum ins Zentrum gesellschaftlichen Handelns stellt und annimmt, dass nur durch die Stärkung der Eigeninteressen Wohlstand für alle geschaffen werden könne. Gerade angesichts der gesellschaftlichen Herausforderungen – insbeson-

dere durch die Entwicklung der sogenannten »Künstlichen Intelligenz« – wird in diesem Ansatz die soziale Intelligenz menschlicher Gemeinschaften betont und ermuntert, diese als Innovationsquelle für eine humane technologische aber auch gesellschaftliche Entwicklung zu nutzen.
Einen Schwerpunkt der pädagogischen Praxis bilden in diesem Ansatz interaktive Seminarmethoden (Kehrbaum 2021, S. 438ff.). Diese sollen den intensiven zwischenmenschlichen Austausch über Probleme und darauf bezogene Erfahrungen, Meinungen, Werte und Zukunftsszenarien fördern und den Ausgangspunkt für die kooperative Lösung von sozialen Problemen und Konflikten bilden.
Diese intersubjektive Bildungskonzeption soll zeigen, wie aus dem alltäglichen Lebens- und Arbeitskontext heraus, die Kompetenzen für ein allgemeines gesellschaftliches Engagement gestärkt werden können. Es geht dabei um die Einübung demokratischer Kommunikations- und Handlungsweisen, die zur aktiven Mitgestaltung des Arbeits- und Lebensumfeldes im Rahmen lokaler Praxisgemeinschaften befähigen. Darüber hinaus bietet dieser Ansatz Erklärungsmöglichkeiten dafür, wie Gemeinsinn im Rahmen kooperativer Problemlösung entstehen kann und wie dadurch Motivationsgründe für ständiges Weiterlernen entstehen. So werden auch Anregungen für eine Neubetrachtung des Diskurses zum »Lebenslangen Lernen« gegeben, die den Schutz und die Weiterentwicklung demokratischer Lebensformen im Blick hat.
Eine Perspektive, die subjektwissenschaftliche und intersubjektive Ansätze der gewerkschaftlichen Bildungsarbeit verbindet, wurde in einem Kooperationsprojekt von DGB, DGB-Bildungswerk und der Universität Duisburg/Essen mit dem Titel: »Demokratisch ist man nicht alleine – Trägernetzwerk politische Bildung in der Arbeitswelt«[1] entwickelt. Dabei geht es um eine Analyse bestehender Programme gewerkschaftlicher Bildungsarbeit und – auf der Grundlage qualitativer Forschung – um das Entwickeln konzeptioneller Grundlagen für eine arbeitsorientierte politische Bildung. Die traditionelle »Komm-Struktur« politischer Erwachsenenbildung soll durch eine »Geh-Struktur« ergänzt und zum Teil auch ersetzt werden (vgl. Trumann 2023, S. 9). Ausgehend von den lebens- und arbeitsweltlichen Interessen und Problemlagen der Beschäftigten sollen Lernprozesse angestoßen, gesellschaftliche Widersprüche problematisiert, Zusammenhänge hergestellt und alternative Perspektiven sowie Handlungsmöglichkeiten aufgezeigt werden (vgl. ebd., S. 6). Der Betrieb gilt als bedeutsamer sozialer Lernort Erwachsener. Erwartet wird, dass damit die Distanz gegenüber politischer Bildung in Bezug auf einen breiten Personenkreis verringert und die Menschen für die gemeinsame solidarische Gestaltung der Arbeitswelt gewonnen werden

1 Siehe: *www.dgb-bildungswerk.de/politische-bildung/demokratisch-ist-man-nicht-allein-traegernetzwerk-politische-bildung-der-arbeitswelt.*

können. Das Ziel ist es, die gemeinsame Reflexions- und Handlungsfähigkeit der Beschäftigten zu stärken.
Einen weiteren, interessanten Ansatz stellt das »Transformative Lernen« dar. Gerrit von Jorck, Tanja Brumbacher und Lukas Heck (2023) untersuchten im Rahmen von Konzepten zur Nachhaltigkeit in Arbeit, Beruf und Bildung (Peiffer & Weber 2023) die Rolle der gewerkschaftlichen Bildung im Zusammenhang mit den Anforderungen einer nachhaltigen Entwicklung. Sie betonen, dass den gewerkschaftlichen Bildungseinrichtungen bei der Qualifizierung der Beschäftigten für sozial-ökologische Transformationsprozesse eine zentrale Rolle im Rahmen der beruflichen Weiterbildung zukommt und sind der Meinung, dass dem Konzept eines »transformativen Lernansatzes« nach Mezirow (1997) dabei eine wichtige Rolle zukommt. Das »transformative Lernen« nach Mezirow weist starke Ähnlichkeiten mit John Deweys Ansatz des Erfahrungslernens auf. Es fokussiert auf die Problematisierung und Desorientierung zu Beginn eines Veränderungsprozesses und versucht, Denkgewohnheiten durch systematisierte kritische Reflektion bewusst zu machen und diese gezielt zu verändern, um neue Handlungsmöglichkeiten zu eröffnen. Bemerkenswert und zugleich herausfordernd ist bei von Jorck, Brumbacher und Heck (2023) der Anspruch, die Beschäftigten zu erreichen und mit ihnen gemeinsam über notwendige Veränderungen zu reflektieren. Einerseits erfordert dies Maßnahmen, um den Zugang zu einer neuen Form und entsprechenden Räumen der beruflich-politischen Bildung für breite Beschäftigungsschichten zu erweitern, anderseits kommt dieser Ansatz den Bemühungen der Gewerkschaften entgegen, durch verstärkte Beteiligungsprozesse ihre Mitglieds- und Durchsetzungsstärke und somit ihre politische Handlungsfähigkeit zu erhöhen.

5. Ausblick: Gewerkschaftliche Bildung als Schlüssel zur Integration allgemeiner, beruflicher, akademischer und politischer Bildung?

Durch Megatrends wie beispielsweise den Klimawandel, die Digitalisierung, Dekarbonisierung und Demografie und die sich daraus ergebenden gesellschaftlichen Herausforderungen geraten individualistische und ökonomistische Perspektiven auf Bildung seit Jahren unter Druck. Insbesondere durch den russischen Angriffskrieg und aktuelle antidemokratische Bewegungen in Europa wird offensichtlich, dass ein demokratisches Fundament die Grundvoraussetzung für eine zukunftsfähige und nachhaltige wirtschaftliche und gesellschaftliche Entwicklung ist. Es ist unserer Ansicht nach dringend erforderlich, daraus Konsequenzen für die Weiter-

entwicklung der allgemeinen, beruflichen und akademischen Bildung zu ziehen. Die gewerkschaftliche Bildung könnte dafür entscheidende Impulse geben.
Die Hochschulrektorenkonferenz (HRK) hat bezogen auf die akademische Bildung bereits 2018 ausdrücklich darauf hingewiesen, dass der bisherige dominante Fokus der Kompetenzentwicklung auf die Arbeitsmarktvorbereitung nach der Bologna-Reform wieder geöffnet und erweitert werden muss:

»Europa ist sehr viel mehr als eine ökonomische Gemeinschaft. Seine künftige soziale und kulturelle Identität wird gerade auch von den Hochschulabsolventinnen und -absolventen geprägt. Deshalb dürfen wir nicht nur deren fachliche Qualitäten fördern. Das Studium sollte sie auch in die Lage versetzen, kritisch zu denken und neue Lösungen für die zahlreichen gesellschaftlichen Herausforderungen zu finden. Eine Ausrichtung auf die unmittelbare Verwertbarkeit für den Arbeitsmarkt ist der falsche Weg. Es gilt, Forschung und Lehre stärker zu verzahnen und forschendes und soziales Lernen in allen Studienzyklen stärker zu berücksichtigen« (HRK-Präsident Horst Hippler 2018).

Demnach sollte dort, wo in der beruflichen und akademischen Bildung bisher Lernbegrenzungen festgelegt wurden, Reflexionsprozesse initiiert werden, die auf die Persönlichkeitsentwicklung und gesellschaftliche Verantwortung abzielen. Die Praxis der gewerkschaftlichen Bildung liefert gute Beispiele, wie Reflexionsprozesse erweitert werden: indem im Rahmen von Problemlösungsprozessen fachliche Themen um soziale, ökologische, ökonomische, ethische und gesellschaftspolitische Bewertungsmaßstäbe erweitert werden und die richtigen Schlüsse für das gemeinsame Handeln gezogen werden.
Die Mitbestimmung von Betriebsräten, Jugend- und Auszubildendenvertretungen und Aufsichtsräten in Betrieben und Unternehmen behandelt zentrale Fragen der wirtschaftlichen und gesellschaftlichen Entwicklung und ist somit eine wichtige Form gesellschaftlichen Engagements. Die hohe Relevanz ökonomischer und arbeitspolitischer Prozesse für die Zivilgesellschaft erfordert kompetente und engagierte Interessenvertreter:innen, die ihre Aufgaben beteiligungsorientiert durchführen. Die Qualität und Effektivität ihrer Arbeit hängen in hohem Maße von der Entwicklung fachlicher und fachübergreifender Kompetenzen ab. Denn ökonomische Kompetenzen zeichnen sich heute zunehmend durch interdisziplinäre Interaktionskompetenzen aus, die zu einem konzeptionellen Bestandteil beruflichen und akademischen Lernens werden sollten und im Rahmen von konkreten Praxisprojekten integriert werden können.[2] So wird

2 Studien bestätigen das hohe Maß an Persönlichkeitsentwicklung, dass mit der darauf bezogenen gewerkschaftlichen Bildung und vor allem durch die Gestaltung der sozialen Prozesshaftigkeit verbunden ist (Elsholz & Dehnbostel 2002; Hovestadt 2005).

deutlich, warum die deutsche Mitbestimmungspraxis und die darauf bezogene gewerkschaftliche Bildung zu einem Vorbild für Entwicklungsmodelle fachlich übergreifender Kompetenzen werden kann. Es werden Kompetenzfelder sichtbar, die wichtige Voraussetzung zur praktischen Problemlösung darstellen und damit gleichzeitig Konzepte für die Integration bisher getrennter Bildungsbereiche liefern. Das rückt die traditionsreiche gewerkschaftliche Bildung in das Licht einer innovativen Didaktik. Ihr ist deshalb zu wünschen, dass die von ihr ausgehenden Impulse die aktuellen Bildungsdebatten erhellen wird und dabei hilft, die Bildungspraxis fruchtbar weiterzuentwickeln.

6. Literatur

Allespach, Martin / Gröbel, Rainer (Hrsg.) (2021): 100 Jahre Europäische Akademie der Arbeit. Frankfurt.

Allespach, Martin / Meyer, Hilbert / Wentzel, Lothar (2009): Politische Erwachsenenbildung. Marburg.

Bloch, Ernst (1977): Gespräch mit José Marchand 1974. In: Münster, Arno (Hrsg.): Tagträume vom aufrechten Gang, Frankfurt am Main.

Bourdieu, Pierre (1983): Die feinen Unterschiede. Hamburg.

docfilm/Darmstadt (1983): Willi Bleicher – Ein Leben für die Gewerkschaften. Frankfurt a. M.

Elsholz, Uwe / Dehnbostel, Peter (2002): Weiterbildung und Kompetenzentwicklung im Spiegel gewerkschaftlicher Expertenmeinungen. Eine empirische Untersuchung. Hamburg.

Faulstich, Peter (2009): Vorwort, in: Allespach, Martin; Meyer, Hilbert u. Wentzel, Lothar, Politische Erwachsenenbildung. Ein subjektwissenschaftlicher Zugang am Beispiel der Gewerkschaften (S. 9–11). Marburg.

Faulstich, Peter / Bayer, Mechthild (Hrsg.) (2006). Lernwiderstände. Anlässe für Vermittlung und Beratung. Hamburg.

Faulstich, Peter / Fornek Hermann J. / Knoll, Jörg (2005). Lernwiderstand – Lernumgebung – Lernberatung. Bielefeld.

Faulstich, Peter / Ludwig, Joachim (Hrsg.) (2004). Expansives Lernen. Bartmannsweiler.

Hovestadt, Gertrud (2005): Wissenserwerb und Lernverhalten, Hrsg.: Hans Böckler Stiftung, Arbeitspapier 107, Düsseldorf, Internet: Arbeitspapier #107 Inhalt (boeckler.de).

HRK Präsident Hippler 2018: *https://www.hrk.de/news-details/meldung/hrk-praesident-fordert-klare-aussagen-von-der-bologna-ministerkonferenz-in-paris-4386/* (abgerufen am 14. 8. 2023).

HRK Pressemitteilung 2018 zu »Grundlegende Fehleinschätzung«: HRK-Präsident zu den hochschulpolitischen Leitlinien des DIHK: *https://www.hrk.de/fileadmin/redaktion/hrk/02-Dokumente/02-02-PM/HRK_PM_DIHK_18042018.pdf* (abgerufen am 14. 8. 2023).

IG Metall (2023): Zukunft gestalten Bildungsprogramm 2023 für Aktive in Betrieb und Gesellschaft, Hrsg.: IG Metall, Frankfurt am Main.

Jorck von, Gerrit/Brumbauer, Tanja/Heck, Lukas (2023): Transformatives Lernen in der gewerkschaftlichen Bildung als nachhaltige Entwicklung.

Kehrbaum, Tom (2021): Zwischenmenschliche Bildung und politische Handlungsfähigkeit. Eine Theorie der Praxis gewerkschaftlicher Bildung. Wochenschau Verlag, Frankfurt am Main.

Ludwig, Joachim (2003a): Das lernende Subjekt in der politischen Bildung: Didaktische Vermittlungskonzepte in der gewerkschaftlichen Bildungsarbeit. In: Literatur- und Forschungsreport Weiterbildung, 26 (2003), S. 83–92, Bielefeld: Bertelsmann.

Ludwig, Joachim (2003b): Subjektwissenschaftliche Didaktik am Beispiel der Fallarbeit, In: Grundlagen der Weiterbildung; Praxis, Forschung, Trends, (2003) 3, S. 119–121. Neuwied.

Ludwig, Joachim/Kielmann, Harald (2000): Beraten statt Verkünden: Neue Wege in der gewerkschaftlichen Bildungsarbeit. In: Jahrbuch für die Gewerkschaften. – Berlin: Einblick-Verl.-Ges.

Mezirow, Jack (1997): Transformative Erwachsenenbildung. Schneider, Hohengehren.

Müller, Stefan (2008): Wissen um zu handeln. Die Bildungsarbeit der IG Metall unter Heinz Dürrbeck. Manuskript. Dusiburg.

Negt, Oskar (1971): Soziologische Phantasie und exemplarisches Lernen – Zur Theorie und Praxis der Arbeiterbildung. Frankfurt am Main.

Pfeiffer, Iris; Weber, Heiko (Hrsg.) (2023): Zum Konzept der Nachhaltigkeit in Arbeit, Beruf und Bildung – Stand in Forschung und Praxis. Bonn.

Roth, Heinrich (1971): Pädagogische Anthropologie. Hannover: Schroedel.

Trumann, Jana (2023): Trägernetzwerk Politische Bildung in der Arbeitswelt. »Demokratisch ist man nicht alleine«. Ergebnisse einer qualitativen Untersuchung zu aufsuchenden politischen Bildungsaktivitäten in der Arbeitswelt. *https://www.dgb-bildungswerk.de/sites/default/files/pdf-upload/2023-02/Trägernetzwerk-Forschungsbericht%202022.pdf* (abgerufen am 14. 8. 2023).

Werner, Harald (1981): Erfahrung, Erkenntnis und Motivation in der Arbeiterbildung. Köln.

Lutz Eduard Faßbender

Wie erfolgreiche Weiterbildung im Betrieb zur Integration von migrantischen Beschäftigenten und zur Integration von Weiterbildungsmentor:innen führen kann – Ein Praxisbeispiel

Inhalt

1. Qualifizierung in der Arbeitswelt heute

Die massiven Veränderungen in der Arbeitswelt sind auf all ihren Ebenen zu beobachten. Das Akronym VUKA stellt eine Möglichkeit dar, diese Entwicklungen als volatil, ungewiss, komplex und ambig zu begreifen (Rascher 2019, S. 5). Stetig sich ändernde Marktbedingungen, fortschreitende Digitalisierung sowie ein eklatanter Fach- und Arbeitskräftemangel erfordern Strategien der aktiven Gestaltung durch die Politik und die Akteure der Arbeitswelt, um einerseits die Wettbewerbsfähigkeit der Unternehmen, andererseits die Beschäftigungsfähigkeit der Mitarbeitenden als auch gute Arbeitsbedingungen weiterhin gewährleisten zu können.
Ein Schlüssel um diese aktuellen Herausforderungen zu meistern ist Weiterbildung im Betrieb. Eine aktuelle Betriebsrätebefragung des Wirtschafts- und Sozialwissenschaftlichen Instituts der Hans-Böckler-Stiftung belegt jedoch Handlungsbedarf in diesem Feld. Das Weiterbildungsangebot ist groß: 81 % der Unternehmen bieten Weiterbildungen an (Erol & Ahlers 2023, S. 10) und laut Institut der deutschen Wirtschaft lag die Weiterbildungsbeteiligung im Jahr 2020

sogar bei 87,9 % (Seyda & Placke 2020, S. 105), dennoch bewerten die Betriebsräte die Qualität unmittelbar notwendiger Qualifizierungen der Beschäftigten nur zu 50 % als adäquat. Noch geringer fällt mit 42,9 % der Anteil der Betriebe aus, in denen die Betriebsräte auch eine Vorbereitung auf zukünftige Anforderungen mittels längerfristiger Qualifikationsplanungen sehen. Wenn Qualifizierungen durchgeführt werden, geben nur 47,9 % der befragten Betriebsräte an, dass die Beschäftigten mit ausreichenden finanziellen Mitteln für Weiterbildung vom Arbeitgeber unterstützt werden, und nur 38,4 % sehen, dass die Beschäftigten ausreichend zeitliche Ressourcen zur Teilnahme an den Qualifizierungsmaßnahmen zur Verfügung gestellt bekommen (Erol & Ahlers 2023, S. 12).

Um Weiterbildung als »festen Bestandteil beruflicher und unternehmerischer Entwicklung zu etablieren und eine gemeinsame Weiterbildungskultur in Deutschland zu schaffen«, haben Politik, Arbeitgeberverbände, Gewerkschaften und die Bundesagentur für Arbeit die Nationale Weiterbildungsstrategie (NWS) auf den Weg gebracht. In dieser werden zehn Handlungsziele zur Ausweitung der Weiterbildungstätigkeiten in Deutschland formuliert, welche durch überregionale und regionale Maßnahmen, Gesetzespakete und Förderprogramme umgesetzt werden (BMAS 2021). Zu diesen Zielen gehört auch die Förderung von Chancengleichheit beim Zugang zu Qualifizierungsmaßnahmen für benachteiligte Beschäftigtengruppen, die wegen Herkunft, Alter, Geschlecht, sexueller Orientierung oder Bildungshintergrund seltener in Weiterbildungsmaßnahmen zu finden sind (BMBF 2019, S. 4). Um diesen sozial-selektiven Mechanismen entgegenzuwirken und den Zugang zu Weiterbildung nicht nur dem wirtschaftlichen Rentabilitätskriterium zu überlassen, sondern übergreifend mehr Weiterbildung zu ermöglichen, müssen Mitarbeiter:innen und Mitbestimmungsakteure auf die betriebliche Weiterbildungsplanung einwirken können (Erol & Ahlers 2023, S. 2).

In diesem Sinne steht auch das in der NWS verankerte Konzept der Weiterbildungsmentor:innen im Betrieb, dass »lebensbegleitende Weiterbildungsberatung flächendeckend vernetzen und Qualifizierungsberatung stärken« (BMAS 2021, S. 30) zum Ziel hat. Diese sollen die Weiterbildungsinteressen und -bedarfe aller Beschäftigten evaluieren und in eine entsprechende Weiterbildungskultur einfließen lassen.

In diesem Beitrag wird solch eine im Rahmen der NWS geförderte Maßnahme, das Projekt *Mentoren.Bilden.Zukunft.* der Gewerkschaft Nahrung-Genuss-Gaststätten (NGG), vorgestellt. Anhand eines Praxisbeispiels aus dem Projekt soll aufgezeigt werden, inwiefern Weiterbildung im Betrieb unter Berücksichtigung der individuellen Bildungsbedarfe der Beschäftigten umgesetzt werden und damit ein Vorbild für zukünftige Maßnahmen sein kann.

2. Das Projekt »Mentoren. Bilden. Zukunft« der NGG

Im Zuge der NWS fördern verschiedene Bundesministerien, wie das BMBF, Projekte zur Weiterbildung innerhalb von Betrieben. Die hier fokussierten Projekte haben das Ziel Weiterbildungsmentor:innen in Betrieben zu etablieren. Diese werden durch DGB-Gewerkschaften umgesetzt, was an das NWS-Handlungsziel zur Stärkung der Sozialpartnerschaft bei der Betrieblichen Weiterbildung anknüpft. Beispielsweise verfolgt das *Projekt Weiterbildungsmentor:innen* der IG Metall das Ziel, gewerkschaftliche Vertrauensleute, Mitglieder des Betriebsrates, sowie Beschäftigte aus dem Bereich Personalwesen zu Weiterbildungsmentor:innen auszubilden, um die Beschäftigten in beruflichen Veränderungsprozessen zu fördern, die durch die Transformation ausgelöst werden. »Bundesweit werden in bis zu 100 Betrieben rund 200 Vertrauensleute zu Weiterbildungsmentor:innen ausgebildet« (IG Metall 2021). Auch ver.di qualifiziert und begleitet im Projekt *mendi.net* dazu Betriebs- und Personalräte.
Das durch die Gewerkschaft Nahrung-Genuss-Gaststätten (NGG) getragene Projekt *Mentoren.Bilden.Zukunft* (MBZ) möchte allen Beschäftigten der betreffenden Branchen, die etwas für ihre berufliche Entwicklung tun möchten, die Teilhabe an Weiterbildung und Qualifizierung ermöglichen. Die Umsetzung orientiert sich an drei Säulen: Beratung, Qualifizierung und Vernetzung. Mit diesen will die NGG Mentor:innen qualifizieren und eine nachhaltige Weiterbildungskultur in den Betrieben etablieren. Dieses Projekt wendet sich in erster Linie an Betriebsräte, es können aber auch vom Unternehmen vorgeschlagene Mitarbeitende zu Weiterbildungsmentor:innen qualifiziert werden (NGG 2023).
Die Beratung der Mentor:innen erfolgt auf der einen Seite durch die zuständigen Hauptamtlichen der Gewerkschaft NGG und zum andern durch die Berater:innen des Instituts für Forschung, Training und Projekte (IFTP), welches Teil des Berufsfortbildungswerks (bfw) ist, eine durch den DGB gegründete, gemeinnützige Bildungseinrichtung.
Das Thema der betrieblichen Bildung und die Schaffung einer entsprechenden, an den Bedarfen der Beschäftigten orientierten Bildungskultur setzt voraus, dass entsprechende Strukturen im Betrieb geschaffen werden. Hier haben Betriebsräte durch das BetrVG mannigfaltige Möglichkeiten auf die Weiterbildung einzuwirken. Die normativen und tarifvertraglichen Werkzeuge zu kennen, zu nutzen und bedarfsgerecht einzusetzen steht dabei im Mittelpunkt der Beratung. Zu den Beratungsthemen gehören die Durchführung von Sprachkursen für Migrant:innen, die praktische Umsetzung von Qualifizierungsbedarfsanalysen, die Analyse der demografischen Entwicklung sowie des intergenrationalen Wissenstransfers, die Anerkennung vorhandener Qualifikationen, Möglichkeiten von Teilqualifizierungen, die Recherche von Fördermitteln, die Organisationsentwicklung in Richtung lernförderlicher Arbeitsgestaltung und die Führungskräf-

teentwicklung. Speziell für Betriebsräte konzipierte Beratungen umfassen die Entwicklung fachlicher und persönlicher Kompetenzen sowie die Unterstützung bei der Gründung von Bildungsausschüssen und Arbeitsgruppen gemäß § 28a BetrVG. Auch bei der Erstellung und Verhandlung von (Gesamt-)Betriebsvereinbarungen zur Regelung der betrieblichen Bildung sollen die Beratungen helfen. Zudem können Anwendung agiler Arbeitsmethoden, Gremienabläufe und Evaluation von Qualifizierungsmaßnahmen weitere Themen sein. Zweck der Beratung von Betriebsräten ist es, diese in ihrer Rolle zu stärken und ihre Effektivität in Bezug auf die betriebliche Bildung zu verbessern.

Die Qualifizierung der betrieblichen Mentor:innen erfolgt im Bildungszentrum Oberjosbach (BZO). Das BZO ist das Bildungszentrum der NGG zur Aus- und Weiterbildung von Betriebsräten und bietet im Rahmen des Projektes ein Grundlagenseminar und zwei Zusatzqualifizierungen an. Im Grundlagenseminar soll die Anforderung der Betrieblichen Weiterbildung sowie die Rolle und Arbeit von Weiterbildungsmentor:innen vermittelt werden. Die erste Zusatzqualifizierung behandelt die wesentlichen Aspekte der Qualifizierungsbedarfsanalyse (QBA). Die zweite Zusatzqualifizierung bietet eine umfassende Auseinandersetzung mit den Grundlagen der Erwachsenenbildung. Alle Qualifizierungen erfolgen für Betriebsräte nach § 37 Abs. 6 BetrVG. Für Mentor:innen, die kein Betriebsratsmandat innehaben, erfolgt die Kostenübernahme der Seminare durch entsprechende Projektmittel (BZO 2022).

Vernetzung der Mentor:innen ist ebenfalls Teil der Veranstaltungen. Im Projekt MBZ erfolgt sie sowohl zwischen den betrieblichen Mentor:innen, innerhalb aber auch branchenübergreifend durch Vernetzungstreffen und Online-Lernangebote mit den regionalen und überregionalen Institutionen, wie der IHK, der Agentur für Arbeit oder dem Validierungsverfahren zur Bewertung und Zertifizierung berufsrelevanter Kompetenzen für Menschen ohne formalen Berufsabschluss (ValiKom). Diese Institutionen können die Betriebliche Weiterbildung beispielsweise durch Fördermittel, Kostenzuschüsse, Erwerb von Teilqualifikationen und Validierungs-/Zertifizierungsverfahren unterstützen.

Abbildung 11: Unterstützungsstrukturen der MBZ-Weiterbildungsmentor:innen

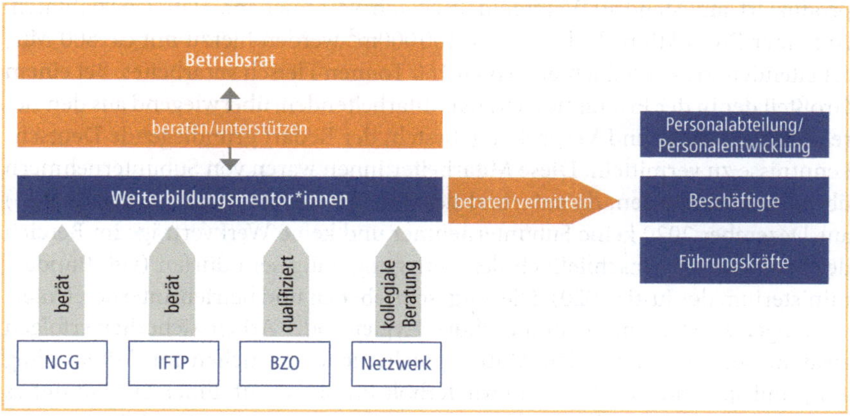

Quelle: Interne Dokumentation des MBZ-Projektes

3. Das Weiterbildungsprojekt der Wiltmann GmbH & Co. KG

Im folgenden Praxisbeispiel wird aufgezeigt, wie ein erfolgreich umgesetztes Weiterbildungsprojekt den Grundstein für kontinuierliche innerbetriebliche Weiterbildung legt und sozialpartnerschaftliche Institutionen wie Weiterbildungsmentor:innen erst ermöglicht. Hier handelt es sich konkret um ein erfolgreiches Ergebnis einer Kooperation zwischen *Mentoren.Bilden.Zukunft*, Betriebsräten, Bildungsträgern und Unternehmen. Es wird im Weiteren der Prozess dieser Zusammenarbeit mit Blick auf Bedarf, Zugang und Umsetzung von Weiterbildung erläutert, wie es der Autor als im Projekt tätiger Berater erfahren hat.
Eine zentrale Rolle spielt in diesem Beispiel das Thema Sprachkompetenz, die wichtig ist für die Teilhabe im Betrieb – und in der Gesellschaft. Sprache ist mehr als ein Instrument zum Austausch von Informationen. Sie ermöglicht Repräsentation und Mitbestimmung in sozialen Kontexten. Wer mitreden will, muss nicht nur Vokabeln oder Grammatik einer Sprache beherrschen, sondern auch ihrer kontextuellen Eigenheiten und Bedeutungen mächtig sein. Für die Zusammenarbeit und die soziale Integration von Beschäftigten in den Betrieb ist die Kommunikation und Reflexion der Arbeitsbedingungen mit Kolleg:innen wichtig, denn dieser Austausch befähigt zu einem solidarischen Miteinander unter Kolleg:innen (vgl. Hespers & Molzberger 2021).

Die Wiltmann GmbH & Co. KG ist ein familiengeführtes Unternehmen und produziert am Standort Versmold-Peckeloh verschiedene Wurstspezialitäten. Auf einer Produktionsfläche von ca. 100 000m^2 werden hierzu mit ca. 800 Mitarbeitenden in zwei Schichten täglich 160 Tonnen Fleisch verarbeitet. Bei einem Großteil der in der Produktion tätigen Mitarbeitenden, überwiegend aus den Bereichen Zerlegung und Verpackung, besteht der Bedarf grundlegende Deutschkenntnisse zu vermitteln. Diese Mitarbeiter:innen waren von Subunternehmern übernommen worden, da aufgrund des Arbeitsschutzkontrollgesetzes (ASKG) aus Dezember 2020 keine Subunternehmer und keine Werkverträge im Bereich der Schlachtung, einschließlich der Zerlegung, tätig sein dürfen (vgl. Bundesministerium der Justiz 2020). Die vorgeschriebenen und betriebsinternen Unterweisungen zu Themen wie Brandschutz, Hygiene oder Arbeitssicherheit erfolgen zwar in der entsprechenden Muttersprache, jedoch tauchen im Arbeitsalltag aufgrund sprachlicher Barrieren wiederholt Probleme auf. Einerseits kommt es zu Missverständnissen bei Anforderungen aus dem internen Qualitätsmanagement – z. B. bei Werkerselbstprüfungen – andererseits zu Fehlkommunikationen mit Kolleg:innen und Vorgesetzten. Dies führt wiederum zu Verzögerungen in Produktionsprozessen, weil beispielsweise mündliche Anweisungen der Maschinenführer:innen nicht oder falsch verstanden oder Betriebstechniker:innen nicht rechtzeitig über Anlagenfehler informiert werden.

3.1 Zugang zum Betrieb

Eine Hürde in der Umsetzung von Weiterbildungsprojekten ist der Zugang zu den Unternehmen. Im Projekt MBZ werden Betriebsräte in der Regel direkt angefragt, das Projekt in den jeweiligen Gremien vorzustellen. Im nachfolgend beschriebenen Beispiel wurde jedoch eine Veranstaltung der gewerkschaftlichen Bildungseinrichtung BZO dafür genutzt, u. a. das Projekt MBZ bekannt zu machen: Im Juni 2022 wurden dort im Rahmen einer Branchentagung für Betriebsräte der Fleischindustrie zwei sich ergänzende Vorhaben vorgestellt. Zum einen das bereits oben vorgestellte, vom BMBF geförderte MBZ-Projekt der NGG und zum anderen das Förderprogramm *»Integration durch Qualifizierung (IQ)«*, gefördert vom BMAS. »Eckpfeiler der praktischen Arbeit in dem bundesweit agierenden Förderprogramm IQ sind die Entwicklung und Umsetzung von Beratungs- und Qualifizierungsangeboten für Zugewanderte« (IQ-Netzwerk 2019, S. 4). Es wurden Konzepte zur Förderung der Deutschkenntnisse im Betrieb von Dozierenden der IQ Servicestelle Berufsbezogenes Deutsch des FRESKO e. V. vorgestellt, welche Teil des bundesweiten IQ-Netzwerkes ist. Anwesend war auch der Betriebsrat der Firma Wiltman, welcher zu dieser Zeit mit der Unternehmensleitung nach einem Deutschkurs-Angebot für die von Subunternehmern übernommenen Mitarbeiter:innen suchte. Die Kurse sollten die individuellen

Erfordernisse berücksichtigen und im besten Fall unmittelbaren Praxis- und Arbeitsbezug haben.

3.2 Die Durchführung

Um die konkreten Lernbedürfnisse und -bedarfe in diesem Fall angehen zu können, erfolgte zunächst eine Vorstellung des Förderprogramms IQ-Netzwerk »Integration durch Qualifizierung« durch FRESKO e. V. in einer Onlineveranstaltung mit den IFTP-Beratern. Hier wurde festgestellt, dass sich das Projekt MBZ mit dem Bildungsprogramm des IQ-Netzwerkes sehr gut ergänzen würde. Aus diesem Grund sollte im Betrieb Wiltmann, unter Projektkoordination des IFTP im Projekt *Mentoren.Bilden.Zukunft* ein erstes Pilotprojekt durchgeführt werden.

In enger Abstimmung zwischen FRESKO e. V. und dem IFTP wurde auf Anfrage des Betriebsratsvorsitzenden der Firma Wiltmann der AWO Kreisverband Bielefeld – ebenfalls Partner im Projekt IQ-Netzwerk – beauftragt, eine Bedarfsermittlung für einen Sprachkurs durchzuführen. 70 Mitarbeitende wurden in ihrer Herkunftssprache angeschrieben. Von diesen bekundeten 27 (39 %) ihr Interesse an einem Deutschkurs und diese 27 wurden einzeln zum Bildungshintergrund, zur Deutsch-Lernerfahrung, und zum beruflichen Hintergrund befragt sowie zu einem Gespräch gebeten, um die mündlichen Kenntnisse einzuschätzen. Das Ergebnis sollte zur Vorbereitung eines Deutsch-Schnupperkurses im Zeitraum von Juli bis August 2022 dienen, welcher das Ziel verfolgte, die Handlungsfähigkeit am Arbeitsplatz zu erhöhen. Zu den wichtigsten Förderbedarfen, die von Seiten der Betriebsparteien angeführt wurden, zählen das Verstehen von Arbeitsanweisungen, das Verstehen und die Weitergabe von Fehlermeldungen, die Kommunikation mit externen Personen sowie das Verständnis für die Anforderungen und Auflagen aus dem Qualitätsmanagement.

Im IQ-Netzwerk sowie mit dem BMAF wurden die Ressourcen zur Umsetzung eines Starterkurses mit 32 Unterrichtseinheiten samt Dozierendenhonorar geklärt. Ein weiterer Faktor zur Erstellung eines Deutschlernangebotes war eine Anfang Juli 2022 durchgeführte Betriebsbesichtigung, bei der sich die Beteiligten von IQ-Netzwerk und der gefundene Dozent ein Bild von den Tätigkeiten und Anforderungen im Arbeitsgeschehen machen konnten. Weitere Abstimmungen für die Kursvorbereitung fanden direkt zwischen dem Betriebsrat und dem Dozenten statt. Bereits in derselben Woche wurden die ersten Unterrichtseinheiten bei der Firma Wiltmann durchgeführt. So verging von der o. g. Branchentagung bis zum Kursbeginn etwa ein Monat.

Bei der Gruppe der interessierten/teilnehmenden Mitarbeitenden handelt es sich um Menschen, die i. d. R. aus EU-Ländern kommen. Sie hatten zuvor keine Deutschkurse besucht und waren – bezogen auf die vorhandenen Sprachkennt-

nisse – eher heterogen. Die 32 Unterrichtseinheiten erstreckten sich über einen Zeitraum vom 9.7.2022 bis zum 3.9.2022, fanden jeweils samstags vormittags statt und wurden je nach Teilnehmerzahl von ein bis zwei Dozierenden durchgeführt. Zudem gab es je Teilnehmenden zwei individuelle Sprachcoachings mit je fünf Sitzungen (vgl. IQ 2018).
In der ersten Unterrichtseinheit ging es zuerst darum, ein gemeinsames Vokabular zu entwickeln. In Kleingruppen wurden Begriffe rund um die konkreten Arbeitstätigkeiten zusammengetragen und auf einem Flipchart visualisiert (Abbildung 12).

Abbildung 12: Sammlung von Begriffen des Arbeitsalltags bei Wiltmann

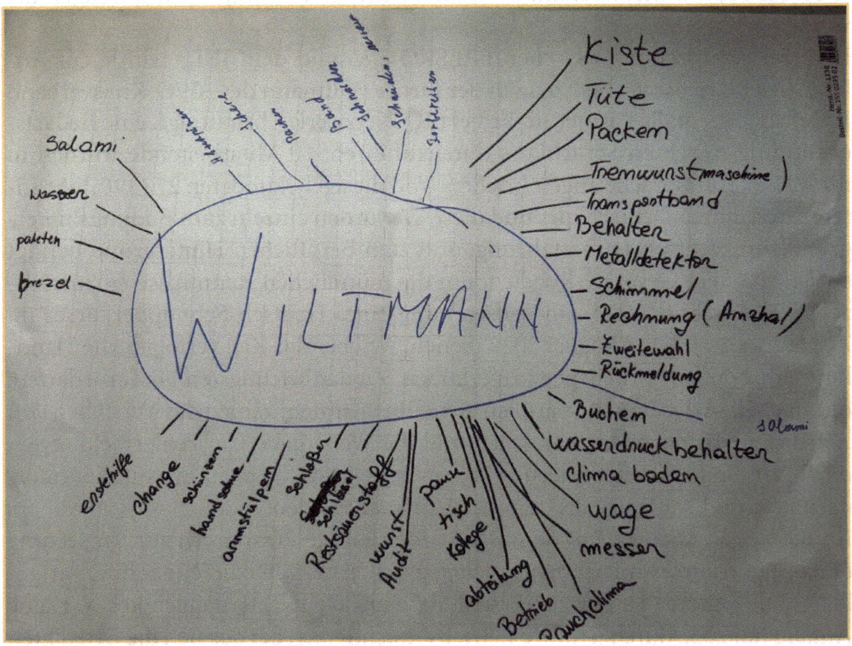

Quelle: Interne Dokumentation des IQ-Netzwerkes

Während des weiteren Verlaufs des Kurses wurden die individuellen Lernbedarfe der Teilnehmenden deutlicher. In enger Absprache mit den Vorgesetzten und dem Betriebsrat wurden die zu vermittelnden Inhalte bezüglich betrieblicher und arbeitsbezogener Themen, eingesetzter Materialien und den individuellen Bedarfen angepasst. Dieses Vorgehen sorgte für eine passgenaue Gestaltung des Unterrichtes, verlangte aber von den Dozierenden sehr aufmerksames Zuhören,

klare Kommunikation mit den Teilnehmenden und den Vertreter:innen des Betriebs, sowie eine hoch flexible Kursplanung und Durchführung.
Neben allgemeinen Begrifflichkeiten rund um den Betrieb, dem Sich-vorstellen-können oder dem Benennen können der Abteilungen und der Produktion, zählen auch Prozesse wie z. B. die Krankmeldung, der Bereich »Hygiene« – also Nutzung von Hygienebekleidung und das Verstehen von Hygienevorschriften – sowie das richtige Deuten wichtiger Piktogramme im Betrieb zu den zentralen Inhalten des Kurses. Die Formulare, die der Betrieb benutzt, wurden im Kurs in einfachere Sprache umformuliert. So konnten die Kursteilnehmenden die betrieblichen Prozesse besser nachvollziehen. Zusätzlich konnten die so erstellten, leichter verständlichen Formulare vom Unternehmen weiterverwendet werden.
Insgesamt zeichnete sich die Maßnahme in ihrem gänzlichen dreimonatigen Verlauf, trotz des Samstagsunterrichts, durch eine konstant hohe Beteiligung und durch neu hinzukommende Teilnehmende aus.

3.3 Bewertung der Maßnahme und Einführung der Mentor:innen

Es kann resümiert werden, dass die Teilnehmenden selbstbewusster und aktiver in ihrem Arbeitsalltag geworden sind, an Selbstvertrauen gewonnen haben, sich bei Verständnisproblemen trauen, aktiv nachzufragen und die gegenseitige Unterstützung sowie der solidarische und kollegiale Umgang untereinander gestiegen ist.
Nach dem erfolgreichen Teilprojekt entschied die Wiltmann-Unternehmensleitung gemeinsam mit dem Betriebsratsgremium, den stellvertretenden BR-Vorsitzenden und einen weiteren Mitarbeiter zu Weiterbildungsmentoren im BZO zu qualifizieren. Gemeinsam mit den für das MBZ-Projekt verantwortlichen Berater:innen des IFTP erarbeiten diese beiden Mentoren zurzeit weitere Szenarien und Teilprojekte, die sie in Zusammenarbeit mit Unternehmen und Betriebsrat in die Lage versetzen sollen, nachhaltig eine Weiterbildungskultur für alle Beschäftigtengruppen im Unternehmen zu etablieren.
Ein weiterer berufsbezogener Sprachkurs, finanziert aus Fördermitteln des Bundes oder der Länder, konnte nach Rücksprache mit dem BAMF nicht bewilligt werden, da hier als Grundvoraussetzung ein B1-Sprachniveau der Teilnehmenden gefordert wird.
Dennoch hat die Evaluation der Maßnahme bei der Firma Wiltmann und eine abschließende Beratung durch das IQ-Netzwerk dazu geführt, dass der Betrieb über ein eigenes Budget einen weiteren Kurs mit einer Laufzeit von drei Monaten den Mitarbeiter:innen anbietet. Das IQ-Projekt der AWO Bielefeld hat nach der Auswertung des Probeangebots dem Betrieb noch einige Vorschläge unterbreitet, u. a. ein zusätzliches Online-Angebot für fortgeschrittene Lernende im Umfang von zwei bis vier Unterrichtseinheiten die Woche, welches parallel

mit einem Sprachcoachingangebot begleitet werden sollte. Ebenso sollte das Engagement der Teilnehmenden sowie deren soziale Integration im Betrieb und in der Gesellschaft weiter gefördert werden. Hierzu sollten Informationen zu Sportvereinen und anderen Organisationen der Umgebung bereitgestellt und Infoveranstaltungen geplant werden. Alles dies sind zukünftige Aufgaben für die neuen Weiterbildungsmentor:innen im Betrieb. Sie müssen Bedürfnisse ihrer Kolleg:innen erfassen und konkrete Fördermöglichkeiten mit Management und Betriebsrat erörtern.
Ebenfalls erfreulich festzustellen ist, dass das Deutschförderangebot bei der Firma Wiltmann Schule gemacht hat. Dank des Engagements weiterer Betriebsräte und Mentor:innen der fleischverarbeitenden Unternehmen laufen inzwischen weitere Bedarfsermittlungen und Beratungen des IQ-Netzwerkes zu maßgeschneiderten Deutschkursen auch in anderen Betrieben. Auf der Zwischenkonferenz des MBZ-Projektes im Mai 2023 wurden die Zahlen präsentiert: Es wurden 49 Weiterbildungsmetor:innen in den Seminaren des Projektes ausgebildet, wobei die Fleischindustrie mit 11 Mentor:innen an der Spitze steht (vgl. NGG 2023). Somit wird mehr zugewanderten Mitarbeitenden eine Stimme gegeben, damit sie am Arbeitsleben teilhaben und sich als Personen und nicht nur als Werktätige entfalten können.

4. Fazit

Bildung ist nicht einfach ein Bedarf, der sich rein an den betrieblichen Qualifizierungserfordernissen für die Produktion orientiert. Der Bildungsbedarf muss darüber hinaus auch die individuellen Bedürfnisse der Beschäftigten berücksichtigen. Zusätzlich zu den fachlichen Kompetenzen werden in global agierenden Unternehmen mit zunehmender Arbeitsmigration insbesondere auch sprachliche Kompetenzen immer wichtiger. Diese Bedarfe festzustellen ist in der betrieblichen Bildungspolitik die Aufgabe des Betriebsrates, zusammen mit den betrieblichen Bildungsmentor:innen und mit Hilfe der verschiedenen Partner in den Netzwerken.
Das Beispiel eines Sprachkurses in der Fleischerei Wiltmann hat gezeigt, dass Weiterbildung nicht nur notwendig und hilfreich ist, sondern zu einer Schaffung oder Neubewertung eines betrieblichen Weiterbildungswesens in Unternehmen sein kann, welches keine Scheu hat, auch mit Mitbestimmungsgremien, Gewerkschaften und extern Bildungsträgern zusammenzuarbeiten. Weiterbildungsmentor:innen können hier die Funktion einer Schnittstelle übernehmen und durch ihre Nähe zu den Arbeitnehmer:innen zwischen unternehmerischem Bedarf und individuellen Bedürfnissen ihrer Kolleg:innen produktiv vermitteln.

5. Literatur

BMAS (2021). Umsetzungsbericht Nationale Weiterbildungsstrategie. *https://www.bmas.de/SharedDocs/Downloads/DE/Publikationen/a805-umsetzungsbericht-nationale-weiterbildungsstrategie.pdf?__blob=publicationFile&v=5* (abgerufen am 24.2.2023).

BMBF (2019). Strategiepapier Nationale Weiterbildungsstrategie. *https://www.bmbf.de/bmbf/shareddocs/downloads/files/nws_strategiepapier_barrierefrei_de.pdf?__blob=publicationFile&v=2* (abgerufen am 4.7.2023).

BZO (2022). Mentoren.Bilden.Zukunft. *https://web.archive.org/web/20221209080403/https://www.bzo.de/seminare/mentoren-bilden-zukunft* (abgerufen am 26.6.2023).

Bundesministerium der Justiz (2020). Gesetz zur Verbesserung des Vollzugs im Arbeitsschutz. *https://www.bgbl.de/xaver/bgbl/start.xav?startbk=Bundesanzeiger_BGBl&jumpTo=bgbl120s3334.pdf#__bgbl__%2F%2F*%5B%40attr_id%3D%27bgbl120s3334.pdf%27%5D__168527769047* (abgerufen am 28.5.2023).

Erol, S. & Ahlers, E. (2023). Betriebliche Weiterbildung als Handlungsfeld der Betriebsräte in Zeiten der Transformation. Eine Analyse der WSI-Betriebs- und Personalrätebefragung. *https://www.boeckler.de/fpdf/HBS-008599/p_wsi_pb_77_2023.pdf* (abgerufen am 4.7.2023).

Hespers, N. & Molzberger, R. (2021). Sprache Macht Kontext. [Audio Podcast] Was denkst Du Denn. *https://www.wasdenkstdudenn.de/2021/10/08/episode-120-sprache-macht-kontext/* (abgerufen am 29.5.2023).

IG Metall (2021). Zukunft sichern durch Qualifizierung. Bildungsberatung und -begleitung durch innerbetriebliche Weiterbildungsmentor*innen. *https://wap.igmetall.de/wbm-22307.htm* (abgerufen am 21.6.2023).

IQ-Netzwerk (2018). Bausteine zur sprachlichen Integration Zugewanderter in Betrieben. *https://www.netzwerk-iq.de/fileadmin/Redaktion/Downloads/Fachstelle_Berufsbezogenes_Deutsch/03_Publikationen/PASSAG_2.PDF* (abgerufen am 29.6.2023).

IQ-Netzwerk (2019). Veranstaltungen, Schulungen, Beratungen zur interkulturellen Kompetenzentwicklung 2015 – 2018. *https://www.netzwerk-iq.de/fileadmin/Redaktion/Downloads/IQ_Publikationen/Allgemeine_Publikationen/Veranstaltungen__Schulungen__Beratungen_zur_interkulturellen_Kompetenzentwicklung.pdf* (abgerufen am 27.6.2023).

NGG (2023). Weiterbildung: Mentoren.Bilden.Zukunft. Ein Projekt der NGG. von *https://www.ngg.net/unsere-ngg/ngg-und-ihre-partner/weiterbildung-mentorenbildenzukunft/* (abgerufen am 19.3.2023).

Rascher, S. (2019). Just Culture in Organisationen. Wie Piloten eine konstruktive Fehler- und Vertrauenskultur schaffen. Wiesbaden: Springer.

Seyda, S. & Placke, B. (2020). IW-Weiterbildungserhebung 2020. Weiterbildung auf Wachstumskurs. *https://www.iwkoeln.de/fileadmin/user_upload/Studien/IW-Trends/PDF/2020/IW-Trends_2020-04-07_Seyda_Placke.pdf* (abgerufen am 4.7.2023).

Christopher Franke & Manuel Rühle

Gute Weiterbildung im Betrieb – Ein Handlungsfeld für betriebliche Interessenvertretungen

Inhalt

1. Zur Fragestellung

Hinsichtlich des gesellschaftlichen Stellenwerts von Betrieblicher Weiterbildung besteht scheinbar Konsens zwischen den verschiedenen Interessengruppen und Akteuren: Sie sei ein entscheidender Schlüssel zur Sicherung der »Zukunftsfähigkeit« sowohl der Unternehmen als auch der Beschäftigten, lässt sich zahllosen Stellungnahmen und Publikationen entnehmen. So heißt es in einer gemeinsamen Broschüre von IG Metall und Arbeitgeberverbänden der Metall- und Elektroindustrie: »Der Erhalt, die Anpassung und Weiterentwicklung von Kompetenzen sind entscheidend für die Wettbewerbsfähigkeit der Betriebe und die Beschäftigungsfähigkeit der Arbeitnehmer.« (IG Metall u. a. 2021, S. 1). Und eine einschlägige Studie der Bertelsmann-Stiftung über sozialpartnerschaftliche Regelungen in ausgewählten Branchen erklärt: »Regelmäßige Weiterbildung ist unentbehrlich, um beschäftigungsfähig zu bleiben und berufliche Entwicklungschancen wahrnehmen zu können. Für Arbeitgeber ist Weiterbildung zudem ein Schlüssel zur Sicherung der Fachkräftebasis« (Boockmann u. a. 2021, S. 8). Handelt es sich beim Thema Betriebliche Weiterbildung also um ein glänzendes Beispiel erfolgreicher Sozialpartnerschaft, wo Kapital und Arbeit nicht nur am gleichen Strang, sondern auch am gleichen Ende ziehen und sich höchstens wechselseitig vorwerfen, die gemeinsame Sache nicht entschieden genug voranzutreiben?

Dieser verbreiteten Sichtweise wollen wir mit den folgenden Ausführungen argumentativ entgegentreten. Auch wenn es zweifellos stärker konfliktbehaftete tarif- und betriebspolitische Themen gibt, so ist doch auch die Betriebliche Weiterbildung vom kapitalistischen Interessengegensatz und den damit einhergehenden Macht- und Herrschaftsverhältnissen durchzogen. Ihre Bearbeitung im Rahmen arbeitspolitischer Auseinandersetzungen bedarf daher nicht nur einer eingehenden kritischen Analyse von Beschaffenheit und Funktionsweise des Feldes, sondern auch der Formulierung einer originär *gewerkschaftspolitischen Position* als Voraussetzung für die Bestimmung zielführender Handlungsstrategien.[1]

Wir beginnen mit der Skizze eines kritisch-emanzipatorischen Grundverständnisses von Betrieblicher Weiterbildung (1.), das wir anschließend mit unserem Konzept der *Guten Weiterbildung* konkretisieren und als Handlungsfeld für betriebliche Interessenvertretungen bestimmen (2.). Im Anschluss hieran kommen wir auf praktische Ansatzmöglichkeiten für die Umsetzung zu sprechen und benennen zu bewältigende Herausforderungen (3.). Hierbei greifen wir auf Erfahrungen zurück, die wir im Rahmen unserer Bildungs- und Beratungstätigkeit beim DGB Bildungswerk Bayern sammeln konnten.

2. Vom Zwang zum »Lebenslangen Lernen« zur Entwicklung verallgemeinerter Handlungsfähigkeit

Das vorherrschende bildungspolitische Konzept des »Lebenslangen Lernens«, wie es seit den 1970er Jahren maßgeblich von supranationalen Institutionen wie UNESCO (Faure u. a. 1973, Delors u. a. 1996), OECD (CERI 1973; OECD 1996) und EU (Europäische Kommission 1995, 2000) formuliert und implementiert wurde, ist seit einigen Jahren intensiver Kritik ausgesetzt (z. B. Erler u. a. 2012, Pongratz 2010). Im Fokus der Kritik steht die dem Konzept zugrunde liegende funktionalistische Auffassung von Lernen als fortlaufender »Anpassung an den Wandel«: Lernen wird als unumgängliches Erfordernis für jede und jeden Einzel-

1 Neben der *bildungspolitischen* Positionierung zu den Rahmenbedingungen Betrieblicher Weiterbildung, wie sie der DGB u. a. in seinen Papieren zur Nationalen Weiterbildungsstrategie vorgenommen hat (DGB 2019; 2022), gehört hierzu auch eine entsprechende *bildungswissenschaftliche* Positionierung, die wir im Folgenden umreißen wollen (vgl. auch Allespach 2005).

nen dargestellt, um mit den gesellschaftlichen Entwicklungen mithalten und die darin enthaltenen Herausforderungen – von der Globalisierung über den demografischen Wandel bis hin zur Digitalisierung aller Lebensbereiche – bewältigen zu können. Besagte Entwicklungen selbst werden als quasi-naturhafte Prozesse dargestellt, die über die Gesellschaft hereinbrechen, menschlicherseits nicht entscheidend beeinflusst und nur mittels permanenter flexibler Anpassungsleistungen auf allen Ebenen durchgestanden werden können. Mit dieser Ausrichtung muss das Programm des »Lebenslangen Lernens« als ein zentraler Bestandteil der neoliberalen Reformagenda angesehen werden, mittels dessen Lernprozesse affirmativ eingeengt, ökonomisch instrumentalisiert und gesellschaftliche Verantwortlichkeiten individualisiert werden (Kunert & Rühle 2022).

Aus gewerkschaftlicher Sicht ist eine derartige, auf individuelle Anpassung in der Konkurrenz orientierte Vorstellung von Lernen klar abzulehnen. Als »Klassenorganisationen« (Urban 2018) der Lohnabhängigen haben Gewerkschaften die Aufgabe, die gemeinsamen Interessen der Arbeitenden gegenüber Kapital und Staat zur Geltung zu bringen. Die Art und Weise, wie sie diese Aufgabe erfüllen, weist historisch wie aktuell ein breites Spektrum auf, das von sozialpartnerschaftlich-affirmativen über progressiv-reformorientierte bis hin zu revolutionär-systemüberwindenden Programmatiken und Strategien reicht. Welchen politischen und strategischen Weg sie auch wählen, so müssen Gewerkschaften doch stets hinreichend erfolgreich darin sein, »den Widerstand gegen die Zumutungen des kapitalistischen Systems [zu] organisieren« (Urban 2018, S. 86) – aus dem einfachen Grund, weil sie sonst in den Augen ihrer Mitglieder ihre Existenzberechtigung verlören. Diese Tatsache gilt auch für den vorliegenden Fall des »Lebenslangen Lernens«: In dem Maße, in dem Lernen zum Mittel für die lebenslange Selbstanpassung der »Arbeitskraftunternehmer« (Voß & Pongratz 1998) an die herrschenden Marktverhältnisse reduziert wird, ist es erforderlich, gewerkschaftlichen Widerstand gegen diese Zumutung aufzubauen – und zwar sowohl auf begrifflich-theoretischer Ebene als auch auf politischer Handlungsebene.

In der Geschichte der Arbeiter- und Gewerkschaftsbewegung wurde Bildung von Anfang an »als ein Schlüssel für soziale, politische und geistige Emanzipation« (Uhlig 2006, S. 28) verstanden. Dieses emanzipatorische Grundverständnis fand gleichermaßen in der allgemeinen und politischen Bildungsarbeit der Bewegung wie in ihren bildungspolitischen Forderungen und Alternativentwürfen seinen Niederschlag. Unseres Erachtens gilt es auch mit Blick auf das heutige Feld der Betrieblichen Weiterbildung, an diese Tradition anzuknüpfen.

Ihrem Begriff nach ist die Betriebliche Weiterbildung auf die Qualifizierung von Arbeitskräften eines konkreten Unternehmens ausgerichtet und somit an betriebswirtschaftlichen Kriterien orientiert. Als ein Teilbereich der Personalentwicklung soll sie die Belegschaft des Unternehmens auf dem jeweils benötigten Wissens- und Kompetenzstand halten und darüber hinaus künftige Anforderungen antizipativ bedienen. Damit zielt sie funktionalistisch – ganz im Sinne des Imperativs vom »Lebenslangen Lernen« – auf die fortlaufende, dynamische (Selbst-)Anpassung der Arbeitenden an Vorgaben, die deren subjektiven Zwecksetzungen äußerlich sind. Als Weiterbildung ist sie jedoch stets auch eine Form der *Bildung*, d.h. der Entwicklung menschlicher Subjektvermögen, und unterliegt folglich der *Dialektik der Bildung* unter den Bedingungen bürgerlich-kapitalistischer Gesellschaften (Heydorn 1995; Rühle 2018): Die Anpassungsleistungen, die den Arbeitenden zugemutet werden, beruhen nicht auf äußerer Gewalteinwirkung, sondern vielmehr auf deren Fähigkeit zur *Reflexion* und somit auf *Rationalität* – wenngleich in instrumentell stark verkürzter Form. Dank dieses rationalen Kerns aber eröffnet sie den Arbeitenden immer auch die prinzipielle Möglichkeit, den funktionalen Rahmen, in dem sie operieren sollen, zu überschreiten, indem sie ihn nicht einfach als gegeben hinnehmen, sondern ihn problematisieren, seine Legitimität hinterfragen und ihn ggf. insgesamt in Frage stellen.

Dies gilt insbesondere unter den Bedingungen des heutigen, neoliberal organisierten Kapitalismus, in welchem das Modell der Selbststeuerung unter fremdbestimmten, von einer anonymisierten Herrschaft gesetzten Bedingungen zum Verhaltensparadigma schlechthin erhoben ist. Flexibilität, Mobilität, Kreativität, Innovationsfähigkeit, vernetzendes Denken, Teamfähigkeit etc. sind Eigenschaften, über die anpassungsfähige Arbeitskräfte verfügen sollen, die jedoch grundsätzlich auch *gegen* ihre herrschaftsförmigen Zurichtungen zum Einsatz gebracht werden können. Denn wenn sie von einem kritischen Bewusstsein getragen werden, das die strukturellen Kontexte ihrer Verwendung mitreflektiert, können sie durchaus transzendierenden Charakter annehmen. Auch die Betriebliche Weiterbildung birgt somit ein grundsätzliches emanzipatorisches Potenzial, indem sie dazu beitragen kann, menschliches Denk- und Handlungsvermögen (weiter) zu entwickeln.[2]

Diese in aller Kürze umrissenen bildungstheoretischen Zusammenhänge hat die gewerkschaftliche Bearbeitung des Themas Betriebliche Weiterbildung unseres Erachtens grundlegend zu berücksichtigen. Betriebliche Weiterbildung ist demnach idealerweise so zu gestalten, dass sie anstatt einer bloßen *Anpassung* an betriebliche Abläufe zugleich ein grundlegendes *Verständnis* dieser Abläufe als Voraussetzung bewussten Handelns ermöglicht. In Anlehnung an eine terminologische Unterscheidung Klaus Holzkamps lässt sich dies so formulieren, dass ihr emanzipatorisches Ziel in der Aufhebung des alltagsweltlichen, *deutenden*

---

2 Als emanzipatorische »Selbstläuferin« darf Betriebliche Weiterbildung damit nicht missverstanden werden. Vorstellungen, wonach die heutigen Qualifizierungserfordernisse quasi naturwüchsig zu kritischer Bewusstseinsbildung beitrügen, Betriebliche Weiterbildung und politische Bildung somit letztlich konvergierten, müssen vielmehr als ideologisch motiviert angesehen werden (vgl. Ahlheim 2011).

Denkens durch *begreifendes*, die Struktur der Wirklichkeit durchdringendes Denken besteht (Holzkamp 1985, S. 383ff.). Die Arbeitenden sollen in die Lage versetzt werden,

- die von ihnen zu vollziehenden Arbeitsprozesse als konstitutive Elemente des betrieblichen Gesamtprozesses zu lesen,
- die genauen Formen und Modalitäten der Einbettung bzw. des wechselseitigen Zusammenwirkens zwischen ihren Tätigkeiten und dem betrieblichen Gesamtprozess zu erfassen und auf diese Weise,
- eine möglichst weitreichende Einsicht in Aufbau und Funktionsweise des Betriebs als Ganzem zu gewinnen.[3]

Die zugehörigen Lernprozesse sind dementsprechend als *expansiv* begründete, auf die Erlangung verallgemeinerter Handlungsfähigkeit gerichtete Lernprozesse zu konzipieren, mit denen die gesellschaftlich vorherrschenden *defensiven*, auf bloße Bedrohungsabwehr gerichteten Lernbegründungen überwunden werden (Holzkamp 1995, S. 187ff.). In dem Maße, in dem dies gelingt, kann Lernen auch unter den funktionalistischen Voraussetzungen und Rahmenbedingungen betrieblicher Organisationsformen zur Erweiterung der Verfügung über die »*Handlungsfähigkeitsbedingungen*« (Holzkamp 1985, S. 354) beitragen: nämlich dazu, dass die Arbeitenden nicht nur unter den vorgefundenen betrieblichen (und damit zugleich gesellschaftlichen) Bedingungen handlungsfähig sind, sondern dass sie darüber hinaus auch an der Gestaltung dieser Bedingungen selbst mitzuwirken imstande sind.

3. Gute Weiterbildung als Handlungsfeld für betriebliche Interessenvertretungen

Betriebliche Weiterbildung – so lautet daher unser Vorschlag für ein gewerkschaftspolitisches Begriffsverständnis – sollte im Sinne begreifenden Denkens nicht nur als *betrieblich veranlasste Weiterbildung* verstanden werden, sondern

3 In welchem Ausmaß sich hierbei tatsächlich Einsichten in »*die gesamtgesellschaftliche Vermitteltheit individueller Existenz*«, namentlich in die »*Bestimmtheit [der Alltagswelt, d. Verf.] durch die antagonistischen Klassenverhältnisse*« eröffnen lassen, kann an dieser Stelle nicht erörtert werden. Höchstwahrscheinlich bedarf es hierfür anderer, im engeren Sinne (gewerkschafts-)politischer Bildungsformen. Da Holzkamp das Begriffspaar deutendes/begreifendes Denken jedoch ohnehin nicht im Sinne einer absoluten Unterscheidung, sondern »als alternative *Richtungsbestimmungen*« (Holzkamp 1985, S. 395) des Denkens auffasst, ist für unsere Fragestellung die grundsätzliche *Form* des Denkens entscheidend, welche es durch entsprechende (Weiter-)Bildungskonzeptionen anzuregen und zu unterstützen gilt.

zugleich und vor allem als *Weiterbildung über den Betrieb*: Wenn Weiterbildung lediglich eine punktuelle Antwort auf unternehmerische Anforderungen ist, bleiben die Beschäftigten das Objekt der Weiterbildungsmaßnahmen und üben folglich eine passive, reaktive Rolle aus. Ein Erkenntnisprozess und die damit verbundene Erweiterung der subjektiven Handlungsfähigkeit kann sich auf diese Weise nicht einstellen. Demgegenüber fördert eine Weiterbildung *über* den Betrieb (bzw. ggf. auch: *über* den Betrieb *hinaus*[4]), die das Verständnis der betrieblichen Zusammenhänge durch die Arbeitenden erweitert, diese in ihrem Subjektstatus. Sie lernen, den Betrieb als Objekt ihrer Aktivität zu begreifen, welches sie in ihrem Denken nachvollziehen und in ihrem Handeln praktisch mitgestalten – freilich ohne in Illusionen über die gesellschaftlichen Macht- und Herrschaftsverhältnisse zu verfallen, die diesem Handeln enge Grenzen setzen. Für eine Weiterbildung, die an diesem fundamentalen Kriterium orientiert ist, verwenden wir in Anlehnung an den gewerkschaftlichen Begriff der Guten Arbeit die Bezeichnung *Gute Weiterbildung*.[5]

Es versteht sich, dass Gute Weiterbildung *im* Betrieb als Weiterbildung *über* den Betrieb prinzipiell nur *gesamtbetrieblich* umgesetzt werden kann. Schließlich geht es nicht um die kleinteilige Erfassung einzelner, isolierter, individueller Arbeitsaufgaben, sondern um das (tendenzielle) Verstehen des gesamten Betriebsgeschehens. Zudem besteht ein zentrales gewerkschaftliches Anliegen in der Einbeziehung *aller Beschäftigten eines Betriebs* in die Weiterbildungsplanung, unabhängig von deren formaler Qualifikation und ihrer Stellung in der betrieblichen Hierarchie. Gerade an- und ungelernte Arbeitende sollen die Möglichkeit erhalten, ihre berufliche Handlungsfähigkeit substanziell zu erweitern. Dies wiederum impliziert, dass die *Interessen, Bedürfnisse und Wünsche der Beschäftigten* bei der Planung, Konzeption und Durchführung von Weiterbildung berück-

---

4 Dass die Beschäftigten »über den Betrieb hinaus« lernen, ist häufig der Punkt, an dem der Interessenkonflikt offen zutage tritt: Wenn Arbeitgeber die Sorge äußern, dass Beschäftigte sich »aus dem Betrieb herausqualifizieren«, oder dass eine solche Weiterbildung über die Alltagsanforderungen an die Beschäftigten hinausgeht und somit »für den Betrieb nutzlos« sind. Aus gewerkschaftlicher Perspektive ist es jedoch wichtig, dass die Beschäftigten langfristige Entwicklungsperspektiven erhalten, die durchaus auch einen Wechsel des Arbeitgebers beinhalten können.

5 Den Ausdruck »Gute Weiterbildung« wählen wir zum einen, um die Einbindung von Weiterbildung in das gewerkschaftliche Konzept »Gute Arbeit« zu betonen, dessen Realisierung mit den regelmäßigen repräsentativen Beschäftigtenbefragungen des »Instituts DGB-Index Gute Arbeit« erhoben wird. Zum anderen möchten wir auf diese Weise darauf hinweisen, dass Weiterbildung durchaus schlecht sein kann: Nämlich dann, wenn sie, wie allzu häufig der Fall, Ausdruck und Verstärkung der herrschenden kapitalistischen Macht- und Herrschaftsverhältnisse ist. Dies führt z. B. dazu, dass Teile der Belegschaft abgehängt werden, dass die Maßnahmen nur den unternehmerischen Gewinninteressen und nicht den Entwicklungsinteressen der Beschäftigten dienen, oder dass die Beschäftigten unter Druck gesetzt werden und der Arbeitsstress steigt.

sichtigt werden müssen – und zwar sowohl die arbeitsplatzbezogenen als auch die privaten, aus den jeweiligen persönlichen Lebensumständen resultierenden. Gute Weiterbildung lässt sich grundsätzlich nur *beteiligungsorientiert* realisieren. Bildungsmaßnahmen, die über die Köpfe der Arbeitenden hinweg angesetzt werden, verdinglichen diese und müssen zwangsläufig defensive Lernhaltungen hervorrufen (vgl. Allespach 2005).

Vor diesem Hintergrund sind Betriebs- und Personalräte bzw. kirchliche Mitarbeitervertretungen ebenso unverzichtbare wie prädestinierte betriebliche Akteure bei der Umsetzung von Guter Weiterbildung. Als gesetzlich verfasste Mitbestimmungsorgane vertreten sie die Interessen aller Beschäftigten des Betriebs gegenüber der Arbeitgeberseite. Damit sind sie nicht nur prinzipiell in die Lage versetzt, Weiterbildung über rein betriebswirtschaftliche Verwertungszusammenhänge hinaus zu denken, sondern die Erfüllung ihrer gesetzlichen Aufgabe erfordert diesen Perspektivwechsel geradezu.[6] Diese Sichtweise lässt sich auch durch die expliziten Mitwirkungsmöglichkeiten bei den Themen »Personalplanung« und »Berufsbildung« bekräftigen, die das Betriebsverfassungsgesetz (BetrVG) dem Betriebsrat in den §§ 92 bis 98 einräumt. Neben anderen gesetzlich verankerten Möglichkeiten möchten wir insbesondere zwei Punkte hervorheben, die für die praktische Umsetzung von Bedeutung sind:

Erstens steht dem Betriebsrat mit § 97 Abs. 2 BetrVG ein (einigungsstellenfestes) Initiativrecht zu Weiterbildungsmaßnahmen dann zu, wenn die Kenntnisse und Fähigkeiten der Beschäftigten für die neuen Aufgaben am Arbeitsplatz nicht mehr ausreichen. Gerade in Zeiten der digitalen Transformation von Arbeit ist die Situation, dass Kenntnisse und Fähigkeiten auf Grund von neuen Technologien oder Aufgaben nicht mehr ausreichen, häufig anzutreffen. So erfordert die Einführung neuer Maschinen in der Produktion oder neuer Software in der Verwaltung in der Regel nicht nur technische Schulungen zur Bedienung der entsprechenden Geräte/Programme, sondern Einweisungen in die damit einhergehenden arbeitsorganisatorischen Veränderungen, welche allein mit Herstellerschulungen nicht zu leisten sind. In Verbindung mit dem Recht, den Berufsbildungsbedarf durch den Arbeitgeber ermitteln zu lassen (§ 92 Abs. 1 BetrVG), erscheint uns das Mitbestimmungsrecht in diesem Punkt ein geeigneter Hebel, um Weiterbildungsmaßnahmen zu initiieren.[7]

---

6 Dass in Betrieben mit Betriebsrat grundsätzlich mehr Qualifizierung stattfindet, bestätigen regelmäßig Studien, wie z. B. die Erhebungen von Stegmaier (2012) oder Lammers, Lukowski & Weis (2022). Einen kompakten Überblick zum aktuellen Stand der Forschung aus gewerkschaftsnaher Sicht geben Erol, Ahlers & Schleicher (2021).

7 Das Schließen des Deltas zwischen Anforderungen und Fähigkeiten entspricht freilich zunächst der Idee des defensiv begründeten Lernens im Sinne Holzkamps. Dennoch lässt sich dieser defensive Anlass in eine expansiv orientierte Weiterbildung überführen, wenn diese bei den Beschäftigten zu einem Begreifen der Zusammenhänge ihrer Tätigkeiten mit den

Zweitens hat der Gesetzgeber in der jüngsten Novelle des Betriebsverfassungsgesetzes, dem »Betriebsrätemodernisierungsgesetz« von 2021, die steigende Bedeutung von Weiterbildung als Feld der betriebspolitischen Auseinandersetzungen anerkannt und mit § 96 Abs. 1a BetrVG die Möglichkeit der Anrufung der Einigungsstelle eingeführt, sofern sich die Betriebsparteien nicht auf Maßnahmen der Berufsbildung einigen können. Auch wenn die Einigungsstelle laut Gesetzestext nur eine Einigung zu »versuchen« hat und keinen Spruch sprechen kann, der eine Betriebsvereinbarung ersetzt, ist diese Novellierung ein Signal in die richtige Richtung.[8]

4. Praktische Ansatzmöglichkeiten und Herausforderungen bei der Umsetzung

Die Möglichkeiten der Realisierung von Guter Weiterbildung erproben wir beim DGB Bildungswerk Bayern seit einigen Jahren in der Praxis. Im Mittelpunkt steht hierbei die Unterstützung der Interessenvertretungsgremien bei der Erarbeitung eines eigenen, inhaltlichen Standpunkts und dessen anschließende Überführung in eine Betriebs- bzw. Dienstvereinbarung. Die Standpunkterarbeitung erfolgt idealerweise im Rahmen eines Auftaktworkshops, den realen Umständen geschuldet jedoch meist in Form eines Inputs mit anschließender Diskussion; die Erstellung der Betriebs- bzw. Dienstvereinbarung ist Gegenstand eines Beratungsprozesses nach den Freistellungsregelungen der Mitbestimmungsgesetze.

Den Dreh- und Angelpunkt unserer Arbeit bildet die Einführung der Unterscheidung von *defensiven* und *expansiven Lernbegründungen* nach Holzkamp. Die Gremien können sich dieses theoretische Begriffspaar zunutze machen, um

gesamtbetrieblichen Anforderungen führt. Die Förderprogramme der Bundesagentur für Arbeit, welche als abschlussorientierte Weiterbildung auf einen grundständigen Berufsabschluss abzielen, können hierfür als Ansatzpunkt genutzt werden. So fördert die BA im Rahmen ihres Programms »WEITER.BILDUNG! – Die Qualifizierungsoffensive« aktuell sowohl die stufenweise Nachholung von Berufsabschlüssen (»Helfer/-in zur Fachkraft«) als auch Anpassungsqualifizierungen für Beschäftigte, die in besonderer Weise vom digitalen Strukturwandel betroffen sind (»die Tätigkeiten von morgen ausüben können«).

8 Auch das Gesetz zur Förderung der beruflichen Weiterbildung im Strukturwandel und zur Weiterentwicklung der Ausbildungsförderung (»Arbeit-von-morgen-Gesetz«) vom 20.5.2020 betont erstens die Rolle von Betriebsräten und zweitens die Bedeutung von erkannten Kenntnis- und Fähigkeitslücken. Es regelt in § 82 Abs. 4 und Abs. 5 die Erhöhung der Fördersätze für den Arbeitgeber, wenn eine Betriebsvereinbarung oder ein Tarifvertrag zur beruflichen Weiterbildung vorliegen und wenn bei mindestens einem Fünftel der Beschäftigten die Kenntnisse und Fähigkeiten nicht mehr ausreichen.

für ihren Betrieb eine eigene Konzeption von Guter Weiterbildung im Sinne betriebsspezifischer Anforderungen aus Beschäftigtensicht zu entwickeln. Diese Konzeption dient als Richtschnur für die anschließende Erarbeitung der Betriebs- bzw. Dienstvereinbarung, in der neben Rechtsansprüchen, Zuständigkeiten und Abläufen insbesondere Qualitätskriterien für Weiterbildungsmaßnahmen definiert werden. Auch in Branchen, in denen tarifvertragliche Regelungen zur Qualifizierung vorliegen, empfehlen wir die Festschreibung in einer Vereinbarung, um Gute Weiterbildung dauerhaft mit klar definierten Durchführungsverfahren zu verankern.

Auf diese Weise kann es durchaus gelingen, Weiterbildung vom vorherrschenden, neoliberal-individualistischen Verständnis zu entkoppeln und *kollektive Handlungs- und Entwicklungsperspektiven* in den Blick zu nehmen. Dieser Perspektivwechsel wird durch den Umstand erleichtert, dass die konkurrenzorientierte Umsetzung von Betrieblicher Weiterbildung in der Realität häufig scheitert. Die Gremien berichten meist aus eigener Erfahrung, dass Weiterbildung in der vorherrschenden Form – sofern sie überhaupt stattfindet – unstrukturiert und wenig erfolgreich abläuft. Die häufigsten Gründe hierfür sind die folgenden:

- Im Betrieb gibt es *keine systematische Verankerung von Weiterbildung* auf Basis einer transparenten Personalbedarfsplanung. Bestenfalls findet diese punktuell statt. Weiterbildung ist dadurch häufig ein Zufallsprodukt, in deren Genuss nur wenige, nach intransparenten Kriterien durch die Geschäftsführung »Auserwählte« kommen.[9]
- Die Beschäftigten sind angesichts der Auswirkungen des Strukturwandels auf ihren Arbeitsplatz selbst dafür verantwortlich, informiert und kompetent zu bleiben. Das begünstigt Beschäftigte mit höherer Qualifizierungs- und Entgelt-/Gehaltsstufe und *die Weiterbildungsschere geht weiter auseinander.*[10]
- Auffällig war für uns die Beobachtung, dass bei einer individualistischen Weiterbildungskultur in einem Betrieb ein Großteil der Beschäftigten den Wunsch äußerte, *die Beratung zu einer möglichen Weiterbildung vor dem Arbeitgeber geheim zu halten.*

Demgegenüber verstehen wir unter kollektiven Handlungs- und Entwicklungsperspektiven solche, denen es unter Einbeziehung *aller* Beschäftigten gelingt,

9 Laut Betriebs- und Personalrätebefragung 2021 des Wirtschafts- und Sozialwissenschaftlichen Instituts der Hans-Böckler-Stiftung (WSI) unter 2924 Gremiumsmitgliedern betreiben nur 42,9 % der Arbeitgeber eine langfristige Weiterbildungsplanung. Der Auffassung, dass ihr Arbeitgeber ihnen ausreichend Zeit für Weiterbildung einräumt, sind lediglich 38,4 % der Befragten (Erol, Ahlers & Schleicher 2021, S. 14).

10 Unsere Beobachtungen decken sich damit mit einschlägigen empirischen Daten, wie sie z. B. im Rahmen des Adult Education Survey des Bundesministeriums für Bildung und Forschung erhoben werden. Demnach beteiligten sich 2020 77 % Personen mit akademischem Abschluss an einer Weiterbildung, während dies bei Personen ohne Berufsabschluss nur noch auf 47 % zutraf (BMBF 2022, S. 35 f.).

einen gesamtbetrieblichen Zugang im Sinne des oben genannten *Verstehens des gesamten Betriebsgeschehens* wenigstens ansatzweise zu eröffnen. Es kommt uns hierbei weniger darauf an, dass sofort weitreichende Bildungsmöglichkeiten geschaffen werden, als darauf, dass eine entsprechende Grundrichtung in der Bearbeitung des Problemfelds eingeschlagen wird.

Unserer Erfahrung nach haben jedoch auch engagierte Interessenvertretungsgremien mit einem klaren Selbstverständnis das Thema Weiterbildung nicht immer an erster Stelle auf ihrer Agenda.[11] Die Hauptgründe hierfür lassen sich wie folgt zusammenfassen:

- *Zeitproblem*: Die Gremien haben »wichtigeres«, d. h. zeitkritischeres, zu tun bzw. verfügen generell über zu wenig zeitliche Kapazitäten für ihr Ehrenamt. Weiterbildung ist jedoch ein langfristiges Projekt, das gegenüber zeitkritischeren Themen häufig nicht angegangen wird.
- *Abgrenzungsproblem*: Die Gremien empfinden Weiterbildung als ein zu weites Feld, um es systematisch bearbeiten zu können. Der Begriff ist im allgemeinen Sprachgebrauch vielgestaltig und kann von einer einstündigen PowerPoint-Präsentation zum Selberdurchklicken bis zu einer zweijährigen Qualifizierung, mit der ein Berufsabschluss nachgeholt wird, reichen.
- *Zuständigkeitsproblem*: Als Teilbereich der Personalentwicklung liegt Weiterbildung faktisch in der Hand der Arbeitgeberseite. Interessenvertretungen verorten es üblicherweise außerhalb ihres Zuständigkeitsbereichs. Dies dürfte einerseits den begrenzten rechtlichen Handlungsmöglichkeiten der Gremien geschuldet sein, andererseits dem Fehlen einer entsprechenden »Tradition« in den betrieblichen Auseinandersetzungen.[12]

Trotz der öffentlichen Prominenz des Themas Weiterbildung geht es daher häufig zunächst darum, die Interessenvertretungen für die Problematik zu sensibilisieren und ihnen grundsätzliche Handlungsmöglichkeiten aufzuzeigen. Damit die Gremien anschließend zur Umsetzungsphase übergehen können, sollte die Unterstützung drei Aspekte umfassen: Sie sollte *informieren, qualifizieren* und *beraten*. In Einführungsveranstaltungen können die wichtigsten Begrifflichkei-

11 Erol, Ahlers & Schleicher kommen in ihrer Auswertung der Betriebs- und Personalrätebefragung 2021 des WSI zu dem relativ positiven Fazit, »dass die meisten Betriebsräte das Thema Weiterbildung als wichtiges Arbeitsfeld betrachten« und sich knapp 40 % der Befragten mit der Gestaltung betrieblicher Weiterbildungsmaßnahmen befassen. Gleichzeitig betrachtet die Mehrzahl sowohl Weiterbildungsangebote als auch -strukturen in den Betrieben als ungenügend (S. 15).

12 So sprechen auch die Agenturen für Arbeit in erster Linie die Arbeitgeberseite an, wenn es um Fragen der Betrieblichen Weiterbildung geht. Mittlerweile kann jedoch eine verstärkte Orientierung der Agenturen auf die Beschäftigten beobachtet werden, wie z. B. im Projekt »Berufsberatung im Erwerbsleben«. Zudem steht der sogenannte »Arbeitgeber-Service« der Agenturen auch den Interessenvertretungsgremien als Ansprechpartner zur Verfügung.

ten und Zusammenhänge aufgezeigt werden; in Seminaren kann das Gremium unterstützt werden, einen eigenen inhaltlichen Standpunkt zu finden und Strategien zu dessen Realisierung zu entwickeln; und in der Beratung und Verhandlungsbegleitung von Betriebs- oder Dienstvereinbarungen kann externer Sachverstand die Gremien entlasten und das komplexe Thema bündeln.

Um den Einstieg in Weiterbildungsfragen niedrigschwellig zu gestalten, hat es sich mitunter bewährt, sie in ein etabliertes Handlungsfeld der betrieblichen Mitbestimmung einzubinden. Viele dieser Mitwirkungsfelder gehören zum Standardrepertoire von Interessenvertretungen und erleichtern dadurch den Zugang zu einer Regelung von Weiterbildungsfragen – nicht zuletzt, weil Geschäftsführungen häufiger mit Auseinandersetzungen zu diesen Themen konfrontiert sind als mit direkten Gesprächen zur Betrieblichen Weiterbildung. So können wir folgende »klassische« Themen als Ansatzpunkte empfehlen:

- Arbeits- und Gesundheitsschutz
- Gefährdungsbeurteilungen zu physischen und psychischen Belastungen
- Verhaltens- und Leistungskontrolle mit IT-Systemen
- neue Arbeitsformen wie Gruppenarbeit oder agiles Arbeiten
- Betriebsänderungen
- die Überwachung der Einhaltung von Tarifverträgen mit Qualifizierungsbezug

Die Frage, was und wieviel jeweils erreicht werden kann, entscheidet sich freilich in den konkreten Auseinandersetzungen vor Ort. Oft genug gelingt es aufgrund der Gegebenheiten nicht, eine Weiterbildungsvereinbarung im Sinne Guter Weiterbildung zu erwirken und diese tatsächlich mit Leben zu füllen. Doch gerade beim Thema Weiterbildung gilt: Auch eine »Politik der kleinen Schritte« kann zum Ziel führen – vorausgesetzt, die Schritte führen in die richtige Richtung.

5. Abschließende Bemerkungen

Mit unseren Ausführungen haben wir in aller Kürze versucht, das Konzept der Guten Weiterbildung bildungswissenschaftlich zu begründen, inhaltlich zu bestimmen und hinsichtlich seiner Realisierungsmöglichkeiten auszuleuchten. Dabei mussten wir uns auf die wichtigsten Aspekte und Argumente beschränken. Zum Abschluss möchten wir noch einmal die eingangs dargelegte Notwendigkeit einer originär *gewerkschaftspolitischen Positionsbestimmung* im Feld der Betrieblichen Weiterbildung unterstreichen. Wir sind überzeugt, dass eine derartige Positionsbestimmung sowohl in bildungspolitischen Debatten als auch in tarif- und betriebspolitischen Auseinandersetzungen um Weiterbildungsfragen eine wesentliche Voraussetzung für eine konsequente und erfolgreiche Interessenpolitik darstellt. Dies gilt umso mehr, als die Realisierungschancen für Gute Weiterbildung im Betrieb unter den gegenwärtigen gesellschaftlichen Bedingungen keineswegs überschätzt werden dürfen. Zum einen sind die entsprechenden gesetzlichen Mitbestimmungsmöglichkeiten der Interessenvertretungen nach wie vor höchst unzureichend, zum anderen mangelt es an Weiterbildungsangeboten, die das Denken in gesamtbetrieblichen Zusammenhängen systematisch zu fördern vermögen. Um die vorhandenen Spielräume weitestmöglich ausschöpfen, aber auch, um progressive Momente in den gesellschaftlichen Entwicklungen erkennen und nutzen zu können, halten wir einen entsprechenden begrifflichen Kompass für unverzichtbar.

6. Literatur

Ahlheim, K. (2011). Politische Erwachsenenbildung in Zeiten des Marktradikalismus / Ahlheim, K., Mathes, H. (Hg.): Utopie denken – Realität verändern. Bildungsarbeit in den Gewerkschaften. Offizin Verlag Hannover, S. 10–40.

Allespach, M. (2005). Betriebliche Weiterbildung als Beteiligungsprozess. Subjektive Bedeutsamkeiten als Grundlage für eine partizipative Bildungsplanung. Schüren-Verlag Marburg.

Boockmann, B., Maier, A. & Schafstädt, C. (2021). Vereinbarungen der Sozialpartner zur Weiterbildung – ein Blick in ausgewählte Branchen. Bertelsmann Stiftung Gütersloh, *www.bertelsmann-stiftung.de/fileadmin/files/user_upload/BST_Studie_Sozialpartner_zur_Foerderung_der_Weiterbildung_210630.pdf* (abgerufen am 15.4.2023).

Bundesministerium für Bildung und Forschung (BMBF): Weiterbildungsverhalten in Deutschland 2020. Ergebnisse des Adult Education Survey – AES-Trendbericht, 2022, *https://www.bmbf.de/SharedDocs/Publikationen/de/bmbf/1/31690_AES-Trendbericht_2020.pdf?__blob=publicationFile&v=10* (abgerufen am 28.7.2023).

Centre for Educational Research and Innovation (CERI) (1973). Recurrent Education: A Strategy for Lifelong Learning, Paris, *http://files.eric.ed.gov/fulltext/ED083365.pdf* (abgerufen am 28.7.2023).

Deutscher Gewerkschaftsbund (DGB) (2019, 25.4.). Recht auf Weiterbildung. 10-Punkte-Plan zur Nationalen Weiterbildungsstrategie für mehr Investitionen in eine solidarische Gestaltung des Wandels der Arbeitswelt, *www.dgb.de/themen/++co++118cad40-65a6-11e9-8c45-52540088cada* (abgerufen am 15.4.2023).

Deutscher Gewerkschaftsbund (DGB) (2022, 31.3.). Gerechtere Zugänge, reduzierte Komplexität, mehr Verlässlichkeit und Anschlussmöglichkeiten. Sieben

Anforderungen zur Fortsetzung und Weiterentwicklung der Nationalen Weiterbildungsstrategie, *www.dgb.de/themen/++co++258eb46e-b198-11ec-9ba3-001a4a160123* (abgerufen am 15.4.2023).

Delors, J. (1996). Learning: The treasure within, Paris, *https://unesdoc.unesco.org/ark:/48223/pf0000102734?posInSet=10&queryId=963d9625-1a1d-407a-8dd0-830177188e00* (abgerufen am 28.7.2023).

Erler, I., Holzer, D., Kloyber, Ch. & Ribolits, E. (Hg.) (2012). Kritisch denken: Für eine andere Erwachsenenbildung, Schulheft 148/2012, StudienVerlag Innsbruck-Wien-Bozen.

Erol, S., Ahlers, E. & Schleicher, S. (2021). Betriebliche Weiterbildung als Handlungsfeld der Betriebsräte, Policy Brief WSI Nr 51, 3/2021, *https://www.boeckler.de/fpdf/HBS-008599/p_wsi_pb_77_2023.pdf* (abgerufen am 15.4.2023).

Europäische Kommission (1996). Weißbuch zur allgemeinen und beruflichen Bildung. Lehren und Lernen. Auf dem Weg zur kognitiven Gesellschaft, Brüssel, *https://europa.eu/documents/comm/white_papers/pdf/com95_590_de.pdf* (abgerufen am 28.7.2023).

Europäische Kommission (2000). Memorandum über Lebenslanges Lernen. Arbeitsdokument der Dokumentationsdienststellen, Brüssel, *https://www.die-frankfurt.de/esprid/dokumente/doc-2000/EU00_01.pdf* (abgerufen am 28.7.2023).

Faure, E. u. a. (1972). Learning to be: the world of education today and tomorrow, Paris, *https://unesdoc.unesco.org/ark:/48223/pf0000223222* (abgerufen am 28.7.2023).

Holzkamp, K. (1985). Grundlegung der Psychologie, Studienausgabe, Campus Verlag Frankfurt a. M./New York.

Holzkamp, K. (1995). Lernen. Subjektwissenschaftliche Grundlegung, Studienausgabe, Campus Verlag Frankfurt a. M./New York.

Industriegewerkschaft Metall (IG Metall) (2021), Arbeitgeberverband Gesamtmetall, Verband Deutscher Maschinen- und Anlagenbau (VDMA), Zentralverband Elektrotechnik- und Elektronikindustrie (ZVEI) (Hg.), Fachkräftequalifizierung für Digitalisierung und Industrie 4.0. Betriebliche Weiterbildung mit Perspektive. Arbeitsplatzbezogen – Bedarfsgerecht – Teamorientiert, August 2021, ohne Ort, *www.gesamtmetall.de/sites/default/files/downloads/flyer_fachkraeftequalifizierung-fuer-digitalisierung-und-industrie-40_final.pdf* (abgerufen am 15.4.2023).

Kunert, S. & Rühle, M., Bildung als Standortfaktor und Ware. Staats- und kapitalismustheoretische Perspektiven auf die postfordistische Bildungsindustrie / Bremer, H., Dobischat, R. & Molzberger, G. (Hg.), Bildungspolitiken. Spielräume für Gesellschaftsformation in der globalisierten Ökonomie?, 2022, Springer VS Wiesbaden, S. 21–42.

Lammers, A., Lukowski, F. & Weis, K. (2022). The relationship between works councils and firms' further training provision in times of technological change / British Journal of Industrial Relations 2022, 1–33.

Organisation for Economic Co-Operation and Development (OECD) (1996): Lifelong learning for all: meeting of the Education Committee at Ministerial level, 16–17 January 1996, Paris, *https://vital.voced.edu.au/vital/access/services/Download/ngv:25305/SOURCE2* (abgerufen am 28.7.2023).

Pongratz, L. A. (2010). Kritische Erwachsenenbildung. Analysen und Anstöße, Springer VS Wiesbaden.

Rühle, M. (2018). Was ist Bildung? Geschichte und Gegenwart einer neuzeitlichen Idee / MERZ – Zeitschrift für Medien und Erziehung 5/2018, S. 10–17.

Stegmaier, J. (2012). Effects of Works Councils on Firm-Provided Further Training in Germany / British Journal of Industrial Relations 4/2012, S. 667–689.

Uhlig, Ch. (2006). Reformpädagogik: Rezeption und Kritik in der Arbeiterbewegung, Peter Lang Verlag Frankfurt a. M. u. a.

Urban, H.-J. (2018). Sind Gewerkschaften (noch) Klassenorganisationen? / Z – Zeitschrift für marxistische Erneuerung 116/2018, S. 81–95.

Voß, G. & Pongratz, H. J. (1998). Der Arbeitskraftunternehmer. Eine neue Grundform der Ware Arbeitskraft? / Kölner Zeitschrift für Soziologie und Sozialpsychologie 50/1/1998, S. 131–158.

Richard Rohnert

Gemeinsam lernen – gemeinsam handeln. Lernerfahrungen aus dem Projekt: »Die IG Metall vom Betrieb aus denken« – Perspektiven aus der Praxis

Inhalt

1. Die Projektidee

Im Oktober 2019 haben die Delegierten des 24. ordentlichen Gewerkschaftstages der IG Metall die Entschließung 1 mit dem Titel »Projekt: Die IG Metall vom Betrieb aus denken« beschlossen. Dort heißt es vor dem Hintergrund der umfassenden Transformation und den grundlegenden Veränderungen in Organisation, Technologie, Tätigkeitsinhalten und Kultur der Unternehmen:

»Die IG Metall hat den Anspruch, dass technischer Fortschritt auch sozialer Fortschritt werden muss (Abbildung 13). Dies verlangt, dass die Rationalisierungsgewinne der Transformation in gute Arbeit investiert werden. Es geht um Verteilungs- und Gestaltungsfragen. Die IG Metall wird ihre dafür notwendige gewerkschaftliche Kraft dann entfalten können, wenn wir in unserem zentralen Handlungsort Betrieb organisationsstark, konfliktfähig und kompetent agieren. Dies gilt für den Gestaltungsanspruch im Betrieb genauso wie für unsere Tarifpolitik und unsere Kampagnenfähigkeit für sozial- und gesellschaftspolitische Themen. Wir stehen vor der Herausforderung, in der Breite der Betriebe die Voraussetzungen für Organisationsstärke und Beteiligung zu schaffen, um diesen Gestaltungsanspruch umzusetzen.« (IG Metall 2019, S. 25ff.).

Abbildung 13: Irene Schulz, IG Metall, Bundesweite Referent*innentagung 2023

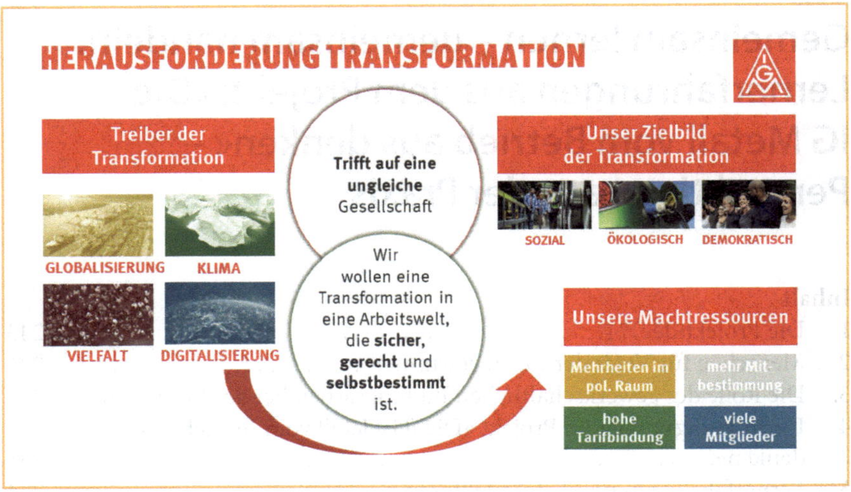

Quelle: IG Metall

Das zeigt, dass die IG Metall ihrem Selbstverständnis nach selbstbewusst, zuversichtlich und kämpferisch in die vor ihr liegenden Herausforderungen geht. Die Voraussetzung dafür ist eine breite Beteiligung der Betriebsräte, der gewerkschaftlichen Vertrauensleute und Aktiven im Betrieb. Ebenso wichtig ist die Einbindung der örtlichen IG Metall, also der Betriebsbetreuer:innen der Geschäftsstellen und ihrer Ortsvorstände. Denn es geht ja gerade darum einerseits ganz nahe und entlang der konkreten betrieblichen Fragen zu arbeiten und andererseits genau die über die einzelbetriebliche Perspektive hinausgehenden Themen zu identifizieren, zu verallgemeinern und sie damit (gewerkschafts-) politikfähig zu machen. Welche Fragen stellen sich dabei für die IG Metall? Welches Gesellschaftsbild haben die heute aktiven Metaller:innen? Was hat sich diesbezüglich im Laufe der letzten Jahre und Jahrzehnten verändert? Konnte in früheren Zeiten davon ausgegangen werden, dass viele gewerkschaftlich Aktive im vorpolitischen Raum sozialisiert wurden, z. B. in Parteien oder anderen politischen Jugendverbänden kann dies heute kaum noch vorausgesetzt werden. Daraus resultieren unter Umständen auch andere bzw. neue Erwartungshaltungen an die unterschiedlichen Gliederungsebenen der IG Metall vor Ort, im Bezirk und im Vorstand. Also auch die Frage, welche Weiterentwicklungen und Veränderungen auf den verschiedenen Handlungsebenen notwendig sind? Das betrifft in der Konsequenz auch die Werte, die benötigten Kompetenzen, die Anforderungen an die Kommunikation, die Arbeitsstrukturen und letztlich auch die Ressourcen.

Diese aufgeworfenen und weitere im Prozess auftretenden Fragen sollten bearbeitet werden und Veränderungen in der Arbeit unmittelbar angestoßen werden. Da die wichtigste und entscheidende Ressource für eine erfolgreiche Arbeit von Gewerkschaften ihre Mitglieder und ehrenamtlich tätigen Kolleg:innen sind, sollen diese zu sog. Veränderungspromotor:innen ausgebildet werden. Sie sollen Verantwortung mit übernehmen, die Zukunft ihrer Organisation aktiv mitzugestalten. Im Rahmen dieser durch die gewerkschaftlichen Bildungszentren organisierten Ausbildungsreihen eignen sie sich Beteiligungs- und Prozesskompetenz an, die sie auch für ihre weitere gewerkschaftliche und berufliche Arbeit nutzen können. Die folgende Abbildung zeigt das bekannte Logo der IG Metall als quasi auf den Kopf gestelltes Dreieck. Mit dieser Umkehrung wird der Anspruch verdeutlicht, Veränderung von der Basis aus, nämlich von den Beschäftigten, den Mitgliedern, den Betrieben aus zu denken und weiter zu entwickeln und nicht etwa durch Vorstandsbeschluss »nach unten durchzustellen«.

Abbildung 14: »Die IG Metall vom Betrieb aus denken«

Quelle: IG Metall, 2023

2. Menschen für Veränderungen gewinnen!

Wenn die Gesellschaft kein fester Kristall ist, sondern ein umwandlungsfähiger und beständig im Prozess der Veränderung begriffener Organismus (Marx 1867, S. 16), wenn sich also die Welt permanent wandelt, immer in Bewegung ist, dann klingt die Feststellung, dass sich auch die IG Metall, dass sich das aus dem »ich« konstituierende »wir« verändern muss und will vergleichsweise banal. Denn »Wir«, das bin ich und die anderen. Wir, das bin ich und meine Kolleginnen und Kollegen in der Gewerkschaft. Und dazu gehören auch die Kolleginnen und Kollegen, die noch nicht davon überzeugt sind, sich gewerkschaftlich zu organisieren. Denn auch darum geht es im Projekt »Die IG Metall vom Betrieb aus denken«: Menschen für Veränderungen zu gewinnen.

Wenn Gewerkschaften von Veränderungen sprechen meinen sie nicht die Entwicklung einer neuen Anpassungs- und Überlebensstrategie unter widrigen Bedingungen. Sie wollen Veränderungen im Interesse der abhängig Beschäftigten, eine bessere Arbeits- und Lebenswelt. Der Begriff der Veränderung bringt manche Fallstricke mit sich. Veränderungen sind nicht einfach. Menschen müssen sich dazu verhalten, selbst etwas einbringen und sich von Gewohntem verabschieden. Selbst wenn es sich bei einer Gewohnheit um eine schlechte Angewohnheit handelt, fällt die Veränderung oft schwer, denn wir wissen zunächst nicht, wie das Neue aussehen wird, auf das wir uns mit dem Prozess der Veränderung zubewegen. Allemal bequemer scheint es zunächst, sich im Gewohnten zu arrangieren, nicht daraus auszubrechen. Veränderungen werfen außerdem unangenehme Fragen danach auf, ob denn das bisherige nicht ausgereicht hat? Ob etwa alles schlecht war? Ob es denn überhaupt nötig ist, dieses »sich verändern«?

Auch Unternehmen versuchen Menschen – seien es nun ihre Kund:innen oder ihre abhängig Beschäftigten – für Veränderungen zu gewinnen. Dies gilt in Zeiten der Transformation vielleicht noch stärker denn je. Neue Technologien können die Arbeitsbedingungen verändern, sie verändern Geschäftsmodelle, Kund:innenwünsche und -erwartungen. In der für die IG Metall besonderen Leitbranche der Automobilindustrie wird das sichtbar. Der Abschied vom Verbrennungsmotor ist eingeleitet. Die Arbeit der Zerspanungsmechanikerin, die bisher Zahnräder für ein Getriebe gefräst hat, wird perspektivisch wegfallen. Sie kann ihre Qualifikation anpassen, sich weiterbilden, ggf. eine andere Arbeit suchen und finden, da sie gezwungen ist ihre Ware Arbeitskraft auf dem Arbeitsmarkt weiterhin anbieten zu können. Diese Veränderungen ergeben sich gewissermaßen aus dem Zwang der sich wandelnden (Produktions-)Verhältnisse.

Wenn die IG Metall Menschen für Veränderungen gewinnen will, dann macht sie den Menschen ein Angebot aus dieser »Opferrolle« herauszutreten und sich aktiv einzubringen für die Veränderung, für die Verbesserung der eigenen Lebens- und Arbeitsbedingungen. Die Menschen können mitmachen, mitbestimmen, mitverändern und mitgestalten. Die IG Metall kann sich dabei auf lange Traditionen berufen. Sie ist keine »hippe Startup-Union«, kein neues soziales Netzwerk. Sie ist eher ein altes, über Jahrzehnte und Jahrhunderte gewachsenes soziales Netzwerk, das immer wieder gezwungen war und ist seine Strukturen zu überdenken, sie den sich verändernden gesellschaftlichen Rahmenbedingungen anzupassen ohne dabei die eigenen Kernthemen und Ziele zu vernachlässigen. Als sich der Deutsche Metallarbeiterverband 1891 im deutschen Kaiserreich gründete, gab es weder Streikrecht noch Tarifverträge, gestreikt wurde trotzdem und die ersten kollektiven Regelungen für Beschäftigte erkämpft. Nach dem 1. Weltkrieg und der Novemberrevolution 1918 wurde der DMV zur tragenden Säule der ersten Demokratie auf deutschem Boden. Der 8-Stunden-Tag wurde eingeführt, Tarifverträge erkämpft und Betriebsräte zogen in die Unternehmen und Fabriken ein. 1933 können die Gewerkschaften die Machtergreifung durch die Nazis nicht verhindern, sie werden verboten, ihre Funktionäre verfolgt. Viele Metallerinnen und Metallern landen im Konzentrationslager, werden gefoltert und ermordet. Nach der Befreiung vom Faschismus 1945 organisieren die Gewerkschafter:innen den Wiederaufbau vieler Betriebe. Sie machen Druck für ein gerechtes, ein besseres Leben, im Betrieb, in der Wirtschaft und in der Gesellschaft: mehr Mitbestimmung im Betrieb und auf Unternehmensebene. Entgeltfortzahlung im Krankheitsfall, der arbeitsfreie Samstag, die 40-Stunden-Woche und Urlaubsgeld werden durchgesetzt. Und: Reichtum wird gerechter verteilt. Die Löhne steigen. Mit der Rationalisierung und Computerisierung der Produktion in den 1970er und 80er Jahren gestaltet die IG Metall die Arbeitsbedingungen weiter mit. Mitbestimmung bei den Leistungsvorgaben und die weitere Arbeitszeitverkürzung in Richtung der 35-Stunden-Woche sind markante Meilensteine. Arbeit wird gerechter verteilt. Mit der deutschen Wiedervereinigung 1989/90 wird die IG Metall noch größer. Gemeinsam kämpft sie für gleiche Arbeits- und Lebensbedingungen in Ost und West. Die neoliberale Politik höhlt den Sozialstaat aus, die Agenda 2010, Hartz IV, Rente mit 67 – werden gegen den Widerstand der Gewerkschaften durchgesetzt. Die Finanzkrise 2008 wird zur sozialen Krise in ganz Europa. Der IG Metall gelingt es mit Instrumenten wie z. B. der Kurzarbeit die Beschäftigung in ihren Branchen weitgehend zu sichern. Heute und in den kommenden Jahren gilt es die großen Herausforderungen der Transformation sozial, ökologisch und demokratisch zu gestalten.

Die IG Metall hat also Geschichte, die sieht man ihr an, die hört man ihr an, die spürt man, wenn man die Geschichte(n) der Arbeit seit dem 19. Jahrhundert bis in die Gegenwart betrachtet, wenn man sich vergegenwärtigt, dass die IG Metall in einer langen Tradition von Menschen steht, die sich für eine Verbesserung – also eine Veränderung – ihrer Lebens- und Arbeitsbedingungen eingesetzt hat – und zwar stets gegen erhebliche Widerstände. Keine Verbesserung wurde von

»Gutmenschen« geschenkt, sie musste erkämpft werden. Sie sind Ergebnis von Auseinandersetzungen, sie spiegeln die gesellschaftlichen Kräfteverhältnisse zum jeweiligen Zeitpunkt. Möglich war dies immer nur, wenn sich ausreichend viele Menschen füreinander eingesetzt haben, wenn Solidarität nicht nur propagiert, sondern auch im Konfliktfall mit Leben erfüllt werden konnte.

Solidarität ist damit so etwas wie die Marke, darum geht es als »Kerngeschäft«. Es ist ein Mitmachangebot: Du kannst dich hier einbringen, dich mit den anderen austauschen, dich zusammen mit den anderen einsetzen für die Verbesserung des eigenen Lebens, für die Verbesserung der Arbeit, für die Verbesserung der Gesellschaft und zwar auch dann, wenn es mal nicht um die konkreten eigenen Bedingungen geht, sondern insbesondere auch dann, wenn Kolleg:innen Solidarität benötigen. Das ist manchmal unbequem – Solidarität, die Basis für unsere Erfolge in Vergangenheit, Gegenwart und Zukunft, stellt sich nicht einfach so ein. Das betriebliche und gewerkschaftliche Engagement braucht daher oft einen langen Atem und einen möglichst klaren Blick auf die Verhältnisse und Widerstände sowie die Zuversicht, selbst Veränderungen mitgestalten zu können. Unbequem ist es auch deshalb, weil die Kolleginnen und Kollegen sich immer wieder neu qualifizieren müssen für die Auseinandersetzungen in Betrieb und Gesellschaft. Hier kommt insbesondere der Bildungsarbeit eine Schlüsselrolle zu, als Ort des Austauschens und Lernens, aber auch als Ort der gemeinsamen Erfahrung, als Lagerfeuer der Bewegung, an dem man sich versammeln kann und gemeinsam Kraft und Inspiration schöpft um dann wieder zurückzukehren in das oft mühsame Klein-Klein der täglichen Arbeit in Betrieb, Gewerkschaft und Gesellschaft. Zusammen lernen heißt auch sich gemeinsam weiterentwickeln können, als Individuum und als Organisation wachsen können.

Die Welt, die Produktionsformen, die Gesellschaft und die Gewerkschaften befinden sich immerzu in Bewegung und sind Teil von Wandlungsprozessen. Die Dynamik dieser Entwicklungen hat sich im Zuge der Vielfachkrisen weiter erhöht.

Wir sehen uns zum einen mit den Herausforderungen des Klimawandels konfrontiert: Hinzu kommen Digitalisierung, Globalisierung oder noch allgemeiner die Transformation. In den Betrieben bedeutet dies zunächst vor allem die Zunahme von Unsicherheit und perspektivisch die Umstellung oder im schlimmsten Fall den Verlust des eigenen Arbeitsplatzes – insbesondere dann, wenn es nicht gelingt den transformativen Prozessen einen sozialen und demokratischen Stempel aufzudrücken. Dazu gesellen sich weitere Krisen: Das Auftreten globaler Pandemien etwa, die weiteren ökonomischen, sozialen und ökologischen Zuspitzungen und die Gefährdungen, die aus den zunehmend kriegerisch ausgetragenen Konflikten resultieren.

Vor diesem Hintergrund fällt es uns nicht immer leicht, Menschen für Veränderungen zu gewinnen. Die Verunsicherung aufgrund dieser vielfältigen Heraus-

forderungen und deren gefühlter Beschleunigung führt nicht automatisch zu einer Zunahme gewerkschaftlicher Solidarität. So sind die Mitgliederzahlen der IG Metall – auch in Folge der Corona-Krise – nach 2020 leicht gesunken. Mit der Tarifbewegung im Herbst 2022 gelingt aber die Trendumkehr. Das zeigt: Um Menschen für Veränderungen zu begeistern, sie zu überzeugen, reicht es nicht aus, eingefahrene Wege der Vergangenheit zu bedienen, so wichtig und richtig sie vielleicht in ihrer Zeit waren. Es braucht neue Ideen und Ansätze, neue Ziele und eine aktualisierte Gesellschaftskritik, um die Veränderungsprozesse der Gegenwart kritisch hinterfragen zu können, auf dieser Kritik aufzubauen und Alternativen aufzuzeigen, die Menschen tatsächlich für Veränderungen begeistern können. Diese Signale sind verstanden worden. Auf vielfältige Weise stellt die IG Metall ihre alltägliche Arbeit um, und zwar auf allen Ebenen der Organisation. Bester Ausdruck sind sicherlich die vielfältigen Formen von Veränderungsprozessen, wie das Projekt »Die IG Metall vom Betrieb aus denken«, auf das hier näher eingegangen wird. Aber auch die Erschließungsprojekte und Prozesse zur Weiterentwicklung der Arbeit in den Geschäftsstellen, die Haupt- und Ehrenamtliche neu zusammenbringen sind Ausdruck des Anspruchs sich zu einer beteiligungsorientierten Erschließungsgewerkschaft weiterzuentwickeln. Es geht also darum wieder wirkmächtiger in den Auseinandersetzungen auf betrieblicher und gesellschaftlicher Ebene zu werden, nicht nur »dagegen« zu sein, sondern vor allem Alternativen anzubieten.
Einen Kompass hierzu bietet von je her die gewerkschaftliche Bildungsarbeit. Auch sie wandelt sich dabei, rückt noch näher an die betrieblichen Themen heran, ohne die Räume für den Austausch über das ganz Grundsätzliche zu verlieren. Hier ist Zeit und Raum für Selbstvergewisserung, Reflexion, für die Entwicklung von Alternativen und die Vorbereitung und Begleitung von Aktionen und Kampagnen.

3. Die Rolle der gewerkschaftlichen Bildungsarbeit bei der Erneuerung

»Gemeinsam lernen, solidarisch handeln« (Achten 1976) war und ist das zentrale Leitbild emanzipatorischer gewerkschaftlicher Bildungsarbeit seit den 1970er Jahren. Über den eigenen betrieblichen und persönlichen Tellerrand hinaus einen verallgemeinerten Blick auf die Verhältnisse zu erarbeiten und gemeinsame Interessenlagen zu erkennen sind wichtige Voraussetzungen für solidarisches gewerkschaftliches Handeln. Es braucht in Betrieben und in Seminaren die Gelegenheit, Empathie auch für die Lebenslage Anderer zu entwickeln.

Aber: Selbst gleiche oder ähnliche Arbeits- und Lebensbedingungen führen nicht automatisch zu solidarischem Handeln. Erst recht, wenn sich Interessenlagen ausdifferenzieren, wird Solidarität zum politischen Projekt (Deppe 2019, S. 14). Denn der Begriff der Solidarität muss erweitert werden. Erweitert um die Interessen vor allem weiblicher und migrantischer Lohnarbeiter:innen. Die unterschiedlichen Erfahrungen mit abhängiger Lohnarbeit, das Ausmaß von Ausbeutung und Abhängigkeit im prekären Sektor sind andere als die in vergleichsweise gut gesicherten Normalarbeitsverhältnissen.

Gerade in Krisenzeiten gerät Solidarität unter Druck und muss deshalb in besonderer Weise – auch in Bildungsprozessen – neu begründet und reflektiert werden. Denn Konkurrenz und Spaltung nehmen in Zeiten der persönlichen Verunsicherung zu, diffuse Zukunftsängste nehmen sich Raum, bereits vorhandene soziale Ungerechtigkeiten und Verteilungskämpfe verschärfen sich. Gleichzeitig gibt es Erweiterungen von Entscheidungsmöglichkeiten. Diese Widersprüche können von den einzelnen Menschen nicht immer verarbeitet werden. Diese Dimensionen gesellschaftlicher Erfahrung muss die gewerkschaftliche Bildungsarbeit aufnehmen. Bereits in der Rahmenkonzeption für die Bildungsarbeit der IG Metall (1998) wird mit Bezug auf Klaus Holzkamps subjektwissenschaftliche Grundlegung »Lernen« (1993) eine neue Perspektive, die des lernenden Subjekts und seiner Motive und Widerstände verfolgt und zwar als Subjekt kollektiven Handelns und politischen Lernens. Das hat Konsequenzen für die Ansprüche und das Selbstverständnis gewerkschaftlicher Bildung.

Neben der rationalen Einsicht in Notwendigkeiten und Strategien der Veränderung betrieblicher und gesellschaftlicher Verhältnisse braucht es auch das Verstehen von Widerständen (Holzkamp 1993), das Kennen von alternativen Sichtweisen auf Probleme und den Blick auf mögliche Hindernisse beim solidarischen Handeln. Aber klar ist auch, dass unruhige Zeiten immer auch Gelegenheiten sind, bisherige Gewissheiten zu überprüfen, über eine Neujustierung des Bestehenden nachzudenken, Veränderungen und Kurskorrekturen anzuzetteln.

Die in den Leitanträgen mehrerer Gewerkschaftstage immer wieder bestätigte Rahmenkonzeption greift diese Gedanken auf und ist der Versuch einer theoretischen, politischen und konzeptionellen Positionsbestimmung und auch heute noch ein wichtiges inhaltliches und persönliches Orientierungsangebot für die in der gewerkschaftlichen Bildung Aktiven.

Joachim Beerhorst bezieht sich in seinem Beitrag »Gesellschaftskritik und Bildungsarbeit« (2022) in den Zwischenrufen zum 50-jährigen Jubiläum des IG Metall Bildungszentrums 2021 darauf und formuliert aktuelle Schlussfolgerungen für die Gewerkschaften – und damit für die gewerkschaftliche Bildungsarbeit: »Wenn die gesellschaftlichen Kräfteverhältnisse auf absehbare Zeit keine Alternativen zum Kapitalismus hervorbringen, müssen Kräfteverhältnisse für humanere Alternativen (zunächst) im Kapitalismus entwickelt werden – das

»neue Gesicht des Kapitalismus« wird von den Gewerkschaften mitgezeichnet. Als Elemente solcher »Projekte« antikapitalistischer Strukturreformen – und damit als Themen der Bildungsarbeit – werden benannt:

- die Suche nach einem erweiterten Arbeitsbegriff, der bislang abgetrennte, gesellschaftlich nützliche Tätigkeiten integriert und die Umverteilung der Arbeit;
- die Offenheit und Attraktivität für neue Arbeitnehmermilieus und die Fähigkeit zur reflektierten Solidarität;
- die Politisierung des Wie, Was und Wozu der Produktion – also die Mitentscheidung der Arbeitenden und der Gesellschaft über die Arbeitsformen, die soziale Wünschbarkeit und ökologische Verantwortbarkeit des Arbeitshandelns;
- die Zurückdrängung der Kapitallogik als ökonomische und soziale Steuerungsgröße durch radikale Demokratisierung in Wirtschaft und Gesellschaft;
- die Entwicklung konkreter Utopien über die humane Gestaltung von Arbeit und Wirtschaft, gesellschaftlichem Zusammenleben und entspannterer Naturbeziehung als übergreifender Bezugsrahmen;
- das Selbstverständnis, die Sicherung und das Agieren der Gewerkschaften sowohl als befestigte Organisation wie als soziale Bewegung mit Bündnisfähigkeit gegenüber anderen emanzipatorischen Kräften;
- die Ausgestaltung der Bildungsarbeit als Erfahrungsraum von Kooperation, Selbstaufklärung, Persönlichkeitsstärkung und sozialer Phantasie.

Anders gesagt: Wollen Gewerkschaften weiterhin zugleich gefestigter Verband, lernende Organisation und soziale Bewegung sein, brauchen sie einen guten Mix aus Veränderungsbereitschaft und -dynamik einerseits und notwendiger Selbstvergewisserung anderseits. Können die Lernerfahrungen aus dem Projekt »Die IG Metall vom Betrieb aus denken« einen Beitrag dazu leisten?

4. Der Bildungsansatz im Projekt »Die IG Metall vom Betrieb aus denken«:

Projekt – und prozessbegleitend lernen in betrieblichen Handlungskollektiven
Statt in separat stattfindenden Seminaren mit beliebiger Terminsetzung und in zufälliger Zusammensetzung der Teilnehmenden wird für eine Gruppe eine Ausbildungsreihe konzipiert. Handlungskollektive konstituieren sich entlang eines Themas, dass sie bearbeiten wollen, klären die benötigten Kompetenzen zur Be-

arbeitung und begeben sich in eine Bildungsmaßnahme mit unterschiedlichen Formaten und agilen Methoden.
Das Finden oder das Herstellen der Lerngruppe ist ein eigenständiger und voraussetzungsvoller Prozess. Es geht um das Identifizieren von wichtigen betrieblichen Themen und Menschen, die gemeinsam etwas in ihrem Interesse verändern, verbessern oder entwickeln wollen. Organisationspolitisch geht es um ein Talentscouting für (neue) gewerkschaftliche Aktive. Hat sich das Handlungskollektiv konstituiert kann es losgehen. Idealtypischerweise sieht der Aufbau einer »Zukunftsreihe« so aus (Abb. 16). In vier aufeinander aufbauenden zwei- bis dreitägigen Workshops arbeiteten betriebliche Aktive gemeinsam mit »ihren« Gewerkschaftssekretär:innen an Lösungen für wichtige betriebliche Themen. Dabei werden sie professionell begleitet von Bildungsreferent:innen der IG Metall. Das modulare Bildungskonzept greift bewusst Techniken des »agilen Arbeitens« auf, wie sie etwa in Software-Entwicklung, Produktdesign und Projektsteuerung entwickelt wurden. Dabei geht es nicht darum, »angesagte« Management-Trends zu kopieren, sondern zu schauen, welche Werkzeuge und Methoden sinnvoll für die Arbeit nutzbar und handhabbar gemacht werden können.

Abbildung 15: Projekt »Die IG Metall vom Betrieb aus denken«, Betriebliche Projekte – Möglichkeiten und Ablauf

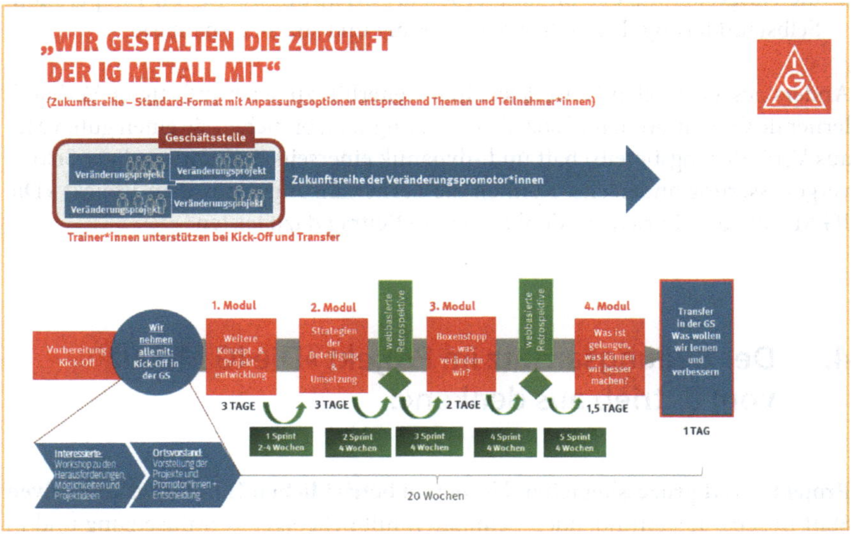

Quelle: IG Metall, 2020

Davor gibt es eine Kick-off-Veranstaltung. Diese findet im Ortsvorstand der IG Metall-Geschäftsstelle statt. Das dient der Transparenz und auch der politischen Absicherung der Arbeitsvorhaben. Kolleginnen und Kollegen aus anderen Betrieben lernen die Projekte kennen und können davon profitieren. Im ersten Modul (3 Tage) wird das Thema definiert und es geht es um das Brainstorming für die konkrete Umsetzung. Erfahrene Bildungsreferent:innen stehen den Teams dabei zur Seite. Neue Arbeitsmethoden werden erprobt, Ziele definiert und Schritte geplant. Immer im Hinterkopf: Wie können wir die Belegschaft im Betrieb dabei beteiligen? Wie schaffen wir es, stärker und durchsetzungsfähiger zu werden? Das zweite Modul (3 Tage) findet nach einer zwei- bis vierwöchigen »Sprint«-Phase statt, bei der die Ergebnisse aus Modul 1 mit der betrieblichen Praxis konfrontiert und erprobt werden. Die Projektziele werden bei Bedarf überarbeitet, die Planung konkretisiert. Spezifische Fachexpertise wird eingeholt, Methoden des agilen Arbeitens ausgebaut. Nach etwa weiteren vier Wochen hat das Projekt im Betrieb Fahrt aufgenommen. Es ist Zeit für einen »Boxenstopp«: Was funktioniert gut, was noch nicht? Wo muss nachgesteuert werden? An welcher Stelle braucht es zusätzliche Unterstützung? All das wird in einem dritten Modul bearbeitet (2 Tage). Nach Bedarf verabreden die Beteiligten weitere Kurztreffs zur gegenseitigen Beratung und Unterstützung, die online stattfinden. Im vierten Modul (1,5 Tage) wird gemeinsam auf die Ergebnisse geblickt: Was wurde erreicht? Konnten wir die eingangs gesteckten Ziele umsetzen? Welche Hindernisse haben sich aufgetan, was hat uns geholfen? Welche Erfolgsfaktoren können wir nutzen, um das Momentum des Projekts für unsere künftige Arbeit im Betrieb zu verstetigen?

Der Kreis schließt sich, wenn ein Transfer in der Geschäftsstelle erfolgt, z. B. durch eine erneute Berichterstattung im Ortsvorstand. Erfolgreiche Projekte können Pilotcharakter haben. Wenn die Erfahrungen gemeinsam reflektiert werden und so viel wie möglich davon verfügbar gemacht wird für die anderen Kolleg:innen. So kann durch die gemeinsame Arbeit nicht nur die Organisation wirkmächtiger werden. Im besten Fall werden auch »die Sachen geklärt und die Menschen gestärkt« (von Hentig 1985, S. 49). Auch über die örtliche Ebene hinaus wurden die Ergebnisse und Veränderungsprojekte kommuniziert, verdichtet und Umsetzungsvorhaben identifiziert (Abb. 17). In allen Bezirken fanden sog. Routenworkshops statt in denen die Veränderungsprojekte vorgestellt und diskutiert wurden. Bundesweit wurden die Ergebnisse auf einem Werkstattkongress im Mai 2022 zusammengefasst und in einem ersten Werkstattpapier für die weitere Diskussion verdichtet. In den sich anschließenden Konzeptwerkstätten wurden dann die ersten Umsetzungsvorhaben identifiziert und auch gleich damit begonnen diese auf den Weg zu bringen. Andere mündeten in Anträgen und Erschließungen zum 25. Ordentlichen Gewerkschaftstag im Herbst 2023.

Abbildung 16: Projekt »IG Metall vom Betrieb aus denken«, von der Idee zur Umsetzung, Ergebnisse der Konzeptwerkstätten

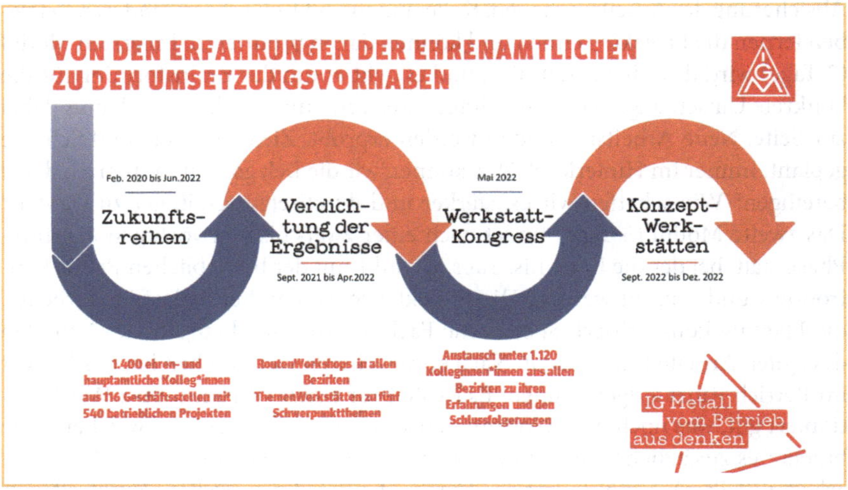

Quelle: IG Metall, 2023

5. Lernerfahrungen und Erfolgsfaktoren

Bei der Bewältigung der Anforderungen an die Bildungsarbeit kommt den Bildungsreferent:innen eine Schlüsselrolle zu. Ihre fachlich-inhaltlichen, methodischen und sozialen, medialen und digitalen Kompetenzen sind entscheidend für den Erfolg. Sie referieren die Seminare, sie haben die Verantwortung für die Konzeptentwicklung und die Qualitätssicherung. Ihre Arbeit hat sich in den letzten Jahren verändert, Strategie-, Prozess- und Beteiligungskompetenz, Projektmanagementkenntnisse werden vorausgesetzt. Zunehmend geht ihre Rolle dahin, externe Referent:innen (Freiberufler:innen und Ehrenamtliche) zu qualifizieren, zu unterstützen und zu coachen. Sie selbst sind und werden noch stärker gefordert für maßgeschneiderte Bildungsangebote, Gremienschulungen, die Entwicklung und Durchführung von unternehmensbezogenen Ausbildungsreihen, für die Teamentwicklung von Gremien in Betrieben und den Gliederungen der IG Metall und für Ortsvorstands-Klausuren. Viele der Bildungsreferent:innen übernehmen Aufgaben bei der Hauptamtlichen Aus- und Weiterbildung. Sie arbeiten in Teams und sind im Bildungszentrum Sprockhövel Kompetenz- und Handlungsfeldern zugeordnet.

Allein das Bildungszentrum Sprockhövel hat 18 Ausbildungsreihen mit knapp 400 Teilnehmenden durchgeführt. Diese Form von Bildungsarbeit mit Handlungskollektiven bestehend aus ehren- und hauptamtlichen Kolleg:innen, unternehmensbezogenen Ausbildungsreihen, maßgeschneiderten Angeboten für Gremien und prozessbegleitender Bildung und Beratung wird an Bedeutung gewinnen. Darüber hinaus wird es auch weiterhin ein stabiles und ausgeprägtes grundlagenbildendes Regelangebot geben müssen. Die IG Metall braucht eine Bildungsarbeit, die Raum und Zeit für gewerkschaftliche Suchbewegungen und strategischen Diskurs zur Verfügung stellt. Das Verhältnis von eher »angebotsorientierter Bildung« zu »nachfrageorientierter Bildung« muss daher immer wieder neu ausbalanciert werden. Anders gesagt: Die Bildungszentren sind gleichermaßen Lagerfeuer und Zukunftswerkstätten der IG Metall.
Durch digitale Transformationsprozesse verändern sich die Kompetenzanforderungen an die betriebliche Interessensvertretung. Die Bildungsarbeit hat darauf in den letzten Jahren mit innovativen Formaten, Konzepten reagiert. Die gesellschaftspolitische Bildungsarbeit muss in einer sich verändernden Lebens- und Arbeitswelt weiter verstärkt werden. Sie ist Kritik der Verhältnisse und damit auch ein aktiver Beitrag zu ihrer Veränderung. Die konzeptionelle Weiterentwicklung der Seminarangebote bleibt weiterhin dringend erforderlich, die Ergänzung des Angebotes durch hybride und digitale Formate, um aktuelle Themen aufzugreifen und mehr Aktive und Mitglieder auch in den Geschäftsstellen der IG Metall zu erreichen dringend geboten. Die Rolle als gesellschaftspolitischer Akteur kann durch die sichtbare Kooperation (Konzeptentwicklungen, Workshops und Tagungen, Referentenqualifizierung etc.) mit politischen Stiftungen, Initiativen und Universitäten, hier insbesondere mit der University of Labour gestärkt werden.

6. Literatur

Achten, U. (1976). Gemeinsam lernen, solidarisch handeln, Europäische Verlagsanstalt Frankfurt am Main.

Beerhorst, J. (2022). Gesellschaftskritik und Bildungsarbeit in Menschen für Veränderungen gewinnen, Zwischenrufe 3, Müller Malte, Rohnert Richard, Wolfram Petra, VSA Verlag Hamburg.

Deppe, F. (2019). Vorwort: Entgrenzte Arbeit – (un)begrenzte Solidarität in Entgrenzte Arbeit, (un)begrenzte Solidarität? Bedingungen und Strategien gewerkschaftlichen Handelns im flexiblen Kapitalismus, Ludwig Carmen, Simon Hendrik, Wagner Alexander (Hrsg.), Verlag Westfälische Dampfboot Münster.

Hentig, H. von (1985). Die Menschen stärken, die Sachen klären. Ein Plädoyer für die Wiederherstellung der Aufklärung, Reclam-Verlag, Stuttgart.
Holzkamp, K. (1993). Lernen, Campus Verlag Frankfurt/New York.
IG Metall (2019). Beschlossene Anträge und Entschließungen.
IG Metall (1998). Rahmenkonzeption für die Bildungsarbeit der IG Metall.
Marx, K. (1867). Das Kapital, MEW Bd. 23, Dietz Verlag Berlin 1972, (Vorwort zur 1. Auflage).

Rita Meyer & Maren Baumhauer

Herausforderungen und Gestaltungsansätze in betrieblichen Bildungs- und Lernortkooperationen unter den Bedingungen digitaler Transformation

Inhalt

1. Einblick und Rückblick: Lernortkooperation und Qualifizierungsnetzwerke

Das Feld der beruflichen Aus- und Weiterbildung mit seinen Lernorten Schule und Betrieb befindet sich in einem Spannungsfeld von Markt und Staat: Aufgrund seiner traditionsbedingten Verknüpfung von Ökonomie und Bildung ist es durch einen hohen Arbeitsmarktbezug und damit einhergehenden Verwertungsinteressen gekennzeichnet. Institutionalisierte Formen der Lernortkooperation zwischen Schule und Betrieb bilden ein zentrales Element der systematisch angelegten Dualität des deutschen Berufsbildungssystems. Die Verbindung des Lernortes Arbeitsplatz mit anderen Lernorten der beruflichen Bildung erfolgt bereits seit Jahrzehnten über zahlreiche Modellversuche und erprobte Modelle der Lernortkooperation. Die Kooperationsaktivitäten umfassen (in Anbindung an die spezifische Form der Zusammenarbeit bzw. an die Struktur der Lernort-

kooperation) wechselseitige Informationsprozesse, organisatorische und didaktische Abstimmungs- und Koordinationsprozesse sowie gemeinsame Konzepte zur Qualifizierung und Kompetenzentwicklung (vgl. Baumhauer et al. 2021). In berufspädagogischer Perspektive sind Lernortkooperationen soziale Konstruktionen, die von den beteiligten Bildungsakteuren kooperativ gestaltet werden müssen. Grundsätzlich lassen sich für die Berufsausbildung unterschiedliche *Modelle der Lernortkooperation* im dualen System sowie gegebenenfalls bei Bildungsanbietern identifizieren. Zum Teil erfolgt dabei eine Kooperation in sogenannten *Ausbildungsverbünden* in organisatorisch unterschiedlichen Konstellationen (z. B. mit Leitbetrieben, als Verbund, als Verein oder nach dem Prinzip der Delegation; vgl. Dehnbostel 2010, S. 66).
Zu Beginn der 2000er Jahre etablierten sich im Zuge der Einführung des IT-Weiterbildungssystems (vgl. Meyer 2006) zunehmend Qualifizierungsnetzwerke in der Berufsbildung, als eine Erweiterung der traditionellen Formen lernortkooperativer Zusammenarbeit. Die berufliche Aus- und Weiterbildung folgte damit einem Trend, der sich in der Ökonomie schon seit Anfang der 1990er Jahre durchgesetzt hatte.

1.1 Bildungs- und Qualifizierungsnetzwerke als Erweiterung lernortkooperativer Zusammenarbeit

Netzwerkgründungen verfolgten explizit das Ziel der beruflichen Qualifizierung, wobei u. a. durch die Nutzung einer gemeinsamen Infrastruktur Synergieeffekte für die am Netzwerk beteiligten Institutionen und Personen geschaffen wurden. Dies geschah in Deutschland zu einem großen Teil mit öffentlicher Förderung, die oftmals auch die Finanzierung einer wissenschaftlichen Begleitforschung einschließt.[1] In diesem Rahmen wurde z. B. im Kontext der Umsteuerung auf den *New Public Management*-Steuerungsmodus seitens der Politik der Versuch unternommen, durch die Förderung regionaler Kompetenzzentren und Bildungsnetzwerke als staatliches Steuerungsinstrument eine stärkere Marktorientierung zu erreichen (vgl. Meyer 2003). Analog zu Weiterbildungsträgern erfuhren in diesem Prozess regionale Berufsbildungszentren als Qualifizierungsnetzwerke

---

1 Ein aktuelles Beispiel im Bereich der Weiterbildung ist die Durchführung und Evaluierung des Bundesprogramms »Aufbau von Weiterbildungsverbünden«, initiiert durch das Bundesministerium für Arbeit und Soziales (BMAS). Im Anschluss an die Vereinbarung der Nationalen Weiterbildungsstrategie (NWS) aus dem Jahr 2019 wurde das Ziel verfolgt, dezentrale Weiterbildungsverbünde und regionale Kooperationen zwischen Unternehmen, insbesondere zwischen kleinen und mittleren Unternehmen (KMU), voranzutreiben und im Rahmen von Modellprojekten finanziell zu unterstützen (vgl. Bundesministerium für Arbeit und Soziales, 2023).

gegenüber der traditionellen Berufsschule eine institutionelle und organisatorische Neuausrichtung.

Bei Netzwerken geht es nach Pätzold (2003) um das »technisch-organisatorische und pädagogische Zusammenwirken des Lehr- und Ausbildungspersonals der an der Berufsausbildung beteiligten Lernorte« (ebd., S. 72). Wie auch in der Lernortkooperation sind dabei unterschiedliche Formen der Zusammenarbeit möglich, die in der Intensität von gegenseitigem Erfahrungs- und Informationsaustausch über die Abstimmung des pädagogischen Handelns bis zur Planung und Verfolgung gemeinsamer Vorhaben reichen. Dehnbostel (2004) unterscheidet explizit Verbünde und Netzwerke: In *Verbünden* wird eine Synergie mit außerbetrieblichen Qualifizierungsmaßnahmen realisiert. Damit werden vor allem KMU adressiert; bzgl. der Kooperation und der pädagogischen Ziele und Inhalte erfolgt hier eine verbindliche Abstimmung zwischen den Lernorten. *Netzwerke* sind demgegenüber durch eine flexible und prozessbezogene Struktur gekennzeichnet. Dabei geht es um die »Förderung von Kompetenzentwicklungsprozessen, um die Planung, Gestaltung, Durchführung, Bewertung und Evaluation von Qualifizierungs- und Berufsbildungsmaßnahmen« (ebd., S. 132). An den einzelnen – nicht wie im Verbund systematisch verknüpften – Lernorten vollziehen sich die Lernprozesse sowohl formell und didaktisch organisiert als auch informell.

1.2 Netzwerke im Fokus der Forschung

In der Berufsbildungspraxis etablieren sich Netzwerke als soziale Phänomene, allerdings sind sie ohne einen explizit empirischen Zugang nur sehr vage näher zu bestimmen. Insbesondere soziale Netzwerke sind theoretisch nur schwer zu fassen. Vor diesem Hintergrund kamen soziologische Studien schon vor zwanzig Jahren zu dem Ergebnis, dass Netzwerke ein »Mythos der Innovationsgesellschaft« (Krücken & Meier 2003, S. 75) seien. In einem Überblick über Netzwerktheorien arbeitet Gamper (2020) heraus, dass es im Kern immer darum geht, Individuen und ihre soziale Umwelt in Beziehung zu setzen. Als Wirkmechanismen können die soziale Unterstützung, Integration, Einfluss sowie die soziale Ansteckung identifiziert werden (vgl. Klärner & von der Lippe 2020).

Bei dem Versuch, Netzwerke zu charakterisieren, stößt die Forschung angesichts kontextspezifischer Bedeutungszusammenhänge und kontingenter sozialer Wirkungen an ihre Grenzen. Die soziologische Netzwerkforschung beschreibt das Problem, dass es in der Zusammenarbeit in Netzwerken häufig zu einer »Diffusion des Netzwerkparadigmas« (Stegbauer u. a. 2017, S. 21) kommt. Das heißt, dass unterschiedliche Denkweisen und Deutungen aufeinanderstoßen und nicht mehr klar ist, was das gemeinsame Netzwerkparadigma ausmacht. Dieses

Problem wird durch unterschiedliche Kommunikationswege und -kulturen der Netzwerkpartner verstärkt.
Ein besonderer Stellenwert wird vor diesem Hintergrund in der Netzwerkforschung der Kategorie Vertrauen zugeschrieben (vgl. Kappauf & Kollek 2018). Mit dem Vertrauen in die Kooperationspartner und die strukturierenden Bedingungen der Zusammenarbeit steht und fällt in Lernortkooperationen die Qualität der Beziehungen.
Ein Problem der Nachhaltigkeit von Netzwerken und Lernortkooperationen besteht – insbesondere im Zuge von Drittmittelförderung – in der Verstetigung der Strukturen. Vor dem Hintergrund sog. neuer Bildungslandschaften haben Euler und Sloane (2015) Bildungsmanagement als eine Zukunftsaufgabe für Kommunen identifiziert. Am Beispiel des vom BMBF 2009 initiierten Programms »Lernen vor Ort« fordern sie einen sozioökonomischen Zugang der (Berufs-) Bildungsforschung zu regionalen Netzwerken, mit dem Fokus auf institutionell-organisatorische Fragestellungen. Diese Problematik greifen auch Klausing und Aram (2023) auf und fragen angesichts des überwiegenden Projektstatus von Bildungsnetzwerken danach, wie eine Verstetigung und Verankerung der koordinierenden und steuernden Aufgaben nach dem Auslauf der Finanzierung gelingen kann. Basierend auf Regionalisierungs- und Managementansätzen entwickeln sie Handlungsfelder, Aufgabenbereiche und Tätigkeiten für das kommunale Bildungsmanagement (vgl. ebd., S. 216 ff.). Die berufliche Organisation kommunaler Bildungskooperationen im Sinne einer Professionalisierung kann auch insofern als zukunftsweisend bewertet werden, als in transnationalen bildungspolitischen Diskursen (der OECD und der EU) sowie in nordischen Ländern die Netzwerkgesellschaft als Überwindung der Probleme der Postmoderne (u. a. Finanzialisierung und Identitätspolitik) thematisiert wird (vgl. Lassnigg 2023).
Trotz der o. a. Probleme entstehen in der Praxis immer neue Bildungs- und Lernortkooperationen (siehe unten), in denen bzgl. der Organisation und Gestaltung den Bildungsträgern eine besondere Rolle zukommt: Über ihre Rolle als Seminaranbieter hinaus, nehmen sie im Zuge einer institutionellen und organisatorischen Neuausrichtung die Rolle von »Intermediären« (vgl. Brödel & Bremer 2003) ein, die als regionale Vermittler die Kooperation der am Netzwerk beteiligten Akteure steuern und gleichzeitig durch ein individuell zugeschnittenes Beratungs- und Weiterbildungsangebot umfangreiche Dienstleistungen anbieten. Im Folgenden wird auf der Basis eines empirischen Forschungsprojektes beispielhaft die Zusammenarbeit von Betrieben und Bildungsanbietern in der chemischen Industrie thematisiert.

2. Bildungskooperationen am Beispiel der chemischen Industrie

In dem Forschungsprojekt »Lernort Betrieb 4.0«[2] wurde die Bildungskooperation exemplarisch für die Chemieindustrie und die Besonderheiten der Zusammenarbeit in Industrieparks zu einem Untersuchungsgegenstand[3] erhoben. Ausgehend von der forschungsleitenden Annahme, dass die Verknüpfung von Arbeiten und Lernen in der Verbundstruktur von Industrieparks maßgeblich durch die am Standort ansässigen Bildungsanbieter beeinflusst wird, hatte das Projekt u. a. zum Ziel, empirische Erkenntnisse über die Kooperationsstrukturen und -aktivitäten zwischen Bildungsanbietern und Chemieunternehmen sowie deren wechselseitige Einflussnahme auf die Gestaltung des digitalen Wandels in der chemischen Produktionsarbeit zu generieren. Das forschungsmethodische Vorgehen im Kontext des Projekts »Lernort Betrieb 4.0« war zweistufig angelegt: Eine erste Annäherung an das Forschungsfeld erfolgte auf der Grundlage einer explorativen Expertenbefragung von Vertreterinnen und Vertretern aus Wissenschaft und Forschung sowie der Chemie-Sozialpartner (vgl. Baumhauer et al. 2019). Im Anschluss daran wurden in zwei ausgewählten Industrieparks qualitative Betriebsfallstudien durchgeführt. Untersucht wurden pro Park zwei Großunternehmen der chemischen Industrie und der jeweils standortansässige Bildungsanbieter. Die Untersuchung der Bildungsanbieter konzentrierte sich jeweils auf ihre Struktur, Organisation und Funktion in den Industrieparks, insbesondere mit Blick auf ihre Rolle im Prozess der digitalen Transformation. Dabei wurde das Vorgehen der Bildungsanbieter bei der Ermittlung neuer Qualifizierungsbedarfe der Chemieunternehmen am Standort und bei der Entwicklung von Bildungsangeboten entlang dieser Bedarfe erhoben.

Die Betriebsfallstudien folgten einem *Multiple Case Design* (vgl. Yin 2014). Innerhalb dieses Untersuchungsdesigns bildeten die Struktur und die Organisation des jeweiligen Industrieparks den Kontext, in den die Chemieunternehmen und Bildungsanbieter eingegliedert sind und in dem sie interagieren. Das *Multiple Case Design* bot die Möglichkeit, die Fallunternehmen und die Bildungsanbieter zunächst separat zu untersuchen. So konnten interne Organisationsprozesse und strategische Ansätze der Gestaltung von Digitalisierung und Qualifizierung fallspezifisch identifiziert werden. Anschließend wurde eine Vergleichsperspektive eingenommen, um fallübergreifende Ergebnisse zu den Auswirkungen der Digi-

2 Das Projekt wurde im Zeitraum 2/2018 bis 10/2020 durch die Hans-Böckler-Stiftung gefördert.

3 Um die Gestaltung der Kooperation zwischen Bildungsanbietern und Chemieunternehmen empirisch untersuchen zu können, wurden Industrieparks mit jeweils einem standortansässigen Bildungsanbieter ausgewählt.

talisierung zu generieren. Die nachfolgende Ergebnisdarstellung basiert auf einer qualitativen, leitfadengestützten Befragung der Verantwortlichen im Bereich der Aus- und Weiterbildung (z. B. Leiterinnen und Leiter, Trainerinnen und Trainer), um exemplarische Einblicke in die organisationalen Zielsetzungen der Bildungsanbieter sowie in die Kooperationsstrukturen mit den Standortunternehmen zu gewährleisten (vgl. Baumhauer et al. 2021).

2.1 Kooperationsstrukturen zwischen Bildungsanbietern und Unternehmen[4]

Die Kooperation zwischen den Bildungsanbietern und den Unternehmen folgt in den beiden Industrieparks jeweils einer spezifischen Struktur: Im Bereich der Ausbildung liegt eine relativ hoch institutionalisierte Verbundstruktur vor. In der Weiterbildung handelt es sich um eine offene Netzwerkstruktur. Im Umgang mit den betrieblichen Veränderungsprozessen agiert Bildungsanbieter I (B I) im Modus der Prozessorientierung und setzt damit auf Nachfrage- statt Angebotsorientierung. Hier wird das Bildungsangebot auf betriebsspezifische Schulungen zu technischen Themengebieten ausgerichtet. Bildungsanbieter II (B II) setzt hingegen auf einen Berufs- und Funktionsbezug. Durch die Verankerung von Digitalisierungsthemen (z. B. digital vernetzte Produktion, disruptive Geschäftsmodelle) in das eigene Bildungsprogramm, findet eine Profilbildung am Standort statt.

Ausdruck der stärker prozessorientierten Organisation der Weiterbildungsaktivitäten (B I) ist ein umfassender Re-Organisationsprozess des Weiterbildungsbereichs mit dem Ziel, das Bildungsangebot zu flexibilisieren, zu individualisieren und enger an situativen (zukunftsgerichteten) Bedarfen von Unternehmen und Beschäftigten auszurichten. Im Rahmen der berufs- und funktionsbezogenen Organisation (B II) werden zwei strategische Ansätze verfolgt: Einerseits erfolgt eine *Spezialisierung* des Bildungsangebots auf *betriebsspezifische* Schulungen zu technischen Themengebieten (z. B. Pumpentechnik, Wartungstechnik), die von den Betrieben konkret nachgefragt werden. Andererseits findet eine *Auslagerung betriebsübergreifender* Qualifizierungsformate und -themen an externe Anbieter (z. B. Weiterbildungsinstitute und -akademien, technische Dienstleister) statt.

Die Auslagerung von Bildungsangeboten stellt eine *Dezentralisierung von Aufgaben und Verantwortung* im Hinblick auf die betriebsübergreifende Weiterbildung dar: Der Bildungsanbieter entwickelt einen plattformgestützten digitalen Marktplatz. Hier sollen Bildungsangebote unterschiedlicher externer Bildungsdienst-

4 Die nachfolgende Ergebnisdarstellung basiert auf Auszügen aus der Study »Lernort Betrieb 4.0: Organisation, Subjekt und Bildungskooperation in der digitalen Transformation der Chemieindustrie« (Baumhauer et al. 2021).

leister zusammengestellt werden, die sich an Beschäftigte auf allen Hierarchieebenen (strategische Führung, operative Führung, Fachkräfte, Auszubildende) der Chemiebranche richten.

2.2 Betriebliche Herausforderungen im Kontext der Digitalisierung

Die Bildungsanbieter sind damit konfrontiert, mit der Unbestimmtheit betrieblicher Qualifizierungsbedarfe umzugehen. Die Bedarfsermittlung und Angebotsentwicklung werden durch die Ungleichzeitigkeit und Heterogenität im Grad der Digitalisierung von Produktionsanlagen erschwert. Zudem lässt sich von den Digitalisierungsprozessen im Unternehmen nicht unmittelbar auf Qualifizierungsbedarfe schließen. Diese Herausforderungen werden sich aus Sicht der interviewten Akteure durch die Dynamik der Veränderungsprozesse auch in Zukunft weiter verstärken. Hinzu kommt die Problematik, dass die Unternehmen ihre Digitalisierungsstrategien nicht offenlegen.

Mit Blick auf die Forschungsfrage ist festzuhalten, dass beide Industrieparks *keine systematischen* Kooperationsbeziehungen im Hinblick auf Digitalisierungs- und Qualifizierungsstrategien von Bildungsanbietern bzw. Standortunternehmen aufweisen. Zugleich existieren auch keine gemeinsam entwickelten didaktischen Konzepte zur Gestaltung von Bildungsangeboten. Somit fehlt eine wesentliche Voraussetzung für eine langfristig angelegte, systematische Entwicklung und Implementierung von Lernortkooperationen und auch von konsistenten Bildungsangeboten zur Verknüpfung von Arbeiten und Lernen unter den Bedingungen in der digitalen Transformation. Die Vorteile, die die Verbundorganisation in einem Industriepark bietet, werden also mit Blick auf digitalisierungsbezogene Qualifizierungsfragen in der Betrieblichen Weiterbildung nicht genutzt.

Die Zusammenarbeit zwischen Bildungsanbietern und Chemieunternehmen im Industriepark fungiert vielmehr als kurzfristige Unterstützungsleistung für akute (betriebsspezifische) Problem- und Aufgabenstellungen. Die Gestaltung von Digitalisierungsprozessen verbleibt größtenteils bei den Unternehmen, die eigene, ad-hoc Lösungen (auf Basis von Anlernprozessen bzw. on-the-job Training) entwickeln.

Für die gemeinsame Gestaltung des digitalen Wandels im Rahmen von Lernortkooperationen bedarf es einer *Bildungszusammenarbeit*, die sich an *berufspädagogischen* Leitzielen (vgl. Faßhauer 2020) ausrichtet. Dabei bietet u. a. die Verknüpfung von Erfahrungslernen mit systematischem Fachwissen auf der Basis der beruflich-betrieblichen Praxis (systembezogene Anlernprozesse und Teilqualifizierungen[5]) mögliche Orientierungspunkte, um den Anforderungen

5 Vgl. dazu beispielhaft die konzernweiten Aktivitäten des Continental Institut für Technologie und Transformation (CITT), das seit 2019 als Bildungsträger agiert, seitdem 8500

der digitalisierten Produktionsarbeit gerecht zu werden. Eine berufsfeldbreite Qualifizierung sollte auf der Basis innovativer, betriebspädagogischer didaktischer Konzepte und unter Einsatz digitaler Technologien erfolgen.
Im Kontext der Digitalisierung und der damit zusammenhängenden Pluralisierung *virtueller Lernräume bzw. Netzwerke* wird die Lernortthematik speziell entlang des Konzepts betrieblicher (Lern-)Ökosysteme neu diskutiert (vgl. u. a. Dehnbostel 2023; Seufert & Guggemos 2021).

3. Betriebliche (Lern-)Ökosysteme in der digitalen Transformation

Sogenannte (Lern-)Ökosysteme rekurrieren auf die expansive Entwicklung betrieblichen und vor allem plattformbasierten Lernens (vgl. Dehnbostel 2023, S. 1). Diese stellen in Form virtueller Lernumgebungen einen neuen Gestaltungsansatz dar, der darauf abzielt, eigenverantwortliches und personalisiertes Lernen auf der Grundlage intelligenter (KI-gestützter) Systeme, die in der Regel über eine Plattform gesteuert werden, zu unterstützen. Die Offenheit digitaler Plattformen ermöglicht zugleich eine dynamische Weiterentwicklung der Ökosysteme sowie Ko-Kreationsprozesse, die ihrerseits über interpersonale und interinstitutionelle Zusammenarbeit Netzwerkeffekte konstruieren (vgl. Seufert, Guggemos & Moser 2019, S. 91f.). So sind es vorrangig die Nutzerinnen und Nutzer selbst, die die interaktiven Strukturen der Ökosysteme gestalten und mit neuen Inhalten dazu beitragen, das Ökosystem und die gemeinsam erzeugten Wissensstrukturen zu erhalten und sukzessive weiter auszubauen (vgl. Otto & Kerres 2023, S. 17).
Lernökosystemansätze entwickeln sich laut Dehnbostel (2023) entlang zweier Systemebenen: einer *technologisch-organisatorischen* Ebene, als digital- und plattformbasiertes Gesamtlernsystem, sowie einer *qualifikatorisch-kompetenzbezogenen* Ebene, wobei die Entwicklung digitalisierungsbezogener Kompetenzen der Lernenden im Vordergrund steht. Die Lernkonzepte werden unter Berücksichtigung von Aspekten der Agilität sowie in Anbindung an das *New Work*-Konzept[6] neu aufgelegt bzw. weiterentwickelt (vgl. ebd., S. 11). Sie zielen darauf ab, digital gestütztes Lernen im Unternehmen strategisch zu verankern

Teilnehmer:innen qualifiziert und in sechs Ausbildungsberufen Beschäftigte ohne Ausbildungsabschluss zu Abschlüssen nachqualifiziert hat: *www.continental-institut.de* (vgl. Borchers/Verweinen 2023).

6 Das *New Work*-Konzept geht auf den Philosophen und Anthropologen Frithjof Bergmann zurück. In seinem Grundlagenwerk »Neue Arbeit, Neue Kultur« (2020) geht er der Frage nach, wie die Zukunft der Arbeit aussehen kann und wie Arbeit, die wir »wirklich, wirklich wollen« (ebd., S. 121ff.), gestaltet werden kann.

und eine Lernkultur im Sinne der *Learner Experience* zu etablieren.[7] Konkret heißt das: Über eine Plattform werden Lernenden Inhalte zugänglich gemacht, die sie entlang ihrer individuellen Interessen auswählen und bearbeiten können. Die Plattform und ihr Algorithmus greifen auf das Profil der Nutzerinnen und Nutzer zu, filtern die Interessen der Lernenden und sind somit in der Lage, neue Lernangebote aufgrund der individuellen Suchverläufe automatisiert anzubieten (vgl. Krüger 2022, o. S.). Betriebliche (Lern-)Ökosysteme lassen sich als *komplexe Lernsysteme* fassen, die sozial, technologisch und organisatorisch mit dem gesamten Lernumfeld verzahnt sind. Auf diese Weise gelingt es, den Netzwerkpartnern alle betrieblichen Lernaktivitäten eines Unternehmens zugänglich zu machen. Betriebliche (Lern-)Ökosysteme lassen sich über vier Definitionsbereiche analytisch fassen (vgl. Dehnbostel 2023, S. 6f.):

(1) Kennzeichnend ist ihre *Governance-Struktur*, die – entgegen eines auf Hierarchie und Kontrolle ausgelegten Steuerungs- und Regelungsrahmens – auf dezentrale, selbstbestimmte und agile Entwicklungen zielt.
(2) Es handelt sich um ein *komplexes Gesamtlernsystem*, das digital und plattformbasiert agiert.
(3) Über die Interaktion aller beteiligten Personen, Teil- und Subsysteme sowie implementierten Technologien entstehen *Wechselwirkungen* sowie *Eigendynamiken* als weitere Charakteristika betrieblicher (Lern-)Ökosysteme.
(4) Lernkonzeptionell und lerntheoretisch bestehen hierbei vielfache Überschneidungen mit anderen betrieblichen Lernkonzepten (z. B. situiertes Lernen, reflexives Lernen und Erfahrungslernen). Mit dem Fokus auf die *Learner Experience* erhalten betriebliche (Lern-)Ökosysteme zudem eine Art »*personalisiertes Leitbild*« (vgl. ebd., H. i. O.).

Mit Blick auf den wissenschaftlichen Diskurs ist jedoch insgesamt zu konstatieren, dass Lernökosystemansätze bisher weder hinreichend theoretisch noch empirisch fundiert sind.

4. Fazit und Ausblick

Mit der Digitalisierung und den weitgehend unbestimmten Anforderungen an die Qualifizierung stellen sich neue Gestaltungsaufgaben für die Bildungs- und Lernortkooperation in der beruflichen Bildung. Die digitale Transformation schafft virtuelle bzw. hybride Lernformate und beschleunigt die Entgrenzung bestehender physischer Lernorte. Forschungs- und Entwicklungsbedarf besteht

7 Vgl. als Praxisbeispiel die Plattform »Haufe Learning Experience« (Haufe Akademie 2023).

hier vor allem hinsichtlich der Implementierung einer lernortkooperativen Innovationsstrategie der Berufsbildung, die den Auf- und Ausbau von (digitalen) Netzwerkstrukturen begleitet (vgl. Seufert & Guggemos 2021; Faßhauer 2020); insbesondere mit Blick auf die o. a. (Lern-)Ökosysteme. Dies setzt u. a. die Bereitschaft der miteinander kooperierenden Akteure voraus, ihr Wissen als Ressource für professionelles Handeln zu teilen (vgl. Meyer et al. 2023). Dabei ist der Einbezug informeller Lernprozesse sowie die Kompetenzentwicklung in informellen beruflichen Handlungskontexten, z. B. auf Basis einer digital gestützten *Community of Practice* (CoP), zentral. Die Besonderheit dieser *Community*-Strukturen besteht darin, dass informelle Austauschmöglichkeiten mit formalen Elementen unter der Nutzung von lernunterstützenden Systemen im Arbeitsprozess miteinander verzahnt werden können. Die digitale Lernanwendung gibt den konzeptionellen Rahmen für die CoP vor und wirkt strukturierend, gestaltend sowie steuernd auf diese ein.

Wenn in den kooperativen Strukturen tatsächlich berufliche Lernprozesse im Sinne einer Qualifizierung befördert werden sollen, dann müssten die Kooperationen aus berufs- und wirtschaftspädagogischer Perspektive nicht nur in *organisatorisch-struktureller,* sondern auch in *didaktisch-curricularer* Hinsicht gestaltet werden. Dadurch ergibt sich schon in der Phase der Initiierung, Konzeption und Formatentwicklung ein hoher Koordinationsaufwand, in dem auch unterschiedliche Interessen wirksam werden. Eine zukünftige Aufgabe der beruflichen und betrieblichen (Weiter-)Bildungsforschung wäre demnach, die Aushandlungs- und Entwicklungsprozesse als möglichen Gegenstand inter- und transdisziplinärer Zusammenarbeit zu erkennen und wissenschaftlich zu begleiten.

Dies gilt auch vor dem Hintergrund, dass Macht- und Interessenstrukturen in der Thematisierung von Lernortkooperationen bisher systematisch ausgeblendet werden. Insbesondere die Beschäftigten spielen bei der Gestaltung von Kooperationsbeziehungen kaum eine Rolle. Insofern ist danach zu fragen, wofür der Hype um (Lern-)Ökosysteme eigentlich steht und was daran wirklich neu ist? Entliehen ist der Begriff aus den öko*logischen* Wissenschaften und bezeichnet eine Lebensgemeinschaft von Organismen im Sinne eines Lebensraumes. In den aktuellen Diskursen wird er affirmativ übernommen und meist nicht weiter definiert. Damit deutet sich an, dass hier auch öko*nomische* Interessen wirksam werden. Insbesondere angesichts der Entwicklung, dass sich das Prinzip der Ökonomisierung im Sinne einer Aufwertung ökonomischer Handlungsprinzipien zunehmend über das System Wirtschaft hinaus in bisher nicht-ökonomische Gesellschaftsbereiche ausweitet. Dies hat zur Folge, dass auch im Feld der Berufsbildung »Strukturen, Prozesse, Orientierungen und Effekte, die man gemeinhin mit einer modernen kapitalistischen Gesellschaft verbindet« (Schimank/Volkmann 2019, S. 382) einsickern. Für die berufliche Bildung konstatiert

Eckart (2015), dass in den neuen Steuerungsformen zwar scheinbar die Autonomie der Akteure wächst, aber zugleich durch rigide Vorgaben und Kontrollen wieder eingeschränkt wird. Damit werden »fragwürdige Vermischungen von alten und neuen Steuerungsmechanismen im Sinne eines hybriden Steuerungsmodels« (Eckart 2015, S. 121) hervorgebracht, die insgesamt zu einer Ablenkung von bildungspolitischen Fragen führen. Umso mehr ist die (Berufs-)Bildungsforschung gefordert, auch in kritischer Perspektive die Kontextbedingungen und Kommunikationsstrukturen auf institutioneller Ebene zu untersuchen und dabei die soziale Wirkung von Lernortkooperationen und Netzwerkkonstellationen in den Blick zu nehmen.

5. Literatur

Baumhauer, M./Beutnagel, B./Meyer, R./Rempel, K. (2019). Produktionsfacharbeit in der chemischen Industrie: Auswirkungen der Digitalisierung aus Expertensicht. *https://www.boeckler.de/fpdf/HBS-007207/p_fofoe_WP_144_2019.pdf* (abgerufen am 17.4.2022).

Baumhauer, M./Beutnagel, B./Meyer, R./Rempel, K. (2021). Lernort Betrieb 4.0. Organisation, Subjekt und Bildungskooperation in der digitalen Transformation der Chemieindustrie. *https://www.boeckler.de/de/faust-detail.htm?sync_id=HBS-07932* (abgerufen am 17.4.2022).

Bergmann, F. (2020). Neue Arbeit, Neue Kultur, 7. Auflage. Arbor Verlag.

Borchers, S./Verweinen, M. (2023). Betriebliche Transformation gestalten. Konzepte und Umsetzungen für die Zukunftsfähigkeit von Unternehmen. Carl Hanser Verlag München.

Brödel, R./Bremer, H. (2003). Lernen-Lernkultur-Region als Gegenstand von Begleitforschung. In R. Brödel/H. Bremer/A. Chollet/I.-M. Hagemann (Hrsg.). Begleitforschung in Lernkulturen. Dokumentation und vertiefende Analysen einer Forschungstagung (S. 9–32). Waxmann Münster.

Bundesministerium für Arbeit und Soziales (2023). Das Bundesprogramm »Aufbau von Weiterbildungs-verbünden«. *https://www.bmas.de/DE/Arbeit/Aus-und-Weiterbildung/Berufliche-Weiterbildung/Weiterbildungsverbuende/weiterbildungsverbuende.html* (abgerufen am 4.9.2023).

Dehnbostel, P. (2004). Berufsbildungsnetzwerke als Lernortkooperation und Weiterentwicklung der Lernorttheorie. In: Elsholz, U./Dehnbostel, P. (Hrsg.). Kompetenzentwicklungsnetzwerke. Konzepte aus gewerkschaftlicher, berufsbildender und sozialer Sicht (S. 127–138). Berlin edition sigma.

Dehnbostel, P. (2010). Betriebliche Bildungsarbeit. Kompetenzbasierte Aus- und Weiterbildung im Betrieb. Schneider Verlag Hohengehren Baltmannsweiler.

Dehnbostel, P. (2023). Betriebliche Ökosysteme in der Entwicklung – Lern- und Bildungsökosysteme als Perspektive? In: Siepmann, F. (Hrsg.). eLearning Journal – Kaufberater & Markt 2023/2024: Bildungstechnologie im betrieblichen Learning Ecosystem richtig einsetzen (S. 6–17). Hagen im Bremischen: Siepmann Media.

Eckart, M. (2015). Steuerungsmodelle in der beruflichen Bildung – eine Bestandsaufnahme. In: Seifried, J./Bonz, B. (Hrsg.). Berufs- und Wirtschaftspädagogik. Handlungsfelder und Grundprobleme (S. 113–126). Schneider Verlag Hohengehren.

Euler, D./Sloane, P. (2015). Neue Bildungslandschaften – Kommunales Bildungsmanagement als Zukunftsaufgabe/Zeitschrift für Berufs- und Wirtschaftspädagogik/Band 111, Heft 1/ 2015, S. 1–10.

Faßhauer, U. (2020). Lernortkooperation im Dualen System der Berufsausbildung – implizite Normalität und hoher Entwicklungsbedarf. In R. Arnold/A. Lipsmeier/M. Rohs (Hrsg.). Handbuch Berufsbildung (S. 471–484.). Springer – Wiesbaden.

Gamper, M. (2020). Netzwerktheorie(n) – Ein Überblick. In: Klärner, A./Gamper, M./Keim-Klärner, S./Moor, I./von der Lippe, H./Vonneilich, N. (Hrsg.). Soziale Netzwerke und gesundheitliche Ungleichheiten (S. 49–62). Springer – Wiesbaden.

Haufe Akademie (2023). Learning Experience Plattform. *https://www.haufe-akademie.de/digital-suite/lxp?akttyp=direkt&aktnr=84834&wnr=04393689* (abgerufen am 4.9.2023).

Kappauf, Z./Kollek, N. (2018). Vertrauen im Bildungsverbund. Skizze einer Theorie zu Dimensionen interpersonalen Vertrauens/Zeitschrift für Erziehungswissenschaften/Heft 21/2018, S. 1045–1062.

Klärner, A./von der Lippe, H. (2020). Wirkmechanismen in sozialen Netzwerken. In: Klärner, A./Gamper, M./Keim-Klärner, S./Moor, I./von der Lippe, H./Vonneilich, N. (Hrsg.). Soziale Netzwerke und gesundheitliche Ungleichheiten (S. 65–86). Springer – Wiesbaden.

Klausing, J./Aram, E. (2023). Handlungsfelder, Aufgabenbereiche und Tätigkeiten in einem kommunalen Bildungsmanagement. Ein Beitrag zur Einordnung eines (neuen) Berufsfeldes. In: Brüggemann, C./Hermstein, B./Nikolai, R. (Hrsg.). Bildungskommunen. Bedeutung und Wandel kommunaler Politik und Verwaltung im Bildungswesen (S. 216–232). Juventa Beltz Weinheim Basel.

Krücken, G./Meier, F. (2003). »Wir sind alle überzeugte Netzwerktäter« – Netzwerke als Formalstruktur und Mythos der Innovationsgesellschaft/Soziale Welt/Heft 1 (54)/2003, S. 71–92.

Krüger, S. (2022). Learning Ecosystems: Personalisiertes Lernen in digitalen Lernumgebungen. *https://www.haufe-akademie.de/learning-experience/trending-topic/learning-ecosystem?akttyp=direkt&aktnr=84834&wnr=04393689* (abgerufen am 30. 3. 2023).

Lassnigg, L. (2023). Netzwerkgesellschaft, Metamodernismus und Bildungsdiskurse. Analysen zur Nordischen »Bildung Gospel«/Magazin erwachsenenbildung.at/Heft 48/ 2023, S. 21–33.

Meyer, R. (2003). Regionalisierung, Marktorientierung und Netzwerkbildung – Kritische Annäherungen im Kontext der Diskussion um regionale Berufsbildungszentren. *https://www.bwpat.de/ausgabe5/meyer_bwpat5.pdf* (abgerufen am 24. 10. 2019).

Meyer, R. (2006). Theorieentwicklung und Praxisgestaltung in der beruflichen Bildung. Berufsbildungsforschung am Beispiel des IT-Weiterbildungssystems. Bertelsmann Bielefeld.

Meyer, R./Kehrbaum, T./Wannöffel, M. (2023). Erodiert durch Homeoffice der Betrieb als Lernort?/WSI-Mitteilungen/Heft 1/ 2023, S. 19–26.

Otto, D./Kerres, M. (2023). Distributed Learning Ecosystems in Education: A Guide to the Debate. In: D. Otto/G. Scharnberg/M. Kerres/O.Zawacki-Richter (Hrsg.). Distributed Learning Ecosystems (S. 13–30). Springer – Wiesbaden.

Pätzold, G. (2003). Lernfelder – Lernortkooperationen. Neugestaltung der Berufsbildung. Projekt Verlag Bochum.

Schimank, U./Volkmann, U. (2019). Ökonomisierung der Gesellschaft. In A. Maurer (Hrsg.). Handbuch der Wirtschaftssoziologie (S. 382–392). VSA Berlin.

Seufert, S./Guggemos, J. (2021). Neue Formen der Lernortkooperation mithilfe Künstlicher Intelligenz/Zeitschrift für Berufs- und Wirtschaftspädagogik (ZBW)/Beiheft 31/ 2021, S. 183–214.

Seufert, S./Guggemos, J./Moser, L. (2019). Digitale Transformation in Hochschulen: auf dem Weg zu offenen Hochschulen/Zeitschrift für Hochschulentwicklung/Heft 2 (14)/2019, S. 85–100.

Stegbauer, C./Glückler, J./Fuhse, J./Lelong, B. (2017). Symposion: Was ist Netzwerkforschung? / SOZIOLOGIE/Heft 1 (46)/2017, S. 17–61.

Yin, R. K. (2014). Case Study Research. Design and Methods. Los Angeles/London/New Delhi/Singapore/Washington DC: Sage.

III. Themen der Betrieblichen Weiterbildung

Matthias Rohs & Florian Wolff

Digitalisierung der Betrieblichen Weiterbildung

Inhalt

1. Einleitung

Die Betrachtung der Digitalisierung Betrieblicher Weiterbildung, hier im Sinne der Nutzung digitaler Bildungstechnologien zur Unterstützung von Lehr-/Lernprozessen, erfordert eine Abstraktion von konkreten Anwendungen, deren Relevanz für einzelne Branchen und Unternehmen sehr unterschiedlich sein können. Vielmehr erscheint es notwendig, die Motive der Einführung und Nutzung digitaler Technologien zur Unterstützung des Lehrens und Lernens in betrieblichen Kontexten in den Blick zu nehmen, insbesondere die zum Teil als divergent, zum Teil als synergetisch betrachteten pädagogischen und ökonomischen Interessen (Harteis 2004). Digitale Bildungstechnologien werden dabei nicht als neutral betrachtet, da sie in bestehende (Macht-)Strukturen eintreten und möglicherweise eher zu deren Festigung beitragen, als dass sie zu grundlegenden Veränderungen führen (Morozov 2012). Während auf bildungspolitischer Seite die Digitalisierung als Lösung für zentrale Probleme des Bildungswesens, zumindest aber als notwendige Antwort auf den technologischen Fortschritt betrachtet wird (BMBF – Bundesministerium für Bildung und Forschung, 2019), mehren sich auch kritische Positionen einer umfassenden Digitalisierung und ihrer Auswirkungen auf das Bildungssystem (Peters 2012; Selwyn et al. 2019). Deshalb sind auch für die Betriebliche Weiterbildung die durch die Digitalisierung zu lösenden grundsätzlichen Herausforderungen und die beabsichtigten und unbeabsichtigten Folgen die eine Digitalisierung der Betrieblichen Weiterbildung mit sich bringt zu betrachten.

2. Formate digitaler Betrieblicher Weiterbildung

Aufgrund ihrer Nähe zur Berufspraxis und der sich dort vollziehenden Digitalen Transformation (Schrape 2021) ist die Berufsbildung »schneller und durchgreifender als andere Bildungsbereiche« (Euler & Severing 2019, S. 32) durch die Digitalisierung beeinflusst. Technologische Innovationen finden aufgrund des Wettbewerbs schnell Eingang in die Unternehmenspraxis und führen zu einem entsprechenden Weiterbildungsbedarf (vgl. weiterer Beitrag von Rohs & Wolff in diesem Band). Dieser kann dabei aufgrund der strukturellen Prozesse der Bedarfserhebung, Planung und Umsetzung organisierter Weiterbildung in der Regel nicht zeitnah durch entsprechende Weiterbildungsangebote bedient werden (Harteis et al. 2019; Sauter & Sauter 2013). Daraus folgt die Notwendigkeit, dass sich Mitarbeitende Wissen selbstständig aneignen müssen. In der Folge dieser zunehmenden Dynamik haben Formen selbstgesteuerter, arbeitsprozessintegrierter Weiterbildung (Rohs 2002) stark an Bedeutung gewonnen.
Im betrieblichen Weiterbildungsmanagement bzw. der Personalentwicklung hat auch davon beeinflusst in den letzten Jahren eine strategische Umorientierung stattgefunden, bei welcher die Digitalisierung eine zentrale Rolle spielt, denn Verfügbarkeit bzw. Nutzung vernetzter Computer an immer mehr Arbeitsplätzen bietet die Möglichkeit darüber Informationen bzw. Lernressourcen den Mitarbeitenden zugänglich zu machen. So hatten nach einer repräsentativen Befragung vor der Corona-Pandemie in fast zwei Drittel aller Unternehmen alle Beschäftigten einen PC mit Internetzugang (Gensicke et al., 2020). Auch wenn die Sphären des Arbeitens und Lernens nie getrennt waren, wird durch die Digitalisierung ein Zusammenwachsen der Arbeits- und Lernsysteme intensiviert. Auf dieser Grundlage entwickeln sich »betriebliche Selbstlernarchitekturen« (Dehnbostel 2020), die strukturell in Form von Lern- und Kommunikationsplattformen inner- oder überbetrieblich bereitgestellt werden. Über diese Plattformen werden dann zum einen Inhalte distribuiert und auf der anderen Seite (virtuelle) Räume für den informellen Austausch sowie das Wissensmanagement geschaffen.
Schon seit den 1990er Jahren zeigte sich vor dem Hintergrund fehlender Weiterbildungsangebote für die sich schnell entwickelnde IT-Branche das große Potenzial selbstgesteuerten Lernens mit digitalen Medien. Fast drei Viertel der Unternehmen setzten 2015 »Eigenständiges Üben mit Computer/Tablet/Smartphone« eher häufig ein (Schönfeld & Schürger 2020, S. 36). Mit dem Aufkommen von

Social-Media-Anwendungen, kam es dabei zu einer zunehmenden Entgrenzung des Lernens: Zum einen in Richtung unternehmensinterner Kommunikation und Wissensmanagement, zum anderen in Bezug auf private und berufliche Nutzung.

Zur Unterstützung des selbstgesteuerten Lernens stellt das betriebliche Bildungsmanagement aber nicht nur die Strukturen in Form digitaler Plattformen zur Verfügung und unterstützt die Vernetzung der Mitarbeitenden (z.B. über »Enterprise Social Media«-Anwendungen), sondern auch digitalisierte Lerninhalte. Während kleine und mittelständische Unternehmen hier u.a. auf Angebote von privaten Weiterbildungsanbietern zurückgreifen, können größere Anbieter eigene Inhalte produzieren (lassen). Diese können dabei auch von Fachexpert:innen aus dem Unternehmen stammen, sogenannter User-generated content, wenn z.B. die notwendige Expertise außerhalb des Unternehmens nicht vorhanden ist. Aufgrund der zunehmenden Bedeutung arbeits(prozess)integrierten Lernens sind diese Inhalte verstärkt als microlearning content aufbereitet, d.h. als kleine »Lernhappen« oder »learning nuggets« im Sinne von Kurzlerneinheiten, welche in wenigen Minuten im Arbeitsprozess angeeignet werden können und direkt anwendbar sind (Gessler & Ahrens 2020).

Wesentlich für das betriebliche Lernen ist aber das informelle Lernen mit frei im Netz verfügbaren Inhalten, welches zentraler Ausdruck der Veränderung betrieblichen Lernens durch die Digitalisierung ist. Dieses Lernen ist für die individuelle Mitarbeiterentwicklung unabdingbar und untrennbar mit der Arbeit verknüpft. Das bedeutet in Folge, dass ein Großteil des (digitalen) Lernens in Betrieben »unter dem Radar« von Bildungsmanagement und Personalentwicklung erfolgt. Dies stützt der Adult Education Survey (AES), bei dem sich zwischen 2016 und 2020 die Nennungshäufigkeit der Nutzung von informellen Lernangeboten am Computer, durch Videos und durch Kollegen ungefähr verdoppelt hat (BMBF – Bundesministerium für Bildung und Forschung 2022).

Auch wenn diese Formen des Lernens für die Herausforderungen der Digitalisierung viele Vorteile mit sich bringen, wie z.B. hohe Flexibilität, direkter Problembezug und hohe Aktualität, sind damit aber auch einige Nachteile verbunden. So ist dieses Lernen bei fehlender Steuerung in hohem Maße vom Zufall des Lernanlasses abhängig und damit nicht systematisch. Darüber hinaus besteht die Gefahr, dass kein übergreifendes und situationsunabhängiges Orientierungswissen aufgebaut wird. Bei der Nutzung von Internetquellen besteht zudem keine Sicherheit über die Korrektheit des Gelernten. Lernende müssen daher über ein hohes Maß an Selbststeuerungs- und Medienkompetenz verfügen. Daher ist es wichtig, jeweils eine zielgruppen-, inhalts- und kontextspezifische Lösung der Verbindung organisierten und informellen Lernens zu finden, indem z.B. das informelle betriebliche Lernen im Internet z.B. durch Online-Lern(prozess)begleitung, Lernberatung oder Kuratierung von Lerninhalten gerahmt wird.

Entgegen der beschriebenen Entwicklung haben nach Einschätzung von E-Learning-Expert:innen in den Unternehmen gegenwärtig (noch) traditionelle E-Teaching-Formate, wie Blended Learning, Video-Tutorials, Web Based Trainings oder Webinare (noch) eine große Bedeutung – auch wenn Microlearning und Social Networks ebenfalls als relativ wichtig eingeschätzt werden (siehe folgendes Kapitel).
Als wesentlicher Trend wird von den Expert:innen das adaptive Lernen ausgemacht, welches im Zusammenhang mit der Entwicklung der sogenannten »Künstlichen Intelligenz« (KI) bzw. maschinellem Lernen steht. Adaptiven Lernsystemen wird auf Grundlage von umfangreichen Daten der Lernenden und Methoden der KI-basierten Auswertung (Learning Analytics) hohes Potenzial zur individuell angepassten Präsentation von Lerninhalten zugesprochen. Dennoch stehen solche Ansätze auch in der Kritik, da diese Systeme nur in Online-Lernumgebungen funktionieren, d. h. nur die in diesem Kontext stattfindenden und über Daten erfassbare Lernprozesse abbilden. Damit können die relevanten Variablen zur Steuerung von Lehr-/Lernprozessen nur unvollständig erfasst werden. Darüber hinaus wird dem Ansatz ein grundsätzlicher Effektivitätsgedanke und damit eher eine ökonomische als eine pädagogische Zielsetzung zugeschrieben (Schulmeister 2004). Kritisiert wird zudem, dass diese Systeme durch die Möglichkeit der Vorhersage des Lernerfolgs (Predictive Learning Analytics) ethische Fragen als auch solche der Transparenz und Vertrauenswürdigkeit der Algorithmen aufwerfen (Mathrani et al. 2021). Dennoch zeigen gerade die aktuellen Entwicklungen im Bereich der KI auch das enorme Potenzial z. B. von Chat-Bots für selbstgesteuerte Lernprozesse, indem sie als »Lernpartner« (Erpenbeck & Sauter 2013) Lernende individuell begleiten können.
Darüber hinaus gibt es eine Reihe digitaler Lernanwendungen, welche trotz geringerer Verbreitung dennoch ein hohes Potenzial in einzelnen Bereichen haben, wenn es zum Beispiel um die Simulation gefährlicher, nicht zugänglicher oder sehr aufwändiger Lernszenarien geht (Hogle 2019). Dazu gehören vor allem Digital Reality Technologien wie Augmented, Mixed oder Virtual Reality (Kärner et al. 2021).

3. Angebote und Teilnahme an digitaler Betrieblicher Weiterbildung

Nach den Ergebnissen des AES waren vor der Corona-Pandemie etwas mehr als ein Drittel (37 %) aller betrieblichen Weiterbildungsmaßnahmen digital unterstützt (BMBF – Bundesministerium für Bildung und Forschung 2020, S. 50). Im Rahmen der Zusatzerhebung zum CVTS5 (2016) zeigt sich, dass Lernangebote aus dem Internet für das Lernen im Unternehmen am wichtigsten eingeschätzt werden, was auch mit der Zunahme der Relevanz arbeitsintegrierten und informellen Lernens korrespondiert. Darüber hinaus sind es vor allem fachspezifische Software, Lernsoftware und Lernplattformen, welchen zum Erhebungszeitraum eine große Bedeutung zugesprochen wurde (Schönfeld & Schürger 2020; vgl. Abb. 17).

Abbildung 17: Bedeutung verschiedener Medien für das Lernen in Unternehmen

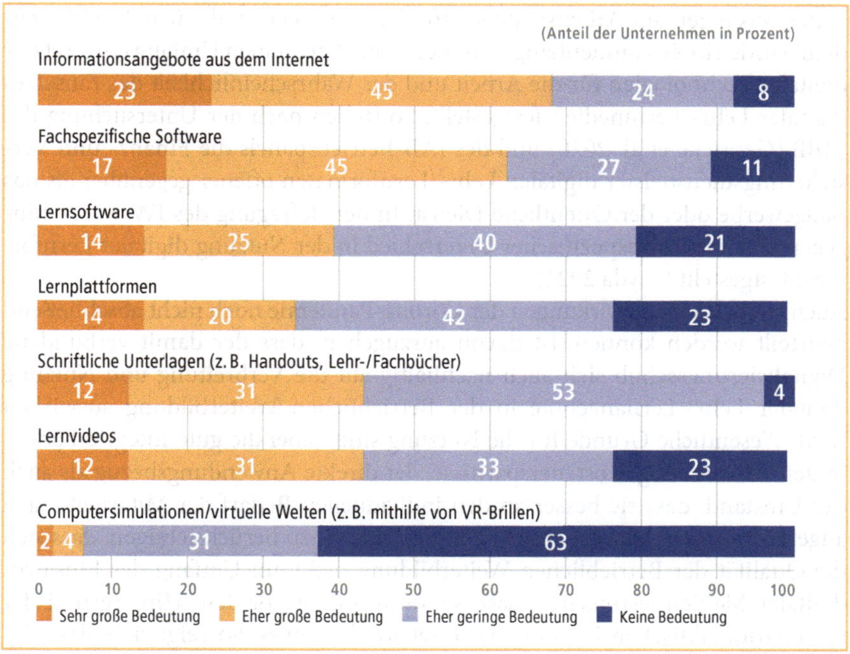

Quelle: Schönfeld & Schürger 2020, S. 43

Schaut man auf den konkreten »Einsatz digitaler Lernformate«, so bestätigt die Untersuchung des Instituts der Deutschen Wirtschaft (IW) zum einen, dass »klassische« Formate, wie die Bereitstellung von Literatur und Bedienungsanleitungen in elektronischer Form mit Abstand die am meisten genutzten digitalen Lernformate sind. Zum anderen wird im Vergleich zwischen 2016 und 2019 deutlich, dass vor allem interaktives webbasiertes Lernen (z. B. Webinare, Online-Kurse, virtuelle Klassenräume), Lernvideos/Podcasts sowie mobile Lernformen (Apps) trotz schon hoher Verbreitung in immer mehr Unternehmen eingesetzt werden (Seyda 2021).
Auffällig ist dabei, dass den meisten digitalen Lernangeboten in größeren Unternehmen eine höhere Bedeutung zugesprochen wird als in kleinen und mittelständigen Betrieben. Das trifft vor allem auf Lernplattformen zu. Demgegenüber sind es in kleinen Unternehmen eher Informationsangebote aus dem Internet (Schönfeld & Schürger 2020, S. 46). So ist auch die Nutzung der meisten (non-formalen) digitalen Lernformate in größeren Unternehmen verbreiteter, während in kleineren Unternehmen die Weiterbildung eher durch persönliche Unterweisungen am Arbeitsplatz stattfindet (Gensicke et al. 2020, S. 110). Zudem wurde ein Zusammenhang zwischen dem allgemeinen Umfang eingesetzter digitaler Technologien für die Arbeit und der Wahrscheinlichkeit des Einsatzes digitaler Lehr-/Lernmedien festgestellt. So stehen nach der Untersuchung des BIBB (Gensicke et al. 2020) und des IAB-Betriebspanels die Finanz- und Versicherungsdienstleister digitalen Lehr-/Lernformaten offener gegenüber als das Baugewerbe oder der Öffentliche Dienst. In der Befragung des IW wurde hingegen kein branchenspezifischer Unterschied in der Nutzung digitaler Lernformate festgestellt (Seyda 2021).
Auch wenn die Folgewirkungen der Corona-Pandemie noch nicht abschließend beurteilt werden können, ist davon auszugehen, dass der damit verbundene Digitalisierungsschub sich auch nachhaltig auf die Verbreitung und Nutzung digitaler Lehr-/Lernangebote in der Betrieblichen Weiterbildung auswirken wird. Wesentliche Gründe für die Nutzung sind dabei die gute Integrierbarkeit in den Arbeitsalltag, Kostenersparnisse, der direkte Anwendungsbezug als auch der Umstand, dass sie besser an den individuellen Bedarf der Mitarbeitenden angepasst werden können (Seyda 2021). Dabei ist zu berücksichtigen, dass sich die Qualität der Betrieblichen Weiterbildung nicht am Umfang des Einsatzes digitaler Medien festmachen lässt, sondern immer vor dem Hintergrund der (medien)didaktischen Eignung bewertet werden muss. So zeigt sich, dass Betriebe mit Erfahrung im Einsatz digitaler Medien diese für die Gruppe der Geringqualifizierten und Lernbeeinträchtigten als eher weniger geeignet betrachten (Gensicke et al. 2020, S. 112; vgl. Abb. 18). Dennoch können bestehende Hürden digitaler Angebote für Geringqualifizierte, wie z. B. fehlende Medienkompetenz, Geräteausstattung oder häusliche Möglichkeiten für das Online Lernen durch

entsprechende Unterstützungsmaßnahmen kompensiert werden (Lacher & Rohs 2023). Wesentlich sind aber die entsprechenden Zugangsmöglichkeiten zu digitalen Weiterbildungsangeboten für diese Zielgruppe in Betrieben, um einer digitalen Spaltung entgegenzuwirken (Warnhoff & Krzywdzinski 2018). In gleicher Weise ist auch kritisch zu betrachten, dass Bildung mit digitalen Medien mit dem Alter abnimmt, sowie mit der Stellung im Betrieb, dem Migrationshintergrund oder dem Erwerbsstatus korreliert (BMBF – Bundesministerium für Bildung und Forschung 2020, S. 32ff.). Auch hier sind mögliche Hürden und Risiken einer digitalen Spaltung aber auch eine Sinnhaftigkeit des Einsatzes digitaler Lehr-/Lernmedien sowie einer umfassenden Digitalisierung Betrieblicher Weiterbildung zu prüfen.

Abbildung 18: Eignung digitaler Medien in der Betrieblichen Weiterbildung besonderer Zielgruppen

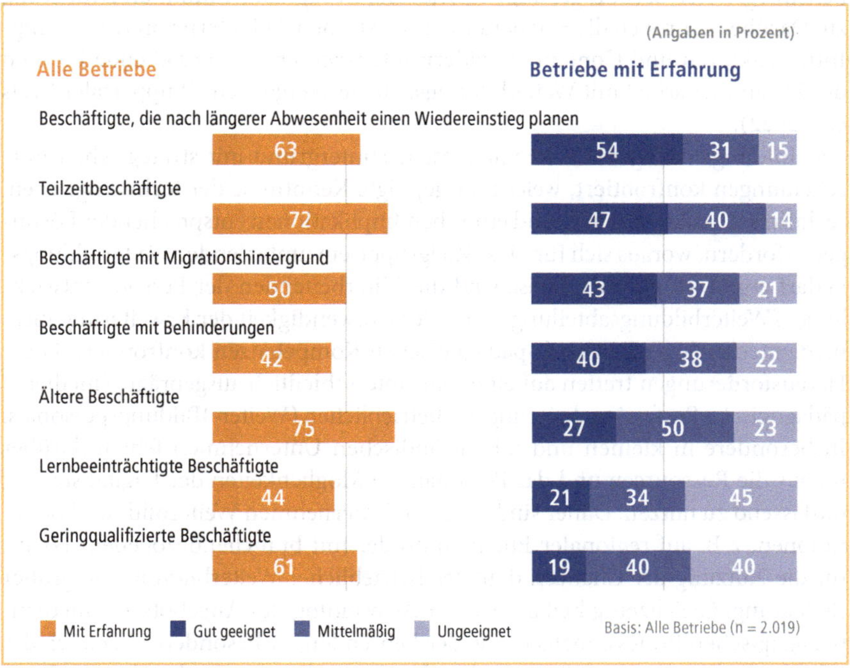

Quelle: Gensicke et al. 2020, S. 112

4. Auswirkungen auf das Bildungsmanagement

Die beschriebenen Auswirkungen der Digitalisierung auf die Betriebliche Weiterbildung stellen auch das betriebliche Bildungsmanagement und die Lehrenden vor neue Herausforderungen. Das betrifft u. a. die Verlagerung des Lernens in den Arbeitsprozess, die Selbststeuerung des Lernens aber auch die Steuerung der Lernprozesse über die Erhebung und Auswertung der Daten der Lernenden (Learning Analytics, HR Analytics). Dadurch ergibt sich eine in ihren Grundzügen notwendige Neuausrichtung der Betrieblichen Weiterbildung und ihrer Prozesse sowie eine dadurch bedingte umfassende Kompetenzentwicklung des damit befassten Personals. So werden bestehende Tätigkeitsprofile nicht nur bezüglich ihrer Kompetenzanforderungen ergänzt (z. B. Online-Lehre), sondern auch neue Tätigkeitsbereiche entstehen (z. B. Datenanalyse) und eine engere Zusammenarbeit mit der internen IT und den Führungskräften zur Gestaltung arbeitsintegrierter Lernumgebungen (Learning Ecosystem) nimmt an Bedeutung zu. Darüber kann sich die Kooperation mit externen Anbietern von E-Learning-Infrastrukturen und Content-Providern intensivieren und bestehende Formen der Zusammenarbeit mit Weiterbildungsanbietern ergänzen (Wuppertaler Kreis e. V. 2022).

Das Bildungsmanagement ist vor diesem Hintergrund mit strategischen Entscheidungen konfrontiert, welche ausgeprägte Kenntnisse der technologischen, rechtlichen, pädagogischen und ethischen Implikationen entsprechender Lösungen erfordern, woraus sich für diese Zielgruppe ein umfassender Weiterbildungsbedarf ergibt. In gleicher Weise sind die Mitarbeitenden der Personalentwicklungs-/Weiterbildungsabteilungen mit der Notwendigkeit der Erweiterung ihrer medientechnologischen und -pädagogischen Kompetenzen konfrontiert. Diese Herausforderungen treffen auf eine sehr unterschiedlich ausgeprägte (medien-)pädagogische Professionalisierung des betrieblichen (Weiter-)Bildungspersonals. Insbesondere in kleinen und mittelständischen Unternehmen fehlen darüber hinaus die Ressourcen und das Personal, die Möglichkeiten der Digitalisierung umfassend zu nutzen. Daher sind für diese Unternehmen Weiterbildungskooperationen, z. B. auf regionaler Ebene und/oder mit branchenbezogenem Fokus, für die Nutzung der Chancen digitaler Betrieblicher Weiterbildung von großer Bedeutung. Gleichzeitig bedarf es einer Ausweitung des Angebots zur medienpädagogischen Professionalisierung der Lehrenden, insbesondere aber auch des Bildungsmanagements, z. B. auch über die Integration entsprechender Inhalte in die relevanten Aus- und Weiterbildungsangebote (Rohs 2019).

5. Herausforderungen und Perspektiven

Digitale Anwendungen können sehr sinnvoll Lern- und Arbeitsprozesse unterstützen, aber auch zu einem Rückfall in einfache didaktische Vorstellungen führen, wenn die technologischen Möglichkeiten mehr als die pädagogischen Anforderungen zum Maßstab des Einsatzes gemacht werden. Dieses Risiko könnte in der Betrieblichen Weiterbildung besonders groß sein, wenn betriebswirtschaftliche Interessen dominieren. Die zunehmende Selbstverantwortung der Mitarbeitenden für ihre Weiterbildung könnte vor diesem Hintergrund zu einem Bumerang werden und zu einer digitalen Spaltung beitragen. Zudem sind auch Fragen des Datenschutzes zu berücksichtigen, da durch die moderne betriebliche Software-Infrastruktur zum Lernen und Kollaborieren sensitive auf das Individuum bezogene Daten wie die Teilnahme an Weiterbildungsmaßnahmen (z. B. durch Learning Management Systeme), Soll- und Ist-Kompetenzen (z. B. durch Skill Management Systeme) oder sogar das Arbeitsverhalten (z. B. der »Productivity Score« von Microsoft 365) aufgezeichnet werden können. Gerade die »Gestaltung adaptiver Lernräume erfordert das Sammeln und Auswerten einer Vielzahl an Daten, was mit erheblichen Anforderungen an den Datenschutz und Datensicherheit verbunden ist« (Foelsing & Schmitz 2021, S. 69). Durch den Trend zu Cloud-Software liegen diese Daten zudem nicht mehr bei den Unternehmen, was die Problematik zusätzlich erhöht.

Die Digitalisierung der Weiterbildung erfolgt somit im Spannungsfeld zwischen allgemeinen rechtlichen Anforderungen mit Personalbezug (z. B. Corporate Sustainability Reporting Gesetze der EU), datenschutzrechtlichen Bestimmungen (z. B. Datenschutzgrundverordnung), der informationellen Selbstbestimmung des Individuums sowie dem Bedürfnis der Unternehmen Recruiting, Talentmanagement, Workforce-Management und Lernen digital zu unterstützen und dafür verwertbare Daten zu sammeln, auszuwerten und zu nutzen (Foelsing & Schmitz 2021, S. 274).

Diese Situation stellt das Bildungsmanagement vor die Herausforderung mittel- bis langfristig wirkende Entscheidungen für technologische Lösungen, bisweilen ohne ausreichend Kenntnisse über deren Akzeptanz, Wirksamkeit und Nachhaltigkeit zu treffen. Die Lehrenden müssen dabei bestehende Vor- und Nachteile des Einsatzes digitaler Lehr-/Lernanwendungen im Spannungsfeld ökonomischer und pädagogischer Interessen abwägen und vor dem Hintergrund betrieblicher und individueller Wertvorstellungen entscheiden. Dazu bedarf es einer orientierenden erwachsenenpädagogischen Ethik zum Umgang mit den bestehenden Dilemmata (Rohs & Bernhardsson-Laros 2022).

6. Literatur

BMBF – Bundesministerium für Bildung und Forschung (Ed.) (2019). Digitale Zukunft: Lernen. Forschen. Wissen. Die Digitalstrategie des BMBF. BMBF.

BMBF – Bundesministerium für Bildung und Forschung (Ed.) (2020). Digitalisierung in der Weiterbildung. Ergebnisse einer Zusatzstudie zum Adult Education Survey 2018. wbv.

BMBF – Bundesministerium für Bildung und Forschung (Ed.) (2022). Weiterbildungsverhalten in Deutschland 2020. Ergebnisse des Adult Education Survey – AES-Trendbericht (2. überarbeitete Auflage ed.). BMBF.

Dehnbostel, P. (2020). Betriebliche Lernorte, Lernräume und Selbstlernarchitekturen in der digitalisierten Arbeitswelt. erwachenenbildung.at, 38.

Erpenbeck, J. & Sauter, W. (2013). So werden wir lernen! Kompetenzentwicklung in einer Welt fühlender Computer, kluger Wolken und sinnsuchender Netze. Springer Gabler.

Euler, D. & Severing, E. (2019). Berufsbildung für eine digitale Arbeitswelt. Fakten, Gestaltungsfelder, offene Fragen.

Foelsing, J. & Schmitz, A. (2021). New Work braucht New Learning. Eine Perspektivreise durch die Transformation unserer Organisations- und Lernwelten. Springer Gabler.

Gensicke, M., Bechmann, S., Kohl, M., Schley, T., García-Wülfing, I., & Härtel, M. (2020). Digitale Medien in Betrieben heute und morgen. Eine Folgeuntersuchung. BIBB.

Gessler, M. & Ahrens, D. (2020). Digitalised work-integrated microlearning: Enabling continuous vocational education and training in highly automated work invironments. ITB Forschungsberichte, 70.

Harteis, C. (2004). Zur Diskussion über die Konvergenz ökonomischer und pädagogischer Prinzipien betrieblicher Personal- und Organisationsentwicklung. Zeitschrift für Erziehungswissenschaft, 7(2), 277–290.

Harteis, C., Goller, M., & Fischer, C. (2019). Die Auswirkungen der Digitalisierung auf die Bedeutung beruflicher Qualifikation aus betrieblicher Sicht. In J. Seifried, K. Beck, B.-J. Ertelt, & A. Frey (Eds.), Beruf, Beruflichkeit, Employability (pp. 239–253). wbv.

Kärner, T., Goller, M., & Maier, A. (2021). Augmented Reality in der betrieblichen Aus- und Weiterbildung. In S. Schumann, S. Seeber, & S. Abele (Eds.), Digitale Transformation in der Berufsbildung. Konzepte, Befunde und Herausforderungen (pp. 213–230). wbv.

Lacher, S. & Rohs, M. (2023). Auswirkungen der Digitalisierung auf das Weiterbildungsangebot für gering Qualifizierte. Eine datenbankbasierte Angebotsanalyse für Rheinland-Pfalz. Zeitschrift für Weiterbildungsforschung. *https://doi.org/10.1007/s40955-023-00236-y.*

Mathrani, A., Susnjak, T., Ramaswami, G., & Barczak, A. (2021). Perspectives on the challenges of generalizability, transparency and ethics in predictive learning analytics. Computers and Education Open, 2. *https://doi.org/10.1016/j.caeo.2021.100060.*

Morozov, E. (2012). The Net Delusion. The Dark Side of the Internet Freedom. PublicAffairs.

Peters, O. (2012). Kritiker der Digitalisierung. Warner, Bedenkenträger, Angstmacher, Apokalyptiker. Peter Lang.

Rohs, M. (2002). Arbeitsprozessintegriertes Lernen. Neue Ansätze für die berufliche Bildung. Waxmann.

Rohs, M. (2019). Medienpädagogische Professionalisierung von Weiterbildungspersonal. In E. Haberzeth & I. Sgier (Eds.), Digitalisierung und Lernen. Gestaltungsperspektiven für das professionelle Handeln in der Erwachsenenbildung und Weiterbildung (pp. 119–136). HEP.

Rohs, M. & Bernhardsson-Laros, N. (2022). Digitalisierung als ethische Herausforderung für die Erwachsenenbildung – Ein Anstoß für die Entwicklung einer Bereichsethik aus Sicht der Erwachsenenbildungsforschung. erwachsenenbildung.at, 44–45(1–11).

Sauter, W. & Sauter, S. (2013). Workplace Learning. Integrierte Kompetenzentwicklung mit kooperativen und kollaborativen Lernsystemen. Springer Gabler.

Schönfeld, G. & Schürger, B. (2020). Betriebliche Weiterbildung in Zeiten der Digitalisierung. Ergebnisse der Telefonbefragung der fünften CVTS-Zusatzerhebung. BIBB.

Schrape, J.-F. (2021). Digitale Transformation. transcript.

Schulmeister, R. (2004). Diversität von Studierenden und Konsequenzen für eLearning. In D. Carstensen & B. Barrios (Eds.), Campus 2004. Kommen die digitalen Medien in die Jahre? (Vol. 29, pp. 133–144). Waxmann.

Selwyn, N., Hillman, T., Eynon, R., Ferreira, G., Knox, J., Macgilchrist, F., & Sancho-Gil, J. M. (2019). What's next for Ed-Tech? Critical hopes and concerns for the 2020s. Learning, Media and Technology, 1–6. *https://doi.org/10.1080/17439884.2020.1694945.*

Seyda, S. (2021). Digitale Lernmedien beflügeln die betriebliche Weiterbildung: Ergebnisse der zehnten IW-Weiterbildungserhebung. IW Trends, 48(1), 79–94.

Warnhoff, K. & Krzywdzinski, M. (2018). Digitalisierung spaltet Gering qualifizierte Beschäftigte haben weniger Zugang zu Weiterbildung. WZB Mitteilungen, 162, 58–60.

Wuppertaler Kreis e. V. (2022). Trends in der Weiterbildung – Verbandsumfrage 2022. Wuppertaler Kreis e. V. *https://www.wkr-ev.de/trends22/wktrends2022.pdf.*

Matthias Rohs & Florian Wolff

Digitalisierung der Arbeit als Herausforderung Betrieblicher Weiterbildung

Inhalt

1. Einleitung

Phänomene der Digitalität prägen den Alltag und sind seit der Jahrtausendwende der »dominante kulturelle Raum, in dem wir uns bewegen« (Stalder 2021, S. 4). Der Übergang von der Schriftkultur in die Digitalität vollzieht sich dabei schon über viele Jahrzehnte und hat mehr und mehr unser Handeln und unsere Kommunikation verändert. Der Kommunikations- und Medienwissenschaftler Andreas Hepp spricht in diesem Zusammenhang auch von einer »tiefgreifenden Mediatisierung« (Hepp 2018), d.h. »Die soziale Welt, in der wir als Menschen leben, kann in ihrer spezifischen Form nicht losgelöst von Medien als technischen Mitteln der Kommunikation und Produktion von Daten gedacht werden.« (Hepp 2018, S. 35).

Dieser Prozess hat auch Auswirkungen auf die Arbeitswelt und den Bildungsbereich. Speziell in der Betrieblichen Weiterbildung wirkt die Digitalisierung auf verschiedenen Ebenen: die mit der Digitalisierung veränderten Formen von Arbeit, die damit verbundenen Auswirkungen auf die Kompetenzanforderungen der Beschäftigten und die Bedingungen Betrieblicher Weiterbildung. Der Beitrag beschreibt ausgehend vom Prozess der Digitalisierung der Arbeit seit den 1970er Jahren die Auswirkungen auf die Kompetenzanforderungen und damit verbundene Angebote der Betrieblichen Weiterbildung. Dabei werden Formen der Lernunterstützung durch digitale Medien als gesondertes Themenfeld bewusst ausgelassen (siehe weiteren Beitrag Rohs & Wolff in diesem Band).

2. Veränderungen von Arbeit und Kompetenzanforderungen

2.1 Digitalisierung der Arbeit

Die Datierung des Beginns der Digitalisierung bzw. des Eintritts in das Digitale Zeitalter ist aufgrund der ungenauen Definition der Kriterien schwierig. Es ist davon auszugehen (ganz unabhängig vom Aufkommen des Begriffes[1]), dass ein »Informatisierungsprozess« (Baukrowitz et al. 2006) bis zum Altertum zurückzuverfolgen ist und auf diversen technischen Vorarbeiten, wie z.B. Rechenmaschinen, basiert. In dieser technischen Perspektive kann der Anfang der »Digitalisierung«[2] in betrieblichen Kontexten mit der Einführung von Großrechenanlagen in den 1950er Jahren gesetzt werden, wobei dabei lediglich die auf Papier vorliegenden Informationen auf Computer übertragen wurden. Erst in den 1970er Jahren setzte sich der Computer allmählich als Leittechnologie durch und erfuhr in den 1980/1990er Jahren durch ERP-Systeme (Enterprise Resource Planning) aber auch in der Fertigung durch CNC (Computerized Numerical Control)-Maschinen großen Auftrieb. Mit der Verbreitung von Personal Computer (PC) wurde digitale Technologie zu einem breit eingesetzten Schlüsselobjekt im Arbeitsprozess (und in der Freizeit), in dessen Folge sich komplex vernetzte und computergestützte Informationssysteme entwickelten, welche in den Unternehmen zu umfassenden Reorganisationsprozessen führten. Mit der Verbreitung des Internet erweiterte sich dieser Informationsraum global und läutete eine neue Phase der Digitalisierung in Unternehmen ein (Boes et al. 2020), welche sich bis heute über die Etablierung einer Plattformökonomie und der Verzahnung der Wertströme industrieller Fertigung und moderner Informations- und Kommunikationstechnik fortentwickelt hat. Dieser Prozess wird auch als »Digitalisierung von Arbeit« (Hoose 2018) bezeichnet, speziell im deutsch-

1 lat. digitus = »Finger« bzw. »Zehe«, welche auch zum Zählen geeignet sind. Aufnahme ins Cambridge Dictionary im 20. Jahrhundert. Im deutschsprachigen Bereich Verwendung des Begriffs im Sinne »digitaler Daten« seit ca. den 1960er Jahren.

2 Gemeint ist hier der Prozess der Umwandlung von Informationen in binäre Daten, welche maschinell verarbeitet werden können.

sprachigen Kontext der industriellen Produktion auch als »Industrie 4.0«, wobei die Semantiken aufgrund des breiten politischen und populärwissenschaftlichen Gebrauchs auf der einen Seite breit gefächert sind und auf der anderen Seite die Auswirkungen der Digitalisierung auf das Arbeitsleben oftmals wenig konkret beschreiben (Wolff 2023).
Die flächendeckende Nutzung digitaler Technologien in Betrieben beeinflusst dabei nicht nur die Produktions-, Arbeits- und Kommunikationsformen, sondern schafft auch neue berufliche Tätigkeiten oder macht diese obsolet (Frey & Osborne 2013) und führt zu entsprechenden Weiterbildungsbedarfen. 2016 arbeitete bereits »ein Viertel aller sozialversicherungspflichtig Beschäftigten (7,9 Millionen) in Berufen, in denen mindestens 70 % der anfallenden Tätigkeiten von Computern oder computergesteuerten Maschinen erledigt werden könnten.« (Dengler & Matthes 2018, S. 7). Während auf der einen Seite damit Beschäftigungsverhältnisse verschwinden, entstehen auf der anderen Seite neue atypische Arbeitsformen, wie z. B. Cloud-, Crowd- und Gigwork und es kommt zu einer Ausweitung von Minijobs und Leiharbeit (Keller & Seifert 2018; Schmidt 2017), welche auch Auswirkungen auf die betrieblichen Weiterbildungsmöglichkeiten dieser Beschäftigtengruppen haben (Bellmann, Grunau, Leber & Noack 2013).
In der Corona-Pandemie und den damit verbundenen Kontaktbeschränkungen kam es zudem in den letzten Jahren zu umfassender Telearbeit bzw. Mobiler Arbeit und Homeoffice (Backhaus et al. 2021). Diese Entwicklung steht in Verbindung mit einer zunehmenden Entgrenzung von Arbeit bzw. einem Verschwimmen der Grenzen von Arbeit und Freizeit (»Work-Life-Blending«), was auch mit dem »New Work«-Ansatz in Verbindung gebracht wird (Schermuly & Meifert 2022). Damit sind auch grundsätzliche Auswirkungen auf die Betriebliche Weiterbildung verbunden (Foelsing & Schmitz 2021), wie eine Intensivierung des Weiterbildungsbedarfs zur Begleitung der Transformationsprozesse sowie ein stärkeres Lernen im Prozess der Arbeit (Dehnbostel 2022). Dabei werden durch eine zunehmende Verdichtung der Arbeit sowie eine zunehmende Effizienzerwartung mögliche Potenziale arbeitsintegrierten Lernens limitiert (Assinger & Webersink 2022).

2.2 Veränderte Kompetenzanforderungen durch Digitalisierung

Historisch betrachtet waren es vor allem die wenigen Expertinnen und Experten aus dem Bereich der Elektronischen Datenverarbeitung (EDV) und der Informationstechnologie (IT), welche sich in Folge fortschreitender Digitalisierung weiterbilden mussten. Mit der zunehmenden digitalen Durchdringung wurden IT-Kenntnisse aber auch in weiteren Tätigkeitsfeldern relevant, welche als IT-Mischberufe bezeichnet werden. Die größte Gruppe macht aber die IT-Anwender aus, zu welchen 2012 bereits 71 % aller Beschäftigen zu rechnen waren (Hall et al. 2016). Daraus ergeben sich unterschiedliche Anforderungen an die Breite und Tiefe der Kompetenzanforderungen im Umgang mit digitalen Anwendungen und Geräten.

In zahlreichen Studien wurden die Auswirkungen der Digitalisierung auf die betrieblichen Kompetenzanforderungen untersucht und beschrieben (z. B. Umbach et al. 2020). Neben einer Ausweitung der IT-Kompetenzen sind es auch interdisziplinäres und prozessorientiertes Denken, sozial-kommunikative Kompetenzen, Entscheidungs- und Koordinationsfähigkeit sowie Lernkompetenzen und Flexibilität, welche als relevant identifiziert wurden (Münchhausen 2021, S. 21). Dabei wird ersichtlich, dass nicht nur Kompetenzen von Bedeutung sind, welche sich unmittelbar auf Technologien beziehen, sondern auch die Folgen der Digitalisierung auf Arbeitsprozesse im Blick haben. Grundsätzlich lassen sich dabei drei unterschiedliche Bereiche unterscheiden (Rohs & Seufert 2020):

a) Kompetenzen, die zur Entwicklung und Nutzung von IT befähigen (z. B. Programmierkenntnisse, IT-Anwenderkenntnisse);
b) Kompetenzen, die nicht in gleicher Qualität durch den Einsatz von IT erbracht werden können und daher (verstärkt) durch Menschen erbracht werden müssen (z. B. Fähigkeiten zur ethischen Beurteilung von Entscheidungen);
c) Kompetenzen, die sich indirekt durch die Veränderungen der Arbeit im Zuge der Digitalisierung ergeben (z. B. Fähigkeiten zur interdisziplinären Zusammenarbeit durch die Kooperation von IT-Expertinnen und Experten in allen Bereichen).

Bezogen auf den ersten Punkt sind wiederum unterschiedliche Kompetenzfacetten relevant. Zu nennen wäre hier eine grundlegende Medienkompetenz, welche allgemeine Kenntnisse digitaler Mediensysteme (z. B. Funktionsweise des Internets) ebenso beinhaltet, wie die Nutzungskompetenz von Geräten und Anwendungen (z. B. Suchmaschinen), die Fähigkeit zur Gestaltung digitaler Inhalte (z. B. Bildbearbeitung), als auch die kritische Auseinandersetzung mit den Auswirkungen der Digitalisierung auf individueller, organisationaler und gesellschaftlicher Ebene. Diese digitalen Grundkompetenzen sind z. B. im Europäischen Referenzrahmen für digitale Kompetenzen (DigComp) exemplarisch formuliert (Vuorikari et al. 2022). In diesem Modell werden auch Informationskompetenz, welche sich im Kern auf die Fähigkeit zur Recherche, Auswahl, Bewertung und Weiterverarbeitung von Informationsquellen bezieht, sowie Datenkompetenz, als die Fähigkeit zur Datenerfassung und -sammlung, dem Datenmanagement, die Bewertung von Daten sowie deren Anwendung umfasst (Ludwig & Thiemann 2020), mit berücksichtigt.

Neben diesen Grundkompetenzen, welche zunehmend von allen Beschäftigten erwartet werden, unterscheiden Rohs and Seufert (2020) noch zwischen einer allgemeinen beruflichen Medienkompetenz und einer berufsspezifischen Medienkompetenz. Die allgemeine berufliche Medienkompetenz baut dabei auf einer allgemeinen Medienkompetenz auf, hat aber einen beruflichen Anwendungsbezug, wie z. B. die Anwendung beruflicher Datenschutzkonzepte oder die Mitgestaltung betrieblicher Innovationsprozesse im Kontext der Digitalisierung. Darüber hinaus gibt es noch branchen- und berufsspezifische Anforderungen an die Medienkompetenz, die sich z. B. zwischen dem gewerblich-technischen, dem kaufmännischen und dem Handwerks- und Dienstleistungsbereich zeigen (Krämer & Goertz 2017, S. 243 f.).

Die mit der Digitalisierung verbundenen Veränderungen von Arbeit (Hirsch-Kreinsen 2021) führen neben der angesprochenen Substitution von Arbeitsplätzen auch zu steigenden Anforderungen der genannten Kompetenzen für nahezu alle Berufs- und Tätigkeitsfelder, welche durch die Art der technologischen Innovationen und ihrer Auswirkungen auf die Arbeit unterschiedliche Ausprägungen und Erweiterungen erfahren, wie z. B. »Web 2.0« (Schmidt-Hertha et al. 2011), »Industrie 4.0« (acatech – Deutsche Akademie der Technikwissenschaften 2016) oder »Künstliche Intelligenz« (André et al. 2021). Gleichzeitig kann ein »permanenter Anpassungs- und Gestaltungsbedarf durch die Veränderungsentwicklungen auf den unterschiedlichen Ebenen« (Harteis et al. 2019, S. 241) bis hin zum Anspruch einer aktiven und eigenverantwortlichen Ausgestaltung dieses Wandels konstatiert werden.

Auf individueller Ebene sind damit eine Unsicherheit bezüglich der langfristigen Verwertbarkeit der eigenen Kompetenzen auf dem Arbeitsmarkt verbunden sowie daraus folgend ein erhöhter Aufwand an Weiterbildung. Nicht alle Beschäftigten bringen aber die notwendigen Voraussetzungen mit, diesen steigenden Anforderungen gerecht zu werden. Das betrifft sowohl die individuellen intellektuellen Fähigkeiten, aber auch eine habituell-biografisch geprägte Distanz zur Weiterbildung oder den Umgang mit digitalen Technologien.

3. Betriebliche Weiterbildung in einer digitalisierten Arbeitswelt

3.1 Entwicklung der Weiterbildungsinhalte

Die dargestellten Anforderungen, ihre Dynamik sowie die gesellschaftliche und insbesondere volkswirtschaftliche Relevanz haben früh die Aufmerksamkeit auf die Kompetenzentwicklung im Bereich der Medien und Informationstechnologie gelenkt. So benannte Peter Faulstich schon 1985 die »Informationstechnik als Herausforderung an die Erwachsenenbildung« (Faulstich 1985, S. 9). Auch in

den Unternehmen zeigen sich zu dieser Zeit die Herausforderungen in der Einführung von bzw. Umstellung auf neue (digitale) Technologien. Umschulungen und Fortbildungen auf digitale Technologien waren daher ein zentrales Thema der beruflichen Weiterbildung (Meyer 1985). Inhaltlich wurde dabei zwischen allgemeinen Schulungen zur Einführung von PC und spezifischen Anwendungen in den Fachabteilungen unterschieden. Bei Letzteren zeigte sich dabei das Problem, dass das Wissen über die neuen Technologien bei (erwachsenen)pädagogischen Fachkräften kaum vorhanden war (Upmeier & Wiggert 1985).
Eine Längsschnittstudie zur beruflichen Weiterbildung an der Volkshochschule (Rohs et al. 2021) zeigt, dass bereits seit den 1970er Jahren erste Angebote zur Digital- und Computertechnik sowie zur kaufmännischen Datenverarbeitung angeboten wurden, welche sich insbesondere an Spezialisten der Mikroprozessor- und Computertechnik richteten. Die Anzahl der Kurse stieg in den 1980er Jahren rasant an, wobei Programmiersprachen (z. B. BASIC, COBOL und Pascal), Computer-Aided-Design-Kurse (CAD) und informationstechnische Grundlagen von besonderer Bedeutung waren. Hier zeigte sich nach und nach eine Spezialisierung der Datenverarbeitung in den einzelnen Betriebsbereichen (Lohnbuchhaltung, Fertigung, Finanzbereich etc.), welche sich in den 2000er-Jahren durch die Nutzung spezifischer Softwarelösungen (z. B. SAP, DATEV, LEXWARE) weiter fortsetzte. Parallel dazu kam es ab den 1990er Jahren zu einem breiten Einsatz von PCs im Bürobereich, sodass neben Computerschreibkursen vor allem Textverarbeitung und Tabellenkalkulation einen breiten Raum im Kursangebot einnahmen. Diese Entwicklung dürfte aufgrund allgemeiner Anforderungen große Übereinstimmung mit dem Angebot Betrieblicher Weiterbildung gehabt haben, welches durch unternehmensspezifische Inhalte erweitert wurde.
Der Fachkräftemangel in der rasant wachsenden IT-Branche sowie die breite Etablierung digitaler Technologien in anderen Branchen führte ab den 1990er Jahren zu einer zunehmenden Auseinandersetzung mit grundlegenden Fragen der Gestaltung der Weiterbildung von IT-Spezialisten (Baukrowitz et al. 1994). Der breiter werdende Bedarf als auch die unterschiedlichen Tätigkeitsbezeichnungen von IT-Fachkräften und Weiterbildungen führten zur Entwicklung des IT-Weiterbildungssystems, welches 2002 eingeführt wurde (Bundesministerium für Bildung und Forschung 2002). »Hier wurden Tätigkeitsfelder, die sich in der betrieblichen Praxis herausgebildet haben, identifiziert und in Qualifikationsprofilen strukturiert. Zur Transparenz und Qualitätssicherung erhalten nach erfolgreichem Abschluss ihrer Ausbildung diese Spezialisten ein nach einem privatrechtlich organisierten Verfahren vergebenes Zertifikat.« (ebd., S. 4). Trotz enger Verbindung mit der betrieblichen Praxis und der gesetzlichen Verankerung im Berufsbildungsgesetz konnte sich das System aber nicht etablieren (Schenk et al. 2012).

3.2 Angebote und Teilnahme Betrieblicher Weiterbildung zur Digitalisierung

Die sich aus der oben beschriebenen Entwicklung ergebende Intransparenz der Weiterbildungsabschlüsse als auch Angebote stellt sich weiterhin als zentrales Problem im Bereich der berufsbezogenen IT-Weiterbildung dar. Hieraus ergibt sich sowohl ein Beratungsbedarf, als auch eine Unsicherheit der interessierten Arbeitgeberinnen und Arbeitgeber, welche Weiterbildungen für die betrieblichen Belange relevant sind (Kruppe et al. 2019).
Im Rahmen einer nationalen Zusatzbefragung zur fünften europäischen Erhebung der Betrieblichen Weiterbildung (CVT5) wurden als Schwerpunkt die Auswirkungen der Digitalisierung auf Unternehmen untersucht. Bei den 2846 Unternehmen zeigt sich, dass bereits für den Erhebungszeitraum (2016) mehr als drei Viertel der befragten Unternehmen (80 %) der Digitalisierung eine eher große bis sehr große Bedeutung beigemessen haben (Münchhausen 2021, S. 13). In der Prognose der nächsten 3–5 Jahre gehen zudem 68 % der Unternehmen davon aus, dass die Digitalisierung und Vernetzung zu sehr starken bis eher starken Veränderungen in den Lerninhalten führen wird (Münchhausen 2021, S. 14). Beispielhaft dafür sind die Einführung von Tablets und einer App für den Fahrbetrieb und dem autonomen bzw. teilautonomen Fahren bei Berufskraftfahrer:innen, im Logistikbereich sind neue Kompetenzen für automatisierte Lager notwendig und selbst in der IT-Branche verändern sich die Grundlagentechnologien in so kurzen Zyklen, dass Datenbank- und Programmiertechnologien geschult werden müssen (Münchhausen 2021, S. 15).
Deutlich wurde darüber hinaus, dass es notwendig ist, den Mitarbeitenden unterschiedliche Weiterbildungsangebote zu unterbreiten. »So gibt es Beschäftigte, die sich neue Kenntnisse selbstorganisiert beibringen können, aber auch andere, die eine Schulung brauchen und dennoch anschließend nicht auf dem gleichen Entwicklungsstand sind« (Münchhausen 2021, S. 16). Insbesondere älteren Beschäftigten werden immer wieder Schwierigkeiten in der Auseinandersetzung mit dem rasanten technologischen Wandel attestiert. Dabei ist zum einen zu berücksichtigen, dass hier auch Vorbehalte eine Rolle spielen, welche sich zu eigen gemacht werden. Zum anderen sind auch die Mitarbeitenden bis 50 Jahre mittlerweile mit digitalen Medien aufgewachsen, sodass mediensozialisatorische Effekte eine immer geringere Rolle spielen (Jana-Tröller 2009).
Von Relevanz ist jedoch, dass formal niedrig Qualifizierte wie ältere Beschäftigte weniger an Weiterbildung teilnehmen, was u. a. darauf zurückzuführen ist, dass sie auch weniger finanziell von den Unternehmen dabei unterstützt werden. Gleichzeitig handelt es sich um eine Gruppe, welche oftmals in befristeten Beschäftigungsverhältnissen tätig ist, sodass eine Investition in Weiterbildung für die Unternehmen kaum lohnt (Kruppe et al. 2019, S. 32). Dabei zeigt sich, dass

die Digitalisierung sich auch verstärkt auf die Anforderungen dieser Zielgruppe auswirkt (Mohajerzad et al. 2022).

4. Fazit und Ausblick

Die zunehmende Informatisierung/Digitalisierung von Arbeit führte und führt zu einem gestiegenen Weiterbildungsbedarf, welcher sich auf nahezu alle Branchen und Tätigkeitsbereiche erweitert hat. Die mit der Digitalisierung verbundene Veränderung von Arbeit sowie die Automatisierung von Tätigkeiten bedingt dabei auch die Notwendigkeit von Umschulungen. Davon sind nicht nur einfache Helfertätigkeiten, sondern auch hochqualifizierte Fachkräfte betroffen. Die Auswirkungen der aktuellen Entwicklungen im Bereich der Künstlichen Intelligenz (KI) verweisen dabei zum einen auf eine weitreichende Substitution von Arbeitsplätzen und auf der anderen Seite auf Chancen der Zusammenarbeit zwischen Mensch und KI (Apt & Priesack 2019).

Betriebliche Weiterbildung als Reaktion auf diese Veränderungen bezieht sich dabei inhaltlich nicht nur auf fachliche Qualifikationen im Bereich der IT, sondern adressiert aufgrund der tiefgreifenden Auswirkungen der Digitalisierung auf Arbeitsformen und -abläufe und damit verbundene Anforderungen auch personale und soziale Kompetenzen. Gleichzeitig ist eine zunehmende Verlagerung der Weiterbildung in den Arbeitsprozess zu beobachten, in der die Mitarbeitenden in einem technologisch dynamischen Umfeld verstärkt selbstgesteuert Lernen, wobei informelles Lernen mit digitalen Medien an Relevanz zunimmt. Die zunehmende Digitalisierung der Arbeit wird dabei die Kompetenzanforderungen maßgeblich beeinflussen.

Vor dem Hintergrund, als auch aufgrund der mit der Digitalisierung einhergehenden Entwicklung von atypischen Beschäftigungsverhältnissen (z. B. Crowdwork), ist ein besonderes Augenmerk auf die Ausweitung bestehender als auch Entwicklung neuer Ungleichheiten der (betrieblichen) Weiterbildungsbeteiligung und -möglichkeiten zu richten. Gleichzeitig sind Chancen der Digitalisierung für die Unterstützung des Lernens sowie die Entlastung der Beschäftigten für Weiterbildung auszuloten.

5. Literatur

acatech – Deutsche Akademie der Technikwissenschaften (Ed.) (2016). Kompetenzentwicklungsstudie Industrie 4.0. Erste Ergebnisse und Schlussfolgerungen. acatech.

André, E., Bauer, E. & et.al. (Eds.) (2021). Kompetenzentwicklung für Künstliche Intelligenz – Veränderungen, Bedarfe und Handlungsoptionen. Whitepaper aus der Plattform Lernende Systeme. *https://doi.org/https://doi.org/10.48669/pls_2021-2.*

Apt, W. & Priesack, K. (2019). KI und Arbeit – Chance und Risiko zugleich. In V. Wittpahl (Hrsg.), Künstliche Intelligenz. Technologie, Anwendung, Gesellschaft (S. 221–238). Springer Vieweg.

Assinger, P. & Webersink, P. (2022). Digitalisierung und betriebliche Bildung. erwachsenenbildung.at, 44–45. *https://erwachsenenbildung.at/magazin/ausgabe-44-45/16930-digitalisierung-und-betriebliche-bildung.php.*

Backhaus, N., Tisch, A. & Beermann, B. (2021). Telearbeit, Homeoffice und Mobiles Arbeiten: Chancen, Herausforderungen und Gestaltungsaspekte aus Sicht des Arbeitsschutzes. BAuA. *https://doi.org/10.21934/baua:fokus20210505.*

Baukrowitz, A., Berker, T., Boes, A., Pfeiffer, S., Schmiede, R. & Will-Zocholl, M. (Eds.) (2006). *I*nformatisierung der Arbeit – Gesellschaft im Umbruch. Edition Sigma.

Baukrowitz, A., Boes, A. & Eckhardt, B. (1994). Software als Arbeit gestalten. Konzeptionelle Neuorientierung der Aus- und Weiterbildung von Computerspezialisten. Westdeutscher Verlag.

Bellmann, L., Grunau, P., Leber, U. & Noack, M. (2013). Weiterbildung atypisch Beschäftigter. Die Weiterbildungsverlierer – Weniger Weiterbildung für immer mehr atypisch Beschäftigte. Bertelsmann-Stiftung. *https://www.bertelsmann-stiftung.de/fileadmin/files/BSt/Publikationen/GrauePublikationen/GP_Weiterbildung_atypisch_Beschaeftigter.pdf.*

Boes, A., Kämpf, T. & Ziegler, A. (2020). Arbeit im Informationsraum – lnformatisierung als Perspektive für ein soziologischesVerständnisder digitalen Transformation. Soziale Welt, *23*, 307–325.

Bundesministerium für Bildung und Forschung (Ed.) (2002). IT-Weiterbildung mit System. Neue Perspektiven für Fachkräfte und Unternehmen.

Dehnbostel, P. (2022). Betriebliche Kompetenzentwicklung in der digitalen Transformation: Reflexive Handlungsfähigkeit und digitale Kompetenzen stärken. In P. Assinger (Hrsg.), Betriebliche Bildung in der Holzwirtschaft. Digitalisierung und Kompetenzvalidierung (S. 57–68). wbv.

Dengler, K. & Matthes, B. (2018). Substituierungspotenziale von Berufen: Weniger Berufsbilder halten mit der Digitalisierung Schritt. IAB-Kursbericht(4).

Faulstich, P. (1985). Informationstechnik als Herausforderung an die Erwachsenenbildung. In P. Faulstich (Ed.), Informationstechnologie – eine Bildungsfrage für alle (pp. 9–24). Lexika.

Foelsing, J. & Schmitz, A. (2021). New Work braucht New Learning. Eine Perspektivreise durch die Transformation unserer Organisations- und Lernwelten. Springer Gabler.

Frey, C. B. & Osborne, M. A. (2013). The Future of Employment: How Susceptibele are Jobs to Computerisation?

Hall, A., Maier, T., Helmrich, R. & Zika, G. (2016). IT-Berufe und IT-Kompetenzen in der Industrie 4.0. BIBB.

Harteis, C., Goller, M. & Fischer, C. (2019). Die Auswirkungen der Digitalisierung auf die Bedeutung beruflicher Qualifikation aus betrieblicher Sicht. In J. Seifried, K. Beck, B.-J. Ertelt & A. Frey (Eds.), Beruf, Beruflichkeit, Employability (pp. 239–253). wbv.

Hepp, A. (2018). Von der Mediatisierung zur tiefgreifenden Mediatisierung. In J. Reichertz & R. Bettmann (Eds.), Kommunikation – Medien – Konstruktion (pp. 27–45). Springer VS. *https://doi.org/10.1007/978-3-658-21204-9_2.*

Hirsch-Kreinsen, H. (2021). Stand und Perspektiven der digitalen Transformation der Arbeit. In P. Dehnbostel, G. Richter, T. Schröder & A. Tisch (Eds.), Kompetenzentwicklung in der digitalen Arbeitswelt – Zukünftige Anforderungen und berufliche Lernchancen (pp. 23–36). Schäfer-Poeschel.

Hoose, F. (2018). Digitale Arbeit. IAQ-Forschung, 3. *https://doi.org/10.17185/duepublico/46733*

Jana-Tröller, M. (2009). Arbeitsübergreifende Kompetenzen älterer Arbeitnehmer. Eine qualitative Studie in einem Telekommunikationsunternehmen. Verlag für Sozialwissenschaften.

Keller, B. & Seifert, H. (2018). Atypische Beschäftigungsverhältnisse in der digitalisierten Arbeitswelt. WSI-Mitteilungen, *71*(4), 279–287. *https://doi.org/10.5771/0342-300x-2018-4-279.*

Krämer, H. & Goertz, L. (2017). Medienkompetenz als Grundlage. Perspektiven für die betriebliche Ausbildung. In F. Thissen (Ed.), Lernen in virtuellen Räumen. Perspektiven des mobilen Lernens (pp. 239–257). De Gruyter Saur. *https://doi.org/10.1515/9783110501131-016.*

Kruppe, T., Leber, U., Matthes, B., Dengler, K., Dietrich, H., Janitz, H., Janssen, S. & al., e. (2019). Digitalisierung: Herausforderungen für die Aus- und Weiterbildung in Deutschland. IAB-Stellungnahme, 1.

Ludwig, T. & Thiemann, H. (2020). Datenkompetenz – Data Literacy. Informatik Spektrum, 43(6), 436–439. *https://doi.org/10.1007/s00287-020-01320-0.*

Meyer, N. (Ed.). (1985). Berufliche Fortbildung und Umschulung: Einführung neuer Technologien. vgs.

Mohajerzad, H., Fliegener, L. & Lacher, S. (2022). Weiterbildung und Geringqualifizierung in der Digitalisierung – Ein Review zu Kontextfaktoren der Weiterbildungsbeteiligung Geringqualifizierter. Zeitschrift für weiterbildungsforschung, 45, 565–588. *https://doi.org/10.1007/s40955-022-00228-4.*

Münchhausen, G. (2021). CVTS5-Zusatzerhebung für Deutschland. Abschlussbericht. BIBB. *https://www.bibb.de/dienst/dapro/daprodocs/pdf/eb_78168.pdf.*

Rohs, M., König, P., Kohl, J. & Hellriegel, J. (2021). Digitalisierung als Gegenstand von Kursangeboten – Eine Längsschnittuntersuchung der vh Ulm. In C. Bernhard-Skala, R. Bolten-Bühler, J. Koller, M. Rohs, & J. Wahl (Eds.), Erwachsenenpädagogische Digitalisierungsforschung (pp. 149–169). wbv.

Rohs, M. & Seufert, S. (2020). Berufliche Medienkompetenz. In R. Arnold, A. Lipsmeier, & M. Rohs (Eds.), Handbuch Berufsbildung (pp. 339–363). Springer VS. *https://doi.org/10.1007/978-3-658-19372-0_29-1.*

Schenk, H., Schneider, V., Herbert, T. & Wasiljew, E. (2012). Evaluierung des IT-Weiterbildungssystems: Untersuchung des Nutzens der IT-Weiterbildung und des Verbleibs von Operativen und Strategischen Professionals (Abschlussbericht). *http://www2.bibb.de/bibbtools/tools/dapro/data/documents/pdf/eb_42350.pdf.*

Schermuly, C. & Meifert, M. (2022). Ergebnisbericht zum New Work-Barometer 2022. SRH-Hochschule. *https://www.srh-berlin.de/fileadmin/Hochschule_Berlin/New_Work-Barometer_2022_Ergebnisbericht.pdf.*

Schmidt, F. A. (2017). Arbeitsmärkte in der Plattformökonomie – Zur Funktionsweise und den Herausforderungen von Crowdwork und Gigwork. Friedrich-Ebert-Stiftung.

Schmidt-Hertha, B., Kuwan, H., Gidion, G., Waschbüsch, Y. & Strobel, C. (Eds.) (2011). Web 2.0 Neue Qualifikationsanforderungen in Unternehmen. wbv.

Stalder, F. (2021). Was ist Digitalität? In U. Hauck-Thum & J. Noller (Eds.), Was ist Digitalität? Philosophische und pädagogische Perspektiven (pp. 3–7). Metzler.

Umbach, S., Haberzeth, E., Böving, H. & Glaß, E. (Eds.) (2020). Kompetenzverschiebungen im Digitalisierungsprozess. Veränderungen für Arbeit und Weiterbildung aus Sicht der Beschäftigten. wbv.

Upmeier, W. & Wiggert, K. B. (1985). Betriebliche Weiterbildungsstrategien, ausgelöst durch EDV-Einsatz. In P. Faulstich (Ed.), Informationstechnologie – eine Bildungsfrage für alle (pp. 67–88). Lexika.

Vuorikari, R., Kluzer, S. & Punie, Y. (2022). DigComp 2.2 The Digital Competence Framework for Citizens. With new examples of knowledge, skills and attitudes. Publications Office of the European Union. *https://doi.org/10.2760/115376.*

Wolff, F. (2023). Kompetenzanforderungen an das betriebliche Ausbildungspersonal. Am Beispiel des digitalen Wandels zu Industrie 4.0. wbv. *https://doi.org/10.3278/9783763973064.*

Peter Dehnbostel

Stärkung der Betrieblichen Weiterbildung durch digital basierte Lernorte, Lernräume und Lernarchitekturen

Inhalt

Die Betriebliche Weiterbildung expandiert seit den 1980er Jahren erheblich und ist mittlerweile zum größten Einzelbereich der beruflichen Weiterbildung avanciert. Sie umfasst alle Weiterbildungsaktivitäten, die an betrieblichen Lernorten oder in damit verbundenen stattfinden, soweit sie vom Betrieb veranlasst und verantwortet werden. Die digitale Transformation der Arbeit forciert zugleich eine Transformation der betrieblichen Lernorte. Physische Lernorte pluralisieren, erweitern und entgrenzen sich; sie werden durch Lernräume und Lernarchitekturen ergänzt, virtuelle und hybride Lernorte kommen hinzu. Die damit einhergehenden erweiterten Lernpotenziale und Lerngelegenheiten – zuvorderst arbeitsintegriertes Lernen – können Bildungsprozesse fördern und die Betriebliche Weiterbildung erheblich stärken. Dies geschieht jedoch nicht per se, ebenso sind Entwicklungen möglich, die betriebliche Lernaktivitäten und digitale Lernassistenzen einseitig ökonomisch und technologisch funktionalisieren und zu einer reinen Anpassungsqualifizierung und zur Enthumanisierung der Arbeitswelt beitragen.

1. Einordnung beruflicher und Betrieblicher Weiterbildung

Im Diskurs über Betriebliche Weiterbildung ist es unumgänglich, über ihr Verständnis und ihre Einordnung Auskunft zu geben, um Kommunikation und Handeln zu ermöglichen. Anders als für tradierte Bildungsbereiche kann für die Betriebliche Weiterbildung kaum ein gemeinsames Vorverständnis vorausgesetzt werden. Sie und die übergeordnete berufliche Weiterbildung werden konzeptionell und definitorisch sehr unterschiedlich gefasst und empirisch unterschiedlich erfasst. Vor der eigentlichen Lernortthematik ist daher eine kurze Einordnung von beruflicher und Betrieblicher Weiterbildung vorzunehmen.

Die berufliche Weiterbildung bezieht sich in ihrem herkömmlichen Verständnis auf den viel zitierten »Strukturplan für das Bildungswesen« des Deutschen Bildungsrats von 1970, der die Weiterbildung als gleichberechtigte vierte Säule des Bildungswesens vorsah und sie als »Fortsetzung oder Wiederaufnahme organisierten Lernens nach Abschluß einer unterschiedlich ausgedehnten ersten Bildungsphase« definierte (Deutscher Bildungsrat 1972, S. 197). In Theorie und Praxis wurde eine institutionalisierte Form der Weiterbildung durch organisiertes Lernen in Schulungen, Lehrgängen, Kursen und Seminaren vertreten. Obwohl diese Sichtweise auch heute noch stark vertreten wird und die Bedeutung der organisierten Weiterbildung allenfalls zunimmt, haben sich seit den 1990er Jahren Begriffsbestimmungen und Praktiken herausgebildet, die eine prinzipielle Erweiterung der Weiterbildung durch die Einbeziehung des Lernens im Prozess der Arbeit und durch informell erworbene Kompetenzen außerhalb des organisierten Lernens vornehmen (Grünewald et al. 1998, S. 29ff.; Molzberger 2007; Schiersmann 2007, S. 23ff.; Dehnbostel 2008, S. 12ff.; Baethge et al. 2013, S. 16ff.; Faulstich & Haberzeth 2018, S. 306f.; Käpplinger 2018, S. 681; Münchhausen et al. 2023, S. 17ff.).

Informell erworbene Kompetenzen und informelles Lernen werden seit einigen Jahren auch in empirischen Erhebungen berücksichtigt. Danach beruhen 60 bis 80 % der Handlungskompetenz einer betrieblichen Fachkraft auf informellen Lernprozessen (Dehnbostel 2022, S. 21). Im nationalen Bildungsbericht von 2022 wird die Beteiligung am informellen Lernen mit 69 % angegeben (Autor:innengruppe Bildungsberichterstattung 2022, S. 235). Andere Erhebungen mit anderen Indikatoren kommen zu noch höheren Prozentzahlen, u. a. stellt die IW-Weiterbildungserhebung 2020 eine Beteiligung an »informellen Weiterbildungen«, am »Lernen im Prozess der Arbeit« von 85,1 % fest (Seyda & Placke, 2020, S. 108f.).

Die in den letzten Jahren, zumal unter den Bedingungen der Corona-Pandemie, bekanntgegebenen Teilnahmequoten an Betrieblicher Weiterbildung differieren um mehr als 30 % und sorgen selbst in der Fachöffentlichkeit für Verwirrung, da häufig unklar bleibt, inwieweit formale, nichtformale und informelle Weiterbildungskontexte erfasst werden und wie diese definiert sind. Die bestehende uneinheitliche und fragmentierte Datenlage und die unterschiedlichen Berichterstattungen sollen nach Empfehlungen des Projekts »integrierte Weiterbildungsberichterstattung« zusammengeführt werden (Münchhausen et al. 2023), womit zugleich einer Zielsetzung der Nationalen Weiterbildungsstrategie entsprochen wird (BMAS & BMBF 2019, S. 21 f.).

Ein breites Verständnis von beruflicher Weiterbildung bezieht sich – in Übereinstimmung mit dem Deutschen und dem Europäischen Qualifikationsrahmen – auf formale, nichtformale und informelle Lernprozesse. Diese vertiefen, erweitern und ergänzen berufliche Kenntnisse, Fertigkeiten und Kompetenzen, die im Rahmen einer beruflichen Vorbildung oder Ausbildung erworben wurden. Betriebliche Weiterbildung entspricht dem und umfasst alle Weiterbildungsaktivitäten, die vom Betrieb allein oder in Kooperation mit anderen veranlasst, verantwortet und durchgeführt werden und an betrieblichen oder damit verbundenen Lernorten stattfinden.

Systematisierungen der Weiterbildung mit ihren Teilbereichen fallen sehr unterschiedlich aus und spiegeln zugleich die jüngere Entwicklung der Weiterbildung wider. Eine weit verbreitete Darstellung geht auf erste Systematisierungen des Bundesinstituts für Berufsbildung in den 1990er Jahren zurück. Bereits damals wurde das »Lernen am Arbeitsplatz« als eigenständiger Teilbereich der beruflichen Weiterbildung erkannt (Alt et al. 1994, S. 46), der in der folgenden Abbildung 19 Teil der Betrieblichen Weiterbildung ist.

Abbildung 19: Systematik der Weiterbildung

Quelle: in Anlehnung an Alt et al. 1994, S. 46; Dehnbostel 2008, S. 13; BMBF 2013, S. 12

Wie die Abbildung zeigt, ist die Unterscheidung des Lernens für die betriebliche und die außerbetriebliche berufliche Weiterbildung in formales, nichtformales und informelles Lernen zu einer zentralen Kennzeichnung geworden. Lernarten und Lernaktivitäten werden damit in ihren realen Rahmen- und Nutzungsbedingungen erfasst. Der Fokus der Betrieblichen Weiterbildung liegt auf den umfassenden betrieblichen Weiterbildungsaktivitäten mit dem im Mittelpunkt stehenden arbeitsintegrierten Lernen und nicht, wie vorherrschend, »auf der organisierten, non-formalen Weiterbildung« (Schrader 2021, S. 7). In den Empfehlungen für eine »integrierte Weiterbildungsberichterstattung« wird die berufliche Weiterbildung noch weiter in die vier Bereiche »Formale Weiterbildung«, »Non-Formale Weiterbildung«, »Informelles Lernen« und »Zufälliges Lernen« unterteilt (Münchhausen et al. 2023, S. 22).

2. Digitales Lernen in der Arbeit und Lernortpluralität

Mit der Einführung neuer Technologien und neuer Arbeits- und Organisationskonzepte zeichnete sich bereits in den 1970er Jahren eine Gegentendenz zur jahrzehntelangen Auslagerung von Qualifizierungsprozessen aus der Arbeit ab. Die auf industrialisierte und taylorisierte Arbeitsprozesse zutreffende Annahme abnehmender Lernpotenziale und Lernchancen kehrte sich für die computergestützte Facharbeit um. Eine Renaissance des Lernens in der Arbeit setzte ein, Lernen am Arbeitsplatz fand zunehmend statt. Damit setzte auch eine betriebliche Lernortentwicklung ein, in der sich betriebliche Lernorte pluralisieren, erweitern und entgrenzen.

2.1 Digitales und arbeitsintegriertes Lernen

Die Arbeitswelt erfährt seit den 1970er/1980er Jahren einen grundlegenden Wandel, der auf den Einsatz digitaler Systeme und Technologien zurückzuführen ist und mit restrukturierten Organisationen einhergeht. Treffend ist von einer epochalen Veränderung der Arbeitswelt zu sprechen, die auch als 3. und 4. industrielle Revolution bezeichnet wird. Das Lernen in der Arbeit wird neu aufgestellt, es erhält als digitales und arbeitsintegriertes Lernen einen bisher nicht gekannten Stellenwert in Unternehmen; es spielt eine zentrale Rolle in der sich herausbildenden Stellung des Menschen in der digitalen Arbeitswelt.
Für das digitale Lernen zeigen sich in restrukturierten Organisationen und der digitalisierten Arbeit neue Lerngelegenheiten und Qualifizierungsoptionen (Dehnbostel 2022, S. 17ff.). Lernen stärkt den Prozess-, Ganzheitlichkeits- und Reflexionscharakter betrieblicher und agiler Arbeit. Es wird zeitlich, örtlich und räumlich entgrenzt; es bleibt nicht mehr auf organisierte Formate und schon gar nicht auf eine formale, institutionalisierte Bildung beschränkt.
Digitales Lernen ist als informelles Lernen Teil des alltäglichen Arbeitshandelns und konstitutiver Bestandteil digitaler Arbeit. Es ist ein Lernen jenseits von Routinen und erzeugt Lernergebnisse, die aus Situationsbewältigungen, Problemlösungen und Reflexionen im Arbeitshandeln resultieren. Hierin begründet sich auch das in und über Arbeitshandlungen erfolgende Erfahrungslernen sowie die ungebrochen hohe Bedeutung von Erfahrungswissen (Allespach 2016, S. 33; Baumhauer et al. 2021; Bolte & Neumer 2021).
Digitales Lernen in der Arbeit beschränkt sich jedoch nicht auf informelles Lernen, sondern verbindet sich auch mit nichtformalem und formalem Lernen. Diese drei Lernformate bilden zusammen das arbeitsintegrierte Lernen. Beispiele für die Verknüpfung mit nichtformalem Lernen sind Lernformen wie Lernplattformen, Coaching und Lerninseln. Eine Verknüpfung mit formalem Lernen findet dann statt, wenn das Lernen in der Arbeit Teil einer im öffentlichen Bildungs-

system anerkannten Bildungsmaßnahme ist, so duale und berufsbegleitende Studiengänge sowie Zertifikatsprogramme.
Sicherlich ist das arbeitsintegrierte Lernen mit der Zusammenführung von Arbeiten und Lernen ein Meilenstein in der Geschichte neuzeitlicher Qualifizierung. Gleichwohl bedeutet dies nicht, dass damit per se eine umfassende Kompetenzentwicklung erfolgt, dass Lernhemmnisse und Lernwiderstände überwunden werden. Denn arbeitsintegriertes Lernen ist nicht per se kompetenzbezogen und lern- und persönlichkeitsfördernd. Es ist häufig ein betrieblich begrenztes, vor allem in rein informellen Lernkontexten zufälliges, auftrags- und situationsbegrenztes Lernen. Es tendiert dazu, die Lern- und Kompetenzanforderungen unter Effizienz- und Effektivitätskriterien auf ökonomische und technikzentrierte Zwecksetzungen und Anpassungen zu reduzieren.
Die Konsequenz daraus ist, Lernen im Prozess der Arbeit zu fördern und zu gestalten (Dehnbostel 2007). Betrieblichen Lernorten kommt dabei eine vorrangige Rolle zu; sie stellen das Lernen in den Kontext von Lernkonzepten, Lernformen sowie einer subjektbezogenen Kompetenzentwicklung und fundieren die Betriebliche Weiterbildung.

2.2 Pluralisierung betrieblicher Lernorte

Spätestens seit Entstehung des dualen Systems der Berufsausbildung im Übergang vom 19. zum 20. Jahrhundert ist das betriebliche Lernen mit der Lernortfrage konfrontiert. Das duale System der Berufsausbildung mit den Lernorten Schule und Betrieb ist sozusagen als Ursprungsform der zu gestaltenden Kooperation von Lernorten anzusehen. Die beiden Lernorte haben sich auf der Grundlage von Beruflichkeit und der Orientierung an ökonomischen und berufspädagogischen Zielsetzungen zu einem Qualifikationssystem entwickelt, das Arbeiten und Lernen verbindet. Die grundlegende Bedeutung der Lernortthematik für die Berufsbildung zeigt sich zudem darin, dass die Begriffe »Lernort« und »Lernortkooperation« seit der Novellierung des Berufsbildungsgesetzes (BBiG) im Jahr 2005 in § 2 »Lernorte der Berufsbildung« gesetzlich verankert sind.
Bereits in den 1970er Jahren hatte der Deutsche Bildungsrat der Lernortfrage im Rahmen der damaligen Bildungsreform einen hohen Stellenwert eingeräumt, was in der Berufsbildungsforschung zu heftigen Diskussionen und Zurückweisungen führte (Dehnbostel 2022, S. 89ff.). Eine Schwäche in der einsetzenden Lernortforschung bestand darin, dass Kriterien und Analysen zur Lernergiebigkeit und Qualität betrieblicher Lernorte zu wenig entwickelt und umgesetzt wurden.
Allerdings erfolgte mit dem Aufkommen digitaler Arbeit und der Stärkung der betrieblichen und der außerbetrieblichen beruflichen Weiterbildung eine Öffnung der Lernortdiskussion für Lernorte außerhalb des öffentlichen Bildungswesens, wobei den betrieblichen Lernorten besondere Aufmerksamkeit zukam

(Grünewald et al. 1998; Moraal et al. 2004; Nuissl von Rein 2006; Faulstich & Bayer 2009). Das überkommene Verständnis des Lernorts als Ort des formalen Lernens im öffentlichen Bildungssystem wurde prinzipiell erweitert. Denn ebenso wie das formale Lernen ist auch informelles und nichtformales Lernen immer an einen Lernort gebunden. Lernorte sind somit definitorisch als örtlich und räumlich zusammenhängende Einheiten zu bezeichnen, in denen in formalen, nichtformalen und informellen Lernkontexten gelernt wird. Zu unterscheiden sind Lernorte nach ihren örtlichen, zeitlichen und strukturellen Gegebenheiten sowie nach ihren qualifizierenden und auf das Lernen bezogenen Funktionen.
Mit der Entwicklung der Lernorte haben sich auch deren Kooperationen entwickelt. Als besondere Form der Lernortkooperation haben sich Verbünde und Netzwerke herausgebildet (Dehnbostel 2022, S. 95ff.). Wie Rita Meyer und Maren Baumhauer am Beispiel einer explorativen, qualitativen Studie zeigen (Meyer & Baumhauer 2024), sind Qualifizierungsnetzwerke wesentliche Erweiterungen lernortkooperativer Zusammenarbeit. Kooperationsstrukturen zwischen Bildungsanbietern und Betrieben folgen im Bereich der Ausbildung einer verbindlichen Verbundstruktur, während für die Weiterbildung eine offene Netzwerkstruktur besteht.
In der digitalen Transformation der Arbeitswelt werden betriebliche Lernorte zunehmend pluralisiert und entgrenzt, neue virtuelle und hybride Lernorte kommen hinzu. Es findet eine Differenzierung der Metalernorte »Lernort Betrieb« und »Lernort Arbeitsplatz« in Einzellernorte statt, zu denen auch virtuelle und hybride Lernorte wie Online-Communities, Webinare und digitale Lernplattformen gehören.

3. Lernräume und Lernarchitekturen

Eine grundlegende Erweiterung der Lernorte erfolgt durch die Entwicklung von Lernräumen und Lernarchitekturen. Die Unterscheidung zwischen Ort und Raum öffnet den Blick für Lernräume, deren Potenziale für das Lernen von Einzelnen und Gruppen auszuloten und zu nutzen sind. Dabei handelt es sich – wie bei den Lernorten – um physische, virtuelle und auch hybride Lernräume. Die Metalernorte Betrieb und Arbeitsplatz sind selbst als »Interaktionsräume« zu verstehen, die im Zuge der digitalen Transformation Erosionstendenzen, aber auch neue Lernräume aufweisen und in der Konsequenz eine neugestaltete Betriebliche Weiterbildung erfordern (Meyer et al. 2023).
Raumtheorien und Raumkonzepte sind in verschiedenen Disziplinen entwickelt, der erstmals 2001 erschienenen »Raumsoziologie« von Martina Löw kommt dabei eine schon klassische Rolle zu (Löw 2015). Seit den 1990er Jahren werden raum-

theoretische Konzepte unter Betonung der sozialen und kompetenzfördernden Potenziale und Wirkungen des Raums intensiviert (Kraus 2008; Wittwer et al. 2015; Bernhard et al. 2015). In der Weiterbildung und Erwachsenenbildung geht die Raumdiskussion davon aus, dass Lehr-Lern-Prozesse wesentlich durch Regeln und Ressourcen in der räumlichen Ordnung beeinflusst werden oder anders betrachtet, dass Lernende und Beschäftigte die Potenziale von Lerngelegenheiten in der Arbeit nutzen und dabei Lernräume verändern oder auch generieren.
So werden in der Arbeit durch Lernbegleitungsformen wie Coaching, Mentoring und kollegiale Begleitung arbeitsintegrierte Lernräume generiert, die informelles vorrangig mit nichtformalem, aber auch mit formalem Lernen verbinden (Dehnbostel 2022, S. 121 ff.). Darüber hinaus sind Lernorganisationsformen entstanden, die Arbeiten und Lernen gezielt verschränken und als Lernräume zu gestalten sind. Beispiele sind unter anderem Communities of Practice (CoP), Lernplattformen, Lernfabriken, Lernlabore, BarCamps, Qualitätszirkel, Arbeits- und Lernaufgaben sowie Lerninseln (ebd., S. 107 ff.).
Eine besondere Rolle kommt den neu entstandenen hybriden Lernräumen zu, da sie eine konnektivitätsbezogene Verbindung unterschiedlicher Lernräume darstellen. Durch die Vernetzung von physischen und virtuellen Räumen – eine besondere Form von Lernortkooperation – entsteht die Raumvariante des »Thirdplace als hybride Lernumgebung« (Edinger & Reimer 2015). Eva-Christina Edinger und Ricarda Reimer führen aus, dass die Addition von physischen und virtuellen Räumen ein beziehungsloses Nebeneinander ergibt, während durch die Vernetzung »ein neuer, hybrider Raum (entsteht)« und schlussfolgern: »Aus der Kombination bzw. Hybridisierung der Raumkomponenten ergeben sich neue Fragestellungen der Raumaneignung sowie der Sinnzuschreibung der in ihnen verorteten Aktivitäten und deren Rückbindung an die Identitätskonstruktion der Menschen im Raum« (ebd., S. 208).
Im unmittelbaren Kontext von E-Learning-Konzepten sprechen Patricia Arnold u. a. von hybriden Bildungsräumen, die sich »durch die gegenseitigen Grenzüberschreitungen von virtuellen und realen Bildungsräumen entwickeln« (Arnold et al. 2015, S. 59). Die »Entgrenzung der Bildungsräume in einem hybriden Bildungsraum« (ebd., S. 70) entwickelt sich danach faktisch durch die Verbreitung mobiler digitaler Endgeräte; als Auslöser für die Entstehung hybrider Bildungsräume wird das Aufkommen des mobilen und ubiquitären Lernens angesehen (ebd., S. 69 ff.). Übertragen auf die digitalisierte Arbeitswelt bilden physisch und virtuell verbundene Arbeitsräume einen hybriden Lernraum, der, wie beispielsweise Online-Communities und Coworking zeigen, über das Arbeitshandeln neue Wechselwirkungen zwischen Kompetenzentwicklung und Arbeitsumgebungen hervorruft und dabei den Arbeitsraum verändert reproduziert. Eine Entwicklung, die erst am Anfang steht, dabei hohe arbeitnehmerorientierte Ge-

staltungsmöglichkeiten bietet, die für die digitale Arbeitswelt charakteristisch und zukunftsweisend sind.
Gleiches gilt auch für das Konzept der Lernarchitekturen, das im Kontext des selbstgesteuerten und personalisierten Lernens steht und daher auch unter den Begriff »Selbstlernarchitektur« fällt. Auch wenn das Konzept zunächst für eher formale Lernsituationen entwickelt wurde, trifft es ebenso auf das selbstgesteuerte Lernen von Individuen und Gruppen in der Arbeit zu. Hermann J. Forneck hat das Modell in kritischer Auseinandersetzung mit emphatischen und idealisierten Selbstbestimmungskonzepten im Rahmen einer Theorie sozialer Praktiken genauer bestimmt (Forneck 2006). Demnach ist die Anbindung an Strukturen und Lernorte eine Voraussetzung für selbstgesteuertes und personalisiertes Lernen: »Strukturierte und durch ihre Struktur das Lernen steuernde Lernumgebungen nehmen in ›selbstgesteuerten‹ Lernprozessen […] eine strategische Stellung ein«. Grundsätzlich und anthropologisch ist eine Struktur »den Lernenden vorausgesetzt, ja konstituiert erst die Möglichkeit und Notwendigkeit des Lernens. Ohne Struktur ist keine Wahrnehmung und damit kein Lernen möglich« (Forneck 2006, S. 15).
Aus strukturations- und raumtheoretischer Sicht gilt für Lernräume und Lernarchitekturen in der Arbeit, dass sie mit den ihnen zugrunde liegenden Personal- und Organisationsstrukturen, Regeln und Lernpotenzialen über das Arbeitshandeln rekursiv reproduziert werden, das heißt, es werden neue oder erweiterte Lernräume und Lernarchitekturen geschaffen und somit Strukturen reproduziert. Eine Dualität, die nach Martina Löw darin besteht, »erstens, das Handeln zu strukturieren, und zweitens, im Handeln generiert und reproduziert zu werden« (Löw 2015, S. 244). Für die Gestaltung von Arbeit und Lernräumen in der Arbeit rücken damit die Wechselbeziehungen von Struktur und Handlung in den Blick (Goltz 1999, S. 64ff.; Dehnbostel 2022, S. 43f.).

4. Resümee

Die Lernorte in der Betrieblichen Weiterbildung pluralisieren, erweitern und entgrenzen sich im Zuge der Restrukturierung von Organisationen und der Digitalisierung der Arbeit, und zwar als physische, virtuelle und hybride Lernorte. Lernräume und Lernarchitekturen entstehen auf der Basis arbeitsintegrierten Lernens unter Maßgabe einer lern- und kompetenzförderlichen Arbeitsgestaltung. Lernraumbezogene Konzepte zielen auf die sozialen und kompetenzbezogenen Potenziale und Wirkungen des Raumes; Lernarchitekturen werden durch das Lernen, zumal in Verbindung mit digitaler Assistenz, als personalisierte Lernsettings generiert.

Diese Entwicklungen der Lernorte stehen jedoch, ebenso wie die Digitalisierung der Arbeit, noch am Anfang. Realiter werden Weiterlernen und Weiterbildung im Betrieb vorrangig ökonomisch und technologisch getrieben, sind einzelbetrieblich und situativ verengt sowie häufig durch Arbeitsverdichtung und Arbeitsstress erschwert. Die lernort- und lernraumbezogene Einbindung des digitalen, arbeitsintegrierten Lernens ist zu entwickeln und auszubauen, um eine personalisierte Kompetenzentwicklung und eine menschengerechte Gestaltung von Arbeit zu fördern. Hierbei ist das arbeitsintegrierte Lernen in betrieblichen Lernorten an Lern-, Kompetenz- und Berufsstandards auszurichten, wodurch es zugleich – insbesondere durch die Validierung erworbener Kompetenzen – zur Entwicklung von Berufslaufbahnen, zur Durchlässigkeit beruflicher Bildungswege und zur Gleichwertigkeit von beruflicher, allgemeiner und hochschulischer Bildung beiträgt.

Hierdurch können Risiken der Digitalisierung wie technikzentrierte Verengungen und Arbeitsverdichtungen verringert oder vermieden werden; einer einseitig an Kosten-Nutzen-Relationen orientierten Ausrichtung des Lernens, auch des als selbstorganisiert bezeichneten Lernens, wird entgegengewirkt. Konzeptionell besteht die Herausforderung darin, die expandierende, nicht formalisierte Weiterbildung mit organisierten Formen der betrieblichen und der außerbetrieblichen beruflichen Weiterbildung in digital basierten Lernorten, Lernräumen und Lernarchitekturen zusammenzuführen. Dies führt zu einer neugestalteten Betrieblichen Weiterbildung und ist eine notwendige Voraussetzung für die Schaffung innovativer Arbeitsorganisation, partizipativer Arbeitsgestaltung und arbeitnehmerorientierter Kompetenz- und Bildungsentwicklung. Die Stellung des Menschen in der digitalen Arbeitswelt wird dadurch maßgeblich geprägt.

Dreh- und Angelpunkt für den Ausbau und die Fundierung der Lernortentwicklung ist das betriebliche Bildungspersonal. Ihm kommt eine entscheidende Rolle bei der Einrichtung und Gestaltung von Lernorten, Lernräumen und Lernarchitekturen zu, die sich zwischen »neuer Freiheit und fremdbestimmter Flexibilität« (Gerst 2023) bewegen. Die Aufgaben und Funktionen des betrieblichen Bildungspersonals haben sich seit dem Aufkommen restrukturierter Organisationskonzepte und der Digitalisierung der Arbeit stetig erweitert. Während jedoch für das betriebliche Ausbildungspersonal mit der Ausbilder-Eignungsverordnung (AEVO) eine erste Professionalisierung einsetzte, steht diese für die ungleich größere Gruppe des nicht formal qualifizierten betrieblichen Weiterbildungspersonals mit einem wesentlich breiteren Aufgaben- und Funktionsspektrum noch aus. Diese Gruppe der IT-Beauftragten, IT-Professionals, Weiterbildungsmentor:innen und sonstigen weiterbildenden Fachkräften stellt auch in den eingangs angesprochenen empirischen Erhebungen einen weißen Fleck dar, sie nimmt aber für die Lernortentwicklung und die Entwicklung der Betrieblichen Weiterbildung eine Schlüsselstellung ein.

5. Literatur

Allespach, M. (2016). Bildung 4.0. Zur Notwendigkeit einer arbeitsorientierten-politikbezogenen Bildung. In: Journal für politische Bildung. Arbeitswelt 4.0., Heft 3, S. 30–35.

Alt, Chr., Sauter, E. & Tillman, H. (1994). Berufliche Weiterbildung in Deutschland. Strukturen und Entwicklungen. Bielefeld: Bertelsmann.

Arnold, P. et al. (2015). Handbuch E-Learning. Lehren und Lernen mit digitalen Medien. 4. Aufl., Bielefeld: W. Bertelsmann.

Autor:innengruppe Bildungsberichterstattung (2022). Bildung in Deutschland 2022. Ein indikatorengestützter Bericht mit einer Analyse zum Bildungspersonal. Bielefeld: wbv Publikation.

Baethge, M., Severing, E. & Weiß, R. (2013). Handlungsstrategien für die berufliche Weiterbildung. Bielefeld. W. Bertelsmann.

Baumhauer, M. et al. (2021). LERNORT BETRIEB 4.0. Organisation, Subjekt und Bildungskooperation in der digitalen Transformation der Chemieindustrie. Study 454. Düsseldorf: Hans Böckler Stiftung.

Bernhard, Chr.et al. (Hrsg.) (2015). Erwachsenenbildung und Raum. Theoretische Perspektiven – professionelles Handeln – Rahmungen des Lernens. Bielefeld: W. Bertelsmann.

BMAS & BMBF (Hrsg.) (2019). Nationale Weiterbildungsstrategie. *https://www.bmbf.de/files/190611_BMAS_DINA4_Strategiepapier_v2_ansicht.pdf* (abgerufen am 12.7.2022).

BMBF (2013). Berufliche Weiterbildung im Betrieb. Info- und Toolbox für Personalverantwortliche, Betriebs- und Personalräte. Berlin: Lettershop-berlin.de.

Bolte, A. & Neumer, J. (2021). Lernen in der Arbeit. Erfahrungswissen und lernförderliche Arbeitsgestaltung bei wissensintensiven Berufen. Augsburg, München: Rainer Hampp.

Dehnbostel, P. (2007). Lernen im Prozess der Arbeit. Münster u. a.: Waxmann.

Dehnbostel, P. (2008). Berufliche Weiterbildung. Grundlagen aus arbeitnehmerorientierter Sicht. Berlin: edition sigma.

Dehnbostel, P. (2022). Betriebliche Bildungsarbeit. Kompetenzbasierte Berufs- und Weiterbildung in digitalen Zeiten. 3. erweiterte Aufl., Baltmannsweiler: Schneider.

Deutscher Bildungsrat (1972). Strukturplan für das Bildungswesen. 4. Aufl., Stuttgart: Klett.

Deutscher Bildungsrat (1974). Zur Neuordnung der Sekundarstufe II. Konzept für eine Verbindung von allgemeinem und beruflichem Lernen. Bonn: Bundesdruckerei.

Edinger, E-Chr. & Reimer, R. (2015): Thirdplace als hybride Lernumgebung. Die Kombination materieller und virtueller Lernräume (S. 205–216). In: Bernhard, Chr. et al. (Hrsg.), a. a. O.

Faulstich, P. & Bayer, M. (2009) (Hrsg.). Lernorte. Vielfalt von Weiterbildungs- und Lernmöglichkeiten. Hamburg: VSA

Faulstich, P. & Haberzeth, E. (2018). Weiterbildungsforschung. In: Rauner, F. & Grollmann, Ph. (Hrsg.): Handbuch Berufsbildungsforschung. 3. erweiterte Aufl., Bielefeld: wbv Media, S. 306–315.

Forneck, H. J. (2006). Selbstlernarchitekturen. Lernen und Selbstsorge I. Baltmannsweiler: Schneider.

Gerst, D. (2023). New Work: Zwischen neuer Freiheit und fremdbestimmter Flexibilität. In: WSI-Mitteilungen, Heft 1, S. 62–68. Online: DOI: 10.5771/0342-300X-2023-1-62.

Goltz, M. (1999): Betriebliche Weiterbildung im Spannungsfeld von tradierten Strukturen und kulturellem Wandel. München/Mering: Rainer Hampp Verlag.

Grünewald, U. et al., (1998). Formen arbeitsintegrierten Lernens. Möglichkeiten und Grenzen der Erfassbarkeit informeller Formen der betrieblichen Weiterbildung. (QUEM-Report, Heft 53). Berlin: ESM Satz und Grafik GmbH.

Käpplinger, B. (2018). Theorien und Theoreme der betrieblichen Weiterbildung. In: Tippelt, R. & von Hippel, A. (Hrsg.): Handbuch Erwachsenenbildung/Weiterbildung (S. 679–695). Wiesbaden: Springer VS.

Kraus, K. (2008). Lernort: Raumtheoretische Überlegungen zu einem Grundbegriff der Berufs- und Wirtschaftspädagogik. In: Münk, D. et al. (Hrsg.): Berufs- und Wirtschaftspädagogik – Probleme und Perspektiven aus nationaler und internationaler Sicht (S. 46–55). Opladen: Verlag Barbara Budrich.

Löw, M. (2015). Raumsoziologie. 8. Aufl., Frankfurt a. M.: Suhrkamp.

Meyer, R. et al. (2023). Erodiert durch Homeoffice der Betrieb als Lernort? Zum Stellenwert des Arbeitsplatzes als Interaktionsraum. In: WSI-Mitteilungen, Heft 1, S. 19–25. Online: DOI: 10.5771/0342-300X-2023-1-62.

Meyer, R. & Baumhauer, M. (2024). Herausforderungen und Gestaltungsansätze in betrieblichen Bildungs- und Lernortkooperationen unter den Bedingungen digitaler Transformation. In: Allespach, M., Käpplinger, B. & Wienberg, J. (Hrsg.). Handbuch Betriebliche Weiterbildung (s. in diesem Band). Frankfurt a. M.: Bund-Verlag.

Molzberger, G. (2007). Rahmungen informellen Lernens. Zur Erschließung neuer Lern- und Weiterbildungsperspektiven. Wiesbaden: VS Research.

Moraal, D., Schönfeld, G. & Grünewald, U. (2004). Moderne Weiterbildungsformen in der Arbeit und Probleme ihrer Erfassung und Bewertung. In: Meyer, R. et al. (Hrsg.): Kompetenzen entwickeln und moderne Weiterbildungsstrukturen gestalten (S. 29–44). Münster: Waxmann.

Münchhausen, G. et al. (2023). Integrierte Weiterbildungsberichterstattung – Aufbau einer systematischen Berichterstattung zur beruflichen Weiterbildung (iWBBe). Projektendbericht. BIBB. Wissenschaftliche Diskussionspapiere, H. 246. Leverkusen: Verlag Barbara Budrich.

Nuissl von Rein, E. (2006). Zur Aufgabe von Lernorten im lebenslangen Lernen. In: Zeitschrift für Erwachsenenbildung, 13. Jg., H. IV, S. 29–31.

Schiersmann, Chr. (2007). Berufliche Weiterbildung. Wiesbaden: VS Verlag.

Schrader, J. (2021). Vorbemerkungen. In: Widany et al. (Hrsg.): Trends der Weiterbildung. DIE-Trendanalyse 2021 (S. 6–7). Bielefeld: wbv media.

Seyda, S. & Placke, B. (2020). IW-Weiterbildungserhebung 2020: Weiterbildung auf Wachstumskurs. IW-Trends 4/2020. *https://www.iwkoeln.de/fileadmin/user-upload/Studien/IW-Trends/PDF/2020/IW-Trends-2020-04-07-Seyda-Placke.pdf* (abgerufen am 12.4.2022).

Wittwer, W., Diettrich, A., & Walber, M. (Hrsg.) (2015). Lernräume: Gestaltung von Lernumgebungen für Weiterbildung. Wiesbaden: Springer VS.

Annegret Bolte & Judith Neumer

Erfahrungsbasiertes Kontextwissen bei digital vernetzter Arbeit

Inhalt

1. Erfahrungsbasiertes Kontextwissen ist Erfahrungswissen

In den letzten Jahren – und mittlerweile Jahrzehnten – ist das Erfahrungswissen der Beschäftigten immer mehr in den Fokus der Arbeitsforschung getreten. Es gibt zahlreiche Untersuchungen, die auf die Bedeutung dieses spezifischen Wissens in den unterschiedlichsten Handlungsfeldern verweisen: Die technische Planung (Bolte 2000; Sauer & Bolte 2021), die Programmierung von CNC-Werkzeugmaschinen (Bolte 1993; Böhle & Schulze 1997; Carus & Schulze 1995), die Konstruktion mithilfe von CAD-Programmen (Bolte 1998), die Montage im Maschinenbau (Pfeiffer 2007), die Überwachungstätigkeiten in der Chemieindustrie (Bauer et al. 2016), aber auch die Pflege (Böhle 1999; Weishaupt 2006) und andere Dienstleistungen wie das Friseurhandwerk (Weikmann 2009; Bauer & Böhle 2020) seien hier exemplarisch genannt.[1] Doch wie sieht es angesichts einer immer weiter fortschreitenden Digitalisierung aus?

1 Die Initialzündung für diese Studien bildeten die 1988 erschienene Untersuchung »Vom Handrad zum Bildschirm« von Fritz Böhle und Brigitte Milkau sowie die 1992 erschienene Untersuchung »Technik und Erfahrung« von Fritz Böhle und Helmuth Rose.

Unsere Untersuchungen[2] haben gezeigt, dass bei digital vernetzten Arbeitstätigkeiten weiterhin Erfahrungswissen erforderlich ist. Allerdings hat es besondere Ausprägungen, die wir als erfahrungsbasiertes Kontextwissen benennen. Im Folgenden wird das im Einzelnen dargelegt. Doch zunächst wird das zugrundeliegende Konzept des Erfahrungswissens kurz beschrieben.

2. Erfahrungswissen: Was ist das eigentlich?

In jedem Arbeitsprozess ist fachliches Wissen unabdingbar. Zu dessen Erwerb gibt es eine Vielzahl von schulischen Einrichtungen und – typisch für die Weiterbildung – Kursen und Seminaren. Aber dieses dort erworbene systematische Wissen muss im Prozess der Arbeit durch Erfahrungswissen ergänzt und erweitert werden. Erfahrungswissen ist ein Wissen, das im praktischen Handeln erworben und angewandt wird. Es ist daher personengebunden und auf konkrete Situationen bezogen.

In einem immer noch weit verbreiteten Verständnis werden unter Erfahrungswissen ein Erfahrungsschatz oder Routinen verstanden, die sich die Beschäftigten über Jahre hinweg aneignen und die ggf. hinderlich bei der Bewältigung neuer Situationen sein können. In Übereinstimmung mit der neueren arbeitswissenschaftlichen und berufspädagogischen Diskussion begreifen wir Erfahrungswissen dagegen als eine *eigenständige* Form des Wissens, durch die schulisches bzw. wissenschaftlich begründetes Wissen in der beruflichen Praxis ergänzt werden muss (Bauer & Munz 2000; Schulze 2001; Sevsay-Tegethoff 2007). »Erfahrungswissen wird hier als ein Wissen verstanden, das gerade auch zur Bewältigung neuer Situationen im Sinne eines ›Erfahrung-Machens‹ befähigt und in der Auseinandersetzung mit Neuem erworben und weiterentwickelt wird« (Böhle 2009, S. 76).

Somit beschränkt sich dieses Erfahrungswissen nicht auf Kenntnisse über konkrete Gegebenheiten und die Einübung von Handlungsroutinen, die sich mehr oder weniger beiläufig beim praktischen Tun ergeben. Erfahrungswissen ist vor allem ein besonderes praktisches Wissen, das nur begrenzt dokumentiert und vom praktischen Handeln abgelöst werden kann. Es ist ein mit praktischem Handeln verbundenes Wissen. Damit ermöglicht es ein praktisches »Können«, das sich sowohl durch eine Routinisierung von Handlungsvollzügen als auch durch eine besondere situationsbezogene Flexibilität und Kreativität auszeichnet

2 Diese Untersuchungen fanden im Rahmen des vom BMBF geförderten Projekts »Erfahrungsgeleitetes Lernen durch Arbeit – Lernförderliche Arbeitsgestaltung bei qualifizierter, selbstverantwortlicher Arbeit (LerndA)« statt. Ausführliche Darstellungen finden sich in Sauer, Böhle & Bolte (2018) sowie Bolte & Neumer (2021).

(Böhle 2015). Es beinhaltet Kenntnisse über Eigenschaften und Verhaltensweisen von Arbeitsmaterialien, -mitteln und -bedingungen, die weder unmittelbar erkennbar noch exakt beschreibbar sind.[3] Dieses Erfahrungswissen ist zunächst mit Sachverhalten und Gegenstandsbereichen verknüpft, auf die sich auch das systematische Fachwissen bezieht – wie beispielsweise technische Wirkungszusammenhänge oder das Verhalten unterschiedlicher Materialien. Darüber hinaus bezieht es sich aber auch auf Eigenschaften und Verhaltensweisen, die durch ein systematisches Fachwissen nicht erfasst und vor allem auch nicht erfasst werden können. Damit wird Erfahrungswissen insbesondere angesichts nicht vollständig vorhersehbarer und kontrollierbarer Unwägbarkeiten und Ungewissheiten – gerade auch bei technischen Prozessen – relevant.
In der arbeitswissenschaftlichen und -soziologischen Forschung wurde in vielen Studien[4] gezeigt, dass der Erwerb und die Anwendung eines solchen Erfahrungswissens auf einem besonderen Umgang mit Arbeitsmitteln und Arbeitsanforderungen beruhen. Erfahrungswissen zeichnet sich dadurch aus, dass das sog. objektivierende Handeln auf vier Ebenen mit einem subjektivierenden Handeln verschränkt wird: in der Art des Vorgehens, in der Art des Denkens und Wissens, im Gebrauch von Körper und Sinnen einschließlich der sinnlichen Wahrnehmung sowie in der Beziehung zu Arbeitsgegenständen und anderen Personen. So wird ein planmäßiges mit einem dialogisch-explorativen Vorgehen verschränkt; analytisches wird durch assoziatives Denken ergänzt; objektives Registrieren um komplexe Sinneserfahrungen erweitert. Zudem gibt es zu Personen und Arbeitsgegenständen nicht nur distanzierte Beziehungen, sondern auch solche, die durch Nähe und Einheit gekennzeichnet sind.

3 Wie in der Abbildung 20 erkennbar wird, fließen im erfahrungsgeleiteten Arbeitshandeln explizites und implizites Wissen zusammen. Vgl. auch Böhle et al. (2004); Porschen (2008); Neuweg (2015, 2020); Böhle (2020).

4 Eine Übersicht über diese im Laufe der letzten Jahrzehnte erschienenen Studien findet sich in Böhle (2017).

Abbildung 20: Arbeitshandeln

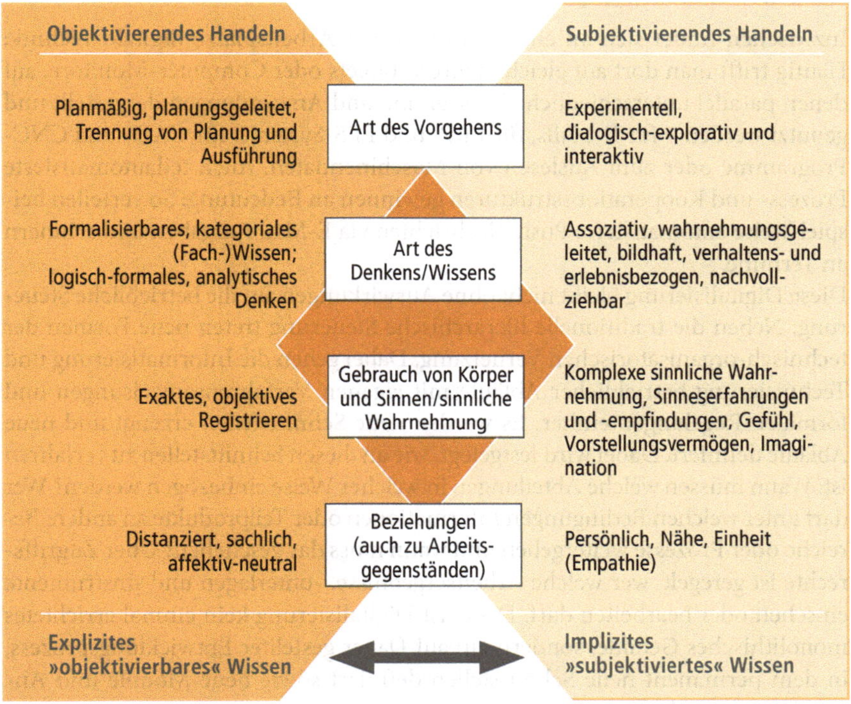

Quelle: eigene Darstellung

Erfahrungswissen bezieht sich im Gegensatz zu – wichtigen – Handlungskompetenzen wie Selbststeuerung oder Selbstverantwortung ebenso wie das systematische Wissen auf fachliche Anforderungen. Insofern ist es auch ein Fachwissen und damit – wiederum – Grundlage für Handlungskompetenzen (Böhle 2021).

Erfahrungen und Erfahrungswissen sind in diesem Sinne eben nicht einfach als »abgelagerte Sedimente« zu verstehen, sondern sie weisen eine komplexe dreifache zeitliche Dimension auf: Sie basieren auf Vergangenem, aktualisieren sich in der Gegenwart und ermöglichen Handlungsfähigkeit in Bezug auf eine unwägbare Zukunft. Aber werden Erfahrungen und Erfahrungswissen auch angesichts einer fortschreitenden Digitalisierung weiter benötigt?

3. Erfahrungswissen und digitale Technik

Inzwischen findet sich an einem Großteil der Arbeitsplätze digitale Technik: Häufig trifft man dort auf gleich mehrere Tablets oder Computer-Monitore, auf denen parallel unterschiedliche Programme und Anwendungen dargestellt und genutzt werden – für E-Mails, für ERP- und PPS-Systeme, für CAD- und CNC-Programme oder zum Auslesen von Maschinendaten. Auch teilautomatisierte Prozess- und Kooperationsstrukturen gewinnen an Bedeutung: So verteilen beispielsweise automatisierte Push-Nachrichten via E-Mail Aufgaben und erinnern an Termine.

Diese Digitalisierung bleibt nicht ohne Auswirkungen auf die betriebliche Steuerung: Neben die traditionelle hierarchische Steuerung treten neue Formen der technisch-organisatorischen Vernetzung. Dabei gehen die Informatisierung und Technisierung betrieblicher Abläufe mit eigenen Verfahrensanweisungen und formalen Regelungen einher: Es werden neue Schnittstellen erzeugt und neue Abläufe definiert. Dabei wird festgelegt, wie an diesen Schnittstellen zu verfahren ist: Wann müssen welche Abteilungen in welcher Weise einbezogen werden? Wer darf unter welchen Bedingungen Informationen oder Teilprodukte an andere Bereiche oder Prozesse weitergeben und wann muss das geschehen? Über Zugriffsrechte ist geregelt, wer welche Arbeitsergebnisse, -unterlagen und -instrumente einsehen oder bearbeiten darf. Dabei ist Digitalisierung kein einmal errichtetes monolithisches Gebilde, sondern ein auf Dauer gestellter Entwicklungsprozess, in dem permanent neue Schnittstellen definiert sowie neue Module und Anwendungen implementiert werden.

Solche stetigen Veränderungen gehen mit immer neuen Arbeitsanforderungen einher. Diese umfassen unterschiedliche Dimensionen (Heinlein, Neumer & Ritter 2023, S. 47 ff.):

- Die Beschäftigten müssen oftmals ihre eigene Position im Netzwerk selbstorganisiert herstellen. Dazu müssen sie sich aktiv digital mit anderen Akteuren und Technologien vernetzen oder aber auch Vernetzungen lösen.
- Informationen liegen zunehmend in digital abstrahierter und gefilterter Form vor. Die Beschäftigten müssen sie bewerten und mit der analogen Welt abgleichen.
- Die Beschäftigten müssen digitale Technologien im Arbeitsprozess kontrollieren und steuern. Dies ist allerdings aufgrund der Eigenlogik und Intransparenz oft nur begrenzt möglich. In ihren konkreten Tätigkeiten müssen die Beschäftigten digital vermittelte Perspektiven und Handlungslogiken permanent aufeinander beziehen und integrieren.
- Im Arbeitsprozess müssen die Beschäftigten fortlaufend zwischen isolierten und vernetzten sowie zwischen analogen und digitalen Tätigkeiten wechseln. Dieser Wechsel kann fluide sein oder abrupt stattfinden. Zudem macht es

digital vernetzte Arbeit erforderlich, gleichzeitige und ungleichzeitige Ereignisse in echtzeitbasierten Prozessen zu antizipieren und zu synchronisieren.
- Last but not least: Arbeit ist immer auf Interaktion, Kooperation und Kommunikation angewiesen. Die Beschäftigten müssen dafür geeignete Formen im digitalen Raum finden.

Aber auch jenseits von technischen Neuerungen müssen sich die Beschäftigten im laufenden Arbeitsalltag immer wieder neu mit den vorhandenen Anwendungen und Systemen auseinandersetzen. So gibt es zahlreiche Situationen, in denen Beschäftigte mit den Grenzen digitaler Technik konfrontiert sind. Die in den digitalen Anwendungen und Systemen abgebildeten Prozesse und Daten stimmen nie vollständig mit den realen Verhältnissen und Bedingungen überein. Dies ist zunächst kein Anzeichen für eine Dysfunktionalität der Technik; es ist schlicht darin begründet, dass digitale Technik immer von den physischen Begebenheiten abstrahieren muss. Infolgedessen bleibt die digitale Abbildung physischer Prozesse und Zustände immer entweder grundlegend unvollständig oder sie definiert bzw. simuliert Abläufe und Zusammenhänge, die im Realen anders gelagert sind oder gar nicht bestehen.

Diese »Abstraktionslücken« erfordern ein aktives Eingreifen der Beschäftigten: Im System vorgesehene Schritte müssen ausgelassen, umgangen oder in anderer Reihenfolge ausgeführt werden; Daten müssen an einer Stelle aufwendig generiert werden, die das System an anderer Stelle eigentlich schon bereit hält; Daten, die das System fordert, die aber nicht vorhanden sind, müssen simuliert werden etc. Die Beschäftigten sprechen hier von »Workarounds«, die sie erzeugen müssen, um die Erfordernisse des Systems bedienen zu können. Sie arbeiten also nicht nur mit dem System, sondern sind immer wieder auch gezwungen, gegen das System zu arbeiten, es gleichsam »auszutricksen«.[5] Dies geschieht oftmals aufgrund von Zeitknappheit, wenn beispielsweise ein Auftrag noch unbedingt versendet werden muss: So vermelden die Beschäftigten aus der Fertigung eines Unternehmens auf Bitten der Logistik bei besonders eiligen Aufträgen bestimmte Waren schon als fertig produziert, obwohl der Auftrag noch nicht abschließend bearbeitet ist. Der Grund dafür: Erst wenn der Auftrag als fertig gemeldet worden ist, können die entsprechenden Lieferscheine gedruckt, die Ware in die Tourenplanung für die Auslieferung durch den LKW aufgenommen und pünktlich versendet werden.

5 In Bolte & Neumer (2020, 2023) finden sich zahlreiche Beispiele dafür, wie Beschäftigte auf die Grenzen der Technisierung bei Digitalisierung reagieren (müssen).

4. Erfahrungsbasiertes Kontextwissen: Die Antwort auf Digitalisierung

Angesichts solcher technischer Entwicklungen wird das Erfahrungswissen der Beschäftigten keinesfalls obsolet; es tritt nur in neuen Ausprägungen auf. Auch hier gilt: Die Grundlage für das aktive Eingreifen der Beschäftigten und damit die Grundlage für ihre Handlungsfähigkeit ist zunächst einmal das auf den eigenen Arbeitsplatz und die Funktionsweisen der digitalen Tools bezogene fachliche Wissen und Können. Darüber hinaus ist ein erfahrungsbasiertes Kontextwissen als eine Spezifikation des oben geschilderten Erfahrungswissens erforderlich: Es ist ein praktisches, auf Erfahrung beruhendes Wissen über Kontexte, aber auch über Kooperationen, die zur Erfüllung der eigenen Aufgaben notwendig sind. Eine besondere Relevanz erhält dieses erfahrungsbasierte Kontextwissen beim Umgang mit unvorhergesehenen Ereignissen und Unwägbarkeiten im Zuge der fortschreitenden Digitalisierung (Sauer & Bolte 2021; Hartmann & Schrode 2021).
Je höher der Vernetzungsgrad der verschiedenen physischen und digitalen technischen Systeme und Module ist, je weiter die einzelnen Komponenten in größere Zusammenhänge eingebettet sind und je stärker sich diese gegenseitig beeinflussen und zusammenwirken, desto relevanter wird für die Beschäftigten ein Wissen um die generelle Wirkungsweise und Struktur der eingesetzten Systeme: Es reicht nicht, die digitalen Systeme fehlerfrei bedienen zu können. Sie müssen in ihrer jeweiligen Einbettung in umfassendere Zusammenhänge und Abläufe auch verstanden und nachvollzogen werden können. Ein abstraktes, gar diffuses »Bild vom System« reicht hierfür nicht aus, es bedarf eines technisch und strukturell informierten Systemwissens und aktiven Systemdenkens.
Beispielsweise benötigen hochqualifizierte Ingenieur:innen, die in fachlich sehr komplexen Prozessen arbeiten, Kenntnisse über Arbeitsergebnisse, -logiken und -bedarfe vor- und nachgelagerter Bereiche: Die verschiedenen Bereiche verfahren nach jeweils eigenen Vorgehensweisen und Logiken. Dies ist für Beschäftigte anderer Abteilungen nicht unmittelbar nachvollziehbar: Warum agieren die Kolleg:innen aus der Entwicklung so und nicht anders? Welche Anforderungen haben die Beschäftigten aus der Fertigung an die Gestaltung ihrer Arbeitsabläufe? Welche Problemsituationen treten in der täglichen Arbeit am Band auf? In den Worten eines jungen Ingenieurs: »Also bei mir war (…) das Aha-Erlebnis (…) so: Als ich das erste Mal wirklich vor Ort war und mir das angeschaut habe, die Kollegen da auch mit mir geredet haben und halt (…) wirklich Klartext. Also da bekommt man ein ganz anderes Wissen, als man sonst hat, einen ganz

anderen Einblick, wie die wirklich arbeiten und was dabei wichtig ist.«[6] Eine Planerin schaut nicht nur, sondern probiert auch selbst einmal etwas aus: »Da gehe ich direkt in die Fertigung und probiere das mit den Kollegen da aus. Arbeite da ein Stück weit mit. Man erlebt das ganz anders und bekommt Hinweise, auf die man am Schreibtisch gar nicht kommt.« So dominiert beispielsweise in den Entwicklungsabteilungen von Automobilherstellern die Sicht auf das fertige Produkt: Über welche Komponenten verfügt das fertige Fahrzeug? Wie soll es aussehen? In der Sichtweise der Fertigung dominiert dagegen die Prozesssicht: Wie kann das Fahrzeug gefertigt werden? Eine Ingenieurin aus dem Betriebsmittelbau eines Automobilherstellers benennt ein konkretes Beispiel, in dem sich die Sichten von Entwickler:innen und Fertigungsmitarbeiter:innen auf das Produkt grundlegend voneinander unterscheiden: »Auf so einer CAD-Zeichnung, da ist ja manches möglich. Also als Beispiel Kabelbäume: Die können Sie da problemlos von unten nach oben montieren. Warum auch nicht? Ist ja nichts im Wege. Also die CAD-Zeichnung, die kann das. Und dann geht man runter und die Kollegen sagen: Spinnst du? Wie soll ich denn Kabel von unten nach oben verlegen? Da brauche ich wieder eine extra Vorrichtung. (…) Und vor allem habe ich da ja auch keinen Platz. Das meiste ist bei uns eh platzkritisch. (…) Und die Zeichnung sagt mir so etwas aber nicht.«

Im Rahmen der Digitalisierung werden Prozesse neu geordnet, um einen optimalen Workflow zu bestimmen. Dieses »Denken in Prozessen« benötigen nicht nur diejenigen, die digitale Anwendungen entwickeln und implementieren, sondern auch die Beschäftigten, die diese Systeme anwenden. Die eigene Bereichsperspektive muss zunehmend durch Wissen um bereichsfremde Anforderungen und Bedarfe ergänzt werden, die sich im Zuge der Digitalisierung wiederum teilweise massiv verändern. Nur so können die Beschäftigten den »Realitätsgehalt« der Systemdaten richtig einschätzen.

Dabei umfasst das erfahrungsbasierte Kontextwissen eine gegenstandsbezogene und eine kooperationsbezogene Dimension. Es ist zunächst ein arbeitsgegenstandsbezogenes Wissen über die Kontexte, die für die Erfüllung der eigenen Aufgaben relevant sind. Damit ist ein Wissen der Beschäftigten über die Perspektiven gemeint, die die vor- und nachgelagerten Bereiche des Unternehmens auf den gemeinsamen Arbeitsgegenstand haben. Dies ist deshalb höchst relevant, weil Beschäftigte immer wieder mit Situationen konfrontiert sind, in denen ihr Umgang mit dem technischen System Auswirkungen auf die Arbeit in anderen Abteilungen hat.

---

6 Dieses und die folgenden Zitate von Interviewpartner:innen aus einem Industrieunternehmen wurden im Rahmen des vom BMBF geförderten Projekts »Erfahrungsgeleitetes Lernen durch Arbeit – Lernförderliche Arbeitsgestaltung bei qualifizierter selbstverantwortlicher Arbeit« erhoben.

So umfasst die gegenstandsbezogene Dimension des erfahrungsbasierten Kontextwissens das Verständnis für die Vorgehenslogiken und konkreten Arbeitsinhalte anderer Bereiche. »Warum machen die Kolleg:innen im Bereich XY es so? Warum liefern sie mir Daten in genau dieser Form und nicht anders? Welche Ergebnisse benötigen sie von mir?« Das gegenstandsbezogene erfahrungsbasierte Kontextwissen trägt somit in digitalisierten Produktionsprozessen zur Rekontextualisierung, Konkretisierung und Einordnung der abstrahierten digitalisierten Informationen bei. Es kann in keinem Handbuch niedergelegt werden – es ist hierfür zu komplex, vor allem aber ist es in weiten Teilen auch gegenstandsgebunden, betriebsspezifisch und implizit. Dabei wird es im praktischen Handeln erworben und kann und muss situativ aktualisiert werden.
Aber dieses Wissen zu erlangen und anwenden zu können, ist nicht trivial und eng mit der kooperationsbezogenen Dimension des erfahrungsbasierten Kontextwissens verknüpft: Die Beschäftigten müssen geeignete Kooperationspartner:innen aus den anderen Abteilungen und Bereichen finden und mit ihnen jenseits aller kulturellen Grenzen in einen – oftmals informellen – wechselseitigen Austausch treten (Bolte, Neumer & Porschen 2008).
Das erfahrungsbasierte Kontextwissen ist notwendig, um bloße Informationen mit der Kenntnis konkreter Gegebenheiten und Arbeitsbedingungen »vor Ort« zu unterfüttern. Es ist nicht theoretisierend oder allgemein, sondern eng an praktische Erfahrungen gebunden: Erst in der Praxis öffnet sich der Blick auf konkrete Zusammenhänge, werden komplexe Sachverhalte mit konkreten Konsequenzen begreifbar. Erst dann kann nachvollzogen werden, dass praktisches Tun immer auch den kompetenten Umgang mit Unbestimmtheiten und Unwägbarkeiten erfordert. Damit kann das erfahrungsbasierte Kontextwissen als ein Wissen darüber charakterisiert werden, dass und wo Unwägbarkeiten auftreten können – ohne dass jedoch im Vorhinein gewiss wäre, ob solche Unwägbarkeiten tatsächlich auftreten werden. Es ist somit ein tendenziell verallgemeinerndes Wissen, das in seiner Konkretion – ganz im Sinne erfahrungsbasierten Vorgehens – immer wieder aktualisiert werden muss.
Nur mithilfe dieses Kontextwissens ist es möglich, nachzuvollziehen und einzuschätzen, dass und an welcher Stelle der Produktionskette bzw. des Produktlebenszyklus Unwägbarkeiten auftreten können. Das Wissen »über die Arbeit der anderen« bestimmt sowohl hinsichtlich des konkreten Arbeitsgegenstands als auch hinsichtlich der Zusammenarbeit über Bereichs- und Abteilungsgrenzen hinweg maßgeblich den Erfolg der Arbeitstätigkeit. Dieses Wissen kann anhand von vier Dimensionen – Produkt, Prozess, Kultur und Soziales – systematisiert werden (Sauer & Bolte 2021).

Abbildung 21: Erfahrungsbasiertes Kontextwissen

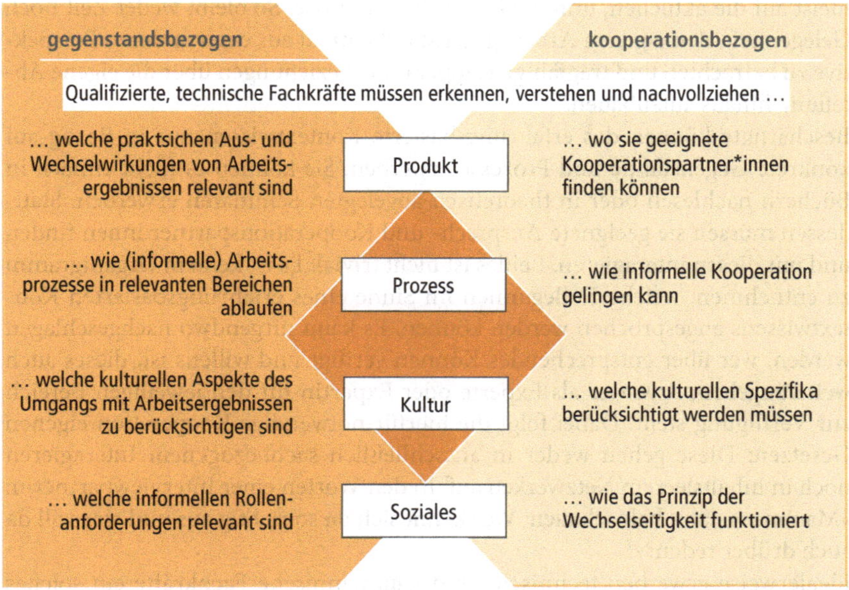

Dieses erfahrungsbasierte Kontextwissen – als vielfach gefordertes »praktisches Wissen« oder als »Kooperationsfähigkeit« – ist im betrieblichen Alltag höchst relevant. Allerdings verfügen viele Beschäftigte über dieses erfahrungsbasierte Kontextwissen oftmals nicht in genügendem Maße. Besonders virulent wird dieses Manko in unwägbaren Situationen, in denen Handlungsroutinen durchbrochen werden müssen. Gerade junge und wenig erfahrene Beschäftigte wissen nicht um die Aufgabenzuschnitte in anderen Bereichen; sie kennen dort keine Ansprechpartner:innen und wissen nicht, wie sie auf diese zugehen können.

5. Der Erwerb erfahrungsbasierten Kontextwissens ist nicht trivial

Unsere empirischen Befunde zeigen (Bolte & Neumer 2021): In vielen Unternehmen ist es für die Beschäftigten ausgesprochen schwer, sich dieses erfahrungsbasierte Kontextwissen anzueignen. So ist dort oftmals eine rigorose Trennung der verschiedenen Bereiche etabliert; kennzahlbasiertes Bereichsdenken und hoher Leistungsdruck verhindern dabei den »Blick über den Tellerrand«: Das mittel- oder langfristig Nützliche gerät ins Hintertreffen; der Blick richtet sich meist auf die aktuellen, unmittelbaren Erfordernisse. So bleibt weder Zeit noch Gelegenheit, den eigenen Arbeitsgegenstand einmal aus einer anderen Perspektive zu betrachten und tragfähige Kooperationsbeziehungen über die eigene Abteilung hinaus aufzubauen.

Beschäftigte können das erfahrungsbasierte Kontextwissen nur in Bezug auf konkrete Gegenstände und Prozesse erwerben: Sie können es nicht einfach in Büchern nachlesen oder in theoretisch angelegten Seminaren erwerben. Stattdessen müssen sie geeignete Ansprech- und Kooperationspartner:innen finden und mit diesen interagieren. Beides ist nicht trivial: Es ist keinem Organigramm zu entnehmen, welche Kolleg:innen im Sinne eines erfahrungsbasierten Kontextwissens angesprochen werden können. Es kann nirgendwo nachgeschlagen werden, wer über entsprechendes Können verfügt und willens ist, dieses auch weiterzugeben, bzw. wer als Experte oder Expertin für den jeweiligen Bereich zur Verfügung steht. Dabei folgt die hierfür notwendige Kooperation eigenen Gesetzen: Diese gehen weder in ausschließlich sachbezogenem Interagieren noch in inhaltsleerem Netzwerken auf. In den Worten einer Interviewpartnerin: »Man muss dann halt schauen: Wer kennt sich da so richtig aus und wer will da auch drüber reden?«[7]

Idealerweise erwerben technische und kaufmännische Fachkräfte ein solches Kontextwissen – falls es die Arbeitsbedingungen zulassen – erfahrungsgeleitet im täglichen Arbeitsprozess: Das Kontextwissen kann nur im Austausch mit Kooperationspartner:innen aus anderen Bereichen erworben werden. Vor allem gemeinsame Erfahrungsräume erlauben es, die Fähigkeiten und Vorgehensweisen der Kooperationspartner:innen einzuschätzen und wertzuschätzen: So können die am Austauschprozess Beteiligten jenseits abstrakter Vorstellungen erleben, was die jeweils andere Seite in die gemeinsamen Prozesse einbringt und welche Gründe diesem Vorgehen zugrunde liegen. Perspektiven können aufeinander abgestimmt, Lösungsvorschläge sowie Handlungs- und Verfahrensoptionen ausgetauscht und ausgehandelt und auf dieser Basis sinnvolle Vorgehensweisen umgesetzt werden.

Aber nur selten gelingt ein systematischer Erwerb dieses dringend erforderlichen erfahrungsbasierten Kontextwissens quasi »naturwüchsig«. Neben den oben genannten Hindernissen gibt es nicht nur bei repetitiv-tayloristischer, sondern auch bei qualifiziert-selbstverantwortlicher Arbeit zahlreiche weitere Lernhemmnisse (Neumer 2021), die ein solches Lernen in der Arbeit erschweren bzw. teilweise sogar unmöglich machen. Aber es gibt auch erprobte Modelle lernförderlicher

7 Auch dieses Zitat einer Interviewpartnerin wurde im Rahmen des vom BMBF geförderten Projekts »Erfahrungsgeleitetes Lernen durch Arbeit – Lernförderliche Arbeitsgestaltung bei qualifizierter, selbstverantwortlicher Arbeit (LerndA)« erhoben.

Arbeitsgestaltung, die den Erwerb eines bedarfsgerechten erfahrungsbasierten Kontextwissens ermöglichen (Bolte & Neumer 2021).

6. Fazit

Beschäftigte benötigen erfahrungsbasiertes Kontextwissen, um aufgaben- und situationsbezogen handlungsfähig zu werden oder zu bleiben. Die gilt insbesondere unter den Bedingungen der weiter voranschreitenden Digitalisierung! Arbeit wird zunehmend digital vernetzt: Sie steht immer mehr im Kontext von Informationen und Anforderungen aus anderen unternehmensinternen sowie -übergreifenden Arbeitsbereichen. Dabei sorgen die zunehmende Abbildung physischer Prozesse in digitalen Anwendungen sowie die Überführung der Prozesse in digitale Medien dafür, dass praktische Bedingungen und Gegebenheiten mit der Datenlage im digitalen System permanent in Abgleich gebracht und auftretende »Abstraktionslücken« bearbeitet werden müssen.

Diese Arbeit in und mit sich laufend weiterentwickelnden digitalisierten Systemen kann nur dann erfolgreich sein, wenn die Beschäftigten nicht nur die virtuelle, sondern auch die physische Welt sowohl im eigenen als auch in den vernetzten Arbeitsbereichen kennen. Das hierfür notwendige erfahrungsbasierte Kontextwissen, das über die direkte eigene Arbeit hinausreicht, kann nur im Prozess der Arbeit im direkten Kontakt zu anderen Arbeitsbereichen erworben werden. Doch selbst bei qualifiziert-selbstverantwortlicher Arbeit bestehen diesbezüglich zum Teil massive Lernhemmnisse, denen durch spezifische Ansätze lernförderlicher Arbeitsgestaltung begegnet werden muss: Neben dem Einsatz organisationaler und personalpolitischer Modelle sind es vor allem Formen des begleiteten Lernens, die diesen Lernprozess der Beschäftigten unterstützen können. Wie dies gelingen kann, wird in einem weiteren Beitrag in diesem Handbuch geschildert.[8]

7. Literatur

Bauer, H. G., Böhle, F., Munz, C., Pfeiffer, S. & Woicke, P. (2016). High-Tech-Gespür. Erfahrungsgeleitetes Arbeiten und Lernen in hoch technisierten Arbeitsbereichen. Aktualisierte und ergänzte Fassung. Bielefeld: Bertelsmann.

8 Vgl. dazu Bolte & Neumer »Erfahrungsbasiertes Kontextwissen im Prozess der Arbeit erlernen – Anforderungen an lernförderliche Arbeitsgestaltung« in diesem Handbuch.

Bauer, H. G. & Böhle, F. (2020). Haarige Kunst – Über den Eigensinn des Haars und das Können von Friseuren. Wiesbaden: Springer.

Bauer, H. G. & Munz, C. (2000). Lernen, erfahrungsfähig zu werden. In: Dehnbostel, P. & Novak, H. (Hrsg.) Arbeits- und erfahrungsorientierte Lernkonzepte. Bielefeld: W. Bertelsmann, S. 24–33.

Böhle, F. (1999). Nicht nur mehr Qualität, sondern auch höhere Effizienz – Subjektivierendes Arbeitshandeln in der Altenpflege. In: Zeitschrift für Arbeitswissenschaft, Jg. 53, H. 3, S. 174–183.

Böhle, F. (2009). Erfahrungswissen – Erfahren durch objektivierendes und subjektivierendes Handeln. In: Bolder, A. & Dobischat, R. (Hrsg.). Eigen-Sinn und Widerstand. Kritische Beiträge zum Kompetenzentwicklungsdiskurs. Wiesbaden: VS Verlag für Sozialwissenschaften, S. 70–88.

Böhle, F. (2015). Erfahrungswissen jenseits von Erfahrungsschatz und Routine. In: Dietzen, A., Powell, J. J. W., Bahl, A. & Lassingg, L. Soziale Inwertsetzung von Wissen, Erfahrung und Kompetenzen in der Berufsausbildung. Weinheim, Basel: Beltz Juventus, S. 34–63.

Böhle, F. (Hrsg.) (2017). Arbeit als Subjektivierendes Handeln. Handlungsfähigkeit bei Unwägbarkeiten und Ungewissheit. Wiesbaden: VS Verlag für Sozialwissenschaften.

Böhle, F. (2020). Implizites Wissen und subjektivierendes Handeln – Konzepte und empirische Befunde aus der Arbeitsforschung. In: Hermkes, R., Neuweg, G. H. & Bonowski, T. (Hrsg.). Implizites Wissen. Berufs- und wirtschaftspädagogische Annäherungen, Bielefeld: wbv, S. 37–64

Böhle, F. (2021). Von der Humanisierung der Arbeit bis heute – Neue Anforderungen an die lernförderliche Gestaltung von Arbeit. In: Bolte, A. & Neumer, J. (Hrsg.). Lernen in der Arbeit. Erfahrungswissen und lernförderliche Arbeitsgestaltung bei wissensintensiven Berufen. Augsburg, München: Hampp, S. 13–30.

Böhle, F., Bolte, A., Dunkel, W., Pfeiffer, S., Porschen, S. & Sevsay-Tegethoff, N. (2004): Der gesellschaftliche Umgang mit Erfahrungswissen. Von der Ausgrenzung zu neuen Grenzziehungen. In: Beck, U. & Lau, C. (Hrsg.). Entgrenzung und Entscheidung. Was ist neu an der Theorie reflexiver Modernisierung? Frankfurt a. M.: Suhrkamp, S. 95–122.

Böhle, F. & Milkau, B. (1988). Vom Handrad zum Bildschirm. Eine Untersuchung zur sinnlichen Erfahrung im Arbeitsprozeß. Frankfurt/M., New York: Campus.

Böhle, F. & Rose, H. (1992). Technik und Erfahrung. Arbeit in hochautomatisierten Systemen. Frankfurt/M., New York: Campus.

Böhle, F. & Schulze. H. (1997). Subjektivierendes Arbeitshandeln – Zur Überwindung einer gespaltenen Subjektivität. In: Schachtner, C. (Hrsg.). Technik und Subjektivität – Das Wechselverhältnis zwischen Mensch und Computer aus interdisziplinärer Sicht. Frankfurt am Main: Suhrkamp, S. 26–46.

Bolte, A. (1993). Planen durch Erfahrung – Arbeitsplanung und Programmerstellung als erfahrungsgeleitete Tätigkeiten von Facharbeitern an CNC-Werkzeugmaschinen. Kassel: Institut für Arbeitswissenschaft.

Bolte, A. (1998). »Beim CAD geht das Konstruieren langsamer als das Denken.« Zum Einfluß des Einsatzes von CAD-Systemen auf das Arbeitshandeln von Planern. In: Arbeit – Zeitschrift für Arbeitsforschung, Arbeitsgestaltung und Arbeitspolitik, Jg. 7, Heft 4, S. 362–379.

Bolte, A. (2000). Ingenieure zwischen Theorie und Praxis – Zum Umgang mit Unwägbarkeiten in der Innovationsarbeit. In: ISF München (Hrsg.). Jahrbuch Sozialwissenschaftliche Technikberichterstattung 2000. Schwerpunkt Innovation und Arbeit. Berlin: Edition Sigma, S. 107–147.

Bolte, A. & Neumer, J. (2020). Erfahrungsbasiertes Kontextwissen bei digital vernetzter Arbeit – Erfordernisse, Lernhemmnisse und Erwerb. In: Richter, G. (Hrsg.). Lernen in der digitalen Transformation. Wie arbeitsintegriertes Lernen in der betrieblichen Praxis gelingt, Stuttgart: Schaeffer-Poeschel, S. 65–82.

Bolte, A. & Neumer, J. (Hrsg.) (2021). Lernen in der Arbeit. Erfahrungswissen und lernförderliche Arbeitsgestaltung bei wissensintensiven Berufen. Augsburg, München: Hampp.

Bolte, A. & Neumer, J. (2023). Digital vernetzte Arbeit in mittelständischen Unternehmen: Anforderungen im Umgang mit ERP-Systemen und Grenzen der Digitalisierung. In: Heinlein, M., Neumer, J. & Ritter, T. (Hrsg.). Digital vernetzte Arbeit – Merkmale und Anforderungen eines neuen Typus von Arbeit. Wiesbaden: Springer VS, S. 165–187.

Bolte, A., Neumer, J. & Porschen, S. (2008). Die alltägliche Last der Kooperation. Berlin: edition sigma.

Carus, U. & Schulze, H. (1995). Leistungen und konstitutive Kompetenzen erfahrungsgeleiteter Arbeit. In: Martin, H. (Hrsg.). CeA – Computergestützte erfahrungsgeleitete Arbeit. Berlin, Heidelberg, New York: Springer, S. 48–82.

Hartmann, E. & Schrode, N. (2021). Kontextwissen erfahrungsgeleitet erwerben. In: Bolte, A. & Neumer, J. (Hrsg.). Lernen in der Arbeit. Erfahrungswissen und lernförderliche Arbeitsgestaltung bei wissensintensiven Berufen. Augsburg, München: Hampp, S. 135–153.

Heinlein, M., Neumer, J. & Ritter, T. (2023). Digital vernetzte Arbeit: Dimensionen und Anforderungen einer neuen Arbeitsform. In: Heinlein, M, Neumer, J. & Ritter, T. (Hrsg.). Digital vernetzte Arbeit. Merkmale und Anforderungen eines neuen Typus von Arbeit. Wiesbaden: Springer VS, S. 29–71.

Neumer, J. (2021). Lernhemmnisse und Kriterien lernförderlicher Arbeitsgestaltung bei qualifiziert-selbstverantwortlicher Arbeit. In: Bolte, A. & Neumer,

J. (Hrsg.). Lernen in der Arbeit. Erfahrungswissen und lernförderliche Arbeitsgestaltung bei wissensintensiven Berufen. Augsburg, München: Hampp, S. 113–125.

Neuweg, H. G. (2015). Das Schweigen der Könner. Gesammelte Schriften zum impliziten Wissen. Münster und New York: Waxmann.

Neuweg, H. G. (2020). Könnerschaft und implizites Wissen. Zur lehr-lerntheoretischen Bedeutung der Erkenntnis- und Wissenstheorie Michael Polanyis. 4. Auflage, Münster und New York: Waxmann.

Pfeiffer, S. (2007). Montage und Erfahrung – Warum Ganzheitliche Produktionssysteme menschliches Arbeitsvermögen brauchen. München und Mering: Hampp.

Porschen, S. (2008). Austausch impliziten Erfahrungswissens. Neue Perspektiven für das Wissensmanagement. Wiesbaden: VS Verlag für Sozialwissenschaften.

Sauer, S. & Bolte, A. (2021). Erfahrungsbasiertes Kontextwissen: Der Blick aufs Ganze in der technischen Planung. In: Bolte, A. & Neumer, J. (Hrsg.): Lernen in der Arbeit. Erfahrungswissen und lernförderliche Arbeitsgestaltung bei wissensintensiven Berufen. Augsburg, München: Hampp, S. 65–83.

Sauer, S., Böhle, F. & Bolte, A. (2018). Erfahrungsbasiertes Kontextwissen in wissensintensiven Tätigkeiten am Beispiel teamorientiert arbeitender junger IngenieurInnen. In: Arbeit – Zeitschrift für Arbeitsforschung, Arbeitsgestaltung und Arbeitspolitik, Jg. 27, H. 4, S. 369–390.

Schulze, H. (2001). Erfahrungsgeleitete Arbeit in der industriellen Produktion. Menschliche Expertise als Leitbild für Technikgestaltung. Berlin: Edition Sigma.

Sevsay-Tegethoff, N. (2007). Bildung und anderes Wissen. Zur »neuen« Thematisierung von Erfahrungswissen in der beruflichen Bildung. Wiesbaden: VS Verlag für Sozialwissenschaften.

Weikmann, S. (2009). Interaktionsarbeit in der personenbezogenen Dienstleistung. Eine Untersuchung am Beispiel des Frisörhandwerks. Magisterarbeit, Universität Augsburg.

Weishaupt, S. (2006). Subjektivierendes Arbeitshandeln in der Altenpflege. Die Interaktion mit dem Körper. In: Böhle, F. & Glaser, J. (Hrsg.). Arbeit in der Interaktion – Interaktion als Arbeit. Arbeitsorganisation und Interaktionsarbeit in der Dienstleistung. Wiesbaden: VS Verlag für Sozialwissenschaften, S. 85–106.

Annegret Bolte & Judith Neumer

Erfahrungsbasiertes Kontextwissen im Prozess der Arbeit erlernen – Anforderungen an lernförderliche Arbeitsgestaltung

Inhalt

1. Erfahrungsbasiertes Kontextwissen kann man erlernen

Beschäftigte müssen unter den Bedingungen der digitalen Transformation neben dem klassischen Fachwissen erfahrungsbasiertes Kontextwissen zur Bewältigung ihrer Arbeit erwerben. Erfahrungsbasiertes Kontextwissen ist ein spezifisches Wissen um die Besonderheiten des Unternehmens, die praktizierten Vorgehensweisen sowie die handelnden Akteure (Sauer & Bolte 2021; Bolte & Neumer 2023b). Da es sich auf fachliche Anforderungen bezieht, ist es dementsprechend ähnlich wie das systematische Wissen ein Fachwissen. Darin unterscheidet es sich von allgemeinen Handlungskompetenzen, wie es etwa Selbststeuerung und Selbstverantwortung sind. Gleichzeitig ist das erfahrungsbasierte Kontextwissen aber wiederum grundlegend für Handlungskompetenzen (Böhle 2021).
Beschäftigte können im Prozess der Arbeit erfahrungsbasiertes Kontextwissen erlernen. Aber dieser Erwerb erfolgt nicht naturwüchsig: Selbst bei qualifiziert-

selbstverantwortlicher Arbeit existieren relevante Lernhemmnisse, die es zu überwinden gilt. Dementsprechend müssen in den Unternehmen Bedingungen erfüllt sein, die über die bekannten Kriterien lernförderlicher Arbeitsgestaltung hinausweisen. Zudem ist der Erwerb an die Form eines selbstgesteuerten und selbstbestimmten Lernprozesses gebunden, wie er in berufspädagogisch begleiteten Lerngruppen gelingen kann. Es bleibt eine Aufgabe der Unternehmen, die entsprechenden Rahmenbedingungen dafür zu schaffen.

2. Erfahrungsbasiertes Kontextwissen zu erlernen ist nicht trivial

Das erfahrungsbasierte Kontextwissen muss laufend weiterentwickelt und auf neue Verhältnisse und Anforderungen ausgerichtet werden. Da es an praktisches Handeln gebunden ist und große implizite Anteile hat, kann es in institutionalisierten Formen wie Kursen, Seminaren oder formalisierten Lernmodulen mittels PC weder gelehrt noch gelernt werden; es kann nur im praktischen Arbeitshandeln generiert werden. Das bedeutet: Erfahrungswissen – und damit erfahrungsbasiertes Kontextwissen – kann nur in der Arbeit und durch Arbeiten erworben werden! »Wie beispielsweise bestimmte Unternehmensbereiche ›ticken‹ oder was in vor- und nachgelagerten Prozessen wichtig ist, kann schlicht nicht nachgelesen oder vermittelt werden. Es muss selbst erfahren werden« (Hartmann & Schrode 2021, S. 137).
Technische und kaufmännische Fachkräfte erlernen ein solches Kontextwissen im Idealfall erfahrungsgeleitet im täglichen Arbeitsprozess. Gerade bei qualifizierten selbstverantwortlichen Tätigkeiten gilt auf den ersten Blick eine ganze Reihe von Kriterien lernförderlicher Arbeit (Hacker 2015) als erfüllt: vollständiger Arbeitszuschnitt und Variabilität, Handlungs- und Entscheidungsspielraum, Kommunikation und Kooperation, zeitliche und leistungsbezogene Dispositionsspielräume, Eigenkontrolle, Feedback und Fehlerkultur, Information und Transparenz sowie Partizipation. Wenn diese Bedingungen erfüllt sind, lässt sich nach einer weit verbreiteten Annahme das in formalisierten (Weiter-) Bildungsgängen erworbene Fachwissen im Rahmen eines arbeitsintegrierten Lernens quasi naturwüchsig in ein erfolgreiches Handeln transformieren. Doch ein solcher Verweis auf ein learning by doing greift zu kurz (Böhle 2021).
Neuere Studien zeigen: Der Erwerb erfahrungsbasierten Kontextwissens erfolgt gerade nicht quasi naturwüchsig (Bolte & Neumer 2019, 2021). Selbst wenn bei qualifiziert-selbstverantwortlicher Arbeit die oben genannten Kriterien erfüllt

sind, existieren trotzdem an vielen Arbeitsplätzen massive Lernhemmnisse.[1] Diese werden im Folgenden zunächst dargestellt. Daran anschließend werden konzeptionelle Voraussetzungen erläutert, unter denen der Erwerb von erfahrungsbasiertem Kontextwissen im Prozess der Arbeit gelingen kann. Eine erprobte Möglichkeit stellen berufspädagogisch begleitete Lerngruppen dar, die abschließend vorgestellt werden.

3. Lernhemmnisse – auch bei qualifiziert-selbstverantwortlicher Arbeit

Kaum jemand zweifelt daran, dass repetitiv-tayloristisch organisierte Arbeit wenig Lernchancen beinhaltet. Doch auch bei qualifizierter selbstverantwortlicher Arbeit existieren strukturelle Lernhemmnisse, die allerdings nicht ohne Weiteres erkennbar sind. So scheinen dort auf den ersten Blick die klassischen Kriterien[2] lernförderlicher Arbeitsgestaltung (Ulich 1992) erfüllt zu sein: Qualifizierte selbstverantwortliche Arbeit ist zumeist mit Vollständigkeit der Arbeitsaufgabe, Handlungsspielräumen und Selbstständigkeit, Information, Kooperation und Kommunikation, Variabilität, Komplexität, Feedback und Reflexivität verbunden.
Allerdings konstatieren schon Frieling, Bernard, Bigalk und Müller (2006, S. 70 f.), dass die einzelnen Kriterien nicht per se lernförderlich wirken: Sie können sich sowohl wechselseitig positiv als auch negativ beeinflussen, aber auch in direkten Widerspruch zueinander geraten. So kann beispielsweise eine hohe Komplexität überlastend wirken, negatives Feedback kann die Motivation zu selbstständigem Handeln verringern oder permanente Kommunikationsanforderungen können die Ressourcen zur individuellen Reflexion reduzieren. Die Auslegung und Wirkungsweise der Kriterien ist zudem stark von Fragen der Unternehmensstruktur (Zentralisierung/Dezentralisierung, Hierarchieebenen), des Führungsstils sowie von individuellen Dispositionen der Arbeitenden abhängig (Dehnbostel 2008, S. 6). So sind die Lernhemmnisse, die bei tayloristisch organisierter Arbeit ent-

1 Diese Lernhemmnisse können hier nicht in aller Ausführlichkeit dargestellt werden; sie werden nur angedeutet. Eine ausführliche Darstellung von Lernhemmnissen findet sich bei Neumer (2021).

2 Es gibt keine allgemein akzeptierte Auflistung spezifischer Kriterien lernförderlicher Arbeitsgestaltung. In der Literatur finden sich unterschiedliche Auflistungen und Benennungen von Kriterien, die sich jedoch inhaltlich hinreichend überschneiden, um sie als »klassische« Kriterien benennen zu können (Dehnbostel 2008, S. 6; Frieling et al. 2006, S. 44; Hacker 2015, S. 7).

stehen, zwar teilweise nicht (mehr) vorhanden oder nicht mehr erkennbar; sie können aber in neuen Formen wirksam werden.

Bei qualifizierter selbstverantwortlicher Arbeit sind die Handlungsspielräume auf den ersten Blick zumeist relativ groß. Allerdings gehen diese Handlungsspielräume in vielen Unternehmen – und hier sind insbesondere große Unternehmen zu nennen – mit ausgesprochen engen und nach organisationalen statt fachlich-inhaltlichen Logiken ausdifferenzierten Zuständigkeitsbereichen einher. Für die Abgrenzung einzelner Abteilungen gelten nicht inhaltlich vollständige Arbeitsaufgaben als Kriterien, sondern organisationale Logiken. Gleichzeitig werden zwischen diesen Abteilungen – allen Verlautbarungen zum Trotz – hohe Mauern errichtet: So können (und dürfen) bereichsübergreifende Kooperationen in laufenden Prozessen oftmals nicht stattfinden. Wenn überhaupt kooperiert wird, dann geschieht dies in stark formalisierten Meetings: Weit weg von den konkreten Gegenständen und Arbeitsprodukten, weit weg vom Arbeitsprozess – nach mikropolitisch aufgeladenen Vorgehenslogiken (Bolte, Neumer & Porschen 2008). Damit werden Lernchancen, die sich aus der Zusammenarbeit mit vor- und nachgelagerten Bereichen sowie aus dem Erleben des Anwendungskontexts der eigenen Produkte ergeben könnten, nachhaltig unterbunden.

Zwar verfügen viele Beschäftigte inzwischen zumeist über Dispositionsspielräume beim Erbringen und bei der Verausgabung ihrer Leistung. Diese Spielräume könnten im Prinzip für ein Lernen in der Arbeit und für eine lernförderliche Gestaltung genutzt werden. Allerdings führt die kennzahlenbasierte Ökonomisierung aller Unternehmensbereiche und damit ein hoher und zunehmender Leistungsdruck dazu, dass Lern- und Reflexionsmöglichkeiten von den Beschäftigten oftmals nicht genutzt werden können (Neumer 2021). Stattdessen findet ein ständiges »Abarbeiten« von Problemstellungen statt. Zwar sind Feedbackmöglichkeiten und -anforderungen an vielen qualifizierten Arbeitsplätzen zumeist integrale Bestandteile der Tätigkeiten – im Gegensatz zu Tätigkeiten mit engen Aufgabenzuschnitten, in denen eine grundsätzliche Gleichgültigkeit gegenüber Friktionen angelegt ist. Allerdings führen das Denken in Bereichslogiken und die gegenseitige Abgrenzung der Abteilungen sowie das Fehlen einer produktiven Fehlerkultur dazu, dass gerade bei bereichsübergreifenden Fragestellungen Schuldzuweisungen dominieren. So steht bei vielen abteilungsübergreifenden Meetings das Abweisen jeder eigenen Verantwortung im Fokus (Bolte, Neumer & Porschen 2008) – und nicht die Lösung eines Problems. Daraus resultiert oftmals das lange Verschweigen von Problemen.

Die hier skizzierten Beispiele zeigen, wie die Generierung und Aneignung erfahrungsbasierten Kontextwissens behindert statt gefördert wird. Zugespitzt formuliert: Bei qualifizierten selbstverantwortlichen Tätigkeiten verhindern nicht so sehr aufgabenbezogene inhaltliche Einschränkungen Lernchancen, es sind eher organisationale Blockaden, die Lernchancen in der täglichen Arbeit verhindern. Gleichwohl kann man konstatieren, dass die Lernhemmnisse bei hochqualifizierten selbstverantwortlichen Tätigkeiten im Prinzip in denselben Kategorien verortet sind wie die klassischen Lernhemmnisse bei tayloristisch organisierter Arbeit. Allerdings weisen sie eine eigene inhaltliche Qualität auf und sind deshalb oftmals nicht auf den ersten Blick zu erkennen.

4. Lernförderliche Arbeitsgestaltung: schwieriger, als man denkt

In jedem Unternehmen werden permanent Lernbedingungen erzeugt. Damit ist allerdings keine Aussage darüber getroffen, ob diese der Bewältigung der Arbeit zuträglich sind. Arbeitsgestaltung kann den Erwerb erfahrungsbasierten Kontextwissens befördern, aber auch erschweren oder sogar verhindern (Bolte & Neumer 2019). Dabei ist es auch möglich, dass Beschäftigte Verhaltens- und Vorgehensweisen wie bspw. Abschottung oder Schuldzuschreibungen als individuelle Bewältigungsstrategien im Prozess der Arbeit erlernen. Diese sind jedoch einer produktiven Bewältigung der Arbeitsanforderungen nicht zuträglich.
Fachkräfte in der Produktion sowie qualifizierte Angestellte im kaufmännischen und dispositiven sowie im technischen Bereich sind nach unseren Untersuchungen immer wieder mit Hindernissen beim Erwerb erfahrungsbasierten Kontextwissens konfrontiert. Dies hat einen äußerst kritischen Einfluss sowohl auf das subjektive Empfinden als auch auf die Effizienz und Effektivität von Arbeitsprozessen (Bolte & Neumer 2023a; Heinlein, Neumer & Ritter 2023; Stöger & Merl 2023). Das am schwersten wiegende Lernhemmnis ist dabei das mangelnde Bewusstsein dafür, dass der Erwerb erfahrungsbasierten Kontextwissens überhaupt notwendig ist. An dieser Stelle sollen die existierenden Lernhemmnisse jedoch nur angedeutet werden. Stattdessen sollen die bekannten Kriterien lernförderlicher Arbeitsgestaltung (Hacker 2015) weiter konkretisiert werden.
Handlungs- und Entscheidungsspielraum: Der Handlungsspielraum im Rahmen der eigenen Tätigkeit muss im Sinne der Lernförderlichkeit um Zugangsmöglichkeiten zu anderen Arbeitsbereichen, in denen relevantes Kontextwissen erworben werden kann, ergänzt werden. Dies bedeutet, einen selbstbestimmten Zugang zu Kolleg:innen anderer Bereiche zu haben, deren Vorgehensweisen und Arbeitsergebnisse für die eigene Tätigkeit relevant sind oder für die umgekehrt die eigenen Vorgehensweisen und Arbeitsergebnisse von Bedeutung sind. Hierdurch erschließen sich wechselseitig immaterielle und materielle Ressourcen für den besseren Vollzug der je eigenen Arbeitsaufgaben. Die klassische Anforderung, im Sinne einer vollständigen Handlung möglichst umfassend auf die

eigene Arbeit Einfluss nehmen zu können (Zielsetzung, Planung, Vorbereitung, Durchführung, Nachbereitung, Kontrolle; Bergmann 1996, S. 175), muss also entsprechend ergänzt werden: Erforderlich ist eine betriebliche Organisation, die eine kommunikative und handlungsbezogene Durchlässigkeit zwischen Bereichs- und Abteilungsgrenzen ermöglicht, um zielgerichteter und passgenauer auf die eigene Arbeit Einfluss nehmen zu können.

Kommunikation und Kooperation: Für eine lernförderliche Gestaltung von Kommunikation und Kooperation muss die Form des Austauschs den konkreten Bedarfen und Themenstellungen entsprechen. Alternativen zum vorherrschenden formalen Austausch in Meetings sind Formen der informellen Kooperation und Kommunikation (Böhle & Bolte 2002), die einen besseren Zugang zu impliziten Wissensbeständen eröffnen, bspw. im Rahmen von Communities of Practice oder durch die Praxis des Story Telling (Porschen 2008, S. 160ff.). Insbesondere die informelle Kommunikation und Kooperation in laufenden Arbeitsprozessen stellt einen guten Rahmen für den Erwerb erfahrungsbasierten Kontextwissens dar. Hier können ein Lernen im Prozess der Arbeit und ein »kooperativer Erfahrungstransfer« (ebd., S. 202ff.) durch den gemeinsamen direkten Umgang mit dem Arbeitsgegenstand am Ort und im Prozess seiner Entstehung oder seines Einsatzes gelingen.

Zeit für Reflexion: Das Verhältnis von zeitlichen Vorgaben und Leistungsanforderungen muss so beschaffen sein, dass Beschäftigte ihre Arbeit reflektierend begleiten können, dass sie also Fragen erörtern können wie: »Was tue ich?«, »Wie tue ich etwas?«, »Was kann ich wie beeinflussen?«, »Worauf muss ich besonders achten?« Dies muss zum einen jenseits der konkreten Arbeitshandlung, also als vor- oder nachgelagerte »reflection on action« (Schön 1983) möglich sein. Zum anderen ist es aber auch während der Arbeitsausführung selbst notwendig, sein Tun in Form einer kognitiven Reflexion, als »reflection in action« (ebd.) wahrnehmen zu können. Um bei der Arbeit lernen zu können, muss also die Möglichkeit bestehen, die eigene Leistungsverausgabung individuell sowohl in zeitlicher als auch in inhaltlicher Hinsicht so zu regulieren, dass eine angemessene reflektierende Begleitung des eigenen Tuns hergestellt werden kann.

Feedback: Lernförderliches Feedback schließt Resonanz ein, die mehr ist als eine kategoriale Einordnung (bspw. gut, verbesserungswürdig, schlecht). Resonanz erfolgt unmittelbar auf das eigene Handeln, sie kann äußerst vielschichtig und komplex sein, bspw. in der Kommunikation mit Kolleg:innen, Vorgesetzten und Kunden, bei der Rückmeldung durch den Arbeitsgegenstand während der Arbeitsausführung, durch das Arbeitsergebnis im Einsatz sowie beim Einblick in andere Arbeitsbereiche »vor Ort«. Hierbei werden immer auch implizite Inhalte wie Sinneseindrücke, Stimmungen oder auch Ambivalenzen und Uneindeutigkeiten vermittelt, die nicht ohne Weiteres expliziert werden können.

Produktive Fehlerkultur: Die Klärung von Fehlern benötigt eine konstruktive Reflexionskultur anstelle von gegenseitigen Schuldzuweisungen. Eine solche Reflexionskultur erkennt Fehler als ein Grundelement menschlichen Handelns sowie technischer Entwicklungsprozesse an und betont die gemeinsame Verantwortung für einen produktiven Umgang damit. Dafür muss aber eine angemessene Zeit eingeräumt und der funktionale Wert informellen Austausches erkannt werden. Nur wenn tragfähige wechselseitige Vertrauensverhältnisse etabliert werden, können Fehler und Probleme unmittelbar, angstfrei und sachorientiert besprochen werden.

Kontrolle: Die vorherrschenden Möglichkeiten zur Selbstkontrolle im Rahmen indirekter Steuerung fokussieren auf abstrakte Größen (Kennzahlen, Benchmarks) und (Teil-)Zielgrößen; sie abstrahieren daher vom eigentlichen Arbeitsprozess und seinen konkreten Gegebenheiten und Anforderungen. Ein inhaltliches, prozessbezogenes und resonanzreiches Feedback stellt dagegen Rückmeldungen vom Arbeitsgegenstand und Arbeitsergebnis in den Mittelpunkt der Kontrolle der eigenen Arbeitsprozesse und Arbeitsleistung insgesamt. Hierfür ist es nötig, zu erfahren, wie das eigene Arbeitsergebnis an anderer Stelle zum Einsatz kommt, wie damit umgegangen wird und welche Anforderungen daran gestellt werden. Dies kann nur im inhaltlichen Austausch mit entsprechenden Kolleg:innen realisiert werden. Dieser Austausch sollte möglichst am Arbeitsgegenstand selbst und nicht im Rahmen formaler Besprechungen jenseits des eigentlichen Arbeitsvollzugs erfolgen. Dabei ist es sehr wertvoll, auch vor Ort selbst ausprobieren zu können, wie die eigenen Arbeitsergebnisse weiter genutzt werden.

Partizipation: Unter Partizipation wird in Unternehmen klassischerweise die mehr oder weniger umfassende Teilhabe an betrieblichen Entscheidungen verstanden. Lernförderliche Partizipation zum Erwerb erfahrungsbasierten Kontextwissens in der Arbeit umfasst jedoch deutlich mehr: Sie zeichnet sich dadurch aus, dass Beschäftigte zu Akteuren ihrer eigenen Arbeitsgestaltung werden und somit an der Gestaltung lernförderlicher Arbeit teilhaben.

Die vorgenommenen Konkretisierungen zentraler Kriterien lernförderlicher Arbeitsgestaltung (Bergmann, Fritsch, Göpfert, Richter, Wardanjan & Wilczek 2001; Bergmann, Richter, Pohlandt, Pietrzyk, Eisfeldt, Hermet & Oschmann 2004; Handrich, Koch-Falkenberg & Voß; Dunkel & Kratzer 2016, 2017) zielen vor allem darauf ab, das lernende Subjekt radikal in den Mittelpunkt der Arbeitsgestaltung zu stellen. Das bedeutet jedoch nicht, dass Beschäftigte für die Lernförderlichkeit ihrer Arbeit allein verantwortlich sind. Im Gegenteil ist es zwingende Unternehmensaufgabe, dafür zu sorgen, dass Beschäftigte die Möglichkeit haben, ihre Arbeit lernförderlich zu gestalten. Führungskräfte, Personalverantwortliche, aber auch Verantwortliche für Projektmanagemententwicklung und Prozessgestaltung oder die Entwicklung von Produktionssystemen sind diejenigen, die mit der Gestaltung von organisatorischen, technischen und kulturellen »Bedingungen« befasst sind. Sie setzen damit auch die Eckpfeiler für Handlungsoptionen von Beschäftigten im Zusammenhang mit Lernen in laufenden Arbeitsprozessen. Somit bestimmen sie letztendlich den Raum, in dem Beschäftigte als Expert:innen ihrer eigenen Arbeit handeln können – oder eben nicht.

5. Wie kann man erfahrungsbasiertes Kontextwissen lernen? Konzeptuelle Grundlagen

Erfahrungsbasiertes Kontextwissen über andere Bereiche kann nur in der unmittelbaren Auseinandersetzung mit praktischen Gegebenheiten sowie im Kennenlernen dieser »fremden« Arbeitsweisen erworben werden. Dabei sind Offenheit, Neugier und ein wacher Blick wichtige Voraussetzungen für die Wahrnehmung und Durchdringung anderer Herangehensweisen und Perspektiven. Diese »fremden« Sichtweisen können aber nicht im Alleingang, sondern nur in Kooperation und Auseinandersetzung mit den jeweils anderen verstanden werden: Gemeinsames Handeln am »Gegenstand«, entdeckend-exploratives Vorgehen, gemeinsames Erfahrungen-Machen sowie die Kommunikation dieser Erfahrungen bilden die Grundlage für den Erwerb des erfahrungsbasierten Kontextwissens (Böhle & Bolte 2002; Porschen 2008).

Dies kann nur in Form eines überwiegend selbstgesteuerten und selbstbestimmten Lernprozesses erfolgen. »Die Lernenden (…) sind dabei nicht die passiven Adressaten eines von außen an sie herangetragenen Lernprozesses, sondern sie bringen diesen selbst hervor. Sie sind also nicht ›Objekt‹ irgendwelcher Lehranstrengungen, sondern individuelles Subjekt des Lernprozesses. (…) Der Lernende eignet sich Erfahrungswissen an, indem er sich konkrete Handlungssituationen erfahrend erschließt. Erfahrungen zielen dabei nicht auf die intellektuell-abstrakte Verarbeitung der Situation, sondern vor allem auf ihre umfassende Wahrnehmung« (Buschmeyer, Hartmann, Munz & Schrode 2018, S. 93).

In Anlehnung an die berufspädagogisch fundierten grundlegenden Prinzipien für erfahrungsgeleitetes Lernen können auch für den Erwerb erfahrungsbasierten Kontextwissens vier entsprechende Grundlagen formuliert werden (Bauer & Munz 2004, S. 60ff.; Buschmeyer et al. 2018):

- Wissen und die Fähigkeit zu handeln werden über praktisches Handeln erworben;
- Erfahrungen zu machen ist Ausgangspunkt, Methode und Ziel erfahrungsgeleiteten Lernens;

- Unwägbarkeiten erzeugen Lernerfahrungen;
- Erfahrungsgewinn entsteht aus der Reflexion des Erlebten.

In der betrieblichen Praxis können diese Prinzipien in unterschiedlicher Weise umgesetzt werden: So kann bspw. in gemeinsamen abteilungsübergreifenden Projekten die kollektive Erarbeitung eines gemeinsamen Handlungsraums und gemeinsamer Konventionen thematisiert werden. Dabei haben sich solche Projekte als besonders effektiv erwiesen, die stark handlungsbezogen sind und »quer zum betrieblichen Alltag« liegen (Böhle & Sauer 2019). In der Projektarbeit ist das Modell der personengebundenen Simulation (Heidling, Klug & vom Eyser 2011) erfolgreich eingesetzt worden. Personalpolitische Modelle wie das Tandem- und das Hospitationsmodell oder Job Rotation bieten Gelegenheitsstrukturen für einen eher individuellen Erwerb von erfahrungsbasiertem Kontextwissen (Bolte & Porschen 2006). Im Folgenden soll das Konzept der begleiteten Lerngruppen[3] näher vorgestellt werden.

6. Ein Weg zum Erlernen erfahrungsbasierten Kontextwissens: berufspädagogisch begleitete Lerngruppen

Berufspädagogisch begleitete Lerngruppen können Beschäftigte dabei unterstützen, erfahrungsbasiertes Kontextwissen zu erwerben. Dabei geht es nicht nur darum, einmalig andere Bereiche kennenzulernen, sondern auch darum, ein erfahrungsoffeneres Vorgehen in der eigenen Arbeit zu erlernen. In einem solchen Rahmen kann das individuelle Lernen durch die Bereitstellung von Lerninstrumenten wie bspw. Erkundungsfragen unterstützt und später in den Lerngruppen gemeinsam reflektiert und ausgewertet werden (vgl. Buschmeyer et al. 2018; Sauer, Neumer & Buschmeyer 2018). »Didaktisch gesehen folgt das Lernen von Kontextwissen einem Doppeldeckermodell des Kompetenzlernens: Zum einen wird im Handeln und Machen von Erfahrungen Kontextwissen erworben, zum anderen entsteht in diesem Erwerb von Kontextwissen zunehmend die Fähigkeit, Kontextwissen erfahrungsgeleitet zu erwerben« (Hartmann & Schrode 2021, S. 137).

Für jedes Mitglied der Lerngruppe ist ein vorhandenes Problem in einem aktuellen Arbeitsprojekt, das mehr als reines Fachwissen erfordert und das Auswirkungen über die eigene Abteilung hinaus hat, Ausgangspunkt des Lernens.

3 Die Gesellschaft für Ausbildungsforschung und Berufsbildung GAB München hat solche Lerngruppen zum Erwerb von Kontextwissen in mehreren Projekten begleitet. Vgl. bspw. Buschmeyer & Munz (2021) sowie Hartmann & Schrode (2021).

Dabei tauschen sich die Lernenden mit solchen Kolleg:innen aus, die in den betroffenen vor- und nachgelagerten Bereichen tätig sind. Neben dem reinen Faktenwissen werden hier auch individuelle Wahrnehmungen und subjektive Erfahrungen aus unterschiedlichen Perspektiven thematisiert. Sogenannte Erkundungsfragen ermöglichen ein problembezogenes Kennenlernen eines anderen Bereichs: »Wer hat wie die bisherigen Entwicklungen erlebt?«, »Wo gibt es Spannungen?«, »Welche Fettnäpfchen könnte es geben?«, »Was wissen wir noch nicht und wer könnte dazu etwas beitragen?« Dieser Austausch wird durch direkte Vor-Ort-Erfahrungen ergänzt. Dabei kommt es darauf an, dass die direkten Sinneseindrücke in den angrenzenden Bereichen möglichst konkret sind und dass die Lernenden die Möglichkeit haben, direkt vor Ort die realen Gegebenheiten kennenzulernen und sich mit den dort tätigen Kolleg:innen über ihre Wahrnehmungen und Eindrücke auszutauschen. Wenn diese Voraussetzungen erfüllt sind, fällt es den Lernenden umso leichter, diese Perspektiven als Hintergrund für ihr eigenes Handeln zu berücksichtigen. Für den Lernerfolg ist es entscheidend, dass die Lernenden ihre Erfahrungen im Anschluss gemeinsam reflektieren und Überlegungen anstellen können, wie sich die gewonnenen Erfahrungen für zukünftige Arbeitsprozesse nutzen lassen.

Die Verwirklichung solcher strukturierter Lernprojekte ermöglicht es den Lernenden, sich selbstbestimmt einen Zugang zu anderen Unternehmensbereichen zu verschaffen. Sie können so anforderungsbezogene – auch informelle und implizite – Informationen selbstgesteuert im persönlichen Austausch einholen und vor Ort gegenstandsbezogen kommunizieren. Die Definition der für den Lernprozess jeweils in den Blick genommenen aktuellen konkreten Problemlagen als dezidierte »Lernprojekte« bietet den Beteiligten darüber hinaus die Chance, auch Fehler – sowohl solche, die das Problem ausgelöst haben, als auch die bei der Problemlösung gemachten – zu akzeptieren. Damit können sie jenseits von Schuldzuweisungen kommuniziert werden, wodurch eine veränderte Feedback- und Fehlerkultur zumindest initiiert werden kann (vgl. Sauer, Neumer & Buschmeyer 2018, S. 24).

7. Den Beschäftigten die Möglichkeit zum Erwerb von Kontextwissen ermöglichen: eine Aufgabe für Unternehmen

Der Erwerb erfahrungsbasierten Kontextwissens ist für Beschäftigte – gerade auch angesichts der fortschreitenden Digitalisierung – von elementarer Bedeutung zur Bewältigung ihrer Arbeitsaufgaben. Doch selbst bei qualifiziert-selbstverantwortlicher Arbeit bestehen diesbezüglich zum Teil massive Lernhemmnisse, denen durch spezifische Ansätze lernförderlicher Arbeitsgestaltung begegnet werden muss: Neben dem Einsatz organisationaler und personalpolitischer Modelle sind es vor allem Formen des begleiteten Lernens, die diesen Lernprozess der Beschäftigten unterstützen können. Bei allem Engagement der Beschäftigten bleibt es die Aufgabe der Unternehmen und hier insbesondere der Führungskräfte, organisationale und personalpolitische Voraussetzungen zu schaffen, die es den Beschäftigten auch wirklich ermöglichen, erfahrungsbasiertes Kontextwissen im Prozess der Arbeit zu erwerben.

8. Literatur

Bauer, H. & Munz, C. (2004). Erfahrungsgeleitetes Handeln lernen. Prinzipien erfahrungsgeleiteten Lernens. In: Böhle, F., Pfeiffer, S. & Sevsay-Tegethoff, N. (Hrsg.). Die Bewältigung des Unplanbaren. Wiesbaden: VS Verlag für Sozialwissenschaften, S. 55–73.

Bergmann, B. (1996). Lernen im Prozess der Arbeit. In: Arbeitsgemeinschaft Qualifikations-Entwicklungs-Management (Hrsg.): Kompetenzentwicklung 1996. Strukturwandel und Trends in der betrieblichen Weiterbildung. Münster: Waxmann, S. 153–262.

Bergmann, B., Fritsch, A., Göpfert, P., Richter, F., Wardanjan, B. & Wilczek, S. (2001). Kompetenzentwicklung und Berufsarbeit. Berlin: Waxmann.

Bergmann, B., Richter, F., Pohlandt, A., Pietrzyk, U., Eisfeldt, D., Hermet, V. & Oschmann, D. (2004). Arbeiten und Lernen. Berlin: Waxmann.

Böhle, F. (2021). Von der Humanisierung der Arbeit bis heute – Neue Anforderungen an die lernförderliche Gestaltung von Arbeit. In: Bolte, A. & Neumer, J. (Hrsg.). Lernen in der Arbeit – Erfahrungswissen und lernförderliche Arbeitsgestaltung bei wissensintensiven Berufen. Augsburg, München: Hampp, S. 13–30.

Böhle, F. & Bolte, A. (2002). Die Entdeckung des Informellen. Der schwierige Umgang mit Kooperation im Arbeitsalltag. Frankfurt/M., New York: Campus.

Böhle, F. & Sauer, S. (2019). Erfahrungswissen und lernförderliche Arbeit. Neue Herausforderungen und Perspektiven für Arbeit 4.0 und (Weiter-)Bildung. In: Dobischat, R., Kippliger, B., Molzberger, G. & Munkelt, D. (Hrsg.). Bildung 2.1 für Arbeit 4.0? Wiesbaden: VS Verlag für Sozialwissenschaften, S. 241–264.

Bolte, A., Gross, M. & Schüle, I. (2023). Digital vernetzte Arbeit gestalten: Das Beispiel Reflexa-Werke Albrecht. In: Heinlein, M., Neumer, J. & Ritter, T. (Hrsg.). Digital vernetzte Arbeit. Merkmale und Anforderungen eines neuen Typus von Arbeit. Wiesbaden: Springer VS, S. 325–337.

Bolte, A. & Neumer, J. (2019). Lernförderliche Gestaltung wissensintensiver Arbeit. Bedarf, Hemmnisse und Modelle. In: Heyse, V., Erpenbeck, J. & Ortmann, S. (Hrsg.). Kompetenzen voll entfaltet. Kompetenzmanagement in der Praxis. Band 13, I/2019. Münster, New York: Waxmann, S. 35–56.

Bolte, A. & Neumer, J. (2021) (Hrsg.). Lernen in der Arbeit – Erfahrungswissen und lernförderliche Arbeitsgestaltung bei wissensintensiven Berufen. Augsburg, München: Hampp.

Bolte, A. & Neumer, J. (2023a). Digital vernetzte Arbeit in mittelständischen Unternehmen: Anforderungen mit ERP-Systemen und Grenzen der Digitalisierung. In: Heinlein, M., Neumer, J. & Ritter, T. (Hrsg.). Digital vernetzte Arbeit und Anforderungen eines neuenTypus von Arbeit. Wiesbaden: Springer, S. 165–187.

Bolte, A. & Neumer, J. (2023b). Erfahrungsbasiertes Kontextwissen bei digital vernetzter Arbeit. In diesem Handbuch.

Bolte, A. & Porschen, S. (2006). Die Organisation des Informellen. Modelle zur Organisation von Kooperation im Alltag. Wiesbaden: VS Verlag für Sozialwissenschaften.

Bolte, A., Neumer, J. & Porschen, S. (2008). Die alltägliche Last der Kooperation. Berlin: Edition Sigma.

Buschmeyer J., Hartmann, E., Munz, C. & Schrode, N. (2018). Selbstlernaufgaben und individuelle Praxisprojekte als Interventionen zur Förderung von Gestaltungskompetenz. In: Janneck, M. & Hoppe, A. (Hrsg.). Gestaltungskompetenzen für gesundes Arbeiten. Arbeitsgestaltung im Zeitalter der Digitalisierung. Berlin: Springer, S. 87–99.

Buschmeyer, J. & Munz, C. (2021). Wie kann Arbeiten lernförderlicher werden? Zur Neubestimmung des traditionellen Konzepts der lernförderlichen Arbeitsgestaltung. In: Bolte, A. & Neumer, J. (Hrsg.). Lernen in der Arbeit – Erfahrungswissen und lernförderliche Arbeitsgestaltung bei wissensintensiven Berufen. Augsburg, München: Hampp, S. 105–131.

Dehnbostel, P. (2008). Berufliche Weiterbildung: Grundlagen aus arbeitnehmerorientierter Sicht. Berlin: edition sigma.

Dunkel, W. & Kratzer, N. (2016). Zeit- und Leistungsdruck bei Wissens- und Interaktionsarbeit. Neue Steuerungsformen und subjektive Praxis. Baden-Baden: Nomos, Edition Sigma.

Dunkel, W. & Kratzer, N. (2017). Ganz normal: Zeit- und Leistungsdruck In: Schröder, L. & Urban, H. J. (Hrsg.). Jahrbuch Gute Arbeit 2017: Streit um Zeit – Arbeitszeit und Gesundheit, Frankfurt a. M.: Bund, S. 163–175.

Frieling, E., Bernard, H., Bigalk, D. & Müller, R. F. (2006). Lernen durch Arbeit. Entwicklung eines Verfahrens zur Bestimmung der Lernmöglichkeiten am Arbeitsplatz. Münster: Waxmann.

Hacker, W. (2015). Lern-, gesundheits- und leistungsförderliche Arbeitsgestaltung in kleinen und mittleren Unternehmen. Warum und wie? Projektberichte, Heft 86. Dresden: TU Dresden. *https://tud.qucosa.de/api/%3A28702/attachment/ATT-0/* (abgerufen am 28. 3. 2023).

Handrich, C., Koch-Falkenberg, C. & Voß, G. G.(2016). Professioneller Umgang mit Zeit- und Leistungsdruck. Baden-Baden: Nomos, Edition Sigma.

Hartmann, E. & Schrode, N. (2021). Kontextwissen erfahrungsgeleitet erwerben. In: Bolte, A. & Neumer, J. (Hrsg.). Lernen in der Arbeit. Erfahrungswissen und lernförderliche Arbeitsgestaltung bei wissensintensiven Berufen. Augsburg, München: Hampp, S. 135–153.

Heidling, E., Klug, B. & vom Eyser, W. (2021). Personengebundene Simulation als erfahrungsgeleitetes Lernen. In: Bolte, A. & Neumer, J. (Hrsg.). Lernen in der Arbeit – Erfahrungswissen und lernförderliche Arbeitsgestaltung bei wissensintensiven Berufen. Augsburg, München: Hampp, S. 155–180.

Heinlein, M., Neumer, J. & Ritter, T. (2023). Digital vernetzte Arbeit: Dimensionen und Anforderungen einer neuen Arbeitsform. In: Heinlein, M., Neumer, J. & Ritter, T. (Hrsg.). Digital vernetzte Arbeit und Anforderungen eines neuen Typus von Arbeit. Wiesbaden: Springer, S. 29–72.

Neumer, J. (2021). Lernhemmnisse und Kriterien lernförderlicher Arbeitsgestaltung bei qualifiziert-selbstverantwortlicher Arbeit. In: Bolte, A. & Neumer, J. (Hrsg.). Lernen in der Arbeit – Erfahrungswissen und lernförderliche Arbeitsgestaltung bei wissensintensiven Berufen. Augsburg, München: Hampp, S. 65–83.

Porschen, S. (2008). Austausch impliziten Erfahrungswissens. Neue Perspektiven für das Wissensmanagement. Wiesbaden: VS Verlag für Sozialwissenschaften.

Sauer, S. & Bolte, A. (2021). Erfahrungsbasiertes Kontextwissen: Der Blick aufs Ganze in der technischen Planung. In: Bolte, A. & Neumer, J. (Hrsg.). Lernen in der Arbeit – Erfahrungswissen und lernförderliche Arbeitsgestaltung bei wissensintensiven Berufen. Augsburg, München: Hampp, S. 65–83.

Sauer, S., Neumer, J. & Buschmeyer, J. (2018). Lernförderlichkeit bei wissensintensiven Tätigkeiten. Neue Herausforderungen und Perspektiven. In: Berufsbildung in Wissenschaft und Praxis, Jg. 47, H. 1, S. 20–24.

Schön, D. A. (1983). The Reflective Practitioner: How Professionals Think in Action. New York: Basic Books.

Stöger, U. & Merl, T. (2023). Belastungen bei digital vernetzter Dienstleistungsarbeit – widersprüchliche Arbeitsanforderungen. In: Heinlein, M., Neumer, J. & Ritter, T. (Hrsg.). Digital vernetzte Arbeit und Anforderungen eines neuen Typus von Arbeit. Wiesbaden: Springer, S. 189–210.

Ulich, E. (1992). Arbeitspsychologie. 2. Auflage. Zürich: Verlag der Fachvereine, Stuttgart: Poeschel.

Martin Reuter

Qualitätsentwicklung in Weiterbildungsorganisationen – historische Entwicklungen, Managementsysteme und aktuelle Perspektiven

Inhalt

1. Historische Entwicklungen und Zugänge zum Thema Qualität in der Weiterbildung

Historisch betrachtet kann Qualität als ein vieldeutiger Begriff beschrieben werden, dessen Verständnis bzw. Bedeutung sich stetig im Wandel befindet. Wird das erste entwickelte Qualitätsmodell in den Blick genommen, welches dem Bereich der Berufsbildung entstammt, so ist ein Kennzeichen, dass sogenannte Inputfaktoren wie bspw. qualifiziertes Personal (vgl. Sachverständigenkommission 1974, S. 126) fokussiert werden. Als Alternative zur traditionellen Inputorientierung ist die Outputorientierung zu nennen, die Ergebnisse von Lernprozessen wie bspw. Kompetenzen (PIAAC, PISA) fokussiert und insbesondere bildungspolitisch oft im Fokus steht. In der wissenschaftlichen Debatte um Qualität kommen Klieme und Tippelt (2008) in einer Zwischenbilanz zu dem Ergebnis, dass der Prozessqualität, die sowohl pädagogische als auch institutionenbezogene Prozesse berücksichtigt und damit In- und Output verbindet, ein zentraler Stellenwert zukommt (vgl. ebd., S. 9).

Der Diskurs zu Fragen der Qualität wird in den Erziehungswissenschaften seit ca. 30 Jahren prominent geführt. Im Bereich der Weiterbildung wird der Beginn einer breiteren Debatte um Qualität in der Regel auf die 1970er Jahre datiert (vgl. Balli et al. 2002, S. 11; Hartz 2011, S. 24; Hartz & Meisel 2011, S. 11; Veltjens 2009, S. 36), wobei diese in den 1990er Jahren ihren Höhepunkt erreichte. Begrifflich wurde Qualität erstmals von Josef Rudolf (erster Vorsitzende des Deutschen Volkshochschul-Verbandes [DVV]) eingeführt, der die Fixierung bestimmter Qualitätsmerkmale aufgreift, diese aber an das Prinzip der Freiheit von Institutionen und die Praxis der Freiwilligkeit der Teilnehmenden bindet (vgl. DVV 1963, zit. n. Tietgens 1999, S. 10). Der Ansatz, pädagogische Qualität an der Beziehung (Freiheit und Freiwilligkeit) festzumachen, war insbesondere in der Nachkriegszeit maßgeblich.

Im beruflichen Kontext sehen Balli et al. (2002) den Ausgangspunkt der Diskussion um Qualität im Bereich der Ausbildung. Erste Qualitätskriterien hierfür wurden 1969 (Bildungskommission des Deutschen Bildungsrates 1969, zit. n. Balli et al. 2002, S. 10), erste Qualitätsmodelle (Input und Output Modell) 1974 vorgelegt (»Edding-Kommission«; vgl. Sachverständigenkommission 1974). Erwähnenswert ist dabei, dass die Modelle eine differenzierte Indexbildung beinhalten und hohen Wert auf die pädagogische Qualifikation legen (vgl. ebd.). In den 1960er Jahren expandierte der Bereich des Fernunterrichts zudem enorm und warf Fragen nach der Seriosität und damit Qualität von manchen Studienbriefen auf, sodass 1976 das Fernunterrichtsschutzgesetz verabschiedet wurde. In den 1980er Jahren stieg auch die Förderung von Maßnahmen nach dem Arbeitsförderungsgesetz deutlich an (vgl. Schrader 2011, S. 71; Tietgens 1999, S. 11). Dabei wurden zunehmend ökonomische Gesichtspunkte entscheidend (vgl. Tietgens 1999, S. 12). Begrifflich wurde die Qualitätsdebatte in dieser Zeit unter dem Begriff der »Qualitätssicherung« geführt und vor allem vonseiten der Wirtschaft angetrieben (vgl. ebd.). »Nur im Bereich der betrieblichen Weiterbildung können Lernziele verwendungsbezogen definiert, ihr Erreichen kontrolliert« (ebd.) werden. Nachdem Produktionsbetriebe Qualitätsmanagementsysteme (QMS) nach der internationalen Normreihe »International Organization for Standardization« (ISO) implementierten, geriet besonders der Bereich der innerbetrieblichen Bildung in den Sog von Qualitätsdiskussionen (vgl. Schrader 2011, S. 71). Darüber hinaus stieg die Nachfrage nach individuell zugeschnitten Weiterbildungsangeboten (vgl. ebd.). Die Qualitätsansätze wie sie in den ISO-Normen aufgegriffen werden, gehen auf Deming, den Pionier des prozessorientierten Qualitätsmanagements (QM) zurück, der bereits in den 1940er Jahren zu Qualität in Unternehmen forschte und den Total Quality Management (TQM) Ansatz verfolgte (vgl. Mahadevan 2007, S. 108 ff.). Als Teil der japanischen Qualitätsrevolution betonte er, dass im Management von Organisationen den Individuen sowie der theoretischen Fundierung der Führung von Organisationen eine hohe Relevanz zukommen soll (vgl. Egetenmeyer & Käpplinger 2011, S. 30).

Inhaltlich wurden die Qualitätsmodelle für den Bereich der Weiterbildung in den 1990er Jahren umfassender. Wird bspw. das von Faulstich (1991) entwickelte Modell betrachtet, zeigt sich die Besonderheit der Berücksichtigung des Ressourcenaufwands, was als proaktiver Akt gedeutet werden kann, um anschlussfähiger

an die Bereiche der beruflichen und Betrieblichen Weiterbildung zu sein. Arnold (1994) hingegen nimmt bereits eine zeitliche und damit prozessorientierte Perspektive (Input, Throughput, Output) ein, welche insbesondere für die sich in den 2000er Jahren verbreitenden QMS typisch ist. Allerdings lehnen beide Autoren den Anspruch einer exakten Messbarkeit pädagogischer Qualität ab und verstehen die Modelle vielmehr als Reflexionshilfe.
Die ISO legte 1985 den ersten Entwurf der ISO 9000ff.-Reihe vor, deren Ausgangspunkt die ab 1975 erarbeitete britische Norm BS 5750 war (vgl. Smith 1991). Insbesondere mit der ISO 9001 etablierte sich ein System, dessen Besonderheit neben der Internationalität in der externen Zertifizierung liegt. Ziel hierbei ist, dass die Anforderungen, die seitens des QMS beschrieben sind, von einer externen Zertifizierungsagentur überprüft werden. Sind diese erfüllt, bekommt die Organisation ein Zertifikat ausgestellt. Diese Möglichkeit schien bildungspolitischen Legitimationsbedürfnissen entgegenzukommen, weshalb der Vorschlag bzw. die Idee, einen Zertifizierungsnachweis als Fördervoraussetzung (bspw. Arbeitsförderungsgesetz [AFG] oder ESF-Mittel) zu etablieren, zur (grundsätzlichen) Positionierung sowohl in Wissenschaft als auch in Praxis reizte und so zu einem dynamischen und leidenschaftlichen Diskurs in den 1990er Jahren führte (vgl. Gnahs 1999). Dieser veränderte sich gegen Ende der 1990er Jahre wieder zugunsten eines pragmatischen Umgangs (vgl. ebd.) und zeigt sich bspw. darin, dass im Anschluss an die Kritik an der branchenunspezifischen ISO-Norm, in den 2000er Jahren eine Vielzahl von branchenspezifischen QMS entwickelt bzw. um die Option der externen Zertifizierung ergänzt wurden.[1]
Branchenspezifische Systeme argumentieren übergreifend ähnlich:

»*Bildung ist ein besonderes ›Produkt‹, denn man kann sie nicht verkaufen und nicht kaufen. Bilden kann sich jedes Individuum nur selbst! Bildungsorganisationen können den Bildungsprozess allerdings durch ihre Dienstleistungen maßgeblich unterstützen. Für das Ergebnis des Bildungsprozesses, den Lernerfolg, sind aber die Lernenden in einem besonderen Maße selbst verantwortlich; die Bildungsorganisationen gestalten hierfür den Ermöglichungsraum*« (Zech 2006, S. 10).

»Die Organisation der Organisation wird zum zentralen Schlüssel des Erfolgs der Bildungsdienstleistung. Die Fokussierung der Systeme auf die organisationalen Abläufe ist damit ein naheliegender Schritt« (Veltjens 2009, S. 19). Weiterbildungsorganisationen werden so zu einer notwendigen, wenn auch keiner hinreichenden Bedingung für das organisierte Lernen Erwachsener.

1 So wurde bspw. **Q**ualitäts**E**ntwicklungs**S**ystem (QES) als Selbstevaluationsmodell 2004 zu QESplus mit der Möglichkeit der externen Zertifizierung.

Bildungspolitisch wurden QMS in den 2000er-Jahren im Bereich der allgemeinen Weiterbildung erstmals als Fördervoraussetzung in den Ländergesetzen und in der berufsbezogenen Weiterbildung (Arbeitsförderungsmaßnahmen SGB II/III) in die »Anerkennungs- und Zulassungsverordnung Weiterbildung« (AZWV) verankert (vgl. Reuter et al. 2020).
Es bleibt festzuhalten, dass das Thema Qualität historisch sehr unterschiedlich verhandelt wurde. Es reicht von der Beziehungsqualität über die Fokussierung des In- oder des Outputs, konkreter Kriterien, die als Reflexionshilfe verstanden wurden und deren Messbarkeit bezweifelt wurde, bis hin zur Gestaltung von Prozessen und deren kontinuierlicher Verbesserung sowie Zertifizierung im QM. Dies wurde sowohl von gesellschaftlicher, bildungspolitischer als auch disziplinärer Seite beeinflusst. In der Regel ist QM ein fester Bestandteil der Weiterbildungspraxis geworden. Dementsprechend nutzten 2017 in Deutschland 80 % der Weiterbildungsorganisationen ein QMS (vgl. Ambos et al. 2018, S. 12).

2. Qualitätsmanagement: Definition und Systeme

Im ersten Kapitel wurde sichtbar, dass mit den historischen Entwicklungen auch konzeptionelle Veränderungen von Qualitätsverständnissen einhergehen. Zentral sind dabei die Begriffe Qualitätssicherung, -management sowie Zertifizierung, die im Folgenden expliziert werden. Im Anschluss wird eine aktuelle Übersicht über zentrale QMS gegeben.
Qualitätssicherung zielt auf ein »Überprüfungssystem geltender Qualitätsstandards« (Hartz & Meisel 2011, S. 17). Hier werden Kriterien festgelegt, mit deren Hilfe ein gewünschter SOLL-Zustand erreicht werden soll. Qualität wird »ex post« (danach) überprüft, womit dies als eher statisches Konzept zu kennzeichnen ist. Entstehungszusammenhänge oder die perspektivische Weiterentwicklung der erreichten Qualität werden hier nicht oder kaum berücksichtigt (vgl. ebd.).
Qualitätsmanagement hingegen verfolgt das Ziel der Qualitätsentwicklung. Diese »zielt auf die kontinuierliche Reflexion der Bedingungen für Qualität und eine fortwährende Verbesserung« (ebd., S. 21). Der Grundgedanke dabei ist, »dass Qualität systematisch durch bestimmte Formen des Managements erzeugt und beeinflusst werden kann« (ebd., S. 17), was sich in einem Prozessgedanken wie bspw. dem des kontinuierlichen Verbesserungsprozesses (KVP), wie er für Managementsysteme typisch ist, zeigt. Es geht damit um eine systematische Gestaltung und Weiterentwicklung von Qualität. Dazu werden soziale und strukturelle Dimensionen explizit berücksichtigt.

Zertifizierung beschreibt die Prüfung QMS-spezifischer Anforderungen von externer Seite. Dies übernehmen teilweise die Herausgebenden der Systeme selbst (bspw. Gütesiegelverbund Weiterbildung) oder Zertifizierungsagenturen, die sowohl monopolistisch (wie bei LQW die con!flex GmbH) als auch im Wettbewerb zueinander stehend (bspw. DIN ISO) agieren. Im Sinne der ordnungspolitischen Steuerung ist auf die Deutsche Akkreditierungsstelle (DAkkS), als die einzige nationale Akkreditierungsstelle der Bundesrepublik Deutschland, zu verweisen (vgl. DAkkS 2020b). Zertifizierungsanbieter von QMS (ISO, EFQM; LQW etc.) können sich von der DAkkS akkreditieren lassen, wobei dies nicht verpflichtend ist.[2]

Im Anschluss an den wissenschaftlichen Erkenntnisstand, dass »Bildungsqualität zuvorderst an der Qualität von Prozessen festzumachen ist« (Klieme & Tippelt 2008, S. 9) und diese im Fokus von QMS stehen, wird folgend eine Übersicht über aktuelle Systeme gegeben. Die Auswahl begründet sich im Grad der Verbreitung und in der Aktualität der Erscheinung.

Die Tabelle 5 informiert über Entwicklungen, den aktuellen Stand und genutzte Qualitätskriterien. Dabei wird deutlich, dass die meisten QMS im Zeitraum 2000 bis 2004 entwickelt wurden, was mit deren Berücksichtigung in den Ländergesetzen im Sinne von Förderungen in Zusammenhang steht (vgl. Reuter et al. 2020). Darüber hinaus zeigt sie die stetige Weiterentwicklung der Systeme, von denen die meisten mittlerweile in mehrfacher Auflage vorliegen. Es wurden auch neue Systeme entwickelt, wie jüngst die ISO 21001, ISO 29993 oder bei LQW das Reifegradverfahren für erfahrene LQW-Nutzende. Gemeinsam ist den Systemen, dass sie eine Prozessorientierung aufweisen und kontinuierliche Verbesserungen anstreben. Unterschiede bestehen bei der Ausgestaltung der Qualitätsbereiche sowohl bezüglich inhaltlicher Aspekte als auch bezüglich des Detaillierungsgrades der Anforderungen. Vor dem Hintergrund der pluralen Verfasstheit und damit einhergehender Vielfalt des Weiterbildungsbereichs scheint die analoge Herausbildung von Vielfalt bei den Systemen passend und plausibel. Inwiefern diese allerdings inhaltlich im Detail vergleichbar sind, muss an dieser Stelle offenbleiben, auch wenn strukturelle Ähnlichkeiten, insbesondere die Prozessorientierung und die kontinuierliche Verbesserung, systemübergreifend bestehen.

2 Eine Liste zu akkreditierten Zertifizierungsagenturen siehe Homepage der DAkkS (2020a).

Tabelle 5: Übersicht Qualitätsmanagementsysteme

QMS	Kurzbeschreibung	Qualitätskriterien Bei den Angaben in Klammern handelt es sich um die Anzahl an Unterkategorien auf erster Ebene.
Akkreditierungs- und Zulassungsverordnung Arbeitsförderung – (AZAV)	• wird benötigt, um Maßnahmen der Arbeitsförderung nach dem SGB III durchführen zu dürfen	• laut § 178 SGB III erfordert diese Zulassung, dass Bildungsträger ein QMS besitzen. In der AZAV selbst sind lediglich Anforderungen an ein QMS formuliert. Entsprechend setzt sie das Vorhandensein eines QMS voraus, stellt selbst jedoch keines dar
DIN EN ISO 9001: 2015 Deutsches Institut für Normung (DIN) & International Organization for Standardization (ISO) • 5. Version • Beginn: 1987 DIN EN ISO 9000 ff.	• branchenunspezifisch • Ursprung produzierende Industrie (1987) • DIN EN ISO 9000: Erläuterung und Definition zentraler Begriffe und Grundsätze • DIN EN ISO 9001: Festlegung von Mindestanforderungen an ein QM • DIN EN ISO 9004: Wirksamkeit und Effizienz eines QMS • Beziehungsmanagement (dient nachhaltigem Erfolg, Parteien zu führen und steuern)	• Kontext der Organisation (4) • Führung (3) • Planung (3) • Unterstützung (5) • Betrieb (7) • Bewertung der Leistung (3) • Verbesserung (3)
DIN ISO 29990 DIN und ISO • 1. Version • Beginn: 2010 • Ende: 2020 • Ging über in DIN ISO 29993: 2018 und DIN ISO 21001: 2021		
DIN ISO 29993: 2018 DIN und ISO • 1. Version • Beginn: 2018 • Berichtigung 1: 2021	• branchenspezifische Anforderungen für Lerndienstleistungen (Servicestandard) • Norm für ein QMS in der Aus- und Weiterbildung jenseits der formalen Bildung • soll das Qualitätsverständnis in der Bildungsbranche fördern und unterstützen • mit DIN EN ISO 21001 kombinierbar	• Anwendungsbereich • normative Verweisungen • Begriffe (15) • von dem Lerndienstleister (LDL) zur Verfügung gestellte allgemeine Informationen • Angebotsentwicklung • vor der Inanspruchnahme der Lerndienstleistung zur Verfügung gestellte Informationen • Lernbedarfsanalyse • Entwicklung der Lerndienstleistung • Informationen über die Lerndienstleistungen für angemeldete Lernende oder ihre Sponsoren • Erbringung der Dienstleistung (3) • Lernbegleiter • Bewertung der Lernfortschritte • Monitoring und Evaluation der Lerndienstleistung • Abrechnung »»

QMS	Kurzbeschreibung	Qualitätskriterien Bei den Angaben in Klammern handelt es sich um die Anzahl an Unterkategorien auf erster Ebene.
DIN ISO 21001:2021 DIN und ISO • 1. deutsche Version • Beginn: 2021	• branchenspezifische Anforderungen an ein Managementsystem für Bildungsorganisationen • DIN EN ISO 21001 und DIN EN ISO 9001: gleiche Struktur • DIN EN ISO 21001: an Bildungsbranche angepasst	• Kontext der Organisation (4) • Führung (3) • Planung (3) • Unterstützung (5) • Betrieb (7) • Bewertung der Leistung (3) • Verbesserung (3)
EFQM (2020) European Foundation for Quality Management – EFQM-Excellence Modell • 4. Version • Beginn: 1988	• branchenunspezifisch • EFQM Excellence-Modell ist Basis des Ansatzes • Organisationen sollen Exzellenz, keine Mindestanforderungen, durch einen Top-Down-Managementansatz erreichen • strategischer Organisationsentwicklungsprozess soll durch systematische Zielbetrachtung erreicht werden • zielt auf die Selbstreflexion und -bewertung ab • ist dem Total Quality Management (TQM) verpflichtet	Ausrichtung: • Zweck, Vision und Strategie (5) • Organisationskultur und Organisationsführung (4) Realisierung: • Interessengruppen einbinden (5) • nachhaltigen Nutzen schaffen (4) • Leistungsfähigkeit und Transformation vorantreiben (5) Ergebnisse: • Wahrnehmungen der Interessengruppen • Strategie- und leistungsbezogene Ergebnisse
LQW (2021) ArtSet Forschung Bildung Beratung GmbH – Lernerorientierte Qualitätstestierung in der Weiterbildung • 3. Version, 7. Auflage • Beginn: 2000	• branchenspezifisch • fokussiert gelungenes Lernen • Besonderheit liegt in dem zugrunde gelegten Lernverständnis	• Leitbild (6) • Bedarfserschließung (3) • Schlüsselprozesse (5) • Lehr-Lern-Prozess (8) • Evaluation der Bildungsprozesse (3) • Infrastruktur (9) • Führung (8) • Personal (9) • Controlling (6) • Kundenkommunikation (6) • strategische Entwicklungsziele (4)
LQW für Kleinstorganisationen/ Kompakt (2009)	• reguläre LQW-Version, welche an die Bedingungen kleiner Organisationen angepasst wurde	• siehe LQW
LQW RGV (2020) • 1. Version • Beginn: 2020	• Reifegradverfahren als optionales Retestierungsverfahren ab der 3. Retestierung • insgesamt fokussierter mit Schwerpunkt auf spezifischen Entwicklungsmöglichkeiten	• Kunden- und Prozessorientierung (3) • Innovativität (3) • Mitarbeitendenbeteiligung (3) • Reflexionsgelegenheiten (3) • Reflexivität (3)
Gütesiegelverbund Weiterbildung (2015) Gütesiegelverbund WEITERBILDUNG e. V. • 3. Version • Beginn: 2003	• branchenspezifisches Referenzmodell des Landes Nordrhein-Westfalen • Ziel ist Entwicklung qualitativ hochwertiger Bildungsangebote • Erwerb des Gütesiegels ist unabhängig von Mitgliedschaft im Verbund	• Bildung – Das Bildungsangebot (15) • Personal und Professionalisierung (17) • Teilnehmende – Teilnehmendenschutz (5) • Organisation – Verantwortung und Entwicklung (30)

Quelle: eigene Darstellung

3. Aktuelle Perspektiven und Herausforderungen

Bei der Betrachtung empirischer Arbeiten wird deutlich, dass QMS gewisse Schlüsse zulassen, aber kein Garant für gute Weiterbildung sind (vgl. Stiftung Warentest 2008, S. 2).[3] QMS scheinen primär die Ebene der Organisation zu adressieren und auch zu erreichen. Die Ebene der Lehr-Lern-Interaktion scheint im Vergleich dazu deutlich weniger steuerbar und auch gesteuert zu werden (vgl. Hartz 2011). In dem Projekt um Töpper (2012) wurden Einflussfaktoren auf die Weiterbildungsqualität empirisch identifiziert und anschließend das Steuerungspotenzial der gängigen QMS analysiert (vgl. Kalman 2012, S. 133ff.). Resümierend wird auf den geringeren Steuerungsgrad der Ebene der Lehr-Lern-Interaktion verwiesen (von neun kaum bzw. nicht steuerbaren Einflussfaktoren, fallen sechs auf diese Ebene; vgl. ebd., S. 139). Die quantitativen Befunde von Ambos et al. (2018, S. 52ff.) zu Wirkungen verweisen auch auf Unterschiede bei den Zuschreibungen zwischen den jeweiligen QMS. Mit der Frage, ob QM ein Fluch oder Segen sei, zeigt Käpplinger (2017) in einer mikropolitischen Analyse, dass sich dies je nach Akteursgruppe unterscheidet. In einer machttheoretischen Perspektive erscheint QM als »neue Beichtpraxis« (Forneck und Wrana 2005, S. 174). Diametral dazu verstehen Dehn und Zech Qualitätsentwicklung als »eine intern motivierte Professionalisierungsstrategie der Weiterbildung und kein Instrument staatlicher Regulierungspolitik« (2021, S. 4).

Wie die Betrachtung der Historie gezeigt hat, ist beides als zutreffend zu bewerten. So hat die Auseinandersetzung mit Fragen nach dem Verständnis von Qualität eine lange Tradition und es wurden unterschiedlichste Qualitäts(management)modelle in der Weiterbildung entwickelt. Gleichzeitig, und dies betrifft insbesondere die Zertifizierungsanforderung seitens bildungspolitischer Akteure, ist der Umgang mit QMS auch Teil staatlicher Regierungspolitik. Dieser Aspekt der Regulierungspolitik im Sinne der externen Zertifizierungsvorgabe wird für Professionalisierungsprozesse von wissenschaftlicher Seite problematisiert (vgl. Käpplinger et al. 2018).

Diese gleichzeitige Unterschiedlichkeit passt zur »Standort- bzw. Perspektivgebundenheit« (Hartz 2011) des Begriffs Qualität. Kuper (2002) sieht den Gewinn einer systemtheoretischen Perspektive auf Qualität darin, dass über den Qualitätsbegriff die Differenz von Erwartungen und Beschaffenheit kommuniziert werden und damit auch gesellschaftliche, organisatorische und individuelle Fremdreferenzen einbezogen werden (vgl. ebd., S. 549). Insbesondere für Weiterbildungsorganisationen, die oft in komplexen Bedingungsgefügen und

---

3 Nach dem Auslaufen der BMBF-Förderung arbeitet die Stiftung Warentest nicht mehr im Weiterbildungsbereich. Grundlage der Beurteilung waren hier stichpunktartige Besuche in Seminaren und Beratungen vor Ort.

Finanzierungsstrukturen agieren, erscheint diese Perspektive passend. Allerdings verweisen empirische Untersuchungen darauf, dass die Berücksichtigung pädagogischer Kriterien (z. B. Teilnehmendenorientierung) bei der Strukturierung und Entwicklung von Weiterbildungsorganisationen als herausfordernd zu kennzeichnen ist (vgl. Reuter et al. 2022, S. 434). Trotzdem seien sie bedacht, QMS nicht nur aufgrund externer Vorgaben und ausschließlich auf allgemeine organisatorische Prozesse reduziert zu nutzen (vgl. ebd.).

Zurückkommend auf die Qualitätsorientierung am »Prinzip der Freiheit von Institutionen und die Praxis der Freiwilligkeit der Teilnehmenden« (Tietgens 1999, S. 10) erscheint es wertvoll und normativ sinnvoll, den Einfluss von Fremdreferenzen (externen Vorgaben), die unterschiedlich viel Einfluss zu nehmen scheinen, im Hinblick auf diese Prinzipien zu bestimmen. So können im Sinne der Berücksichtigung pädagogischer Kriterien subjektbezogene Partizipations- und Möglichkeitsräume für eine aktive Gestaltung von (Lehr- und Lern-)Beziehungen bzw. Bildungsprozessen, organisationsbezogene Entwicklungsprozesse ausgelotet, aber auch bildungspolitische Steuerungsprozesse jenseits eigener Legitimierungsbedürfnissen und scheinbaren ökonomischen Anforderungen reflektiert werden.

4. Literatur

Ambos, I., Koscheck, S., Martin, A. & Reuter, M. (2018): Qualitätsmanagementsysteme in der Weiterbildung. Ergebnisse der Weiterbildungsmonitor Umfrage 2017. Leverkusen: Barbara Budrich.

Arnold, R. (1994): Qualitätssicherung in der Weiterbildung. In: GdWZ, 5 (H. 1), S. 6–10.

Balli, C., Krekel, E. & Sauter, E. (2002): Qualitätsentwicklung in der Weiterbildung. Zum Stand der Anwendung von Qualitätssicherungs- und Qualitätsmanagementsystemen bei Weiterbildungsanbietern. Bonn: Bundesinstitut für Berufsbildung (Hrsg.).

DAkkS (2020a): Datenbank akkreditierter Stellen. *https://www.dakks.de/content/datenbank-akkreditierter-stellen* (abgerufen am 27. 4. 2023).

DAkkS (2020b): Profil. *https://www.dakks.de/content/profil* (abgerufen am 27. 4. 2023).

Dehn, C. & Zech, R. (2021): Lernerorientierte Qualitätsentwicklung in der Weiterbildung. Leitfaden für die Praxis. Modellversion 3. 7. korrigierte Aufl., Hannover: ArtSet Forschung Bildung Beratung GmbH (Hrsg.).

Deutscher Volkshochschul-Verband (1963): Die Volkshochschule. Stellung und Aufgabe im Bildungssystem. Frankfurt: DVV.

DIN (1987): DIN ISO 9001:1987-05. Qualitätssicherungssysteme; Qualitätssicherungs-Nachweisstufe für Entwicklung und Konstruktion, Produktion, Montage und Kundendienst; Identisch mit ISO 9001, Ausgabe 1987. Berlin: Beuth.

DIN (2010): DIN ISO 29990:2010-12. Lerndienstleistungen für die Aus- und Weiterbildung – Grundlegende Anforderungen an Dienstleister (ISO 29990:2010). Berlin: Beuth.

DIN (2015): DIN EN ISO 9001:2015-11. Qualitätsmanagementsysteme – Anforderungen (ISO 9001:2015); Deutsche und Englische Fassung EN ISO 9001:2015. Berlin: Beuth.

DIN (2018): DIN ISO 29993:2018-10. Lerndienstleistungen jenseits der formalen Bildung – Dienstleistungsanforderungen (ISO 29993:2017). Berlin: Beuth.

DIN (2021): DIN ISO 21001:2021-02. Bildungsorganisationen – Managementsysteme für Bildungsorganisationen – Anforderungen mit Anleitung zur Anwendung (ISO 21001:2018). Berlin: Beuth.

EFQM (2021): Das EFQM Modell. 2. überarbeitete Ausgabe enthält ergänzende Informationen zu Anwendungsbeispielen, RADAR und Bewertungsprofilen. Brüssel: EFQM.

Egetenmeyer, R. & Käpplinger, B. (2011): Professionalisation and quality management: struggles, boundaries and bridges between two approaches. In: European Journal for Research on the Educationand Learning of Adults, 2 (H. 1), S. 21–35.

Faulstich, P. (1991): Qualitätskriterien für die Erwachsenenbildung als ein Fokus der Berufsbildungsforschung. In: Zeitschrift für Berufs- und Wirtschaftspädagogik, 87 H. 7), S. 572–581.

Forneck, H.-J. & Wrana, D. (2005): Ein parzelliertes Feld: Eine Einführung in die Erwachsenenbildung. Bielefeld: Bertelsmann.

Gnahs, D. (1999): Zwischenbilanz der Qualitätsdebatte In: Nuissl, E., Schiersmann, C., Siebert, H. & Weinberg, J. (Hrsg.): Literatur und Forschungsreport Weiterbildung, Nr. 43, S. 15–22.

Gütesiegelverbund Weiterbildung (2018). Das Qualitätsmanagement-Modell nach Gütesiegelverbund Weiterbildung. Version 2015. Dortmund: Gütesiegelverbund Weiterbildung e. V.

Hartz, S. (2011): Qualität in Organisationen der Weiterbildung. Eine Studie zur Akzeptanz und Wirkung von LQW. Wiesbaden: VS.

Hartz, S. & Meisel, K. (2011): Qualitätsmanagement. 3. aktual. und überarb. Aufl. Bielefeld: Bertelsmann.

Käpplinger, B. (2017): Qualitätsentwicklung in der Weiterbildung: Fluch oder Segen? Eine mikropolitische Analyse. In: Bolder, A., Bremer, H. & Epping, R. (Hrsg.): Bildung für Arbeit unter neuer Steuerung, Wiesbaden: Springer, S. 167–184.

Käpplinger, B., Kubsch, E.-C. & Reuter, M. (2018): Millionenmarkt Qualitätsmanagement als Kontext einer »anderen« Professionalisierung? In: Dobischat, R., Elias, A. & Rosendahl, A. (Hrsg.): Das Personal in der Weiterbildung. Im Spannungsfeld von Professionsanspruch und Beschäftigungsrealität. Wiesbaden: Springer, S. 377–398.

Kalman, M. (2012): Qualitätsmanagement und Einflussfaktoren: Möglichkeiten und Grenzen der Steuerung. In: Töpper, A. (Hrsg.): Qualität von Weiterbildungsmaßnahmen. Einflussfaktoren und Qualitätsmanagement im Spiegel empirischer Befunde. Bielefeld: Bertelsmann, S. 133–162.

Klieme, E. & Tippelt, R. (2008): Qualitätssicherung im Bildungswesen. Eine aktuelle Zwischenbilanz. In: Klieme, E. & Tippelt, R. (Hrsg.): Qualitätssicherung im Bildungswesen. Eine aktuelle Zwischenbilanz. Weinheim und Basel: Beltz Verlag, S. 7–13.

Kuper, H. (2002). Stichwort: Qualität im Bildungssystem. In: Zeitschrift für Erziehungswissenschaft, 5 (H. 4), S. 533–551.

Mahadevan, B. (2007): Operation Management: Theory and Practice. Delhi: Dorling Kindersley.

Reuter, M.; Martin, A. & Koscheck, S. (2020): Qualitätsmanagementsysteme – eine Analyse von Diffusionsprozessen in verschiedene organisationale Felder der Weiterbildung. In: Zeitschrift für Weiterbildungsforschung, 43 (H. 1), S. 97–116.

Reuter, M., Dietz, C. & Fröhlich, L. (2022): Pädagogik, Legitimation und Ressourcen im Kontext von Qualitätsmanagementsystemen – Herausforderungen in organisationalen Feldern der Weiterbildung aus neo-institutionalistischer Perspektive. Zeitschrift für Weiterbildungsforschung, 45 (H. 2), S. 417–438.

Sachverständigenkommission Kosten und Finanzierung der beruflichen Bildung (1974). Kosten und Finanzierung der außerschulischen beruflichen Bildung (Abschlußbericht). Bonn: Universitätsdruckerei. *http://dipbt.bundestag.de/doc/btd/07/018/0701811.pdf* (abgerufen am 27.4.2023).

Schrader, J. (2011): Struktur und Wandel der Weiterbildung. Bielefeld: Bertelsmann.

Smith, A. (1991): The quality system-BS 5750/ISO 9000. In: Journal of the Society of Dyers and Colourists, Volume107, Issue9, Pages 294–295. *https://doi.org/10.1111/j.1478-4408.1991.tb01356.x.*

Stiftung Warentest (2008): Qualitätsmanagement – Transparenz ist nicht in Sicht. Berlin.

Tietgens, H. (1999): Rückblick auf den Umgang mit dem Qualitätsbegriff in der Erwachsenenbildung. In: Report, 43, S. 10–14.

Töpper, A. (2012): Qualität von Weiterbildungsmaßnahmen. Einflussfaktoren und Qualitätsmanagement im Spiegel empirischer Befunde. Bielefeld: Bertelsmann.

Veltjens, B. (2009): Pädagogische Qualität im Kontext von Qualitätsmanagement. Themen, empirische Analysen, Forschungs- und Handlungsbedarfe. Dissertation. *http://www.die-bonn.de/doks/veltjens0801.pdf* (abgerufen am 27.4.2023).

Zech, R. (2006): Lernerorientierte Qualitätstestierung in der Weiterbildung. Leitfaden für die Praxis. Hannover: Expressum.

Rosemarie Klein & Gerhard Reutter

Arbeitsorientierte Grundbildung – ein relativ junger Teil beruflich-betrieblicher Weiterbildung

Inhalt

1. Definition

Arbeitsorientierte Grundbildung (i. F. AoG) ist eine relativ junge und komplexe Bildungsdienstleistung: »AoG ist die angemessene Betriebliche Weiterbildung für Arbeitskräfte, deren Grundkompetenzen für das Bewältigen von Arbeitsanforderungen nicht mehr ausreichen. Ziel und Ergebnis von AoG-Trainings sind Verbesserungen im Arbeitshandeln und die Stärkung der Qualifizierungs-

und Beschäftigungsfähigkeit.« (Klein, Reutter & Schwarz 2017, S. 9). »AoG befasst sich mit der Frage, was Menschen mindestens wissen und können sollten, um erfolgreich an der Arbeitswelt teilzuhaben, schafft Lernmöglichkeiten, vor allem für Personen mit niedrigen formalen Qualifikationen, orientiert sich bei der Entwicklung von Inhalten an realen Arbeitsanforderungen. Ziele von AoG: Steigerung der Qualifizierungs- und Beschäftigungsfähigkeit.« (Schwarz 2021, S. 19).

Als Element beruflich-betrieblicher Weiterbildung ist AoG bis in die 2000er Jahre unseres Jahrhunderts in Deutschland in der Weiterbildungspraxis und -forschung weitgehend unbekannt, obwohl die Zielgruppe der gering Qualifizierten mit unzureichender Literalität auch davor nicht klein war. Es gab Vordenkerinnen zu einer Grundbildung mit Bezug auf Arbeit und Beruf, wie bspw. bei Tröster (2002) in ihrem Ansatz der berufsorientierten Grundbildung oder auch Fuchs-Brünninghoff, die bereits 1993 im Rahmen einer Auseinandersetzung um soziale und personale Kompetenzen als Basisqualifikation in der Erwachsenenbildung betont, »das Thema ›Arbeit‹ ist Bildungsangeboten, die sich an die Gruppe der Bildungsbenachteiligten richten, qua Adressat und inhaltlicher Zielsetzung immanent. Nur äußerst selten jedoch wird es zum Gegenstand einer bewussten Auseinandersetzung gemacht« (Fuchs-Brünninghoff 1993, S. 23).

2. Gering Qualifizierte nicht im Fokus von Weiterbildung

Gering Qualifizierte waren lange Zeit weniger im Fokus von Weiterbildung. Die Mehrheit der Arbeitslosen verfügte über einen Berufsabschluss, insbesondere die Arbeitslosen aus der ehemaligen DDR, in der es prozentual weniger Menschen ohne Berufsabschluss gab als in Westdeutschland. Es gab daher aus Sicht der Unternehmen keine Notwendigkeit, sich auf die Potenziale der gering Qualifizierten zu besinnen.

Auch für die Gewerkschaften war diese Zielgruppe eine vernachlässigte Größe; sie waren traditionell auf die Vertretung der Interessen der Fachkräfte konzentriert. Dabei hatten gewerkschaftsnahe Wissenschaftler schon früh auf die Problematik hingewiesen. In der Krise 2008/2009 gab es bei der Entlassung von Leiharbeitern und befristet Beschäftigten nur »an wenigen Orten nennenswerten gewerkschaftlichen Widerstand. Offenkundig war dies der Preis, den Interessenvertretungen zu zahlen bereit waren, um Entlassungen Festangestellter zu verhindern. Das Krisenmanagement der Industriegewerkschaften war vor allem für Stammbeschäftigte (…) erfolgreich.« (Dörre & Schmalz 2013, S. 30). Auch einige Jahre später ist es den Gewerkschaften (noch) nicht gelungen, die prekär Beschäftigten in größerer Zahl zu erreichen (vgl. Wimmer 2019).

3. Gering Qualifizierte rücken in den Fokus

Erst der vor allem durch die technologische Entwicklung (EDV) einsetzende Abbau von sogenannten Einfacharbeitsplätzen, verstärkt durch die ökonomische Krise 2008/2009, in der »zehntausende Leiharbeiter und befristet Beschäftigte entlassen« (Dörre & Schmalz 2013, S. 30) wurden, hat das Problem prekärer Beschäftigung gering Qualifizierter in den arbeitsmarktpolitischen Fokus gerückt. Gegen Ende des ersten Jahrzehnts gerät die Gruppe der gering Qualifizierten, der An- und Ungelernten auch in den Fokus betrieblicher Personal- und Organisationsentwicklung. Dies zeigt sich bei der Teilnahme an betrieblich veranlasster beruflicher Weiterbildung, die häufig von den Personalverantwortlichen gesteuert wird.

3.1 Der Leo-Level-Schock und die demografische Entwicklung

Dass die Gruppe der gering Qualifizierten eine Bedeutungsaufwertung erfuhr, ist im Wesentlichen zwei Entwicklungen geschuldet.

3.1.1 Der Leo-Level-Schock

In den Anfängen des Jahrhunderts war man davon ausgegangen, dass es in Deutschland ca. vier Mio. funktionale Analphabet:innen gäbe (vgl. Döbert & Hubertus 2000). Dies waren Schätzungen, empirisch gesicherte Erkenntnisse über die Dimension existierten nicht. Die erste empirische Studie, die sog. Leo-Level-Studie (vgl. Grotlüschen u. a. 2012) zeigte, dass die tatsächliche Größenordnung weit umfangreicher war als bis dato angenommen. Es zeigte sich, dass es mehr als sieben Mio. Menschen waren, deren Lese- und Schreibkompetenzen unzureichend und sie damit weitgehend von gesellschaftlicher Teilhabe ausgeschlossen waren. In der Nachfolgestudie von 2018 waren es »nur noch« 6,2 Mio. der zwischen 18 und 64jährigen, die den funktionalen Analphabet:innen zugeordnet wurden. Der Ausschluss aus gesellschaftlicher Teilhabe ist nicht gleichzusetzen mit einem Ausschluss aus der Erwerbstätigkeit. Rund 60 % der erwachsenen funktionalen Analphabet:innen war erwerbstätig, allerdings oft in prekären Arbeitsverhältnissen mit geringer Bezahlung und hohem Arbeitslosigkeitsrisiko.

In der Konsequenz dieser neuen Erkenntnisse bestand Einigkeit zwischen den Sozialpartnern und der Bildungswissenschaft, -praxis und -politik, dass hier ein Interventions- und Investitionsbedarf bestehe. Das Bundesministerium für Bildung Forschung (BMBF) hatte ab 2006 Förderschwerpunkte für Forschungs- und Entwicklungsvorhaben im Bereich der Alphabetisierung und Grundbildung für Erwachsene aufgelegt und ebnete damit den Weg für AoG als neues Feld im Bereich der beruflich-betrieblichen Erwachsenenbildung. Im Rahmen der Dekade für Alphabetisierung und Grundbildung (2016–2026) fördert das BMBF gezielt weitere Projekte in diesem Bereich, die sich auf eine Verstetigung von AoG konzentrieren, indem Prozesse, Rahmenbedingungen und Einflussgrößen identifiziert werden, die dazu beitragen, dass AoG gelingt und in eine Verstetigung überführt wird (vgl. Schwarz 2021).

3.1.2 AoG als Profiteur der demografischen Entwicklung?

Die Bedeutungsaufwertung, die die Gruppe der gering literalisierten An- und Ungelernten derzeit erfährt und die AoG als Feld für Unternehmen und Beschäftigte interessant macht, hat eine zentrale Ursache in der demografischen Entwicklung in Deutschland. Im Herbst 2022 waren in Deutschland knapp zwei Mio. offene Stellen nicht besetzt (vgl. SZ vom 2.3.2023). Unternehmen sind stärker gezwungen, ihr endogenes Potenzial in den Blick zu nehmen und zu qualifizieren, um den Fachkräftemangel zu mildern. Damit geraten Un- und Angelernte mit geringer Literalität in den Fokus betrieblicher Personalentwicklung mit dem Ziel, sie weiterzuqualifizieren. Es wurde schnell deutlich, dass mit den bisherigen Strategien und Angebotsformen diese neue Zielgruppe der Beschäftigten nicht für Weiterbildungsqualifizierung zu gewinnen war.

4. Warum sind traditionelle berufliche Weiterqualifizierungsformate für An- und Ungelernte nicht geeignet?

Studien zum Weiterbildungsverhalten in Deutschland bestätigen, dass Personen mit geringer Schulbildung seltener an Weiterbildungen teilnehmen als Personen mit höherer Schulbildung und gefestigter Berufsposition (vgl. BMBF 2019 und Autorengruppe Bildungsberichterstattung 2020). Hans Tietgens hat schon 1964 auf die Probleme aufmerksam gemacht, die heute wieder mit der Etablierung von AoG zu beobachten sind. In »Warum kommen wenig Industriearbeiter in die Volkshochschule?« weist er auf die fehlende Passung zwischen Bildungsangebot und -setting und den Bedarfen und Interessen der Arbeiter hin. Er geht davon aus, dass die Weiterbildungseinrichtung VHS zu wenig die »psychologischen und sozialkulturellen Voraussetzungen« (1978, S. 100) der Arbeiter berücksichtigt und Lehrende eher auf die Teilnehmenden aus der Mittelschicht orientiert sind und deren Sprache sprechen und verstehen. »Wenn bisher von objektiven Mentalitätsbarrieren gesprochen wurde, so ist nunmehr darauf hinzuweisen, dass der Verhaltensmodus derer, die Bildung anbieten, mit dazu beiträgt, diese Barrieren unübersteigbar zu machen.« (1978, S. 158) Ursächlich für die Weiterbildungsabstinenz der Arbeiter in formalisierten Lernkontexten sind also für Tietgens mehrere Faktoren wie Sprache, gesellschaftliche Barrieren u. a. Er sieht auch eine Mitverantwortung der Weiterbildungseinrichtungen.

Da die gering Qualifizierten in der Weiterbildung lange nicht als Zielgruppe wahrgenommen wurden, wurden deren Interessen an und den Zugängen zu Weiterbildung kaum thematisiert. »Im Selbstverständnis der Weiterbildung war lange Zeit die Position vorherrschend, im Unterschied zu anderen Institutionen der Bildung wie Schule und Hochschule sei die Frage einer Mitverantwortung für die Selektivität des Bildungssystems zu vernachlässigen, da Weiterbildung per Definitionem keinerlei Zulassungsbeschränkungen unterliege, an Bildungsproblemen ausgleichend, chancensichernd und kompensatorisch ansetze und eine gesellschaftliche Seismographenfunktion für noch nicht berücksichtigte Bildungsbedarfe wahrnehme« (von Küchler 2010, S. 276). Baethge, Baethge-Kinski (2004) und Schiersmann (2006) haben dieses Selbstverständnis empirisch hinterfragt und sind zu einer eher gegenteiligen Einschätzung gekommen: Für die meisten derjenigen ohne qualifizierten Ausbildungsabschluss ist das arbeitsbegleitende und private Lernen der favorisierte Lernkontext (Baethge & Baethge-Kinsky 2004, S. 71); die wenigsten Erwerbspersonen ohne qualifizierten Erwerbsabschluss geben an, in einem formalen Lernkontext viel gelernt zu haben (Schiersmann 2006). Wer die Lernbiografien der gering Qualifizierten analysiert, findet oft die Erfahrung, dass Schule für sie nicht mit Lernzuwächsen sondern mit Versagen und Misserfolg assoziiert wird. Diese Erfahrung führt zu einer tiefen Skepsis gegenüber Weiterbildungseinrichtungen (vgl. Reutter, Ambos & Klein 2007). In der AoG wird daher konsequent darauf geachtet, dass das Lernen im Prozess der Arbeit erfolgt oder so arbeitsplatznah wie möglich und konkret an realen Arbeitsanforderungen und deren Bewältigung ausgerichtet ist.

Dies birgt die Gefahr, die gering Qualifizierten in den AoG-Trainings nur dazu zu befähigen, die anfallenden Arbeiten an ihrem Arbeitsplatz besser zu bewältigen, sie also für einen Arbeitsplatz zu optimieren. AoG soll jedoch dazu beitragen, dass die AoG-Teilnehmenden ihre Beschäftigungs- und Qualifizierungsfähigkeit erhalten oder weiterentwickeln. Es geht um eine Erhöhung ihrer Beweglichkeit auf dem Arbeitsmarkt. AoG »hat im Blick, dass sich Anforderungen an Kompetenzprofile in einem spezifischen Betrieb oder am Arbeitsplatz auch auf andere Betriebe oder Tätigkeiten übertragen lassen. So werden zwar die konkreten Anforderungen am Arbeitsplatz als Situation genutzt, um Bildungsprozesse zu initiieren, die Bildungsziele reichen jedoch über den jeweils individuellen Arbeitsplatz hinaus.« (Schwarz 2021, S. 21). Es ist eine offene Frage, inwieweit es gelingt, AoG-Trainings so zu gestalten, dass die Teilnehmenden Grundkompetenzen erwerben, die sie für die Bewältigung anderer Situationen einsetzen können.

5. Pädagogische Prinzipien und didaktische Orientierungen in der AoG

5.1 Lerninhalte

AoG stellt an die Trainer:innen hohe Anforderungen, weil sie auf keine vorgefertigten Curricula zurückgreifen können. Personalverantwortliche in Unternehmen sind nicht selten irritiert, dass es für AoG keine »Lehrpläne« gibt, deren Abarbeiten detailliert überprüft werden kann. Das ist der Tatsache geschuldet, dass die Lerninhalte kontextspezifisch entwickelt werden. D.h., die Grundbildungsbedarfe werden an den konkreten Tätigkeitsfeldern im Unternehmen identifiziert und werden Ausgangspunkt für die Entwicklung individuell zugeschnittener Angebote (vgl. Klein, Reutter & Schwarz 2017). Sie sind auf die Anforderungen ausgerichtet, die am Arbeitsplatz bewältigt werden müssen. AoG ist ein Lernen im Prozess der Arbeit und auf (vielfach gewachsene) Kompetenzanforderungen an betrieblichen Arbeitsplätzen konzentriert; diese gestalten sich in Unternehmen und Branchen unterschiedlich. Beschäftigte sollen durch AoG befähigt werden, flexibel mit veränderten Anforderungsstrukturen umgehen zu können und ihre Beschäftigungs- und Qualifizierungsfähigkeit zu erweitern und zu sichern. Auf Grundlage der inzwischen langjährigen Erfahrungen von AoG-Projekten lassen sich Inhalte benennen, die Lerngegenstand in AoG-Trainings sind und wo Grundkompetenzen weiterentwickelt werden können: mündliche und schriftliche Kommunikation in der deutschen Sprache, Lesefähigkeit, mathematische Kenntnisse, die Fähigkeit mit IT-gestützten Systemen zu arbeiten. Zunehmend werden Kompetenzen in Kommunikation und Kooperation im Team zum Inhalt von AoG und in Unternehmen mit internationaler Ausrichtung gehören Basiskenntnisse in der englischen Sprache. Die jeweiligen Lerninhalte konkretisieren sich je unterschiedlich. So verändert sich bspw. die Lese- und Schreibanforderung durch die Einführung von QM-Systemen oder in der Pflege durch erhöhte Dokumentationspflichten, deren Erfüllung IT-Kompetenzen braucht (vgl. Schwarz 2011, S. 19f.).

5.2 AoG ist subjektorientiert

AoG soll den Betrieben und den Beschäftigten einen Nutzen bringen, ist aber dem Prinzip der Teilnehmer:innenorientierung (Tietgens 1980) verpflichtet. Die Überlegungen, was wie und wozu gelernt werden soll, ist in einer Doppelperspektive zu betrachten. Sowohl die Perspektive der Unternehmen als auch die der Beschäftigten ist zu berücksichtigen. »Der Primäradressat von Grundbildung ist der Bildungstradition folgend der Teilnehmende (…) seine Bedarfe und Interessen sind zentraler Ausgangs- und Bezugspunkt von Grundbildung – dies ist nicht zwingend ein Widerspruch zur Berücksichtigung betrieblicher Grundbildungsinteressen – steht aber auch nicht zwingend im Gleichklang nebeneinander« (Klein, Reutter & Schwarz 2017, S. 6).

5.3 AoG nutzt die Lernförderlichkeit von Arbeitskontexten

Baethge und Baethge-Kinski (2004, S. 94) haben in der bereits erwähnten Studie herausgearbeitet, was die Lernförderlichkeit von Arbeitsplätzen ausmacht. Es sind

- betriebliche Entwicklungsmöglichkeiten,
- Ganzheitlichkeit in der Aufgabenstellung,
- Kommunikations- und Kooperationsintensität der Arbeit,
- Partizipationschancen in der Arbeit.

Diese Kriterien dienen als Orientierungspunkte in der AoG, setzen aber in der Praxis voraus, dass AoG Trainer:innen, Lernende, Vorgesetzte/Personalentwickler/Betriebsrat sich kontinuierlich austauschen, um die Lernförderlichkeit der jeweiligen Arbeitsplätze auszuloten und zu verbessern. Dadurch können Organisationsveränderungen angestoßen werden, die für Beschäftigtengruppen die Lernförderlichkeit ihrer Arbeitsplätze verbessert. In einem Produktionsunternehmen wurde AoG für die gering qualifizierten Beschäftigten auf Dauer gestellt und es wurde ein partizipatives Verfahren der Bedarfsermittlung eingeführt (Beobachtungen im Rahmen der Nutzenstudie Klein, Reutter & Rudolph 2018).

5.4 AoG setzt sich durch, wenn es seine Nützlichkeit für Beschäftigte und Unternehmen nachweisen kann

Unternehmensleitungen und Personalverantwortliche, aber auch Betriebsräte werden die Etablierung von AoG im Unternehmen dann in Betracht ziehen, wenn über den individuellen Nutzen hinaus ein Mehrwert für das Unternehmen zu erwarten ist, der klar beschreibbar und erkennbar ist. Der Nachweis des Nutzens von AoG »setzt voraus, dass betriebliche Nutzenerwartungen identifiziert, operationalisiert und evaluiert werden.« (Behlke & Klein 2011, S. 83). Die Überprüfung des Nutzens setzt eine kontinuierliche Zusammenarbeit zwischen Trainer:in, Lernenden und Vorgesetztem voraus. Die Durchführung regelmäßiger Bilanzierungsgespräche hat sich bewährt (vgl. Behlke & Klein 2011).

5.5 Transfer des Gelernten in berufliches Handlungswissen

Ein Nutzen von AoG ist zu erwarten, wenn er für die Lernenden zu einer Verbesserung der beruflichen Handlungskompetenzen führt. Dies kann im Gelingensfall beiläufig passieren, kann und sollte aber als Prozess kontinuierlich begleitet und gefördert werden. »Personengruppen, die mit dem Selbstbild des Defizitären behaftet sind, bringt der Transfer des Gelernten auch oft eine Neuausrichtung eingefahrener und tradierter Rollenmuster mit sich« (Klein 2012). Routinen müssen häufig aufgebrochen werden. Erleichtert wird dieser Prozess, wenn in Unternehmen eine Feedbackkultur existiert, die Rückmeldungen von Vorgesetzten und Kolleg:innen einfordert und zulässt. Wenn Kompetenzzuwächse bei den Beschäftigten zu beobachten sind, wird deutlich, dass ein Mehr-Können im Arbeitshandeln von einem Mehr-Dürfen begleitet werden muss (vgl. Roßmann 2012).

5.6 AoG in Unternehmen ist ein Prozess

AoG ist – anders als ein Kursangebot in Weiterbildungseinrichtungen – ein betriebliches Weiterbildungsprojekt, das i. d. R. in idealtypischen Prozessschritten verläuft.

Abbildung 22: Arbeitsorientierte Grundbildung im Unternehmen – ein Prozess

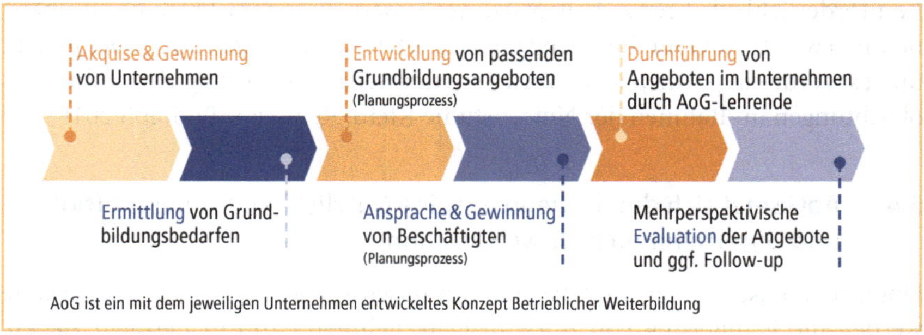

Quelle: Schwarz 2021, S. 20

Die Schritte zeigen den Ablaufprozess und machen deutlich, dass es sich in der AoG um einen Entwicklungsprozess mit dem jeweiligen Unternehmen handelt und nicht um die Umsetzung eines bestehenden Grundbildungsangebots. Das Modell ist nicht statisch. Abhängig von der spezifischen betrieblichen Ausgangssituation und der Zuständigkeit verschiedener Akteure variiert die Abfolge der Schritte. Die Praxis zeigt, dass es für die Steuerung von solchen Prozessen professionell Handelnde als Prozessbegleiter braucht, die über Erfahrungen im Bereich des Bildungsmanagements verfügen (vgl. Schwarz 2021, ebd.; Klein & Reutter 2020).

6. Rolle und Aufgabe der AoG-Trainer:innen

Das Gelingen von AoG ist abhängig von der Arbeit der Trainer:innen. Sie sind ein entscheidender Gelingensfaktor im komplexen Feld. Es liegen zwar »keine einheitlichen und konsensfähigen Befunde oder Standards zu Kompetenzanforderungen an Lehrende im Feld der Alphabetisierung und Grundbildung vor« (Radtke & Koller 2020, S. 125), aber hinreichend Beobachtungen und Berichte aus der AoG-Praxis, die zeigen, wie komplex die Kompetenzanforderungen an die Trainer:innen sind (vgl. Arbeit und Leben 2019, Alphagrund und Lernende Region Netzwerk Köln 2019, Neumann & Pomsel 2012, Klein & Reutter 2021). Diese werden anschaulich, wenn man sich die Schlüsselfunktionen im AoG-Prozess vor Augen führt. Es lassen sich vier Schlüsselfunktionen identifizieren: Türöffnerfunktion, Funktion der Bedarfsklärung, Trainingsdurchführungsfunktion, Funktion Prozessbegleitung inkl. Evaluationsfunktion (vgl. Klein & Reutter 2021, S. 228). Welche Akteure welche Funktion übernehmen hängt stark vom Beschäftigungsstatus der Trainer:innen ab. In den AoG-Trainings finden sich Freelancer, die nicht an eine Weiterbildungseinrichtung angebunden sind, aber auch Trainer:innen, die – meist als Honorarkräfte – in Weiterbildungseinrichtungen wie VHS arbeiten. Freelancer sind meist für alle Schlüsselfunktionen verantwortlich, während bei Honorarkräften gelegentlich die Mitarbeit an der Bedarfsklärung angezeigt ist, aber die volle Verantwortlichkeit sich auf die dritte Schlüsselfunktion konzentriert. Neumann und Pomsel (2012) haben aufgelistet, was Trainer:innen kennen, können und wissen müssen. Sie kennen

- die jeweilige Situation des Unternehmens,
- seine strategische Ausrichtung,
- seine Personal- und Organisationsentwicklungspolitik,
- die spezifischen Anforderungen an den jeweiligen Arbeitsplätzen.

Sie verfügen über ein profundes Wissen zur Bedarfsermittlung, zur Konzeptentwicklung, zur Umsetzung und Auswertung. Eine wichtige Rolle spielt die sprachliche Anschlussfähigkeit sowohl an die Beschäftigten als auch an die Personalverantwortlichen und ein »Gespür« für die jeweilige Unternehmenskultur mit ihren expliziten und impliziten Regelwerken.
Der hohe Anspruch an die Kompetenz der Trainer:innen schlägt sich allerdings nicht angemessen in der Honorierung wieder. Notwendig ist »auch ein Umdenken in der Frage des Preises und des Wertes von AoG-Angeboten; es ist eher angebracht, sich an Tagessätzen aus der Unternehmens- und Organisationsberatung zu orientieren und nicht am Honorar der Kursleitenden in der Alphabetisierung« (Klein & Reutter 2021, S. 233).

7. Kritische Aspekte zu AoG

Die deutlichste Kritik an den Versprechen von AoG formulieren Bildungswissenschaftler:innen aus Österreich, das sich viel früher als Deutschland mit der Frage auseinandersetzte, wie gering Qualifizierte für berufliche Weiterbildung gewonnen werden können und wie derartige Angebote gestaltet werden sollen. Die Kritik bezieht sich im Wesentlichen auf drei Aspekte. Zum einen wird das von den gering Qualifizierten gezeichnete Bild kritisiert: »Basisbildungsbedürftige können als ungebildete Wilde gesehen werden, die es zu zähmen und zu missionieren gilt.« (Fritz & Kloiber 2016, S. 3). Ihnen wird unterstellt, die Chancen des Bildungssystems nicht genutzt zu haben und sie sind »dadurch im Sinne eines neoliberalistischen Verständnisses von Autonomie auch selbst dafür verantwortlich.« (ebd.). Ein weiterer Kritikpunkt bezieht sich auf den Zusammenhang von sozialer Teilhabe und Teilnahme an Erwerbsarbeit. »Soziale Teilhabe ist also an Teilnahme am Arbeitsmarkt gebunden… soziale Teilhabe wird also nicht gewährleistet, so lange die Individuen nicht die Mindestanforderungen, z. B. Arbeiten, erfüllen.« (Holzer 2016, S. 20). Mit dem Versuch, soziale Teilhabe zwingend mit der Teilnahme an Erwerbsarbeit zu koppeln »werden kritisch-emanzipatorische Bestrebungen ausgehebelt: Das Individuum passt sich den gesellschaftlichen Erfordernissen an, um teilhaben zu dürfen.« (ebd.). In eine ähnliche Richtung weist der dritte Punkt, wie er bereits ähnlich von Paolo Freire in seiner Kritik an Bildungssystemen in kapitalistischen Systemen formuliert wurde: »Bei der Basisbildung in Österreich und in ausgeprägten kapitalistischen Gesellschaften steht allerdings die Optimierung der Ware Arbeitskraft im Vordergrund, auch wenn als Nebeneffekt soziale Teilhabe und Selbstwirksamkeitserfahrungen eröffnet werden.« (ebd.).

8. Fazit und Ausblick

Steigende Qualifikationsanforderungen an sog. Einfacharbeitsplätzen einerseits und der Mangel an Fachkräften, der die Unternehmen veranlassen sollte, stärker auf die Qualifizierung ihres endogenen Potenzials zu setzen, hätte aus der Außenperspektive dazu führen müssen, dass AoG eine Hochkonjunktur erlebt. Das ist auch nach 12 Jahren Projektförderung nicht der Fall. Abgesehen von wenigen Großunternehmen setzte in den vergangenen Jahren die große Mehrheit von Unternehmen, vor allem im Bereich von KMU darauf, dass staatliche Mittel für AoG zur Verfügung gestellt werden. Der Sprung von der Drittmittelfinanzierung durch AoG-Projekte in die Eigenfinanzierung ist misslungen. »Ursachen liegen dabei in einer mangelnden Bedarfssicht sowie der fehlenden Investitionsbereitschaft von Unternehmen begründet« (Draganski u. a. 2015, S. 102). Haben Unternehmen positive Erfahrungen mit AoG gemacht, sind sie eher bereit, für weitere AoG-Trainings eigene Mittel in die Hand zu nehmen (vgl. Schemmann 2021).

Auch das Engagement der Weiterbildungsanbieter für AoG ist eher bescheiden, obwohl die Zahl qualifizierter Trainer:innen für AoG deutlich zugenommen hat, dank einer Reihe einschlägiger Weiterbildungsangebote, die projektförmig vom BMBF gefördert wurden. Die Ursache liegt i. W. darin, dass die Zeit von der Akquisition in den Unternehmen bis zur Umsetzung und Auswertung zu lange dauert und Aktivitäten vor der Umsetzung wie das Abklären der Nutzung von Fördermöglichkeiten durch die Arbeitsförderung (SGB III und SGB II), Planung, Konzeptentwicklung z. B. durch Hospitationen vor Ort, nicht fakturierbar sind und aus Eigenmitteln finanziert werden müssen.

Einschätzungen der AoG-Praxis kommen zu dem Schluss, dass AoG als individualisierte Dienstleistung, die gemeinsam mit Unternehmen entwickelt wird, wirkt. In einer qualitativen Studie, die AoG-Nutzenperspektiven von Vorgesetzten, an AoG-Teilnehmenden Beschäftigten und AoG-Trainer:innen nachgegangen ist, konnten positive Effekte bei allen nachgewiesen werden (vgl. Klein, Reutter & Rudolph 2018). Der 2021 veröffentlichte Sammelband der Lernende Region – Netzwerk Köln (Hrsg. 2021) verweist darauf, dass die Faktoren und Rahmenbedingungen zum Gelingen von AoG bekannt sind und sich in Erprobungen in Projekten bewährt haben. »Dennoch kann zum jetzigen Zeitpunkt festgestellt werden, dass die Dienstleistung AoG nur bedingt marktfähig ist« (Schwarz & Sterzenbach 2021, S. 255). Weiterbildungseinrichtungen als Anbieter und Unternehmen als Nachfrager kommen aus vielen Gründen nicht ohne Weiteres zusammen. In Zeiten zunehmenden Fachkräftebedarfs stellen die gering Qualifizierten eine wichtige Zielgruppe dar; AoG ist eine Bildungsdienstleistung, die hier wirksam sein könnte.

Wahrscheinlich wird eine Etablierung von AoG in der beruflich-betrieblichen Weiterbildung erst durch bildungspolitische Initiativen gelingen. In Norwegen und der Schweiz ist das Recht auf Grundbildung bereits gesetzlich verankert. Es braucht ein Recht, »dessen Durchsetzung eine dauerhafte, verlässliche, flächendeckende und ausreichende Finanzierung als Regelförderung voraussetzt und es erlaubt, die Arbeitsbedingungen der Lehrenden dauerhaft zu verbessern und eine auskömmliche Honorierung sichert« (Klein 2015, S. 22). Auf die Ein- und Weitsicht der Unternehmen zu setzen wird nicht reichen. Es bleibt positiv auf Projekte zu schauen, die im Rahmen der BMBF-Richtlinie zur Förderung von Entwicklungsvorhaben im Bereich AoG weiterforschen und -gestalten; sie können an profundes Wissen und an entstandene Strukturen anknüpfen und einen Beitrag leisten, AoG qualitativ zu fundieren (vgl. Schwarz & Sterzenbach 2021, S. 260).

9. Literatur

Arbeit und Leben, Hrsg. (2019). Arbeitsorientierte Grundbildung umsetzen, Wuppertal.

Autorengruppe Bildungsberichterstattung, Hrsg., Bildung in Deutschland 2020. Ein indikatorengestützter Bericht mit einer Analyse zur Bildung in einer digitalisierten Welt. *https://www.bildungsbericht.de/de/bildungsberichte-seit-2006/bildungsbericht-2020/pdf-dateien-2020/bildungsbericht-2020-barrierefrei.pdf* (abgerufen am 28.3.2023).

Baethge, M., Baethge-Kinsky, V. (2004). Der ungleiche Kampf um das lebenslange Lernen, Münster.

Behlke, K., Klein, R. (2011). Grundbildung in Altenpflegeeinrichtungen – Zugang finden und gestalten. In: Klein, R., Reutter, G., Zisenis, D., Hrsg., 2011, Bildungsferne Menschen – menschenferne Bildung? Grundlagen und Praxis arbeitsbezogener Grundbildung, Göttingen, 70–98.

BMBF – Bundesministerium für Bildung und Forschung, Hrsg. (2019). Weiterbildungsverhalten in Deutschland 2018: Ergebnisse des Adult Education Surveey – AES-Trendbericht, Berlin.

Böckler-Impuls, Mitbestimmung. Mehr Weiterbildung mit Betriebsrat, Ausgabe 6/2023.

Bremer, A. (2022). Industriearbeiter, Volkshochschule und »kulturelle Passung«. In: Chiupke, P., Reichling, N., Hrsg., Versachlichen – Denken – Gegensteuern. Hans Tietgens und die politische Erwachsenenbildung, Bielefeld, 103–119.

Döbert, M., Hubertus, P. (2000). Ihr Kreuz ist die Schrift. Analphabetismus und Alphabetisierung in Deutschland, Stuttgart.

Dörre, K., Schmalz, S. (2013). Comeback der Gewerkschaften, Frankfurt/M.

Draganski, K., Nentwig, L., Kunzendorf, M. (2015). Beschäftigungsfelder für Geringqualifizierte – Ergebnisse der Sektoranalyse. In: Kunzendorf, M., Meijer, J., Hg., 2015, Arbeitsplatzorientierte Grundbildung. Grundlagen, Umsetzung und Ergebnisse, Bielefeld, 89–106.

Fritz, Th., Kloyber, Ch. (2016). Einige Gedanken zur Einstimmung auf die Dark Side of Literacy. *https://www.bifeb.at/fileadmin/user_upload/doc/Dokumentation-Dark_Side_Literacy_2016.pdf* (abgerufen am 31.7.2023).

Fuchs-Brünninghoff, E., Pfirrmann, M. (1993). Soziale und personale Kompetenzen als Basisqualifikation in der Erwachsenenbildung, Frankfurt/M.

Grotlüschen, A., Riekmann, W. (2012). Funktionaler Analphabetismus in Deutschland, Münster.

Holzer, D. (2016). Einsprüche, Zwischenrufe, Randnotizen – kritisch-theoretische Fragen an die Basisbildung. *https://www.bifeb.at/fileadmin/user_upload/doc/Dokumentation-Dark_Side_Literacy_2016.pdf* (abgerufen am 31.7.2023).

Klein, R. (2015). Arbeitsorientierte Grundbildung – Personalentwicklung für Geringqualifizierte? In: Kunzendorf, M., Meijer, J., Hrsg., 2015, Arbeitsplatzorientierte Grundbildung. Grundlagen, Umsetzung und Ergebnisse, Bielefeld, 9–24.

Klein, R., Reutter, G., Rudolph, M. (2021). Grundbildung wirkt!? Zum Nutzen von betrieblichen AoG-Trainings- und Coachings 2015–2017. *http://www.bbb-dortmund.de/images/Qualitativer_Bericht_Nutzen_AOG.pdf* (abgerufen am 31.7.2023).

Klein, R., Reutter, G. (2021). Was ist das Besondere am professionellen Handeln in der Arbeitsorientierten Grundbildung? In: Lernende Region – Netzwerk Köln e. V., Hrsg., Grundbildung in der Arbeitswelt gestalten. Praxisbeispiele, Gelingensbedingungen und Perspektiven, Bielefeld, 227–234.

Klein, R., Reutter, G., (2020). Grundlagenwissen über AoG. In: Klein, R., Hrsg., ProfiTRAIN Handbuch für das Selbststudium. Kompetent für Arbeitsorientierte Grundbildung, 10–51. *http://www.profi-train.de/images/Selbstlernhandbuch_final_OER.pdf* (abgerufen am 28.3.2023).

Klein, R., Reutter, G., Schwarz, S. (2017). Arbeitsorientierte Grundbildung – Worüber reden wir? *www.toolbox-aog.de* (abgerufen am 31.7.2023).

von Küchler, F. (2010). Organisation der Weiterbildung im Spannungsfeld von Exklusionsdynamik und Inklusion(szielen). In: Kronauer, M. Hrsg., Inklusion und Weiterbildung, Bielefeld, 276–305.

Lernende Region – Netzwerk Köln e. V., Hrsg., Grundbildung in der Arbeitswelt gestalten. Praxisbeispiele, Gelingensbedingungen und Perspektiven, Bielefeld.

Neumann, U., Pomsel, M. (2011). Bildung für Geringqualifizierte als Bestandteil betrieblicher Personalentwicklung – Erfolgsbedingungen und Rolle der

Berater. In: Klein, R., Reutter, G., Zisenis, D., Hrsg., 2011, Bildungsferne Menschen – menschenferne Bildung? Grundlagen und Praxis arbeitsbezogener Grundbildung, Göttingen, 137–152.

Radtke, C., Koller, D. (2020). Professionalisierung und Professionalitätsentwicklung von Lehrkräften in der Arbeitsorientierten Grundbildung. In: Koller, D., Klinkhemmer, D., Schemmann, M., Hrsg., 2020, Arbeitsorientierte Grundbildung und Alphabetisierung: Institutionalisierung, Professionalisierung und Effekte der Teilnahme, Bielefeld, 115–170.

Reutter, G., Ambos, I., Klein, R. (2007). Neue Lernkonzepte – selbstorganisiertes Lernen auf dem Prüfstand, Berlin.

Schemmann, M. (2021). Bedingungen und Faktoren erfolgreicher Institutionalisierung Arbeitsorientierter Grundbildung. In: Lernende Region – Netzwerk Köln e. V., Hrsg., Grundbildung in der Arbeitswelt gestalten. Praxisbeispiele, Gelingensbedingungen und Perspektiven, Bielefeld, 151–160.

Schiersmann, Ch. (2006). Profile lebenslangen Lernens, Bielefeld.

Schwarz, S. (2021). Arbeitsorientierte Grundbildung: Definition, Überblick und Einordnung. In: Lernende Region – Netzwerk Köln e. V., Hrsg., Grundbildung in der Arbeitswelt gestalten. Praxisbeispiele, Gelingensbedingungen und Perspektiven, Bielefeld, 17–24.

Schwarz, S., Sterzenbach, K. (2021). Arbeitsorientierte Grundbildung in Deutschland – Status quo und Ausblick. In: Lernende Region – Netzwerk Köln e. V., Hrsg., Grundbildung in der Arbeitswelt gestalten. Praxisbeispiele, Gelingensbedingungen und Perspektiven, Bielefeld, 255–260.

Tietgens, H. (1978). Warum kommen wenig Industriearbeiter in die Volkshochschule? In: Schulenberg, W., Hrsg., Erwachsenenbildung, Darmstadt, 98–174.

Tietgens, H. (1980). Teilnehmerorientierung als Antizipation, in: Breloer, G., Dauber, H., Tietgens, H. Hrsg., Teilnehmerorientierung und Selbststeuerung in der Erwachsenenbildung, Braunschweig, 177–235.

Tröster, M. (2002). Berufsorientierte Grundbildung. Frankfurt/M.

Wimmer, Ch. (2017). Prekariat und Widerstand – notwendige gesellschaftliche Sisyphusarbeit. In: express, Zeitung für sozialistische Betriebs- und Gewerkschaftsarbeit, Ausgabe 1–2/2017.

Halit Öztürk & Eva Humt

Diversitätsorientierte Personalentwicklung: Zwischen Potenzialorientierung und Bildungsgerechtigkeit

Inhalt

1. Abstract

Der konzeptionelle Beitrag diskutiert Ansätze einer diversitätsorientierten Personalentwicklung vor dem Hintergrund des ambivalenten Verhältnisses von Potenzialorientierung und Bildungsgerechtigkeit. Dieses Verhältnis wird zunächst anhand einer Zusammenschau des wissenschaftlichen Diskurses um Migration und Betriebliche Weiterbildung nachgezeichnet, der einerseits aus einer organisationalen Nutzenperspektive Potenziale einer vielfältigen Belegschaft behandelt, andererseits die Unterrepräsentanz vor allem formal geringqualifizierter Beschäftigter in der Betrieblichen Weiterbildung betont. Anschließend werden anhand dieser beiden Beobachtungsperspektiven Desiderata und Fallstricke einer diversitätsorientierten Personalentwicklung verdeutlicht, die auf die Vermittlung zwischen organisationalen Nutzenkalkülen und individuellen Bildungsinteressen zielt.

2. Einleitung

Die Bedeutung Betrieblicher Weiterbildung für die Sicherung der Beschäftigungs- und Arbeitsfähigkeit von Mitarbeiter:innen und damit auch für die Sicherung der Leistungs- und Wettbewerbsfähigkeit von Unternehmen ist ungebrochen hoch (Becker 2013, S. 322). Auf diese Stellung und Bedeutung weisen in verschiedener Deutlichkeit immer wiederkehrend nicht nur die Positionspapiere verschiedener Organisationen hin (z. B. BDA 2021). Auch die einschlägigen empirischen Forschungsarbeiten zur Betrieblichen Weiterbildung konstatieren – abgesehen vom Rückgang der betrieblichen Weiterbildungsaktivitäten aufgrund der COVID-19-Pandemie (Hoffmann & Mohr 2022, S. 3 ff.) – wiederholt nicht nur eine steigende Beteiligung an Betrieblicher Weiterbildung, sondern auch steigende Investitionen und Aktivitäten der Unternehmen in diesem Aufgabenbereich der Personalentwicklung (s. z. B. Seyda & Placke 2020, S. 107 ff.). Zugleich nehmen nicht alle Mitarbeiter:innen in deutschen Betrieben gleichermaßen an Betrieblicher Weiterbildung teil (s. z. B. BMBF 2022, S. 28 ff.). Dies betrifft insbesondere Erwachsene der sog. ersten Zuwanderungsgeneration, für die der Beitrag Fragen einer gleichberechtigten Weiterbildungsteilhabe in den Blick nimmt.

Eine emanzipatorische Perspektive auf Betriebliche Weiterbildung, die in diesem Handbuch eingenommen wird, verweist im Kontext des Themas Migration auf Fragen des Umgangs mit Diversität, die im Diskurs der Weiterbildungsforschung unterschiedlich beantwortet werden. Der vorliegende Beitrag bündelt diese unterschiedlichen Perspektiven auf migrationsbezogene Diversität unter dem Stichwort der diversitätsorientierten Personalentwicklung, indem er strukturierend auf unterschiedliche Perspektiven des Diskurses um Diversität in der Weiterbildungsforschung zurückgreift. Personalentwicklung wiederum wird als organisationales Handlungsfeld betrachtet, in dem – neben weiteren Aufgabenbereichen wie der Teamentwicklung und der Auslandsentsendung – die Betriebliche Weiterbildung zu verorten ist (Becker 2013, S. 3 ff.). Mit dem Stichwort der diversitätsorientierten Personalentwicklung wird somit ein organisations- und praxisnaher Blickwinkel angestrebt, der verschiedene Perspektiven auf migrationsbezogene Diversität anbietet – und damit unterschiedliche Ansatzpunkte für Mitbestimmung und Emanzipation in der Betrieblichen Weiterbildung eröffnet.

3. Betriebliche Weiterbildung im Kontext von Migration

Die Bedeutungszunahme Betrieblicher Weiterbildung ist ungebrochen. So verzeichnet der AES stetig steigende Teilnehmer:innenzahlen an der Betrieblichen Weiterbildung und erreichte 2020 einen Rekordwert von 48 % (BMBF 2022, S. 25). Auch die Investitionsaktivitäten der Unternehmen in Betriebliche Weiterbildung steigen an. Die IW-Weiterbildungserhebung 2020 bspw. stellt heraus, dass 87,9 % der deutschen Unternehmen sich an Betrieblicher Weiterbildung beteiligt und pro Mitarbeiter:in durchschnittlich 1236 Euro investiert haben (Seyda & Placke 2020, S. 107 ff.). Doch trotz aller Wichtigkeit und Vorteile profitieren nicht alle Personen gleichermaßen von den betrieblichen Weiterbildungsmöglichkeiten. Ganz im Gegenteil erfolgt die Delegierung in betriebliche Weiterbildungsmaßnahmen hochselektiv zugunsten von Führungskräften bzw. Höherqualifizierten (Bellmann & Leber 2021, S. 246). Anders formuliert: Nicht der Bedarf und die Nachfrage, sondern die Position und Funktion im Unternehmen entscheiden über den Weiterbildungszugang.

Schaut man sich den aktuellen Forschungsstand zur betrieblichen Weiterbildungsbeteiligung von Erwachsenen mit einem sog. »Migrationshintergrund« an, fällt zuerst deren große Diversität auf, die lange Zeit von der (Weiterbildungs-) Forschung nur unzureichend beachtet wurde (Öztürk 2021, S. 33 ff.). Heute wird deren Weiterbildungsverhalten bspw. im AES untersucht. Vor allem durch das Geburtsland der Befragten und ihrer Eltern operationalisiert werden hier drei Personengruppen unterschieden (BMBF 2018, S. 53 ff.):

- Personen ohne Migrationshintergrund (Befragte und beide Elternteile in Deutschland geboren);
- Personen mit Migrationshintergrund der ersten Zuwanderungsgeneration (Befragte und mindestens ein Elternteil im Ausland geboren);
- Personen mit Migrationshintergrund der zweiten Zuwanderungsgeneration (Befragte und wenigstens ein Elternteil in Deutschland geboren).

Bereits durch diese differenzierte Sichtweise konnten nicht nur die Unterschiede in der Weiterbildungsbeteiligung zwischen den Erwachsenen mit und ohne Migrationshintergrund gezeigt werden, sondern auch das lange Zeit prägende Bild einer homogenen und grundsätzlich unterrepräsentierten und benachteiligten Bevölkerungsgruppe korrigiert werden. Denn v. a. die Beteiligungsquoten von Erwachsenen der ersten Zuwanderungsgeneration an Betrieblicher Weiterbildung sind vergleichsweise niedrig – ein immer wieder auch durch weitere Studien bestätigter Befund. Hinzu kommt: Entgegen den theoretischen Annahmen und empirischen Befunden aus der Weiterbildungsforschung partizipieren auch (hoch-)qualifizierte Erwachsene der ersten Zuwanderungsgeneration unter-

durchschnittlich an Betrieblicher Weiterbildung (Reiter 2019, S. 153 f.). Diese maßgeblich geringere Beteiligung spitzt sich für nichtdeutsche Staatsangehörige und bestimmte Herkunftsgruppen (v.a. Zugewanderte aus Afrika, der Russischen Föderation und der Türkei) der ersten Zuwanderungsgeneration weiter zu (BMBF 2018, S. 19 ff.). Erwachsene der zweiten Zuwanderungsgeneration hingegen haben stets deutlich höhere Teilnahmequoten, auch wenn sie 2020 acht Prozentpunkte hinter Erwachsenen ohne »Migrationshintergrund« liegen. So verdeutlichen diverse multivariate Analysen, dass für die zweite Zuwanderungsgeneration bei der Weiterbildungsteilnahme keine signifikanten Nachteile verbleiben (Bellmann & Leber 2021, S. 247 f.; Reiter 2019, S. 166 ff.).
Bei der Erklärung für die Unterrepräsentanz insbesondere Erwachsener der ersten Zuwanderungsgeneration an Betrieblicher Weiterbildung zeigt sich ein Konglomerat von individuellen, sozialen, strukturellen und rechtlichen Einflussfaktoren. Somit kann diese gravierende Unterrepräsentanz nicht nur auf individuelle Faktoren wie den schulischen und beruflichen Bildungsabschluss zurückgeführt werden, wie es nicht selten im Alltagsdiskurs geschieht. Im Hinblick auf Bemühungen um mehr Bildungsgerechtigkeit und Chancengleichheit ist es vielmehr geboten, v. a. die sozialen Ressourcen und arbeitsmarktbedingten Strukturen zu berücksichtigen und alle Organisations- und Personalentwicklungsprozesse kontinuierlich auf Stigmatisierung und Diskriminierung zu überprüfen.
Diese Forderungen lassen sich einer spezifischen Perspektive auf migrationsbezogene Diversität zuordnen, die unter Rückgriff auf den Diversitätsdiskurs in der Weiterbildungsforschung als gerechtigkeitsorientierte Perspektive bezeichnet werden kann. Walgenbach (2017) beschreibt die Entstehung einer solchen Perspektive auf Diversität aus US-amerikanischen Antidiskriminierungs- und Bürgerrechtsbewegungen, die Chancengleichheit für alle gesellschaftlichen Gruppen einforderten. Sie mündeten in den USA und auch in der EU in Gesetze und Programme zur Antidiskriminierung, die bestehende Ungleichheit abbauen sollen (ebd., S. 98 f.). In der Weiterbildungsforschung und insbesondere im Kontext Betrieblicher Weiterbildung wird diese Perspektive erkennbar in den wiederkehrenden Forderungen nach verbesserten Bildungszugängen für unterrepräsentierte Beschäftigtengruppen, zu denen – wie gezeigt wurde – nach wie vor überproportional häufig Erwachsene der ersten Zuwanderungsgeneration gehören. Damit wird auch deutlich, dass eine gerechtigkeitsorientierte Perspektive auf migrationsbezogene Diversität sich in der Betrieblichen Weiterbildung bislang noch nicht etabliert hat. Das kann auch damit zusammenhängen, dass sie betrieb(swirtschaft)lichen Interessen mitunter entgegensteht: Aus humankapitaltheoretischer Perspektive stellt die Weiterbildung von Mitarbeiter:innen eine betriebliche Investition dar, deren erwarteter Nutzen bspw. dadurch verringert sein kann, dass nur eine begrenzte aufenthaltsrechtliche Bleibeperspektive

besteht, oder Rückkehrabsichten unterstellt werden. Auch eine fehlende (anerkannte) Qualifikation kann als Hinweis auf die Rentabilität der Weiterbildungsinvestition gewertet werden, der für Personen der ersten Zuwanderungsgeneration zu geringeren Möglichkeiten der Weiterbildungsteilnahme führen kann (Reiter 2019, S. 44ff.).

Anschlussfähiger an die betrieblichen Interessen sind hingegen Forderungen, die unentdeckten Potenziale bislang unterrepräsentierter Personengruppen zu erschließen und durch eine solche wertschätzende Haltung Herausforderungen wie dem demografischen Wandel und Fachkräftemangel zu begegnen. Eine solche potenzialorientierte Perspektive auf migrationsbezogene Diversität lässt sich mit Walgenbach (2017) auf betriebswirtschaftlich geprägte Diversity Management-Ansätze zurückführen, welche eine Profitsteigerung durch personelle Vielfalt in Unternehmen anstreben (ebd., S. 98f.). Diversity Management wird durch Vedder (2006) als Führungsaufgabe im »Umgang mit personeller Vielfalt in Organisationen« (ebd., S. 12) beschrieben. In potenzialorientierter Perspektive zielt ein solcher Umgang auf die Nutzbarmachung der organisationsinternen Diversität für die Zwecke der Organisation ab (Sprung 2011, S. 130). Im Kontext von Migration wird häufig die kulturelle Vielfalt oder Interkulturalität von Mitarbeiter:innen thematisiert, die auf unterschiedliche Weise zum Unternehmenserfolg beitragen könne: So hält die Selbstverpflichtungsinitiative Charta der Vielfalt (2023) für die Diversitätsfacette der »ethnischen Herkunft und Nationalität« fest, dass durch vielfältige »Sprach- und Kulturkenntnisse« (ebd.) neue Marktzugänge erschlossen und Vorteile im globalen Wettbewerb gewonnen werden könnten (ebd.). Diese Einschätzungen finden sich auch bereits in deutschen Unternehmen: Eine Befragung im Rahmen der Studie »Kulturelle Vielfalt in Unternehmen« zeigt, dass Unternehmen mit einer solchen Diversität eine höhere Attraktivität als Arbeitgeber:innen und eine erfolgreichere Ansprache internationaler Kund:innen verbinden (Heuer & Pierenkemper 2020, S. 10ff.). Auch Sprachkenntnisse sowie landes- und kulturbezogene Kenntnisse (Anders et al., 2008, S. 103) und eine höhere Kreativität und Innovationskraft werden als Vorteile kultureller Diversität in Unternehmen betrachtet (Hammermann & Schmidt 2014, S. 22).

Zusammenfassend befragt eine potenzialorientierte Perspektive die migrationsbezogene Diversität von Mitarbeiter:innen einer Organisation somit auf ihren betrieblichen Mehrwert, während eine gerechtigkeitsorientierte Perspektive den Abbau von (Weiterbildungs-)Ungleichheit und Diskriminierung in den Vordergrund stellt. Der erziehungswissenschaftliche Diversitätsdiskurs ist damit geeignet, verschiedene Perspektiven auf migrationsbezogene Diversität im Kontext Betrieblicher Weiterbildung zu unterscheiden und sie auf ihre jeweiligen Zielsetzungen und Fallstricke zu befragen.

4. Desiderate und Fallstricke diversitätsorientierter Personalentwicklung

Diversitätsorientierung in der Personalentwicklung bedeutet nicht nur, einen Umgang mit der migrationsbezogenen Diversität der Mitarbeiter:innen zu finden – sondern auch eine Auseinandersetzung mit den eigenen Perspektiven auf und Annahmen über diese Diversität. Die verschiedenen Orientierungen, die anhand des Diversitätsdiskurses nachgezeichnet wurden, können eine solche Auseinandersetzung unterstützen: Nimmt die Personalentwicklung eines Betriebes eine potenzialorientierte und/oder eine gerechtigkeitsorientierte Perspektive auf migrationsbezogene Diversität ein? Welche Zielsetzungen sind jeweils damit verbunden? Und was sind ggf. Fallstricke der verschiedenen Perspektiven, welche die Zielsetzungen durch unbeabsichtigte Nebeneffekte konterkarieren können?

Zielsetzung einer gerechtigkeitsorientierten Perspektive ist es, hemmende Faktoren bei der Weiterbildungsteilhabe abzubauen, die insbesondere Personen der ersten Zuwanderungsgeneration betreffen, um so allen Beschäftigten gleiche Aufstiegs- und Entwicklungsmöglichkeiten durch die Teilnahme an Betrieblicher Weiterbildung zu ermöglichen. Ein bereits genannter Hemmfaktor ist die teilweise fehlende Anerkennung ausländischer Bildungs- und Berufsabschlüsse, die sich nicht nur auf die gesetzliche Anerkennung der Abschlüsse als gleichwertig bezieht, sondern auch in einer »arbeitgeberseitige[n] Geringschätzung« solcher Abschlüsse liegen kann (Reiter 2019, S. 190). In gerechtigkeitsorientierter Perspektive könnte eine solche Geringschätzung im Hinblick auf die eigenen Stellenprofile und -anforderungen einer kritischen Reflexion unterzogen werden. Damit könnte auch der überdurchschnittlichen Beschäftigung in Branchen mit geringen Tätigkeitsanforderungen begegnet werden, von der Personen der ersten Zuwanderungsgeneration betroffen sind (Reiter 2019, S. 130ff.). Eine gerechtigkeitsorientierte Zielsetzung besteht damit auch in der Ermöglichung besserer Weiterbildungszugänge für geringqualifizierte Beschäftigte im Allgemeinen – ob mit oder ohne sog. »Migrationshintergrund«.

Fallstricke einer gerechtigkeitsorientierten Perspektive können in einer einseitigen Verengung von Weiterbildungsmaßnahmen auf sog. Diversity-Trainings oder Trainings der sog. interkulturellen Kompetenz bestehen. Solche Trainingsangebote sind aufgrund ihrer schnellen Umsetzbarkeit eine häufig genutzte Maßnahme des Diversity Managements, die alleine aber für einen Abbau von Ungleichheit und Diskriminierung nicht ausreichend sind, da sie soziale und betriebliche Strukturen unangetastet lassen, und das Problem allein auf individueller und interaktionaler Ebene angehen. Unter dem Stichwort institutioneller Diskriminierung können hingegen auch »formale Rechte, etablierte Strukturen, eingeschliffene Gewohnheiten, etablierte Wertvorstellungen und bewährte Handlungsmaximen« (Gomolla & Radtke 2007, S. 18) in den Blick genommen werden, durch welche auch gerade Gleichbehandlungsstrategien zu einer Weiterbildungsungleichheit beitragen können.

Auch weist Sprung (2011) darauf hin, dass sich solche Weiterbildungsmaßnahmen häufig an Mitarbeiter:innen richten, welche der gesellschaftlichen (und betrieblichen) Mehrheit angehören. Deren ohnehin bestehenden Arbeitsmarktvorteile gegenüber Minderheitenangehörigen können durch eine solche Weiterqualifikation weiter verschärft werden (ebd., S. 282). Demgegenüber seien Weiterbildungsangebote, »die auf eine Stärkung der Handlungsfähigkeit von MigrantInnen abziel[en]« (ebd., S. 263), nur selten vorhanden.

Zusammenfassend kann eine gerechtigkeitsorientierte Perspektive auf Betriebliche Weiterbildung zu der Zielsetzung beitragen, Weiterbildungshemmnisse im Kontext migrationsbezogener Diversität abzubauen und dabei auch individuelle Bildungsinteressen wie Aufstiegs- und Entwicklungsmöglichkeiten zu stärken – sofern sie auch betriebliche Strukturen in den Blick nimmt und nicht bei einseitigen Weiterbildungsmaßnahmen verharrt.

Zielsetzung einer potenzialorientierten Perspektive ist, wie bereits beschrieben, die Nutzung der Diversität der Mitarbeiter:innen für die betrieblichen Ziele. Dabei wird angenommen, dass »migrantisierte« Mitarbeiter:innen bspw. über sprachliche und kulturelle Kenntnisse verfügen, mit denen neue Marktsegmente erschlossen und internationale Kund:innen angesprochen werden könnten. Auch stärke eine durch Diversität gekennzeichnete Belegschaft die Attraktivität als Arbeitgeber:in. Fallstrick einer solchen Perspektive ist die Reduktion von Mitarbeiter:innen auf ihre (tatsächliche oder vermutete) Migrationserfahrung, die wiederum selbst Diskriminierungseffekte nach sich ziehen kann. So stellten Ortlieb und Sieben (2008) in einer Befragung von 500 deutschen Unternehmen fest, dass die am häufigsten (von knapp 35 % der Unternehmen) verfolgte Diversity-Strategie darin besteht, Personen mit einem sog. »Migrationshintergrund« nicht ohne besonderen Grund einzustellen (ebd., S. 83). Der Fokus auf vermeintliche Potenziale dieser Personen kann somit auch deren Ausschluss von beruflichen Tätigkeiten oder Positionen bewirken, auf denen diese Potenziale nicht für notwendig erachtet werden. Für Beschäftigungen in der Weiterbildung beschreibt darüber hinaus Sprung (2016) den Effekt, »dass eine Expertise in Migrationsfragen oftmals zu einer Reduktion der Fachkräfte auf einschlägige Tätigkeitsbereiche führt, sonstige Kompetenzen nicht mehr wahrgenommen und Zuständigkeiten für sämtliche Integrationsagenden der Institution an diese Personen delegiert werden« (ebd., S. 136).

Deutlich wird, dass gerechtigkeits- und potenzialorientierte Perspektiven auf migrationsbezogene Diversität einer sorgfältigen Reflexion im Kontext Betrieblicher Weiterbildung und diversitätsorientierter Personalentwicklung bedürfen, damit ihre Zielsetzungen verwirklicht und mögliche Fallstricke, die diesen entgegenstehen, vermieden werden können. Hierzu kann insbesondere die Mitbestimmung in betrieblichen Weiterbildungsentscheidungen beitragen, indem sie betriebliche und individuelle Bildungsbedarfe und -interessen ins Gleichgewicht bringt.

5. Ausblicke für Mitbestimmung in der diversitätsorientierten Personalentwicklung

Ziele der Mitbestimmung in Fragen Betrieblicher Weiterbildung richten sich v.a. auf den gleichberechtigten Weiterbildungszugang. Empirisch konnte wiederholt bestätigt werden, dass Mitbestimmungsstrukturen wie Betriebsräte und Betriebsvereinbarungen die betriebliche Weiterbildungsteilnahme insgesamt erhöhen. So hält Heidemann (2019) im Trendbericht Betriebliche Weiterbildung fest, »dass sich die Existenz eines Betriebsrates positiv auf das betriebliche Weiterbildungsengagement auswirkt« (ebd., S. 29). Zwar weisen kleine und mittlere Unternehmen seltener eine betriebliche Interessenvertretung auf, und sind zugleich weniger weiterbildungsaktiv als größere Unternehmen. Wenn sie jedoch über eine Interessenvertretung verfügen, dann hat diese einen stärkeren positiven Einfluss auf die Betriebliche Weiterbildung, als es in großen Unternehmen der Fall ist (Stegmaier 2012, S. 684).
Insbesondere auch geringqualifizierte Beschäftigte – und damit in überproportionalem Umfang Personen der ersten Zuwanderungsgeneration – können in ihrer Weiterbildungsteilhabe von Betriebsräten profitieren: Betriebsräte erhöhen den Anteil der Teilnehmer:innen an Betrieblicher Weiterbildung insbesondere in größeren Betrieben in besonderem Maße für Beschäftigte mit einfachen und qualifizierten Tätigkeiten (Lehmann 2011, S. 235f.; s.a. Lammers, Lukowski & Weis 2021). Auch auf europäischer Ebene unterstützen Arbeitnehmervertretungen benachteiligte Gruppen und verringern Weiterbildungsungleichheit, insbesondere dann, wenn sie durch Tarifverträge und eigene Fortbildung extern unterstützt werden (Wiß 2016, S. 182f.). Auch die gezielte Analyse der Teilnahme an Betrieblicher Weiterbildung von Personen der ersten Zuwanderungsgeneration bestätigt positive Effekte von Mitbestimmungsinstrumenten wie Betriebsvereinbarungen (Reiter 2019, S. 181ff.).
Insgesamt kann Mitbestimmung im Rahmen von Betriebsräten und Gewerkschaften also Zielsetzungen einer gerechtigkeitsorientierten Perspektive auf Betriebliche Weiterbildung stärken. Zugleich bietet sie Möglichkeiten, dem Fallstrick der gerechtigkeitsorientierten Perspektive zu entgehen, der in einer Veren-

gung auf individuelle und interaktionale Maßnahmen besteht, ohne betriebliche Strukturen in den Blick zu nehmen. Gerade auch Ansätze zur Organisationsentwicklung wie das Diversity Management betonen die Bedeutung der organisationalen Ebene gegenüber der Mikroebene der Interaktion und der Makroebene gesellschaftlicher Strukturen. Die Verantwortung für den Abbau von Ungleichheit im Rahmen eines gerechtigkeitsorientierten Diversity Managements wird damit der gesamten Organisation mitsamt u. A. ihres Personalmanagements, Leitbildern und umfassender Organisationsentwicklung zugewiesen, die auch Elemente institutioneller Diskriminierung aufweisen können (Walgenbach 2017, S. 115f.).

Mitbestimmungsinstrumente sind nicht nur dazu geeignet, auch auf struktureller Ebene Ungleichheit abzubauen und so zu einer tatsächlichen Gleichberechtigung in der Weiterbildungsteilhabe beizutragen. Mitbestimmung kann in der Betrieblichen Weiterbildung auch Fallstricken einer potenzialorientierten Perspektive entgegenwirken, die in der Reduzierung »migrantisierter« Mitarbeiter:innen auf ihre migrationsbezogenen Ressourcen und in damit einhergehenden Diskriminierungseffekten bestehen. Indem Beschäftigte durch institutionelle Mitbestimmungsstrukturen wie bspw. Betriebsräte eine »Stimme« erhalten (Wotschak 2020, S. 258), können sie einem solchen einseitigen Zugriff auf ihre – mitunter nur vermeintlichen – Ressourcen entgegentreten und die Anerkennung ihrer individuellen beruflichen Kompetenzen jenseits migrationsbezogener Stereotype bestärken.

Wie Heidemann (2019) für das Themenfeld der Digitalisierung hervorhebt, benötigen betriebliche Interessenvertretungen Beratungs-, Unterstützungs- und Professionalisierungsangebote, um Betriebliche Weiterbildung erfolgreich mitgestalten zu können (ebd., S. 29). Dies kann auch als Desiderat für die Mitbestimmung im Rahmen einer diversitätsorientierten Personalentwicklung festgehalten werden, welche betriebliche Perspektiven auf migrationsbezogene Diversität unter Kenntnis ihrer Zielsetzungen und Fallstricke in der Betrieblichen Weiterbildung implementiert.

6. Literatur

Anders, V., Ortlieb, R., Pantelmann, H., Reim, D., Sieben, B. & Stein, S. (2008). Diversity und Diversity Management in Berliner Unternehmen. Im Fokus: Personen mit Migrationshintergrund. Ergebnisse einer quantitativen und qualitativen empirischen Studie. Hampp Verlag München/Mering.

BDA – Bundesvereinigung der Deutschen Arbeitgeberverbände (2021). Den Strukturwandel der deutschen Wirtschaft klug und nachhaltig gestalten – gemeinsame Verantwortung von Wirtschaft, Sozialpartnern und Politik. *https://arbeitgeber.de/wp-content/uploads/2021/10/bda-arbeitgeber-positionspapier-strukturwandel_lang-2021_09_27.pdf* (abgerufen am 27.4.2023).

Becker, M., Personalentwicklung. Bildung, Förderung und Organisationsentwicklung in Theorie und Praxis, 6. Auflage 2013, Schäffer-Poeschel Stuttgart.

Bellmann, L. & Leber, U., Zielgruppen der beruflichen Weiterbildung. In. L. Bellmann, K. Büchter, I. Frank, E. M. Krekel & G. Walden (Hrsg.), Schlüsselthemen der beruflichen Bildung in Deutschland. Ein historischer Überblick zu wichtigen Debatten und zentralen Forschungsfeldern (S. 241–251). 2021, BIBB Bonn.

BMBF – Bundesministerium für Bildung und Forschung (2022). Weiterbildungsverhalten in Deutschland 2020. Ergebnisse des Adult Education Survey – AES-Trendbericht. Berlin: BMBF. *https://www.bmbf.de/SharedDocs/Publikationen/de/bmbf/1/31690_AES-Trendbericht_2020.pdf?__blob=publicationFile&v=9* (abgerufen am 27.4.2023).

BMBF – Bundesministerium für Bildung und Forschung (2018). Weiterbildungsverhalten von Personen mit Migrationshintergrund. Ergebnisse der erweiterten Erhebung des Adult Education Survey (AES-Migra 2016). Berlin: BMBF. *https://www.bmbf.de/SharedDocs/Publikationen/de/bmbf/1/31415_Weiterbildungsverhalten_von_Personen_mit_Migrationshintergrund.pdf?__blob=publicationFile&v=3* (abgerufen am 27.4.2023).

Charta der Vielfalt (2023). Ethnische Herkunft und Nationalität. *https://www.charta-der-vielfalt.de/fuer-arbeitgebende/vielfaltsdimensionen/ethnische-herkunft-und-nationalitaet/* (abgerufen am 27.4.2023).

Gomolla, M. & Radtke, F.-O, Institutionelle Diskriminierung. Die Herstellung ethnischer Differenz in der Schule, 2. Auflage 2007, VS Verlag für Sozialwissenschaften Wiesbaden.

Hammermann, A. & Schmidt, J., Diversity Management – Empirische Evidenz zur aktiven Förderung der kulturellen Vielfalt in deutschen Unternehmen. / IW-Trends / Jg. 41 / Heft 4/2014, S. 19–32.

Heidemann, W., Trendbericht: Betriebliche Weiterbildung/Mitbestimmungspraxis/Nr. 24/ 2019. *https://www.boeckler.de/fpdf/HBS-007263/p_mbf_praxis_2019_24.pdf* (abgerufen am 27.4.2023).

Heuer, C. & Pierenkemper, S. (2020). Kulturelle Vielfalt in Unternehmen: Erfahrungen, Herausforderungen und Erfolgsfaktoren, KOFA-Studie, No. 3/2020, Institut der deutschen Wirtschaft (IW). *https://www.iwkoeln.de/fileadmin/user_upload/Studien/Gutachten/PDF/2020/KOFA-Studie-Kulturelle-Vielfalt-in-Unternehmen_2020.pdf* (abgerufen am 27.4.2023)

Hoffmann, T. & Mohr, S. (2022). Betriebliche Weiterbildung in der Corona-Pandemie: Welche Betriebe ziehen sich zurück. Bonn: BIBB. *https://lit.bibb.de/vufind/Record/DS-780316* (abgerufen am 27.4.2023).

Lammers, A., Lukowski, F. & Weis, K., The relationship between works councils and firms' further training provision in times of technological change. / British Journal of Industrial Relations / Jg. 61/ 2021, S. 392–424.

Lehmann, C., Betriebsräte und ihr Einfluss auf arbeitgeberfinanzierte Weiterbildungsmaßnahmen. / Zeitschrift für Personalforschung / Jg. 25/ 3/2011, S. 225–246.

Ortlieb, R. & Sieben, B., Frauen mit Migrationshintergrund: Zwei soziale Kategorien im Fokus der Personalforschung und -praxis. In G. Krell, R. Ortlieb, & B. Sieben (Hrsg.), Chancengleichheit durch Personalpolitik. Gleichstellung von Frauen und Männern in Unternehmen und Verwaltungen (S. 231–238). 6. Auflage 2011, Gabler Verlag Wiesbaden.

Öztürk, H., Migrationsbezogene Diversität in Deutschland – Begrifflichkeiten und Entwicklungen. In: H. Öztürk, (Hrsg.), Diversität und Migration in der Erwachsenen- und Weiterbildung (S. 13–65). 2021, wbv Bielefeld.

Öztürk, H. & Reiter, S., Migration und Diversität in Einrichtungen der Weiterbildung. Eine empirische Bestandsaufnahme in NRW (Theorie und Praxis der Erwachsenenbildung). 2017, W. Bertelsmann Verlag Bielefeld.

Reiter, S. (2019). Betriebliche Weiterbildung und Migrationshintergrund. Analysen zur Teilnahme an Weiterbildung auf Basis der Daten des Nationales Bildungspanels. Dissertation, Westfälische Wilhelms-Universität Münster, 2019. 2019, Peter Lang Verlag Berlin.

Seyda, S. & Placke, B., IW-Weiterbildungserhebung 2020: Weiterbildung auf Wachstumskurs. / IW-Trends – Vierteljahresschrift zur empirischen Wirtschaftsforschung / Jg. 47/ Heft 4/2020, S. 105–123.

Sprung, A., Pädagogische Fachkräfte mit Migrationsgeschichte. Befunde und Reflexionen zu einer diversitätsorientierten Personalentwicklung in der Weiterbildung. In K. Dollhausen & S. Muders (Hrsg.), Diversität und lebenslanges Lernen. Aufgaben für die organisierte Weiterbildung (S. 127–140). 2016, W. Bertelsmann Verlag Bielefeld.

Sprung, A. (2011). Zwischen Diskriminierung und Anerkennung. Weiterbildung in der Migrationsgesellschaft (Interkulturelle Bildungsforschung, Bd. 19). 2011, Waxmann Münster, New York, München, Berlin.

Stegmaier, J., Effects of Works Councils on Firm Provided Further Training in Germany. / British Journal of Industrial Relations / Volume 50, Issue 4 / 2012, S. 667–689.

Vedder, G., Die historische Entwicklung von Diversity Management in den USA und in Deutschland. In G. Krell, & H. Wächter (Hrsg.), Diversity Management. Impulse aus der Personalforschung (S. 1–23). 1. Auflage 2006, Rainer Hampp Verlag München und Mering.

Walgenbach, K., Heterogenität – Intersektionalität – Diversity in der Erziehungswissenschaft, 2. Auflage 2017, Verlag Barbara Budrich Opladen & Toronto.

Wiß, T., Employee representatives' influence on continuing vocational training: The impact of institutional context / European Journal of Industrial Relations / Jg. 23 / Heft 2/2016, S. 169–185.

Wotschak, P., Drivers of training participation in low skilled jobs: the role of ›voice‹, technology, innovation and labor shortages in German companies / International Journal of Training and Development / Jg. 24 / Heft 3/2020, S. 245–264.

Roman Jaich

Weiterbildungsmentoren – ein neuer Schub für die Betriebliche Weiterbildung

Inhalt

1. Ist die Betriebliche Weiterbildung in Deutschland für den Wandel der Arbeitswelt gut aufgestellt?

Vor dem Hintergrund der fortschreitenden Digitalisierung, des ökologischen Umbaus von Wirtschaft und Gesellschaft aber auch des Fach- und Arbeitskräftemangels ist die Arbeitswelt Deutschlands durch tiefgreifende Veränderungsprozesse gekennzeichnet: Neue Prozessabläufe und Technologien verändern die Arbeitsabläufe und es bedarf geeigneter Qualifizierungsformate, um Beschäftigten die Unsicherheiten zu nehmen und sie fit für die Zukunft zu machen. Es gilt, durch gezielte Qualifizierung und Weiterbildung die Teilhabe der Beschäftigten am Erwerbsprozess auszubauen und zu erhalten. Diese Einschätzung wird von vielen politischen Gremien und Akteuren geteilt, so z. B. der Nationalen Weiterbildungsstrategie,[1] oder Allianz für Aus- und Weiterbildung.[2] Damit kommt insbesondere der Betrieblichen Weiterbildung, d. h. der Weiterbildung, die vom Arbeitgeber initiiert wird eine zentrale, aber nicht alleinige Rolle zu. Denn auch

1 Vgl. *https://www.bmas.de/SharedDocs/Downloads/DE/Aus-Weiterbildung/nws-fortfuehrung-und-weiterentwicklung.pdf?__blob=publicationFile&v=3*, S. 6 (abgerufen am 2. 8. 2023).

2 *https://www.aus-und-weiterbildungsallianz.de/AAW/Redaktion/DE/Downloads/allianz-fuer-aus-und-weiterbildung-2023-2026.pdf?__blob=publicationFile&v=4*, S. 3 (abgerufen am 2. 8. 2023).

die individuelle berufliche Weiterbildung in Form einer Aufstiegsfortbildung oder beruflichen Umorientierung trägt dazu bei, den Wandel der Arbeitswelt zu begleiten. Der Fokus der folgenden Ausführungen liegt aber auf der Betrieblichen Weiterbildung, auch wenn diese nicht zwingend als zentrale Stellschraube im Wandel zu identifizieren ist, da der Zugang in die Unternehmen eher dann gelingt, wenn man den betrieblichen Interessen einen wichtigen Stellenwert gibt.

Zentral ist die Frage, ob das deutsche Weiterbildungssystem auf die eingangs beschriebenen Herausforderungen vorbereitet ist? Erfreulich ist, dass die Weiterbildungsbeteiligung in Deutschland zwar leicht, aber zunächst kontinuierlich angestiegen ist. Die Beteiligung an Betrieblicher Weiterbildung stieg gemäß des AES-Trendberichts von 35 % im Jahr 2012 auf 48 % im Jahr 2020 (BMBF 2022, S. 25).

Ein an sich positiver Trend, der aber durch die Corona-Pandemie deutlich gebremst wurde. Nach dem IAB Betriebspanel hat sich der Anteil der Betriebe mit Weiterbildungsangeboten von 2019 auf 2020 um bundesweit 20,7 Prozentpunkte verringert. Im gleichen Zeitraum sank die betriebliche Weiterbildungsquote von 33,7 % auf 14,8 % (Bennewitz et al. 2022, S. 101 ff.).

Gravierend und bedenklich im Hinblick auf die Eignung des deutschen Weiterbildungssystems ist, dass ungleiche Teilhabechancen an Betrieblicher Weiterbildung weiterhin bestehen. Der AES Trendbericht weist aus, dass sich die Teilnahme an Betrieblicher Weiterbildung je nach persönlichen Merkmalen, insbesondere der Vorbildung, unterscheidet (BMBF 2022, S. 28 ff). Beschäftigte mit niedrigem Schulabschluss haben 2020 eine um 21 Prozentpunkte niedrigere Beteiligungsquote als Beschäftigte mit hohem allgemeinbildenden Abschluss. Bezogen auf die berufliche Qualifikation fällt der Unterschied noch einmal deutlicher aus. Beschäftigte ohne beruflichen Abschluss haben 2020 eine um 39 Prozentpunkte geringere Beteiligungsquote im Vergleich zu Beschäftigten mit Hochschulabschluss. Aber auch die aktuelle Tätigkeit entscheidet darüber, wie hoch die Wahrscheinlichkeit ist, an Betrieblicher Weiterbildung partizipieren zu können. Das IAB weist für 2019, d. h. vor der Coronapandemie, mit 45 % eine mehr als doppelt so hohe Weiterbildungsbeteiligung von Beschäftigten für qualifizierte Tätigkeiten im Vergleich zu Beschäftigten für einfache Tätigkeiten aus, deren Beteiligungsrate lediglich 22 % beträgt.

Zudem zeigt sich, dass auch Betriebe und öffentliche Verwaltungen[3] in der Regel nicht die Weiterbildungstreiber sind. So wurde z. B. mit dem Qualifizierungs-

3 Öffentliche Verwaltungen werden hier und im Folgenden als Arbeitgeber explizit ausgewiesen, da arbeitsrechtliche Unterschiede bestehen und dies Auswirkungen auf die Beteiligungsmöglichkeiten in Weiterbildungsfragen hat. So hat für privatrechtliche Betriebe das Betriebsverfassungsgesetz Relevanz während in öffentlichen Verwaltungen die Personalvertretungsgesetze des Bundes und der Länder wirksam sind.

chancengesetz im Jahr 2019 sowie deren Weiterentwicklung im Arbeit-von-Morgen-Gesetz in 2020 die Förderung der Weiterbildung von Beschäftigten aus Mitteln der Bundesagentur für Arbeit erweitert. Kuppe et al. (2021) zeigen in einem Beitrag für das IAB Forum in 2021 auf, dass aber nur jeder zehnte Betrieb die Weiterbildungsförderung der Bundesagentur für Arbeit nutzt. Die Inanspruchnahme bleibt damit deutlich hinter den Erwartungen zurück. In einer qualitativen Befragung des IAB mit dem Ziel einen Einblick in die Hürden der Inanspruchnahme zu bekommen, zeigte sich, dass ein wichtiger Grund für die Inanspruchnahme der mangelnde Bekanntheitsgrad der Förderinstrumente ist (Biermeier et al. 2023). Entsprechend empfehlen die Autoren der Studie, dass neben den Betrieben auch Beschäftigte stärker in den Blick genommen werden sollten, um die Förderinstrumente bekannter zu machen (Biermeier et al. 2023). Dafür braucht es aber eine betriebliche, arbeitnehmerorientierte Qualifizierungsstrategie und zudem betriebliche Unterstützer:innen, die das Thema Weiterbildung für und mit den Beschäftigten im Betrieb vorantreiben und weiterentwickeln. Dies kann aber nur sichergestellt werden, wenn es gelingt, in den Betrieben das Thema Qualifizierung auch arbeitnehmerseitig zu besetzen.
Kritik am deutschen Weiterbildungssystem kommt aber auch von der OECD. Darin wird Deutschland eine der komplexesten Gouvernance-Strukturen für Weiterbildung verglichen mit allen anderen OECD-Staaten attestiert (OECD 2021, S. 4), mit der nahezu zwangsläufigen Folge, dass die Förderlandschaft unübersichtlich und kompliziert sei (OECD 2021, S. 8f.). Komplexität für sich genommen ist nicht notwendig eine negative Eigenschaft von Systemen. Gerade die Komplexität der dualen Berufsausbildung in Deutschland trägt auch zu deren Stabilität bei. Allerdings kann Komplexität auch zu Unübersichtlichkeit führen und Förderlücken hervorrufen und dies scheint dann auch für die Weiterbildungslandschaft in Deutschland zu gelten. So fordern die Gewerkschaften weitergehende bundesweite Regelungen mit Ansprüchen auf Weiterbildungszeiten und deren Finanzierung. Hierzu haben die Gewerkschaften IG Metall/GEW/ver.di (2008) bereits Vorschläge unterbreitet. Die Schaffung von Förderinstrumenten oder Mitbestimmungsmöglichkeiten reichen allein aber nicht aus, die Betriebliche Weiterbildung qualitativ auszuweiten. So wurden in der Vergangenheit Bildungsurlaubsgesetze auf Anregung der ILO und den Gewerkschaften gegen den z. T. massiven politischen und juristischen Widerstand von Arbeitgeber- und Wirtschaftsverbänden in fast allen deutschen Bundesländern mit Ausnahme von Bayern und Sachsen auf den Weg gebracht. Es wurden in den letzten Jahren einige Instrumente für die Betriebliche Weiterbildung auf den Weg gebracht, z. B. Qualifizierungstarifverträge oder die Ausweitung der Mitwirkungsmöglichkeiten der Betriebsräte in Fragen der beruflichen Bildung im Betriebsverfassungsgesetz. Es zeigt sich aber, dass diese Regelungen nur dann sinnvoll genutzt werden können, wenn deren Einsatz durch einen gestaltenden

betrieblichen Prozess flankiert wird. Denn Weiterbildung muss auch da ankommen, wo sie gebraucht wird: bei den Beschäftigten vor Ort.
Erreicht werden kann dies allein dadurch, dass in den Betrieben und öffentlichen Verwaltungen das Thema Weiterbildung einen neuen Stellenwert erhält, d.h. es muss eine betriebliche Weiterbildungskultur etabliert werden. Die Rolle der betrieblichen Mitbestimmung in Fragen der Weiterbildung wurde verschiedentlich schon in den Blick genommen. Elsholz und Jaich (2005) haben in einer qualitativen Studie die Rolle von Betriebs- und Personalräten in der Dienstleistungsbranche in den Blick genommen. Ebenso haben Iller et al. (2016) ihr Augenmerk auf die Rolle der betrieblichen Interessenvertretung bei der Betrieblichen Weiterbildung gerichtet Beide kommen zu dem Ergebnis, dass Betriebs- und Personalräte das Thema noch nicht immer auf der Agenda haben und vor allem auch wegen der Komplexität des Themas externe Unterstützungsstrukturen benötigen. Ziel wäre, flankierend zu einer arbeitgeberseitigen Personalentwicklung die Betriebliche Weiterbildung als Handlungsfeld auch arbeitnehmerseitig zu etablieren. Diese Aufgabe könnte mit betrieblichen Akteuren, die in hohem Maße das Vertrauen der Beschäftigten genießen, bewältigt werden. Bei dieser wichtigen Funktion können gewerkschaftliche Vertrauensleute und Betriebs- bzw. Personalräte eine Schlüsselposition einnehmen. Sie können sich als Beteiligungsexpert:innen für Qualifizierung, d.h. als Weiterbildungsmentor:innen, die die Arbeits-, Betriebs- und Qualifizierungspolitik mitgestalten und Beschäftigte zu Beteiligten im betrieblichen Qualifizierungsprozess entwickeln. Hier setzen die vom Bundesministerium für Bildung und Forschung (BMBF) geförderten Mentorenprojekte der Gewerkschaften IG Metall, IG BCE, NGG und ver.di an, Betriebliche Weiterbildung nicht nur aus einer betrieblichen, arbeitgebernahen Perspektive, sondern auch aus einer Beschäftigtenperspektive zu betrachten.

2. Weiterbildungsmentor:innen als Mitgestalter Betrieblicher Weiterbildung

Bei der Entwicklung von Mentorenkonzepten gibt es in Deutschland eine starke Orientierung an den seit 2002 in Großbritannien bestehenden *union learning representatives* (ULR). ULRs sollen die Bedeutung von Weiterbildung in den Betrieben bekannt machen, beim Lernen und der Organisation der Weiterbildung unterstützen und das Lernen am Arbeitsplatz verankern (Vollmer 2022). Aber auch in öffentlich geförderten Umsetzungsprojekten, insbesondere Projekten aus der durch den ESF geförderten Sozialpartnerrichtlinie des BMAS wurden betriebliche Akteure zu Lotsen, Kümmerern oder ähnlichem qualifiziert und dienten damit als Experimentierfeld für arbeitnehmerseitige Zugänge zum Themenfeld Weiterbildung.[4]

Dabei ist der Begriff Weiterbildungsmentor:in weder ein feststehender Begriff noch ist er rechtlich geregelt. Folglich gibt es kein klares rechtlich abgesichertes Aufgabenfeld, wie es z. B. mit dem Betriebsverfassungsgesetz für Betriebsräte existiert. Entsprechend ist das Verständnis über Rolle und Aufgabenfelder nicht einheitlich. Gemeinsam ist aber allen Konzeptionen, dass Weiterbildungsmentor:innen betriebliche Arbeitnehmervertreter:innen in Betrieben oder öffentlichen Verwaltungen sind und entsprechend mit Beschäftigtenperspektive auf das betriebliche Weiterbildungsgeschehen blicken und dieses mitgestalten. D. h. sie sind Beschäftigte in einem Betrieb oder einer Verwaltung, in dem/der sie als Weiterbildungsmentor:innen tätig sind oder werden wollen. Sie sind somit zum einen Kenner der konkreten Arbeitsabläufe im Betrieb und zum anderen Gesprächspartner auf Augenhöhe für die Beschäftigten und deren Weiterbildungsbedürfnisse. Sie unterscheiden sich damit deutlich von den bestehenden Beratungsstrukturen für Weiterbildung, z. B. der Bundesanstalt für Arbeit, die diese Perspektive zumindest derzeit noch nicht kennt. Zum einen erfolgt dort die Beratung durch Betriebsexterne zum anderen aus dezidiert betrieblicher arbeitgeberseitiger Sicht durch den Arbeitgeber-Service. Die Arbeitnehmerperspektive wird auf das individuelle Beratungsangebot reduziert und vernachlässigt damit strukturelle Erfordernisse im Betrieb.

Je nach betrieblichen Erfordernissen können Weiterbildungsmentor:innen unterschiedliche Rollen einnehmen. Die Tätigkeitsfelder können zum einen auf der individuellen Ebene ansetzen, d. h. bei der Unterstützung von Kolleg:innen bei der Beratung und Umsetzung hinsichtlich ihrer Weiterbildungsbedürfnisse. Ihr Einsatzgebiet kann aber auch an die kollektive Ebene adressiert werden, wenn die Gestaltung der betrieblichen Rahmenbedingungen für Weiterbildung im Vordergrund stehen. Die beiden Zielrichtungen können durchaus gemeinsam in den Blick genommen und umgesetzt werden. Zudem bedingen sie sich auch in gewisser Weise: Beispielsweise sind für die Beratung die Rahmenbedingungen im Betrieb relevant und anders herum hat die Alltagspraxis sicherlich Auswirkungen auf die Gestaltung der Rahmenbedingungen. Insofern dient die Unterscheidung eher dazu, Ansatzpunkte für die betrieblichen Einrichtungen aufzuzeigen und Hinweise zum Beispiel für eine schrittweise Implementierung im Betrieb aufzuzeigen.

Die *individuelle kollegiale Beratung* zielt vor allem darauf ab, alle Beschäftigtengruppen im Betrieb zu erreichen und für Weiterbildung zu motivieren: Ausgangspunkt ist die Annahme, dass von der Personalentwicklung eines Betriebes nicht alle Beschäftigtengruppen gleichermaßen erreicht werden. Gerade geringer

---

4 Vgl. z. B. *https://www.initiative-fachkraefte-sichern.de/* (abgerufen am 2. 8. 2023).

qualifizierte Beschäftigten, so die Vermutung, können durch Kolleg:innen eher dafür motiviert werden, sich mit ihrer beruflichen Entwicklung zu beschäftigten.

Weiterbildungsmentor:innen sollten somit in der Lage sein, eine Erstinformation in Weiterbildungsfragen durchzuführen. Sie haben eine Übersicht über die Weiterbildungslandschaft und -systematik in Deutschland und sind in Grundzügen mit der Förderlandschaft vertraut. Sind können aber nicht die kompetente Weiterbildungsberatung eines Weiterbildungsberaters der BA oder einer anderen Einrichtung ersetzen, aber eine solche Beratung vorbereiten. Hilfreich ist hier, dass Weiterbildungsmentor:innen über fundierte Kenntnisse möglicher konkreter betrieblicher Entwicklungswege verfügen und damit Beschäftigte auf ganz konkrete Ziele einer beruflichen Weiterentwicklung hinweisen können.

In diesem Sinne ersetzen Weiterbildungsmentor:innen nicht bereits bestehende Instrumente der Personalentwicklung, wie z. B. regelmäßige Mitarbeiter- oder Weiterbildungsgespräche. Weiterbildungsmentor:innen könnten in diesem Fall von Beschäftigen aufgesucht werden, um mögliche Themenfelder für das Gespräch zu identifizieren und diese mit einer Idee oder Perspektive auszufüllen.

Das bedeutet konkreter:

- Individuelle Weiterbildungshemmnisse abbauen und Kolleg:innen motivieren sich mit dem Thema zu beschäftigen oder auch deren Selbstvertrauen stärken.
- Sie haben Kenntnisse über die Weiterbildungs- und die Grundzüge der Förderlandschaft. Sie geben ihren Kolleg:innen wichtige Impulse sich mit der Weiterbildungsthematik zu beschäftigen und können gemeinsam mit ihnen Ziele der beruflichen Weiterbildung besprechen.
- Sie ersetzen nicht die Beratung von professionellen Weiterbildungsberater:innen (z. B. der Bundesagentur für Arbeit). Sie motivieren ihre Kolleg:innen aber die Beratungsangebote zu nutzen.
- Sie begleiten die Lernprozesse ihrer Kolleg:innen, damit die Weiterbildungsangebote erfolgreich absolviert werden.

Die *Mitgestaltung von betrieblichen Rahmenbedingungen* zielt darauf ab, eine betriebliche Weiterbildungskultur zu fördern, zu implementieren und weiterzuentwickeln.

Einerseits geht es hier darum, dass Thema Weiterbildung im Betrieb bekannt zu machen und an verschiedenen Stellen zu bewerben. Hierzu gehört auch auf Betriebsversammlungen auf das Thema aufmerksam zu machen oder in Betriebszeitschriften das Thema zu bewerben und sich mit Vertretungsorganen wie Gleichstellungs- oder Behindertenbeauftragten abzustimmen, welche besonderen Weiterbildungsbedarfe für diese Beschäftigtengruppen bestehen.

Weitergehend ist die Initiierung eines Projektes zur Förderung der Weiterbildung, z. B. die Förderung einer bestimmten Beschäftigtengruppe im Betrieb.

Schließlich geht es darum, aus Arbeitnehmerperspektive Strukturen für die Förderung der Betrieblichen Weiterbildung mitzugestalten. Hierzu gehört z. B. die Einführung von regelmäßigen Mitarbeitergesprächen, die Mitwirkung bei der Erstellung von Materialien für die Durchführung, die Begleitung bei der Einführung von Kompetenzerfassungssystemen und schließlich die Unterstützung der Mitbestimmungsträger bei ihren Aufgaben zur Umsetzung der Paragrafen des Betriebsverfassungsgesetzes, der Personalvertretungsgesetze oder einschlägiger Tarifverträge. Beispielhaft ist damit gemeint:

- Weiterbildungsmentor:innen werben für Weiterbildung und machen auf das Thema aufmerksam z. B. auf Betriebsversammlungen oder in Betriebszeitungen.
- Sie fördern die betriebliche Zusammenarbeit im Themenfeld Weiterbildung und sind damit gemeinsam mit dem Betriebs- bzw. Personalrat Vermittler:innen zwischen den Beschäftigten und der Arbeitgeberseite bzw. der Personalabteilung.
- Sie kennen die Gründe, weshalb Weiterbildungsangebote nicht genutzt werden und versuchen die Hürden mit den betrieblichen Interessengruppen abzubauen. Dazu gehört auch eine enge Zusammenarbeit mit den Vertretungsorganen wie Gleichstellungs- oder Behindertenbeauftragte.
- Sie unterstützen gemeinsam mit dem Betriebs- bzw. Personalrat die Ausgestaltung der Weiterbildung in betrieblichen Vereinbarungen z. B. für regelmäßige Mitarbeiter:innengespräche oder für Kompetenzerfassungssysteme. Außerdem unterstützen sie die Mitbestimmungsträger bei ihren Aufgaben zur Umsetzung der einschlägigen Paragrafen des Betriebsverfassungsgesetzes. Dabei eröffnen sie diesen signifikant verbesserte Zugänge zu den Bedarfen und Wünschen der Beschäftigten.

Damit werden umfangreiche Anforderungen an die Beschäftigten gestellt, die sich mit der Rolle einer Weiterbildungsmentor:in auseinandersetzen wollen. Dies kann daher nicht ohne Qualifizierungen erfolgen, welche die Beschäftigten auf die Rolle vorbereitet. Eine formale abschlussorientierte Qualifizierung gibt es – bisher – noch nicht. Stattdessen bieten die Gewerkschaften in den angeführten Projekten Qualifizierungen an, die unter anderem für das Thema sensibilisieren, den Rechtsrahmen verdeutlichen, Finanzierungsmöglichkeiten für Weiterbildung aufzeigen, Anspracheformen kennen lernen oder betriebliche Akteurskonstellationen durch Rollenspiele erproben. Zudem wird die Umsetzung in den Betrieben und öffentlichen Verwaltungen durch individuelles Coaching und Netzwerktreffen begleitet.

Wer sich in den Betrieben und öffentlichen Verwaltungen für eine Mentor:innentätigkeit eignet, muss im Einzelfall geklärt werden. Freigestellte Betriebs- oder Personalräte erscheinen für die Aufgabe aufgrund ihrer Freistellung zunächst prädestiniert, verfügen wegen vielfältiger Aufgabenfelder aber eher selten über die zeitlichen Ressourcen. Damit rücken andere Beschäftigtengruppen in den Fokus, z. B. Vertrauensleute sowie sonstige Beschäftigte, die das Vertrauen der Mitbestimmung genießen und daher von diesen benannt werden.

3. Resümee

Der Wandel der Arbeitswelt wird direkt in den Betrieben und öffentliche Verwaltungen umgesetzt. Daher müssen sich Betriebe und öffentliche Verwaltungen ihrer Rolle als Gestalter der Transformationsprozesse bewusst werden und dies aktiv aufgreifen. Weiterbildungsmentor:innen stellen ein Konzept dar, diesen Wandel arbeitnehmerseitig im Betrieb zu begleiten und damit auch bei den Beschäftigten die Bereitschaft zu erzeugen, den Wandel mit zu begleiten. Die Einrichtung von Weiterbildungsmentor:innen in Betrieben und öffentlichen Verwaltungen ist aber kein Selbstläufer. Die Stärke des Konzepts, das mit seiner fehlenden Normierung offen und flexibel die spezifischen Belange der Betriebe und öffentlichen Verwaltungen berücksichtigt werden können, erweist sich gleichzeitig als Schwäche. Arbeitnehmervertretungen haben damit keinen Ansatzpunkt, die Etablierung von Weiterbildungsmentor:innen und ihrer weiteren Arbeit im Betrieb gegen die Interessen der Arbeitgeber durchzusetzen. Der Zugang in Betriebe und öffentliche Verwaltungen erfolgt durch die betriebliche Mitbestimmung die das Thema Weiterbildung meist aufgrund einer konkreten aktuellen Problemlage für sich »entdeckt« hat. Die Umsetzung des Konzepts kann daher in der Regel nur in Betrieben und öffentlichen Verwaltungen erfolgen, in denen die Arbeitgeberseite offen für das Konzept und bereit ist, dies mit zu tragen. Es gibt Ansätze von Regelungen in Betriebs- bzw. Dienstvereinbarungen, die Zeiten für die Qualifizierung von Weiterbildungsmentor:innen und deren Tätigwerden danach im Betrieb regeln. Perspektivisch braucht es daher eine rechtliche Flankierung, insbesondere Freistellungsansprüche für die Qualifizierung der Weiterbildungsmentor:innen einerseits sowie die Freistellung für deren konkrete Tätigkeit als Mentor:in im Betrieb oder der öffentlichen Verwaltung andererseits. Aber auch die Freistellung der Beschäftigten, die sich in Weiterbildungsfragen beraten lassen wollen, ist zu berücksichtigen. Neben der Freistellung bedarf es zudem Regelungen für Räumlichkeiten und sonstige Ausstattung für die Tätigkeit der Weiterbildungsmentor:innen in Betrieb und Verwaltung. Zwar ist für den Aufbau einer betrieblichen Weiterbildungskultur grundsätzlich eine Kooperationsbereitschaft aller relevanten betrieblichen Akteure notwendig, ein Rechtsanspruch könnte Initiativen für kooperative Strategien befördern.

Weiterbildungsmentor:innen sind aber auch deshalb kein Selbstläufer, da mit diesen ein neuer Player in den betrieblichen Strukturen etabliert wird, der erst noch sein Spielfeld abstecken muss. Elsholz und Thomas (2022) weisen entsprechend darauf hin, dass organisationspolitisch zu fragen ist, wie Weiterbildungsmentor:innen im betrieblichen Sozialgefüge verortet werden bzw. wie sie in betriebliche Strukturen eingepasst werden können. Zu klären ist z. B. in betrieblichen Vereinbarungen die rechtliche Verankerung, sind sie Teil des Betriebs- oder Personalrates oder wenn nicht, in welchem Verhältnis stehen sie zu dem Gremium. Zudem ist zu klären, in welchem Verhältnis sie zur betrieblichen Personalentwicklung stehen und wie sie an die für ihre Tätigkeiten notwendigen Informationen kommen.

Neben dem beschriebenen beträchtlichen Klärungsbedarf kommen zudem weitere Herausforderungen, wenn es darum geht, Weiterbildungsmentor:innen als strategische Akteure zur Förderung der Betrieblichen Weiterbildung in die Breite zu tragen. Aus der Weiterbildungsforschung ist bekannt, dass insbesondere in kleinen und mittleren Unternehmen (KMU) die Weiterbildungsbeteiligung geringer und diskontinuierlicher als in Großbetrieben ausfällt. Die bisherigen Erfahrungen mit Weiterbildungsmentor:innen konzentrieren sich in der Regel auf Großbetriebe und fraglich ist, ob die bestehenden Ansätze bzw. Projekte zur Etablierung von Weiterbildungsmentor:innen der Gewerkschaften IG BCE,[5] IG Metall,[6] NGG[7] und ver.di[8] auf KMU übertragbar ist. Gerade für Klein- und Kleinstunternehmen ist zu erwarten, dass die Sensibilisierung der Beschäftigten für Weiterbildungsbelange allein durch Beschäftigte aus diesen Unternehmen voraussichtlich nicht zu leisten ist und es daher voraussichtlich externe Unterstützungsstrukturen benötigt. Es spricht vieles dafür, dass KMU besser mit regionalen Ansätzen erreicht werden können, wie sie etwa in den vom BMAS geförderten Projekten zur Etablierung von Weiterbildungsverbünden.[9]

Die Projekte zur Etablierung von Weiterbildungsmentor:innen in Betrieben und öffentlichen Verwaltungen der Gewerkschaften befinden sich in einem Suchprozess, der allerdings unterschiedlich weit vorangeschritten ist. Begleitet, beforscht und unterstützt werden sie dabei von dem Projekt »Weiterbildungsmentor*innen. Rahmungen, Rollen und Erfolgsfaktoren. Begleitforschung zu den Mentor*innen-Projekten von IG Metall, ver.di und NGG«[10] gefördert von der Hans-Böckler-Stiftung und durchgeführt von der Fernuniversität Hagen.

5 *https://qfc.de/qh2/* (abgerufen am 30. 4. 2023).

6 *https://wap.igmetall.de/wbm-22307.htm* (abgerufen am 30. 4. 2023).

7 *https://www.ngg.net/unsere-ngg/ngg-und-ihre-partner/weiterbildung-mentorenbildenzukunft/* (abgerufen am 30. 4. 2023).

8 *https://verdi-mendi.net/* (abgerufen am 30. 3. 2024).

9 *https://www.bmas.de/DE/Arbeit/Aus-und-Weiterbildung/Weiterbildungsrepublik/Weiterbildungsverbuende/weiterbildungsverbuende-art.html* (abgerufen am 30. 4. 2023).

10 *https://www.boeckler.de/de/suchergebnis-forschungsfoerderungsprojekte-detailseite-2732.htm?projekt=2022-529-19* (abgerufen am 30. 4. 2023).

4. Literatur

Bennewitz, Emanuel; Klinge, Silke; Leber, Ute; Schwengle, Barbara (2022): IAB-Forschungsbericht 20|2022. Zwei Jahre Corona-Pandemie: Die deutsche Wirtschaft zwischen Krisenstimmung und Erholung – Ein Vergleich der Jahre 2019 und 2021 – Ergebnisse des IABBetriebspanels, Nürnberg *https://doku.iab.de/forschungsbericht/2022/fb2022.pdf* (abgerufen am 2. 8. 2023).

BMBF (2022): Weiterbildungsverhalten in Deutschland 2020 Ergebnisse des Adult Education Survey – AES-Trendbericht, Berlin *https://www.bmbf.de/SharedDocs/Publikationen/de/bmbf/1/31690_AES-Trendbericht_2020.pdf?__blob=publicationFile&v=9* (abgerufen am 12. 1. 2023).

Biermeier, Sandra; Dony, Elke; Greger, Sabine; Leber, Ute; Schreyer, Franziska; Strien, Karsten (2023): Warum Betriebe die Weiterbildungsförderung für Beschäftigte bislang eher wenig nutzen, In: IAB-Forum 18. Januar 2023, *https://www.iab-forum.de/warum-betriebe-die-weiterbildungsfoerderung-fuer-beschaeftigte-bislang-eher-wenig-nutzen/* (abgerufen am 17. 2. 2023).

Elsholz, Uwe; Jaich, Roman (2005):Weiterbildung im Betrieb: Triebkräfte und Hemmschuhe Fallbeispiele, Analyse und Handlungsempfehlungen, Berlin *http://netzwerk-weiterbildung.info/upload/m46e7c73ee3030_verweis1.pdf* (abgerufen am 2. 8. 2023).

Elsholz, Uwe; Thomas, Martina (2022): Zu den Potenzialen von betrieblichen Weiterbildungsmentor:innen, in: denk-doch-mal.de, 01-2022, Förderung der betrieblichen Weiterbildung durch Weiterbildungsmentoren, *https://denk-doch-mal.de/ausgaben/01-22-foerderung-der-betrieblichen-weiterbildung-durch-weiterbildungsmentoren/* (abgerufen am 12. 4. 2023).

IG Metall/GEW/ver.di (2008): Notstand: Weiterbildung in Deutschland: das Weiterbildungsdesaster verringert Wachstum, Innovationen und Lebensperspektiven, Berlin-Frankfurt, *https://bildungspolitik.verdi.de/++file++53d63a67ba949b7e160000d0/download/Notstand%20-%20Weiterbildung%20in%20Deutschland%20-%202008.pdf* (abgerufen am 18. 4. 2023).

Iller, Carola; Berger, Klaus; George, Julia; Hauser-Ditz, Axel; Wiß, Tobias (2016): Unterstützung der Interessenvertretung in der betrieblichen Weiterbildung in Deutschland und Österreich, Düsseldorf *https://www.boeckler.de/de/faust-detail.htm?sync_id=HBS-06330* (abgerufen am 2. 8. 2023).

Jaich, Roman (2022): Weiterbildungsmentoren – Eine neue schillernde Figur mit vielfältigen Aufgaben in der betrieblichen Arena, in: denk-doch-mal.de, 01-2022, Förderung der betrieblichen Weiterbildung durch Weiterbildungsmentoren, *https://denk-doch-mal.de/ausgaben/01-22-foerderung-der-betrieblichen-weiterbildung-durch-weiterbildungsmentoren/* (abgerufen am 12. 4. 2023).

Kruppe, Thomas; Lang, Julia; Leber, Ute (2021): Nur jeder zehnte Betrieb nutzt die Weiterbildungsförderung der Bundesagentur für Arbeit, In: IAB-Forum

17. Mai 2021, *https://www.iab-forum.de/nur-jeder-zehnte-betrieb-nutzt-die-weiterbildungsfoerderung-der-bundesagentur-fuer-arbeit/* (abgerufen am 11.4.2023).

OECD (2021): Continuing Education and Training in Germany. Zentrale Ergebnisse und Handlungsempfehlungen, *https://read.oecd-ilibrary.org/employment/continuing-education-and-training-in-germany_a203b814-de#page1* (abgerufen am 5.4.2023).

Vollmer, Tim (2022): Subjektorientierte Weiterbildungsförderung durch Arbeitnehmer*innenorientierung, in: in: denk-doch-mal.de, 01-2022, Förderung der betrieblichen Weiterbildung durch Weiterbildungsmentoren, *https://denk-doch-mal.de/ausgaben/01-22-foerderung-der-betrieblichen-weiterbildung-durch-weiterbildungsmentoren/* (abgerufen am 12.4.2023).

Lena Heidemann

Bildungsurlaub. Bildungsfreistellung. Bildungszeit. – eine Betrachtung im Kontext der Betrieblichen Weiterbildung

Inhalt

1. Einleitung

Lebenslanges Lernen und Weiterbildung haben eine hohe Relevanz für Individuen, Unternehmen und Gesellschaft (vgl. Europäische Kommission 2000). Für die Individuen geht es um gesellschaftliche, soziale, kulturelle, politische, arbeitsmarktbezogene und wirtschaftliche Teilhabe, Emanzipation und Mündigkeit (vgl. Heidemann 2022, S. 33). Die Unternehmen forcieren beruflich handlungsfähige Mitarbeitende, unternehmerische Innovationskraft und marktbezogene Wettbewerbsfähigkeit. Für die Gesellschaft sind mündige Gesellschaftsmitglieder, Demokratisierung, Wissen und Kompetenzen als Ressourcen, Employability, wohlfahrtsstaatliche Entwicklung sowie internationale Wettbewerbsfähigkeit elementar. Angesichts des Stellenwerts von Arbeit und Beruf zeigt sich, dass die meisten Weiterbildungsaktivitäten dem Segment der Betrieblichen Weiterbildung zugeordnet werden und die Teilnahmequote dort regelmäßig höher ist als jene der individuellen berufsbezogenen und der nicht berufsbezogenen Weiterbildung (vgl. BMBF 2021, S. 22, 24). Dabei ist die Betriebliche Weiterbildung im Gegensatz zur Ausbildung jedoch weder umfänglich gesetzlich geregelt noch kollektiv oder individuell abgesichert, sondern liegt in der Eigenverantwortung von Unternehmen und Erwerbstätigen (vgl. Busse & Seifert 2009, S. 7). Insbesondere die Verantwortungsverlagerung für die eigene Weiterbildungsbeteiligung auf das Individuum markiert dabei weniger einen Akt der emanzipativen Selbst-

bestimmung, sondern ist vielmehr Ausdruck der Individualisierung einer kollektiv definierten Norm zur Teilhabe am lebenslangen Lernen (siehe hierzu kritisch u. a. Friebel 2012; Käpplinger et al. 2013; Heidemann 2021). Dabei gibt es trotz der hohen Bedeutung des Lernens über die Lebensspanne nur wenig Instrumente zur Sicherstellung dessen für Erwachsene im Allgemeinen und Erwerbstätige im Speziellen. Zwar existieren für den Arbeitskontext Ansätze zur staatlichen Weiterbildungsfinanzierung/-förderung (vgl. Haberzeth & Kulmus 2017) und einzelne Freistellungsoptionen (in Tarifverträgen, Betriebs-/Individualvereinbarungen), diese sind jedoch eng begrenzt (vgl. Olbrich 2001, S. 375; Busse & Seifert 2009). Eine Ausnahme bildet der *gesetzliche Anspruch auf Bildungsurlaub/Bildungsfreistellung/Bildungszeit* (kurz: *Bildungsfreistellung*), dem sich dieser Beitrag mit folgender Annahme widmet: Über die Landesgesetze werden kollektiv per Freistellung von der Arbeit stetige, breite und (vergleichsweise) frei gestaltbare, individuelle Weiterbildungszugänge in gemeinsamer Verantwortung von Individuum, Unternehmen und Gesellschaft eröffnet. Diese fördern vielfältige Lern- und Bildungsprozesse als Teil der Betrieblichen Weiterbildung, ohne auf das Berufliche beschränkt zu sein, und leisten so einen Beitrag zur Realisierung lebenslangen Lernens.
Im Folgenden werden überblicksartig Grundlagen zur Bildungsfreistellung als Rechtsanspruch dargelegt, die Gesetze und ausgewählte Regelungsaspekte skizziert, grundlegende Überlegungen zur Verortung im Kontext der Betrieblichen Weiterbildung formuliert und die Freistellung zu Bildungszwecken als Baustein der Betrieblichen Weiterbildung resümiert.

2. Grundlagen zur Bildungsfreistellung als Rechtsanspruch

Bildungsurlaub/Bildungsfreistellung/Bildungszeit ist die gesetzlich festgelegte, zeitlich begrenzte, individuelle Freistellung der Arbeitnehmer:innen von der Arbeit zur Ausübung anerkannter Lern-/Bildungsaktivitäten in festgelegten Bildungs-/Kompetenzbereichen bei Lohnfortzahlung durch die Arbeitgeber:innen (vgl. Heidemann 2021, S. 139). Der Rechtsanspruch hat in Deutschland eine lange Tradition und ist für den Weiterbildungssektor einzigartig.[1] Die Anfänge der

1 *Exkurs*: Im Jahr 2022 wurde angelehnt an die österreichische Bildungskarenz (vgl. BF 2023) ein Entwurf zur Einführung einer Bildungs(teil)zeit auf Bundesebene veröffentlicht (vgl. BMAS 2022), letztlich jedoch nicht in das *Gesetz zur Stärkung der Aus- und Weiterbildungsförderung* aufgenommen (vgl. BMAS 2023). Angedacht war die Freistellung von der Arbeit für berufliche Qualifizierung und längere Weiterbildungen über 12–24 Monate (Voll-/Teilzeit) unter Zahlung einer Entgeltersatzleistung durch die Arbeitsagentur.

wissenschaftlichen, politischen und praxisbezogenen Diskurse und Forderungen zum Recht auf Bildungsfreistellung liegen in der Phase der Bildungsreformen und des Ausbaus des quartären Bildungssektors in den 1960er/1970er Jahren (vgl. Beer 1978; Görs 1978; Kejcz et al. 1979; Schmidt-Lauff 2018, S. 4). Sie gingen mit bildungspolitischen Intentionen der Förderung von lebensbegleitendem Lernen und gesellschaftlicher Teilhabe einher und manifestierten sich im Postulat des Deutschen Bildungsrates (1973) zur Etablierung von »Bildungsurlaub als Teil der Weiterbildung«. Im Jahr 1974 identifizierte auch die International Labour Organisation (ILO) im Übereinkommen 140 die »Notwendigkeit einer fortdauernden Bildung und Berufsbildung« (ILO 1974, o. S.) und forderte einen »Urlaub, der einem Arbeitnehmer zu Bildungszwecken für eine bestimmte Dauer während der Arbeitszeit und bei Zahlung angemessener finanzieller Leistungen gewährt wird« (ebd., Art. 1). Die Begründung verweist darauf, den »neuen Bestrebungen, Bedürfnissen und Zielen sozialer, wirtschaftlicher, technischer und kultureller Art zu entsprechen« (ebd., o. S.), was breite Teilhabeoptionen andeutet und sich in der geforderten Eingrenzung auf berufliche, allgemeine, politische und gewerkschaftliche Bildung (vgl. ebd., Art. 2) spiegelt. Diesen frühen Auslegungen folgend sollte die Bildungsfreistellung nicht vorrangig die beruflich-qualifikatorische Anpassung stützen, sondern über die integrative Verbindung von allgemeiner, politischer und beruflicher Bildung eine umfassende Teilhabe und die Verfolgung individueller Interessen ermöglichen (vgl. Richter 1991, S. 69). Im Zeitverlauf finden sich bis heute vier Linien von Begründungen und Zielsetzungen zur gesetzlichen Freistellung zu Bildungszwecken (vgl. Heidemann 2021, S. 203 f.): 1) *demokratietheoretisch* (Ziele wie (a) Chancengleichheit für sozial-/bildungsbenachteiligte Arbeitnehmer:innen und (b) gesellschaftliche/betriebliche Mitbestimmung), 2) *pädagogisch-didaktisch* (Begründungen zugunsten von Lernen und Weiterbildung im Lebenslauf als (a) Teilhabe am lebenslangen Lernen, auch (b) mit Fokus auf die mikrodidaktische Ausgestaltung von Lehr-Lern-Settings), 3) *arbeitsmarktpolitisch-ökonomisch* (Auslegungen bezogen auf berufliche Qualifizierung und eine funktionale Ausrichtung) sowie – besonders in jüngerer Zeit – 4) *gesundheitsbezogen-regenerativ-stabilisatorisch* (Ermöglichung von Regeneration und Entschleunigung; zu den verschiedenen Linien siehe u. a. Siebert 1995; Faulstich 1996; Pohlmann 2018; Heidemann 2021).

3. Überblick zu den Gesetzen und ausgewählten Regelungsaspekten

Die Bundesrepublik Deutschland hat sich völkerrechtlich zur Umsetzung des ILO-Übereinkommens und somit zur Einführung eines Freistellungsanspruchs zu Bildungszwecken verpflichtet (vgl. Deutscher Bundestag 2011). Als Resultat der föderalstaatlichen Gestaltungsspielräume wurden Landesgesetze und Verordnungen zur Bildungsfreistellung zeitlich versetzt eingeführt (oder abgelehnt) und unterschiedlich ausgestaltet (vgl. Grotlüschen & Haberzeth 2018; Schmidt-Lauff 2018), zuerst in Berlin (1970) und Hessen (1974) speziell für *junge* Arbeitnehmer:innen, in Bremen, Hamburg und Niedersachsen (alle 1974) für *alle* Arbeitnehmer:innen. Bis in die 2010er-Jahre führten weitere Länder etappenweise eigene Gesetze ein, die neuen Bundesländer ab der Wiedervereinigung. Gegenwärtig existiert (außer in Bayern und Sachsen) in 14 der 16 Länder ein Rechtsanspruch, unterschiedlich betitelt als Bildungsurlaub, Bildungsfreistellung oder Bildungszeit[2] (vgl. Tabelle 6; siehe zur Genese des Rechtsanspruchs ausführlich Heidemann 2021).

Im Folgenden werden exemplarisch ausgewählte gesetzliche Regelungsaspekte mit explizit beruflich-betrieblichem Bezug vorgestellt (siehe zu den Regelungsaspekten insgesamt Heidemann 2022; 2021, S. 163–174; weitere Übersichten: Schmidt-Lauff 2018, S. 11ff.; Pohlmann 2018, S. 53–63; Bilstein 2021, S. 198–203).

Überall kann eine Freistellung für *berufliche Weiterbildung* erfolgen. Diese forciert die Erhaltung, Erneuerung, Verbesserung und Erweiterung der beruflichen Kenntnisse, Fertigkeiten, Fähigkeiten und Qualifikationen; teilweise auch berufliche Mobilität, Wiedereingliederung, beruflichen Übergang, Arbeitsplatzsicherung, Schlüsselqualifikationen sowie die Vermittlung von Kenntnissen gesellschaftlicher, betrieblicher und arbeitspolitischer Zusammenhänge (siehe hierzu überwiegend § 1 oder § 2 der Gesetze, vgl. Heidemann 2022, S. 38). Letztere implizieren die traditionell anvisierte Verbindung des Beruflichen und Politischen. Berufliche Weiterbildung erfährt eine vielschichtige Auslegung, ohne auf die aktuelle Tätigkeit beschränkt zu sein. Überwiegend ist dem traditionellen Ursprung folgend zudem *politische Weiterbildung* im Rahmen der Freistellung möglich. Das Ziel besteht in der Befähigung zur demokratischen Partizipation, Verantwortungsübernahme sowie der gesellschaftlichen, sozialen und politischen Mitbestimmung, im betrieblichen Kontext und darüber hinaus (vgl. ebd.). Mehrere Länder erlauben zudem *ehrenamtsbezogene Weiterbildung*, vereinzelt

2 Nordrhein-Westfalen nutzt die Bezeichnung *Arbeitnehmerweiterbildung*, was die Anbindung an die Erwerbstätigkeit betont.

Tabelle 6: Landesgesetze und zentrale Regelungsaspekte

Gesetze (ohne Verordnungen)	Anspruch* und Bildungsbereiche**
Baden-Württemberg: Bildungszeitgesetz Baden-Württemberg (BzG BW), 2015, zuletzt geändert 2021	• 5 Tage pro Jahr; keine Übertragung • nicht in Betrieben mit <10 Beschäftigten • berufliche, politische, ehrenamtsbezogene Bildung
Bayern: kein Bildungsurlaubs-/ Bildungsfreistellungs-/ Bildungszeitgesetz	
Berlin: Berliner Bildungszeitgesetz (BiZeitG), (1970, Vorläufer, eingeschränkt), 1990, Vorläufer BiUrlG, Neufassung 2021	• 5 Tage pro Jahr; keine Übertragung ins Folgejahr, aber Vorgriff auf den Anspruch des Folgejahrs (10 Tage in 2 Jahren) • berufliche, politische, ehrenamtsbezogene Bildung
Brandenburg: Gesetz zur Regelung und Förderung der Erwachsenenbildung im Land Brandenburg (Brandenburgisches Erwachsenenbildungsgesetz – BbgEBG), integrierter Abschnitt 5: Bildungszeit, (1993, Vorläufer BbgWBG), Neufassung 2023	• 10 Tage in 2 Jahren; Übertragung nach Ablehnung in das Folgejahr möglich; Vorgriff auf zukünftige Jahre für längere WB möglich • berufliche, kulturelle, politische, ehrenamtsbezogene Bildung
Bremen: Bremisches Bildungszeitgesetz (BremBZG), 1974, zuletzt geändert 2017	• 10 Tage je 2 Jahre; keine Übertragung • allgemeine, berufliche, politische (implizit als Teil sozialer Bildung auch ehrenamtsbezogen)
Hamburg: Hamburgisches Bildungsurlaubsgesetz, 1974, zuletzt geändert 2009	• 10 Tage in 2 Jahren; Übertragung für berufliche WB in die zwei Folgejahre möglich • berufliche, politische, ehrenamtsbezogene Bildung
Hessen: Hessisches Gesetz über den Anspruch auf Bildungsurlaub (BildUrlG,HE) – Hessisches Bildungsurlaubsgesetz (HBUG), (1974, Vorläufer), 1985, Neufassung von 1998, zuletzt geändert 2022	• 5 Tage pro Jahr; Übertragung in das Folgejahr möglich • berufliche, politische, ehrenamtsbezogene Bildung
Mecklenburg-Vorpommern: Gesetz zur Freistellung für Weiterbildungen für das Land Mecklenburg-Vorpommern (Bildungsfreistellungsgesetz – BfG M-V), 2001, Neufassung seit 2013, zuletzt geändert 2020	• 10 Tage in 2 Jahren • für Beschäftigte im öffentlichen Dienst des Bundes eingeschränkt • berufliche, politische, ehrenamtsbezogene Bildung
Niedersachsen: Niedersächsisches Gesetz über den Bildungsurlaub für Arbeitnehmer und Arbeitnehmerinnen (Niedersächsisches Bildungsurlaubsgesetz – NBildUG), 1974, Fassung von 1991, zuletzt geändert 1999	• 5 Tage pro Jahr; Übertragung ins Folgejahr möglich; Kumulation aus max. 3 Kalenderjahren für zusammenhängende WB möglich • allgemeine, berufliche, politische, kulturelle, ehrenamtsbezogene Bildung
Nordrhein-Westfalen: Gesetz zur Freistellung von Arbeitnehmern zum Zwecke der beruflichen und politischen Weiterbildung – Arbeitnehmerweiterbildungsgesetz (AWbG), 1984, zuletzt geändert 2022	• 5 Tage pro Jahr, max. 10 Tage je 2 Jahre • nicht in Betrieben mit <10 Beschäftigten • berufliche, politische Bildung
Rheinland-Pfalz: Landesgesetz über die Freistellung von Arbeitnehmerinnen und Arbeitnehmern für Zwecke der Weiterbildung (Bildungsfreistellungsgesetz – BFG), 1993, zuletzt geändert 2015	• 10 Tage je 2 Jahre; Übertragung in den nächsten 2-Jahres-Zeitraum möglich • nicht in Betrieben mit <5 Beschäftigten • berufliche, politische Bildung
Saarland: Saarländisches Bildungsfreistellungsgesetz (SBFG), 1990, Fassung von 2010, zuletzt geändert 2024	• 5 Tage pro Jahr, Übertragung in das Folgejahr für längere WB möglich • berufliche, politische, ehrenamtsbezogene Bildung
Sachsen: kein Bildungsurlaubs-/ Bildungsfreistellungs-/ Bildungszeitgesetz	
Sachsen-Anhalt: Gesetz zur Freistellung von der Arbeit für Maßnahmen der Weiterbildung (Bildungsfreistellungsgesetz), 1998, zuletzt geändert 2005	• 5 Tage pro Jahr, Übertragung; in das Folgejahr möglich • nicht in Betrieben mit <5 Beschäftigten • berufliche Bildung

Gesetze (ohne Verordnungen)	Anspruch* und Bildungsbereiche**
Schleswig-Holstein: Weiterbildungsgesetz Schleswig-Holstein (WBG), integrierter Abschnitt II: Bildungsfreistellung, 2012, zuletzt geändert 2017	• 5 Tage pro Jahr; Übertragung für längere WB möglich • allgemeine, berufliche, kulturelle, politische, ehrenamtsbezogene Bildung
Thüringen: Thüringer Bildungsfreistellungsgesetz (ThürBfG), 2015	• 5 Tage pro Jahr; Übertragung in das Folgejahr möglich • nicht in Betrieben mit <5 Beschäftigten • berufliche, politische, ehrenamtsbezogene Bildung

* bei Vollzeitbeschäftigung mit 5 Arbeitstagen pro Woche
** Abgebildet sind die Regelungsaspekte entsprechend der Gesetzestexte. Spezifische Auslegungen der rechtlichen Rahmung in der Praxis, z. B. eine breite Definition der Bildungsbereiche, bleiben hiervon unberührt.

Quelle: aktualisierte Fassung von Heidemann 2022, S. 35 f., Stand: 05/2024

auch die Freistellung für *allgemeine Weiterbildung*, teilweise spezifisch für *kulturelle Weiterbildung* (vgl. ebd.).[3]

Die Gesetze enthalten *betriebsbezogene Regelungen*, die den Freistellungsanspruch des Individuums bedingen (vgl. Heidemann 2022, S. 39). Dabei existieren teils »Schutzklauseln« (Grotlüschen & Haberzeth 2018, S. 560) für die Unternehmen: Beispiele sind die Kopplung des Freistellungsanspruchs an die *Größe des Betriebs*, z. B. kein Anspruch für Beschäftigte aus Kleinst- und Kleinbetrieben (<5 bzw. <10 Beschäftigte), sowie die *Freistellungsquote* zur Festlegung der Maximalzahl der je Betrieb freizustellenden Beschäftigten, etwa als Prozentsatz der Beschäftigten bzw. als Umfang aller bewilligten Freistellungstage im Jahr. Ferner enthalten einige Gesetze »Erstattungsregelungen« (ebd.), die einen *Anspruch auf den monetären Teilausgleich* für die Unternehmen umfassen, etwa einen vom Land gezahlten Pauschalbetrag, wobei für politische und ehrenamtsbezogene Weiterbildung ein höherer Ausgleich gezahlt wird als für berufliche Weiterbildung.

3 Unabhängig vom Bildungsbereich sind Angebote zur a) Erholung, Freizeitgestaltung und Unterhaltung, b) unmittelbaren Durchsetzung (partei-/verbands-)politischer Ziele und reinen Fortbildung betrieblicher Interessenvertretungen, c) Durchsetzung rein betrieblicher Interessen und Qualifizierungen (Berufsausbildung/Umschulung) weitgehend ausgeschlossen (vgl. Siebert 1995, S. 28; Heidemann 2022, S. 38).

4. Verortung im Kontext der Betrieblichen Weiterbildung

Während Bildungsfreistellung als Instrument zur Ermöglichung von Weiterbildungsbeteiligung für Erwerbstätige in der wissenschaftlichen Literatur vereinzelt als Teil der Betrieblichen Weiterbildung benannt wird (z. B. von Schmidt-Lauff 2018), erfolgen nur selten Konkretisierungen, Differenzierungen oder eine relationale Verhältnisbestimmung (z. B. von Böhler 1984). Um sich der Verortung im Kontext der Betrieblichen Weiterbildung anzunähern, bedarf es einer Eingrenzung dessen, was unter Betrieblicher Weiterbildung verstanden wird:

»Betriebliche Weiterbildung sind […] Weiterbildungsmaßnahmen, die vorausgeplantes, organisiertes Lernen darstellen und die vollständig oder teilweise von Unternehmen für ihre Beschäftigten finanziert werden. Neben den Lehrveranstaltungen (Lehrgänge, Kurse und Seminare) als Weiterbildung im engeren Sinne umfasst die betriebliche Weiterbildung auch andere Formen von Weiterbildungsmaßnahmen, beispielsweise arbeitsplatznahe Formen der Qualifizierung, selbstgesteuertes Lernen und Informationsveranstaltungen.« (Destatis 2020, S. 8)

Für die Zuordnung zur Betrieblichen Weiterbildung sind somit die (Teil-)Finanzierung durch das Unternehmen, ein Mindestmaß an Intentionalität und Organisiertheit im Lernprozess hinreichende Kriterien. Berufliche Inhalte im engeren Sinn oder der Lernort Betrieb sind wiederum nicht notwendig (vgl. Käpplinger 2018, S. 681 f.). Auch der Adult Education Survey (AES) fasst unter Betrieblicher Weiterbildung die anteilige Teilnahme während der Arbeitszeit oder bezahlten Freistellung sowie außerdem von Arbeitgeber:innen finanzierte Weiterbildungen (vgl. BMBF 2021, S. 20). Demnach ist die Bildungsfreistellung der Betrieblichen Weiterbildung zuzuordnen.
Für die Betriebliche Weiterbildung im Allgemeinen sowie für die Freistellung zu Bildungszwecken im Speziellen lässt sich eine mehrdimensionale Ressourcenaufteilung skizzieren (siehe zum Folgenden ausführlich Heidemann 2021, S. 132–134): So existiert ein gemeinsamer Ressourceneinsatz von Arbeitnehmer:innen und Arbeitgeber:innen als »Co-Investment« (Schmidt-Lauff 2008, S. 135). Die gemeinsame Investition in Weiterbildung erfolgt erstens per *Timesharing* (temporal) (vgl. Faulstich & Schmidt-Lauff 2000a). Lernen und Bildung sind im Erwachsenenalter grundlegend von determinierenden sowie konkurrierenden Zeitregimen (z. B. Arbeits-, Familien-, Lern-, Freizeit) geprägt und benötigen geschützte Zeitfenster, um dem Individuum die individuelle Teilhabe am lebenslangen Lernen zu ermöglichen (vgl. Schmidt-Lauff 2004, 2008; Heidemann & Robak 2021; Pabst & Zeuner 2021). Die Bildungsfreistellung kann so als geteilte

»temporale Ressource zur Realisierung lebenslangen Lernens« (Pohlmann 2018, S. 34) und als Teil einer Lern*zeit*strategie mit betrieblicher Anbindung (vgl. Faulstich & Schmidt-Lauff 2000b) eingeordnet werden. Beachtenswert ist der zeitliche Umfang der Lernzeit: Es handelt sich bei Weiterbildungsaktivitäten im Rahmen der Bildungsfreistellung zumeist um mehrtägige, selten um eintägige und niemals um wenige Stunden umfassende Aktivitäten, die regulär im Blockformat stattfinden und so ein intensives Lernsetting ermöglichen, während Betriebliche Weiterbildung insgesamt kürzere Weiterbildungsaktivitäten aufweist als die anderen Weiterbildungssegmente (vgl. BMBF 2021, S. 48f.). Die gemeinsame Investition umfasst zweitens die Finanzierung per *Finanzsplitting* (monetär) (vgl. Faulstich & Schmidt-Lauff 2000a). Die Arbeitgeber:innen leisten einen Beitrag per a) Lohnfortzahlung, als direkt anfallende Kosten, und b) Opportunitätskosten, durch die entgangene Arbeitskraft während der Freistellung (vgl. Dobischat et al. 2015, S. 54). Bereits frühe Auslegungen forcierten die (Teil-) Finanzierung durch die Arbeitgeber:innen als Kernelement des Rechtsanspruchs (vgl. DGB 1966; ILO 1974). Die Arbeitnehmer:innen tragen wiederum in der Regel die direkten Kosten der Bildungsurlaubsveranstaltung inklusive aller Nebenkosten (z.B. Seminargebühren, Kosten für Lernmaterialien, Unterkunft etc.) und zudem indirekte Kosten, z.B. einen Teil ihrer (Frei-)Zeit für die Beantragung und den Kursbesuch sowie individuelle Lernzeit (vgl. Dobischat et al. 2015, S. 54; Schmidt-Lauff 2018, S. 14). Beachtenswert ist, dass in den heutigen Gesetzen vereinzelt ein Anspruch auf einen monetären Teilausgleich für die Arbeitgeber:innen als landesseitige Kofinanzierung vorgesehen ist, wodurch Unternehmen finanziell entlastet werden und zugleich ein dritter Akteur an der Ressourcenaufteilung beteiligt wird. Die gesellschaftlich-politische Ebene verantwortet darüber hinaus grundlegend die rechtlichen Rahmenbedingungen, die Aufrechterhaltung des (öffentlich geförderten) Weiterbildungssystems und weitere Rahmungen der Bildungsfreistellung. Dementsprechend liegt eine mehrdimensionale Ressourcenaufteilung zwischen Individuum, Unternehmen und Gesellschaft vor, die Beer (1978, S. 13) bereits im frühen Bildungsurlaubsdiskurs hervorhob.[4]

Mit der Verortung von Bildungsfreistellung in der Betrieblichen Weiterbildung zeigt sich mit Blick auf die *Bildungsbereiche* eine Diskrepanz: Typischerweise wird Betriebliche Weiterbildung als berufliche Weiterbildung ausgelegt. Für die Bildungsfreistellung gilt jedoch die o.g. Öffnung für berufliche, politische, allgemeine (inkl. kulturelle) und ehrenamtsbezogene Weiterbildung. Dies zeigt sich auf institutioneller Ebene in den Bildungsurlaubsangeboten, die inhaltlich viel-

4 »Der Betrieb soll den Arbeitnehmer freistellen und für die Dauer des Bildungsurlaubs entlohnen, der Staat soll die Bildungsangebote bereitstellen beziehungsweise finanzieren und der Einzelne soll sich freiwillig für sie entscheiden und an ihnen teilnehmen.« (Beer 1978, S. 13)

fältige Themenfelder der Bildungsbereiche abdecken und von diversen Weiterbildungsanbietern offeriert werden (siehe hierzu u. a. Körber et al. 1995; Rippien 2015; Pohlmann 2018). Auf individueller Ebene verweisen die Begründungslogiken der Teilnehmenden auf breite inhaltliche, subjektiv sinnhafte, (berufs-)biografische Bildungs- und Nutzenaspirationen, die nicht deckungsgleich mit den Inhaltsbereichen und Zielstellungen auf der Systemebene sein müssen (vgl. Robak et al. 2015; Zeuner & Pabst 2023; Heidemann 2021).

Einen letzten Impuls zur Verhältnisbestimmung gibt schließlich die Betrachtung der Beteiligungsquoten. Im Jahr 2020 lag die Teilnahmequote für non-formale Weiterbildung insgesamt bei 60 % und für Betriebliche Weiterbildung bei 48 % (vgl. BMBF 2021, S. 25). 75 % der Weiterbildungsaktivitäten ließen sich der Betrieblichen Weiterbildung zuordnen (vgl. ebd., S. 22). Die Bildungsfreistellung ordnet sich zwar in das dominante Segment der Betrieblichen Weiterbildung mit ihren hohen Quoten ein, hat selbst aber quantitativ nur einen geringen Anteil daran.[5] Die *Teilnahmequote* bzw. *Quote der Inanspruchnahme* bewegt sich im niedrigen Prozentbereich. Als relative quantitative Größe mit je nach Datenlage, Bundesland und Quelle rund 0,1–3,0 % zeigt sich dabei eine anteilig zwar geringe, im Zeitverlauf betrachtet aber vergleichsweise stabile Nutzung (siehe hierzu die Übersicht nach Ländern in Heidemann 2021, S. 176).[6] Insbesondere die öffentliche, betriebliche und individuelle Resonanz zum Bildungsurlaub, (diffuse) Ängste, Hemmschwellen sowie (erwartete) Missbilligungen im Arbeitsumfeld und weitere betriebliche Rahmungen erschweren die Teilnahme, während Multiplikator:innen (z. B. Kollegium, Betriebsrat) tendenziell positiv wirken (vgl. Bremer 1999; Robak et al. 2015; Pabst & Zeuner 2021; 2023). Schließlich verweisen absolute Kennzahlen darauf, dass pro Jahr Hunderttausende Arbeitnehmer:innen per Bildungsfreistellung erreicht und Zugänge zur Teilhabe am lebenslangen Lernen geschaffen werden.

---

5 Laut AES nehmen bundesweit durchschnittlich 5–7 % (vgl. BMBF 2021, S. 21) *irgendeine Form von Bildungsfreistellung* wahr (»Teilnahme während Bildungsfreistellung«, ebd.). Unbestimmt ist, ob es sich um die Inanspruchnahme des Rechtsanspruchs oder um eine alternative Freistellung handelt, da die Erhebung zusammengefasst erfolgt.

6 Siehe zur Problematik der Abbildung der Bildungsfreistellungsquote ausführlich Heidemann (2021, S. 175–179).

5. Schlussbetrachtung

Abschließend ist festzuhalten, dass sich das Recht auf Bildungsfreistellung, entgegen der Wahrnehmung von Betrieblicher Weiterbildung insgesamt, permanent im Spannungsfeld der Legitimation befindet (vgl. Görs 1978; Rudnik 1999; Pohlmann 2018; Heidemann 2021, S. 157–163). Gegenübergestellt werden dabei oftmals die Interessen von Arbeitnehmer:innen und Arbeitgeber:innen. So ist die Freistellung zu Bildungszwecken zwar (eigentlich) betrieblich angeschlossen, zugleich wird aber arbeitgeberseitig oft der fehlende Tätigkeits-/Betriebsbezug als Kritikpunkt angeführt. Dabei liegt genau hier die Stärke dieser Freistellungsform: Das Instrument zielt auf die kollektive Ermöglichung lebensbegleitender Bildung sowie Partizipation für Erwerbstätige und positioniert Bildung in der Arbeitswelt, ohne unmittelbar auf das Berufliche bzw. das Betriebliche beschränkt zu sein. Es gilt, den Blick über einen offensichtlichen Berufsbezug sowie einseitige Qualifizierungs- und Verwertungslogiken hinaus zu weiten und einen umfassenden Bildungsbegriff anzuerkennen. Über die vielfältigen Bildungsbereiche und Themenfelder, die individuelle Interessenverfolgung und die Anerkennung eines umfassenden, mehrdimensionalen Bildungsbegriffs können die Potenziale der Bildungsfreistellung für das Individuum, das Unternehmen bzw. den Betrieb und die Gesellschaft ausgeschöpft und Lern- und Bildungsprozesse über die Lebensspanne angemessen ermöglicht werden.

6. Literatur

Beer, U. (1978). Bildungsurlaub. Erhebungen – Konzeptionen – Regelungen. Schriftenreihe der Bundeszentrale für politische Bildung. Bundeszentrale für Politische Bildung.

Bilstein, N. (2021). Der Weg zum Bildungsurlaubsangebot – Ein steiniger? In A. Pabst, & C. Zeuner (Hrsg.), *»Fünf Tage sind einfach viel zu wenig.« Bildungszeit und Bildungsfreistellung in der Diskussion* (S. 197–211). Wochenschau Verlag.

Böhler, W. (1984). Betriebliche Weiterbildung und Bildungsurlaub. Versuch eines Integrationskonzeptes unter Einbeziehung des funktionalen Aspektes des Bildungsurlaubs für das Unternehmen und seine Mitarbeiter. Centaurus.

Bremer, H. (1999). Soziale Milieus und Bildungsurlaub. agis Texte.

Bundesministerium für Bildung und Forschung (BMBF) (2021). Weiterbildungsverhalten in Deutschland 2020. Ergebnisse des Adult Education Survey. AES-Trendbericht. BMBF, *https://www.bmbf.de/SharedDocs/Publikationen/de/bmbf/1/31690_AES-Trendbericht_2020.pdf?__blob=publicationFile&v=4.*

Bundesministerium für Finanzen (BF) (2023). Bildungskarenz und Bildungsteilzeit. *https://www.oesterreich.gv.at/themen/arbeit_und_pension/bildungskarenz_und_bildungsteilzeit.html.*

Bundesministeriums für Arbeit und Soziales (BMAS) (2022). Entwurf eines Gesetzes zur Stärkung der Aus- und Weiterbildungsförderung und Einführung einer Bildungszeit. Referentenentwurf vom 16.12.2022. *https://www.bmas.de/SharedDocs/Downloads/DE/Gesetze/Referentenentwuerfe/ref-weiterbildungsfoerdungsgesetz.pdf?__blob=publicationFile&v=3.*

Bundesministeriums für Arbeit und Soziales (BMAS) (2023). Gesetzentwurf der Bundesregierung. Entwurf eines Gesetzes zur Stärkung der Aus- und Weiterbildungsförderung. *https://www.bmas.de/SharedDocs/Downloads/DE/Gesetze/Regierungsentwuerfe/reg-weiterbildungsgesetz.pdf?__blob=publicationFile&v=5.*

Busse, G. & Seifert, H. (2009). Tarifliche und betriebliche Regelungen zur beruflichen Weiterbildung. Eine explorative Studie. HBS. *https://www.boeckler.de/pdf/p_edition_hbs_233.pdf.*

Deutscher Bildungsrat (1973). Bildungsurlaub als Teil der Weiterbildung. Klett.

Deutscher Bundestag (2011). Umsetzung des ILO-Übereinkommens 140 über den bezahlten Bildungsurlaub. Drucksache 17/4786 vom 16.2.2011. *http://dip21.bundestag.de/dip21/btd/17/047/1704786.pdf.*

Deutscher Gewerkschaftsbund (DGB) (1966). … denn sie müssen gebildet sein. *Aufwärts: Jugendzeitschrift des Deutschen Gewerkschaftsbundes*, 12, S. 16f.

Dobischat, R., Fischell, M. & Rosendahl, A. (2015). Einführung in das Recht der Weiterbildung. VS.

Europäische Kommission (2000). Memorandum über Lebenslanges Lernen. Arbeitsdokument der Kommissionsdienststellen. SEK (2000) 1832.

Faulstich, P. & Schmidt-Lauff, S. (2000a). Lernchancen durch ›Time-Sharing‹ und ›Finanz-Splitting‹. *Personalwirtschaft*, 10, S. 74–78.

Faulstich, P. & Schmidt-Lauff, S. (2000b). Lernzeitstrategien im betrieblichen Kontext. *BWP*, 4, S. 18–22.

Faulstich, P. (1996). Bildungsfreistellung als Chance arbeitsorientiert-politikbezogenen Lernens. *Hessische Blätter für Volksbildung*, 1, S. 52–58.

Friebel, H. (2012). Weiterbildung in der postedukativen Gesellschaft? *REPORT*, 2, S. 15–29.

Görs, D. (1978). Zur politischen Kontroverse um den Bildungsurlaub – politische, ökonomische und didaktische Bedingungen. Bund.

Grotlüschen, A. & Haberzeth, E. (2018). Weiterbildungsrecht. In R. Tippelt & A. v. Hippel (Hrsg.), *Handbuch Erwachsenenbildung/Weiterbildung* (S. 543–363). Springer VS.

Haberzeth, E. & Kulmus, C. (2017). Königsweg Weiterbildungsgutscheine? Kritische Analyse eines sich verbreitenden Instruments staatlicher Weiterbildungsfinanzierung. In: A. Bolder, H. Bremer & R. Epping (Hrsg.), Bildung für Arbeit unter neuer Steuerung (S. 325–340). Springer.

Heidemann, L. (2021). Weiterbildungspartizipation und Bildungsurlaub. Theorie, Forschungsstand und empirische Analyse. wbv Media.

Heidemann, L. (2022): Das Recht auf Bildungsfreistellung. Hessische Blätter für Volksbildung, 01, S. 32–42.

International Labour Organization (ILO) (1974). Übereinkommen 140. *http://www.ilo.org/wcmsp5/groups/public/---ed_norm/---normes/documents/normativeinstrument/wcms_c140_de.htm.*

Käpplinger, B. (2018). Theorien und Theoreme der betrieblichen Weiterbildung. In: Tippelt, R. & Hippel, A. v. (Hrsg.). Handbuch Erwachsenenbildung/Weiterbildung (S. 679–695). Springer VS.

Käpplinger, B., Kulmus, C. & Haberzeth, E. (2013). Weiterbildungsbeteiligung. Anforderungen an eine Arbeitsversicherung. Expertise im Auftrag der Abteilung Wirtschafts- und Sozialpolitik der Friedrich-Ebert-Stiftung. FES.

Kejcz, Y., Monshausen, K.-H., Nuissl, E., Paatsch, H.-U. & Schenk, P. (1979). Bildungsurlaubs-Versuchs- und Entwicklungsprogramm der Bundesregierung. Endbericht (8 Bände). Esprint Dr. u. Verlag.

Körber, K., Kuhlenkamp, D., Peters, R., Schlutz, E., Schrader, J. & Wilckhaus, F. (1995). Das Weiterbildungsangebot im Lande Bremen. Strukturen und Entwicklungen in einer städtischen Region. Untersuchung im Auftrag der Strukturkommission Weiterbildung des Senats der Freien Hansestadt Bremen. IfEB.

Olbrich, J. (2001). Geschichte der Erwachsenenbildung in Deutschland. Leske + Budrich.

Pabst, A., & Zeuner C. (Hrsg.) (2021). »Fünf Tage sind einfach viel zu wenig.« Bildungszeit und Bildungsfreistellung in der Diskussion. Wochenschau Verlag.

Pohlmann, C. (2018). Bildungsurlaub – vom gesellschaftspolitischen Anliegen zum Instrument beruflicher Qualifizierung? Eine Analyse der Bildungsurlaubsdiskurse in der Weiterbildung. Peter Lang.

Richter, H.-F. (1991). Bildungsurlaub in der BRD. Chancen der Qualifizierung und Aufklärung in der beruflichen Weiterbildung? Prolog.

Rippien, H. (2015). Programmanalyse – Bildungsbereiche, Anbieter und Formate im diachronen Vergleich. In S. Robak, H. Rippien, L. Heidemann & C. Pohlmann (Hrsg.), Bildungsurlaub – Planung, Programm und Partizipation. Eine Studie in Perspektivverschränkung (S. 113–184). Peter Lang.

Robak, S., Rippien, H., Heidemann, L. & Pohlmann, C. (2015). Bildungsurlaub – Planung, Programm und Partizipation. Eine Studie in Perspektivverschränkung. Peter Lang.

Rudnik, W. (1999). Neue Chancen für den Bildungsurlaub? Universität Bremen – Staats- und Universitätsbibliothek.

Schmidt-Lauff, S. (2004). Lernzeitstrategien – betriebliche Realitäten und individuelle Wünsche. REPORT, 1, S. 124–131.

Schmidt-Lauff, S. (2008). Zeit für Bildung im Erwachsenenalter. Interdisziplinäre und empirische Zugänge. Waxmann.

Schmidt-Lauff, S. (2018). Betriebliche Weiterbildung: Bildungsurlaub. GdW-Praxishilfen, 162, S. 1–24.

Siebert, H. (1995). Bildungsurlaub im Land Bremen. In Strukturkommission Weiterbildung des Senats der Freien Hansestadt Bremen (Hrsg.), Untersuchungen zur bremischen Weiterbildung – Expertisen (S. 3–31). Universitätsbuchhandlung.

Statistisches Bundesamt (Destatis) (2020). Berufliche Weiterbildung in Unternehmen (CVTS 6). Gutachten für das Bundesministerium für Bildung und Forschung. *https://www.destatis.de/DE/Themen/Gesellschaft-Umwelt/Bildung-Forschung-Kultur/Weiterbildung/Publikationen/Downloads-Weiterbildung/weiterbildung-unternehmen-5215201209004.pdf?__blob=publicationFile.*

Zeuner, C. & Pabst, A. (2023). Wie Bildungsurlaub wirkt: Eine subjektwissenschaftliche Studie zu langfristigen Wirkungen von Bildungsurlaub und Bildungsfreistellung. Wochenschau Verlag.

IV. Rechtliche und tarifliche Aspekte der Betrieblichen Weiterbildung

Philipp B. Donath & Andreas Engelmann

Rechtliche Grundlagen der Betrieblichen Weiterbildung

Inhalt

Weiterbildung ist ein zentraler Baustein für eine emanzipatorische und kompetenzbasierte Fortentwicklung der Persönlichkeit sowie zur Steigerung der individuellen beruflichen Fähigkeiten der Beschäftigten. Sie ist in Zeiten starker technologischer, gesellschaftlicher und ökologischer Transformationsprozesse aber auch entscheidend für die Verfügbarkeit qualifizierter Fachkräfte und den Erfolg von Unternehmen.

Dieser Beitrag stellt wesentliche rechtliche Grundlagen Betrieblicher Weiterbildung dar und zeigt auf, welche Möglichkeiten und Chancen das kollektive

Arbeitsrecht in Bezug auf die mitbestimmte Gestaltung einer beschäftigungssichernden und persönlichkeitsfördernden Betrieblichen Weiterbildung liefert.

1. Juristische Terminologie und rechtliche Besonderheiten Betrieblicher Weiterbildung

Der Begriff *Weiterbildung* bezeichnet in rechtlicher Hinsicht alle Maßnahmen, die durch Ausbildung oder langjährige berufliche Tätigkeit erworbene Fähigkeiten weiterentwickeln oder fortführen.[1] Weiterbildung setzt also einen bereits begonnenen Bildungspfad fort. Ziel ist häufig die Anpassung beruflicher Kenntnisse an neue technische Herausforderungen und die Veränderung der Arbeitsumwelt.[2] Ein festgelegter Lernplan oder formalisierte Lernziele sind nicht erforderlich.[3] Unterhalb der Schwelle des rechtlichen Weiterbildungsbegriffs befinden sich das kurzfristige Anlernen oder die Einarbeitung am Arbeitsplatz.
Betrieblich ist Weiterbildung, wenn der Arbeitgeber entscheidenden Einfluss auf den Inhalt und die Gestaltung der Maßnahme hat.[4] Ein weiteres Kriterium ist, dass die Weiterbildung »bei der Arbeit« und nicht »neben der Arbeit« stattfindet. Die *Betriebliche Weiterbildung* stellt somit einen wichtigen Spezialfall der *beruflichen Weiterbildung* dar. Da Betriebliche Weiterbildung im Rahmen des betrieblichen Arbeitsumfeldes geschieht, weist sie gegenüber anderen Bildungsformen eine direktere kollektive Dimension auf.
Der Begriff der *Fortbildung* wird demgegenüber uneinheitlich verwendet. Teilweise sogar als Allgemeinbegriff für Bildungsmaßnahmen eingesetzt, findet er insbesondere im Zusammenhang mit Pflichtfortbildungen Verwendung. Im BBiG bezeichnet er strenger formalisierte und abschlussbezogene Bildungsmaßnahmen (§§ 53 ff. BBiG, FortbildungsO).
Die Betriebliche Weiterbildung ist nicht gebündelt in einem Gesetz geregelt.[5] Die rechtlichen Grundlagen finden sich in verschiedenen Bundes- und Landesgesetzen, in Tarifverträgen, Betriebs- oder Dienstvereinbarungen oder auch in individuellen Arbeitsverträgen.
Im Gegensatz zu anderen Formen stärker individualisierter Weiterbildung (z. B. externer Fortbildung oder Studium, aber auch individuellem Bildungsurlaub) findet Betriebliche Weiterbildung in besonderer Nähe zum Arbeitsort und den

---

1 ErfK/Schlachter 2023, BBiG § 1 Rn. 3, 5.
2 Ebd.
3 BAG 30. 11. 1994 – 5 AZR 715/93.
4 BAG 12. 11. 1991 – 1 ABR 21/91; BAG 5. 3. 2013 – 1 ABR 11/12; Beckmann 2012, S. 117.
5 Zur Berufsausbildung siehe das Berufsbildungsgesetz (BBiG) und die Handwerksordnung (HwO).

betrieblichen Bedürfnissen statt. Deswegen finden die Arbeitsschutzregeln aus dem Arbeitsverhältnis regelmäßig weiterhin Anwendung und auch der Sozialversicherungsschutz besteht während der Weiterbildungsmaßnahme fort.[6] Eine generelle Regelung über die Verteilung der Lasten (Kosten der Bildungsmaßnahme, Freistellung zur Teilnahme, Fortzahlung von Gehalt und Rückzahlungsklauseln) lässt sich daraus aber nicht ableiten.[7]

Ein allgemeines Recht auf Weiterbildung für alle Beschäftigten, vergleichbar mit dem Schulungsanspruch für Betriebsratsmitglieder aus § 37 BetrVG, ist gesetzlich nicht verankert. Deswegen gibt es auch kein generelles Recht darauf, für eine Weiterbildungsmaßnahme von der Arbeit freigestellt oder bezahlt zu werden. Beides kann sich aber aus individueller oder kollektiver Vereinbarung oder aus dem Gesetz ergeben.

2. Individuelle Vereinbarungen

2.1 Die arbeitsvertragliche Ebene

Im Rahmen der Vertragsfreiheit ist es prinzipiell möglich, dass sich ein Anspruch auf Betriebliche Weiterbildung sowie auch auf Kostenübernahme aus einer Individualvereinbarung zwischen Arbeitgeber und Beschäftigten ergibt.[8] Das kann entweder direkt im Arbeitsvertrag oder durch eine spätere individuelle Vereinbarung geschehen.[9]

Ein individuelles Recht auf Betriebliche Weiterbildung kann daher auch aus dem arbeitsrechtlichen Gleichbehandlungsgrundsatz folgen, wenn bestimmten Beschäftigtengruppen vom Arbeitgeber ein solches Angebot gemacht wird, anderen Personen aber nicht.

Der Zugang zu Betrieblicher Weiterbildung muss insgesamt diskriminierungsfrei erfolgen. Der Anspruch darf nicht an Kriterien anknüpfen, die bestimmte Beschäftigtengruppen (z. B. Frauen) mittelbar benachteiligen (z. B. durch das Kriterium »Teilzeitarbeit«), § 7 i. V. m. § 1 AGG. Für bestimmte Gruppen, die beim Zugang zu Weiterbildung typischerweise benachteiligt werden, ist ein ausdrückliches Diskriminierungsverbot gesetzlich verankert worden, so z. B. für Teilzeit- und befristet Beschäftigte (§§ 10, 19 TzBfG), aber auch für Nachtarbeiter

---

6 §§ 7 Abs. 2 SGB IV, 2 Abs. 1 Nr. 2 SGB VII.

7 Dazu sogleich unter 2.

8 Sofern im Text das generische Maskulinum verwendet wird, sind damit stets alle Geschlechter gemeint.

9 Zum Weitebildungsangebot als Obliegenheit des Arbeitgebers im Kündigungsschutzprozess unten unter 3.2.4.

(§ 6 Abs. 6 ArbZG). Eine ausdrückliche Förderpflicht besteht für schwerbehinderte Beschäftigte (§ 164 Abs. 4 Nr. 2 SGB IX).
Andererseits können auf arbeitsvertraglicher Ebene aber auch Rückzahlungsvereinbarungen getroffen werden. Darin vereinbaren Arbeitgeber und Arbeitnehmer, dass die Kosten der Bildungsmaßnahme oder das fortgezahlte Entgelt ganz oder teilweise von den Arbeitnehmern zurückgezahlt werden müssen, wenn der Arbeitnehmer das Unternehmen nach der Bildungsmaßnahme verlässt.[10] Rückzahlungsklauseln dürfen aber nicht gegen Treu und Glauben (§ 242 BGB) verstoßen. Die Rückzahlungspflicht muss einem »begründeten und billigenswerten Interesse des Arbeitgebers« entsprechen.[11] Die Beschäftigten müssen mit der Bildungsmaßnahme eine angemessene Gegenleistung für das Rückzahlungsverpflichtung erhalten. Deshalb ist eine Rückzahlungspflicht nur zulässig, wenn das Qualifizierungsinteresse nicht ganz überwiegend beim Arbeitgeber liegt.[12] Die Pflicht zur Rückzahlung muss darüber hinaus bereits vor Antritt der Weiterbildungsmaßnahme vereinbart worden sein. Die Rückzahlung darf zudem nur für den Fall vereinbart werden, dass die Beendigung des Arbeitsverhältnisses im Verantwortungsbereich des Beschäftigten liegt – also nicht etwa dann, wenn eine betriebsbedingte Kündigung erfolgt.[13] Auch müssen Fortbildungsdauer und Dauer der vereinbarten vertraglichen Bindung in einem angemessenen Verhältnis zueinander stehen. Eine Bindung von mehr als fünf Jahren ist nicht möglich. Als Orientierung kann die nachfolgende Staffelung gelten:[14]

Tabelle 7: Fortbildungsdauer und Dauer der vereinbarten vertraglichen Bindung

Dauer/Kosten der Weiterbildung	Zulässige Bindungsdauer
Bis zu einem Monat	6 Monate
Bis zu zwei Monaten	12 Monate
Drei bis vier Monate	24 Monate
Sechs Monate bis ein Jahr	36 Monate
Mehr als zwei Jahre	60 Monate

Quelle: Abgeleitet aus BAG 14.1.2009 – 3 AZR 900/07, Rn. 18

10 BAG 19.1.2011 – 3 AZR 621/08.

11 BAG 13.12.2011 – 3 AZR 791/09.

12 BAG 16.3.1994 – 5 AZR 339/92.

13 BAG 13.12.2011 – 3 AZR 791/09 (für die AGB-Kontrolle).

14 Abgeleitet aus BAG 14.1.2009 – 3 AZR 900/07, Rn. 18, – Die »Lücken« in der Tabelle finden sich auch in den Entscheidungsgründen des BAG. Zur fünfjährigen Obergrenze vergleiche auch § 15 Abs. 4 TzBfG.

Die Teilnahme an einer (Weiter-)Bildungsmaßnahme ist auch dann als Arbeitszeit zu vergüten und die Kosten sind vollständig vom Arbeitgeber zu übernehmen, wenn der Arbeitgeber die Teilnahme im Rahmen seines Direktionsrechts (§ 106 GewO) anordnet. In diesem Fall kommt es auch nicht mehr darauf an, wem die Maßnahme überwiegend nutzt.

Sind in einem Tarifvertrag oder in einer Betriebsvereinbarung günstigere Bedingungen bezüglich der Freistellung, Fortzahlung des Entgelts, der Kostentragung oder Rückzahlung getroffen, gehen diese Regelungen nach dem Günstigkeitsprinzip zugunsten der Beschäftigen der individualvertraglichen Abrede vor – und das auch dann, wenn die individuelle Bildungsabrede später getroffen wurde.

2.2 Sonderfall: Pflichtfortbildung, § 111 GewO

§ 111 GewO betrifft den Sonderfall von Pflichtfortbildungen und setzt voraus, dass sich ein Anspruch auf die Bildungsmaßnahme aus einer anderen Quelle ergibt.[15] Seit 2022 legt § 111 GewO für diesen Fall fest, dass nicht nur ein individueller Anspruch auf die Maßnahme besteht, sondern die Kosten vom Arbeitgeber zu übernehmen sind und die Teilnahme an der Bildungsmaßnahme als Arbeitszeit gilt. Zu den gesetzlichen Pflichten gehört auch die Beachtung des Gleichbehandlungsgrundsatzes.[16]

Diese Kostentragungs- und Freistellungspflicht gilt auch für Pflichtfortbildungen, die sich aus kollektiven Vereinbarungen ergeben. Für eine Bildungsmaßnahme, zu der der Arbeitgeber etwa aus Tarifvertrag oder nach § 97 Abs. 2 BetrVG verpflichtet ist, muss er nach § 111 GewO auch die Kosten tragen und die Arbeitnehmer bezahlt freistellen. Sofern ein Anspruch auf Fortbildung besteht, ist auch eine Kostenteilung ausgeschlossen.[17] Wenn man diese Absicht des Gesetzgebers bei der Neugestaltung 2022 zugrunde legt, muss das auch bedeuten, dass Rückzahlungsklauseln in diesen Fällen unzulässig sind – und zwar sowohl individualvertragliche als auch kollektiv vereinbarte.

2.3 Erhaltung der bestehenden Fähigkeiten: Beratungspflicht

Jenseits von Pflichtfortbildungen muss der Arbeitgeber nach § 81 Abs. 2 Satz 2 BetrVG mit den Beschäftigten darüber beraten, wie die individuellen Fähigkeiten im Rahmen der betrieblichen Möglichkeiten an die zukünftigen Anfor-

15 Holler 2022, S. 1445.
16 ErfK/Preis 2023, GewO § 111 Rn. 2.
17 BR-Drs. 154/22, S. 32.

derungen im ausgeübten Stellenprofil angepasst werden können.[18] Neben dieser Beratung besteht nach zutreffender Ansicht eine Fürsorgepflicht des Arbeitgebers bei technischen Entwicklungen, eine fähigkeitserhaltende Qualifizierung für den bestehenden Arbeitsplatz durchzuführen.[19] Trotz dieser Pflicht sollte eine Vereinbarung über die Verteilung der Lasten getroffen werden. Rückzahlungsabkommen sind unzulässig, falls die Weiterbildung lediglich dem Nutzen des Unternehmens dient oder wenn es um die Auffrischung oder Anpassung bereits vorhandener Kenntnisse an neuere betriebliche Gegebenheiten geht, die vom Arbeitgeber veranlasst oder zu verantworten sind.[20]

2.4 Hinweispflicht

Sofern rechtliche Ansprüche auf Betriebliche Weiterbildung bestehen, hat der Arbeitgeber nach § 2 Abs. 1 Nr. 12 NachwG ausdrücklich darauf hinzuweisen.[21] Zulässig und ausreichend soll aber der Hinweis auf den jeweiligen Tarifvertrag oder die Betriebs- bzw. Dienstvereinbarung sein, aus der sich der Anspruch ergibt.[22] Fehlt es an einem Hinweis, kann von betroffenen Beschäftigten gegebenenfalls Schadensersatz gegenüber dem Arbeitgeber geltend gemacht werden.

3. Kollektive Vereinbarungen: Klare Regelungen fördern die Bildungsbereitschaft

Verlässlichkeit ist im Bereich der beruflichen Weiterbildung für alle Beteiligten entscheidend. Sie betrifft die Frage der Kosten, aber auch der Behandlung der Qualifizierungszeit als Arbeitszeit. Wichtig ist, die Voraussetzungen für den Zugang zu Weiterbildung möglichst transparent abzustecken, weil Unklarheiten dazu führen, dass Angebote nicht genutzt werden.[23]
Im Rahmen von kollektiven Vereinbarungen können die gesetzlichen oder individualvertraglichen Rechte der Beschäftigten günstiger gestaltet und erweitert werden. Solche Regelungen finden sich teilweise in Tarifverträgen zu Transformation, Beschäftigungssicherung oder demografischem Wandel. Dies ist zwar

18 Küttner 2023, Fortbildung, Rn. 15.
19 ArbG Bonn 4.7.1990 – 4 Ca 751/90; Däubler 2016, S. 2, 30f.; a.A. wohl LAG Schleswig-Holstein 9.9.2009 – 3 Sa 153/19.
20 BAG 16.3.1994 – 5 AZR 339/92; BAG 30.11.1994 – 5 AZR 715/93; BAG 18.11.2008 – 3 AZR 192/07.
21 BGBl. 2022 I, S. 1174.
22 ErfK/Preis 2023, § 2 NachwG, Rn. 44.
23 Bookmann/Maier/Schafstädt 2021, S. 49.

bisher nicht die Regel, wegen der weitgehenden Regelungskompetenz der Tarifvertragsparteien aber rechtlich problemlos möglich.
Einerseits kann, was selten ist, ein individueller Anspruch auf die Bereitstellung von Bildungsmaßnahmen kollektiv vereinbart werden, auf den sich der jeweilige Beschäftigte unmittelbar berufen kann.[24] Zweitens können, was häufiger ist, Regelungen über die Modalitäten der *Durchführung* von Bildungsmaßnahmen getroffen werden, von denen die Beschäftigten profitieren. Beispielsweise kann geregelt werden, dass die Teilnahme an der Bildungsmaßnahme als Arbeitszeit gilt – wie es bei der Betrieblichen Weiterbildung grundsätzlich der Fall ist –, wie die Kosten getragen werden müssen und unter welchen Umständen Rückzahlungsansprüche entstehen sollen.
Auf diese Weise können rechtliche Ansprüche begründet oder konkretisiert werden. Dies kann zu einer stärkeren Wahrnehmung von Weiterbildungsmaßnahmen beitragen, denn unkonkrete Formulierungen und damit fehlende Ansprüche seitens der Beschäftigten haben eine dämpfende Wirkung auf die Weiterbildungsteilnahme.[25]
Die Gewerkschaften und Betriebsräte sind gefordert, hier tätig zu werden. Die Beschäftigten müssen dafür gewonnen werden, an den entsprechenden Bildungsmaßnahmen teilzunehmen. Es zeigt sich, dass je konkreter die zugrundeliegenden Rechtsgrundlagen sind, desto eher werden Bildungsangebote wahrgenommen.
Stärker als bisher könnten tarifvertragliche und betriebsverfassungsrechtliche Vereinbarungen auch *inhaltlich* auf Betriebliche Weiterbildung einwirken, also auf Inhalte, Ziele und Methoden und auf die Frage, wie der Erfolg einer Maßnahme kontrolliert werden soll. Dies muss nicht durch eine strikte Regulierung betrieblicher Belange erfolgen, sondern kann durch Vorgaben zur Qualitätssicherung der Maßnahmen und durch Zielvereinbarungen geschehen, die neben der Qualifizierung für eine bestimmte Tätigkeit auch die Entwicklung beruflicher oder persönlicher Fähigkeiten akzentuieren könnten.
Vorreiter auf diesem Gebiet waren Tarifverträge aus den Bereichen Metall und Elektro, Chemie sowie dem Öffentlichen Dienst.[26] Diese zeigen konkretere Regelungen auf, die zu mehr Weiterbildungsbereitschaft beitragen können. Diese Regelungen betreffen in der Regel nicht nur Betriebliche Weiterbildung, sind auf diese jedoch anwendbar.

24 Afsali 2022, S. 17.
25 Bookmann/Maier/Schafstädt 2021, S. 49.
26 Heidemann 2019, S. 7.

3.1 Tarifvertragliche Beispiele

3.1.1 Regelungsbeispiel Öffentlicher Dienst: TV-L

Ein unmittelbarer Anspruch auf Betriebliche Weiterbildung findet sich im Tarifvertrag für den öffentlichen Dienst der Länder (TV-L) zwar nicht, festgeschrieben wird jedoch ein Anspruch der Beschäftigten auf die regelmäßige Durchführung eines Qualifizierungsgespräches (§ 5 Abs. 4 TV-L).
Darüber hinaus normiert § 5 Abs. 5 TV-L, dass Zeiten von Qualifizierungsmaßnahmen als Arbeitszeit zu behandeln sind und § 5 Abs. 6 TV-L legt fest, wie die Kosten der Bildungsmaßnahme zu verteilen sind. Die Kosten einer vom Arbeitgeber veranlassten Qualifizierungsmaßnahme werden demnach grundsätzlich vom Arbeitgeber getragen, soweit sie nicht von Dritten übernommen werden. Ein möglicher Eigenbeitrag soll in einer Qualifizierungsvereinbarung geregelt werden. Die Betriebsparteien werden angehalten, eine faire Kostenverteilung unter Berücksichtigung des betrieblichen und individuellen Nutzens zu regeln. Eigenbeiträge der Beschäftigten können in Geld oder Zeit erfolgen. In § 5 Abs. 7 TV-L werden Bedingungen für die Vereinbarung einer Rückzahlungsverpflichtung des Beschäftigten bezüglich der Kosten von Qualifizierungsmaßnahmen festgelegt.
Auch wenn kein unmittelbarer Anspruch begründet wird, stellt § 5 TV-L klar, dass Weiterbildung eine grundsätzliche Zielsetzung darstellt und dass sowohl Vorgesetzte als auch Beschäftigte angehalten sind, sich ernsthaft und nachdrücklich um entsprechende Maßnahmen zu bemühen, um ein hohes Qualifikationsniveau aller Beschäftigten zu erreichen und zu sichern (»Bekenntnis zur Qualifizierung«).[27]

3.1.2 Regelungsbeispiel Metall- und Elektroindustrie

Bei allen regionalen Besonderheiten haben die Tarifverträge der Metall- und Elektroindustrie grundsätzlich starke Gemeinsamkeiten. In diesen Tarifverträgen werden Qualifizierungsmaßnahmen nach drei Stufen untergliedert: Erstens betrieblich *notwendige* Qualifizierung (untergliedert in Erhaltungsqualifizierung, Anpassungsqualifizierung und Umqualifizierung), zweitens betrieblich *zweckmäßige* Qualifizierung (Entwicklungsqualifizierung) und drittens betrieblich *geeignete* Qualifizierung (persönliche berufliche Weiterentwicklung).
Bei Stufe 1 trägt der Arbeitgeber die Kosten und die Qualifizierungszeit zählt als Arbeitszeit. Bei Stufe 2 zahlt der Arbeitgeber die Kosten, jedoch muss der Beschäftigte die Hälfte der Qualifizierungszeit selbst einbringen. Bei Stufe 3 ist

27 BeckOK TV-L/Berends, S. 58. Ed. 1.9.2021, TV-L § 5 Rn. 3.

der Beschäftigte vollständig für die Einbringung der Zeit und der Kosten zuständig.

3.2 Spezifische Gestaltungsmöglichkeit der Betriebsparteien

Neben der Kontrolle der zugunsten der Beschäftigten geltenden Normen (§ 80 Abs. 1 Nr. 1 BetrVG) bestehen auch für Betriebsräte viele Möglichkeiten zur Ausgestaltung von Betrieblicher Weiterbildung. Der Betriebsrat sollte dabei drei Ziele verfolgen: Er sollte erstens darauf achten und anregen, dass Bildungsmaßnahmen überhaupt stattfinden. Er sollte zweitens dafür sorgen, dass sie qualitativ hochwertig und auf die Bildungsinteressen der Beschäftigten abgestimmt sind. Drittens hat er auf eine transparente und gleichberechtigte Verteilung von Bildungsressourcen zu achten.[28]
Gemäß § 80 Abs. 1 Nr. 8 BetrVG hat der Betriebsrat die Aufgabe, die Beschäftigung im Betrieb zu fördern und zu sichern. Dazu zählt auch die frühzeitige Anpassung an neue Anforderungsprofile oder absehbare wirtschaftliche Entwicklungen durch Qualifizierung. Dies zeigt sich besonders in Zeiten von Transformationsprozessen. Das Vorschlagsrecht aus § 92a BetrVG verknüpft die Förderung der Beschäftigung mit der Qualifizierung der Arbeitnehmer. Mit Vorschlägen des Betriebsrats muss sich der Arbeitgeber ernsthaft auseinandersetzen; eine Pflicht, sie umzusetzen, besteht aber nicht.[29]

3.2.1 Drei Stufen der Mitwirkung bei der Berufsbildung

Im Bereich der Berufsbildung lassen sich drei Stufen von Mitwirkungsrechten der Betriebsräte unterscheiden: Beratungs- und Vorschlagsrechte, Mitbestimmung bei der Durchführung von Bildungsmaßnahmen und Einführung von Bildungsmaßnahmen.[30]
Ausgangspunkt ist § 96 BetrVG. Nach dieser Norm haben Arbeitgeber und Betriebsrat im Rahmen der betrieblichen Personalplanung die Berufsbildung der Arbeitnehmer zu fördern und dabei insbesondere auf einen diskriminierungsfreien Zugang zu Bildungsmaßnahmen zu achten.
Der Begriff der Berufsbildung ist hier weit zu verstehen und umfasst alle Bereiche der betrieblichen Fort- und Weiterbildung.[31] Mitbestimmungsfrei bleibt die Unterrichtung der Beschäftigten nach § 81 Abs. 1 BetrVG. Darunter ist die Einweisung an einem konkreten Arbeitsplatz zu verstehen, die voraussetzt, dass

28 Aufteilung nach Krause 2022, S. 738.
29 Fitting 2023, § 92a BetrVG Rn. 6.
30 So Krause 2022, S. 740.
31 BAG 23.4.1991 – 1 ABR 49/90 m. w. N.

die Beschäftigten die erforderlichen beruflichen Kenntnisse bereits besitzen.[32] Informationen über Aufgaben und Verantwortung, die Art der Tätigkeit und die Einordnung in den Arbeitsablauf sowie über Unfall- und Gesundheitsmaßnahmen sind keine betrieblichen Bildungsmaßnahmen.[33] Vorausgesetzt sind aber keineswegs umfangreiche Lehrveranstaltungen, es genügen kürzere Seminare, Kurse sowie Vorträge.

Beratung und Vorschlagsrecht, Ermittlung von Bildungsbedarfen

Anknüpfend an die Beteiligung des Betriebsrats an der Personalplanung (§ 92 BetrVG) räumen die §§ 96–98 BetrVG dem Betriebsrat Beteiligungsrechte bei der Umsetzung des Personalentwicklungsbedarfs durch (betriebliche) Bildungsmaßnahmen ein.[34] So besteht auf einer ersten Stufe ein umfassendes *Beratungsrecht* über alle Belange, die die Berufsbildung der Arbeitnehmer betreffen, nach § 96 Abs. 1 Satz 2 BetrVG. Aus der Vorschrift (Satz 3) folgt ebenfalls ein *Vorschlagsrecht* des Betriebsrats. Die Vorschläge sind ernsthaft zu erörtern, eine Verpflichtung des Arbeitgebers gegen seinen Willen ist trotz der neu eingefügten Möglichkeit der Anrufung der Einigungsstelle aber nicht möglich, denn § 96 Abs. 1a BetrVG sieht nur die Anrufung, nicht aber den Spruch der Einigungsstelle vor.[35]

Im Rahmen des Vorschlags- und Beratungsrechts können die Art, Dauer, Inhalt und Methode der Qualifizierungsmaßnahme auch unter Bildungsgesichtspunkten erörtert werden, aber auch die Frage der Auswahl der Beschäftigten, der diskriminierungsfreie Zugang, etwaige Freistellungen oder Rückzahlungsvereinbarungen. Das Beratungsrecht wird noch einmal stärker, wenn es um die Einführung betrieblicher Bildungsmaßnahmen geht, weil der Arbeitgeber dann von sich aus an den Betriebsrat herantreten muss, § 97 Abs. 1 BetrVG.[36]

Der Betriebsrat hat zudem das Recht, den Arbeitgeber den *Berufsbildungsbedarf ermitteln* zu lassen. Diese Bedarfsermittlung ist ein Hilfsrecht für das Hauptrecht des Betriebsrats, bei der Durchführung von Bildungsmaßnahmen mitzuwirken.[37]

Mitbestimmung bei der Durchführung von Bildungsmaßnahmen

Auf der zweiten Stufe stehen die echten Mitbestimmungsrechte des Betriebsrats bei der Durchführung betrieblicher Bildungsmaßnahmen und bei der Auswahl

32 Alexander 1992, S. 1057.
33 BAG 23.4.1991 – 1 ABR 49/90; BAG 28.1.1992 – 1 ABR 41/91; LAG Rheinland-Pfalz 23.3.2017 – 6 TaBV 21/16.
34 Oberthür 2022, § 339 Rn. 1.
35 Zu Recht kritisch Möllenkamp 2021, S. 1201.
36 Fitting 2023, § 97 BetrVG Rn. 39.
37 Krause 2022, S. 741.

der Teilnehmenden, § 98 Abs. 1 und 3 BetrVG. Die Mitbestimmung ist einerseits dadurch beschränkt, dass sie sich nur auf die *Durchführung*, nicht aber auf die *Einführung* betrieblicher Bildungsmaßnahmen bezieht.[38] Andererseits beschränkt sich das Mitbestimmungsrecht bei der Durchführung von Bildungsmaßnahmen auf *betriebliche* Maßnahmen. *Betrieblich* ist hier jedoch nicht räumlich zu verstehen, sondern meint alle funktional vom Arbeitgeber als Träger oder Veranstalter durchgeführten Maßnahmen.

Stellt der Arbeitgeber finanzielle Mittel mit der Zwecksetzung der Betrieblichen Weiterbildung bereit, betrifft das Mitbestimmungsrecht Ort und Zeit sowie die Methoden der Maßnahme, aber auch ihre Dauer und gegebenenfalls sogar die Anzahl der Teilnehmenden, soweit der Kostenrahmen nicht überschritten wird.[39]

Das Mitbestimmungsrecht bei der Auswahl der Teilnehmenden besteht dagegen auch für externe Bildungsmaßnahmen.[40]

Ein selten eingesetztes Mitbestimmungsrecht besteht auch hinsichtlich der mit der Durchführung der Bildungsmaßnahme betrauten Person, § 98 Abs. 2 BetrVG.

Nicht der zwingenden Mitbestimmung unterliegen die Fragen der Entgeltfortzahlung für die Zeit der Teilnahme, sowie die Gestaltung von Rückzahlungsklauseln – was jedoch nichts daran ändert, dass diese Fragen im Rahmen von freiwilligen Betriebsvereinbarungen regelbar sind.[41]

Mitbestimmung bei der Einführung betrieblicher Berufsbildungsmaßnahmen

Ein starkes Mitbestimmungsrecht nicht nur bei der Durchführung, sondern bereits bei der Einführung einer betrieblichen Bildungsmaßnahme besteht nach § 97 Abs. 2 BetrVG, wenn ein Arbeitnehmer Maßnahmen geplant oder durchgeführt hat, die dazu führen, dass sich die Tätigkeit der betroffenen Arbeitnehmer ändert und ihre beruflichen Kenntnisse und Fähigkeiten zur Erfüllung ihrer Aufgaben nicht mehr ausreichen (»Anpassungsqualifizierung«).

Zweck des Mitbestimmungsrechts sind präventive Maßnahmen der Beschäftigungssicherung. Entsprechend steht dem Betriebsrat ein *Initiativrecht* bei der Sicherung der Beschäftigung der von Veränderungsprozessen betroffenen Arbeitnehmer zu, das heißt, der Betriebsrat kann von sich aus tätig werden, die Einigungsstelle anrufen und erforderliche Bildungsmaßnahmen erzwingen.[42]

---

38 Zu der Ausnahme des § 97 Abs. 2 unter c.

39 BAG 24.8.2004 – 1 ABR 28/03.

40 Trotz der irritierenden Formulierung (»kann Vorschläge machen«) in § 98 Abs. 3 BetrVG ist ein erzwingbares Mitbestimmungsrecht gemeint.

41 S. u. unter 3.2.2.

42 Fitting 2023, § 97 BetrVG Rn. 20; Markowski 2022, S. 746.

Wenn der Arbeitgeber zur Durchführung einer Maßnahme im Rahmen von § 97 Abs. 2 BetrVG verpflichtet ist, sind die Kosten der Bildungsmaßnahme von ihm zu tragen und die teilnehmenden Beschäftigten unter Fortzahlung des Entgelts freizustellen.[43]

Mitbestimmung bei Betriebsänderung (Qualifizierungssozialplan)
Betriebliche Veränderungsprozesse können sich schließlich als Betriebsänderungen i. S. d. § 111 BetrVG darstellen, etwa wenn es zu einer Änderung der Betriebsorganisation und der Betriebsanlagen (§ 111 Satz 3 Nr. 4 BetrVG) oder zur Einführung grundlegend neuer Arbeitsmethoden und Fertigungsverfahren (§ 111 Satz 3 Nr. 5 BetrVG) kommt.[44] In diesen Fällen kann der Betriebsrat im Rahmen eines Sozialplans (§ 112 BetrVG) zum Nachteilsausgleich auch über Qualifizierungsmaßnahmen verhandeln und diese verbindlich machen.[45]
In dieser Hinsicht könnten sich Felder für Sozialpläne erschließen, die durch die Festlegung von Weiterbildungsmaßnahmen über traditionelle Regelungen hinausgehen.[46]
Die Bestimmungen des § 97 Abs. 2 BetrVG und der §§ 111, 112 BetrVG sind nicht als Alternativen zu betrachten, sondern können ergänzend herangezogen werden.

3.2.2 Regelungsform Betriebsvereinbarung

Das Mitbestimmungsrecht des Betriebsrats ist, wie dargestellt, scharf, wird jedoch in der Praxis bisher viel zu wenig genutzt.[47] Dabei können gerade durch Transformation ausgelöste Erfordernisse der Weiterbildung über die Mitbestimmungstatbestände thematisiert werden.[48]
Neben den erzwingbaren Formen der Mitbestimmung ist es den Betriebsparteien zudem unbenommen, freiwillige Betriebsvereinbarungen zu schließen (§ 88 BetrVG). Die Regelungsbefugnis ist daher sehr weitgehend.
In Betriebsvereinbarungen können *anlassunabhängig* Regelungen für eine bedarfsgerechte und persönlichkeitsfördernde Weiterbildung getroffen werden (»Rahmen-Betriebsvereinbarungen«). Ferner können originäre Weiterbildungsvereinbarungen geschlossen werden oder die Thematik kann anlassbezogen bei Umstrukturierungen, der Einführung neuer technischer Systeme oder agiler Arbeit mitgeregelt werden. In originären Vereinbarungen können die Verfahren

43 Fitting 2023, § 97 BetrVG Rn. 30–32.
44 Markowski 2022, S. 745; Röder/Baeck 2016, S. 57.
45 Grimm/Vitt 2020, S. 315.
46 Göpfert/Wenzler 2020, S. 15; Markowski 2022, S. 745.
47 Göpfert/Seier 2019, S. 588 (»Dornröschendasein«).
48 Röder/Gebert 2017, S. 1289.

betrieblicher Bildungsplanung und die Feststellung von Weiterbildungsbedarfen, etwa durch Mitarbeitergespräche, geregelt oder die Bedingungen für die Freistellung der Beschäftigten aus den jeweiligen Tarifverträgen konkretisiert werden.[49]
Bezüglich konkreter technischer Herausforderungen können dann *anlassbezogene* Vereinbarungen zur jeweiligen Qualifizierung erfolgen.

3.2.3 Recht auf die Hinzuziehung von Sachverständigen

Gemäß § 80 Abs. 3 BetrVG hat der Betriebsrat das Recht, nach konkretisierender Absprache mit dem Arbeitgeber Sachverständige hinzuzuziehen, soweit dies erforderlich ist, um seine Aufgaben ordnungsgemäß zu erfüllen. Dies kann der Fall sein, wenn es um die Bewertung von Qualifikationsbedarfen im Rahmen betrieblicher Veränderungen geht oder wenn es um Bildungsfragen geht, die über die originäre Kompetenz des Betriebsrats hinausgehen.[50] Bei Fragen der Einführung und Anwendung künstlicher Intelligenz, mit der die Beschäftigten umgehen müssen, z. B. auch bereits bei bestimmten Modulen von Microsoft 365, ist die Erforderlichkeit der Unterstützung durch Sachverständige nunmehr ausdrücklich rechtlich geregelt (§ 80 Abs. 3 Satz 2 BetrVG).

3.2.4 Relevanz von Weiterbildung im Kündigungsschutzprozess

Schließlich kann Weiterbildung auch bei einer Kündigung relevant werden. Der Betriebsrat kann einer Kündigung nach § 102 Abs. 3 Nr. 4 BetrVG widersprechen, wenn der Arbeitnehmer bei Durchführung von »zumutbaren Fortbildungsmaßnahmen« weiterbeschäftigt werden könnte.[51] Eine Kündigung ist *ultima ratio*, d. h. sie ist nach § 1 Abs. 2 Satz 3 KSchG sozial nicht gerechtfertigt und damit unwirksam, wenn die Beschäftigung bei Durchführung von »zumutbaren Fortbildungsmaßnahmen« weitergeführt werden könnte.[52] Aus diesen Vorschriften ergibt sich indirekt ein Recht auf Betriebliche Weiterbildung, wenn diese eine Kündigung vermeiden kann.

---

49 Heidemann 2019, S. 26.
50 Markowski 2022, S. 746.
51 Zur Frage der Zumutbarkeit Kurt 2017, S. 230.
52 Ausführlich zu den Voraussetzungen der Zumutbarkeit Kurt, RdA 2017, 230.

4. Fördermöglichkeiten und gesetzliche Vorhaben

Die Fördermöglichkeiten im Bereich der betrieblichen Bildung sind stetig im Fluss und sollen hier nicht näher dargestellt werden.[53] Dennoch soll darauf hingewiesen werden, dass gerade im Juli 2023 das Gesetz zur Stärkung der Aus- und Weiterbildungsförderung (»Weiterbildungsgesetz«) in Kraft getreten ist, das zum Ziel hat, den Stellenwert beruflicher Weiterbildung vor dem Hintergrund der aktuellen Transformationsprozesse deutlich zu erhöhen.[54] Für den Bereich der Betrieblichen Weiterbildung sind hier insbesondere die Fördermöglichkeiten des § 82 SGB III relevant, die durch das Weiterbildungsgesetz ausgeweitet wurden. Begrüßenswert ist insbesondere, dass die Fördermöglichkeiten nicht mehr auf Konstellationen im Zusammenhang mit dem Strukturwandel begrenzt sind.

Interessante weitere neue Entwicklungen sind die Einführung eines Qualifizierungsgeldes sowie die Einführung einer Bildungszeit und Bildungsteilzeit.

Weitere Vorschläge für eine bessere gesetzliche Verankerung der Weiterbildung als Mammutaufgabe der Transformation sind von verschiedenen Seiten artikuliert worden. Die DGB-Gewerkschaften haben im April 2022 einen Entwurf für ein modernes Betriebsverfassungsgesetz in die Diskussion eingebracht, in dem die Stärkung der Betrieblichen Weiterbildung ein wichtiges Thema ist.

Der Entwurf schlägt vor, das Beratungs- und Vorschlagsrecht bei der Beschäftigungssicherung (§ 92a BetrVG) zu einem erzwingbaren Mitbestimmungsrecht auszubauen. So könnten unter dem Gesichtspunkt Beschäftigungssicherung auch Weiterbildungsmaßnahmen erzwungen werden. Betriebliche Weiterbildung soll demnach stets mitbestimmt sein.

5. Fazit

Die Möglichkeiten individueller Beschäftigter im Bereich der Betrieblichen Weiterbildung sind zwar rechtlich gegeben, erweisen sich aber aufgrund eines Verhandlungsungleichgewichts als praktisch begrenzt. Als wesentliche Handlungsformen, auch der inhaltlichen Gestaltung, erscheinen deshalb Kollektivvereinbarungen in Form von Tarifverträgen und Betriebsvereinbarungen.

Eine dadurch vorgenommene rechtliche Konkretisierung von Ansprüchen und Durchführungsaspekten Betrieblicher Weiterbildung führt zu Rechtssicherheit und Verlässlichkeit und kann zu einer stärkeren Wahrnehmung von Weiterbildungsangeboten beitragen. Im besten Fall werden Ansprüche vereinbart, die

53 Zu den neuesten Entwicklungen Düwell 2023.

54 BGBl. 2023 I Nr. 191 vom 20.7.2023.

an transparente Voraussetzungen geknüpft werden. Daneben sollten Rahmenregelungen zur Freistellung oder Kostenübernahme getroffen und gesetzliche und tarifvertragliche Regelungen für die individuellen Betriebe konkretisiert werden.

So gefasste konkrete Regelungen zur Betrieblichen Weiterbildung können z. B. die Motivation und Zufriedenheit der Arbeitnehmer erhöhen, die Produktivität und Wettbewerbsfähigkeit von Unternehmen steigern, die Personalentwicklung und -bindung fördern und Konflikte und Rechtsstreitigkeiten vermeiden. Sie tragen aber – und das ist nicht hoch genug einzuschätzen – zur persönlichen Weiterentwicklung der Beschäftigten bei, die sie emanzipiert, gegenüber dem Arbeitgeber und auf dem Arbeitsmarkt fähig und selbstbewusst aufzutreten.

Die Einbeziehung der Betriebs- und Sozialpartner bietet darüber hinaus eine Reihe von Vorteilen: Sie erleichtert die Ermittlung von Bedarfen, Nachfrageprofilen und Arbeitsmarktanforderungen auf Grundlage spezifischer Branchenkenntnisse.

Durch aktive Mitgestaltung können die Sozialpartner und die Betriebsparteien einer Tendenz entgegenwirken, dass Lernen zu stark »für die Bewältigung begrenzter betrieblicher Vorhaben und nicht für die je eigene berufliche Entwicklung« eingesetzt wird.[55]

6. Literatur

Afsali, T., Rechtsfragen und Anforderungen an die Arbeitswelt von morgen, Neue Zeitschrift für Arbeitsrecht-Beilage Heft 1/2022, 15–20.

Alexander, P., Das weite Verständnis der betrieblichen Berufsbildung, Neue Zeitschrift für Arbeitsrecht, Heft 23/1992, 1057–1061.

Beckmann, J. F., Rechtsgrundlagen der beruflichen Weiterbildung von Arbeitnehmern, 2012, Centaurus Verlag Freiburg i. Br.

BeckOK TV-L, 58. Edition 2021, C. H. Beck Verlag München.

Bookmann, B./Maier, A./Schafstädt, C., Vereinbarungen der Sozialpartner zur Weiterbildung – ein Blick in ausgewählte Branchen, Bertelsmann Gütersloh 2021, S. 49.

Däubler, W., Digitalisierung und Arbeitsrecht, Soziales Recht, Sonderheft 2016, 2–44.

Düwell, F. J., Erneute Reform der Aus- und Weiterbildungsförderung, in jurisPR-ArbR 36/2023 Anm. 1.

55 Heidemann 2019, S. 27.

Erfurter Kommentar zum Arbeitsrecht, 23. Aufl. 2023, C. H. Beck Verlag München.

Fitting, Betriebsverfassungsgesetz mit Wahlordnung, Handkommentar, 32. Aufl. 2023, C. H. Beck Verlag München.

Göpfert, B./Seier, J., Die »Transformations-Einigungsstelle«: Inhalt und Grenzen eines »Qualifizierungs-Sozialplans«, Neue Zeitschrift für Arbeitsrecht, Heft 9/2019, 588–594.

Göpfert, B./Wenzler, F., Erzwingbarer »Qualifizierungs«-Sozialplan?, Neue Zeitschrift für Arbeitsrecht, Heft 1/2020, 15–19.

Grimm, D./Vitt, T., Erzwingbarkeit eines Qualifizierungssozialplans in der Einigungsstelle, ArbeitsRechtsberater Heft 10/2020, 315–318.

Heidemann, W., Trendbericht: Betriebliche Weiterbildung, Düsseldorf 2019.

Holler, D., Gesetzliche Fortbildungspflicht im Arbeitsrecht, Neue Zeitschrift für Arbeitsrecht Heft 21/2022, 1445–1449.

Krause, R., Berufliche Weiterbildung in der Transformation der Arbeitswelt, Neue Zeitschrift für Arbeitsrecht Heft 11/2022, 737–743.

Kurt, S., Die berufliche Weiterbildung im Zeitalter der Digitalisierung als milderes Mittel im Kündigungsschutzrecht, Recht der Arbeit, Heft 4/2017, 230–235.

Küttner, W., Personalhandbuch, 30. Aufl. 2023, C. H. Beck Verlag München.

Markowski, J., Qualifizierung in Betrieben zum Thema machen, Neue Zeitschrift für Arbeitsrecht, Heft 11/2022, 744–747.

Möllenkamp, O., Das Betriebsrätemodernisierungsgesetz 2021, Der Betrieb, Heft 22/2021, 1198–1202.

Münchener Handbuch zum Arbeitsrecht, Band 4: Kollektives Arbeitsrecht II, Arbeitsgerichtsverfahren, 5. Auflage 2022, Beck Verlag München.

Röder G./Gebert, C., Technologischer Wandel und Betriebsänderung – Bringen Industrie 4.0 und E-Mobilität den »Qualifizierungssozialplan«?, Neue Zeitschrift für Arbeitsrecht Heft 20/2017, 1289–1296.

Röder G./Baeck U., Interessenausgleich und Sozialplan, 5. Aufl. 2016, C. H. Beck Verlag München.

Reinhard Bahnmüller

Weiterbildung als Gegenstand der Tarifpolitik: Formen, Effekte und aktuelle Entwicklungen

Inhalt

1. Einleitung

Bildung wird gemeinhin zu den »kollektiven« Gütern gezählt, für deren Bereitstellung die öffentliche Hand Sorge zu tragen hat. Berufliche Weiterbildung, vom Deutschen Bildungsrat (1970) als »vierte Säule des Bildungssystems« bestimmt, gehört demnach in den Kanon öffentlicher Güter, sollte es nach Meinung der Gewerkschaften zumindest. Insofern liegt es nicht auf der Hand, Weiterbildung tarifvertraglich zu regulieren. Die deutschen Gewerkschaften haben auch lange gezögert, dies zu tun. Man sah vor allem den Staat in der Verantwortung, gesetzliche Grundlagen zu schaffen. Der kam den gewerkschaftlichen Forderungen nach einem bundeseinheitliches Weiterbildungsgesetz jedoch nicht nach.

Lediglich auf Länderebene wurden zögernd und nicht überall Bildungsurlaubsgesetze mit einem individuellen Weiterbildungsanspruch verabschiedet, deren Inanspruchnahme jedoch bis heute bescheiden blieb. Angesichts der Widerstände des Gesetzgebers sahen sich die Gewerkschaften gezwungen, aus der Not eine Tugend zu machen und den tariflichen Weg zu beschreiten, ohne allerdings die Forderung an den Gesetzgeber aufzugeben.
Nachfolgend werden die Etappen der tarifpolitischen Entwicklung nachgezeichnet (Kap. 2), die Formen und Ansatzpunkte beschrieben, wie tarifvertraglich Einfluss auf die Betriebliche Weiterbildung genommen wurde (Kap. 3), um danach die Wirkungen der bisherigen Tarifregelungen darzustellen (Kap. 4). Abschließend wird ein Resümee gezogen und auf aktuelle Entwicklungen eingegangen (Kap. 5).

2. Etappen der tarifpolitischen Entwicklung

2.1 Vom defensiven Rationalisierungsschutz zur Risikoprophylaxe und zurück: Von den 1960er Jahren bis zur Jahrtausendwende

Tarifvertraglich wurden berufliche Weiterbildungsfragen erstmals in den Rationalisierungsschutzabkommen Ende der 1960er Jahre aufgegriffen. Qualifizierung spielte darin jedoch eine nachgeordnete Rolle. Es ging primär um Kündigungsschutz und Verdienstabsicherung. Berufliche Weiterbildung, genauer gesagt Umschulung, kam an letzter Stelle, quasi als Ultima Ratio des Rationalisierungsschutzes ins Spiel. Sie galt als »zumutbar«, wenn, Beschäftigung anders nicht zu sichern war.
Eine offensive und präventive Wendung erhielt die gewerkschaftliche Qualifizierungs- und Weiterbildungsdiskussion im Verlauf der 1980er Jahre. Befördert wurde sie durch den breiten Einsatz von Informations- und Kommunikationstechnologien und die Erkenntnis, dass ohne kontinuierliche berufliche Weiterbildung die Wettbewerbsfähigkeit der Unternehmen nicht erhalten und Beschäftigungs- und Verdienstrisiken nicht vermieden werden können. Die Perspektive verschob sich von einer reaktiven Schutzpolitik hin zur Risikoprophylaxe durch Weiterbildung. Gefordert wurde die Verkoppelung der Investitionsplanung der Unternehmen mit einer verpflichtenden Qualifizierungsplanung. Im Lohn- und Gehaltsrahmentarifvertrag I (LGRTVI § 3) für die Metall- und Elektroindustrie (M+E-Industrie) in Nordwürttemberg-Nordbaden wurde diese Idee 1988 erstmals realisiert. Eine vergleichbare Regelung kam 1990 für die Druckindustrie zustande. Ein Anfang war gemacht.

Der Aufschwung für eine prophylaktische Qualifizierungspolitik war allerdings kurz und deren Wirkungen blieben bescheiden (Bahnmüller et al. 1993; Düll & Bellmann 1998). In den 1990er Jahren wollten die Gewerkschaften dies ändern. Tarifpolitische Konzepte lagen vor, der Vollzug der deutschen Einheit und die einsetzende Wirtschafts- und Beschäftigungskrise machten die tarifpolitischen Planungen jedoch zur Makulatur. Andere Fragen rückten in den Vordergrund: Angleichung der Tariflöhne Ost – West, Beschäftigungssicherung sowie die Abwehr der Angriffe auf das Tarifsystem. Zwar blieben Qualifizierungsfragen auf der tarifpolitischen Agenda, der Charakter änderte sich jedoch nachhaltig. Es ging nicht mehr um Krisenprophylaxe, sondern um die Nutzung von Weiterbildung als Instrument zur Bewältigung einer bereits akuten Beschäftigungskrise. Der »Feuerwehrcharakter« von Weiterbildung war zurückgekehrt.
Dennoch gelang es auch in diesen wirtschaftlich schwierigen Jahren, neue und auch innovative Regelungen abzuschließen, etwa den Tarifvertrag zur Einrichtung eines Qualifizierungsfonds in der Land- und Forstwirtschaft (1995) oder den Tarifvertrag zur Förderung der Aus-, Fort- und Weiterbildung für die Textil- und Bekleidungsindustrie (1997), ebenfalls eine Fondslösung. Diese Tarifverträge hatten jedoch durchweg einen kompensatorischen Charakter, d. h. die Finanzierung der Weiterbildung wurde durch den Verzicht auf Tarifleistungen an anderer Stelle finanziert.

2.2 Rückkehr vorausschauender Qualifizierungspolitik: Das erste Jahrzehnt der 2000er Jahre

Markante Fortschritte in Richtung vorausschauende Qualifizierungspolitik in größeren Branchen gab es erst in den 2000er Jahren. Den Auftakt machten wieder die Tarifparteien der M+E-Industrie in Baden-Württemberg mit dem 2001 geschlossenen Qualifizierungstarifvertrag. Er löste die Vorgängerregelung aus dem Jahr 1988 ab und wurde 2006 in seinen wesentlichen Bestimmungen auf alle anderen Tarifbezirke der M+E-Industrie übertragen. Anders als bisher wurde der Schwerpunkt nicht auf die Stärkung der Rechte des Betriebsrats gelegt, sondern auf die der Beschäftigten. Vereinbart wurde ein tariflicher Anspruch auf ein i. d. R. jährlich zu führendes Qualifizierungsgespräch, in dem gemeinsam festgestellt wird, ob und welcher Qualifizierungsbedarf aus Sicht der Beschäftigten bzw. des Betriebes besteht. Dieser Ansatz wurde zur Blaupause für viele der nachfolgenden Vereinbarungen in anderen Branchen.
2003 folgten die Tarifparteien der Chemischen Industrie. Ihr »Tarifvertrag zur Qualifizierung« enthielt jedoch, anders als sonst üblich, keine verbindlichen Vorgaben, sondern war ein »Angebot«, »das von den Betriebsparteien durch freiwillige Betriebsvereinbarung wahrgenommen und näher ausgestaltet werden kann« (TV Quali Chemie § 1). Empfohlen wurde eine vorausschauende Qualifizie-

rungsplanung auf Basis »der betrieblichen Erfordernisse und der Anforderungen an die Erhaltung und Weiterentwicklung der beruflichen Kompetenzen der Arbeitnehmer«. Ein Anspruch der Beschäftigten auf ein Qualifizierungsgespräch war nicht vorgesehen. Vielmehr sollte es den Betrieben überlassen bleiben, sich auf eine angemessene Form der Bedarfsermittlung zu verständigen.

2005/2006 zogen der Öffentliche Dienst (ÖD) und die Stahlindustrie, 2007 dann auch der Handel und die Versicherungswirtschaft nach. Auch kleinere Branchen wie die Ernährungsindustrie, die Schmuckwarenindustrie, der Landmaschinenbau oder die Feinstblechverpackungsindustrie folgten. Zudem wurde eine erkleckliche Anzahl an Haustarifverträgen sowie Betriebsvereinbarungen abgeschlossen (u. a. Bundesagentur für Arbeit, Telecom; siehe Heidemann 2015). In vielen dieser Vereinbarungen wurden hinsichtlich der Verpflichtung zu einer Qualifizierungsplanung, deren Beratung mit dem Betriebs-/Personalrat und des Anspruchs der Beschäftigten auf ein Qualifizierungsgespräch die Regelungen der M+E-Industrie übernommen.

Für zusätzliche Dynamik sorgte 2007 das Programm »weiter-bilden« des Europäischen Sozialfonds (ESF) und des Bundesministeriums für Arbeit und Soziales (BMAS). Voraussetzung für die Förderung war eine Vereinbarung oder ein Tarifvertrag der Sozialpartner zur Weiterbildung. Die Folge war eine weitere Welle sektoraler und unternehmensbezogener Vereinbarungen (Nordhaus & Jaich 2015).

War bis zur Jahrtausendwende Betriebliche Weiterbildung ein weitgehend unreguliertes Feld, galt dies am Ende der ersten Dekade so nicht mehr. Es blieb zwar bei einem schwer überschaubaren Flickenteppich, die Zahl der Beschäftigten, deren Tarifverträge Qualifizierungsbestimmungen enthalten, stieg zwischen 2000 und 2010 jedoch um ungefähr fünf Millionen. Am Ende des Jahrzehnts profitierten etwa ein Viertel aller Beschäftigten in tarifgebundenen Unternehmen von entsprechenden Regelungen.

2.3 Vom tarifvertraglichen Regulierungshype zu tripartistischen Aktivitäten: Die Entwicklung von 2010 bis heute

Der Schwung der Nuller Jahre hat sich im nachfolgenden Jahrzehnt nicht fortgesetzt. Es wurden einige Ergänzungen und Erweiterungen bestehender Abkommen und vereinzelt Arrondierungen in angrenzenden Branchen vorgenommen, eine breitflächige Ausweiterung gab es jedoch nicht. Neu war die Erweiterung zur Freistellung für »weitergehende Qualifizierungsmaßnahmen im Rahmen der persönlichen beruflichen Entwicklung«, auf die sich 2015 die Tarifparteien der M+E-Industrie in Baden-Württemberg verständigten und die mit einer »Bildungsteilzeit« kombiniert wurde (TV Quali BaWü 2015/2021). Den Geltungsbereich tariflicher Weiterbildungsregelungen arrondierend, wurden zudem die einschlägigen Industrietarifverträge auf benachbarte Branchen und das Handwerk ausgedehnt (Heidemann 2019). In anderen Branchen wurden weitere Demografietarifverträge abgeschlossen oder modifiziert, die meist auch Regelungen zur Weiterbildung enthalten (z. B. Eisen- und Stahlindustrie, Nahverkehr, Chemie- und Kautschukindustrie). 2019 einigten sich die Sozialpartner der Land- und Fortwirtschaft in Hessen auf einen Qualifizierungstarifvertrag, der die in anderen Tarifbezirken liquidierten Weiterbildungsfonds wieder aufnahm. Als einer der ganz wenigen wurde er 2021 für allgemeinverbindlich erklärt.

Über die Gesamtzahl der neu abgeschlossenen Qualifizierungstarifverträge bzw. in andere Tarifverträge eingearbeiteter tariflicher Weiterbildungsbestimmungen gibt es keine verlässlichen Daten. Was an Abkommen bekannt und zugänglich ist, lässt jedoch auf eine abnehmende Tarifdynamik schließen (Überblick Boockman et al. 2021). Als Indiz kann gewertet werden, dass das Bundesinstitut für Berufliche Bildung ab 2017die jährliche Berichterstattung über tarifliche Weiterbildungsregelungen in seinem Datenreport einstellte.

Mehr Bewegung als auf tariflicher war auf betrieblicher Ebene zu verzeichnen. Zählte die Sammlung von Betriebs- und Personalvereinbarungen der Hans-Böckler-Stiftung (HBS) zwischen 2010 und 2014 noch 79 neue Vereinbarungen, die explizit Regelungen zur Weiterbildung enthalten, waren es in den nachfolgenden fünf Jahren 269 (Heidemann 2019/2015). Die Vereinbarungsdynamik auf betrieblicher Ebene entwickelte sich gegenläufig zur tariflichen.

Weiter aktiv waren bzw. sind die Tarifparteien in Sachen Weiterbildung gleichwohl, allerdings vor allem *jenseits* tariflicher Abkommen. Das präferierte Handlungsfeld verlagerte sich auf bilaterale Aktivitäten der Sozialpartner oder multilateraler Initiativen, die entweder Qualifizierung im Namen führen oder als obligatorischen Bestandteil eine Weiterbildungskomponente beinhalten.

So verständigten sich die Sozialpartner der Chemischen Industrie im Rahmen ihres Tarifpakets 2019 auf eine »Qualifizierungsoffensive Chemie«, die drei Komponenten hat: Einen Future-Skills-Report Chemie, die Entwicklung eines Qualifizierungsanalyse-Tool für die Unternehmen sowie den Ausbau einer branchenspezifische Weiterbildungsberatung. Die Beratung soll allerdings nicht durch die Sozialpartner erfolgen, sondern durch die Bundesagentur für Arbeit (BA), mit der Kooperationsvereinbarungen abgeschlossen werden sollen (Ogrinz 2020). Future Skills-Studien, die Klarheit über die Ausrichtung der Qualifizierungsmaßnahmen gewinnen sollen, wurden vom Stifterverband für die deutsche Wissenschaft angestoßen (Stifterverband 2018). Neben der Chemieindustrie (IGBCE/BAVC 2020) haben die Tarifpartner der M+E-Industrie in Baden-Württemberg eine solche Studie durchführen lassen (Agentur Q 2021). Auch sie haben zwischenzeitlich Kooperationsvereinbarungen mit der BA abgeschlossen.

Neu sind zudem eine Reihe staatlich initiierter bzw. geförderter Allianzen und Netzwerkbildungen zur Bewältigung des digitalen Wandels und des sozial-ökologischen Umbaus, die nicht zuletzt auf Betreiben der Gewerkschaften zustande kamen (z. B. nationale und/oder regionale Transformationsnetzwerke in der Fahrzeugindustrie und im Maschinenbau oder die der Chemischen Industrie). In all diesen Netzwerken und Allianzen, deren Zahl in den letzten Jahren rapide zugenommen hat, ist Qualifizierung ein obligatorischer Baustein.
Auf der Linie tripartistischer Arrangements liegt schließlich auch die 2019 vereinbarte Nationale Weiterbildungsstrategie (NWS), an der neben den Gewerkschaften und Wirtschafts- bzw. Arbeitgeberverbänden verschiedene Bundes- und Landesministerien sowie die BA beteiligt sind. Die Gewerkschaften erklärten darin, Qualifizierung auch künftig tarifpolitisch angehen zu wollen. Konkreter wurden sie allerdings nicht (BMAS/BMBF 2019/2021).
Zum veränderten institutionellen Weiterbildungssetting gehören auch veränderte gesetzliche Rahmenbedingungen. Hierzu zählen das Qualifizierungschancengesetz (BMAS 2018), das Arbeit-von-morgen-Gesetz (BMAS 2020), sowie das Gesetz zur Stärkung der Aus- und Weiterbildungsförderung mit der Einführung eines Qualifizierungsgeldes (BMAS 2023). Sie erweitern die Rechte und Fördermöglichkeiten von beruflicher Weiterbildung und weisen der BA in der Weiterbildungsberatung und -förderung eine bisher nicht gekannte Rolle zu. Auf die sich daraus ergebenden Konsequenzen für die Weiterentwicklung tariflicher Weiterbildungsregelungen wird im Schlussteil des Artikels eingegangen.

3. Formen und Ansatzpunkte tarifvertraglicher Regelungen

Ein Standardmodell der tariflichen Regulierung von Weiterbildung hat sich im Laufe der Jahre nicht herausgebildet. Vielmehr zeigt sich ein breites Spektrum von Regulierungsansätzen, die auf wechselnde Anlässe reagieren und auf unterschiedliche Risiken bzw. Chancen sowie damit verbundene Qualifizierungsbedarfe zielen. Ebenso breit ist die Spannbreite bzw. Differenziertheit der Regelungen. So finden sich pauschale und wenig konkrete Absichtserklärungen neben solchen, die detaillierte, inhaltliche wie verfahrens- und finanzierungsbezogene Regelungen enthalten. Auch im Geltungsbereich unterscheiden sich die Bestimmungen deutlich. Es gibt Haustarifverträge, regionale Abkommen und solche, die bundesweit gelten. Und schließlich werden Weiterbildungsfragen teils in eigenständigen Tarifverträgen geregelt, teils sind sie Bestandteil von komplexeren Tarifwerken, in denen es primär um andere Aspekte der Arbeits-

bedingungen geht. Zumeist ist Weiterbildung ein »Huckepackthema« der Tarifpolitik geblieben (Boockmann et al. 2021).
Nachfolgend werden vier Ansatzpunkte beschrieben, die in tariflichen Qualifizierungsbestimmungen zentral sind: Recht auf und Zeit für Weiterbildung, Kosten und Finanzierung, Bedarfsermittlung und Personalplanung, und schließlich Information und Beratung.

3.1 Recht auf und Zeit für Weiterbildung

Das individuelle Recht auf Weiterbildung, gebunden an einen zeitlichen Anspruch, gehörte zu den Basisforderungen der Gewerkschaften. Angelehnt an die Bildungsurlaubsgesetze der Länder lag die Orientierungsgröße bei fünf Tagen im Jahr. Durchgesetzt werden konnten bisher nur wenige entsprechende Regelungen. Wo es sie gibt, ist der Anspruch auf einzelne Berufsgruppen (z. B. Vorarbeiter:innen im Gerüstbau, Beschäftigte im Sozial- und Erziehungsdienst bei Kommunen) oder einen kleinen Anteil der Belegschaft begrenzt (s. u.). In Haustarifverträgen konnte ein Recht auf Weiterbildung mit Zeitanspruch gelegentlich realisiert werden (z. B. Auto 5000 VW). In sektoralen Branchentarifverträgen gibt es vereinzelt einen konditionierten Anspruch auf Weiterbildung, etwa wenn Beschäftigte von betrieblichen Restrukturierungen betroffen sind bzw. eine Abgruppierung droht. Eine der seltenen flächentariflichen Regelungen existiert in der westdeutschen Textil- und Bekleidungsindustrie. Der Freistellungsanspruch von maximal einer Woche pro Jahr ist jedoch auf 2 % der Beschäftigten eines Betriebes begrenzt.
Tarifvertraglich ausgebaut wurden in den letzten Jahren das Recht zur Freistellung für »persönliche Weiterbildung«. So haben Beschäftigte der M+E-Industrie seit 2016 nach fünf Jahren Betriebszugehörigkeit Anspruch auf Freistellung (in Teilzeit) für Maßnahmen, die der persönlichen beruflichen Entwicklung zuzurechnen sind. Die Qualifizierungsmaßnahme muss dabei jedoch im Grundsatz geeignet sein, eine dem betrieblichen Bedarf entsprechende Tätigkeit auszuüben. Nach Abschluss der Maßnahme besteht ein Rückkehrrecht auf einen dem vorherigen Arbeitsplatz vergleichbaren, zumutbaren, gleich- oder höherwertigen Arbeitsplatz.

3.2 Kosten und Finanzierung

Ein zentraler Punkt nahezu aller tariflichen Weiterbildungsvereinbarungen ist die Finanzierung bzw. Kostenübernahme. Unterschieden wird i. d. R. zwischen »betrieblicher« und »persönlicher« Weiterbildung. »Betriebliche Weiterbildung«, wie sie beispielhaft im Tarifvertrag für die M+E-Industrie BaWü definiert ist, umfasst neben der Erhaltungsqualifizierung (ständige Fortentwicklung des fachlichen, methodischen und sozialen Wissens innerhalb des eigenen Aufgabengebiets) die Anpassungsqualifizierung (Qualifizierung für veränderte Anforderungen im eigenen Aufgabengebiet) sowie die Entwicklungsqualifizierung (Qualifizierung für gleichwertige und höherwertige Aufgaben). Die Kosten dieser Maßnahmen werden vom Arbeitgeber getragen. Die Qualifizierungszeit gilt als Arbeitszeit und wird entsprechend vergütet. Die Kosten der »persönlichen« Weiterbildung, die jenseits des aktuellen betrieblichen Bedarfs liegt, müssen die Beschäftigten i. d. R. selbst tragen. Im Grundsatz lässt sich sagen: Je betriebsspezifischer, anwendungsbezogener und am aktuellen Bedarf des Unternehmens ausgerichtet, desto eher bezahlt der Arbeitgeber und umgekehrt.

Neben einzelbetrieblichen gibt es auch branchenbezogene Finanzierungsmodelle der Weiterbildung. Entsprechende Tarifverträge sind allerdings selten. Es gibt sie in einigen meist klein- und mittelbetrieblich strukturierten Wirtschaftsbereichen, so in der Bauwirtschaft bzw. im Gerüstbau (seit 1981), in einigen Tarifbezirken der Land- und Forstwirtschaft (1995 eingerichtet, 2006 aufgelöst, 2019 reaktiviert), in der westdeutschen Textil- und Bekleidungsindustrie (seit 1997), in der Miederindustrie (seit 1963), im Textile Service (seit 2009) oder in Teilen der Zeitarbeit (seit 2011; BIBB 2015). Die finanzielle Ausstattung der Fonds ist meist bescheiden. Wo es sie gibt, sind sie bei den Sozialpartnern akzeptiert und basieren auf einer kooperativen Tradition. Die Mehrzahl der Arbeitgeberverbände steht ihnen jedoch reserviert bis ablehnend gegenüber (Klös 2021, S. 15).

Eine weitere Finanzierungsvariante sind Lernzeitkonten, die aus Zeitguthaben der Beschäftigten gespeist werden, die teilweise durch Arbeitgeber aufgestockt werden. Dieser Ansatz wird u. a. in der Chemischen Industrie (z. B. im Demografie-Tarifvertrag) genutzt. Auch in der M+E-Industrie können seit 2016 Zeitguthaben von Beschäftigten zur Finanzierung der Bildungsteilzeit herangezogen werden. Zeitkontenmodelle kommen zwar in vielen Betrieben zum Einsatz, ihre Verwendung für Weiterbildungszwecke ist jedoch begrenzt (Klös 2021, S. 26).

Viele Vereinbarungen sehen schließlich Rückzahlungspflichten vor. Scheiden Beschäftigte in einem festgelegten Zeitraum (Bindungsfrist) freiwillig aus, müssen sie den Betrag für die Weiterbildung voll oder anteilig zurückerstatten.

3.3 Bedarfsermittlung durch Qualifizierungsgespräche

Quantitativ am bedeutsamsten sind Tarifabkommen, die weder Freistellung noch Finanzierung in den Mittelpunkt stellen, sondern eine Verpflichtung zur Ermittlung des betrieblichen Weiterbildungsbedarfs, verbunden mit dem Anspruch der Beschäftigten auf ein jährliches Qualifizierungsgespräch. Ein Anspruch auf Qualifizierung kann aus dem ggf. festgestellten Qualifizierungsbedarf nicht unmittelbar abgeleitet werden, teilweise wird ein solcher dezidiert ausgeschlossen (ÖD). Über den Qualifizierungsbedarf und die vereinbarten Qualifizierungsmaßnahmen hat der Arbeitgeber den Betriebs- bzw. Personalrat zu informieren und über die Umsetzung der Maßnahmen zu beraten. Einzelne Tarifverträge enthalten spezielle Bestimmung zur Förderung von Un- und Angelernten (TV-Quali BaWü). Entsprechende Tarifabkommen gibt es mittlerweile in weiten Teilen der Industrie, fast flächendeckend im ÖD, in einigen größeren Dienstleistungsbranchen sowie in Teilen des Handwerks.

3.4 Weiterbildungsberatung durch paritätische Einrichtungen

In wenigen Tarifgebieten gibt es von den Sozialpartnern gemeinsam getragene Einrichtungen zur Beratung von Betrieben in der Umsetzung tariflicher Qualifizierungsbestimmungen bzw. generell zur Förderung von Betrieblicher Weiterbildung. So existiert seit 2001 in der baden-württembergischen M+E-Industrie die Agentur zur Förderung der beruflichen Weiterbildung (Agentur Q) und in der Chemischen Industrie seit 2003 die Weiterbildungs-Stiftung (WBS), die zwischenzeitlich mit anderer Schwerpunktsetzung in der Chemie-Stiftung Sozialpartner-Akademie aufgegangen ist. In beiden Fällen werden die Einrichtungen paritätisch finanziert und geleitet. Das Aufgabenspektrum umfasst die Beratung der Betriebsparteien bei der Umsetzung der jeweiligen Qualifizierungstarifverträge, die Bereitstellung von Instrumenten der Bedarfsermittlung, die Entwicklung und Erprobung innovativer Qualifizierungskonzepte sowie im Falle der Agentur Q der Schlichtung bei Konflikten. Letzteres war äußerst selten nötig. In den Vordergrund gerückt ist seit geraumer Zeit die Identifikation des künftigen Qualifikationsbedarfs der Branche sowie die Erprobung darauf bezogener Qualifizierungsbausteine (Agentur Q 2021; IGBCE/BAVC 2020).
Zu den jüngeren Innovationen zählt die Erprobung von betrieblichen Weiterbildungsmentor:innen, auf die sich die Sozialpartner im Rahmen der Nationalen Weiterbildungsstrategie verständigt haben. Das Vorhaben wird vom BMBF gefördert und in den Organisationsbereichen der IG Metall, der NGG, der IG BCE und Ver.di durchgeführt (BMAS/BMBF 2019/2021). Die Weiterbildungsmentor:innen tragen dem Umstand Rechnung, dass trotz verbesserter Zugänge wenig bildungsaffine Beschäftigte Weiterbildungsangebote bisher nur unzureichend nutzen. Die Mentor:innen werden von Betriebs-/Personalräten benannt und von Gewerkschaften geschult. Mit ihnen soll ein niedrigschwelliges, aufsuchendes und personenbezogenes Beratungsangebot durch Betriebsräte, Vertrauensleute und »themenaffine« Beschäftigte geschaffen werden (Porschen & Kunkel 2022).

4. Reichweite und Wirkungen

Die Effekte, die von tarifvertraglichen Qualifizierungsregelungen ausgehen können, hängen von verschiedenen Faktoren ab: dem Anteil tarifgebundener Betriebe und Beschäftigter, dem Zustandekommen der Tarifverträge, der Verbindlichkeit der vereinbarten Regelungen und nicht zuletzt den betrieblichen Akteuren und deren Engagement, die tariflichen Vorgaben aufzugreifen.

Hinsichtlich der Tarifbindung und damit der grundsätzlichen Wirkungsmächtigkeit von Tarifabkommen gibt es erhebliche sektorale Unterschiede. Während im ÖD nach wie vor annähernd 100 % der Beschäftigten in tarifgebundenen Einrichtungen tätig sind, liegt die Quote im verarbeitenden Gewerbe bei ca. 55 % und in der Informations- und Kommunikationsindustrie bei lediglich 13 % (Ellguth & Kohaut 2022). Daneben differiert die Tarifbindung stark zwischen Ost- und Westdeutschland. Insofern muss die potenzielle Wirksamkeit von Tarifverträgen branchen- und regionalspezifisch betrachtet werden.

Bedeutsam sind der Konkretisierungsgrad und die Verbindlichkeit der Tarifregelungen. Bei pauschalen Empfehlungen und wenig verbindlichen Vorgaben bleiben die Effekte erwartungsgemäß schwach (für die chemische Industrie Lee 2013).

Von besonderem Gewicht ist zudem das Zustandekommen der Tarifregelungen. Das zeigt sich beispielhaft am Vergleich der Qualifizierungsbestimmungen für die M+E-Industrie von 2001 (Quali-TV BaWü) und jenen des ÖD von 2005/2006 (§ 5 TVöD). Während im ÖD die vereinbarten Qualifizierungsbestimmungen ohne breite betriebliche Vordiskussion als Teil eines großen Tarifpakets durchgesetzt wurden, ging dem Qualifizierungstarifvertrag für die M+E-Industrie eine eigens darauf ausgerichtete Tarifbewegung (auch mit Warnstreiks) voraus. Trotz im Kern ähnlicher Bestimmungen (Anspruch auf ein Qualifizierungsgespräch, Kostenregelung) waren die Wirkungen in der M+E-Industrie deutlich stärker.

Für den ÖD lässt sich konstatieren: Die Qualifizierungsbestimmungen waren für die große Mehrheit der Verwaltungen kein Thema und dort, wo man sie diskutiert hat, wurde häufig kein Handlungsbedarf gesehen. Lediglich ein knappes Viertel aller Verwaltungen nutzte die Tarifbestimmungen zur Überprüfung der betrieblichen Weiterbildungspraxis oder zur Information der Belegschaft über die tariflichen Regelungen. Neue Dienstvereinbarungen zur Umsetzung von § 5 TVöD wurden in weniger als 10 % der Verwaltungen abgeschlossen (detaillierter siehe Bahnmüller & Hoppe 2012).

In der M+E-Industrie Baden-Württembergs haben hingegen deutlich mehr Betriebe Veränderungen vorgenommen. Mehr als die Hälfte der Manager und Betriebsräte bestätigten in einer zwei Jahre nach Abschluss des Tarifvertrags durchgeführten Befragung, dass die Beschäftigten, insbesondere die Gewerblichen, intensiver in den Bedarfsermittlungs- und Planungsprozess einbezogen wurden und ihre Weiterbildungsinteressen nun stärker berücksichtigt werden. In ebenso vielen Betrieben wurden erstmals Qualifizierungsgespräche durchgeführt oder der Kreis der einbezogenen Beschäftigten ausgeweitet. In 30 bis 40 % wurden Instrumente der Bedarfsermittlung optimiert oder neu entwickelt, die Dokumentation und Zertifizierung verbessert sowie Maßnahmen ergriffen, um die Transparenz des betrieblichen Weiterbildungsgeschehens zu erhöhen. Dennoch bleibt auch in der M+E-Industrie die summarische Einschätzung der Impulswirkungen verhalten. Sehr starke bzw. starke Impulswirkungen sprechen ihnen lediglich 15 % der Betriebsräte zu, weitere 44 % machen immerhin gewisse Impulse aus (Personalmanagement 3 % bzw. 38 %). Die Werte für den ÖD liegen erheblich niedriger (Bahnmüller & Hoppe 2012, S. 17 ff.).

An dieser Bilanz dürfte sich in den letzten Jahren wenig geändert haben, zumal der Neuheitseffekt der Abkommen abgeflaut ist. Das Interesse an den bereits bestehenden Tarifregelungen wird durch die Gewerkschaften zwar immer wieder angefacht. Gleichwohl wird seitens der IG Metall konstatiert, dass »vieles eingeschlafen« sei, »nicht, weil die Idee schlecht war, sondern wegen der Umstände«, durch die anderes in den Vordergrund rückte (Dunst 2023).

Grundsätzliche Kritik an den Tarifverträgen gibt es weder bei den betrieblichen Akteuren noch in den Tarifverbänden. Arbeitgeberseitig waren sie ursprünglich zwar nicht gewollt, man hat sich damit jedoch arrangiert und kann ihnen zwischenzeitlich durchaus Positives abgewinnen. Für überflüssig oder überholt gehalten werden sie nicht.

Die befragten Sozialpartner machen den Mehrwert von Qualifizierungstarifverträgen nicht allein an ihrem aktuellen betrieblichen Gebrauch fest, sondern betonen die von ihnen ausgehenden Kooperationsverpflichtung. Sie ist dort besonders ausgeprägt, wo gemeinsame Einrichtungen bestehen wie die »Agentur Q« in Baden-Württemberg oder die »Chemie Stiftung Sozialpartner-Akademie«. Sie schaffen institutionalisierte Anlässe, gemeinsame Interessen auszuloten und innovative Projekte aufzulegen, wie aktuell Future-Skills-Studien oder Tools zu Ermittlung des künftigen Qualifizierungsbedarfs. Die Einrichtungen sind fest etabliert, ihre Arbeit wird geschätzt und die entwickelten Instrumente und Produkte finden in den Betrieben Resonanz. Ihre ursprünglich zugedachten Funktionen der Schlichtung (Agentur Q) und einzelbetrieblichen Beratung treten in den Hintergrund, die Perspektiven aufzeigenden Bedarfsstudien und Qualifizierungsmodule werden gewichtiger.

5. Zusammenfassung und Ausblick

Tarifvertraglich sind die Gewerkschaften seit den 2000er Jahren ein gutes Stück vorangekommen. Die Fronten zwischen den Tarifparteien haben sich aufgeweicht, eine Serie neuer tariflicher Qualifizierungsregelungen ist hinzugekommen. Wie nicht anders zu erwarten, waren die Gewerkschaften die Treiber der tariflichen Entwicklung, was nicht wundert, da sie sich ihren Gestaltungsanspruch in der Betrieblichen Weiterbildung, einst Hoheitsgebiet der Arbeitgeber, erst erstreiten mussten. Tarifliche Qualifizierungsregelungen erwiesen sich als ein Weg, den Fuß in die Türe zu bekommen und den Anspruch zumindest ein Stück weit zu realisieren. Auch wenn die betrieblichen Wirkungen den Zielen und Hoffnungen der Gewerkschaften nur bedingt entsprechen, haben sie doch dazu beigetragen, die Gewerkschaften als relevanten und anerkannten Player in Sachen beruflicher Weiterbildung zu etablieren.

Im letzten Jahrzehnt hat die Dynamik der Tarifvereinbarungen abgenommen, was insofern verwunderlich ist, als die demografische Entwicklung, die Digitalisierung oder die sozial-ökologische Transformation vielfältige und drängende Anlässe bietet, auch tarifpolitisch aktiv zu werden. Vielversprechender erschien den Gewerkschaften offensichtlich, ihre Handlungsschwerpunkte zu verschieben und auf bi- oder multilaterale Aktivitäten und Maßnahmen des Gesetzgebers zu setzen, der auch eine ganze Serie neuer Gesetze verabschiedete (BA 2006; BMAS 2018/2020/2023).

Auch wenn das Handlungsfeld der Tarifparteien sich erweitert hat, der Gesetzgeber aktiv geworden ist und die BA eine gewichtigere Rolle in der Weiterbildungsberatung und der finanziellen Förderung übernommen hat, abgeschrieben sind tarifliche Qualifizierungsregelungen damit nicht. Die Herausforderungen in der beruflichen Weiterbildung und das Tempo, in denen sie bewältigt werden müssen, sind größer denn je.

Zeitnah angegangen werden dürfte eine Anpassung der bestehenden Tarifverträge an die neuen gesetzlichen Rahmenbedingungen, insbesondere an das im Juli 2023 verabschiedete Gesetz zur Stärkung der Aus- und Weiterbildungsförderung (BMAS 2023). War bisher die Finanzierung der »persönlichen« beruflichen Weiterbildung hauptsächlich Sache der Beschäftigten, wird diese nun zu einem guten Teil durch die BA in Form eines »Qualifizierungsgeldes« in Höhe des Kurzarbeitergeldes übernommen. Die Finanzierung ist jedoch daran gebunden, dass ein strukturwandelbedingter Qualifizierungsbedarf im Betrieb festgestellt wird, der Arbeitgeber die berufliche Weiterbildung finanziert und durch eine Betriebsvereinbarung oder durch einen Tarifvertrag betriebsbezogene Regelungen getroffen wurden (§ 82a SGB III). Nicht realisiert wurde der zunächst angekündigte, nicht konditionierte individuelle Anspruch auf berufliche Weiterbildung bzw. Bildungszeit nach österreichischem Vorbild (Leber et al. 2022).

Ein individuelles Recht auf berufliche Weiterbildung gibt es somit nach wie vor nicht. Die gesetzlichen Neuregelungen senken zwar die Hürden für berufliche Weiterbildung, beseitigt sie jedoch nicht. Fraglich ist auch, ob das Qualifizierungsgeld in Höhe des Kurzarbeitergeldes ausreicht, um Geringqualifizierte in ausreichendem Maß zur Weiterbildung zu motivieren. Hier könnten tarifvertragliche Aufstockungen des Qualifizierungsgeldes ebenso zum Thema werden wie erweiterte Freistellungsrechte. Überlegenswert wäre zudem eine tarifliche Rahmung für »Weiterbildungsmentor:innen« als neuer betrieblicher Akteursgruppe. Ein weiteres Gestaltungfeld könnten digitale Lernangebote sein, die bisher wenig im Blick waren, verbunden mit der Absicherung des Zugangs zu ihnen, aber auch die Zertifizierung erworbener Kompetenzen und die Qualitätssicherung. Ob und welche weitergehenden Überlegungen die Gewerkschaften in Tarifverhandlungen einbringen werden, ist derzeit nicht ersichtlich. Eine breitere Diskussion gibt es nicht. Ausgeschöpft ist das Potenzial tariflicher Qualifizierungsregelungen jedoch sicher nicht.

6. Literatur

Agentur Q (2021). Future Skills: Welche Kompetenzen für den Standort Baden-Württemberg heute und in Zukunft erfolgskritisch sind. Stuttgart. *https://www.agenturq.de/wp-content/uploads/2021/10/2109091_Broschu%CC%88re-Future-Skills_FINAL.pdf* (abgerufen am 31.8.2023).

Bahnmüller, R., Bispinck R. & Schmidt, W. (1993). Betriebliche Weiterbildung und Tarifvertrag: eine Studie über Probleme qualitativer Tarifpolitik in der Metallindustrie. Rainer Hampp München/Mering.

Bahnmüller, R. & Hoppe, M. (2012). Von den Mühen der Ebene: Wirkungen tariflicher Weiterbildungsregelungen im Öffentlichen Dienst und in der Metall- und Elektroindustrie Baden-Württembergs im Vergleich. Industrielle Beziehungen: Zeitschrift für Arbeit, Organisation und Management. Heft 1, S. 7–30.

Boockmann, B., Maier, A. & Schafstädt, C. (2021). Vereinbarungen der Sozialpartner zur Weiterbildung – ein Blick in ausgewählte Branchen. Studie im Auftrag der Bertelsmann-Stiftung. Bertelsmann Gütersloh.

Bundesagentur für Arbeit (BA)(2006). Weiterbildung Geringqualifizierter und beschäftigter älterer Arbeitnehmer in Unternehmen (WeGeBAU). *https://de.wikipedia.org/wiki/WeGebAU* (abgerufen am 28.8.2023).

Bundesinstitut Berufliche Bildung (BIBB)(2015). Datenreport. Indikatoren zur beruflichen Weiterbildung. B3.6 Tarifvertraglich geregelte Finanzierung der beruflichen Weiterbildung, Bonn.

BMAS (2018). Qualifizierungschancengesetz (QCG). *https://www.bmas.de/DE/Service/Gesetze-und-Gesetzesvorhaben/qualifizierungschancengesetz.html* (abgerufen am 28. 8. 2023).

BMAS (2020). Arbeit-von-morgen-Gesetz (AvmG). *https://www.bmas.de/DE/Service/Gesetze-und-Gesetzesvorhaben/arbeit-von-morgen-gesetz.html* (abgerufen am 28. 8. 2023).

BMAS (2023). Gesetz zur Stärkung der Aus- und Weiterbildungsförderung und Einführung einer Bildungszeit. *https://www.bmas.de/DE/Service/Gesetze-und-Gesetzesvorhaben/weiterbildungsgesetz.html* (abgerufen am 28. 8. 2023).

BMAS/BMBF (2019). Nationale Weiterbildungsstrategie. Berlin.

BMAS/BMBF (2021). Umsetzungsbericht Nationale Weiterbildungsstrategie. Berlin.

Deutscher Bildungsrat (1970). Empfehlungen der Bildungskommission. Strukturplan für das Bildungswesen. Klett Verlag Stuttgart.

Düll, H. & Bellmann, L. (1998). Betriebliche Weiterbildung in West- und Ostdeutschland. Eine theoretische und empirische Analyse mit den Daten des IAB-Betriebspanel 1997. Mitteilungen aus der Arbeitsmarkt- und Berufsforschung. Heft 2, S. 205–225.

Dunst, C. (2023). Interview vom 24. 1. 2023. Gewerkschaftssekretärin Team Transformation IG Metall Bezirksleitung Baden-Württemberg.

Ellguth, P. & Kohaut, S. (2022). Tarifbindung und betriebliche Interessenvertretung: Ergebnisse aus dem IAB-Betriebspanel 2021. WSI-Mitteilungen. Heft 4, S. 328–337.

Heidemann, W. (2015). Trendbericht Betriebliche Weiterbildung, 2. Aktualisierte Ausgabe, Mitbestimmungsförderung Report Nr. 9. Düsseldorf.

Heidemann, W. (2019). Trendbericht Betriebliche Weiterbildung. Mitbestimmungsförderung Report Nr. 24. Düsseldorf.

IGBCE/BAVC (Hg.)(2020). Future-Skills-Report Chemie. *https://future-skills-chemie.de/* (abgerufen am 28. 8. 2023).

Klös, H.-P. (2021). Berufliche Weiterbildung in Deutschland: Status Quo und Weiterentwicklung. IW Policy Paper. Nr. 12, Köln.

Küpper, S. (2023). Interview vom 14. 1. 2023.Geschäftsführer Politik, Bildung und Arbeitsmarkt Südwestmetall.

Leber, U., Kruppe, T., Schreyer, F. & Grabert, T.-F. (2022). Vorbild Österreich: Impulse für die Weiterbildungspolitik in Deutschland? IAB-Forum 29. *https://www.iab-forum.de/vorbild-oesterreich-impulse-fuer-die-weiterbildungspolitik-in-deutschland/* (abgerufen am 28. 8. 2023).

Lee, H. (2013). Kapital – Weiterbildung – Arbeit. Der »Tarifvertrag zur Qualifizierung« in der chemischen Industrie als Beispiel arbeitspolitischer Regulierung von Weiterbildung. Edition Sigma Berlin.

Nordhaus, U. & Jaich, R. (2012), ESF-Initiative »weiter bilden« und die Förderung von Sozialpartnervereinbarungen in der betrieblichen Weiterbildung. Berger, K./Jaich, R., Mohr, B./Kretschmer, S./Moraal, D./Nordhaus, U. (Hg.), Sozialpartnerschaftliches Handeln in der betrieblichen Weiterbildung, S. 91–96. Bertelsmann Verlag Bielefeld.

Ogrinz, A. (2020). Qualifizierungsoffensive Chemie. Qualifizierung und Weiterbildung in der chemischen Industrie – tarifvertragliche Vorgaben und betriebliche Praxis. 18. Göttinger Forum zum Arbeitsrecht. *https://www.uni-goettingen.de/de/document/download/a916ab1bd3d4ef1761ce653d29d19817.pdf/Vortrag_Ogrinz.pdf* (abgerufen am 31. 8. 2023).

Porschen, M. & Kunkel, J. (2022). Weiterbildungsmentor*innen ein wichtiger Bestandteil der Qualifizierungsoffensive Chemie. denk-doch-mal. Heft 1, *https://denk-doch-mal.de/ausgaben/01-22-foerderung-der-betrieblichen-weiterbildung-durch-weiterbildungsmentoren* (abgerufen am 28. 8. 2023).

Stifterverband für die Deutsche Wissenschaft e.V (Hg.) (2018). Future Skills: Welche Kompetenzen in Deutschland fehlen. Diskussionspapier, 2018, Essen. *https://www.stifterverband.org/medien/future-skills-welche-kompetenzen-in-deutschland-fehlen* (abgerufen am 28. 8. 2023).

V. Didaktik des beruflichen Lernens in der Betrieblichen Weiterbildung

Martin Allespach

Weiterbildungsplanung als Aushandlungsprozess

Inhalt

1. Einleitung

Die Diskussion um die Bedeutung Betrieblicher Weiterbildung ist nicht neu. Schon länger wird darauf hingewiesen, dass in einer wissensbasierten Ökonomie berufliche Aus- und Weiterbildung von strategischer Bedeutung sind (vgl. Porter 1990). Angesichts der Transformationsprozesse gewinnen solche Einsichten nochmals an Gewicht. Die Kompetenzen der Beschäftigten sind Gelingensvoraussetzung für die diversen Veränderungsprozesse. Das führt in den Unternehmen sichtbar zu neuen Strategien der Betrieblichen Weiterbildung. Laut der Europäischen Studie zur Weiterbildungsbeteiligung (CVTS6) hat die Betriebliche Weiterbildung – allerdings mit deutlichen Unterschieden zwischen Branchen und Beschäftigtengruppen – zugenommen. Im Jahr 1999 betrug die Teilnahmequote in Unternehmen mit Lehrveranstaltungen[1] 36 %, 2010 waren es 47 % und

1 Lehrveranstaltungen wie Lehrgänge, Kurse und Seminare sind Veranstaltungen, die ausschließlich der Betrieblichen Weiterbildung dienen und die vom Arbeitsplatz räumlich

2020 waren es 52 % (CVTS6, S. 22). Eine Umfrage des Instituts der deutschen Wirtschaft (IW) aus dem Jahr 2020 ergab, dass fast 88 % der befragten Unternehmen in Deutschland angegeben haben, eine gezielte Personalentwicklung zu betreiben (vgl. Seyda & Placke 2020). Dabei nutzen gemäß der Studie 75 % der Unternehmen eine systematische Planung der Weiterbildung. In vielen größeren Unternehmen und Konzernen gehört die systematische Weiterbildungsplanung vermeintlich zum Standardprozess der Personalentwicklung. Hier werden meist spezielle Abteilungen oder Personalentwicklerinnen und -entwickler damit beauftragt, die Bedarfsanalyse durchzuführen, geeignete Weiterbildungsmaßnahmen auszuwählen und die Umsetzung und Evaluation zu begleiten. In kleinen und mittelständischen Unternehmen (KMU) ist die systematische Weiterbildungsplanung jedoch noch nicht flächendeckend verbreitet.

In den empirischen Studien, den theoretischen und praktischen Diskursen wird ein enger Zusammenhang zwischen einer systematischen Weiterbildung und der Weiterbildungs- und Personalentwicklungsplanung hergestellt. Das ist nachvollziehbar, wird in der Bildungsplanung doch darüber entschieden, wer, wann, welche Maßnahmen macht und wie dies legitimiert wird. Darüber geben die o. g. Zahlen freilich keine Auskunft. Handelt es sich eher um eine reaktive Planung, bei der offensichtliche Qualifizierungslücken bereits offen zu Tage treten, mit entsprechend kurzen Planungsvorläufen? Sind kurzfristige technische Veränderungen der alleinige Anstoß zur Weiterbildung, die dann top down geplant wird? Oder wird ein integrierter Ansatz verfolgt, bei dem ganzheitlich Personal, Organisation und Technik in den Blick genommen werden und die Bedarfsermittlung unter Beteiligung der Beschäftigten erfolgt? (Zur Systematisierung von Personalentwicklungskonzepten vgl. Faulstich 1998, S. 39 f.)

2. Ansätze der Weiterbildungsplanung im Betrieb

Insgesamt lassen sich verschiedene Modelle der Planung der Betrieblichen Weiterbildung unterscheiden, die auf unterschiedlichen Aspekten und theoretischen Konzepten basieren:

1. *Anforderungsbezogene Weiterbildungsplanung:* Sie ergibt sich aus gegebenen und/oder zu erwartenden Arbeitszusammenhängen. Bei diesem Konzept steht die aktuell sichtbare Anpassung an Markt, Organisation und Technik im Vordergrund.

---

getrennt stattfinden, z. B. in einem Unterrichtsraum oder Schulungszentrum. Die Teilnehmenden werden in einem vorab von den Organisatoren festgelegten Zeitraum vom Weiterbildungspersonal unterrichtet.

2. *Strategische Weiterbildungsplanung:* Hierbei werden die Weiterbildungsmaßnahmen auf die strategischen Ziele des Unternehmens ausgerichtet. Es werden gezielt die Kompetenzen und Fähigkeiten gefördert, die für die Erreichung dieser Ziele benötigt werden. Auf der einen Seite bekommt die Weiterbildung damit eine strategische Dimension. Eine Betriebliche Weiterbildung ohne strategische Ausrichtung kann ineffektiv sein und zu einer Verschwendung von Ressourcen führen. Auf der anderen Seite handelt es sich dabei trotzdem noch um eine anforderungsbezogene Variante, bei der die Beschäftigten und ihre Kompetenzen lediglich als abhängige Variable betrachtet werden.
3. *Innovationsorientierte Weiterbildungsplanung:* Bei diesem Konzept steht die Förderung von Innovationen im Unternehmen im Fokus. Die Beschäftigten sollen dazu befähigt werden, neue Ideen und Konzepte zu entwickeln und umzusetzen. Diese Konzeption der Bildungsplanung geht über den Anforderungsbezug hinaus und soll Beschäftigte dazu befähigen, ihre Arbeit aktiv mitzugestalten. Es geht nicht nur darum, kurzfristige Bedarfe zu decken, sondern die Mitarbeiter:innen langfristig zu befähigen, sich mit den verändernden Anforderungen der Arbeitswelt gestaltend auseinanderzusetzen.
4. *Beteiligungsorientierte Weiterbildungsplanung:* Die Weiterbildungsplanung erfolgt als Aushandlungsprozess zwischen den Beschäftigten und den Vorgesetzten/dem Management. Dies trägt dem Sachverhalt Rechnung, dass die Planung und Umsetzung von Weiterbildungsmaßnahmen ein komplexer Prozess ist, bei dem verschiedene Interessen und Perspektiven zu berücksichtigen sind. Die Entwicklungsperspektiven der Beschäftigten kommen gleichberechtigt zu den Qualifizierungsinteressen des Betriebes in den Blick. Individuelle Bildungsinteressen und betriebliche Qualifizierungsinteressen werden ausgehandelt. Die Beschäftigten werden zu Akteuren ihrer Weiterbildungsplanung.

Anforderungs- und bedarfsorientierte Konzepte können natürlich auch systematisch sein. Sie drücken sich häufig in sogenannten Soll-Ist-Vergleichen aus: Soll-Qualifikation minus Ist-Qualifikation definiert den Bildungsbedarf. Solche Ansätze sind aus mehreren Gründen problematisch:

1. Sie folgen dem Modell einer technokratischen Machbarkeit, die sich in der betrieblichen Praxis häufig als Illusion erweisen; sie werden der Komplexität sozio-technischer Systeme nur unzureichend gerecht.
2. Der Bildungsbedarf wird über die Köpfe der Beschäftigten hinweg geplant. Bedürfnisse und Interessen der Arbeitnehmer:innen werden nicht bzw. nur bedingt in den Blick genommen. Zumindest ein Teil der Diskussion um die

vermeintlich mangelnde Weiterbildungsbereitschaft der Beschäftigten liegt darin begründet (Maßnahmen werden zugewiesen, die Interessen der Lernenden nicht besprochen und berücksichtigt). Ein solches Modell ordnet sich in verhaltensorientierte Lernkonzepte ein, die die Lernenden zum Objekt fremder Verfügung machen.
3. Sie folgen dem Leitbild einer anpassungsorientierten, nicht einer gestaltungsorientierten, strategischen und innovationsorientierten Bildungskonzeption. Wird Weiterbildung auf angepasste Qualifikation verengt, schaden sich die Betriebe letztlich selbst, da die spezifischen Erfahrungen der Beschäftigten als Expert:innen ihres Arbeitsplatzes ungenutzt bleiben.
4. Die Soll-Ist-Systematik impliziert vielfach einen Selektionsprozess, in dem die ermittelten Qualifikationen einzelnen Beschäftigten zugeordnet werden, oder eben nicht.

Auf einen weiteren kritischen Aspekt in der betrieblichen Bildungsplanung verweist die Forschung zur Angebots- und Programmentwicklung. Hippel und Röbel (2016) identifizieren verschiedene Arten von Weiterbildungsprogrammen, die sich in ihren Zielsetzungen, Inhalten und der Handlungskoordination unterscheiden. Die meisten Programme werden zentral gesteuert, d. h. eine zentrale Instanz übernimmt die Planung und Umsetzung der Programme. Es gibt aber auch Programme, bei denen eine dezentrale Koordination stattfindet. Hier sind die Beschäftigten stärker in den Planungs- und Umsetzungsprozess eingebunden. Je nach Programmart ergeben sich demnach unterschiedliche Beteiligungsformen und -möglichkeiten für die Beschäftigten. Denninger (2020) hat in einer unternehmensinternen Prozessanalyse herausgearbeitet, dass in den Betrieben Weiterbildungsprogramme existieren, die in ihrer Ausgestaltung stark von den Funktionen der beteiligten Akteure (Personalabteilung, Führungskräfte, externe Bildungsdienstleister) abhängen. Diese Akteure bringen jeweils ihre Perspektiven, Ziele und Interessen in die Planung ein. Die Priorität liegt dabei an der nahezu ausschließlichen Ausrichtung des Weiterbildungsprogramms an den Anforderungen der Unternehmen. Eine Abstimmung mit den Bedürfnissen, Bedarfen und Interessen der Beschäftigten findet nicht oder nur dann statt, wenn sie zu den anforderungsbezogenen Zielen der Unternehmen passen.

3. Bildungstheoretische Bezugspunkte bei der Weiterbildungsplanung

In der Konzeption der Bildungsplanung drückt sich aus, welches Bildungs- und Lernverständnis explizit oder implizit unterstellt wird.
Eine anforderungsbezogene Bildungsplanung (der oben unter 1. genannte Ansatz der Weiterbildungsplanung) rekurriert auf den Qualifikationsbegriff und ist in Bezug auf einen umfassenden Begriff von Weiterbildung stark reduktionistisch. Qualifikation meint per Definition die Anpassung der Kompetenzen an Markt, Organisation und Technik. Das ist zu kurz gesprungen. Wir sprechen nicht zufällig von Aus- und Weiter***bildung***. Der darin zum Ausdruck kommende Bildungsbegriff verweist auf Kategorien wie umfassende berufliche Handlungskompetenz (sie bezieht sich auf die Fähigkeit einer Person, in beruflichen Kontexten eigenständig, flexibel und verantwortungsbewusst zu handeln), Mündigkeit, Teilhabe, Emanzipation und Persönlichkeitsentwicklung. Es geht eben nicht nur um berufliche Tüchtigkeit, sondern auch um beruflich Mündigkeit.
Eine Weiterbildungsplanung, die auf einen solchen Bildungsbegriff rekurriert, nimmt die Interessen und Perspektiven der Lernenden ernst und berücksichtigt diese bei der Ermittlung des Weiterbildungsbedarfs. Eine solche Bildungsplanung versteht sich dann als Aushandlungsprozess, bei dem die Qualifizierungsinteressen des Betriebes und die Bildungsinteressen der Beschäftigten gleichberechtigt Berücksichtigung finden.
Durch die Beteiligung an der Planung und Gestaltung von Weiterbildungsmaßnahmen erhalten die Beschäftigten mehr Einfluss auf ihre eigenen Lernprozesse und können aktiv dazu beitragen, dass ihre Interessen und Anforderungen berücksichtigt werden. Dadurch werden sie in ihrer Rolle als aktive Mitgestalter:innen ihrer Arbeit und ihres Arbeitsumfeldes gestärkt und erfahren ein höheres Maß an Selbstbestimmung. Insgesamt trägt die Beteiligung der Beschäftigten an der Weiterbildungsplanung somit zur Stärkung ihrer Mündigkeit und Emanzipation bei (der oben unter 4. genannte Ansatz der Weiterbildungsplanung).

4. Weiterbildung als Aushandlungsprozess: Eine mögliche Schrittfolge

Der Aushandlungsprozess beinhaltet die aktive Beteiligung aller relevanten Akteure, z. B. Beschäftigte, Betriebsrat, Vorgesetzte und Personalabteilung und lässt sich in folgende Schritte gliedern:

1. *Bedarfsanalyse:* Es wird eine gründliche Analyse der Weiterbildungsbedürfnisse und -interessen durchgeführt, um festzustellen, welche Kompetenzen und Fähigkeiten entwickelt werden sollen, um die individuellen und organisatorischen Ziele zu erreichen. Diese Analyse kann sowohl formale (z. B. Qualifizierungsgespräche) als auch informelle (z. B. Feedbackgespräche) Methoden umfassen.
2. *Ziele und Prioritäten bestimmen:* Basierend auf den Ergebnissen der Bedarfsanalyse werden Ziele und Prioritäten festgelegt. Diese sollten – der Logik des Aushandlungsprozesses folgend – sowohl die individuellen Bildungsziele der Beschäftigten als auch die strategischen Ziele der Organisation berücksichtigen.
3. *Ressourcenallokation:* Die Zuweisung von Ressourcen (z. B. Budget, Zeit, Personal) ist ein nicht zu unterschätzender Bestandteil des Aushandlungsprozesses. Es müssen Kompromisse gefunden werden, um sicherzustellen, dass die verfügbaren Ressourcen gut genutzt und den Bedürfnissen aller Beteiligten gerecht werden.
4. *Auswahl der Weiterbildungsmaßnahmen:* Auf der Grundlage der zuvor genannten Schritte werden geeignete Weiterbildungsmaßnahmen ausgewählt. Dies kann sowohl interne als auch externe Schulungen, Workshops, Mentoring-Programme oder andere Lernformate, wie beispielsweise eine entwicklungsförderliche Gestaltung des Arbeitsplatzes, umfassen.
5. *Umsetzung und Evaluierung:* Die Teilnehmer:innen und die Organisation analysieren die erzielten Ergebnisse sowie den Transfer des Gelernten in die Praxis und kommen zu möglichen Verbesserungen.

5. Die subjektwissenschaftliche Lerntheorie als theoretische Grundlage für eine beteiligungsorientierte Bildungsplanung

Eine beteiligungsorientierte Weiterbildungsplanung ist voraussetzungsvoll und bedarf einer theoretischen Fundierung. Die liefert die subjektwissenschaftliche Lerntheorie, wie sie Klaus Holzkamp entwickelt hat (vgl. Holzkamp 1993). Aus ihr lassen sich entsprechende Personalentwicklungsmaßnahmen konzeptualisieren.

Der Begriff Subjektwissenschaft wurde im Kontext der Kritischen Psychologie von Holzkamp entwickelt. Subjektwissenschaft versteht sich als ein Ansatz, der das menschliche Individuum als Subjekt in den Mittelpunkt stellt und dessen eigenständige Perspektive und Handlungsweise berücksichtigt. Darin drückt

sich eine Umkehrung der traditionellen Objektivierungspraxis aus. Anstatt den Menschen als passives Objekt zu betrachten, das von äußeren Faktoren determiniert wird, betont Holzkamp (1993) die aktive Rolle des Subjekts bei der Konstruktion seiner Wirklichkeit und bei der Teilnahme an sozialen Prozessen. Die subjektwissenschaftliche Lerntheorie beruht auf der Anerkennung der jeweils Lernenden als aktive und handlungsfähige Subjekte. Sie betont die Bedeutung von Erfahrungen und Interaktionen in sozialen Kontexten. Lernen wird als ein sozialer Prozess verstanden, der relational in Beziehungen zu anderen Menschen und zur Umwelt stattfindet. Im Zentrum des subjektwissenschaftlichen Lernens steht die Förderung von Selbstbestimmung, Autonomie und Emanzipation. Es geht darum, dass das Subjekt seine eigenen Ziele entwickelt und seine Handlungen darauf ausrichtet. Dieser Bildungsprozess erfordert einen offenen Dialog und eine kritische Reflexion der eigenen Praxis. Dem Bedingungsparadigma stellt die Subjektwissenschaft damit ihr Begründungsparadigma gegenüber. Von außen gesetzte Lernanforderungen und Lernreize wirken nicht als Bedingungen unmittelbar auf das Handeln der Beschäftigten. Sie werden jeweils spezifisch wahrgenommen, überdacht, gewertet und interpretiert. Sie erhalten eine subjektive Bedeutung, in der gesellschaftliche Bedeutungszusammenhänge jeweils enthalten sind. Die Bedingungen (z. B. Lernanforderungen im Kontext der Betrieblichen Weiterbildung), wie sie jeweils gesehen und für relevant gehalten werden, sind Prämissen, aus denen das Handeln begründet wird. Gründe ergeben sich für mich in Ansehung meiner Interessen (wie ich sie wahrnehme) als *vernünftige* Konsequenzen aus den Prämissen (vgl. Holzkamp 1993, S. 29).
Holzkamp unterscheidet defensives und expansives Lernen. Beim defensiven Lernen lerne ich, weil es von mir verlangt wird. Wenn ich mich dem Lernen nicht unterwerfe, drohen Sanktionen und Bestrafungen (z. B. Abmahnung, Kündigung, Verlust der Beschäftigungsfähigkeit). Beim expansiven Lernen wird ein verfügungserweiternder Weltaufschluss antizipiert. Durch Lernen bin ich in der Lage, Probleme zu lösen, meine Handlungsfähigkeit zu erweitern, Kompetenzen zu entwickeln, die mich interessieren. Expansives Lernen setzt Gründe voraus: Warum soll eine Lernschleife eingelegt werden? Inwiefern kann ich antizipieren, dass das Lernen meine Handlungsfähigkeit erweitert und inwiefern ist das in meinem Interesse? Subjektive Gründe für expansives Lernen sind nicht immer präsent, treten nicht immer offen zu Tage; sie sind aber intersubjektiv kommunizierbar. Begründungen ergeben sich aus Diskursen und insofern bleibt es nicht beim Verstehen individuellen Handelns (warum nimmt ein:e Beschäftigte:r nicht an Weiterbildung teil); wir verhandeln in Diskursen, die – sollen sie in meine Begründungen einfließen – schlüssig sein müssen. Wichtig sind dabei nicht nur Gründe, sondern auch Hintergründe der Lebensverhältnisse.

6. Individuelle und organisationale Weiterbildungsanlässe und -gründe reflexiv erschließen

Die Weiterbildungsplanung als Aushandlungsprozess ist ein dynamischer und komplexer Prozess, der die Bedürfnisse und Interessen verschiedener Akteure berücksichtigt und darauf abzielt, entsprechende Weiterbildungsmaßnahmen zu entwickeln. Dies ist voraussetzungsvoll. Eine solche Konzeption verweist auf Strukturen und Verfahren, die Reflexionsprozesse über individuelle Lerngründe und organisationale Lernerfordernisse als Voraussetzung des Aushandlungsprozesses anregen, strukturieren und in eine Bildungsplanung umsetzen. Diesem Anspruch hatte sich ein gemeinsames Projekt der IG Metall Baden-Württemberg und des Arbeitgeberverbands Südwestmetall mit dem Namen »Kompass« gestellt. U. a. auf Grundlage einer subjektwissenschaftlichen Lerntheorie wurde das Konzept einer beteiligungsorientierten Bildungsplanung entwickelt und mit verschiedenen Instrumenten operationalisiert und erprobt (vgl. Allespach 2005). Bezugspunkte für die Bildungsplanung waren dabei zum einen die Anforderungen aus den aktuellen und für die Zukunft zu erwartenden Arbeitsanforderungen. Dies machte organisationale Reflexionsprozesse erforderlich. Zum anderen ging es um die Reflexion der Lerngründe der Beschäftigten. Dies verweist auf ein Personalentwicklungskonzept, bei dem es nicht nur darum geht, gegebene Ziele operational möglichst effektiv und effizient abzuarbeiten (Korrekturpartizipation), sondern bei dem die betrieblichen Strukturen und Politiken als ein gemeinsamer Konstruktionsprozess begriffen werden (Konzeptpartizipation). Es ging also um die Reflexion und Antizipation (als ein auf die Zukunft gerichteter Reflexionsprozess) von organisationalen und individuellen Lerngründen. Vor diesem Hintergrund wurde folgende 8-Felder-Matrix entwickelt, wobei davon ausgegangen wird, dass sich die Betriebliche Weiterbildung im Medium von Arbeit und Lernen vollzieht und beide Aspekte bei der Bildungsplanung in den Blick zu nehmen sind:

Tabelle 8: Reflexions- und Antizipationsraster

	Betrieb		Beschäftigte	
	Reflexion	**Antizipation**	**Reflexion**	**Antizipation**
Arbeiten	Aktuelle Anforderungen aus Technik, Organisation, Markt, Arbeitspolitik, etc.	Zukünftige Gestaltungsoptionen und Planungen	Was tue ich bei der Arbeit? Gibt es aktuelle Schwierigkeiten im Arbeitshandeln? Meine individuellen Arbeitserfahrungen?	Was kommt an Arbeitsaufgaben auf mich zu? Wie lässt sich eine entwicklungsförderliche und schädigungsfreie Arbeit beschreiben und realisieren?
Lernen	Vorhandene genutzte und schlummernde Kompetenzen und Potenziale PE-Konzept	Welche Qualifikationen werden zukünftig benötigt? Wie können die Kompetenzen und Potenziale der Mitarbeiter entwickelt und genutzt werden?	Über welche Kompetenzen verfüge ich? Welche individuellen Lernerfahrungen liegen vor?	Welche Kompetenzen möchte ich erhalten, entfalten und weiterentwickeln?

Quelle: Allespach 2005, S. 147

Im Rahmen eines Aktionsforschungsansatzes wurden – gegenstandsadäquat – auf dieser Grundlage gemeinsam mit dem Management und den Beschäftigten Reflexions- und Aushandlungsinstrumente entwickelt und erprobt. Es ist hier nicht der Raum, die Instrumente und ihre Systematik im Detail vorzustellen (hier sei auf Allespach 2005 verwiesen). Auf was an der Stelle hinzuweisen ist, ist die grundsätzliche Logik: Es gibt jeweils Instrumente und Verfahren für die Beschäftigten und den Betriebsrat auf der einen und für das Management auf der anderen Seite. Und es gibt, der Logik des Aushandlungsprozesses folgend, gemeinsame Instrumente, die die unterschiedlichen Perspektiven zusammenfassen. Die Instrumente und ihre Systematik sind in folgender Abbildung 23 zusammengefasst:

Abbildung 23: Instrumente für eine beteiligungsorientierte Weiterbildungsplanung

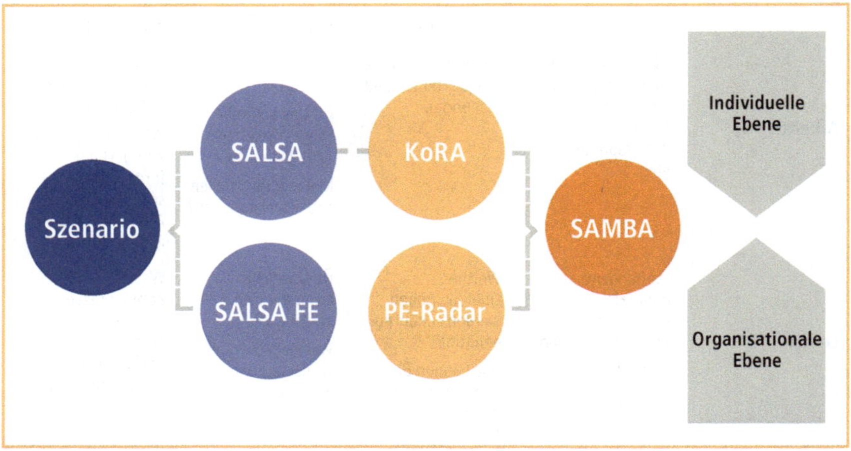

Quelle: Allespach 2005, S. 159

Das »Szenario« versteht sich als Teil der Strategieentwicklung. Diese wird zwischen den Betriebsparteien abgestimmt und Konsequenzen für die Betriebliche Weiterbildung herausgearbeitet. Mit »SAMBA« ist ein Verfahren beschrieben, bei dem die organisationale und individuelle Ebene von entwicklungsförderlicher Arbeit im Betrieb erörtert und Konsequenzen für die betriebliche Weiterbildungsplanung gewonnen werden. »SALSASE« versteht sich als Selbstanalyseinstrument für die Beschäftigten zur Erschließung subjektiver Lerngründe. Die Beschäftigten entwickeln Begründungen, die expansives Lernen subjektiv nachvollziehbar und vernünftig erscheinen lassen. Das Kompetenztagebuch »KORA« soll den Prozess der Vergewisserung über die je eigenen Lerngründe unterstützen. Es dient der persönlichen Standortbestimmung und regt dazu an, über bisherige Arbeits- und Lernwege zu reflektieren, Erfahrungswissen aufzuspüren und sichtbar zu machen, inwiefern sich darin möglicherweise ein Anschlusslernen im Kontext der Betrieblichen Weiterbildung finden lässt. Bei »SALSAFE« geht es um die Analyse der Arbeits- und Lernsituation in der Abteilung/in dem Bereich, für die der/die Vorgesetzte jeweils verantwortlich ist. Durch die reflexive Auseinandersetzung der Vorgesetzten mit ihrem jeweiligen Arbeitsbereich wird deutlich, wo man steht, wo man zukünftig hin möchte und welche Schwerpunkte auch für die Weiterbildung sich daraus ergeben. Das computerbasierte »PE-Radar« reflektiert die Personalentwicklung im Unternehmen, lässt diesbezüglich Handlungsbedarfe erkennen und hilft dabei, Schlussfolgerungen zu definieren und Konsequenzen einzuleiten. So wird beispielsweise gefragt, inwiefern

kritische Faktoren erkannt und antizipiert und auf ihre qualifikatorischen Konsequenzen hin durchdacht werden; wie die Beschäftigten einbezogen werden; ob nur Bezug genommen wird auf den Status quo oder auf die als prinzipiell gestaltbar angesehenen Arbeits- und Lernbedingungen; ob der Bezugspunkt anforderungsbezogene Kurzfristqualifikationen sind oder auf umfassende berufliche Handlungskompetenz rekurriert wird.
Die Instrumente einer beteiligungsorientierten Bildungsplanung und ihre Systematik regen Reflexionen an und fördern den Dialog und Diskurs innerhalb eines Arbeitsbereichs, zwischen Betriebsrat und Geschäftsleitung sowie zwischen den Beschäftigten und den Vorgesetzten. Sie sind die notwendige Grundlage für Aushandlungsprozesse im Rahmen einer nachhaltigen Personalentwicklung. In Abgrenzung zu einer reaktiven, anforderungsbezogenen Bildungsplanung werden die Beschäftigten mit ihren Interessen zu einem zentralen Bezugspunkt der Bildungsplanung. Die Beschäftigten werden als Expert:innen für ihre eigenen Lernbedürfnisse anerkannt und gestalten ihre eigenen Lernprozesse mit.
Eine solche beteiligungsorientierte Bildungsplanung, das Herausarbeiten und Aushandeln der Qualifizierungsbedarfe der Betriebe und der stark ausdifferenzierten Bildungsinteressen der Beschäftigten, ist anspruchsvoll. Die Aufgabe des betrieblichen Bildungspersonals wäre es zum einen, diesen Prozess pädagogisch vorzubereiten und zu begleiten. Zum anderen ist es, vor allem angesichts der dominierenden verwertungs- und anforderungsorientierten Praxis der Personalentwicklung, unverzichtbar, die lernenden Subjekte bei der Reflexion ihrer Lerngründe und dem Herausarbeiten der sich daraus ergebenden Schlussfolgerungen für die betriebliche Weiterbildungsplanung zu unterstützen.

7. Grundlage: Entwicklungsförderliche Unternehmenskultur

Das Konzept einer beteiligungsorientierten Bildungsplanung braucht Instrumente, Verfahren, Systematiken, aber insbesondere eine entwicklungsförderliche Weiterbildungskultur im Unternehmen: Möglichkeiten zur Reflexion, klare Kommunikation, unterstützende Führungskräfte, eine Fehlerkultur, die Anerkennung der individuellen Lernpräferenzen und -stile der Beschäftigten, die Förderung des gemeinsamen Lernens und der Austausch von Wissen und Erfahrungen, Vertrauen und Wertschätzung. Eine solche Unternehmenskultur ist die Grundlage dafür, dass es den Beschäftigten ermöglicht wird, ihre eigenen Lernbedürfnisse und -interessen zu erkennen, zu artikulieren und mit anderen zu verhandeln. Aushandlungsprozesse in der Weiterbildung verweisen auf kooperative Prozesse, ohne die eine Verständigung nicht sinnvoll möglich ist. Da verschiedene Akteure mit unterschiedlichen Interessen und Perspektiven am Aushandlungsprozess beteiligt sind, gehören Interessenkonflikte zur Tagesordnung. Dafür müssen Verfahren beschrieben werden, wie mit diesen Konflikten im Aushandlungsprozess so umgegangen wird, dass bei allen unterschiedlichen Sichtweisen ein fairer Kompromiss gefunden werden kann. Hier braucht es transparente Regeln und Normen, wie sie sich beispielsweise in einer Betriebsvereinbarung formulieren lassen (vgl. hierzu den Beitrag von Donath & Engelmann in diesem Band).

8. Zusammengefasst

Die Weiterbildung als Aushandlungsprozess bezieht sich auf die Vorstellung, dass Weiterbildungsmaßnahmen nicht einfach von oben verordnet werden, sondern das Ergebnis eines Verhandlungs- und Abstimmungsprozesses zwischen verschiedenen Akteuren sind. Durch den Aushandlungsprozess können unterschiedliche Interessen, Bedürfnisse und Perspektiven berücksichtigt werden, um zu einer für alle Beteiligten akzeptablen und erfolgreichen Weiterbildungsstrategie zu gelangen. Eine beteiligungsorientierte, nachhaltige Bildungsplanung zielt darauf ab, die individuellen Weiterbildungsinteressen der Beschäftigten mit den Anforderungen des Arbeitsplatzes und den strategischen Zielen des Unternehmens in Einklang zu bringen. Letztlich sind beide Perspektiven aufeinander verwiesen: Eine strategische und beteiligungsorientierte Bildungsplanung ist sowohl ein Schlüssel für die Entfaltung und Entwicklung der Beschäftigten als auch für wirtschaftlichen Erfolg. Eine beteiligungsorientierte Bildungsplanung ist nicht nur die »demokratischere«, sondern zugleich die wirtschaftlich sinnvollere Art der Planung, da die Beschäftigten als Expert:innen ihres Arbeitsplatzes und als Mitgestalter:innen einbezogen werden. So werden Prognosedefizite herkömmlicher Planungsverfahren minimiert. Für die Beschäftigten macht das die Betriebliche Weiterbildung attraktiv, was nicht zuletzt angesichts des Fachkräftemangels von großer Bedeutung ist.

9. Literatur

Allespach, M. (2005). Betriebliche Weiterbildung als Beteiligungsprozess: Subjektive Bedeutsamkeiten als Grundlage für eine partizipative Bildungsplanung.

CVTS6. Berufliche Weiterbildung in Unternehmen, Sechste Europäische Erhebung über die berufliche Weiterbildung in Unternehmen (CVTS6). *https://www.destatis.de/DE/Themen/Gesellschaft-Umwelt/Bildung-Forschung-Kultur/Weiterbildung/Publikationen/Downloads-Weiterbildung/weiterbildung-unternehmen-5215201209004.pdf?__blob=publicationFile* (abgerufen am 17.8.2023).

Denning, A. (2020). Bedarfstransformationsprozesse als Ursache von Passungsproblemen zwischen Angebot und Nachfrage. In: Zeitschrift für Hochschule und Weiterbildung 1/20, S. 55–62.

Faulstich, P. (1998). Strategien der betrieblichen Weiterbildung.

von Hippel, A. & Röbel T. (2016). Funktionen als akteursabhängige Zuschreibungen in der Programmplanung betrieblicher Weiterbildung, In: ZfW 39, S. 61–81.

Holzkamp, K. (1993). Lernen – subjektwissenschaftliche Grundlagen.

Porter, M. (1990). »The Competitive Advantage of Nations«.

Seyda, S. & Placke B. (2020). IW-Weiterbildungserhebung 2020: Weiterbildung auf Wachstumskurs.

Wiltrud Gieseke

Bildungswissenschaftliche Positionierung und Stärkung des Individuums in der Betrieblichen Weiterbildung

Inhalt

1. Bildungswissenschaftlicher Ausgangspunkt

Die Betriebliche Weiterbildung scheint gegenwärtig mit betrieblichen Produktions- und Entwicklungsprozessen, aber ebenso mit individuellen Entwicklungen der Mitarbeiter:innen verbunden. Man wünscht sich bildungstheoretisch mehr Zugänge, um sich analytisch mit den inhaltlichen Schwerpunkten, den Adressatengruppen und den Lernverwertungszusammenhängen (Robak 2015) zu beschäftigen. Dabei spielt eine Verlagerung bzw. Erweiterung des Nutzenbegriffs eine wichtige Rolle (Fleige 2021). In den umfangreicheren vorzustellenden Studien spielen Tätigkeitstheorien und Handlungstheorien eine Rolle. Sie werden deshalb einleitend in groben Zügen vorgestellt. Vorhandenes Wissen um die Verbindung von Kognitionen und Emotionen für Aneignungsprozesse hat dabei einen grundlegenden Einfluss. Im Zuge gegenwärtiger technologischer und ökologischer Anforderungen bedarf es weiterhin bildungsempirischer Untersuchungen, die den veränderten Tätigkeitsentwicklungen sowie individuellen Handlungen im Arbeitsalltag nachgehen.

2. Theoretische Anschlussmöglichkeiten

2.1 Zur Tätigkeitstheorie

Tätig sein ist ein grundsätzlich biologisch, sozialisatorisch angelegtes Tun und Deuten als menschliche Eigenschaft. Daraus entstehen Möglichkeiten und die Herausforderung, sich in der Welt handelnd zu bewegen und neue Spielräume für neue Sichten durch neues Wissen zu erwerben. Bedürfnisse entstehen und vergegenständlichen sich. Die Arbeitsumstände, die Einordnung von Welt vom handelnd Tätigsein ist Ausdruck vom Menschsein (Peters 2019). Dort, wo ich tagtäglich zur Sicherung meines Lebensunterhalts die meiste Zeit verbringe, reduzieren oder entwickeln sich meine Potenziale.
Wie Bildung, Qualifikationen und Kompetenzen (BQK) darin neu eingesponnen werden oder mit neuer Qualität einzuspeisen sind, soll kurz nachgegangen werden. Der Tätigkeitsbegriff ist für betriebliche Kontexte schon deshalb von hoher Relevanz, weil sich Berufe im Laufe der Arbeitszeit verändern und sich berufliche Tätigkeiten verengen, erweitern oder verlagern, da sich neues Wissen oder/und Kompetenzen einlagern. Disziplinär gesehen, scheint der Diskurs eher in der philosophisch-psychologischen Diskussion geläufig (siehe Einordnung unter Beruflicher Weiterbildung in: Fleige u. a. 2022). Menschliches Handeln wird entweder theoretisch als untergeordneter Begriff zur Tätigkeit eingeordnet oder steht unter dem Anspruch zur jeweiligen individuellen Äußerung, die außerhalb oder innerhalb der Arbeit bisherige Tätigkeitsmuster individuell übersteigen. Verwiesen sei ebenfalls auf die soziologisch beschriebenen Ansprüche an ein selbsttätig kreatives Subjekt, an den verschiedensten Arbeitsplätzen auf allen Arbeitsebenen (Reckwitz 2012, Robak 2023).
Forschungsgeschichtlich weiterführend ist zum Tätigkeitsbegriff die Arbeit von Peters 2019, die die Tätigkeit als eine menschliche Form der Lebensaktivität beschreibt und verschiedene Generationen, anhand derer sich der Ansatz in der Fachliteratur nachzeichnen lässt, unterscheidet:

1. **1. Generation**: Vermittelndes Handeln zwischen Subjekt und Umwelt (nach Wygotsky); das meint es entwickelt sich im Spannungsfeld zwischen Subjekt und Umwelt ein Instrument, ein Werkzeug, eine sinnliche Erfahrung. Zwei Unmittelbarkeitsdurchbrüche werden dabei nach Braun unterschieden: 1. die

Auseinandersetzung mit Menschen und 2. ästhetisch-künstlerische Durchbrüche. D.h., man eignet sich gesellschaftliche Wirklichkeit, was technische, ökonomische und soziale Verfasstheit betrifft, an.
2. **2. Generation**: Tätigkeiten als vermittelndes Objekt: Das Modell verbindet Tätigkeit mit Handlungen und Operationen. Tätigkeiten kommen dabei aus der Gesellschaft und sind das Motiv, das Objekt und führen zu Handlungen von Individuen und Gruppen mit bestimmten Zielen. Sie werden umgesetzt in Maschinen und beim Menschen in Routinen. Lernen ist das erweiterte Handeln im umfassend gedachten Tätigkeitssystem.
3. Als **3. Generation** mündet der Tätigkeitsbegriff in den Arbeitsbegriff ein, da es offene, unspezifische Arbeitsprozesse gibt, die nicht funktional im Arbeitsprozess erlernt und bedient werden können. Außerdem sind neben Individuen gleichzeitig Gruppen im Blick.

Die Tätigkeitstheorie hat Beziehungen zu einer Praxistheorie (Reckwitz), die Veränderungen nachgeht. Die Frage stellt sich danach, wie man mit Ungewissheiten umgeht. Der naturwissenschaftliche Blick benötigt eine Erweiterung, was den Arbeitsprozess betrifft. Wechselwirkende Prozesse zwischen Kognition und Emotionen finden Beachtung. Man interessiert sich für subjektives Arbeitshandeln, für neue Schnittmengen zwischen Tätigkeitsbereichen. Diese verlangen Vernetzung, sich immer wieder neu verbindende und wieder auflösende Verknüpfungen. Bildungswissenschaftlich interessant ist dabei die stärkere Beachtung von Schlüsselqualifikationen, die Entgrenzung zwischen Fächern und Arbeitsfeldern. Es interessieren Unterschiede zwischen Vernetzungen und Kooperationen in ihren Relevanzen, welche Folgen und welche Bedeutung die Bearbeitung der Schnittstellen nach sich zieht. Gleichzeitig geht es im Gegenzug darum, fachbezogene Grenzen zu erhalten oder neu zu markieren. Bedarfe und Bedürfnisse verändern und erweitern sich. Dabei ist zu analysieren, ob und wie alle Arbeitsebenen einbezogen sind. Worin liegt der Nutzen, wenn diejenigen, die davon betroffen sind, ebenso ihr geringes Interesse signalisieren?

2.2 Handlungstheorien

Der Handlungsbegriff wird auf das Individuum bezogen und dabei sowohl mit allgemeinen normativen Vorstellungen als auch mit individuellen Interessen in Beziehung gebracht (siehe dazu Gieseke, in: Robak u. a. 2023). Im weitesten Sinne haben wir es mit Sozialisationsprozessen zu tun, die ein Leben lang geschehen, aber ebenso mit Lernprozessen. Gesellschaftlich gesehen weiß man es mindestens seit dem vorletzten Jahrhundert: Erfahrungen bilden sich im Handeln aus und sind geformt durch tägliches Tun, interaktive Angleichungsprozesse und das Interpretieren im Austausch mit anderen. Erfahrungen und Deutungen der

Individuen sind Wegweiser menschlichen Urteilens und Verhaltens. Bildungswissenschaftlich betrachtet sind dies die Ausgangspunkte oder Verhinderungen von Lernprozessen. Interdisziplinär und besonders in der erwachsenenpädagogischen Forschung liegen dazu Befunde vor (Arnold 1985, Dybowski/Thomssen 1982, Gieseke 1980). Letzteres ist aus kultursoziologischer Sicht die aktuelle Herausforderung, die als Kreativität gegenwärtig im Sinne einer Zeitdiagnose als besonders komplex zu thematisieren ist (Reckwitz und Rosa 2021). Nicht nur für den Kunst- und Kulturbereich, sondern ebenso im Arbeitshandeln in den Betrieben oder in der Wissenschaft, hängt es, so die Interpretationen, davon ab, wie sich Kreativität entfalten kann. Das leiblich passive Erschließen, das »sinnlich Tätigsein« (Menke 2013) öffnet Türen. Bildung heißt Subjekt werden, aber Kreativsein heißt einen Zustand vor der Bildung und dem Subjektstatus zuzulassen. Man kann dieses nicht einüben, man öffnet eine Tür für experimentelles, offenes Handeln. Ein Handlungsmodus entwickelt sich zwischen Wahrnehmen, offen sein mit Selbstvertrauen, Suchen und Finden. Bildungswissenschaftliche Forschung, die sich für das Dazwischen interessiert, könnte hier Anschlüsse für Prozesse von Veränderungen, neuen Ideen, Möglichkeiten durch ergänzende Forschungsansätze im induktiven Vorgehen, wie bspw. bei Kontrollvorgängen finden. Einige Beispiele sind die Tätigkeit am Fließband diverser Art, bei KI-Einsatz ebenso wie bei neuen Forschungsansätzen in der Technologieentwicklung, die das Subjekt zulassen.

Gleichzeitig geht es aber um Wissen, Einordnung von Abläufen, kontroverse Diskussionen und dann Entscheidungen. Welche Spielräume tun sich auf?

Auch dann bleibt ungeklärt, wie Denken und Handeln zusammenhängen. Alles dies sind weitreichende Fragen, die nicht an der Betrieblichen Weiterbildung und ihren kooperativen Bedingungen vorbeigehen, wenn es um das gewünschte kreative Subjekt geht. Aber gleichzeitig gibt es die Frage, wo sich kreative Spielräume entwickeln, die jeweils individuell oder in Gruppen genutzt werden können. Drei Positionen spielen theoretisch unter dem Handlungsbegriff für die Betriebliche Weiterbildung eine Rolle: 1. Handeln wird mit Wünschen, Wollen, Bedürfnisse haben verbunden; Handeln hat seinen Ursprung in der Akteurin, im Akteur. Aber Handeln wird begleitet von dem/der Kontrolleur:in. Regeln und Gesetze sind dabei bestimmend. 2. Aber ebenso wird festgehalten, dass handlungsveranlassend sind Emotionen wie Zorn, Hass, Angst, Freude. Menschen sind emotionale Wesen, was Auswirkungen komplexer Art hat und nicht im Motivationsbegriff aufgeht. 3. Dieser neueren Sicht ging eine Sicht voraus, die von einer Zweck-Mittel-Relation bestimmt war. Auch heute und nicht nur im Alltag wird weiterhin unterstellt, dass der Mensch ein handelndes autonomes Wesen ist. Denn Gründe für das Handeln können vorgebracht werden, sie können nachvollziehbar im Sinne von verständlich sein und sie können als Rationalisierun-

gen verdeckte Gründe sein, aber auch durch außerindividuelle Gründe (Regeln, Gesetze, Befehle) bestimmt werden.
In kunst- und kulturwissenschaftlichen Überlegungen öffnet sich dabei ein weites Feld der Betrachtungen. Es werden breitere Auslegungen angeboten. So spielt neben dem Gedanken das Experimentieren und das denkende Handeln als eine Herstellung von Erkennen und Tun eine Rolle, aber ebenso wirkt wissendes Handeln hinein. Ablaufende Prozesse sind immer einflussnehmend auf vorangegangenes Handeln. Auch die Arbeit erfolgt nicht nach einem rationalen Konzept. Dewey (1993) spricht von einer intrinsischen Zweckhaftigkeit. Joas (1996) geht dann noch einen Schritt weiter: In seiner Darstellung beherrscht der Mensch nicht zielgerichtet seinen Körper und kann nicht unabhängig von allen anderen handeln. Er formuliert eine pragmatische Tradition, die postmoderne Varianten zwischen Reflexion und kreativem Handeln zulässt. Auch problemlösendes Handeln wird mit intentionalem Handeln verbunden. Es entsteht ein Bild ständig notwendiger Veränderungen, die Handeln im Abbild eines ständigen Stroms von Veränderungen sieht. Praktiken und kreatives Handeln lassen sich ebenso in dieser Weise erklären. Aber wie werden systematische Wissensanteile, spezifische Kompetenzen dazu in Beziehung gesetzt? Geschieht dieses durch Üben und Wiederholungen, Herstellungen von Beziehungen, um einen Gegenstand neu zu betrachten, um sich gedanklich vorzubereiten?
Im Bildungsgedanken des lebenslangen Lernens gilt Bildung schließlich nicht als Vorbereitung auf das Leben, sondern als Begleitung des Lebens. Das trifft auf alle Arbeits- und Lebensprozesse zu. Wir stoßen mit der vorliegenden Literatur auf einen sehr offenen Handlungsbegriff mit vielen Varianten in der Betrachtung. Im gegenwärtigen Diskurs wird das kreative, authentische, offene Individuum erwartet, weniger werden die gesellschaftlichen Determinanten betont.

3. Eine Auswahl an Studien zum Gegenstand Betriebliche/Berufliche Weiterbildung in neuen Vernetzungs- und Kooperationsbeziehungen

3.1 Der Konfigurationsansatz

Eine systematisch ausdifferenzierte Analyse legt Käpplinger (2016) mit seinem Konfigurationsansatz vor. Wir haben es mit einer begrifflich ausdifferenzierten Analyse vorliegender Studien zu tun, einer Auswertung und begrifflichen Einordnung der vorfindlichen Breite der betrieblichen Weiterbildungslandschaft, die bei ihm über mehrere Stufen entwickelt wird und dabei diverse und unterschiedliche Einflussnahmen, Aktivitäten von innen und außen ausmacht. Er geht von einem Differenzierungsansatz aus und arbeitet begrifflich verschiedene Konfigurationen aus. Für ihn zeichnen sich eher kontingente Entwicklungen ab, die nicht von Konvergenz ausgehen. Es geht um Aushandlungsprozesse und ein Zusammenspiel zur Entscheidungsgewinnung (siehe Käpplinger 2016). Dabei ist eine Diversität von Weiterbildungswelten zu beobachten (ebd., S. 125). Er unterscheidet: kontinuierliche Weiterbildungsabstinenz, diskontinuierliche Weiterbildung, kontinuierliche Weiterbildung (ebd., S. 138).

3.2 Zum erweiterten Nutzenbegriff

Die Entwicklungen und Einordnung des Begriffs »Nutzen« von Weiterbildung wird nach Fleige (2021) nicht im engeren betrieblichen Verwertungsinteresse gesehen. Verwandte Begriffe, abzugrenzende Begriffe wie Funktionen, Ziele, Leistung, Qualifikation, Kompetenz werden aufgearbeitet. Bildungsökonomische Betrachtungen werden ausgewertet, ebenso Teilnehmer:innenforschung und empirische Studien zur Wirkung von lebenslangem Lernen. Im Ergebnis definiert Fleige den »…subjektiven Wert, den die Befriedigung von Lern- und Bildungsergebnissen bzw. als der subjektiv empfundene Wert, den die Befriedigung von (Bildungs-)Bedürfnissen (und Bedarfen) durch Lern- und Bildungsergebnisse für das Individuum hat« (Fleige 2021, S. 259). Selbst erfahrene Ergebnisse im Sinne von positiven Verbesserungen spielen eine Rolle. Fleige beschreibt, wie sie es nennt, einen übergreifenden Gebrauchswert, wobei nicht ökonomische, konsumtive Interessen allein im Vordergrund stehen. Gleichwohl geht es um die Bewältigung der Arbeits- und Lebenswelt (ebd.). Biographische Aspekte und Lebenslagen sind beteiligt an einer Auslegung. Es bedarf neuer Balancen und einer stärkeren Berücksichtigung der allgemeinen Bildung und entsprechender Kooperationen, die das Individuum und die allgemeine Weiterbildung zur neuen unabhängigen Positionierung herausfordert.

3.3 Programmplanungshandeln in Betrieben

Hippel/Röbel (2016) erarbeiten einen theoretisch-empirischen Beitrag an drei Unternehmen mit Angeboten, die eher dem Typus der Organisationen mit kontinuierlicher Weiterbildung zuzurechnen sind. Auf der Basis von 16 Interviews identifizieren die Autorinnen verschiedene Programmarten, die auf akteursabhängige Zuschreibungen für bestimmte betriebliche Funktionen basieren. So sind Führungskräfte, Trainer:innen, Unternehmensleitung, Betriebsrat, Kund:innen, Personalentwickler:innen und andere Gruppen am Planungshandeln beteiligt. Programmarten, die so entstehen, sind: Programmkataloge aus der Weiterbildungsabteilung und freie Angebote, bereichsinterne Angebote ohne Beteiligung der Weiterbildungsabteilung, externe Angebote, die für Mitarbeiter:innen geplant werden, maßgeschneiderte Angebote, wo die Weiterbildungsabteilung als Dienstleister fungiert, als auch spezielle Einzelangebote (ebd., S. 69). Kaum werden Funktionen angesprochen, die auf Teilhabe und Chancengerechtigkeit setzen und Bildung als Selbstzweck mitberücksichtigen (ebd., S. 78). Alles scheint bis in die Gegenwart der Logik beigeordneter Bildung zu genügen. In die Handlungskoordination fließen also Macht und Interessen ein, aber gleichzeitig findet sich eine interne Interessendiversität. Unterschiedliche Funktionen werden identifiziert (ebd., S. 72). Komplexe Angleichungsprozesse sind dabei wirksam. Bestätigt werden Schwerpunkte wie Image- und Akquisefunktionen sowie Gratifikations-, Motivations- und Mitarbeiterbindungsfunktionen (ebd., S. 75).

Wie schwierig es ist, selbst aus einem erwachsenenpädagogischen Forschungsinteresse heraus einen empirischen Zugang zu den Angebotsschwerpunkten der Betriebe zu erhalten, kann bisher am Weiterbildungsprogrammarchiv an der Humboldt-Universität zu Berlin aus der Region Berlin/Brandenburg nachvollzogen werden (Gieseke u. a. 2018).[1] Man wünscht sich auch hier mehr Offenheit seitens der Betriebe, die Weiterbildungsprogramme für Forschung zur Verfügung zu stellen. Man erführe so mehr über die differenzierte Leistungsfähigkeit der Betriebe, was Betriebliche Weiterbildung betrifft.

Im weitesten Sinne kann von einer beigeordneten Bildung gesprochen werden (Gieseke 2008), die die betrieblichen Anforderungen im engeren Sinne im Blick hat, gleichzeitig aber gesetzlichen Verpflichtungen nachkommt wie Sicherheits- und Gesundheitsbildung. Weitere Gesichtspunkte sind: technische Veränderungen, Kooperationen im Betrieb und interne Aufstiegsmöglichkeiten.

Andererseits sorgen betriebs- aber auch organisationsübergreifend Unternehmen und spezielle Dienstleistungsorganisationen für nachgefragte Angebote. Hinzu kommen seit geraumer Zeit punktuelle Kooperationen mit öffentlichen Weiterbildungsinstitutionen, wie z. B. mit Volkshochschulen (siehe dazu Fleige u. a. 2022), mit Universitäten (Seitter 2013) und was den Bildungsurlaub betrifft, mit Anbietern in den jeweiligen Bundesländern (Robak u. a. 2015).

3.4 Vernetzungen und Kooperationen

Besondere Aufmerksamkeit haben vor diesem angedeuteten Hintergrund nicht zuletzt interdisziplinäre Forschungen über Vernetzungen und Kooperationen. Alke und Jütte (2018) haben die bildungspolitischen Entwicklungen seit den 1960er Jahren des letzten Jahrhunderts aufgeführt, wobei deutlich wird, dass es sich vor allem um Vernetzungen zwischen verschiedenen Vereinen und Weiter-

1 Link zur Homepage Weiterbildungsprogramm-Archiv Berlin/Brandenburg: *https://www.erziehungswissenschaften.hu-berlin.de/de/ebwb/weiterbildungsprogrammarchiv.*

bildungs-GmbHs in den 1980er Jahren handelte. Sie zeigen auf, dass die Anforderungen und Interessen auf verschiedenen Ebenen liegen: so sind Beziehungen auf personaler Ebene, auf formaler Leitungsebene, was die Weiterbildungsorganisationen betrifft, und auf einer bürokratisierenden Ebene zu finden. Bildungspolitische Projekte sollten die Bildungsberatung für den Weiterbildungsbereich in den letzten zwei Jahrzehnten regional durch Vernetzungen initiieren. Dabei scheint alles gelingen zu müssen, trotz gleichzeitiger Konkurrenz. Man spricht von Netzwerkmanagement.

Der betriebliche Bereich ist eher weniger thematisiert, aber es gibt Entwicklungen, bei denen über Kooperationen Betriebsangehörige zu externen Fortbildungen gezielt geschickt werden. Dabei wird von Jütte und Alke (2018) auf Schmidt-Lauff (1999) verwiesen, die die Kooperationsstrategien in der Betrieblichen Weiterbildung untersucht und eine Anbietertypologie erstellt hat, die die Unternehmen für eine Kooperation nutzen wollen. Daneben wird auf andere Untersuchungen mit entsprechender Richtung verwiesen. Aktuelle Studien zur Kooperation mit Universitäten durch Seitter (2013) u. a. sollten ebenso beachtet werden.

3.5 Das Beispiel Bildungsurlaub

Was die Kooperation zwischen öffentlichen Trägern und Betrieben betrifft, gibt es eine indirekte lange Geschichte zur Einrichtung eines Bildungsurlaubs. Über diesen Vorschlag wird seit den 70er Jahren des letzten Jahrhunderts diskutiert. Er ist in einigen Bundesländern umgesetzt worden. Ziel war und ist es, Arbeitnehmer:innen für eine bestimmte Zeit (z. B. eine Woche) von Arbeit zum Zwecke eigener Fortbildung freizustellen. Die Kontroverse zwischen Betrieben und Gewerkschaften erreichte selten ein hohes bildungsorientiertes Niveau, da anfangs politische Indoktrination, später dann zusätzlicher Urlaub als Motivgrundlage gegen den Bildungsurlaub angeführt wurde. Inzwischen haben sich die Verhältnisse eher beruhigt, da auch für berufliche Weiterbildung, so im Bildungsfreistellungsgesetz in Bremen, betriebliche Träger Angebote zur beruflichen Weiterbildung anbieten können. Hinzu kommt, dass nach einem novellierten Gesetz kürzere Zeiteinheiten (1–3 Tage) zugelassen sind. Hierzu liegt eine umfangreiche und differenzierte bildungswissenschaftliche Studie von Robak u. a. (2015) vor. Für den beruflichen Bereich werden schwerpunktmäßig EDV-Kurse für diverse Tätigkeiten- und Berufsbereiche angeboten (wie Metallerzeuger:in, Pneunomatik, gewerblich-techn. Berufe, Elektroniker:in, Elektriker:in, Bauberufe wie Tischler:in, Modellbauer:in), ebenso für kaufmännisch-verwaltende Berufe, Lager, Handel und Verkehr, ebenso Angebote für den Pflege- und Gesundheitsdienst, erzieherische, therapeutisch beratende Berufe, sowie Angebote, die dem Bereich Schlüsselqualifikationen zuzurechnen sind (wie Gruppendynamik, Pro-

blemlösungen, Präsentation, Persönlichkeitsseminare, wo Konflikte, Stress u. a. bearbeitet werden; ebenda, S. 122f.). Insgesamt zeigt sich, dass sich Kompetenzanforderungen über die Lebensspanne beruflich-, tätigkeits- und persönlichkeitsbezogen ausdifferenziert, sodass diese auf alle Tätigkeiten, Lebensäußerungen und Haltungen Auswirkungen haben.
Es vergehen in der Regel um die 40 Jahre, bis Reformvorschläge nicht mehr als politischer Angriff verstanden werden. Die Frage nach Bedarfe und Bedürfnissen, was lebenslanges Lernen betrifft, benötigen gesellschaftspolitisch einen zu langen Weg.
Insgesamt stellt die Untersuchung von Robak u. a. (2005) fest, dass dort wo es gesicherte Arbeitsplätze gibt – in der Regel bei Großbetrieben, die einen starken Betriebsrat akzeptieren – und bereits eine entwickelte Betriebliche Weiterbildung vorhandenen ist, sich auch die Konfliktfelder reduzieren, wenn ein Bildungsbeurlaub beantragt wird. Dazu gehörte allerdings auch eine Novellierung des Bundesurlaubsgesetzes (BUrlG) mit mehr zeitlichen Spielräumen und der Berücksichtigung tätigkeitsbezogener Themen. Beachtet werden aber ebenso Mitnahmeeffekte durch Betriebe, wenn auch nicht mehr ideologische Ängste thematisiert werden. Das gefährdet die Unabhängigkeit der allgemeinen Weiterbildung und sieht nicht nach Kooperation aus.

3.6 Das Beispiel Volkshochschulen in kooperativen Strukturen, speziell mit Betrieben

Volkshochschulen haben als öffentliche Einrichtungen der Erwachsenenbildung/Weiterbildung einen besonderen Auftrag, individuell nachgefragte berufliche Weiterbildungsangebote zu entwickeln. Es zeigt sich aber in aktuellen Entwicklungen neben persönlichen Beziehungen, die sich aus einer regionalen Eingebundenheit und Nähe ergeben, wie diverse Kooperationen eingegangen werden, die sich zu einem Programmplanungshandeln als ein »reagierendes Erschließen« entwickeln. Mit Betrieben werden Kooperationen eingegangen, so zum Beispiel über Firmenschulungen, Projektinitiativen oder Auftragsvergaben. Das gilt auch für Berufsvorbereitungs- und berufliche Umorientierungskurse. Dabei können Kooperationen so aussehen, dass sie als Aufträge planerische Spielräume lassen, aber ebenso inhaltliche konzeptionelle Vorgaben machen oder allein eine inhaltliche Nachfrage beinhalten, die selbständig in der VHS umgesetzt wird. Diese Analyse bei differenten Volkshochschulen aus unterschiedlichen Regionen zeigt, wie groß die Spannbreite für die Programmentwicklung unter Kooperationsauslegung sein kann. Es wird kategorial für die Typenbildung zwischen berufsspezifisch, berufshauptgruppenspezifisch, berufsbereichsspezifisch, ein erweiterter Tätigkeits- und Handlungsbezug im Kontext von Arbeit, Ausbildung im Lebenslauf und Übergangsbegleitung unterschieden (siehe von Hippel 2022, S. 288).

Kooperationen entstehen entweder als inhaltlich-konzeptioneller Auftrag, auf Eigeninitiative der Planenden an Volkshochschulen, als Auftrag mit inhaltlichem Spielraum, oder auf Nachfrage durch Dritte (Stimm & Gieseke 2022, S. 269f.). Aber auch hierbei stellt sich die Frage, ob Abhängigkeiten aus diesen Kooperationen entstehen, die nicht nur die Planung betreffen, sondern über diesen Weg die inzwischen engen finanziellen Möglichkeiten vieler Volkshochschulen ausgeglichen werden. Drittmittelabhängigkeiten sind, nach den Interviews zu rechnen, nicht zu übersehen. Zumindest gilt, die Planenden agieren planend auf verschiedenen Ebenen.

4. Anschlussüberlegungen

Vor diesem Hintergrund stehen bereits gegenwärtig, aber für die Zukunft vier Maximen an, um lebenslanges Lernen jeweils betriebsspezifisch und mit den Erwachsenenbildungsinstitutionen in einer Region kooperativ zu lösen. Diese sind:

1. Alle Mitarbeiter:innen haben Zugang zur Weiterbildung und werden auch herangeführt. Damit sind nicht Einarbeitungen an neuen Maschinen oder an einem neuen Arbeitsplatz im engeren Sinne gemeint.
2. Arbeitsplätze werden komplexer, für Weiterbildung offener gestaltet, allgemeines Wissen wird stärker gefordert. Tätigkeiten differenzieren sich in verschiedene Richtungen aus.
3. Intern und außerhalb an Weiterbildung/Erwachsenenbildung zu partizipieren erfährt zeitliche und finanzielle Unterstützung.
4. Weiterbildung geht dafür von den Tätigkeitsbedingungen und handlungsbezogener Weiterbildung aus und schafft gleichzeitig berufliche Weiterbildungsprofile, die betriebsübergreifend Anerkennung finden.

Dem geht die Annahme voraus, dass nach dem Abschluss der staatlich gesicherten Erstausbildung für alle ein Recht auf Weiterbildung – nicht nur bei Arbeitslosigkeit – besteht. Bildungsbedarfe und -bedürfnisse bedürfen einer neuen betrieblichen Einordnung. Diese könnten je individuell gebündelt werden, um den individuellen und den betrieblichen, technischen Anforderungen, dem Wissenszuwachs und sozialen Anforderungen in einer sich rasch verändernden Welt nachzukommen.

Das setzt voraus, sich theoretisch und erweitert empirisch u. a. mit dem Tätigkeits- und dem Handlungsbegriff aufgaben-, fach- und ja auch interessenbezogen auseinanderzusetzen. Wir haben es mit existenzbestimmenden Lebensäußerungen zu tun, die der Entwicklung der Individuen dienen, die sich in allen Lebensäußerungen, so auch in der Arbeit finden und dort nicht abgestellt werden. Um es noch etwas aufwendiger zu formulieren: Es geht nicht allein um eine isolierende lernende Selbststeuerung, die ohnehin diejenigen in Anspruch nehmen, die durch ihre Bildungsbiografie dafür mehr Grundlagen erhalten haben. Bildungsarbeit ist Beziehungsarbeit zu Personen und Inhalten (Gieseke 2016), die mit Fuchs (2017) als implizite Intersubjektivität bezeichnet wird, das meint, der Mensch hat die Fähigkeit die Perspektiven anderer zu erfassen. Sie bilden sich im Handeln heraus und lassen sich auf eben diesem Wege erweitern und revidieren, sie bleiben nicht auf eine Perspektive festgelegt. Lernen öffnet.

5. Literatur

Alke, Matthias/Jütte, Wolfgang (2018). Vernetzung und Kooperation in der Weiterbildung. In: Tippelt, Rudolf/von Hippel, Aiga (Hrsg.): Handbuch Erwachsenenbildung/Weiterbildung, Bd. 2. Wiesbaden: Springer, S. 605–621.

Arnold, Rolf (1985). Deutungsmuster und pädagogisches Handeln in der Erwachsenenbildung. Bad Heilbrunn: Klinkhardt.

Dewey, John (1993). Demokratie und Erziehung. In Jürgen Oelkers (Hrsg.), Demokratie und Erziehung. Eine Einleitung in die philosophische Pädagogik. Weinheim: Beltz Verlagsgruppe.

Dybowski, Gisela & Thomssen, Wilke (1982). Praxis und Weiterbildung: Untersuchungen über Voraussetzung und Bedingungen der Weiterbildung von betrieblichen Interessenvertretern. Bremen: Univ.

Fleige, Marion (2021). Weiterbildungsnutzen. Facetten eines Konzepts? Bildungstheoretische Erschließung und Bestimmung. Habilitationsschrift. Berlin: Humboldt-Universität zu Berlin. Kultur-, Sozial- und Bildungswissenschaftliche Fakultät.

Fleige, Marion/Gieseke, Wiltrud/Hippel, Aiga von/Stimm, Maria (2022). Berufliche Weiterbildung in Volkshochschulen. Zugänge zum lebenslangen Lernen. Berlin: Peter Lang.

Fuchs, Thomas (2011): Verkörperte Subjektivität. In: Fuchs, Thomas/Vogeley, Kai/Heinze, Martin (Hrsg.). Subjektivität und Gehirn. Berlin: Parados Verlag.

Fuchs, Thomas (2017). In Kontakt mit der Wirklichkeit. Wahrnehmung als Interaktion. In: Schlette, T./Fuchs, A./Kirchner, M. (Hrsg.): Anthropologie der Wahrnehmung. Heidelberg: Universitätsverlag Winter, S. 109–140.

Gieseke, Wiltrud (1980). Implizite Handlungstheorien – Rekonstruktion pädagogischer Handlungskonzepte hauptberuflicher Mitarbeiter an Volkshochschulen. In: Hess. Blätter für Volksbildung, 30(4), S. 324–330.

Gieseke, Wiltrud (2008). Bedarfsorientierte Angebotsentwicklung in der Erwachsenenbildung. Bielefeld: wbv Verlag.

Gieseke, Wiltrud (2016). Lebenslanges Lernen und Emotionen. 3. überarb. Aufl. Bielefeld: wbv.

Gieseke, Wiltrud (2022). Begriffsfeld: Tätigkeit. In: Fleige, Marion/Gieseke, Wiltrud/Hippel, Aiga von/Stimm, Maria (Hrsg.): Berufliche Weiterbildung in Volkshochschulen. Zugänge zum lebenslangen Lernen. Berlin: Peter Lang, S. 37–44.

Gieseke, Wiltrud (2023). Zur Entwicklung eines bildungswissenschaftlichen Handlungsbegriffs: Komplexe Wechselwirkungen zwischen den Programminhalten, dem Planungshandeln und der Partizipation in der wissenschaftlichen Weiterbildung. In: Robak, Steffi/Gieseke, Wiltrud/Heidemann, Lena/Fleige, Marion/Kühn, Christian/Preuß, Jessica/Freide, Stephanie/Krüger, Anneke (Hrsg.): Wissenschaftliche berufliche Weiterbildung für Kunst und Kultur. Bildungssphäre für das künstlerisch-kulturelle Selbst: Entfalten. Platzieren. Gestalten. Bielefeld: wbv Media GmbH, S. 113–140.

Gieseke, Wiltrud/von Hippel, Aiga/Stimm, Maria/Georgiva, Iva/Freide, Stephanie (2018). Programmarchive und Sammlungen der Erwachsenenbildung/Weiterbildung. In: Tippelt, R./von Hippel, Aiga (Hrsg.): Handbuch der Erwachsenenbildung, Bd. 1. 6., überarb. und aktual. Auflage. Wiesbaden: Springer VS, S. 451–474.

Gieseke, Wiltrud/Stimm, Maria (2022). Programmplanung unter einer entgrenzten Ökonomisierung von Weiterbildung. In: Fleige, Marion/Gieseke, Wiltrud/von Hippel, Aiga/Stimm, Maria (Hrsg.), Berufliche Weiterbildung in Volkshochschulen. Zugänge zum lebenslangen Lernen. Berlin: Peter Lang, S. 263–272.

Hippel, Aiga von (2022). Typen beruflicher Weiterbildung. In: Fleige, Marion/Gieseke, Wiltrud/Hippel, Aiga von/Stimm, Maria (Hrsg.): Berufliche Weiterbildung in Volkshochschulen. Zugänge zum lebenslangen Lernen. Berlin: Peter Lang, S. 285–301.

Hippel, Aiga von/Röbel, Tina (2016). Funktionen als akteursabhängige Zuschreibungen in der Programmplanung. In: Zeitschrift für Weiterbildungsforschung – Report, 39*(1)*, S. 61–81.

Iffert, S./Thöne-Geyer, B./Schmidt, C./Fleige, M./Gieseke, W./Hippel, A. von/Stimm, M. (2021). Kodierleitfaden zur Programmanalyse im Projekt »Berufliche Weiterbildung in Volkshochschulen. Zugänge zum Lebenslangen Lernen. Düsseldorf: Hans-Böckler-Stiftung, 2021. (Working Paper Forschungsförderung; Nr. 214, Juli 2021). *https://www.boeckler.de/de/faust-detail.htm?sync_id=HBS-008056.*

Käpplinger, Bernd (2016). Betriebliche Weiterbildung aus der Perspektive von Konfigurationstheorien. Bielefeld: W. Bertelsmann Verlag.

Menke, Christoph (2013). Die Kraft der Kunst. Berlin: Suhrkamp.

Peters, Susanne (2019). Bildungstransfer im Unternehmenskontext. Wiesbaden: Springer VS.

Reckwitz, Andreas (2012). Die Erfindung der Kreativität. Zum Prozess gesellschaftlicher Ästhetik. Frankfurt a. M.: Suhrkamp.

Reckwitz, Andreas (2006). Das hybride Subjekt. Eine Theorie der Subjektkulturen von der bürgerlichen Moderne zur Postmoderne. Weilerswist: Velbrück Wissenschaft.

Robak, Steffi/Gieseke, Wiltrud/Heidemann, Lena/Fleige, Marion/Kühn, Christian/Preuß, Jessica/Freide, Stephanie/Krüger, Anneke (Hrsg.) (2023). Wissenschaftliche berufliche Weiterbildung für Kunst und Kultur. Bildungssphäre für das künstlerisch-kulturelle Selbst: Entfalten. Platzieren. Gestalten. Bielefeld: wbv Media GmbH.

Robak, Steffi/Rippien, Horst/Heidemann, Lena/Pohlmann, Claudia (2015). Bildungsurlaub – Planung, Programm und Partizipation. Eine Studie in Perspektivverschränkung. Frankfurt am Main: Peter Lang Verlag.

Schmidt-Lauff, Sabine (1999). Kooperationsstrategien in der Betrieblichen Weiterbildung. Unternehmen und Bildungsanbieter als Partner? München: Rainer Hampp Verlag.

Schrader, Josef (2003). Berufliche Weiterbildung zwischen Öffentlichkeit und Privatheit. In Report. Literatur- und Forschungsreport Weiterbildung, 26(1), S. 142–152.

Seitter, Wolfgang (2013). Professionelles Handeln im Kooperations- und Vernetzungskontext. In: Dollhausen, Karin/Feld, Timm C./Seitter, Wolfgang (Hrsg.): Erwachsenenpädagogische Kooperations- und Netzwerkforschung. Wiesbaden: Springer VS, S. 33–48.

Stimm, Maria/Gieseke, Wiltrud/Schmidt, Caroline (2022). Begründungskontexte im Angehen der Programmplanung. In: Fleige, Marion/Gieseke, Wiltrud/Hippel, Aiga von/Stimm, Maria (Hrsg.): Berufliche Weiterbildung in Volkshochschulen. Zugänge zum lebenslangen Lernen. Berlin: Peter Lang, S. 256–272.

Franz Kaiser

Themenzentrierte Interaktion als lebendiges Lernen in der Weiterbildung. Ein gruppendynamischer Ansatz mit ethischer Grundlage

Inhalt

1. Abstract

Der Beitrag widmet sich der Themenzentrierten Interaktion (TZI). Sie ist eine Methode zur Gestaltung von Lernprozessen in Gruppen, vor allem für Erwachsene. Es werden die Entstehung, ihre Verbreitung und die wesentlichen Grundlagen und Beispiele ihrer Anwendung angesprochen. Da die TZI nicht nur ganz praktische Hinweise für gelungene Lernprozesse in Gruppen gibt, sondern auch auf einer ethischen Grundlage basiert, werden diese Besonderheiten und ihr Bezug zur kritischen Bildungstheorie betont. Am Ende stehen aber auch Hinweise auf Grenzen und Gefahren der Methode.

2. Gruppendynamik und Weiterbildung

Formen des gemeinsamen Lernens und kreative Methoden sind heute Weiterbildungsalltag. Emanzipative Erwachsenenbildung zeichnet sich doch gerade dadurch aus, dass sie allen Teilnehmenden Räume zur Mitgestaltung und Selbststeuerung eröffnet. Darum haben sie sich nicht erst seit dem digitalisierten Lernen in der Betrieblichen Weiterbildung etabliert. »Die Freisetzung von Leistungspotenzialen der Arbeitenden trifft auf einen normativen Wandel im Hinblick auf subjektive Ansprüche an Arbeit und Arbeitseinstellungen, welcher in einem generellen Trend eines Arbeits- und Lernkulturwandels mündet.« (Molzberger 2013, S. 4). So sind kreative und erfahrungsorientierte Lernformen inzwischen so selbstverständlich wie eine Vorstellungsrunde zu Beginn eines Seminars mit Erwachsenen. Dennoch kann ich mich noch gut an eine Weiterbildung im Bereich der Hauswirtschaft zur Ausbildungsqualität Mitte der 1990er erinnern, bei der die Erwartung geäußert wurde, dass der Dozent doch derjenige sei, der etwas »beizubringen habe« und es nicht darum gehen könne, noch dazu mit kreativen Methoden, nach einem Einstiegsvortrag zur Qualitätssicherung in der betrieblichen Ausbildung und den damit verbundenen Ansätzen, einen Austausch zu Vorstellungen von Qualität der Teilnehmenden durchzuführen. Das war für die Teilnehmenden ungewohnt und deckt sich mit den Erfahrungen, die wir auch im Bereich der gewerblich-technischen Aus- und Weiterbildung in der Metallindustrie gemacht haben. Es zeigte sich, dass an neue Lernformen in der betrieblichen Aus- und Weiterbildung langsam herangeführt werden muss (Rützel & Schapfel 1997).

Da es ohne Veränderung des Lernenden keinen Lernprozess gibt, macht es das Lernen Erwachsener unausweichlich, Formen zu wählen, die die Präkonzepte und Erfahrungen der Teilnehmenden berücksichtigen und auch Raum bieten, damit diese sich über ihre Interessen und bereits vorhandenen Kompetenzen Klarheit verschaffen. Kein Mensch ist ein unbeschriebenes Blatt, wenn er auf organisiertes Lernen trifft. Es widerspricht aber noch immer den aus der Schule gewohnten Lerngewohnheiten, die teilweise als Erwartung an Weiterbildungsseminare herangetragen werden, dass es sich beim Lernen um eine aktive Handlung des Lernenden handelt. Über sich zu sprechen, gar Bilder zu malen oder mit Lego-Steinen Formen der Zusammenarbeit im Unternehmen zu veranschaulichen (Wedemann 2021), sind dann mitunter sehr fremde Formen, die eher im Freizeitbereich, aber nicht in einer beruflichen Weiterbildung erwartet werden und demzufolge zunächst auf Widerstand stoßen können. »So gab sie in der Gewerkschaft Betriebsräteschulungen im Stil von TZI, was zunächst sehr ungewohnt war und auf sehr viel Widerstand stieß.« (Ewert 2008, 119).[1] Einfacher scheint die Integration vorhandener Vorerfahrungen und der Umgang mit kreativen Methoden im Bereich der Führungskräftebildung und auch in der politischen Bildung mit bspw. Betriebs- und Personalräten zu sein (Kehrbaum 2021).

Einhergehend mit veränderten Arbeitsformen seit Ende der 1990er wandelten sich aber die Anforderungen an die Weiterbildung nahezu Aller. »Quer über alle Branchen hinweg wird zurzeit über ein sich abzeichnendes, neues betriebliches Anforderungsprofil diskutiert, das vor allem durch eine stärkere Individualisierung und mehr Eigenverantwortung der Beschäftigten gekennzeichnet ist. Von ihnen wird erwartet, daß sie sich selbständiger als bisher, zugleich engagiert und kompetent, qualitätsorientiert und kostenbewußt, in das Betriebsgeschehen einbringen (können).« (Kühnlein 1999, S. 19). Genau jene veränderten Anforderungen an die modernen »Arbeitskraftunternehmer:innen«, die mit einem verschärften Zugriff auf die gesamte Persönlichkeit für die betriebliche Wertschöpfung einhergehen (Kaiser 2024), bedürfen aber der Reflexionsräume die eine kritische Distanzierung nicht nur in der gewerkschaftlichen Bildungsarbeit ermöglichen. Es sind jene Räume zum Austausch von Erfahrungen, auf die bereits Allespach, Meyer und Wentzel (2009, S. 25) hinweisen und deren Bedeutung so häufig unterschätzt wird. Die Themenzentrierte Interaktion (Langmaack 2000) ist eine Methode des Lernens in Gruppen, die genau dies besonders befördert (Stollberg & Schneider-Landolf 2017).

3. Grundlagen der Themenzentrierten Interaktion

Die TZI als methodische Schule entwickelt sich in enger Verbindung mit der Lebensgeschichte von Ruth Cohn, die als Kind jüdischer Eltern 1912 in Berlin geboren wird. Sie flieht aus Deutschland zunächst in die Schweiz, später in die USA und kehrt schließlich in den 1970er Jahren in die Schweiz zurück (Greving 2017). Mit dieser Rückkehr beginnt die Verbreitung der TZI vor allem im deutschsprachigen Raum. Dabei verbindet Ruth Cohn in dem Konzept ihre vielfältigen Erfahrungen mit dem autoritären Charakter in Deutschland, der ihr widerfahrenen Hilfe, den Konzepten der Psychoanalyse, des Marxismus und Existenzialismus aber auch mit den experimentellen Ansätzen der humanistischen Therapieschulen in den USA in der Nachkriegszeit, verbunden mit den Namen Fritz Perls, Carl Rogers und Virginia Satir (ebd., S. 19f.).

1 Vgl. die Ausführungen zur Bedeutung des Widerstands und von Störungen in der TZI im Abschnitt 4.2.

Die Kernidee dieses an der Entwicklung des Einzelnen interessierten Ansatzes besteht aus einer ausgeglichenen Verbindung der:

- zu erschließenden oder zu bearbeitenden Aufgabe oder Sache (Es),
- daran beteiligten einzelnen Personen mit ihren Kompetenzen und Gefühlen (Ich),
- Gestaltung förderlicher Beziehungen und Interaktionen zwischen allen Beteiligten (Wir),
- Rahmenbedingungen, Umwelt und Gegebenheiten (Globe).

Damit wird deutlich, dass es nicht nur um eine therapeutische Auseinandersetzung des Einzelnen mit sich und seiner Biografie oder einem neuen Lerngegenstand geht, sondern die Gruppe gezielt für den Lernprozess genutzt wird bzw. an diesem partizipiert, wie dies auch bei Selbsthilfegruppen der Fall ist. Dabei überschreitet aber das Anliegen der TZI den dabei unmittelbar präsenten Raum, wendet sich in die sie umgebende Welt und wird politisch, weil sie auffordert, die umgebenden Bedingungen zu berücksichtigen und sich nicht in eine Wohlfühlatmosphäre einer schön gestalteten Gemeinschaft zurückzuziehen. Stattdessen ist für sie leitend: »Die Autonomie des Einzelnen ist umso größer, je mehr er sich seiner Interdependenz mit allen und allem bewusst wird« (Cohn & Farau 1984, S. 357).

4. Lerngestaltungskunst fängt bei sich selbst an und erschließt die ganze Welt

4.1 Von der Belehrung zum lebendigen Lernen

Die Begegnungsformen und die Architektur des traditionellen, schulischen Lernens haben ihren Ursprung in Klosterschulen (Kemnitz 2018). Das Ziel ist Einübung in vorgegebene Riten und Gebete sowie das Lesen und Kopieren von vorhandenen Schriften. Dementsprechend sind die Methoden der »Kathederpädagogik«. Die Mitglieder der klösterlichen Gemeinschaft zeichnen sich durch Angleichung aus, nicht nur im äußeren Erscheinungsbild.[2] Auch das traditionelle Handwerk fördert das Nachahmen der vorhandenen Routinen, Handlungsabläufe und Gebräu-

2 Im Übrigen auch ein Ziel, dass uns in allen undemokratischen und diktatorischen Staaten begegnet. Dort sehen wir Einheitsuniformen, Gleichschritt, vorgeschriebene Feste und Riten, die immer mit den gleichen Liedern und Formen ablaufen und bei denen abweichendes Verhalten empfindlich bestraft wird. Eine Parallele zum vorangegangenen Nazi-Regime, die vielen Bürger:innen der ehemaligen DDR gar nicht bewusst wurde, weil die Kollektiverziehung andere Inhalte und Wörter nutzte und dennoch in vielen Formen ähnlich blieb. »Beachtet die Formen!«, könnte eine Weisheit aus dieser Geschichte lauten.

che. Ausbildung zielt auf die Perfektionierung der Kopie der von Meister:innen vorgemachten Werkstücke (Kaiser 2020a). Am extremsten erfolgt diese Angleichung im Militär durch Uniform und Gleichschritt. Die Schulgebäude und bis vor kurzem auch die betrieblichen Schulungsräume kopierten die Lehrräume der klösterlichen Schreibstuben und die Architektur der preußischen Militärkasernen (Kemnitz 2018). In diesen Gegebenheiten geht es um die *Vermittlung* von Können und Wissen an die Unqualifizierten und Unwissenden – eine pädagogische Einbahnstraße. Was ggf. bereits an Erfahrungen und Unterschieden im individuellen Vermögen vorhanden ist, wird ignoriert, Einordnung wird belohnt und gefordert. Diesem traditionellen Lernen setzt die Themenzentrierte Interaktion (TZI) das »lebendige Lernen« entgegen (Stollberg & Schneider-Landolf 2017).
Die Überlegung, dass Lernen zumeist in Gruppen stattfindet und dass alles Lernen nur vonstattengehen kann, wenn sich der bzw. die Einzelne verändert, ist dabei grundlegend. Ruth Cohn entwickelt die TZI zunächst bei der Gestaltung des gemeinsamen Lernens von erwachsenen angehenden Therapeut:innen in den USA. Sie sollten erkennen, dass sie sich nicht aus dem Therapieprozess herausnehmen können, sondern immer mit ihrer Persönlichkeit beteiligt sind. Darum sollten sie sensibler für ihr eigenes Empfinden werden und ermutigt werden, Phänomene, die sie stören, als Störungen des Lernprozesses wahrzunehmen, zu äußern und damit Hinweise an die gesamte Gruppe zu geben. Zwar übernehmen Lehrende und Dozent:innen in der Weiterbildung keine therapeutische Aufgabe, wenngleich im Bereich des Coachings und der Beratung die Trennung schwieriger wird; aber auch die distanziertesten Pädagog:innen beeinflussen den Lernprozess, treffen Entscheidungen über Interaktionsformen. Darum macht es auch für sie Sinn, es nicht für eine individuelle Ablenkung zu halten, wenn ein Lernprozess langweilig, über- oder unterfordernd oder in anderer Weise nicht gelungen ist oder auch, wenn in dem Dozierenden selbst ein Thema aufkommt, das sich in den Vordergrund schiebt. Dahinter verbirgt sich ggf. bereits ein hilfreicher Impuls für eine Veränderung des Inhalts, der Methoden, des räumlichen Settings, der sonst unter der Oberfläche bleibt (s. Abbildung 24). Das kann eine ungeklärte Situation im zwischenmenschlichen Bereich aus der vorangegangenen Pause oder auch ein geöffnetes Fenster sein, durch das zu viel Lärm von außen in den Raum dringt, eine aktuell dramatische außenpolitische Situation, aber auch eine notwendige Ergänzung zum Thema, die »einem in den Fingern juckt«. Ob es für das Lernen sinnvoll ist, das in dem Moment zu äußern oder für sich zu behalten, ist eine individuelle Entscheidung. Das lebendige Lernen ermutigt zur gesteigerten Sensibilität gegenüber eigenen Gefühlen ebenso wie gegenüber der Befindlichkeit der Anderen. Im Wissen darum, dass wir in der Schule eher zur Unterdrückung von spontanen Impulsen erzogen worden sind, weiß die TZI, dass die Titanic nicht an der Spitze des Eisbergs gescheitert ist, sondern an dessen verborgenem Untergrund (s. Abbildung 24).

Abbildung 24: Das Eisbergmodell in Anlehnung an Sigmund Freuds Theorie

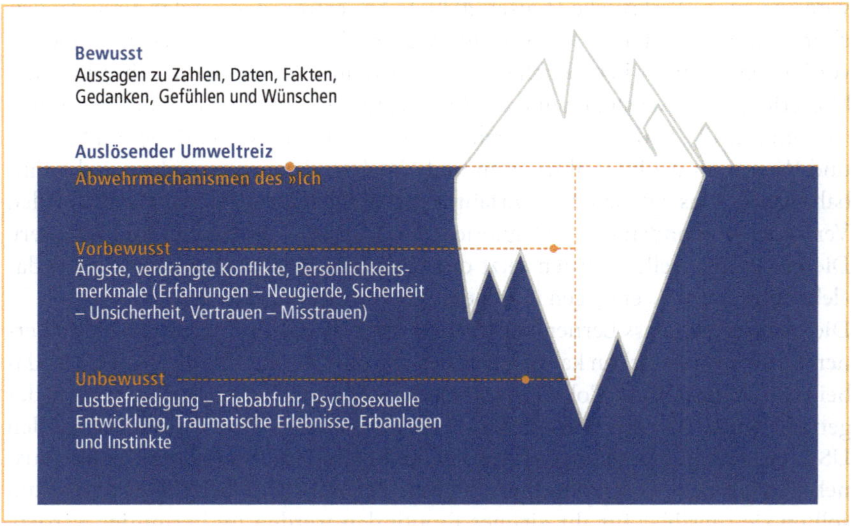

Quelle: *https://de.wikipedia.org/wiki/Eisbergmodell#/media/Datei:Eisbergmodell.png*

In Gruppen besteht eine dynamische Balance zwischen dem individuellen »inneren Empfinden«, den Gefühlen zwischen den Gruppenmitgliedern einschließlich den Leitenden einerseits und der Sachebene andererseits. Hierzu ist das »Eisberg-Modell« aus der Theorie von Sigmund Freud hilfreich, das den kleineren und sichtbaren Teil als Sachebene/Sachlogik und den ebenfalls wirksamen aber unsichtbaren (und deutlich größeren) Teil des Eisberges als Teil als Psychosoziale Ebene/Psychologik beschreibt (Langmaack 2000). Wird diese Ebene des Unbewussten immer wieder unterdrückt, schaffen sich dessen Bedürfnisse an anderer Stelle Raum. So entstehen Aufmerksamkeitsstörungen, Autoaggressionen einhergehend mit Süchten oder verbale Attacken, die unkontrolliert und unvermittelt hervorbrechen. Dies, weil sie nicht in der Situation geäußert werden, der sie ihren Ursprung verdanken und in denen sie auch nachvollziehbar wären.
Die Aufforderung der Leitenden in der TZI lautet darum: »Sei deine eigene Leitung, dein/e eigene/r Vorsitzende/r, deine Chairperson« oder auch »Achte auf deine Gefühle und nehme sie wahr und äußere sie, folge ihnen, wenn du es für angemessen hältst« (Gertz 2012, S. 2). Sich selbst mit allen Sinnen und seinem ganzen Vermögen in den Lernprozess einzubringen und zu dessen Erfolg beizutragen ist notwendig, um authentische Begegnung zu befördern und damit ein ganzheitlicheres Selbstbewusstsein aller Teilnehmenden zu entwickeln. Die Einladung, sich für eigene Empfindungen Raum zu nehmen und diese als wahre oder auch als falsche Bedürfnisse zu entschlüsseln, die anerzogen oder versteckt

waren, ist ernst gemeint. D.h., halten sich die Teilnehmenden oder Leitenden in der Situation zurück, weil sie es gelernt haben, dass sie angeblich nicht so wichtig sind, oder nutzen sie umgekehrt dominierend jede Gelegenheit, um auf sich aufmerksam zu machen, oder weil sie glauben es besser zu wissen, dann sind Entwicklungen eingeschränkt. Der individuelle Wachstumsprozess der Teilnehmenden ist deshalb immer auch Ziel jeglicher Lernsituation.
Dabei geht es nicht allein um einen therapeutischen Reflexionsprozess der Einzelnen, sondern auch um einen gemeinsamen Prozess, weil auch die Anderen am Erkenntnisprozess jedes Einzelnen lernen können, wenn dieser Raum zur Artikulation da ist und ein gemeinsam geteilter Lern- und Entwicklungsprozess stattfindet. Die, aus der berufs- und arbeitspädagogischen Theorie bekannte »community of practice« (Laeve & Wenger 1991), also die Praxisgemeinschaft, die auch zugleich eine Lerngemeinschaft in einem Arbeitskontext darstellt, ist genau auf diesen offenen Austausch angewiesen, zumal sie zunehmend mit offenen Handlungssituationen konfrontiert ist, in denen routinierte Lösungen nicht mehr funktionieren. »Um zu erkennen, welche Wirkungen und Möglichkeiten sich aus einem Arbeitsschritt ergeben, ist eine subtile sinnliche Wahrnehmung notwendig. Es müssen ›Informationen‹ wahrgenommen werden, die nicht exakt und eindeutig definiert sind und die nur durch ein besonderes Gespür wahrgenommen werden können. Das ›Erahnen‹ einer möglichen Entwicklung spielt hier ebenso eine Rolle wie die Entwicklung von ›Vorstellungen‹ über bisher noch Unbekanntes. Solche Wahrnehmungen sind eng verbunden mit einem bildhaften und assoziativen Denken.« (Böhle & Bürgermeister 2011, S. 11). Die Schulung der Wahrnehmung und Ermutigung zu ihrer öffentlichen Äußerung wird so auch zu einem Beitrag zum innovativen Handeln und Lösungsentwicklung in unmittelbaren Arbeitskontexten.

4.2 Überwindung der autoritären Persönlichkeit – TZI und kritische Theorie

Die Themenzentrierte Interaktion entwickelt sich aus der leibhaftigen Erfahrung der Herrschaft der Nationalsozialisten:innen in Deutschland sowie der Erfahrung von Flucht, Elend und Beistand (Johach 1999). Es liegt auf der Hand, dass es eine massenhafte, unterstützende Einstellung zur Autorität gegeben haben muss, die zur Shoa in Deutschland beigetragen hat.
Gehen die Vertreter der Frankfurter Schule in etwa zeitgleich mit sozialphilosophischen Analysen in Distanz zur bestehenden Gesellschaft, um die Ursachen der bürgerlichen Kälte zu analysieren (Gruschka 1997), wendet sich Cohn, angespornt vom Pragmatismus in den USA, mit Workshops aus Elementen der Gruppen-, Gesprächs- und Erlebnistherapie in die Praxis der zwischenmenschlichen Begegnung von Selbsthilfegruppen. Hier ermutigt sie Menschen zu äußern, was sie denken und fühlen.

Die Zielsetzungen zwischen TZI und Kritischer Bildung sind verblüffend ähnlich. »Was man so Mitläufertum nennt, war primär Geschäftsinteresse: daß man seinen eigenen Vorteil vor allem anderen wahrnimmt und, um nur ja nicht sich zu gefährden, sich nicht den Mund verbrennt. Das ist ein allgemeines Gesetz des Bestehenden. Das Schweigen unter dem Terror war nur dessen Konsequenz. Die Kälte der gesellschaftlichen Monade, des isolierten Konkurrenten, war als Indifferenz gegen das Schicksal der anderen die Voraussetzung dafür, daß nur ganz wenige sich regten« formuliert Theodor Adorno in einer Radioansprache nach seiner Rückkehr nach Deutschland (Adorno 1971, S. 101). Aus seiner Sicht kann die Kälte als Bedingung des Unheils nur beseitigt werden, indem »[...] die Einsicht in ihre eigenen Bedingungen und der Versuch [erfolgen], vorwegnehmend im individuellen Bereich diesen ihren Bedingungen entgegenzuarbeiten. [...] Das erste wäre darum, der Kälte zum Bewußtsein zu verhelfen, der Gründe, warum sie wurde« (ebd., S. 102f.).
Ruth Cohn erweitert aus ähnlichen Motiven und Überlegungen den Anwendungsbereich der TZI von psychotherapeutischer Praxis auf Beratung, Erziehung, Organisationsentwicklung sowie Seelsorge (Cohn 1984). Aus Psychoanalyse, die sich bereits der gesellschaftlichen Bedingungen der krankhaften Persönlichkeit bewusst war (Freud 1994), entwickelt sich ein pädagogisch-therapeutisches Konzept und verbreitet sich in die schulische und außerschulische Bildungsarbeit (Schneider-Landolf, Spielmann & Zitterbarth 2009).
Hierbei kristallisiert sich ein Grundmodell heraus, in dem die ausgewogene Balance der bereits angesprochenen vier Faktoren: Ich, Wir, Thema und Globe ein wesentliches Orientierungsmodell ist.

Abbildung 25: Das TZI Modell als Orientierungsmodell für berufliche Bildung

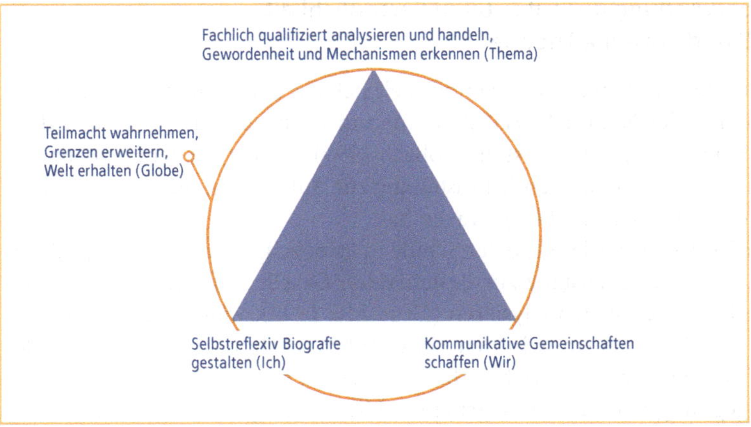

Quelle: eigene Abbildung in Anlehnung an Kaiser 2020b, S. 41

Die Abbildung 25 zeigt die genannten Elemente verbunden mit Zielstellungen in der beruflichen Bildung, die ohne Weiteres auf die Weiterbildung übertragbar sind. Es wird deutlich, dass Lernprozesse sich nicht auf eine fachliche Qualifizierung beschränken können, sondern in einer ausgewogenen Balance zwischen der Entwicklung des Ichs, des Wir, der rationalen Auseinandersetzung mit Gegenständen und Konzepten (Thema) und mit der Erhaltung und Förderung einer gerechten Welt (Globe) verbunden werden müssen. Das basiert auf ethischen Grundüberzeugungen, die in der TZI als »Axiome« formuliert sind (Cohn 1984, S. 357f.). Lernen und Handeln sind auf das gleichberechtigte Wachstum Aller auszurichten und begreifen den Menschen als Einheit von Körper, Seele und Geist. Sachebene und humane Ebene sind verbunden. Schließlich sind durch wertende Entscheidungen die Grenzen der individuellen und gemeinsamen Handlungsmöglichkeiten, in Kenntnis der wechselseitigen Interdependenz von Mensch und Welt auszudehnen (Ewert 2008, S. 20ff.).

4.3 Praxisbeispiele und Anwendungen

In der praktischen Umsetzung bedeutet das, dass die Besinnung auf das jeweils eigene Ich stets am Anfang einer Zusammenkunft von Gruppenmitgliedern steht. Dabei basiert dann bspw. eine Vorstellungsrunde auf einer Reflexion der Verbindung des Globes, aus dem die Teilnehmenden gerade kommen, mit dem Thema. Wenn es z. B. um nachhaltige Entwicklungsziele im Unternehmen geht, können sie sich über bereits vorhandene Ansätze an ihrem Arbeitsplatz oder auch ggf. zuhause bewusstwerden und diese auf Karten, in einem Bild etc. sammeln, um dann zu entscheiden, welche davon man mit der gesamten Gruppe zu teilen bereit ist.

Zwar ist immer mitgedacht, dass die Genese der Einzelnen gesellschaftlich-historischen Restriktionen unterworfen ist (sie kommen aus gewordenen, zum Teil schwer veränderbaren äußeren Bedingungen), dennoch bleibt das Ich zentraler Ausgangs- und Zielpunkt. »Nur ich und niemand sonst kann meine Wahrnehmungen, Vorstellungen, Gefühle und Gedanken für mich erleben und vertreten, niemand außer mir hat meine Erinnerungen und Sehnsüchte und entscheidet für mich« (Matzdorf & Cohn 1992, S. 71). Die selbstständige Gestaltung meines eigenen Bildes, über das Erleben und Bewusstwerden von Selbst- und Fremdbildern ermuntert, wird erreicht durch »[...] den Weg zu den Ahnen und den Weg zu den anderen um mich herum« (Langmaack 1991, S. 41).

Das mag insbesondere für politische und gewerkschaftliche Bildungsarbeit schwierig erscheinen, weil sie sich nicht in erster Linie auf die Veränderung des Einzelnen, sondern vielmehr auf betriebliche oder gesellschaftliche Analyse und Mitgestaltung ausrichtet. Ähnliches gilt für Seminare zur Anwendung neuer Technologien, Erlernen neuer praktischer Fähigkeiten. Dennoch gilt auch hier,

dass die zu Beginn einsetzende Betrachtung der eigenen Einstellung zum Thema und das Teilen der unterschiedlichen Voraussetzungen der Beteiligten extrem hilfreich ist. Dann ist für die Lernenden verständlich, warum ggf. die Eine schon mehr kann als der Andere, weil bereits Erfahrungen vorhanden sind. Zudem können sich daraus auch neue Anstöße für die Ausrichtung der Weiterbildung ergeben. Ein ähnliches Setting wie für den Anfang gilt dann aber auch für das Ende des Lernprozesses in der Gruppe. Hier muss erneut der Globe, in den die Teilnehmenden zurückkehren, in den Blick genommen werden. »Was nehme ich mit an den Arbeitsplatz? Was möchte ich dort zuerst erproben, mit wem dort sprechen?« sind Fragestellungen, die Praxistransfer aus einer Weiterbildung deutlich wahrscheinlicher machen. Dabei können auch dort erwartbare Widerstände bereits antizipiert und Entgegnungen eingeübt werden.
Je mehr Berücksichtigung des Globe, also Betrachtung des Kontextes, bspw. der in den Technologien eingewobenen Werte, Haltungen, Verständnisse und ggf. auch internationalen Verflechtungen stattfindet und damit auch zugänglich wird, umso mehr nähert sich TZI einer kritischen Bildungskonzeption an. Hier lassen sich Parallelen zu Oskar Negts Konzept des exemplarischen Lernens herstellen, dass auf die Entwicklung von sechs Kompetenzen zielt: Identitätskompetenz, technologische Kompetenz, Gerechtigkeitskompetenz, ökologische Kompetenz, ökonomische Kompetenz und historische Kompetenz (Negt 2010, S. 223–232). Verliert das exemplarische Lernen aber den Bezug zu den Teilnehmenden (Identitätskompetenz) und eröffnet nicht mehr den Raum zum Austausch und zur individuellen Reflektion, weil es Haltungen und Werte vorgibt, nähert es sich der Indoktrination. Es geht der TZI um die Balance von Dreieck und Kreis, die nicht blind gegenüber einem der Faktoren werden sollte.

5. Die Rolle der Lehrenden bzw. Leitenden – Partizipative Leitung und selektive Authentizität

Es gibt eine systematische Ausbildung für die Leitung von Gruppen mit der TZI mit spezifischem Curriculum, das auch zwischen der Befähigung zur Leitung und der Befähigung zur Ausbildung in TZI unterscheidet, ähnlich wie dies auch in anderen Therapieausbildungen der Fall ist (Ruth-Cohn-Institut 2016). Leitende der TZI begreifen sich als Teil der Gruppe und auch die gestaltete Lernsituation ist für sie als Lernfeld aufzufassen, das zu ihrer persönlichen Weiterentwicklung beitragen kann. Sei es, dass durch die Beteiligung der Teilnehmenden neue Einsichten zum Thema bei ihnen entstehen, die Selbstbeobachtung neue Aspekte für sie als Leitende sichtbar macht oder schlicht auch die lebendige Interaktion im Lernprozess neue Ideen für die didaktisch-methodische Gestaltung erzeugt. Routiniertes Abspielen von Lehrgängen, die aus einer Haltung heraus geschehen, dass das vorhandene Wissen und Können »nur« auf die Teilnehmenden übergehen muss, entspricht nicht der Haltung der Leitenden in der TZI.

Die Aufgabe der »Dozent:innen« besteht vielmehr in der Förderung des Wachstums der Teilnehmenden und in der Achtung der Balance von Dreieck und Kreis. Dabei ist zugleich der Auftrag zu beachten, der mit dem Seminar einhergeht und mit dem Ziele verbunden sind. Widersprechen diese Ziele den zuvor angesprochenen Axiomen, kann TZI nicht stattfinden, denn so besagt das zweite Axiom: »Ehrfurcht gebührt allem Lebendigen und seinem Wachstum. Respekt vor dem Wachstum bedingt bewertende Entscheidungen. Das Humane ist wertvoll, Inhumanes wertbedrohend.« (Cohn & Farau 1984, 357). Damit wird deutlich, dass die Abstimmung des Auftrags und die »Verhandlung« über die zur Verfügung stehende Zeit und Inhalte bereits den Beginn der Arbeit mit TZI markiert. Es ist eben mehr als nur eine effiziente Lehrmethode.

Mit fortschreitendem Lernprozess sollte die Partizipation der Teilnehmenden an der Leitung wachsen. Dabei entsteht »geteilte Leitung«, die sich von Vorneherein dadurch andeutet, dass auch die Leitungsperson sich an Reflexionsprozessen beteiligt, Einblick in ihre Zusammenhänge, Vorwissen etc. gewährt und zugleich als Beispiel in ihrem Teilnehmerverhalten fungiert. Dabei kann es nicht um die Zumutung von Details aus dem Privatleben gehen und auch nicht um langatmige Selbstdarstellungen der eigenen Entwicklung und Karriere. Vielmehr geht es um »selektive Authentizität«, die genau abwägt, was geäußert wird, bezogen auf die Teilnehmenden, das Thema, den Raum und Kontext etc. und die Aufmerksamkeit in diese oder jene Richtung lenkt. Thematisch passende Schilderungen von Anekdoten, die die Leitenden mit dem Thema verbinden, sind ein Beispiel dafür. Aber auch die Äußerung einer Störung einer eigenen Unsicherheit, eines Zweifels sind denkbar und hilfreich, um eine vertrauensvolle Atmosphäre zu gestalten. Gelungen ist die Aufgabe der Leitenden, wenn die Teilnehmenden gar nicht mehr das Gefühl haben, »vom« Dozierenden zu lernen, sondern nur »durch« dessen Form der Gestaltung der Begegnung untereinander und der Formulierung der Unterthemen. Um dies zu verdeutlichen, möchte ich eine unbeabsichtigt schöne Rückmeldung schildern. Ich erhielt einmal eine eigentlich negativ gemeinte Rückmeldung am Ende einer Führungskräfteschulung, die mir in dem Zusammenhang einfällt. »Sie haben uns nicht viel beigebracht. Das meiste haben wir selbst entdeckt!«

Ziel ist also die Gestaltung eines »herrschaftsfreien Raums«, bei dem es möglichst wenig Angst gibt und der Unterschied zwischen Leitenden und Teilnehmenden so klein wie möglich ist. Teilnahme an dem Lernprozess mit all den eigenen Emotionen, Gedanken und Ideen schafft dann freudiges, lebendiges Lernen, das einmalig in dem Moment stattfindet, sich der Licht- und Schattenseiten menschlicher Bedürfnisse bewusst ist und demzufolge offen ist für die Kritik von Teilnehmenden, sich aber zugleich bewusst ist, dass diese Kritik viele Ursachen haben kann. Teil der Dynamik zu werden, die kreiert wird und zugleich noch leiten zu können und Zeit, Raum und den Reifegrad der Gruppe und Teilnehmenden im Blick zu halten, formuliert hohe Ansprüche an die Leitenden, was auch die systematische Ausbildung für TZI-Leitende verständlich macht.

6. Neuerungen sowie Kritik der TZI

Inzwischen ist die TZI auch in Zusammenhängen der Erwachsenenbildung und der politischen Bildung verbreitet (Nounla 2013). Elemente der Erlebnispädagogik und östliche Ansätze zur Verbesserung der Körperwahrnehmung bereichern ihre Praxis ebenso, wie Elemente der therapeutischen Gesprächsführung. Insgesamt haben sich ihre Anwendungsbereiche deutlich erweitert (Schneider-Landolff u. a. 2013). Aktuelle Entwicklungen werden in der Zeitschrift »Themenzentrierte Interaktion« und auf regionalen und internationalen Austauschtreffen diskutiert. Die Nutzung und Visualisierung von für sich sprechenden Themenformulierungen scheint aber nach wie vor eine ihrer Besonderheiten zu sein (Rubner 2009). In der beruflichen Aus- und Weiterbildung wird sie nicht so stark thematisiert (Schapfel-Kaiser 2013), wobei die Auseinandersetzung mit dem Ansatz und das praktische Erleben bspw. verpflichtender Bestandteil des Studiums von Berufsschullehrkräften an der Universität Rostock sind.
Im Laufe der Jahre hat sich ihr methodisches Repertoire erweitert und auch die Integration digitalisierter Tools gehört dazu (Kernthaler-Moder 2020). Obwohl die unmittelbare, zwischenmenschliche Interaktion das Lernen in der TZI so lebendig macht, gelang es auch in der Zeit der Pandemie die Seminare zur TZI in Rostock online stattfinden zu lassen und sie methodisch weiter zu entwickeln.[3]
Um einen Einblick in die selbstgewählten Themen der Studierenden zu geben und zugleich in die Art, wie Themen in der TZI formuliert sein können, seien einige Titel der von Studierenden gestalteten Seminareinheiten hier genannt (Kaiser 2020a, S. 84):

- »Wenn mir die Leitung entgleitet – Wir lernen mit Störungen gut umzugehen!«
- »Be different! Mein Bild von Verschiedenheit«

3 Eine Erfahrung, die dann auch in die Gestaltung eines internationalen Workshops im Netzwerk »VET & Culture« mündete, der Erfahrungen aus der digitalen Hochschullehre zur Schaffung von Nähe in der Distanz thematisierte (*https://vetandculturenetwork.wordpress.com/2021/04/01/closeness-and-distances-in-pedagogical-encounters-on-05-03-2021-workshop-documentation/*).

- »Bei mir finde ich immer ein Haar in der Suppe! – Meine Stärken sehen und positives Feedback annehmen«
- »Gemeinsam gehen wir zum Glück in die Zukunft!«
- »Ich bin Natur – was ist Natur für uns?«
- »Wir gestalten guten Unterricht und gute Schule«

Die Themen behandeln besondere Herausforderungen einzelner Studierender oder auch allgemeine gesellschaftliche Herausforderungen wie Heterogenität, Klimaveränderung oder Resilienz. Sie signalisieren bereits mit der Verwendung von »Ich« oder »Wir«, wo der Schwerpunkt in der Bearbeitung liegt. Das Unterthemen als Zwischenüberschriften zusätzlich auf Flip Charts aufgehängt oder mittels Beamer an die Wand geworfen werden, entlastet die Teilnehmenden, weil sie sich immer wieder auf das aktuelle Thema besinnen können und es entlastet auch die Leitung, weil das Thema mitleitet.

Nach der Heraushebung des Potenzials der TZI für die Gestaltung von Lernsituationen in Gruppen, sei zum Schluss auch noch auf einige Gefahren oder Schwächen hingewiesen.

In Gruppen an Selbstäußerungen mehr als gewohnt heranzuführen, bedarf eines achtsamen Umgangs, der in der Ausbildung zur TZI-Leitung trainiert und erlebt wird. Unvorsichtig auf eine »untere Ebene des Eisbergs« zu (ver)leiten ist verantwortungslos. »In der bisherigen Behördenkultur wird darauf geachtet, ›Emotionen‹ außen vor zu lassen, und falls in hitzigen Diskussionen doch Gefühle aufwallen, werden die Beteiligten von den Vorgesetzten sehr schnell aufgefordert ›sachlich‹ zu werden. … Nicht alle Mitarbeiter können oder wollen sich emotional öffnen, dies könnte ja als Schwäche ausgelegt werden. Hier sehe ich deutlich die individuellen Grenzen und respektiere diese gerne.« (Aldinger 2008, S. 44). Diese Behördenkultur, die hier von einem Abteilungsleiter beschrieben wird, der Globe, als Quelle aller Umgebungsfaktoren kann in gruppendynamischen Settings schnell ignoriert werden. Stattdessen ist der Globe aber Ermöglichungsraum und Herkunftsgebiet sowie Basis eigener historischer oder familiärer Wurzeln der Teilnehmenden, in die diese auch nach der Beendigung von Seminaren wieder zurückkehren und auf den sich demzufolge jede Weiterbildung beziehen muss. Allzu schnell wird diese Außenwelt zur Festigung der Gruppe ggf. unbewusst zum Feind erklärt und es entstehen Blindheit und Verdrängung gegenüber der Wirklichkeit. Dann verspielt TZI ihr politisches Potenzial, wonach der Globe weit mehr als nur die Architektur des Lernraums umfasst. »In diesem Sinne plädiere ich dafür, sehr viel stärker, als ich es [in der TZI Ausbildung erfahren habe; Erg. Autor], die soziale Position der Teilnehmenden, ihre soziale Herkunft, ihre sozialen Auf- und Abstiegserfahrungen und ihre aktuellen Positionskämpfe in das Kursgeschehen einzubeziehen. Die Wirkung dieser Globe-Faktoren, die durch die Teilnehmenden selbst agiert werden, auf die Kursgruppe ist ebenso zu reflektieren wie die Wirkung der TZI-Ausbildung auf die sozialen Auseinandersetzungen der Teilnehmenden in ihrem jeweiligen Alltag« (Hater 2012, S. 41). Deshalb ist das Austragen von Konflikten in einem »Schutzraum« der pädagogisch arrangierten Weiterbildung bedeutsam für nachhaltige Veränderungen. Versteckt sich die Gruppe nicht in der Harmonie der aktuellen Situation im angenehmen Klima des miteinander Lernens und verbirgt sich der/die Einzelne mit seinen Schwächen nicht hinter dem Rücken der Gruppe, sondern wenden sie sich gemeinsam den realen Anforderungen gesellschaftlicher, technologischer oder organisatorischer Veränderungen in der Betrieblichen Weiterbildung zu, dann gelingt eine Balance, die humane Transformation und notwendige Entwicklung befördert (Keel 2012; Kaiser 2024).

7. Literatur

Adorno, T. W. (1971). Erziehung nach Ausschwitz. In Adorno, T., Erziehung zur Mündigkeit. Frankfurt/M: Suhrkamp.

Aldinger, E. (2008). TZI und trotzdem Chef? Ein Erfahrungsbericht über TZI in den hierarchischen Strukturen einer Verwaltung. In Themenzentrierte Interaktion, H. 2, 2008, S. 38–47.

Allespach, M./Meyer, H./Wentzel, L. (2009). Politische Erwachsenenbildung. Ein subjektwissenschaftlicher Zugang am Beispiel der Gewerkschaften, Schüren Marburg.

Böhle, F./Bürgermeister, M. (2011). Innovationsarbeit und Innovationsprozess – künstlerisch, erfahrungsgeleitet, spielerisch. In Praeview, 1, 2011, S. 10–11.

Cohn, R. C./Farau, A. (1984). Gelebte Geschichte der Psychotherapie. Zwei Perspektiven. Klett-Cotta Stuttgart.

Ewert, T. (2008). Themenzentrierte Interaktion (TZI) und pädagogische Professionalität von Lehrerinnen und Lehrern. VS Verlag Wiesbaden.

Freud, S. (1994). Das Unbehagen in der Kultur. In S. Freud, Abriss der Psychoanalyse. Einführende Darstellungen. Fischer Frankfurt.

Gertz, G. (2012). Ein kurze Einführung in die Themenzentrierte Interaktion (TZI). RPZ Heilsbronn 2012. Online: *https://www.rpz-heilsbronn.de/Dateien/Materialien/Fachtexte/gertz_einfuehrung-tzi.pdf* (abgerufen am 21. 8. 2022).

Greving, H., Ruth C. Cohn (2017). In M. Schneider-Landolff/Spielmann, J./Zitterbarth, W, (edit.): Handbook of Theme-centered Interaction. Vanderhoek & Ruprecht Göttingen, S. 17–24.

Gruschka, A. (1997). Wie lernt man kalt zu werden? Von den Konflikten auf dem Weg zum guten und schlechten Menschen (Teil 2)/Pädagogische Korrespondenz/Heft 19/1997, S. 34–59.

Hater, K. (2012). Der Globe, das sind wir. Mit Pierre Bourdieu verstehen, wie wir den Globe agieren. In Themenzentrierte Interaktion, Heft 2, 2012, S. 31–42.

Johach, H. (1999). Das Erbe der jüdischen Emigranten in der Humanistischen Psychologie. In Themenzentrierte Interaktion, H1, 1999, S. 7–28.

Kaiser, F. (2020a). Berufliche Bildung ohne Ermächtigung zum Widerspruch ist Produktion von Untertanen. In: Marose, M./Schütze, K. (Hrsg.), Unter dem dünnen Firnis der Zivilisation. Erinnerungskulturen im Religionsunter-unterricht an berufsbildenden Schulen und in der außerschulischen Bildung. Glaube – Wertebildung – Interreligiosität, Band 20, Waxmann, Münster, S. 135–150.

Kaiser, F. (2020b). Entwicklung beruflicher Lehrkräfte für kritische Gestaltungsfähigkeit. Ziele – Herausforderungen – Perspektiven. In, GEW (Hrsg.), Wichtiger denn je: Politische Bildung und Professionalisierung, GEW Bundesverlag Frankfurt, S. 37–47.

Kaiser, F. (2021). »Zu wissen, dass wir zählen, gegen die Kälte« – Lebendiges Lernen als Teil des kritisch-subjektorientierten beruflichen Lehramtsstudiums. In R. Jahn/A. Seltrecht/M. Götzl (Hrsg.), Ausbildung von Lehrkräften für berufsbildende Schulen, Aktuelle hochschuldidaktische Konzepte und Ansätze. W. Bertelsmann Verlag Bielefeld, S. 69–90.

Kaiser, F. (2024). Berufliche Bildung als Ermächtigung zum Widerstand durch sinnvolle Verbundenheit. Kritisch-subjektorientierte Impulse gegen die Ideologie der Employability. In Tafner, G. u. a. (Hrsg.), Humane Ökonomie – Selbstverständlicher Auftrag sozioökonomischer Bildung und Wissenschaft oder sozialromantische Utopie? Berichte zur Beruflichen Bildung AG BFN, 31. 2024, Budrich Bonn.

Keel, D. (2012). Der Teilchenbeschleuniger. TZI in der Anti-Atomkraft-Bewegung. In Themenzentrierte Interaktion. Heft 2, 2012, S. 9–18.

Kehrbaum, T. (2021). Zwischenmenschliche Bildung und politische Handlungsfähigkeit, Eine Theorie der Praxis gewerkschaftlicher Bildungsarbeit. Wochenschau Verlag Frankfurt.

Kemnitz, H. (2018). »Architektenpädagogiken«. Historische Analysen zu (Schul-) Raum und Bildung. In E. Glaser u. a. (Hrsg.), Räume für Bildung – Räume der Bildung. Budrich Oplanden, S. 446–456.

Kernthaler-Moser, I. (2020). Virtuelle Meetings – was kann die TZI zu ihrer Gestaltung beitragen? In TZI Forum 2020, Online: *https://www.tci-living-learning.org/forum/virtuelle-meetings* (abgerufen am 6. 7. 2023).

Kühnlein, G. (1999). Neue Typen betrieblicher Weiterbildung. Arbeitshilfe für Betriebs- und Personalräte. Hans-Böckler-Stiftung Düsseldorf.

Lave, J./Wenger, E. (1991). Situated Learning. Legitimate Peripheral Participation. Cambridge University Press New York.

Langmaack, B. (2000). Themenzentrierte Interaktion. Einführende Texte rund ums Dreieck. Beltz Weinheim.

Matzdorf, P./Cohn, R. (1992). Das Konzept der Themenzentrierten Interaktion. In C. Löhmer/R. Standhardt (Hrsg.): TZI. Pädagogisch-therapeutische Gruppenarbeit nach Ruth C. Cohn. Klett Stuttgart, S. 78–83.

Molzberger, G. (2013). Subjektivierung von Arbeit – Rückfragen an die Berufs- und Weiterbildung/bwp@/Spezial 6 – Hochschultage Berufliche Bildung 2013, Workshop 01, S. 1–12. Online: *http://www.bwpat.de/ht2013/ws01/molzberger_ws01-ht2013.pdf* (abgerufen am 21.3.2022).

Negt, O. (2010). Der politische Mensch, Demokratie als Lebensform. Steidl Göttingen.

Nounla, C. (2013). TZI und Erwachsenenbildung. In M. Schneider-Landolff/J. Spielmann/W. Zitterbarth (Hg.): Handbuch der Themenzentrierten Interaktion. Vanderhoek & Ruprecht Göttingen 2013, S. 328–331.

Rützel, J./Schapfel. F. (Hrsg.) (1997). Gruppenarbeit und Qualität. Leuchtturm Verlag Alsbach.

Ruth Cohn Institute, Ausbildungsrichtlinien für die Ausbildung in Themenzentrierter Interaktion (TZI). 1916 Basel. Online: *https://www.ruth-cohn-institute.org/files/content/zentraleinhalte/dokumente/Ausbildung%20in%20TZI/00_D_Allgemein/Ausbildungsrichtlinien_RCI-int_2016.pdf* (abgerufen 18.8.2023).

Schneider-Landolff, M./Spielmann, J./Zitterbarth, W, (Hrsg.) (2013). Handbuch der Themenzentrierten Interaktion. Vanderhoek & Ruprecht Göttingen.

Stollberg, D./Schneider-Landolff, M. (2017). Living Learning. In M. Schneider-Landolff/Spielmann, J./Zitterbarth, W, (edit.): Handbook of Theme-centered Interaction. Vanderhoek & Ruprecht Göttingen, S. 137–141.

Christiane Schiersmann & Marcus B. Hausner

Mit Kollegialer Beratung komplexe Situationen gemeinsam meistern – ein selbstorganisiertes betriebsbezogenes Lernformat

Inhalt

1. Einleitung

Bei Kollegialer Beratung handelt es sich um ein Beratungsformat, bei dem sich Arbeitskräfte auf Augenhöhe ohne professionelle Unterstützung gegenseitig beraten. Gegenstand der Beratung sind konkrete Situationen aus dem beruflichen Alltag, z. B. Konfliktlagen mit Kolleg:innen oder Vorgesetzten, Umgang mit Veränderungen oder Fragen individueller beruflicher Entwicklung. Durch die Kollegiale Beratung gewinnen die Personen, die einen Fall einbringen, neue Perspektiven, und es werden Lösungsideen durch die Gruppe erarbeitet. Auch die jeweils vom Fall nicht betroffenen Gruppenmitglieder stärken ihre Problemlösekompetenz und profitieren von den Erfahrungen der Kolleg:innen, da sie sich häufig mit vergleichbaren Fragestellungen auseinandersetzen müssen. Schließlich erweist sich Kollegiale Beratung auch für den organisationalen Kontext als fruchtbar, weil neu erarbeitete Handlungsstrategien schnell und problemlos in den betrieblichen Alltag transferiert werden können. Kollegiale Beratung unterstützt damit kollektive Lernprozesse und kann als pragmatische und kostengünstige Entwicklungsstrategie im Vergleich zu traditionellen Formen der Weiterbildung gelten.

In der Literatur finden sich weitere Bezeichnung dieses Formats, z. B. kollegiales Coaching, kollegiale Supervision, kollegiale Praxisberatung oder Intervision, wobei die Unterschiede in der Ausgestaltung des Formats als eher gering einzustufen sind. Daher wird in diesem Beitrag »Kollegiale Beratung« als Oberbegriff zugrunde gelegt. Erste Konzepte entwickelten sich im deutschsprachigen Raum Ende der 1960er Jahre – circa ein Jahrzehnt nach der Einrichtung von Ausbildungsgängen zur Supervision an Akademien und Fortbildungsinstituten. Das Format hat zunächst in der Aus- und Fortbildung von Beratenden und von therapeutisch arbeitenden Professionellen Verbreitung gefunden, als Format für die Reflexion der eigenen Praxis, des Weiteren in der Sozialen Arbeit, in der Weiterbildung von Lehrer:innen, der Schulpraxis und im Gesundheitswesen. Damit hat sich Kollegiale Beratung traditionell vor allem in Berufsfeldern etabliert, deren Arbeit durch anspruchsvolle, nicht standardisierbare Interaktion mit Kund:innen und Kolleg:innen gekennzeichnet ist. Komplexe Kommunikationsprozesse erfordern eine systematische Reflexion des Einzelfalls. Dies leistet Kollegiale Beratung. In jüngerer Zeit hat Kollegiale Beratung in weiteren Sektoren der Arbeitswelt an Attraktivität gewonnen. Dabei spielt die gewachsene Komplexität in der Arbeitswelt einschließlich der damit einhergehenden Unsicherheit ebenso eine Rolle wie die Tendenz, in Organisationen Hierarchien zu reduzieren. Neue, sich post-hierarisch verstehende Arbeitskonzepte, wie New Work, agile Transformation, Soziokratie, die auf komplexe Herausforderungen reagieren wollen, setzen auf Organisationsprinzipien wie Autonomie und Selbstorganisation. Doch solche Prinzipien bringen komplexe Kommunikationsprozesse mit sich und erfordern ein Mehr an systematischer Reflexion.

Obwohl Kollegiale Beratung folglich inzwischen eine weite Verbreitung in vielen Berufsfeldern gefunden hat, ist eine theoretische Fundierung nicht in allen Publikationen explizit vorzufinden und der empirische Forschungsstand ist als eher rudimentär zu bezeichnen (Lippmann 2013, S. VII). Im Hinblick auf empirische Befunde liegen für den deutschsprachigen Raum einige, überwiegend mit qualitativen Methoden arbeitende Dissertationen vor (z. B. Tietze 2010; Linderkamp 2011; Kaesler 2016). Außerdem wurden einige Evaluationsstudien durchgeführt (u. a. Kuhl & Krczizek 2009; Nowoczin 2012; Völschow 2012).

Vor dem Hintergrund der unbefriedigenden wissenschaftlichen Fundierung Kollegialer Beratung wird in diesem Beitrag ein theoretisches Konzept vorgestellt, das auf den jüngeren System- und Komplexitätswissenschaften basiert und für Praktiker:innen ein Ansatz bietet, sich angemessen mit Veränderungen in der Arbeitswelt und den gewachsenen Anforderungen im Arbeitsalltag auseinanderzusetzen.

2. Kollegiale Beratung auf der Basis des Heidelberger integrativen Prozessmodells (HiP)

Das hier vorgestellte Modell für Kollegiale Beratung basiert auf zwei Metatheorien, der Synergetik als Theorie der Selbstorganisation (Haken & Schiepek 2010) sowie der systemischen Problemlösetheorie (Dörner 2014). Sie werden im Rahmen des Heidelberger integrativen Prozessmodells (HiP) miteinander verknüpft, weil sie unterschiedliche Aspekte betonen. Die Synergetik beschreibt in überzeugender Weise die Dynamik und damit Unvorhersehbarkeit von Veränderungsprozessen. Daraus lassen sich *system-dynamische Unterstützungsimpulse* für die Kollegiale Beratung ableiten. Die systemisch orientierte Theorie des komplexen Problemlösens hilft, trotz aller Ungewissheit bei Veränderungsprozessen in komplexen Systemen, ein Mindestmaß an Orientierung für den zu gestaltenden Prozess zu gewinnen und stellt somit *system-logische Unterstützungsimpulse* für die Kollegiale Beratung bereit. Zudem räumt das Heidelberger integrative Prozessmodell systematischen Prozessen der Reflexion und der Prozesserfassung einen zentralen Stellenwert ein und umfasst damit system-deutende Unterstützungsimpulse.

Der komplexitätsorientierte Ansatz begreift das bewusste Gestalten von Veränderung als ein Wechselspiel von Dynamik und Stabilität sozialer Systeme. Er identifiziert in den formulierten Anliegen der Beratung sowohl die agierenden bio-psycho-sozialen *Systeme*, seien es die Ratsuchenden selbst, beteiligte Personen, Teams oder Organisationen und deren *Umwelt*. Des Weiteren versucht er ungünstige kognitive, emotionale oder verhaltensbezogene *Muster* (KEV-Muster) dieser Systeme zu erkennen und zu benennen. Letztere gilt es im Beratungsprozess zugunsten erwünschter Muster (*Ziele*) zu verändern.

Abbildung 26: Heidelberger integratives Prozessmodell

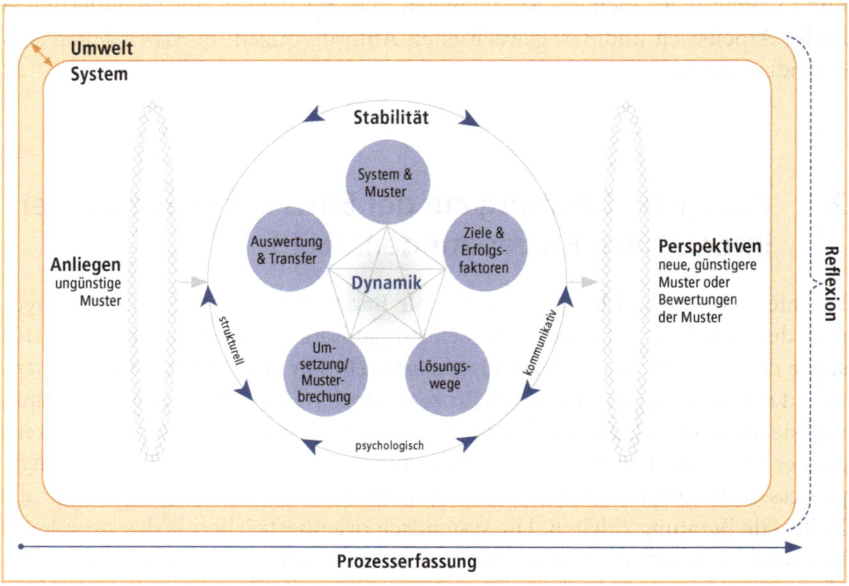

Quelle: in Anlehnung an Schiersmann & Thiel 2108, S. 66

Aus den zugrunde gelegten Theorien des Heidelberger integrativen Prozessmodells wurden sog. *HiP-Wirkprinzipien* abgeleitet. Deren Realisierung ermöglicht einerseits Prozesse der Selbstorganisation zu fördern (im Sinne system-dynamischer Unterstützungsimpulse) und andererseits komplexe Situationen (im Sinne system-logischer Unterstützungsimpulse) zu bearbeiten. Diese lassen sich in dem Wirkprinzip prozessumfassender Stabilität mit einer strukturellen, psychologischen und kommunikativen Dimension und den prozessbezogenen Wirkprinzipien unterschieden. Letztere werden in Kurzform beschrieben:

Tabelle 9: Prozessbezogene Wirkprinzipien

1. Stabilität schaffen

Um sich im Kontext der Kollegialen Beratung auf Veränderungsprozesse einlassen zu können, sind stabile Rahmenbedingungen wichtig. Strukturelle Stabilität erzeugt Transparenz und Orientierung. Psychische Stabilität entwickelt sich durch gemeinsam gelebte Werthaltungen der Gruppe. Kommunikative Stabilität entsteht durch wertschätzendes und anschlussfähiges Gesprächsverhalten.

2. System und Muster identifizieren

Den Ausgangspunkt des Beratungsprozesses bildet die Bestimmung des bio-psycho-sozialen Systems mit seinen Systemgrenzen. Die Verlaufsdynamik des Systems mit seinen kognitiven, emotionalen und verhaltensbezogenen (KEV-) Mustern ist zu identifizieren und gegebenenfalls zu visualisieren.

3. Ziele und Erfolgsfaktoren formulieren

Bei der Herausarbeitung von Zielen geht es um günstige und attraktive Muster. Diese entstehen unter Einwirkung veränderbarer Erfolgsfaktoren und gestaltbarer Rahmenbedingungen in emergenter Weise und wirken kreiskausal auf das System zurück.

4. Lösungswege sammeln

Die Entwicklung von Lösungswegen führt zu Strategien, die das System so anregen, dass die Wahrscheinlichkeit der Emergenz neuer Muster zunimmt. Das Sammeln kleinteiliger, iterativer, experimenteller Handlungen soll die nächsten möglichen Schritte in einem Lösungsraum verdeutlichen.

5. Umsetzung und Musterbrechung fördern

Das System bewegt sich bei Übergängen von alten zu neuen Mustern in kritischen Instabilitäten. Diese Instabilität gilt es zu nutzen und Aktivitäten wie Probehandeln, Umsetzung von Teilschritten oder Veränderung von Einstellungen tragen zur alltagspraktischen Umsetzung neuer Muster bei.

6. Auswertung und Transfer ermöglichen

Vor dem Hintergrund der Auswertung erfolgter Veränderungsprozesse gilt es, neue und als bedeutsam erlebte Muster zu verstetigen und sie im alltäglichen Handeln zu verankern. Geprüft werden sollte, ob die Lerneffekte auch auf andere Situationen übertragen werden können.

Quelle: Schiersmann & Hausner 2023, S. 38

3. Prozessgestaltung Kollegialer Beratung auf der Basis des Heidelberger integrativen Prozessmodells

3.1 Kernelemente Kollegialer Beratung

Das kollegiale Format der Beratung lässt sich durch folgende Merkmale charakterisieren, die in enger Wechselwirkung miteinander stehen.

- *Arbeitswelt- und fallbezogen*: Im Beratungsprozess werden persönlich erlebte Fallsituationen aus der Arbeitswelt bearbeitet.
- *Gruppenorientiert*: Eine Gruppe von ca. fünf bis acht Personen, die möglichst nicht in einem hierarchischen Verhältnis zueinanderstehen sollten, bildet einen Resonanzraum für den Beratungsprozess.
- *Rollenbasiert*: Die Arbeit einer kollegialen Beratungsgruppe wird durch verschiedene, regelmäßig wechselnde Rollen strukturiert. Dies stellt einen entscheidenden Unterschied gegenüber professioneller Beratung dar. Elementare Rollen sind die der Ratsuchenden, der Moderierenden sowie die mehrfach besetzte Rolle der Beratenden. Darüber hinaus sind die Rollen des Zeitwächters bzw. der Zeitwächterin, der Protokollantin bzw. des Protokollanten und des Prozessbeobachters bzw. der Prozessbeobachterin und evtl. die einer Organisatorin bzw. eines Organisators hilfreich für eine erfolgreiche Gestaltung des Beratungsprozesses.
- *Einer festen Ablaufstruktur folgend*: Das Fehlen professioneller Beratender wird dadurch kompensiert, dass der Beratungsprozess einer festen Ablaufstruktur folgt. Diese soll Sicherheit für den Prozess geben.
- *Auf Freiwilligkeit beruhend*: Die Beteiligung an kollegialer Beratung sollte auf Freiwilligkeit beruhen, damit eine vertrauensvolle Lernkultur aufgebaut werden kann und der Beratungsprozess von Ernsthaftigkeit und Offenheit geprägt ist.
- *Auf Vertrauen und Vertraulichkeit basierend*: Für eine produktive Arbeit in der kollegialen Gruppe ist es wichtig, dass die Mitglieder der Gruppe Vertrauen zueinander aufbauen und dass in Bezug auf persönliche Informationen Vertraulichkeit vereinbart wird.

3.2 Umsetzung der Wirkprinzipien im Prozess der Kollegialen Beratung

Im Folgenden wird das Format der Kollegialen Beratung auf der Grundlage des Heidelberger integrativen Prozessmodells (HiP) ausgestaltet. Die Realisierung der *HiP-Wirkprinzipien* (siehe Tabelle 9) durch die kollegiale Beratungsgruppe schaffen stabilisierende wie auch dynamisierende Bedingungen, welche Selbstorganisations- und Veränderungsprozesse bei den Ratsuchenden fördern sollen. Das Modell unterscheidet prozessumfassende und prozessbezogene Wirkprinzipien, wobei sich erstere auf die »Wirk«-samkeit der kollegialen Beratungsgruppe, die letztere auf die einzelne Fallbearbeitung bezieht. Des Weiteren sorgt die sachlogische Abfolge der HiP-Wirkprinzipien für ein – bei aller Vorläufigkeit – systematisches Bearbeiten eines Falles und vermittelt eine Orientierung im Verlauf des Beratungsprozesses.

Abbildung 27: Übersicht zum Prozess der Kollegialen Beratung auf Basis des Heidelberger integrativen Prozessmodells (R: Ratsuchende:r, B: Beratende)

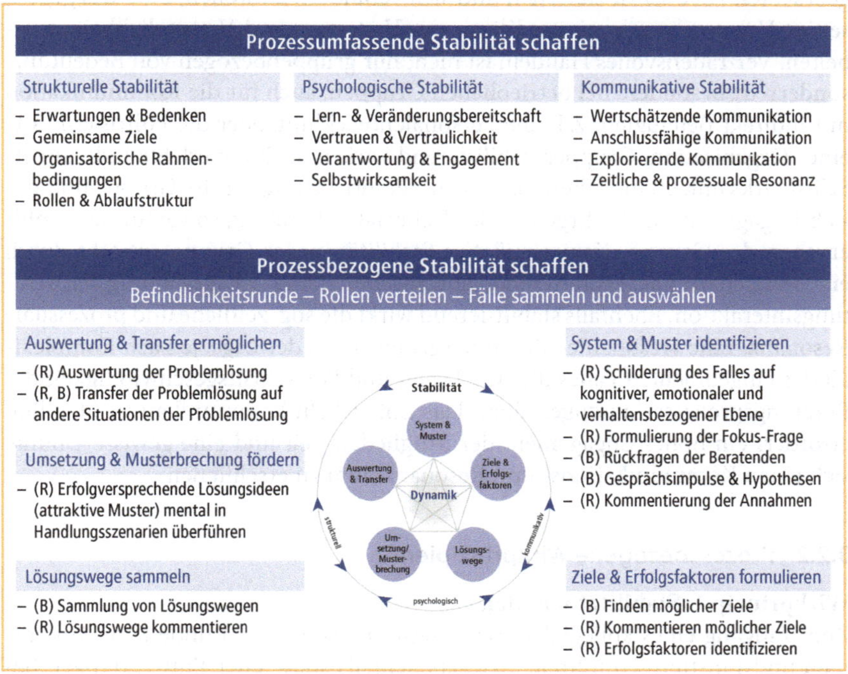

Quelle: Schiersmann & Hausner 2023, S. 36

3.2.1 Prozessumfassendes Wirkprinzip

Der prozessumfassende Wirkfaktor der Stabilität stellt die Voraussetzung für eine gelingende Beratungsarbeit dar. Daher gilt es insbesondere in der Gründungsphase einer kollegialen Beratungsgruppe, Vereinbarungen und Strategien zu dessen Umsetzung zu verabreden. Diesem Wirkfaktor ist auch bei jeder späteren Sitzung Beachtung zu schenken.

Prozessumfassende Stabilität lässt sich in drei Dimensionen der strukturellen, der psychologischen und der kommunikativen Stabilität ausdifferenzieren.

Strukturelle Stabilität umfasst z. B. das Abklären von Erwartungen und Bedenken sowie das Formulieren gemeinsamer Ziele hinsichtlich der Arbeit innerhalb der kollegialen Beratungsgruppe. Ebenfalls stabilisierend wirkt das Klären organisatorischer Rahmenbedingungen wie Frequenz, Dauer und Ort der Treffen. Gerade in der Anfangsphase ist es zudem wichtig, sich mit der Ablaufstruktur Kollegialer Beratung vertraut zu machen und diese gemeinsam zu üben. *Psychologische Stabilität* wird in einer Gruppe erzeugt, wenn diese sich auf Grundsätze der gemeinsamen Arbeit verständigt, wie die Bereitschaft anhand der eingebrachten Fälle selbst zu lernen und sich verändern zu wollen, oder das gegenseitige Versprechen, in einem Klima von Vertrauen und Vertraulichkeit zu arbeiten. Vertrauensvolles Handeln ist nicht nur gruppenbezogen von Bedeutung, sondern insbesondere bei betrieblichen Gruppen, auch für die Kommunikation mit indirekt Beteiligten, z. B. die Personalentwicklung oder die Führungskräfte einer Organisation. Gruppenstabilisierend wirken auch die erlebte individuelle Selbstwirksamkeit, die Übernahme von Verantwortung für die Gruppe und das sich Engagieren für das Ergebnis der Kollegialen Beratung sowie für das Wohlergehen der Gruppe. *Kommunikative Stabilität* in der Gruppe entsteht durch eine wertschätzende, explorierende und anschlussfähige Ausgestaltung der Beratungsinteraktion. Ebenfalls stabilisierend wirkt die sog. zeitliche und prozessuale Resonanz. Eine »resonante« Beratungsgruppe ist in der Lage, je nach Komplexität des eingebrachten Falles die Art, Dauer und Fortschrittsgeschwindigkeit des Beratungsprozesses auszugestalten. Das Entwickeln kommunikativer Stabilität erfordert ein hohes Engagement der Mitglieder, Zeit und eine gewisse Übung, sich einen Kommunikations- und Resonanzraum zu erschließen.

3.2.2 Prozessbezogene Wirkprinzipien

Wirkprinzip 1: Stabilität schaffen

Zum Eingang eines kollegialen Beratungstreffens ist eine Runde zum Ankommen und Einstimmen hilfreich. Gegebenenfalls sollte über Entwicklungen bereits bearbeiteter Fälle berichtet werden. Dann gilt es, *Fälle zu sammeln* und auszuwählen. Die aktuellen Fälle werden von den Teilnehmenden in wenigen Sätzen vorgestellt, sodann wird eine Reihenfolge der Bearbeitung festgelegt und es werden Zeitabsprachen getroffen. Das Verteilen der von Fall zu Fall wechselnden *Rollen* (Ratsuchende:r, Moderator:in, Zeitwächter:in, Protokollant:in und ggf. Prozessbeobachter:in) gewährleistet einen reibungslosen Ablauf.

Wirkprinzip 2: System und Muster identifizieren

Die ratsuchende Person schildert eingangs die *Ist-Situation auf kognitiver, emotionaler und verhaltensbezogener Ebene* und – sofern für das Verständnis erforderlich – deren Entstehung. Die Beratenden hören zu, machen sich ein Bild von

dem adressierten *System* und seinen Systemgrenzen und notieren Stichworte, unterbrechen nicht. Die abschließende *Fokus-Frage* an die Beratenden bringt auf den Punkt, zu welcher spezifischen Frage die Gruppe beraten soll. Die *Rückfragen* der Beratenden zur Situationsschilderung sollen das Verständnis des Falles und der Fokus-Frage stärken. Anschließend werden durch die Beratenden *Hypothesen* und Zusammenhänge zur Ist-Situation formuliert sowie erste Versuche unternommen, *Muster* zu identifizieren. Die Beiträge der Beratenden werden durch eine *Stellungnahme* der ratsuchenden Person kommentiert.
Bei der Analyse vorfindlicher Muster, aber auch in den übrigen Phasen gilt es einerseits, diese mit der nötigen Tiefe, dem nötigen Umfang und dem Blick für entscheidende – musterverändernde – Details zu gestalten. Andererseits sollte der Prozess nicht in eine Problemtrance abgleiten, sondern handlungs- und lösungsorientiert mit dem Blick für das Machbare bleiben, ohne simplifizierend und oberflächlich zu werden und trivialisierende Tipps geben zu wollen. Gleichzeitig ist es wichtig, dass kritische oder für die ratsuchende Person unangenehme Fragestellungen in der Fallbearbeitung adressiert werden. Der Beratungsprozess sollte inhaltlich herausfordern, ohne persönlich zu überfordern. Hypothesen oder sonstige Gesprächsimpulse sollten positive Beschreibungen enthalten und auf Ressourcen verweisen, zukunftsgerichtet formuliert werden (d. h. sich auf das konzentrieren, was neugestaltet werden kann) sowie den Gesamtkontext beleuchten.

Wirkprinzip 3: Ziele und Erfolgsfaktoren formulieren

Die Beratenden benennen via Brainstorming mögliche *Ziele*. Die moderierende Person ermutigt zu zahlreichen Beiträgen, denn »alles« an Wahrnehmungen ist erlaubt. Dabei ist u. a. darauf zu achten, dass Ziele als Teil- und Zwischenziele konkretisiert werden, als Vorstellungen über den erwünschten Zustand formuliert werden und Neben- und Folgewirkungen in Betracht gezogen werden. Die ratsuchende Person *kommentiert* nach Abschluss der Sammlung die vorliegenden Zielformulierungen und stellt den Bezug der Ziele zum Selbstkonzept (z. B. berufliche Überzeugungen, Life-Work-Balance) her. Für die von der ratsuchenden Person als positiv, sinnvoll oder anschlussfähig bewerteten Ziele werden von den Beratenden *Erfolgsfaktoren* identifiziert. Dabei geht es um veränderbare und durch die Beteiligten beeinflussbare Erfolgsfaktoren. Dies können interne Einflussfaktoren sein wie Vertrauen, Mut, Selbstwirksamkeit, Neugier oder auch Sorgen, Ärger oder Ohnmacht oder externe Einflussfaktoren, z. B. Arbeitsbedingungen, Personen, Arbeitssituation oder die Arbeitsmarktsituation. Die ratsuchende Person kommentiert die Vorschläge und wählt für sie passende aus. Bei der Formulierung von Zielen (und Lösungswegen) kommt es darauf an, sich bewusst zu machen, dass in der aktuellen Beratungssituation definierte Ziele als vorläufig zu betrachten sind.

Wirkprinzip 4: Lösungswege sammeln

Sind attraktive Ziele und die sie beeinflussenden Erfolgsfaktoren identifiziert, gilt es *Lösungswege* zur Zielerreichung zu sammeln. Beratende benennen via Brainstorming mögliche Lösungswege auf der Basis des eigenen Expertenwissens oder persönlicher Assoziationen. Daraufhin *kommentiert* die ratsuchende Person die vorgeschlagenen Lösungswege und wählt nach Möglichkeit ein bis zwei Ideen aus.

Wirkprinzip 5: Umsetzung und Musterbrechung fördern

Die ratsuchende Person überführt in Form lauten Sprechdenkens (Thinking aloud) die attraktiven Lösungswege der Beratenden in mögliche *Handlungsszenarien* für den eigenen beruflichen Alltag. Die Beratenden kommentieren ggf. diese Ausführung in einer wertschätzenden bzw. verstärkenden Weise.

Wirkprinzip 6: Auswertung und Transfer ermöglichen

Neben den konkreten, kleinteiligen Lösungswegen formuliert nun die ratsuchende Person perspektivisch in Form lauten Sprechdenkens neue attraktive Muster, die es im beruflichen Alltag zu stabilisieren gilt. Die Beratenden kommentieren diese Gedanken in einer wertschätzenden und unterstützenden Weise. Abschließend kann über eine aktivierende Frage der Transfer der Erkenntnisse auf andere Situationen angeregt werden. Die ratsuchende Person formuliert perspektivisch in Form lauten Sprechdenkens, auf welche Situationen sich die Lösungswege möglicherweise übertragen ließen. Diese beiden Schritte können in einer späteren Sitzung bearbeitet werden, wenn reale Erfahrungen vorliegen. Wichtig ist, sich zu vergegenwärtigen, dass die Phasen der Aufweichung bestehender Muster und der Musterbrechung in der Regel nur antizipatorisch betrachtet werden können. Dies gilt ebenso für viele Bereiche der professionellen Beratung, wird aber selten thematisiert.

Die Abfolge der Wirkprinzipien beschreiben einen idealtypischen Prozess der Bearbeitung. Diesem zu folgen ist in der Anfangsphase einer Gruppe dringend zu empfehlen. Bei zunehmender Vertrautheit mit dem Vorgehen können sich Fallbearbeitungen auf das Betrachten einzelner Phasen konzentrieren, z. B. auf die Analyse der Ist-Situation oder auf das Sammeln von Lösungsideen, ohne die Analyse der Ist-Situation zu vernachlässigen.

Reflexion des Beratungsprozesses

Es empfiehlt sich, die Gruppenmitglieder abschließend mit einem Sharing zu dem Fall zu beteiligen. Dabei können diese mitteilen, was der Fall bei ihnen ausgelöst hat und ob sie ähnliche oder gegensätzliche Erfahrungen gemacht haben. Vor dem Ende eines Gruppentreffens trägt eine gemeinsame Reflexion des Gruppenprozesses zur Stabilisierung und Entwicklung der Gruppe bei. Alle

Beteiligten – beginnend mit der ratsuchenden Person – tragen zusammen, was der Gruppe im Rahmen der Fallbesprechungen gelungen ist und was ggf. noch verbessert werden könnte. Sofern eine Person die Prozessbeobachtung übernommen hat, stellt diese die Einschätzungen anhand eines bearbeiteten Prozessbeobachtungsbogens vor. Andernfalls können alle Gruppenmitglieder den Prozessbeobachtungsbogen ausfüllen. Alle Teilnehmenden einigen sich ggf. auf konkrete Schritte zur Weiterentwicklung der gemeinsamen Arbeit.

4. Initiierung Kollegialer Gruppen

4.1 Betriebsinterne oder betriebsübergreifende Zusammensetzung kollegialer Beratungsgruppen

Prinzipiell lassen sich zwei Varianten für die Konstituierung kollegialer Beratungsgruppen unterscheiden: Entweder kommen alle Mitglieder einer Gruppe aus einer Organisation oder die Gruppe setzt sich aus Mitgliedern verschiedener Organisationen zusammen. In beiden Fällen sollten die Mitglieder einer Gruppe in der Regel vergleichbare Aufgaben wahrnehmen und auf einer vergleichbaren Hierarchiestufe stehen. Sie sollten möglichst keine direkten Arbeitsbeziehungen miteinander haben und insbesondere zueinander nicht in hierarchischer, bewertender Beziehung stehen. Sollte dies der Fall sein, so könnte die Gefahr bestehen, dass bei einem eingebrachten Fall andere Mitglieder der Gruppe involviert sind und eine offene und neutrale Bearbeitung des Falls dann nicht sichergestellt ist.

Sollen kollegiale Beratungsgruppen innerhalb einer Organisation initiiert werden, also *betriebsinterne Gruppen* gegründet werden, so ist die organisationale Verankerung dieses Formates von großer Bedeutung. Dies beinhaltet z. B., dass die Kollegiale Beratung in einer Organisation nicht nur von der Personalentwicklungsabteilung, sondern auch von der obersten Führungsebene getragen und nachhaltig – auch von weiteren Schlüsselpersonen – unterstützt wird. Ziele, Inhalte und erwarteter Nutzen eines Programms zur Kollegialen Beratung sollten klar kommuniziert werden. Informationstreffen und/oder persönliche Gespräche mit Interessierten können dazu beitragen, mögliche Vorbehalte gegenüber Kollegialer Beratung bei den Beschäftigten auszuräumen. Es sollte ein betriebsspezifisches Konzept erarbeitet und für alle transparent gemacht werden. Darin müssen u. a. die Rahmenbedingungen für die Durchführung geklärt werden. Dies betrifft z. B.

- die Transparenz der Erwartungen, die die Organisation mit dem Gründen kollegialer Beratungsgruppen verfolgt,

- die Zusammensetzung der Gruppen und den Auswahlprozess,
- die Gewährleistung des Freiwilligkeitsprinzips,
- die Bereitstellung personeller, zeitlicher und räumlicher Ressourcen,
- die Klärung der Frage, wie und welche Ergebnisse der kollegialen Beratungsgruppe in die Organisation rückgekoppelt werden.

Gegebenenfalls empfiehlt es sich mit einem Pilotprojekt zu beginnen, um Erfahrungen zu sammeln und (hoffentlich) positive Ergebnisse als Motivation für die Etablierung weiterer Gruppen vorweisen zu können.

Als Vorteil betriebsinterner kollegialer Beratungsgruppen kann hervorgehoben werden, dass der Lerneffekt im Hinblick auf organisationale Prozesse und Strukturen höher sein kann als bei betriebsübergreifenden Gruppen. So können Problemlösestrategien erarbeitet werden, die im besten Fall reibungslos in betriebliche Abläufe bzw. Strukturen integriert werden können. Zugleich kann eine spezifische, kollektive Lernkultur initiiert oder gestärkt werden. Als Nachteil betriebsinterner Gruppen kann angeführt werden, dass es schwerer sein könnte, eine Vertrauenskultur in der Gruppe aufzubauen, die es ermöglicht, offen problematische Situationen aus der gleichen Organisation zu thematisieren. Insbesondere, aber nicht nur bei der Einrichtung betriebsinterner kollegialer Gruppen ist sicherzustellen, dass diese Strategie nicht darauf abzielt, eventuell bereits bestehende professionelle Supervisions- bzw. Coachingangebote zu reduzieren oder abzuschaffen.

Kollegiale Gruppen können sich auch aus Personen aus unterschiedlichen Organisationen zusammensetzen, die in vergleichbaren Funktionen oder Aufgabenbereichen tätig sind. Es handelt sich dann um *betriebsübergreifende Gruppen*. Häufig bilden sich solche Gruppen während einer Aus- oder Fortbildung oder im Anschluss daran, um das Gelernte in der Praxis umsetzen und die Erfahrungen damit reflektieren zu können. Ebenso stellen Netzwerke einen guten Kontext für die Initiierung kollegialer Gruppen dar. Schließlich können einzelne Personen initiativ werden und nach Mitstreitenden Ausschau halten.

4.2 Start einer kollegialen Gruppe

Bevor eine kollegiale Beratungsgruppe selbstständig arbeitet, ist eine Einführung in dieses Beratungsformat von 1–2 Tagen unter professioneller Leitung dringend zu empfehlen. Dies zeigen u. a. die Ergebnisse der Evaluationsstudien von Kühl (2009), Tietze (2010), Linderkamp (2011) und Novozin (2012). Zu den Inhalten eines Einführungsseminars zählen

- die Diskussion von Zielen und Nutzen sowie Anforderungen und Grenzen Kollegialer Beratung,
- die Verständigung über die Kernelemente des Settings,

- die Vergewisserung über das spezifische Konzept und die daraus abgeleitete Ablaufstruktur.

Außerdem ist es hilfreich, in einem Einführungsseminar ein bis zwei Beratungsfälle praktisch durchzuführen, um mit dem Ablaufprozess vertraut zu werden, Erfahrungen damit auszutauschen und diese zu reflektieren. Ebenso kann es hilfreich sein – je nach den Kompetenzen der Mitglieder einer kollegialen Beratungsgruppe insbesondere im Hinblick auf Gesprächsführungs- bzw. basale Beratungskompetenzen – Fragetypen, Gesprächsimpulse und Hypothesenbildung systematisch zu üben.

Auch ist es empfehlenswert, einen kürzeren Workshop mit externer professioneller Begleitung nach einer gewissen Zeit der gemeinsamen Arbeit in der kollegialen Gruppe durchzuführen. Dort können in der Zwischenzeit aufgekommene Fragen oder entstandene Unsicherheiten besprochen werden. Auch kann ein solcher Workshop genutzt werden, um gruppendynamische Aspekte zu reflektieren. Schließlich können dort zusätzliche und vertiefende Methoden für die Fallbearbeitung erprobt werden.

5. Fazit

Das vorgestellte Konzept der Kollegialen Beratung auf der Grundlage des Heidelberger integrativen Prozessmodells (HiP) bietet eine theoretisch solide Verortung in den jüngeren Komplexitätstheorien und eine pragmatische Rahmung zur Bearbeitung von Fallsituationen aus dem Berufsalltag durch eine betriebliche oder überbetriebliche Gruppe. Der bis in die kleinsten Mikro-Interventionen ausgearbeitete Ablauf des Beratungsprozesses leitet Menschen auch ohne professionellen Beratungshintergrund an, Fallsituationen als komplexe soziale Systeme zu verstehen und gemeinsam Ideen und Handlungsstrategien für einen adäquaten Umgang mit diesen zu entwerfen.

Aufgrund der praktischen Erfahrungen mit der Anwendung des vorgestellten Konzepts lässt sich konstatieren, dass eine komplexitätsorientierte Betrachtung von Fallsituationen einen differenzierten, für die Beratenden anspruchsvollen und doch handhabbaren Zugang zu Fragestellungen des beruflichen Alltags ermöglicht. Die prozessbezogenen HiP-Wirkprinzipien bewähren sich für die Organisation des Ablaufes Kollegialer Beratung. Zunächst wird die Stärkung des Selbstwirksamkeitserlebens der ratsuchenden Personen als Zuwachs durch den Beratungsprozess empfunden. Der kollegiale Beratungsprozess zeigt eine entlastende Funktion für den Umgang mit kritischen Situationen im Berufsalltag. Das Beratungskonzept stärkt u. a. die Kompetenz zum Umgang mit komplexen Situationen der Gruppenmitglieder. Die detailliert ausgearbeiteten Instrumente zur methodischen Ausgestaltung in Form von Leitfäden der Prozessgestaltung und -reflexion werden als unterstützend wahrgenommen, insbesondere bei der Fallbearbeitung, dem Transfer in den Berufsalltag und damit in die Organisation. Das Konzept kann daher als erfolgversprechender Ansatz angesehen werden, damit die Beteiligten von der Dynamik kollektiver Lernprozesse profitieren und anhand exemplarischer Fallsituationen komplexitätsadäquates Handeln erkunden und erproben.

Gleichwohl ist zu beachten, dass Gruppen und damit auch kollegiale Beratungsgruppen einer Vielfalt an gruppendynamischen Logiken unterliegen, die im Sinne einer Aufrechterhaltung der Beratungsqualität besprechbar und damit bearbeitbar zu machen sein sollten. Seien es die oszillierenden Interessen der einzelnen Gruppenmitglieder im Hinblick auf die Ziele der Gruppe oder die einzusetzenden Mittel, seien es krisenhafte Phasen in der Gruppenentwicklung, Ermüdungsentscheidungen, dominierende Interessens- und Cliquenbildung, das transparente und konstruktive Gestalten von Ein- und Austritten in die bzw. aus der Gruppe oder die Ausgestaltung der organisationalen Rahmenbedingungen der kollegialen Beratung.

Eine weitere Hausforderung bildet die auch in der Beratung allgemein bekannte Frage, wie die Gruppe mit ihren eigenen Grenzen umgeht. Dazu zählt u.a. eine adäquate Grenzziehung zwischen Beratung und Therapie. So kann bei der kollegialen Fallbearbeitung sichtbar werden, dass die Schwere oder die Dauer des eingebrachten Anliegens einer therapeutischen Begleitung bedarf und die Gruppe an die Grenzen ihrer Möglichkeiten stößt. Dies gilt es rechtzeitig und angemessen zu kommunizieren und andere Wege der Problembearbeitung zu identifizieren. Insofern ist Tietze (2019, S. 440) zuzustimmen, dass die ablaufenden intendierten sowie nicht-intendierten Prozesse in der Kollegialen Beratung vermutlich ebenso vielschichtig sind wie bei professionellen Beratungsformaten, ohne dass dies genau erforscht wäre.

6. Literatur

Dörner, D. (2014). Die Logik des Misslingens. Strategisches Denken in komplexen Situationen (erw. Neuausgabe, 12. Aufl.). Reinbek bei Hamburg: Rowohlt.

Haken, H. & Schiepek, G. (2010). Synergetik in der Psychologie – Selbstorganisation verstehen und gestalten (2., korr. Aufl.). Göttingen: Hogrefe.

Kaesler, C. (2016). Der Einfluss von Konsequenzerwartungen auf die Teilnahmemotivation und Nutzenbewertung von Personalentwicklungsmaßnahmen am

Beispiel der kollegialen Beratung. Dissertation. Bochum: Ruhr-Universität Bochum.

Kuhl, W. & Krczizek, R. (2009). Intervision einführen. Eine Pilotstudie zur Implementierung kollegialer Beratung in der Sozialen Arbeit. Sozialmagazin, 34 (3), S. 35–47.

Linderkamp, R. (2011). Kollegiale Beratungsformen. Genese, Konzepte und Entwicklung. Bielefeld: W. Bertelsmann.

Lippmann, E. D. (2013). Intervision: Kollegiales Coaching professionell gestalten (3., überarb. Aufl.). Wiesbaden: Springer.

Nowoczin, J. (2012). Kollegiale Beratung in der Führungspraxis. Bielefeld: W. Bertelsmann.

Schiersmann, C. & Hausner, M. B. (2023). Kollegiale Beratung: komplexe Situationen gemeinsam meistern. Göttingen: Vandenhoeck & Ruprecht.

Tietze, K.-O. (2010). Wirkprozesse und personenbezogene Wirkungen von kollegialer Beratung. Theoretische Entwürfe und empirische Forschung. Wiesbaden: VS Verlag für Sozialwissenschaften.

Tietze, K.-O. (2019). Kollegiale Beratung – einfach aus der Ferne, komplex aus der Nahe. Organisationsberatung, Supervision, Coaching, 26 (4), S. 439–454.

Völschow, Y. (2012). »Kollegiales Coaching« in der Führungskräfteentwicklung des Landesdienstes. Gruppendynamik und Organisationsentwicklung, 43 (1), S. 5–23.

Clinton Enoch

Beratung im Betrieb

Inhalt

1. Einleitung

Es existieren eine Vielzahl an unterschiedlichen Beratungsangeboten und -formaten im betrieblichen und privatwirtschaftlichen Kontext, angefangen von der Personalberatung, dem Coaching, der Karriereberatung, der Supervision, der Organisations- und Unternehmensberatung bis hin zu Beratungsformaten hinsichtlich Fragen der Gleichstellung, der Inklusion, des betrieblichen Gesundheitsmanagements oder der Beratung von Betriebs- und Personalräten. Diese erste unabgeschlossene und heterogene Übersicht zeigt, dass Beratung im betrieblichen und privatwirtschaftlichen Kontext mögliche individuelle Probleme der Mitarbeiter:innen aufgreift, die nicht nur auf einer individuellen Ebene von Wichtigkeit sind, sondern im skalierten Maße auch betrieblich relevant sind. Eine klassische betriebswirtschaftliche Sicht auf persönliche Beratungsleistungen wäre es, Beratung unter dem Aspekt des Nutzenkalküls zu betrachten. Demnach nimmt Beratung eine präventive Funktion ein, um den Ausfall der Mitarbeiter:innen zu vermeiden und die Leistungsfähigkeit zu erhalten oder gar zu steigern. Diese Perspektive kann ergänzt und kontrastiert werden mit einer

bildungs- und beratungswissenschaftlichen Perspektive, die die Menschen stärker als autonome Subjekte in den Blick nimmt, die es zu unterstützen und fördern gilt. Beratung hat demnach die Funktion, Orientierung zu bieten, die Ziele, Bedürfnisse und Ressourcen des Einzelnen im Blick zu haben.
Im Folgenden wird versucht die Spannbreite an Angeboten, Dienstleistungen und Beratungsformaten ein Stück weit zu differenzieren und zu beschreiben. Die Beratungsformate sind unterschiedlich in die Betriebe eingebunden und haben einen unterschiedlichen Grad an Autonomie. Das lässt sich in starkem Maße durch den unterschiedlichen Professionalisierungsgrad erklären. Die Beratungsformate tarieren ein jeweils spezifisches Spannungsverhältnis aus und sind deshalb mit unterschiedlichen Eigenlogiken in die Betriebe eingebunden. Wenngleich sich inhaltliche Schwerpunkte der Beratungsformate und damit die Zuständigkeit für Probleme stark unterscheiden lassen, so ähneln sich doch die methodischen Grundsätze und Vorgehensweisen sowie die methodischen Kompetenzanforderungen an das Beratungspersonal. Erst wenn diese gemeinsame Ebene von methodischen Ansätzen, reflexiven Gesprächstechniken und beraterischen Grundsätzen erreicht wird, kann man überhaupt von Beratung sprechen.
Der hier genutzte Begriff des Beratungsformats ist Ausdruck des Befundes, dass Dienstleistungen, die unter der Überschrift Beratung verhandelt werden, eine gesteigerte Professionalität und Autonomie in der Umsetzung beanspruchen, sodass sie sich der betrieblichen Logik nicht oder nur zum Teil unterwerfen. Der Begriff des Formates verweist zugleich auf den Umstand hin, dass ebendiese Professionalität und Autonomie noch nicht voll entwickelt ist. Diese Zwischenposition der Profession im organisationalen Gefüge von Betrieben ist typisch für Beratung und verweist sowohl auf die Gelingensbedingungen hin als auch auf Limitationen. Zugleich markiert der Begriff des Beratungsformates, dass sich trotz Unterschiedlichkeiten starke Gemeinsamkeiten zwischen den Beratungsformaten finden lassen. Aufbauend auf dem Befund unterschiedlicher Beratungsformate im Betrieb wird im Folgenden eine beratungswissenschaftlich-vergleichende Perspektive eingeführt, die einen genaueren Blick auf die wichtigsten personenbezogenen Beratungsformate im Betrieb erlaubt. Da die Unternehmensberatung als organisationsbezogene Beratung viele Spezifika aufweist, die einer eigenständigen Analyse bedürfte, wird sie in diesem Beitrag nicht behandelt.

2. Beratungswissenschaftlich-vergleichende Analyseperspektive

Die Beratungsformate können auf drei Ebenen differenziert, analysiert und verglichen werden: Einer gesellschaftlichen, einer strukturell-organisatorischen und einer Ebene des spezifischen Beratungshandelns zwischen Ratsuchenden/Klienten und Berater:innen (vgl. Nittel 2016; vgl. Schiersmann & Weber 2013, S. 30). Diese Ebenen werden hier kurz erläutert und in ein Analyseprogramm überführt.

Auf der ersten Ebene, der ethisch-gesellschaftlichen Ebene, geht es um die Begründung für Beratung im Allgemeinen und speziell im betrieblichen Kontext. Nach Nittel handelt es sich bei Beratung um eine spezifische Interaktions- und Handlungsform, die eine professionelle Berufskultur hervorgebracht »und unter Verweis auf den gesamtgesellschaftlichen Rahmen eine strukturell-organisatorische Begründung« (Nittel 2016, S. 21) entwickelt hat. Beratung reagiert also professionell auf gesellschaftlich anerkannte Problemlagen, die sich beim Einzelnen manifestieren können. Die Integration von Unterstützungs- und Hilfsangeboten für die Mitarbeiter:innen im betrieblichen Kontext ist deshalb auch ein Kennzeichen einer Liberalisierung und Öffnung von Betrieben. Dabei wird Beratung als angeleitetes und reflexives Gespräch verstanden, als Hilfe zur Selbsthilfe. Beratung umfasst gleichwohl die unterstützende und flankierende Informationsvermittlung hinsichtlich der angesprochenen Probleme.

Auf der zweiten Ebene, der Ebene der strukturell-organisatorischen Umsetzung von Beratung lässt sich, wie bereits eingangs festgestellt, eine große Unübersichtlichkeit von verschiedenen Beratungsansätzen und -formaten ausmachen. Grund dafür sind unterschiedliche und z. T. sozialhistorisch autonome Entwicklungspfade. Diese ansatzweise darzustellen würde den Rahmen des Beitrages sprengen. Der Professionalisierungsgrad ist jeweils unterschiedlich ausgeprägt und entwickelt. Daran lassen sich die verschiedenen Formen der organisatorischen Einbindung erläutern sowie ggf. mögliche Spannungsfelder und professionelle Rollenkonflikte.

Wie Beratung organisatorisch und strukturell im jeweiligen betrieblichen Kontext eingebunden ist, führt unweigerlich auch zur Frage der Autonomie der Mitarbeiter:innen bei der Inanspruchnahme der Beratungsleistung. Die implizite oder explizite Rollenzuweisung, die mit der Inanspruchnahme von Beratung einhergehen kann, kann als Ausdruck eines mikropolitischen betrieblichen Machtgefüges interpretiert werden. Das kann mitunter dazu führen, dass Beratung einem »Sich-Fügen in die Verhältnisse« (Gieseke 2016, S. 32) Vorschub leistet. Im mikropolitischen Setting betrieblicher Realitäten kann Beratung mitunter funktionalisiert und pervertiert werden. Das Mandat der Beratung gründet auf

ethischen Prinzipien und zielt auf eine Erweiterung der individuellen Autonomie des Ratsuchenden ab. Folglich gehört es zur Professionalität eines Beratungsformates ethische Aspekte umzusetzen, um einer Einflussnahme von außen – und das betrifft eben auch den jeweiligen Betrieb, in dem die Beratung stattfindet – entgegenzuwirken.
Auf der dritten Ebene, der Ebene des Beratungshandelns und der Beratungsinteraktion spielen nicht nur Aspekte der Zielgruppenansprache und des Zugangsweges für die Betriebsangehörigen eine Rolle, sondern vielmehr der Ablauf und die konkrete methodische Umsetzung. Um das Handeln in der Beratungssituation ein Stück weit zu entschlüsseln hat Kallmeyer (2000) mithilfe von interaktionsanalytischen Untersuchungen ein Kernhandlungsschema von Beratung destilliert. Demnach ist Beratung u. a. von den Kernphasen Problempräsentation, der Festlegung eines Bearbeitungsgegenstandes und der Lösungsentwicklung gekennzeichnet. In einem von Pick (2017) herausgegebenen Sammelband wurde der Ansatz von Kallmeyer aufgegriffen, um unterschiedliche Beratungsformate und -kontexte vergleichend zu analysieren. Dabei wird deutlich, dass verschiedene Beratungsleistungen und -formate trotz unterschiedlicher organisationaler Einbettungen, ein ähnliches interaktionelles Ablaufmuster aufweisen. Auch Gieseke, Käpplinger und Otto (2007) kommen zum Ergebnis, dass Phasen und Prozessverläufe nach mehr oder minder ähnlichen Kriterien in unterschiedlichen Beratungsformaten organisiert sind. Meist werden folgende Phasen im Interaktionsgeschehen umgesetzt: Begrüßung und Vorstellung, Klärung des Anliegens, Klärung der aktuellen Situation, Finden eines Ziels der Beratung, ggf. Klären vertraglicher oder rechtlicher Implikationen, Bearbeitung von Problemen und konkrete Lösungsentwicklung, Zusammenfassung und Verabredungen, ggf. Evaluation der Beratung und schließlich Verabschiedung. Je nach Format und Ansatz differieren diese Phasen oder nutzen unterschiedliche Begrifflichkeiten. Unterschiede existieren auch aufgrund präferierter Beratungsansätze und -schulen wie der humanistischen, der psychodynamischen, der systemischen oder der verhaltensorientierten Beratung sowie vieler weiterer Beratungsansätze (vgl. Schiersmann & Thiel 2009). Die hier angesprochenen Beratungsansätze und -schulen haben neben der konkreten methodischen Umsetzung im Hinblick auf Gesprächsgestaltung, insbesondere große Bedeutung in der Etablierung und Professionalisierung einer handlungsleitenden Beratungsethik.

3. Darstellung und Analyse von Beratungsformaten im betrieblichen Kontext

In der folgenden synoptischen Darstellung personenbezogener Beratungsformate im betrieblichen Kontext nutze ich die drei soeben erläuterten Analyseebenen. Es handelt sich um eine Auswahl wichtiger Beratungsformate im Betrieb, die Liste ließe sich sicherlich verlängern.

3.1 Personenbezogene Beratungen von Personalabteilungen

Personenbezogene Beratungen gehören zum Standardrepertoire der Leistungen einer Personalabteilung und betreffen Fragen der Personalplanung, der Personalbeschaffung, der Personalauswahl, der Personalbetreuung sowie der Personalentwicklung (vgl. Marburger 2002, S. 67). Der Personalbereich, auch Human Ressource Management oder Personalmanagement genannt, ist ein essenzieller Teil der strategisch aufgestellten Unternehmensführung. Die Personalberatung als Teil des Personalmanagements beschäftigt sich insbesondere mit der richtigen Personalauswahl, mit der Suche, der Vermittlung von neuen Mitarbeiter:innen wie mit Bewerbungs- und Einstellungsprozessen. Der Begriff der Personalberatung ist insofern schillernd, als dass eigentlich Betriebe und Unternehmen beraten werden im Hinblick auf die Personalauswahl und nicht Einzelpersonen oder gar angestellte ratsuchende Mitarbeiter:innen. Der Begriff ist als tendenziell missverständlich. Personalberatung ist in erster Linie Unternehmensberatung, die Gesamtorganisation ist der Klient bzw. Ratsuchende, wenngleich in der Begrifflichkeit anklingt, dass es sich um eine personenbezogene Beratungsform handelt. Die Personalberatung als externe Dienstleistung hat insbesondere ab den 2000er Jahren in Deutschland einen Aufschwung erlebt, wenngleich sie zu den etablierten Personalentwicklungsinstrumenten zählt, die im Zuge der Rezeption und Nutzung anglo-amerikanischer Managementstrategien seit den 1960er Jahren existiert. Doch erst mit sukzessiven Änderungen des Sozialgesetzbuches III ab Ende der 1990er Jahre wurde das Monopol der Bundesanstalt für Arbeit, heute Bundesagentur für Arbeit, auf Berufsberatung und Arbeitsvermittlung aufgehoben (vgl. Heidelberger & Konherr 2014, S. 7f.). Und damit erhielt auch die privatwirtschaftlich organisierte Personalberatung als externe Dienstleistung einen enormen Aufschwung, insbesondere bei der Vermittlung von Fach- und Führungskräften.

Personenbezogene Beratungsleistungen von Personalabteilungen für Mitarbeiter:innen hingegen betreffen zunächst einmal organisatorische und rechtliche Aspekte, die für das arbeitsrechtliche Verhältnis von Belang sind. Darüber hinaus kann sich die Personalentwicklung als Arbeitsfeld von Personalabteilungen mit

Fragen der beruflichen Entwicklung und Weiterbildung, der Laufbahnberatung und des Coachings bzw. der Karriereberatung befassen.
Eine Eingangsvoraussetzung oder eine geschützte Berufsbezeichnung für die Mitarbeiter:innen von Personalabteilungen existiert nicht. Heutzutage sind jedoch meist ein abgeschlossenes Studium in einem wirtschaftsnahen Studium sowie Berufserfahrungen im angestammten Unternehmen von Vorteil. Studiengänge zur Betriebswirtschaftslehre bieten heutzutage meist einen Schwerpunkt Personal an und sind zugeschnitten auf Kompetenzanforderungen, die mittlere bis große Betriebe adressieren. Interessant am Kompetenzset für angehende Personaler:innen ist, dass die hochschulischen Curricula neben betriebswirtschaftlichem Wissen u. a. auf psychologische und pädagogische Wissensbestände zurückgreifen. So werden häufig Fragen der Motivation, der Personalführung und der Beratungsgestaltung aufgegriffen (vgl. Bartscher & Nissen 2017). Um eine explizit beratungswissenschaftliche oder gar beratungsmethodische Ausbildung handelt es sich bei diesen Studiengängen jedoch nicht. Konkrete Beratungskompetenzen werden allenfalls im Kontext der Gestaltung von Bewerbungsgesprächen explizit benannt und sind zudem durch die Anliegen der Unternehmensziele vordefiniert (vgl. Hillbrecht & Peiniger 2018, S. 201 f.). Letztlich steht die personenbezogene Beratung der Mitarbeiter:innen durch das Personalmanagement immer im Kontext einer strategischen Betriebs- und Unternehmensführung. Insofern ist der Begriff der Beratung in der Personalberatung wirtschaftlich konnotiert, ein ausgearbeitetes Beratungskonzept, orientiert an einer Beratungsethik und einer ausgewiesenen Beratungsmethodik, besteht nicht.

3.2 Weiterbildungsberatung

Die Weiterbildungsberatung berät Menschen zu Fragen der persönlichen und beruflichen Weiterentwicklung. Dies wird im Kontext des lebenslangen und lebensbegleitenden Lernens immer wichtiger. Als personenbezogene Beratung dient sie zur Information und zur Entscheidungsfindung im Hinblick auf eine mögliche Teilnahme an Weiterbildung. Im Kontext von Betrieben werden auch Begriffe genutzt wie Qualifizierungsberatung und Kompetenzentwicklungsberatung. Meist bieten große Betriebe eine Weiterbildungsberatung an, da Weiterbildung mit Entwicklungs- und Erfahrungsstufen, Kompetenzanforderungen und interner beruflicher Entwicklung verknüpft sein kann. Personalentwicklungssysteme und betriebliche Weiterbildungsangebote sind oft organisatorisch und personell verknüpft, Weiterbildungsberatung ist dann eine zentrale Dienstleistung der Personalabteilung. Oftmals ist Weiterbildungsberatung aber auch eine eigenständige Dienstleistung, die an interne betriebliche Weiterbildungsstrukturen geknüpft ist.

In Betrieben und Unternehmen, in denen keine explizite Weiterbildungsberatung existiert, nehmen auch Fach- und Führungskräfte diese Funktion war. Zugleich muss festgestellt werden, dass viele vor allem kleinere und mittelgroße Betriebe keine explizite Weiterbildungsberatung haben, der Kostenaufwand wäre einfach zu groß. Weiterbildungsberatung kann deshalb seit Ende der 1970er Jahre von Mitarbeiter:innen und allen Menschen extern aufgesucht werden, in Beratungsstellen, die meist in kommunaler Trägerschaft organisiert sind (Gieseke & Opelt 2004). Die Weiterbildungsberatung adressiert Berufstätige ebenso wie Interessierte an allgemeiner und kultureller Bildung. Gleichwohl liegt das Hauptaugenmerk der Beratungsarbeit auf den Bereich der beruflich induzierten Weiterbildung.

Die Weiterbildungsberatung als eigenständiges Beratungsformat hat sich seit den 1970er Jahren konzeptionell und methodisch weiterentwickelt. Fragen der Bildungs- und Berufsbiografie Erwachsener werden berücksichtigt, ebenso angrenzende Fragen der beruflichen Neuorientierung, die manchmal mit der Frage nach Weiterbildung, Fortbildung, Umschulung etc. einhergehen. Weiterbildungsberatung ist konzeptionell betrachtet eine umfassende Bildungsberatung von Erwachsenen. Auch Industrie- und Handwerkskammern, große private Täger der Weiterbildung sowie die Bundesanstalt für Arbeit bieten Weiterbildungsberatung an. Die Organisationsstrukturen von Weiterbildungsberatung haben sich über die Jahre sowohl differenziert als auch professionalisiert (vgl. Arnold, Gieseke & Zeuner 2009).

Es existieren Aus- und Weiterbildungen für Beratungsfachkräfte, die in öffentlichen Weiterbildungsberatungsstellen tätig sind, Qualitätskriterien der Beratungsleistungen werden meist über Qualitätsmanagementverfahren gesichert. Der Professionalisierungsgrad hat sich in den letzten Jahren enorm gesteigert, insbesondere Beratungskompetenzen der Beratungsfachkräfte müssen im Rahmen von Qualitätsmanagementsystemen nachgewiesen werden und sind essenzieller Teil der Professionalität in der Weiterbildungsberatung (vgl. Schröder & Schlögl 2014).

Weiterbildungsberatung existiert also als interne Dienstleistung im Rahmen betrieblicher Weiterbildungsstrukturen sowie als autonome und externe Dienstleistung für alle Berufstätigen. Während Großbetriebe meist professionelle Beratungsstrukturen ausgebildet haben, haben kleine und mittelgroße Betriebe kaum ausgeprägte Strukturen der Weiterbildung bzw. der Weiterbildungsberatung. Wegen diesem Umstand werden auch in Zyklen immer wieder Programme durch die Bundesregierung aufgesetzt, um Weiterbildung und entsprechende Beratung zu fördern und zu initiieren, etwa für ältere Beschäftigte oder für bestimmte Branchen. Vom Jahr 2001 an förderte die Bundesregierung, unterstützt durch den Europäischen Sozialfonds, das Programm Lernende Regionen, ab 2008 bis 2013 das Förderprogramm Lernen vor Ort. Beide Programme hatten zum Ziel, Weiterbildung und Lebenslanges Lernen auf kommunaler Ebene zu fördern. Diese lokale und regionale Infrastrukturförderung führte z. T. zu nachhaltigen Strukturen der Weiterbildungsberatung (vgl. Arnold, Gieseke & Zeuner 2009).

3.3 Coaching und Karriereberatung

Bei Coaching und Karriereberatung handelt es sich um ein personenbezogenes Beratungsformat, das sowohl innerhalb wie außerhalb von Betrieben und Unternehmen angeboten wird. Coaching im Unternehmen entstand nach dem Zweiten Weltkrieg in den USA und Europa als »professionelle Form der Managementberatung« und als »innovative Maßnahme der Personalentwicklung« (Schreyögg 2007, S. 948). Zunächst ging es dabei ausschließlich um eine persönliche Unterstützungsform von Führungskräften, eine sowohl fachliche wie emotionale Unterstützung im Kontext von Herausforderungen im Arbeitsprozess. Der Begriff des Coachings ist angelehnt an den Sportbereich, wo Training, Führung, Betreuung, Unterstützung und Beratung zusammengeführt werden. Coaching hat deshalb den Anspruch, eine umfassende und ganzheitliche persönliche Beratungsform zu sein. Nicht selten wird Coaching bei beruflichen Umbruchssituationen, Neueinstellungen oder Positionswechseln in Anspruch genommen, z. B. bei der Übernahme einer Führungsposition. Coaching ist konzeptionell offener als viele andere Beratungsformen der Beratung im Betrieb, da erst während der Auftragsklärung auch die methodische Umsetzungsform des Beratungshandelns festgelegt wird. Die mögliche Breite der fachlichen, beruflichen sowie persönlichen Anliegen seitens der Beratenden ist ein Grund, warum nicht selten ausgebildete Psychotherapeut:innen mit einer zusätzlichen Coachingausbildung als Berater:in fungieren. Inzwischen hat sich Coaching auch durch die starke Professionalisierungsprozesse mithilfe von Coaching-Ausbildungen und Verbänden als eigenständiges Beratungsformat etabliert (vgl. Möller, Fietze & Webers 2021). Coaching existiert auf breiter Ebene seit den 1990er Jahren auch als externe Dienstleistung, meist ist diese privatwirtschaftlich organisierte Form der Beratung erweitert um die Phasen einer unverbindlichen und kostenlosen ersten Kennenlernsitzung sowie des »Contractings«, also der Vereinbarung von Leistungen und Kosten. Gleichwohl war und ist der Begriff des Coachings bis heute nicht geschützt, was zuweilen zu fragwürdigen und unseriösen Angeboten führte und führt (vgl. Maier 2015). Unseriöse Anbieter:innen neigen offensichtlich zu falschen, ggf. großspurigen Versprechungen, zum Missionieren, zum Verkaufen neuer Angebote oder Kurse und generell zu einem unreflektierten Vorgehen im Hinblick auf die Wünsche und Erfahrungen der Kund:innen im Beratungsprozess.

Karriere- und Laufbahnberatung ist eine mögliche Facette in der Gestaltungsform des Coachings, aber sicherlich nicht die Einzige. Dabei steht oft die persönliche Standortbestimmung des Mitarbeitenden im Vordergrund. Graf hat etwa ein lebenszyklisches Modell der Personalentwicklung entworfen (vgl. Graf 2007), welches anschlussfähig ist an Vorstellungen der lebensbegleitenden Beratung. Entlang des Lebenslaufs werden typische private wie berufliche-betriebliche Herausforderungen formuliert, die wiederum den Ausgangspunkt für die Personalentwicklung darstellen. Beispielweise kann die Personalentwicklung somit bestimmte Auszeiten durch Familienzeit oder Krankheit besser begleiten, etwa durch Beratung- und Lernangebote, etwa beim Wiedereinstieg. Das Ziel der lebenszyklischen Personalentwicklung nach Graf ist es, mithilfe von Beratungsangeboten zu einem Ausgleich zu kommen zwischen den Ansprüchen des Individuums aufgrund seiner persönlichen Lebenssituation und den Ansprüchen des Unternehmens. Das übergeordnete Ziel ist es, durch ein besseres Beratungsangebot als Unternehmen attraktiv zu bleiben für die Mitarbeiter:innen.
Coaching in Betrieben und Unternehmen kann von angestellten wie von externen Coaches angeboten und umgesetzt werden. Aus der Perspektive der systemischen Theorie, eines häufigen Coachingansatzes (vgl. Möhn & Siebel 2014), hat die Externalität des Coaches eine wichtig beraterische Funktion. Die Unabhängigkeit und Autonomie ist ein hoher ethischer Wert und kann dazu beitragen, Ziele in der Beratung unbefangener zu formulieren und zu verfolgen. Nicht selten haben heutzutage Mitarbeiter:innen oder Führungskräfte des Personalmanagements Coachingausbildungen, sodass Coaching intern angeboten werden kann. In Großunternehmen ist zudem oftmals der Bereich der Akquise, des Qualitätsmanagements und der internen Fortbildung von Coaches systematisch organisiert. Aus der Perspektive von Mitarbeiter:innen stellt sich somit immer die Frage der Integrität und der Vertrauenswürdigkeit des Coachingsangebotes. Nicht selten bevorzugen Mitarbeiter:innen externe und vom Arbeitgeber strikt getrennte Coachings, um mögliche Rollen- und Interessenkonflikte auszuschließen.

3.4 Supervision

Vom Coaching kann die Supervision unterschieden werden, wenngleich in den letzten Jahren Angleichungs- und Überlappungsprozesse zu beobachten sind. Die Supervision ist das älteste und traditionsreichste der hier erläuterten Beratungsformate (Kühl 2008). Ursprünglich im kirchlichen Kontext beheimatet, wurde das Konzept der Beratung als Aufsicht und Mentoring im Feld der sozialen Arbeit und der Sozialpädagogik bereits früh im 20. Jahrhundert rezipiert und weiterentwickelt. Inzwischen ist die Supervision seit Jahrzehnten als Instrument der beruflichen Reflexion insbesondere für soziale Berufe, Berufe mit erzieherischen, therapeutischen und im medizinischen Feld etabliert. Insbesondere Spannungsfelder im beruflichen Kontext, Konflikte, Rollenauslegung und -gestaltung stehen im Fokus der Beratungssitzungen. Supervision wird oft als Fallsupervision umgesetzt und kann als Einzel- oder Gruppensupervision erfolgen. Schwerpunkt der Beratung ist dann ein besonderer Fall, z. B. die Reflexion über die Arbeit mit einer Klientin/Patientin oder einem Klienten/Patienten. Aber auch betriebliche Konflikte sind oft Gegenstand der Supervision. Im geschützten Rahmen können Konflikte, etwa mit Vorgesetzten oder Kolleg:innen, analysiert und ein Umgang mit ihnen gefunden werden. Typische Konfliktlagen sind entlang der Konfliktlinie Organisation versus Profession anzusiedeln, etwa wenn unklare Erwartungsanforderungen vorliegen oder bei Missachtung professioneller oder stellenbezogener Aufgabenbereiche. Die Supervision lässt sich dabei klar abgrenzen etwa von der Mediation. Während es sich bei der Supervision um eine persönliche Beratung im geschützten Rahmen handelt, handelt es sich bei der Mediation um einen beraterischen Konfliktlösungsversuch mit den beteiligten Konfliktparteien.

Als angeleitete Reflexion über das berufliche Vorgehen geht die Supervision von einem grundlegenden Lernverständnis des Einzelnen wie der Organisation aus. Deshalb soll die Reflexion von Fällen und Sachverhalten sowohl den Einzelnen entlasten als auch zu Lernanlässen führen. Eine Außenperspektive auf den jeweiligen Fall wird eingebracht und mögliche Vorgehens- und Sichtweisen werden reflektiert. Die Supervision ist inzwischen auch ein integraler Bestandteil von therapeutischen Ausbildungen und Beratungsausbildungen.

Die Ausbildung zur Supervisorin bzw. zum Supervisor erfolgt in der Regel nach einer akademischen Ausbildung und Berufserfahrungen in einem einschlägigen Feld. Einschlägige Beratungsinstitute bieten mehrjährige Ausbildungen an, die sowohl einen theoretischen als auch einen praktischen Anteil (Lehrsupervision) umfassen. Die Supervisions-Ausbildungen sind umfangreich und schließen mit einem Zertifikat ab.

Im beruflich-betrieblichen Kontext hat sich zudem die kollegiale Beratung etabliert, die ihren Ursprung auch in der Supervision hat. Hierbei handelt es sich um eine angeleitete Methode der Beratung in Teams und Gruppen, meist auch im Hinblick auf Fälle. Bei einer Sitzung der kollegialen Beratung werden im Team zuerst die Rollen festgelegt, insbesondere wer einen Fall einbringt, wer moderiert und wer berät. Nach einer spontanen Fallschilderung und Nachfragen werden seitens der Berater:innen Ideen und Äußerungen eingebracht. Die Methode lebt vom Aktiven Zuhören, einem zugewandten Feedback und einer vertrauensvollen Arbeitsbeziehung im Team und soll diese wiederum fördern helfen.

4. Ausblick: Diversität der Beratungsformate im Betrieb

Neben den hier dargestellten Beratungsformaten existieren weitere beratungsnahe Dienstleistungen für Mitarbeiter:innen, die jedoch meist nicht explizit unter der Überschrift Beratung firmieren. So ist etwa die Beratung zu nennen, die von Gleichstellungsbeauftragten geleistet wird. Ähnlich ist auch die Arbeit im Kontext von Gendermainstreaming und Diversität zu betrachten, sie kann als Unternehmensberatung ablaufen, aber ggf. Anteile personenbezogener Beratung beinhalten. Bei den Beratungsleistungen im Rahmen der Schwerbehindertenvertretung (SBV) handelt es sich eher um eine Rechtsberatung, ebenso wie bei Beratungen durch den Personalrat oder durch Betriebsräte. Letztgenannte Rechtsberatungsformen können im Einzelfall immer auch Elemente personenbezogener Beratung enthalten.

Bisher gibt es keine genuin beratungswissenschaftliche Forschung, die sämtliche Formen der Beratung im Betrieb und im Unternehmen systematisch und vergleichend zu erschließen und zu analysieren versucht. Damit ist zugleich ein wichtiges Desiderat formuliert, da zu vermuten ist, dass teilweise qualitative hochwertige Beratungsarbeit geleistet wird. Deutlich ist aber auch unter der Verwendung des Konzeptes des Beratungsformates, dass bestimmte Beratungsleistungen bisher keinen Professionalisierungsprozess durchlaufen haben, die sich explizit auf Beratung und wissenschaftliche wie praktische Wissensbestände stützen.

Beratung als eigenständige Kategorie im betrieblichen Handeln ist schwer zu fassen, da Angebotsformen variieren, die Namen der Dienstleistungen teilweise nicht standardisiert sind und zudem interne und externe Beratungsleistungen sich zum Teil überlappen.

Personenbezogene Beratungen von Personalabteilungen, die Weiterbildungsberatung, das Coaching, die Karriereberatung und die Supervision haben z. T. schon ein klareres Profil ausgebildet. Mitarbeiter:innen müssen jedoch kritisch nachfragen, woraus sich das Angebot zusammensetzt und welche Unterstützung und Hilfe zu erwarten ist. Erst wenn Klarheit hergestellt wird und der Nutzen erkennbar ist, kann man überhaupt von einem guten und vertrauensvollen Beratungsangebot sprechen. Etablierte und professionalisierte Beratungsformate im betrieblichen Kontext zeichnen sich durch ihre inhaltlich-konzeptionelle Profilschärfe aus und können betriebliche Interessen und berechtigte Interessen der Mitarbeiter:innen ausbalancieren.

5. Literatur

Arnold, R./Gieseke, W./Zeuner, C. (Hrsg.) (2009). Bildungsberatung im Dialog. Band III: Refrenzmodelle. Baltmannsweiler: Schneider Verlag.

Bartscher, T./Nissen, R. (2017). Personalmanagement. Hallbergmoos: Pearson.

Gieseke, W./Käpplinger, B./Otto, S. (2007). Prozessverläufe in der Beratung analysieren – ein Desiderat. Begründung und Entwicklung eines Forschungsdesigns. In: Report. Zeitschrift für Weiterbildungsforschung 30, H. 1, S. 33–42.

Gieseke, W./Opelt, K. (2004). Weiterbildungsberatung II. Studienbrief des Zentrums für Fernstudien und Universitäre Weiterbildung. 2. Aufl. Kaiserslautern: Technische Universität.

Gieseke, W. (2016). Beratung über die Lebensspanne: Zwischen Steuerung, neuen Optionen und Erweiterung von Autonomiespielräumen – Wechselwirkungen. In: Gieseke, W./Nittel, D. (Hrsg.): Handbuch Pädagogische Beratung. Weinheim: Beltz. S. 31–41.

Graf, A (2007). Lebenszyklusorientierte Personalentwicklung. In: Moderne Personalentwicklung, S. 263–279.

Heidelberger, M./Kornherr, L. (2014) (Hrsg.). Handbuch der Personalberatung. München: Vahlen.

Hillbrecht, S. W./Peiniger, A.-A. (2018). Grundkurs Personalberatung. Wiesbaden: Springer Gabler.

Kallmeyer, W. (2000). Beraten und Betreuen: zur gesprächsanalytischen Untersuchung von helfenden Interaktionen. In: Zeitschrift für qualitative Bildungs-, Beratungs- und Sozialforschung, 1 (2000) 2, S. 227–252.

Kühl, S. (2008). Coaching und Supervision. Zur personenorientierten Beratung in Organisationen. Wiesbaden: VS Verlag für Sozialwissenschaften.

Marburger, G. (2002). Praxisbericht. In: Bröckermann, R./Pepels, W. (Hrsg): Recruitment. Berlin: Corneleson, S. 55–68.

Meier, N. (2015). Unseriöse Coaching-Anbieter erkennen. In: Coaching-Magazin. 4, S. 47–49.

Möhn, H.-J./Siebel A. (2014). Systemisches Coaching. Lehrbuch für die praxisorientierte Ausbildung. Göttingen: Cuvillier.

Nittel, D. (2016). Der erziehungs- bzw. bildungswissenschaftliche Zugang zur Handlungsform »Beratung«. In: Gieseke, W./Nittel, D. (Hrsg.): Handbuch Pädagogische Beratung. Weinheim: Beltz. S. 31–41.

Pick, I. (Hrsg.) (2017). Beraten in Interaktion. Eine gesprächslinguistische Typologie des Beratens. Frankfurt am Main: Peter Lang.

Schiersmann, C./Thiel, H.-U. (2009). Beratung als Förderung von Selbstorganisationsprozessen – auf dem Weg zu einer allgemeinen Theorie der Beratung jenseits von ›Schulen‹ und ›Formaten‹. In: Heidi Möller (Hrsg.): Quo vadis

Beratungswissenschaft? Wiesbaden: Verlag für Sozialwissenschaften. S. 71–103.

Schiersmann, C./Weber, P. (Hrsg.) (2013). Beratung in Bildung, Beruf und Beschäftigung. Eckpunkte und Erprobung eines integrierten Qualitätskonzepts. W. Bertelsmann Verlag, Bielefeld.

Schreyögg, A. (2007). Coaching. In: Nestmann, F./Engel, F./Sickendiek, U. (Hrsg.): Das Handbuch der Beratung. Bd. 2. Tübingen: DGVT, S. 947–957.

Schröder, F./Schlögl, P. (2014). Weiterbildungsberatung. Qualität definieren, gestalten, reflektieren. Bielefeld: wbv.

Hoai Nam Huynh, Uwe Elsholz & Martina Thomas

Die Rolle betrieblicher Weiterbildungsmentor:innen zur Erhöhung der Bildungsbeteiligung aus subjektwissenschaftlicher Perspektive

Inhalt

1. Einleitung

Wenngleich die Weiterbildungsbeteiligung in den letzten Jahren kontinuierlich gestiegen ist, bestehen weiterhin ungleiche Teilnahmechancen. Insbesondere bleibt der individuelle Bildungshintergrund »ein robuster Prädiktor für die Beteiligung an Weiterbildung« (BMBF 2020, S. 34). Die sogenannte »Weiterbildungsschere« (Schulenberg et al. 1978, S. 525) markiert seit Jahrzehnten den Zusammenhang zwischen formalen Bildungsabschlüssen und der Weiterbildungsteilnahme. Die Nationale Weiterbildungsstrategie (NWS) soll die Weiterbildungskultur in Deutschland insgesamt verbessern und auch die Weiterbildungsbeteiligung erhöhen (BMAS & BMBF 2019). Ein Bestandteil der NWS, der diese Aspekte in neuartiger Weise adressiert, sind betriebliche Weiterbildungsmentor:innen (WBM), die nachfolgend genauer vorgestellt werden.

WBM sollen die Betriebliche Weiterbildung auf unterschiedlichen Ebenen befördern. Sie sind als Teil der Belegschaft und der Interessenvertretung konzipiert (Elsholz & Thomas 2022) und verstehen sich als betriebliche Akteure, die mit ihrer Nähe zur Arbeits- und Lebensrealität der Beschäftigten eine ergänzende Rolle im Feld der Betrieblichen Weiterbildung einnehmen können. Die kollegiale Grundidee dieser Rolle wurde bereits um die Jahrhundertwende im englischen Gewerkschaftskontext entwickelt (Deffner & Elsholz 2003) und hat auch im deutschsprachigen Raum bereits erste Anwendungen gefunden (Ewald et al.,

2019). Gerade Beschäftigtengruppen wie Geringqualifizierte und -verdienende, deren Weiterbildungsquoten zwar leicht steigen, jedoch immer noch deutlich hinter denen von Fach- und Führungskräften zurückbleiben (BMBF 2020, S. 33), könnten davon spürbar profitieren (Vollmer 2022).
Der vorliegende Beitrag beschreibt den Ansatz des/der WBM und führt aus, welche subjektwissenschaftlichen Potenziale diesem innewohnen. Dazu werden zunächst Schlaglichter auf die Weiterbildungsteilnahme geworfen, Befunde zu Weiterbildungsbarrieren beschrieben und dem Aspekt der Weiterbildungsabstinenz weiter nachgespürt. Anschließend wird der Ansatz der WBM hinsichtlich der Rollenbilder und der Qualifizierungen genauer dargestellt, um schließlich dessen subjektwissenschaftliche Bezugspunkte zu erörtern, die auf Holzkamp (1993) zurückgehen.

2. Weiterbildungsbeteiligung und Weiterbildungshürden

Der positive Zusammenhang zwischen Weiterbildungsbeteiligung und formalem Bildungsniveau wird seit langem in der Weiterbildungsforschung als *Matthäus-Prinzip* benannt und beklagt. So zeichnet sich in der Weiterbildungsberichterstattung auch im Jahr 2020 erneut ab, dass immer noch eine deutliche Lücke zwischen Personen ohne Berufsabschluss und den höheren Qualifikationsniveaus klafft, wenngleich die Beteiligung dieser Personengruppe an Betrieblicher Weiterbildung im Vergleich zu 2019 um neun Prozentpunkte angestiegen ist (BMBF 2020, S. 35–37). In ihrer Auswertung des Nationalen Bildungspanels (NEPS) weisen auch Trahms et al. (2021) den Zusammenhang zwischen individueller Weiterbildungsbeteiligung und Bildungsniveau aus.
Zwar gab es in den vergangenen Jahrzehnten durchaus unterschiedliche Versuche, diesen Disparitäten entgegenzuwirken, doch blieb deren Wirkung begrenzt. So erreicht der bildungspolitische Vorstoß, finanzielle Anreize zu setzen, vornehmlich eine ohnehin schon bildungsaffine Klientel (Bauer et al. 2019, S. 13). Wenngleich finanzielle Unterstützung in Form von Bildungsgutscheinen bzw. -prämien durchaus einen Beitrag zur Förderung der Bildungsbeteiligung leisten kann, scheint sie beispielsweise im Feld der abschlussbezogenen Weiterbildung nicht das entscheidende Kriterium zur Erhöhung der Teilnahmewahrscheinlichkeit zu sein (Dohmen et al. 2022).
Auch gewerkschaftliche Initiativen haben bislang noch nicht ausreichend zur Förderung der Weiterbildungsteilnahme Geringqualifizierter beitragen können. Weder haben tarifliche Vereinbarungen zur Weiterbildung oder gar Weiter-

bildungstarifverträge Beteiligungsmuster deutlich verändert (Bahnmüller 2006; Bahnmüller & Fischbach 2015) noch hat die Ausweitung der Mitbestimmungsrechte von Betriebsräten Ende der 1990er-Jahre entsprechende Folgewirkungen. Zwar gibt es Anhaltspunkte dafür, dass betriebliche Interessenvertretungen dazu beitragen, ungleiche Beteiligungschancen an Betrieblicher Weiterbildung zu mindern (Berger 2012; Wotschack 2017) jedoch greift der Selektionsmechanismus Bildungsniveau auch in mitbestimmten Betrieben (Erol u. a., 2021). Wenngleich bestimmte Ausprägungen der Betriebsratsarbeit zu einer Erhöhung der Teilnahmechancen von Beschäftigten mit einfachen Tätigkeiten beitragen können (Weis 2022), zeigen die von Erol und Kolleg:innen (2021) angeführten Ressourcenprobleme der Betriebsräte, dass eine solche Arbeitsweise nur selten realisiert werden kann. Neben diesen auf struktureller Ebene brachliegenden Potenzialen, die insbesondere fremdselektive Mechanismen beeinflussen dürften (Kaufmann & Widany 2013), wäre es auf individueller Ebene ein wichtiger Ansatzpunkt, der Frage nachzugehen, wie Geringqualifizierte durch »flankierende Maßnahmen« (Wotschack 2017, S. 377) für eine Weiterbildungsteilnahme gewonnen werden könnten. Damit rücken die Gründe, die Individuen von einer Weiterbildungsteilnahme abhalten, in den Fokus. Dass diese zahlreich sind, lässt sich übergreifend für alle Personengruppen aus dem Adult Education Survey (AES) ablesen (Bilger & Käpplinger 2017). Eine nach Bildungsniveau differenzierte Analyse legen Osiander und Stephan (2018a) vor, wonach Personen ohne Berufsabschluss in fast allen Bereichen größere Hürden als beruflich und akademisch Gebildete wahrnehmen. 67 % der Befragten ohne Berufsabschluss begründen ihre Nicht-Teilnahme an beruflicher Weiterbildung damit, dass sie das Lernen nicht mehr gewohnt sind. Am nächsthäufigsten wird diese Begründung von beruflich qualifizierten Fachkräften (43 %) genannt. Auch hinsichtlich der Einschätzungen der finanziellen Verwertbarkeit von Weiterbildung überwiegt bei 53 % der Personen ohne Berufsabschluss die Skepsis, womit diese Begründung 11 Prozentpunkte oberhalb der Nennungen der Fachkräfte liegt. Geringqualifizierte haben häufiger als die anderen Personengruppen gesundheitliche Problemlagen, die sie von Weiterbildung abhalten, gehen öfter davon aus, dass sie bereits genug gelernt haben und lassen sich häufiger durch weniger gute Erfahrungen mit Lehrenden bzw. Ausbildenden von Weiterbildung abhalten (Osiander & Stephan 2018b). Letzterer Aspekt korrespondiert mit Erkenntnissen aus der pädagogischen Psychologie, die dafür sprechen, dass schon in der Schullaufbahn entstandene Überzeugungen, Erfolgserwartungen und Affekte auf die Weiterbildungsteilnahme projiziert werden (Gorges 2015). Die von Osiander und Stephan berichteten Gründe, die gegen eine Weiterbildungsteilnahme sprechen, entsprechen den in der AES-Berichterstattung als dispositional gekennzeichneten Gründen. Während diese mit individuellen Lernerfahrungen und Einstellungen verbundenen Gründe insgesamt vergleichsweise selten für die Nicht-Teilnahme an Bildungsangeboten angegeben werden (Bilger & Käpplinger 2017, S. 270), schienen solche Faktoren für geringqualifizierte Personengruppen deutlicher ins Gewicht zu fallen. Zudem weist die nach Bildungsniveau differenzierte Auswertung des 2012 erhobenen AES-Datensatzes darauf hin, dass Personen mit niedrigerem Schulabschluss seltener als Personen mit höheren Bildungsabschlüssen einen guten Überblick über Weiterbildungsmöglichkeiten, Beratungs- und Förderprogramme haben und zur Verfügung stehende Informationsquellen nutzen (vgl. Kuwan & Seidel 2013, S. 232ff.). Generell – das ist für die Rolle der WBM durchaus von Bedeutung – ist bei den befragten Personen der Wunsch nach mehr Information und Beratung im Vergleich zu den Jahren 2010 bis 2014 deutlich gestiegen (BMBF 2020, S. 73).

3. Gründe der Weiterbildungsabstinenz

Wenn Osiander und Stephan angesichts der selbsteingeschätzten unterproportionalen Teilnahmewahrscheinlichkeit Geringqualifizierter bestätigt sehen, »dass gerade Personengruppen, die eher bildungsfern sind und Weiterbildung eventuell am nötigsten hätten, vergleichsweise wenig Interesse an Bildung haben« (Osiander & Stephan 2018, S. 25), ist dies aus subjektwissenschaftlicher Perspektive zu hinterfragen. Hier wird womöglich vorschnell fehlende Bereitschaft mit mangelndem Interesse gleichgesetzt, was den Blick darauf verstellt, dass (bildungs-)biografische Vorerfahrungen trotz potenziellem Interesse gute Gründe für die unterdurchschnittliche Weiterbildungsteilnahme liefern können. Für eine differenziertere Erklärung der Weiterbildungsabstinenz gälte es, Entscheidungen für oder auch gegen die individuelle Beteiligung an Weiterbildung als subjektiv sinnvolle Handlungsweisen zu betrachten. Die verstehende Einnahme der Perspektive der Beschäftigten (vgl. Grotlüschen & Pätzold 2020, S. 28) kann ein wesentlicher Faktor im Hinblick auf die Weiterbildungsteilnahme sein, den bisherige Ansätze in dieser Form nicht ausreichend berücksichtigen.
Ein zentraler Diskussionsstrang, welcher sich auf die Gründe für und gegen die Weiterbildungsteilnahme bezieht, geht auf Arbeiten von Klaus Holzkamp zurück (1993). Diese waren ursprünglich stark auf den schulischen Kontext bezogen, stießen jedoch hinsichtlich der Überlegungen zum Lernen und zu Lernwiderständen in der Erwachsenenbildung auf ein erhöhtes Interesse und erfahren seitdem eine Weiterentwicklung (Holzer 2017, S. 250f.). Hier wird diese subjektwissenschaftliche Lesart aufgegriffen, wobei Lernwiderstände als Reaktion auf eine als Autonomieeinschränkung erlebte Lernzumutung gesehen werden (Ludwig & Grell 2017, S. 130). Auch in Faulstichs Konzept des kritisch-pragmatistischen Lernens werden Lerngründe im Zusammenhang mit Lernhemmnissen und

-schranken thematisiert, um insgesamt ein Verständnis der Lernwiderstände zu entfalten (Faulstich & Grell 2005; siehe Abb. 28).

Abbildung 28: Lernhemmnisse und Lernschranken: Lerngründe

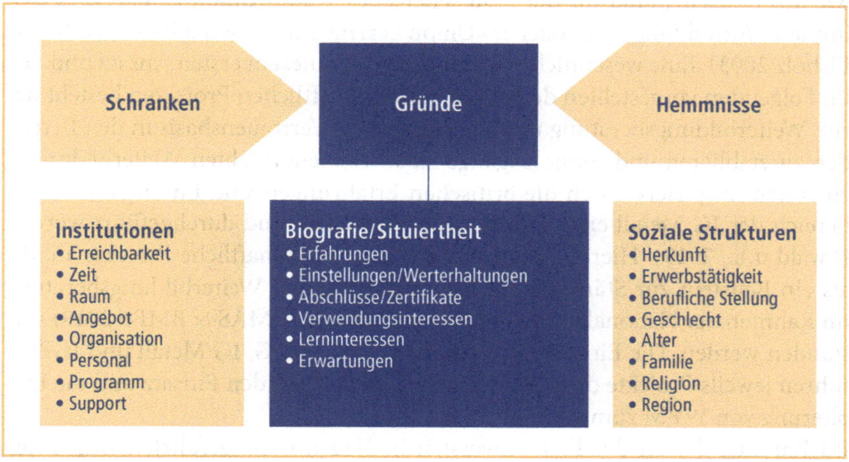

Quelle: Faulstich & Grell 2005, S. 27

Gründe für und gegen das Lernen involvieren demnach die eigene Biografie und Situiertheit und beziehen auch umfänglich institutionelle und strukturelle Gegebenheiten ein. Bisherige Erfahrungen oder Erwartungen an Lernen und (Weiter-)Bildung tauchen darin ebenso auf wie das auf die Zukunft bezogene Verwendungsinteresse und damit verbundene Abschlüsse. Wenn individuelle Dispositionen, Bildungserfahrungen und Nutzenerwartungen insbesondere bei Personen mit formal niedrigem Bildungsstand subjektiv bedeutsame Gründe liefern, die gegen eine Weiterbildungsteilnahme sprechen, dann könnte der Schlüssel zur Erhöhung der Weiterbildungsbeteiligung dieser Personengruppe darin liegen, diese individuellen Begründungen ernst zu nehmen, sie aufzuspüren und diesen nachzugehen. Da angesichts des fehlenden Überblicks über Beratungs- und Unterstützungsstrukturen aufsuchende Beratungs- und Begleitangebote sinnvoll erscheinen, stellt sich die Frage, wer entsprechende Unterstützungsfunktionen übernehmen könnte.

4. Figur und Qualifizierungen für Weiterbildungsmentor:innen

Die Weiterbildungsabstinenz gering qualifizierter Beschäftigter war auch ein wichtiger Ansatzpunkt für die 1998 seitens des Trades Union Congress (TUC) initiierte Ausbildung betrieblicher »Union Learning Representatives« (Deffner & Elsholz 2003). Eine wesentliche Grundidee hinter diesem ersten Ansatz und den im Folgenden vorgestellten deutschen gewerkschaftlichen Projekten besteht darin, Weiterbildungsberatung und -begleitung auf Vertrauensbasis in den Betrieben zu etablieren und somit Zugänge zu adressatengerechten Weiterbildungen zu ebnen. Inspiriert durch die britischen Erfahrungen sind im Organisationsbereich der IG Metall erste Pilotprojekte entwickelt und durchgeführt worden (Ewald u. a., 2019). Hieran knüpfen aktuelle gewerkschaftliche Projekte an, die als ein Baustein zur Stärkung der lebensbegleitenden Weiterbildungsberatung im Rahmen der Nationalen Weiterbildungsstrategie (BMAS & BMBF 2019) verstanden werden. Die Einzelgewerkschaften ver.di, NGG, IG Metall und IGBCE führen jeweils Projekte durch, die eine Qualifizierung, den Einsatz und die Etablierung von WBM zum Ziel haben.
Im Rahmen der an der FernUniversität in Hagen durchgeführten Begleitforschung zu den Einzelprojekten der Gewerkschaften wurde eine Curriculumanalyse der Qualifizierungen für die WBM durchgeführt, um der Frage nachzugehen, wie WBM auf ihre Aufgabe vorbereitet werden. Neben einer Dokumentenanalyse der jeweiligen Qualifizierungskonzepte wurden hierzu Leitfadeninterviews sowohl mit den Projektleitungen der einzelnen Gewerkschaften als auch mit den Entwickler:innen der Bildungskonzepte durchgeführt.
Beim Vergleich der Konzepte wird zum einen ersichtlich, dass allen Qualifizierungskonzepten ein modularer Aufbau gemein ist, der aus Theorie- und Praxisanteilen besteht. Während die Theorieanteile vorwiegend im Kontext von mehrtägigen Seminaren realisiert werden, sind Praxisanteile in einem betrieblichen Umsetzungsprojekt zu finden. Ergänzt wird die Qualifizierung mit unterschiedlichen Begleitangeboten, die eine Verzahnung von Theorie und Praxis gewährleisten sollen. Für das Handlungsfeld der individuellen Weiterbildung ist etwa die Auseinandersetzung mit dem Thema Beratung relevant. Dabei werden beispielsweise in Rollenspielen sowohl die Perspektive der Beratenden als auch die des zu Beratenden eingenommen und reflektiert. Zudem werden in den Qualifizierungen Kommunikations- und Gesprächstechniken eingeübt (z. B. aktives Zuhören). Es wird zusätzlich die Erkundung von Problemen und Motivation im Kontext von Weiterbildung aufgegriffen, die in beispielhaften Gesprächsabläufen münden. Außerdem wird innerhalb der Qualifizierungsseminare die Erhöhung der Weiterbildungsteilnahme unter den Gesichtspunkten von Diversität im Be-

schäftigungskontext, Bildungsbenachteiligung sowie Bedürfnissen unterrepräsentierter Beschäftigungsgruppen thematisiert und eingeordnet. Abschließend sind in den Curricula auch Elemente zu finden, die die eigene Bildungsbiografie und Situierung im Betrieb reflexiv aufgreifen und diese als Ausgangspunkt der Arbeit als WBM nutzen. Die Reflexion der eigenen Bildungserfahrungen innerhalb und außerhalb des Betriebs wird zur wertvollen Ressource ihrer Arbeit. Die Curriculumanalyse lässt somit annehmen, dass WBM durch eine breite Qualifizierung auf die Aufgabe vorbereitet werden. Neben einer Förderung der Kommunikationsfähigkeiten werden auch fachliche Fähigkeiten erweitert, die für die Ansprache und Begleitung von Beschäftigten zu Weiterbildungsthemen wichtig erscheinen.
Zum anderen konnten unterschiedliche Aufgabenschwerpunkte herausgearbeitet werden. So geht es einerseits darum, auf individueller Ebene Bildungsprozesse anzustoßen und zu unterstützen, andererseits darum auf organisationaler Ebene Weiterbildung im Betrieb zu entwickeln, externe Ressourcen zu nutzen sowie Brücken zwischen diesen Bereichen zu bauen (Abb. 29).

Abbildung 29: Aufgabenschwerpunkte von Weiterbildungsmentor:innen

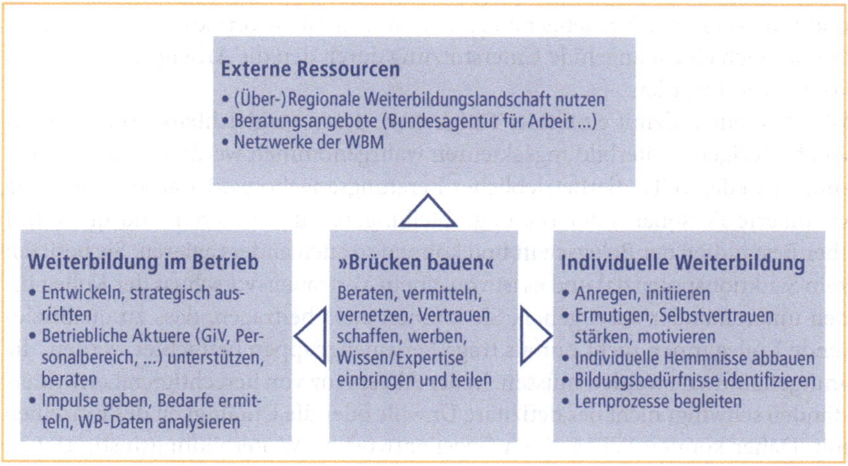

Quelle: eigene Darstellung

Der Schwerpunkt »Weiterbildung im Betrieb« markiert die strukturell agierende Komponente, in dem die Weiterbildungsaktivität im Betrieb (in Zusammenarbeit mit weiteren betrieblichen Akteuren) entwickelt und strategisch ausgerichtet wird. Hierzu gehört etwa die Ermittlung von Qualifizierungsbedarfen der Beschäftigten. Das Knüpfen und Nutzen von Netzwerken, etwa mit anderen WBM des gewerkschaftlichen Projekts, gehört zum Schwerpunkt »Externe Ressourcen«.

In dem Rahmen können Akteure wie die Bundesagentur für Arbeit eine wichtige Rolle als zusätzliche Beratungsinstanz zu Themen der Fördermöglichkeiten von Betrieblicher Weiterbildung spielen. Auf der individuellen Ebene sollen WBM Beschäftigte in unterschiedlichen Arten und Weisen Unterstützung anbieten, von Weiterbildung zu profitieren. Dazu zählen zu Beginn etwa Gespräche, in denen die Bildungsbedürfnisse offengelegt werden. Sollten individuelle Hemmnisse vorliegen, die nicht nur strukturell verankert sind, so sollen WBM diese mithilfe von Motivation und Ermutigung abbauen. Diese Tätigkeiten werden im Schwerpunkt »Individuelle Weiterbildung« vereint. Schließlich gilt es, sich in unterschiedlichen Kontexten etwa als Vermittlung oder durch Anbieten von Wissen und Expertise einzubringen. Diese schwerpunktübergreifenden Funktionen werden unter »Brücken bauen« zusammengefasst.
Mit einer subjektorientierten Arbeitsweise kann es WBM gelingen, bestimmten individuellen Weiterbildungshemmnissen zu begegnen. Empirisch wird als Weiterbildungsbarriere am häufigsten fehlende Beratung (24 %) genannt (vgl. Bilger & Käpplinger 2017, S. 270). Mit der Funktion der WBM als Vernetzer:innen zu externen Unterstützungsstrukturen wie der Agentur für Arbeit kann auch der genannte Grund der fehlenden staatlichen Unterstützung (24 %) adressiert werden. Mit ihrer Funktion, Weiterbildung auf organisationaler Ebene voranzutreiben und mit geeigneten betrieblichen Akteuren förderliche Strukturen aufzubauen, könnte auch eine mangelnde Unterstützung durch den:die Arbeitgeber:in (22 %) kompensiert werden.
WBM vereinen damit einerseits Tätigkeiten, die in vergleichbarer Form bereits von bisherigen Weiterbildungsakteuren wahrgenommen werden (sollen). Diese sind entweder Teil außerbetrieblicher Beratungsangebote oder arbeitgeberseitig verankerte Personal- oder Bildungsabteilungen. Zum anderen sind die WBM aber Bestandteil der Belegschaft und können so auch anders agieren. Sie besitzen kein Sanktionspotenzial und es ist von einem Vertrauensvorschuss der Kolleg:innen untereinander auszugehen. Sie können dazu beitragen, dass zu qualifizierende Kolleg:innen nicht nur als träge Personengruppen betrachtet werden, die »mitgenommen« werden müssen. In der Akzeptanz von berechtigten Lernwiderständen schwingt nicht der defizitäre Unwille oder die Unfähigkeit des Einzelnen mit. Daher können WBM einen Gegenentwurf zu Weiterbildungsinstitutionen und -personal darstellen, der nicht »Widerständigkeit, Faulheit und Widerborstigkeit der Lernenden« (Faulstich & Grell 2005, S. 27) beklagt.

5. Fazit: Potenziale von Weiterbildungsmentor:innen

Mit den WBM wird im Rahmen der NWS (BMAS & BMBF, 2019) eine neue Rolle im Betrieb entwickelt. Sofern es gelingt, diese Rolle und Aufgabe in den Unternehmen zu etablieren, können WBM einerseits als ein betrieblicher Bestandteil der Beratungslandschaft verstanden werden, die seit geraumer Zeit im Entstehen ist. Sie können andererseits auch als Teil des (nebenamtlichen) betrieblichen Bildungspersonals verstanden werden, wie dies etwa bei nebenamtlichen Ausbilder:innen der Fall ist. Es gilt dann zu beobachten, unter welchen Umständen komplementäre Verhältnisse in produktiver, also weiterbildungsförderlicher, Hinsicht entstehen und wie sich WBM in das heterogen geprägte Feld des Bildungspersonals einfügen werden. Dazu erscheint es allerdings notwendig, dass die WBM auch entsprechend qualifiziert werden und sich der Rolle annehmen. WBM können potenziell die Beteiligung an Weiterbildung erhöhen, indem auf der individuellen Ebene auf subjektive Gründe für oder gegen die Weiterbildungsbeteiligung eingegangen wird.

Auffällig war in den bisherigen Erhebungen, wie stark die eigene Bildungsbiografie und eigene Lernerfahrung – die häufig durchaus negativ konnotiert waren – Treiber für die WBM waren, sich für diese Rolle zu interessieren und zu qualifizieren. Hier scheinen solche negativen Erfahrungen statt zu Lernwiderständen eher zu einer aktiven und veränderungswilligen Haltung zu führen – eine Ressource für die Qualifizierung und Arbeit der WBM. Sie können Weiterbildungsbarrieren abbauen, indem Gründe der Weiterbildungsabstinenz im Kontext der persönlichen Biografie und Situiertheit betrachtet werden und dies in die Beratungsgespräche mit den Beschäftigten einfließt. Wenn hinzufügend der institutionelle Rahmen und die sozialen Strukturen beachtet werden, kann nach subjektwissenschaftlicher Lesart ein angemessener Umgang mit Lernschranken und -hemmnissen gefunden werden. WBM sollen und können neben der individuellen Beratung jedoch auch weitere Rollen einnehmen, um die Weiterbildungskultur in Unternehmen zu verbessern. Dazu gehören Anstöße für betriebliche Weiterbildungsprojekte, aber auch die Verbindung mit externen Partnern und Ressourcen. Hierfür ist ein hohes Maß an fachlicher und methodischer Expertise notwendig.

Auch wenn die Rolle und Funktion des WBM im Prinzip allen Beschäftigten offen steht, ist faktisch ein sehr großer Teil der derzeitigen WBM gewählte Betriebs- bzw. Personalräte. Dies wirft im Hinblick auf die Frage, inwieweit die subjektwissenschaftlichen Potenziale der WBM zur Geltung gebracht werden können, in zweifacher Hinsicht weitergehende Fragen auf. So deutet sich an, dass viele der WBM, die gleichzeitig der gesetzlichen Interessensvertretung angehören, stark auf der organisationalen Ebene tätig sind, was der strukturellen Verbesserung von Weiterbildungsmöglichkeiten sicher zuträglich ist. Zu prüfen

ist jedoch, inwiefern dadurch die individuelle Komponente persönlicher Beratungsgespräche womöglich zu kurz kommt. Damit zusammenhängend ist nicht geklärt, inwiefern sich die Funktion und Perspektive als Betriebs-/Personalrat auch in (Beratungs-)gesprächen mit Beschäftigten spiegelt. Wäre ein:e Kolleg:in ohne offizielle Funktion als Interessenvertreter:in eher auf Augenhöhe als ein Betriebs-/Personalrat? Wirkt sich die Rollenidentität von Interessenvertreter:innen und WBM also eher vertrauensfördernd oder einschüchternd aus?
Vor dem Hintergrund der unterschiedlichen Tätigkeitsaspekte bleibt es kritisch zu prüfen, inwiefern das facettenreiche Aufgabenspektrum der WBM nicht auch hinderlich auf deren Etablierung wirken kann. Eine Konzeptentwickler:in benennt die Rolle der WBM im Experteninterview als »eierlegende Weiterbildungswollmilchsau« und bringt damit die umfangreichen Erwartungen, die an die neue Rolle herangetragen werden, auf den Punkt. Abschließend ist derzeit noch offen, wie Beschäftigte von dem Ansatz profitieren könnten, die nicht in mitbestimmungspflichtigen Betrieben arbeiten. Der Transfer in die Breite ist mit noch ungeklärten strukturellen Fragen verbunden.

6. Literatur

Bahnmüller, R. (2015). Tarifvertragliche Weiterbildungsregulierung in Deutschland – Formen, Effekte und Perspektiven für überbetriebliche Weiterbildungsfonds. / Sozialpartnerschaftliches Handeln in der betrieblichen Weiterbildung, S. 61–78.

Bahnmüller, R., Fischbach, S. (2006). Qualifizierung und Tarifvertrag. Befunde aus der Metallindustrie Baden-Württembergs. Hamburg.

Berger, K. (2012). Betriebsräte und betriebliche Weiterbildung / WSI-Mitteilungen / 65(5) /2012, 358–364.

Bilger, F., Käpplinger, B. (2017). Barrieren für die Bildungsbeteiligung Erwachsener/Weiterbildungsverhalten in Deutschland 2016. Ergebnisse des Adult Education Survey (AES) / wbv Media Bielefeld, S. 265–275.

Bundesministerium für Arbeit und Soziales (BMAS) (2019). Bundesministerium für Bildung und Forschung (BMBF), Strategiepapier Nationale Weiterbildungsstrategie. Berlin.

Bundesministerium für Bildung und Forschung (BMBF) (2021). Weiterbildungsverhalten in Deutschland 2020, Berlin.

Deffner, S., Elsholz, U. (2003). Europa – die stille Revolution der englischen Gewerkschaften und was wir davon lernen können. / Gewerkschaftliche Bildungspolitik / Heft 7/8/2003, S. 26–28.

Dehnbostel, P. (2009). Begleitung und Beratung beruflicher Entwicklungen / Bildungsberatung im Dialog. / Band II: 13 Wortmeldungen / Schneider Verlag Hohengehren Baltmannsweiler, S. 7–28.

Dohmen, T., Kleifgen, E., Künn, S., Stephan, G. (2022). Geförderte Umschulungen für Personen ohne Berufsabschluss im Rechtskreis SGB III: Kenntnis, Teilnahmebereitschaft und Attraktivitätskriterien (IAB-Forschungsbericht). Nürnberg.

Elsholz, U., Thomas, M. (2022). New Kids on the block: Zu den Potenzialen von betrieblichen Weiterbildungsmentor:innen / DENK-doch-MAL.de / Ausgabe 1/ 2022.

Erol, S., Ahlers, E., Schleicher, S. (2021). Betriebliche Weiterbildung als Handlungsfeld der Betriebsräte / WSI Policy Brief / 51 (3) / 2021.

Ewald, L., Ferrando, J., Utrecht, A. (2019). Neue Akteure und Entwicklungswege in einer assistierten beruflichen Weiterbildung – Abschlussbericht / Teilbericht des Kooperationspartners IG Metall Vorstand. Frankfurt / Main.

Faulstich, P. (2005). Lernen Erwachsener in kritisch-pragmatischer Perspektive./ Zeitschrift für Pädagogik / Heft 51/2005, S. 528–542.

Faulstich, P. (2013). Menschliches Lernen: Eine Kritisch-Pragmatistische Lerntheorie. Transcript Verlag Bielefeld.

Faulstich, P., Grell, P. (2005). Widerständig ist nicht unbegründet – Lernwiderstände in der Forschenden Lernwerkstatt / Lernwiderstand – Lernumgebung – Lernberatung. Empirische Fundierungen zum selbstgesteuerten Lernen, S. 18–92.

Gorges, J. (2015). Warum (nicht) an Weiterbildung teilnehmen? / Zeitschrift für Erziehungswissenschaft/, Heft 18 (S1) /2015, S. 9–28.

Grotlüschen, A. (2015). Neo-subjektwissenschaftliche Lesart einer scheinbar vertrauten Lerntheorie / Literalitäts- und Grundlagenforschung, S. 217–243.

Grotlüschen A., Pätzold H. (2020). Lerntheorien in der Erwachsenen- und Weiterbildung. Wbv Bielefeld.

Hendrich, W., Bolder, A. (2002). Widerstand gegen Maßnahmen beruflicher Weiterbildung: Subjektives Wissensmanagement / WSI Mitteilungen 1 / 2002, S. 19–24.

Holzer D. (2017). Weiterbildungswiderstand: Eine Kritische Theorie der Verweigerung. Transcript Verlag Bielefeld.

Holzkamp, K. (1993). Lernen. Subjektwissenschaftliche Grundlegung. Campus Verlag Frankfurt a. M.

Kaufmann, K., Widany, S. (2013). Berufliche Weiterbildung – Gelegenheits- und Teilnahmestrukturen. Zeitschrift für Erziehungswissenschaft / 16 (1) /2013, S. 29–54.

Kuwan, H., Seidel, S. (2012/2013). Weiterbildungstransparenz und Weiterbildungsberatung / Weiterbildungsverhalten in Deutschland. Resultate des Adult Education Survey 2012/2013, S. 232–247.

Ludwig, J., Grell, P. (2017). Lerngründe und Lernwiderstände / Hessische Blätter für Volksbildung / Heft 2/2017, S. 126–135.

Osiander, C., Stephan, G., (2018, 2.8). Gerade geringqualifizierte Beschäftigte sehen bei der beruflichen Weiterbildung viele Hürden. *https://www.iab-forum.de/gerade-geringqualifizierte-beschaeftigte-sehen-bei-der-beruflichen-weiterbildung-viele-huerden/* (abgerufen am 6.4.2023).

Osiander, C., Stephan, G. (2018). Unter welchen Bedingungen würden sich Beschäftigte weiterbilden? – Ergebnisse eines faktoriellen Surveys / IAB-Discussion Paper 4 /2018.

Schiersmann, Ch., Maier-Gutheil, C., Weber, P. (2018). Beratungsforschung im Kontext von Bildung, Beruf und Beschäftigung / Handbuch Bildungsforschung / 4, S. 1171–1192.

Trahms, A., Laible, M. C., Braunschweig, L., (2021, 27.10.). Geringqualifizierte bilden sich nach wie vor deutlich seltener weiter. *https://www.iab-forum.de/geringqualifizierte-bilden-sich-nach-wie-vor-deutlich-seltener-weiter/* (abgerufen am 6.4.2023).

Vollmer, T. (2022). Subjektorientierte Weiterbildungsförderung durch Arbeitnehmer*innenorientierung / DENK-doch-MAL.de / Ausgabe 1/ 2022.

Wotschack, P. (2017). Unter welchen Bedingungen bilden Betriebe an- und ungelernte Beschäftigte weiter? / Zeitschrift für Soziologie/Ausgabe 46(5) /2017, S. 362–380.

Verzeichnis der Autorinnen und Autoren

Prof. Dr. Martin Allespach
Präsident der University of Labour; Direktor und Leiter der Europäischen Akademie der Arbeit an der Goethe-Universität Frankfurt; apl. Professur im Bereich Lebenslanges Lernen an der Universität in Hamburg.
Arbeits- und Forschungsschwerpunkte: Betriebliche Aus- und Weiterbildung, politische und gewerkschaftliche Bildungsarbeit.

Dr. Reinhard Bahnmüller
Geschäftsführer a. D. und Mitgründer des Forschungsinstituts für Arbeit, Technik und Kultur an der Universität Tübingen.
Arbeits- und Forschungsschwerpunkte: Arbeitssoziologie und Industrielle Beziehungen.

Prof. Dr. Maren Baumhauer
Technische Universität Hamburg, Berufliche Bildung und Digitalisierung.
Arbeits- und Forschungsschwerpunkte: Berufliche Identität in der digitalen Transformation, Digitalisierung und Qualifizierung, Arbeiten und Lernen im digitalen Wandel, Veränderung von Kompetenzanforderungen durch Zukunftstechnologien.

Frauke Bilger
Verian Deutschland; Bereich: Arbeit und berufliche Bildung.
Arbeits- und Forschungsschwerpunkte: Erhebung und Durchführung quantitativer Projekte im Bereich (Erwachsenen-)Bildung und Alphabetisierung.

Dr. Annegret Bolte
Institut für Sozialwissenschaftliche Forschung München e. V. (ISF München).
Arbeits- und Forschungsschwerpunkte: Betriebliche Organisation, Kooperation und Kommunikation, erfahrungsgeleitete Arbeit, digital vernetzte Arbeit, lernförderliche Arbeitsgestaltung.

Prof. Dr. Karin Büchter
Fakultät für Geistes- und Sozialwissenschaften der Helmut-Schmidt Universität/Universität der Bundeswehr Hamburg.
Arbeits- und Forschungsschwerpunkte: Berufsbildungsgeschichte, Berufsbildungspolitik, berufliche/betriebliche Weiterbildung.

Dr. Ramona Buske
Referentin für Hochschulentwicklung und Qualitätsmanagement, Lehrbeauftragte, University of Labour.
Arbeits- und Forschungsschwerpunkte: Qualität von Lehr-Lern-Prozessen; konzeptionelle und didaktische Weiterentwicklung von hochschulischen Weiterbildungsangeboten; Qualitätssicherung und -entwicklung in Bildungsinstitutionen.

Prof. Dr. Peter Dehnbostel
TU Dortmund.
Arbeits- und Forschungsschwerpunkte: Betriebliche Bildungsarbeit, Berufliche Weiterbildung.

Prof. Dr. Philipp B. Donath
Professur für Rechtswissenschaft, University of Labour.
Arbeits- und Forschungsschwerpunkte: Verfassungsrecht und kollektives Arbeitsrecht sowie Europarecht.

Prof. Dr. Uwe Elsholz
Professur für Lebenslanges Lernen und Prorektor für Weiterbildung, Transfer und Internationalisierung an der FernUniversität in Hagen.
Arbeits- und Forschungsschwerpunkte: berufliche und betriebliche Weiterbildung, Verhältnis von akademischer zu beruflicher Bildung.

Prof. Dr. Andreas Engelmann
Professur für Rechtswissenschaft an der University of Labour.
Arbeits- und Forschungsschwerpunkte: Arbeits- und Sozialrecht mit Bezug zum Verfassungsrecht, kollektive Interessenvertretung, Rechtstheorie und Rechtsmethodologie.

Prof. Dr. Clinton Enoch
Professur für Beratungswissenschaften an der Hochschule der Bundesagentur für Arbeit, Schwerin.
Arbeits- und Forschungsschwerpunkte: Personenbezogene berufliche, Professionalisierung des Beratungs- und Weiterbildungspersonals, Organisationsberatung und -entwicklung, Qualitätsmanagement und Qualitätsentwicklung der

Beratung und Weiterbildung, Europäische und internationale Entwicklungen der beruflichen Beratung und Weiterbildung.

Lutz E. Faßbender B. A.
Berufsfortbildungswerk Gemeinnützige Bildungseinrichtung des DGB GmbH (bfw)
Institut für Forschung, Training und Projekte (IFTP).
Arbeits- und Forschungsschwerpunkte: Projektberater im BMBF geförderten Projekt der NGG »Mentoren. Bilden. Zukunft. Beratung und Coaching von Betriebsräten und Führungskräften in Transformationsprojekten«. Schwerpunkt: Personal- und Organisationsentwicklung, Förderung betrieblicher Aus- und Weiterbildung, Teamcoaching.

Dr. Christopher Franke
Technologie- und Innovationsberatung Bayern beim DGB Bildungswerk (TIBAY).
Arbeits- und Forschungsschwerpunkte: Digitalisierung der Arbeitswelt (insb. künstliche Intelligenz), neue Formen der Verhaltens- und Leistungskontrolle, betriebliche Weiterbildung.

Prof. Dr. Wiltrud Gieseke
Humboldt Universität zu Berlin.
Arbeits- und Forschungsschwerpunkte: Beratungsforschung, Programmforschung, Professionsforschung im Bereich Erwachsenenbildung.

Prof. Dr. Anke Grotlüschen
Universität Hamburg.
Arbeits- und Forschungsschwerpunkte: Adressaten- und Interesseforschung; Literalitätsforschung, Digitalisierung, Öffentliche Wissenschaft, Hochschuldidaktik und Hochschulforschung, Bildungssystemforschung, politische und kulturelle Bildung.

Marcus B. Hausner
Die Unternehmenslotsen.
Arbeits- und Forschungsschwerpunkte: Führungskräfte- und Organisationsberatung zur Förderung einer komplexitätsorientierten und kooperativen Führungskultur.

Dr. Lena Heidemann
Institut für Berufspädagogik und Erwachsenenbildung, Leibniz Universität Hannover.
Arbeits- und Forschungsschwerpunkte: erwachsenenpädagogische Weiterbildungsforschung, Adressat:innen-/Teilnehmer:innenforschung.

Assoz. Prof. Dr. Daniela Holzer
Institut für Erziehungs- und Bildungswissenschaft der Universität Graz, Arbeitsbereich Erwachsenen- und Weiterbildung.
Arbeits- und Forschungsschwerpunkte: Weiterbildungswiderstand, kritische Bildungstheorie, kritische Erwachsenenbildung, Bildungsphilosophie.

Prof. Dr. Heiko Hoßfeld
Professur für Angewandte Betriebswirtschaftslehre an der University of Labour.
Arbeits- und Forschungsschwerpunkte: CSR und Nachhaltigkeit (insb. Nachhaltigkeitsberichterstattung), Beschäftigung und Mitbestimmung.

Eva Humt
Wissenschaftliche Mitarbeiterin, Universität Münster.
Arbeits- und Forschungsschwerpunkte: Weiterbildungsforschung, Organisationsforschung und diversitätsorientierte Organisationsentwicklung.

Hoai Nam Huynh
Wissenschaftlicher Mitarbeiter im Lehrgebiet Lebenslanges Lernen, FernUniversität in Hagen. Arbeits- und Forschungsschwerpunkte: Ungleichheit in der beruflichen/betrieblichen Weiterbildung und Bildungsdurchlässigkeit.

Dr. Roman Jaich
ver.di Bundesverwaltung, Leiter des Bereichs Bildungspolitik. Arbeitsschwerpunkte: Weiterbildungspolitik, Nationale Weiterbildungsstrategie, betriebliche Weiterbildung, Weiterbildungsfinanzierung.

Prof. Dr. Franz Kaiser
Institut für Berufspädagogik, Universität Rostock.
Arbeits- und Forschungsschwerpunkte: Nachhaltigkeit, kritischer Subjektorientierung, Berufsbildung in skandinavischen Ländern und Europa.

Prof. Dr. Bernd Käpplinger
Justus-Liebig-Universität Gießen.
Arbeits- und Forschungsschwerpunkte: Betriebliche Weiterbildung, Bildungsberatung, Programmplanung, Geschichte.

Dr. Tom Kehrbaum
Zweiter Bevollmächtigter und Geschäftsführer der IG Metall Darmstadt.
Arbeits- und Forschungsschwerpunkte: Grundlagen der Gestaltung von Innovationen, die auf sozialen Prozessen basieren; interaktionale Bildungsprozesse und ihre Bedeutung für die politische Handlungsfähigkeit.

Rosmarie Klein
Geschäftsführerin des bbb Büro für berufliche Bildungsplanung, Klein & Partner GbR, Dortmund.
Arbeits- und Forschungsschwerpunkte: Arbeitsorientierte Grundbildung, politische Grundbildung, Professionalisierung von Bildungsberatung.

Kilian Krumm
Teamentwickler beim IG Metall Vorstand.
Arbeits- und Forschungsschwerpunkte: Strategische Handlungsfähigkeit von Organisationen, Teamentwicklung/Gruppendynamische Prozesse und Personalentwicklung/Berufliche Bildung.

Junior-Prof. Dr. Claudia Kulmus
Universität Hamburg.
Arbeits- und Forschungsschwerpunkte: Bildung in der 2. Lebenshälfte, Lernen und Weiterbildungsbeteiligung, Professionelles Handeln in der Erwachsenenbildung.

Prof. Dr. Ines Langemeyer
Institut für Berufspädagogik und Allgemeine Pädagogik, Karlsruher Institut für Technologie.
Arbeits- und Forschungsschwerpunkte: Forschendes Lernen, Wissenschaftstheorie und -didaktik, Verwissenschaftlichung der Arbeit, Kompetenztheorie.

Prof. Dr. Rita Meyer
Leibniz Universität Hannover, Institut für Berufspädagogik und Erwachsenenbildung.
Arbeits- und Forschungsschwerpunkte: Berufs-, Qualifikations- und Kompetenzforschung, Kompetenzentwicklung im Prozess der Arbeit, Professionalisierung des Personals in der Berufsbildung, Wissenschaftliche Weiterbildung an Hochschulen.

Judith Neumer
Institut für Sozialwissenschaftliche Forschung München e. V. (ISF München).
Arbeits- und Forschungsschwerpunkte: Lernförderliche Arbeitsgestaltung, digital vernetzte Arbeit, Entscheidungen unter Unsicherheit.

Prof. Dr. Halit Öztürk
Universität Münster.
Arbeits- und Forschungsschwerpunkte: Adressat:innen- und Teilnehmer:innenforschung, diversitätsorientierte Organisations- und Personalentwicklung, Begleitforschung/Evaluation im Weiterbildungsbereich.

Mario Patuzzi
Deutscher Gewerkschaftsbund, Abteilung Bildungspolitik & Bildungsarbeit, Referatsleiter für Grundsatzfragen der Aus- und Weiterbildung.
Arbeits- und Forschungsschwerpunkte: Grundsatzfragen der Berufsbildung, Berufsbildungsgesetz, Weiterbildungsförderung, AZAV, Validierung, Nationale Weiterbildungsstrategie, Cedefop, Deutscher Qualifikationsrahmen.

Dr. Martin Reuter
Wissenschaftlicher Mitarbeiter an der Professur für Weiterbildung der Justus-Liebig-Universität Gießen.
Arbeits- und Forschungsschwerpunkte: Qualitätsmanagement, Pädagogische Organisationsforschung, Struktur und Steuerung des Weiterbildungssystems, Lehren und Lernen in der Erwachsenenbildung und Weiterbildungsadressaten und -teilnehmende.

Gerhard Reutter
Senior Researcher im bbb Büro für berufliche Bildungsplanung, Klein & Partner GbR, Dortmund.
Arbeits- und Forschungsschwerpunkte: Arbeitsorientierte Grundbildung, politische Grundbildung, Professionalisierung von Bildungsberatung.

Richard Rohnert
IG Metall Bildungszentrum Sprockhövel, Leitung.
Arbeitsschwerpunkte: Strategie, Zukunft der IG Metall Bildungsarbeit, Programm- und Geschäftsplanung, Organisations- und Personalentwicklung.

Prof. Dr. Matthias Rohs
Rheinland-Pfälzische Technische Universität.
Arbeits- und Forschungsschwerpunkte: Erwachsenenbildung/Weiterbildung und Digitalisierung.

Dr. Manuel Rühle
Pädagogischer Leiter beim DGB Bildungswerk Bayern e. V.
Arbeits- und Forschungsschwerpunkte: Kritische Pädagogik/Erwachsenenbildung, gewerkschaftliche Bildungsarbeit im Kontext des kapitalistischen Strukturwandels.

Em. Prof. Dr. Christiane Schiersmann
Institut für Bildungswissenschaft, Universität Heidelberg.
Arbeits- und Forschungsschwerpunkte: Beratung von Personen, Teams und Organisationen, Kompetenzerfassung und -entwicklung, Qualitätsmanagement, Weiterbildung.

Dr. Rolf Schmucker
Leiter des Instituts DGB-Index Gute Arbeit.
Arbeits- und Forschungsschwerpunkte: Arbeitsbedingungen, -qualität und -gestaltung.

Robert Sinopoli
Mitarbeiter am Institut DGB-Index Gute Arbeit.
Arbeits- und Forschungsschwerpunkte: Methoden der empirischen Sozialforschung und der Datenvisualisierung.

Martina Thomas
Wissenschaftliche Mitarbeiterin im Lehrgebiet Lebenslanges Lernen, FernUniversität in Hagen.
Arbeits- und Forschungsschwerpunkte: Lehren und Lernen mit digitalen Medien in beruflichen Bildungsprozessen und Beteiligungsstrukturen und Akteure betrieblicher Weiterbildung.

Prof. Dr. Jana Wienberg
Professur für Angewandte Bildungswissenschaften, University of Labour.
Arbeits- und Forschungsschwerpunkte: Beschleunigung in der Erwachsenenbildung/Weiterbildung, Betriebliche Aus- und Weiterbildung, Nachhaltigkeit in der Aus- und Weiterbildung, Resonanzforschung, Lernen in der zweiten Lebenshälfte.

Dr. Florian Wolff
Robert Bosch GmbH.
Arbeits- und Forschungsschwerpunkte: Betriebliche Bildung.

Prof. Dr. Christine Zeuner
Professur für Erwachsenenbildung an der Helmut Schmidt Universität/Universität der Bundeswehr Hamburg, Fakultät für Geistes- und Sozialwissenschaften.
Arbeits- und Forschungsschwerpunkte: Theoretische Verortungen der Erwachsenenbildung, Geschichte der Erwachsenenbildung, Politische Erwachsenenbildung, international-vergleichende Erwachsenenbildung; Forschung zur Bildungsfreistellung, Numeralität und Literalität; Wirkungen der Bildungsteilnahme.